Turgenjew-Lesebuch

Lesebücher für unsere Zeit

Begründet von Walther Victor

Turgenjew

Ein Lesebuch für unsere Zeit

Aufbau-Verlag
Berlin und Weimar
1989

Herausgegeben von Klaus Dornacher
Aus dem Russischen übersetzt von Günter Dalitz,
Ulrike Hirschberg, Dieter Pommerenke, Walter Schade,
Georg Schwarz, Herbert Wotte,
aus dem Französischen von Irene Wardega

1. Auflage 1989

Der Abdruck der Übersetzung „Die Wachtel" erfolgte
mit Genehmigung des Kinderbuchverlages Berlin
Einbandgestaltung Wolfgang Kenkel
Typographie Gisela Fischer
Karl-Marx-Werk, Graphischer Großbetrieb, Pößneck V 15/30
Printed in the German Democratic Republic
Lizenznummer 301. 120/200/89
Bestellnummer 613 834 7
00650

ISBN 3-351-01400-7

Iwan Turgenjew – 1844

Inhaltsverzeichnis

Über Iwan Turgenjew

Turgenjew und seine Zeit

Iwan Sergejewitsch Turgenjew wird am 9. November in Orjol als zweiter Sohn des adligen Gutsbesitzers Sergej Nikolajewitsch Turgenjew und seiner Ehefrau Warwara Petrowna, geb. Lutowinowa, geboren. 1818

Karl Marx geboren.

Gründung der adlig-revolutionären Geheimgesellschaft „Südbund" in Rußland. 1821

Aufstand in Griechenland gegen die türkische Fremdherrschaft.

Gründung der adlig-revolutionären Geheimgesellschaft „Nordbund". 1822

Dekabristenaufstand in Petersburg. 1825

Puschkins Tragödie „Boris Godunow" entstanden.

Die Familie siedelt nach Moskau über. 1827

Turgenjew besucht dort für zwei Jahre das Pensionat Weidenhammer und wird anschließend von Privatlehrern unterrichtet.

Lew Tolstoi geboren. 1828

Julirevolution in Paris. 1830

Puschkins Versroman „Eugen Onegin" vollendet.

Der polnische Aufstand wird von zaristischen Truppen niedergeschlagen. 1831

Puschkins Novellenzyklus „Belkins Erzählungen" vollendet.

Goethes „Faust", Teil II, erschienen. 1832

Turgenjew wird Student der Moskauer Universität. Er studiert Philosophie und Literatur an der Philologischen Fakultät. 1833

Puschkins Poem „Der eherne Reiter" vollendet.

Turgenjew läßt sich nach dem Umzug seiner Familie nach Petersburg an der dortigen Universität immatrikulieren. Sein literarisches Erstlingswerk, die dramatische Verserzählung „Steno", entsteht. 1834

Tod des Vaters.

Gogols Komödie „Der Revisor" in Petersburg uraufgeführt. 1836

Erste russische Eisenbahn eröffnet. 1837

Turgenjew beendet sein Studium an der Petersburger Universität mit dem akademischen Grad eines Kandidaten der Philosophie.

Alexander Puschkin stirbt an seinen Duellverletzungen. Lermontow schreibt aus diesem Anlaß das Gedicht „Der Tod des Dichters".

1838 *Turgenjew beginnt an der Berliner Universität zu studieren. Während seines mehrjährigen Studienaufenthaltes (Mai 1838–September 1839 und Mai 1840–Mai 1841) besucht er Vorlesungen über Philosophie, Geschichte und Altphilologie. Einer seiner Hochschullehrer ist der Hegelianer Professor Karl Werder. In Berlin verkehrt Turgenjew u. a. in den literarischen Salons Varnhagen von Enses und Bettina von Arnims. Zugleich verbinden ihn hier enge freundschaftliche Beziehungen mit dem späteren Anarchisten Michail Bakunin, dem Philosophen Nikolai Stankewitsch und dem Historiker Timofej Granowski.*

1840 Lermontows Roman „Ein Held unserer Zeit" erschienen.
1841 Michail Lermontow im Duell getötet.

1842 *Turgenjew besteht an der Petersburger Universität das Examen als Magister der Philosophie. Beginn seiner Freundschaft mit dem bedeutendsten Literaturkritiker der vierziger Jahre, Wissarion Belinski. Geburt seiner Tochter Polina (Pelageja).*

Gogols Roman „Die toten Seelen" erschienen.

1843 *Turgenjew wird als Beamter in der Kanzlei des Innenministeriums angestellt.*
In Petersburg lernt er die französische Sängerin spanischer Herkunft Pauline García-Viardot kennen, mit der ihn eine lebenslange Freundschaft verbinden sollte.
Mit der Veröffentlichung der Verserzählung „Parascha" beginnt Turgenjews literarische Laufbahn.

1844 Aufstand der schlesischen Weber.
Heines „Deutschland – ein Wintermärchen" erschienen.

1845 *Turgenjew nimmt seinen Abschied als Staatsbeamter. Auf einer Auslandsreise besucht er Frankreich und Spanien. In Petersburg lernt er Dostojewski kennen.*

1846 Dostojewskis Roman „Arme Leute" erschienen.

1847 *In der von Nikolai Nekrassow geleiteten literarischen Zeitschrift „Sowremennik" (Der Zeitgenosse) erscheint – neben einigen Gedichten und publizistischen Arbeiten Turgenjews – die Skizze „Chor und Kalinytsch", mit der er den Zyklus der „Aufzeichnungen eines Jägers" eröffnet. Weitere Beiträge folgen.*

Er begleitet den todkranken Belinski zu einem Kuraufenthalt nach Salzbrunn in Schlesien und bleibt bis Juni 1850 in Westeuropa.

Belinskis „Brief an Gogol" erschienen.
Herzens Roman „Wer ist schuldig?" veröffentlicht.
„Bund der Kommunisten" gegründet. 1848
Revolution in Frankreich, Österreich und Deutschland.
„Kommunistisches Manifest" erschienen.
Wissarion Belinski gestorben.

Turgenjew wird Augenzeuge der revolutionären Ereignisse in Paris. Er tritt dort in engen Kontakt zu Herzen.
Uraufführung der Komödien „Der Junggeselle" und „Das Frühstück beim Adelsmarschall" in Petersburg. 1849
Turgenjews Mutter gestorben. Turgenjew wird Erbe eines großen Gutsbesitzes. Er gibt dem gesamten Hofgesinde den Freibrief und setzt alle Bauern, die es wünschen, in ein Lohnverhältnis. 1850
Die „Aufzeichnungen eines Jägers" erscheinen erstmals in einer Buchausgabe. Turgenjew wird wegen der Veröffentlichung eines von der Petersburger Zensur verbotenen Nekrologs auf den Tod Gogols verhaftet und (für fast anderthalb Jahre) auf sein Gut Spasskoje verbannt. 1852

Beginn des Krimkrieges (1853–1856) 1853

Die „Aufzeichnungen eines Jägers" erscheinen in französischer und deutscher Übersetzung. 1854
Turgenjew lernt Lew Tolstoi kennen. 1855
Die Komödie „Ein Monat auf dem Lande" erscheint.

Tschernyschewski verteidigt seine Dissertation „Die ästhetischen Beziehungen der Kunst zur Wirklichkeit".

Turgenjews erster Roman, „Rudin", und seine Meisternovelle „Faust" erscheinen. 1856

Turgenjew, Lew Tolstoi, Ostrowski und Gontscharow sichern dem „Sowremennik" vertraglich das Erstveröffentlichungsrecht für alle ihre Werke bis 1860 zu.
Lew Tolstois autobiographische Trilogie „Kindheit, Knabenjahre, Jugendzeit" erschienen.
Herzen und der Dichter Nikolai Ogarjow geben in London die Zeitung „Kolokol" (Die Glocke) heraus, die illegal nach Rußland gebracht wird. 1857
Saltykow-Stschedrins „Skizzen aus der Provinz" erschienen.
Flauberts Roman „Madame Bovary" veröffentlicht.

	Zweite Westeuropareise Turgenjews. Er trifft u. a. in London mit Herzen, Thackeray und Carlyle zusammen. In Sinzig am Rhein arbeitet er an der Liebesnovelle „Asja".
1858	*Die Novelle „Asja" erscheint.* *Turgenjew bemüht sich, weitere Reformen auf seinem Gut zu verwirklichen.*
	Tschernyschewski schreibt zu „Asja" die Rezension „Ein russischer Mensch beim Rendezvous".
1859	*Erstveröffentlichung seines Romans „Ein Adelsnest".*
	Ostrowskis Drama „Das Gewitter" erschienen. Gontscharows Roman „Oblomow" veröffentlicht.
1860	Anwachsen der Bauernunruhen in Rußland. Anton Tschechow geboren. Spaltung in der Redaktion des „Sowremennik".
	Turgenjew bricht die Beziehungen zum „Sowremennik" und seinen revolutionär-demokratischen Redakteuren ab. *Sein Roman „Vorabend" und die Novelle „Erste Liebe" erscheinen.* *Turgenjew spricht auf einer Veranstaltung in Petersburg zugunsten in Not geratener Künstler und Wissenschaftler zum Thema „Hamlet und Don Quijote".*
	Dobroljubows Aufsatz „Wann endlich kommt der Tag?" zu Turgenjews Roman „Vorabend" erschienen.
1861	Aufhebung der Leibeigenschaft durch ein Manifest des Zaren (19. Februar) und Beginn halbherziger bürgerlicher Reformen in Rußland. Bürgerkrieg in Nordamerika ausgebrochen (1861–1865). Nikolai Dobroljubow gestorben.
	Turgenjew bricht mit Lew Tolstoi.
1862	*Turgenjews Roman „Väter und Söhne" erscheint.*
	Dostojewskis „Aufzeichnungen aus einem Totenhaus" erschienen. Victor Hugos „Die Elenden" in russischer Übersetzung herausgegeben. Tschernyschewski und andere revolutionäre Demokraten verhaftet.
1863	Der polnische Aufstand bricht aus und wird durch Truppen des russischen Zaren grausam niedergeschlagen. Tschernyschewski schreibt in der Peter-Pauls-Festung seinen Roman „Was tun?".
	Turgenjew siedelt nach Baden-Baden über, wo er an der Seite der Viardots bis zum Herbst 1870 lebt. Nach Rußland kehrt er nur noch besuchsweise zurück.

Turgenjew sagt in Petersburg vor der Senatskommission im „Prozeß der 32" aus. 1864

I. Internationale gegründet.
Nekrassows Gedicht „Die Eisenbahn" veröffentlicht.

In München erscheint 1864/65 eine zweibändige Ausgabe der Erzählungen Turgenjews in der Übersetzung von Friedrich Bodenstedt. Sie bereitet den Boden für die wachsende Popularität des Dichters in Deutschland, die ihren Höhepunkt zwischen 1869 und 1885 erreicht.

Attentat Karakosows auf Zar Alexander II. Die demokratischen Zeitschriften „Sowremennik" und „Russkoje slowo" (Russisches Wort) werden verboten. 1866
Dostojewskis Roman „Schuld und Sühne" erschienen.

Turgenjews Roman „Rauch" erscheint. 1867
Streit Turgenjews mit Dostojewski in Baden-Baden.

„Das Kapital" von Karl Marx (Bd. I) erschienen.
Dostojewskis Roman „Der Idiot" veröffentlicht. 1868
Lew Tolstois Romanepos „Krieg und Frieden" beginnt zu erscheinen.
Herzens autobiographisches Memoirenwerk „Erlebtes und Gedachtes" abgeschlossen.
Maxim Gorki geboren.

Turgenjew bezieht in Baden-Baden seine nach vierjähriger Bauzeit fertiggestellte Villa. Kurz vor dem Einzug verkauft er sein Eigentumsrecht infolge finanzieller Schwierigkeiten an die Viardots.
In Mitau (heute Lettische SSR) erscheint als Band I einer zwölf Bände umfassenden deutschen Gesamtausgabe der Werke Turgenjews (die bis 1884 abgeschlossen wird) die erste deutsche Buchausgabe von „Väter und Söhne" mit einem Vorwort des Autors. 1869

Sozialdemokratische Partei Deutschlands gegründet.
Der Volkstümler Michailowski veröffentlicht in der „Nedelja" (Die Woche) seine programmatische Schrift „Was ist Fortschritt?".
Berwi-Flerowskis „Die Lage der arbeitenden Klasse in Rußland" erschienen.
Bildung einer russischen Sektion der I. Internationale in Genf. 1870
Ausbruch des Deutsch-Französischen Krieges (1870/71).
Alexander Herzen gestorben.
Lenin geboren.
Pariser Kommune. 1871
Gründung des Deutschen Reiches.

Turgenjew siedelt gemeinsam mit den Viardots nach Paris über.

Gründung der ersten größeren Volkstümlergruppierung (Narodniki) in Petersburg.

1872 „Das Kapital" von Karl Marx (Bd. I) in russischer Übersetzung erschienen.

Turgenjew begegnet in Paris dem emigrierten Volkstümler Lawrow, dessen Zeitschrift „Wperjod" (Vorwärts) in der Folgezeit von ihm heimlich finanziell unterstützt wird.
Die Erzählung „Frühlingsfluten" erscheint.
Erstaufführung der Komödie „Ein Monat auf dem Lande" in Moskau.

1873 Bakunins Schrift „Staatlichkeit und Anarchie" erschienen.

Turgenjew beginnt sich in Paris regelmäßig mit den französischen Schriftstellern Flaubert, Zola, Daudet und E. Goncourt zum „Bankett der 5" zu treffen.

1874 Der Versuch der Volkstümlerjugend, durch revolutionäre Agitation unter den Bauern („Gang ins Volk") eine Volkserhebung gegen das zaristische Regime zu entfachen, scheitert tragisch. Es kommt zu Massenverhaftungen.

Die Novelle „Punin und Baburin" erscheint.

1875 *Turgenjew kauft gemeinsam mit den Viardots ein Gut in Bougival bei Paris. Er wohnt dort bis zu seinem Tod.*

1876 Gründung der Volkstümlerorganisation „Semlja i wolja" (Land und Freiheit).
Volksaufstand in Bulgarien gegen die türkische Fremdherrschaft.
Saltykow-Stschedrins Roman „Die Herren Golowljow" erschienen.
Nekrassows Poem „Wer lebt glücklich in Rußland?" abgeschlossen.

1877 Befreiung Bulgariens vom türkischen Joch im Russisch-Türkischen Krieg.
Beginn der Massenprozesse der zaristischen Justiz gegen die verhafteten Volkstümler („Prozeß der 50", „Prozeß der 193").

Der Roman „Neuland" erscheint.

1878 Erste Attentate der Volkstümler auf exponierte Repräsentanten des zaristischen Regimes.
Erlaß des Sozialistengesetzes in Deutschland.
Nikolai Nekrassow gestorben.

Turgenjew unterhält weiterhin persönliche Kontakte zu emigrierten Volkstümlern, u. a. zu Lopatin und Kropotkin.
Aussöhnung mit Lew Tolstoi.

Lew Tolstois Roman „Anna Karenina" abgeschlossen.

Turgenjew wird von der Juristischen Fakultät der Universität Oxford die akademische Würde eines Ehrendoktors der Rechte verliehen. 1879
Sein älterer Bruder Nikolai gestorben.
Rede vor Moskauer Studenten.

Erneutes Anwachsen der Bauernunruhen in Rußland.
Gründung der volkstümlerischen Geheimorganisation „Narodnaja wolja" (Volkswille), die mit Mitteln des individuellen Terrors operiert.
Uraufführung von Tschaikowskis Oper „Eugen Onegin".
August Bebels Abhandlung „Die Frau und der Sozialismus" erschienen.

Turgenjew kommt mit den jungen Volkstümlerschriftstellern Slatowratski, Naumow, Gleb Uspenski und anderen in Petersburg zusammen. 1880
Anläßlich der Einweihung des Puschkin-Denkmals in Moskau hält Turgenjew seine „Rede über Puschkin".

Dostojewskis Roman „Die Brüder Karamasow" vollendet.
Gustave Flaubert gestorben.
Zar Alexander II. wird durch ein Bombenattentat der Narodowolzen getötet: Beginn einer Reaktionsperiode unter dem neuen Zaren Alexander III.: Zahlreiche Todesurteile bzw. schwere Kerkerstrafen werden über die verhafteten Volkstümlerrevolutionäre verhängt; eine Reihe liberaler Maßnahmen der „Reformzeit" wird rückgängig gemacht, der Zensurdruck wieder verschärft. 1881
Fjodor Dostojewski gestorben.

Turgenjew besucht zum letztenmal Rußland.
Die Novelle „Das Lied der triumphierenden Liebe" erscheint.
Turgenjew erkrankt an Rückenmarkkrebs. 1882
Fünfzig von Turgenjews „Gedichten in Prosa" erscheinen.

Gründung des Russischen Dramatischen Theaters in Moskau.
Karl Marx gestorben. 1883
Gründung der ersten russischen marxistischen Gruppe, „Befreiung der Arbeit", in Genf durch Plechanow, Vera Sassulitsch und andere ehemalige Volkstümler.
Tschechows Kurzgeschichten „Der Tod des Beamten", „Der Dicke und der Dünne" und andere erschienen.

Die „halbphantastische" Novelle „Klara Militsch" erscheint. Turgenjews gesundheitlicher Zustand verschlimmert sich. Er wird von Paris nach Bougival gebracht. Auf dem Sterbebett richtet er an Lew Tolstoi die briefliche Bitte, wieder zur literarischen Tätigkeit zurückzukehren. Nach qualvollem Leiden stirbt Turgenjew am 3. September gegen 14 Uhr. Am 1. Oktober wird seine sterbliche Hülle nach Petersburg übergeführt. Seiner Beisetzung auf dem Petersburger Wolkowo-Friedhof am 9. Oktober wohnen fast 400000 Menschen bei.

Leben und Werk Iwan Turgenjews

„Man kann mit vollem Recht sagen: Turgenjew ist ein internationaler Schriftsteller! Es ist dies eine Tatsache, auf welche die russische Nation, die russische Literatur stolz sein dürfen. Turgenjew gehört nicht nur der russischen, sondern der Weltliteratur an ..." Mit diesen Worten würdigte 1883 der baltendeutsche Publizist Alexander von Reinholdt in seinem Nekrolog die universale Bedeutung des gerade verstorbenen russischen Dichters. In der Tat hatte sich Turgenjew mit seinem zwischen 1843 und 1883 entstandenen Werk, das neben einigen Gedichten und Poemen, neben zahlreichen publizistischen Arbeiten und fast siebentausend Briefen insgesamt sechs Romane, fünfundzwanzig Erzählungsskizzen, dreiunddreißig Novellen und Erzählungen, zehn Dramen sowie dreiundachtzig Prosagedichte umfaßt, schon zu Lebzeiten einen bleibenden Platz im progressiven Kulturbewußtsein Europas erworben. Für seine Landsleute bildete er das wichtigste Bindeglied zwischen den Begründern des russischen Realismus, Alexander Puschkin und Nikolai Gogol, und den großen Realisten der 1861 in Rußland beginnenden kapitalistischen Ära, von denen unter anderen Lew Tolstoi, Fjodor Dostojewski, Anton Tschechow, Iwan Bunin und Alexej Tolstoi durch sein Schaffen bedeutende künstlerische Impulse empfingen.

Turgenjew war der erste russische Schriftsteller, der internationale Anerkennung erfuhr und nach seinem Tode sogar Weltgeltung erlangte. In Westeuropa, wo er fast die Hälfte seines Lebens verbrachte, zählte er zwischen 1860 und 1885 zu den erfolgreichsten ausländischen Autoren. Mit seinen Dichtungen, der Ausstrahlungskraft seiner humanistischen Künstlerpersönlichkeit und seiner verdienstvollen Mittlerrolle hat er den Siegeszug des russischen Realismus in den Ländern Europas – Deutschland, Frankreich, England – und Nordamerikas eingeleitet. Man schätzte ihn als künstlerischen „Chronisten" der russischen Leibeigenschaft und der revolutionären Bewegung der „Nihilisten" und bewunderte seine feinfühlige psychologische Menschenzeichnung, seine poetischen Natur- und Landschaftsbilder und seinen lyrisch-musikalischen Sprachstil als charakteristische künstlerische Elemente einer maßstabsetzenden Schreibweise, die ihm den Ruf eines „Meisters der europäischen Novelle“ und des realistischen Romans einbrachte. Viele hervorragende Repräsentanten der westeuropäischen und nordamerikanischen Prosaepik des 19. und 20. Jahrhunderts wurden von Turgenjews maßvollem, ihnen vertraut anmutendem Realismus nachhaltig beeindruckt und in ihrer poetischen Konzeption schöpferisch angeregt. Schriftsteller wie Theodor Fontane, Thomas Mann, Ferdinand von Saar, George Sand, Gustave Flaubert, Guy de Maupassant, John Galsworthy, Henry James, Ernest Hemingway, Virginia Woolfe betrachteten ihn sogar – zumindest zeitweise – als ihren Lehrmeister und ihr literarisches Vorbild. Hemingway bemerkte 1925 in einem Brief an MacLeish nicht ohne Humor: „Turgenjew ist für mich der größte Schriftsteller, den es je gegeben hat ... Das beste Buch, das ich kenne, ist ‚Krieg und Frieden‘, aber stell Dir vor, was das für ein Buch geworden wäre, wenn Turgenjew es geschrieben hätte ...“

Gleich Alexander Puschkin und anderen russischen Klassikern gehört – wie der Literaturkritiker Wissarion Belinski es einmal formulierte – Turgenjew zu jenen „ewig lebenden und sich bewegenden Erscheinungen“ in der Literatur, die noch nach ihrem Tode im Bewußtsein der Gesellschaft fortbestehen. Obwohl ihn schon bald Lew Tolstoi, Fjodor Dostojewski, etwas später auch Anton Tschechow und Maxim Gorki in der Gunst des europäischen Leserpublikums ablösten und an internationaler Wirkung übertrafen, ist sein literarisches Erbe bis heute lebendig geblieben. Nicht nur in der Sowjetunion, auch in vielen anderen Ländern, darunter in der DDR, gibt es seit einiger Zeit eine bemerkenswerte Turgenjew-Renaissance, die sich in zahlreichen neuen Werkausgaben und in intensiven Bemühungen um die wissenschaftliche Erschließung seines Gesamtschaffens manifestiert. Den bisherigen Höhepunkt in der internationalen Turgenjew-Rezeption bildete der 100. Todestag des Dichters, der, 1983 zum UNESCO-Gedenktag erklärt, weltweit begangen wurde.

Die Ursachen dafür, daß Turgenjews beste Werke so eindrucksvoll die Prüfungen der Zeit bestanden haben und heute wirksamer denn je erscheinen, sind vielschichtiger Natur. Noch immer gelten seine Romane und Erzählungen als eine künstlerische

„Chronik" der geistigen und sozialen Bewegungen in Rußland zwischen 1830 und 1880, und noch immer beeindruckt die von ihm geschaffene einzigartige Typologie des russischen Menschen jener Zeit. Unvergänglich geblieben ist der Zauber der ewig jungen Mädchen- und Frauengestalten des Dichters, deren hoher Glücksanspruch und ideale Lebensauffassung, verglichen mit dem Streben heutiger Frauen nach geistiger Selbstverwirklichung und gesellschaftlicher Emanzipation, besonders aktuell anmuten. In der komplizierten, von tiefen Widersprüchen und ernsten Gefährdungen gekennzeichneten Weltsituation unserer Tage erweist sich vor allem auch die gedankentiefe, humanistische Gestaltung essentieller menschlicher Probleme als wertvolle, vielgefragte „Lebenshilfe". Über allem aber steht der besondere ästhetische Reiz, den die Werke Turgenjews durch ihren unverwechselbaren poetischen Stimmungsgehalt ausstrahlen. Der Schriftsteller Uwe Grüning bemerkt dazu: „Noch immer bezaubert seine Poesie. Turgenjew ist gut im Frühjahr zu lesen, wenn das Laub des Spitzahorns eine rote Tönung besitzt, in Parks, wo Flieder, Kastanien, Magnolien blühen, oder im Sommer an unvergleichlichen Abenden vor Teichen und Seen mit den Spiegelbildern des reifenden Korns und der Erlen."

Iwan Sergejewitsch Turgenjew entstammte väterlicherseits einem alten Adelsgeschlecht tatarischer Herkunft. Einer seiner Vorfahren, der Bojar Pjotr Nikitytsch Turgenjew, war Anfang des 17. Jahrhunderts unter dem Henkerbeil gestorben, weil er dem falschen Zaren Dmitri nicht dienen wollte. Sergej Nikolajewitsch, der Vater des Dichters, hatte, völlig verarmt, die reiche, sechs Jahre ältere Gutsbesitzerin Warwara Petrowna Lutowinowa geheiratet und bald darauf im Range eines Oberst den Militärdienst quittiert. Die Ehe der beiden verlief wenig glücklich. Ein Bild des früh verstorbenen Vaters, eines Genußmenschen, der sich nur wenig um die Erziehung seiner Kinder kümmerte, zeichnete Turgenjew später in seiner Novelle „Erste Liebe".

Seine Kindheit verbrachte der Dichter auf dem mütterlichen Stammgut Spasskoje-Lutowinowo im Gouvernement Orjol. Hier herrschte die tyrannische Warwara Petrowna, Besitzerin von mehr als fünftausend Leibeigenen, mit despotischer Willkür über ihr Hofgesinde und die Söhne Nikolai, Iwan und Sergej. Die Gestalt der ungeliebten hartherzigen Mutter diente Turgenjew später als Vorbild für die launisch-kapriziöse Gutsherrin in seiner Novelle

„Mumu". „Ich wurde geboren und wuchs auf in einer Atmosphäre, wo Faustschläge, Tritte, Prügel, Ohrfeigen und ähnliches an der Tagesordnung waren. Auch ich wurde für jede Kleinigkeit fast täglich verprügelt", schreibt er über diese Zeit, deren schreckliche Eindrücke jedoch dazu beitrugen, daß er die Prügelstrafe wie auch jegliche Gewaltanwendung entschieden ablehnte und schon früh zu einem konsequenten Gegner der Leibeigenschaft wurde. Diese humanistische Grundhaltung fand ihren künstlerischen Niederschlag in einer Reihe literarischer und publizistischer Arbeiten. So wandte er sich zum Beispiel 1870 in der Reportagenskizze „Die Hinrichtung Tropmanns" gegen die Todesstrafe. Mit minutiöser Genauigkeit schildert er die Exekution eines Raubmörders, der er als Beobachter beigewohnt hatte. In der Guillotine erblickte er das barbarische Symbol der Grausamkeit der Justiz und des Strafvollzuges in der bürgerlichen Gesellschaft. Auch die kurz vor seinem Tode für eine Kinderzeitschrift verfaßte Kurzgeschichte „Die Wachtel" geht auf eine Episode aus Turgenjews Kindheit zurück.

Bildung und Erziehung der Kinder im Hause Turgenjew oblagen – wie in vielen russischen Adelsfamilien jener Zeit – fast ausschließlich ausländischen „Hofmeistern" und Hauslehrern. Daß Turgenjew bereits in diesem frühen Lebensabschnitt Lesen und Schreiben in der Muttersprache lernte und daß in ihm das Interesse für die schöne Literatur seines Vaterlandes geweckt wurde, verdankte er dem leibeigenen Privatsekretär seiner Mutter, Fjodor Iwanowitsch Lobanow, dem er in der Erzählung „Punin und Baburin" ein bleibendes Denkmal setzte. Die umfangreiche Familienbibliothek in Spasskoje enthielt nur wenige russische Bücher, es dominierten Werke der französischen Literatur, aber auch zahlreiche englische und deutsche Autoren befanden sich darunter. Dies trug zweifellos mit dazu bei, daß sich Turgenjew schon in seiner Kindheit mit Fremdsprachen beschäftigte und später Französisch, Deutsch und Englisch in Wort und Schrift fast ebenso gut beherrschte wie die Muttersprache.

1833 bezog der Fünfzehnjährige (!) die Moskauer Universität, die damals das bedeutendste Zentrum freiheitlicher Bestrebungen im russischen Geistesleben der ultrareaktionären Periode nach dem Dekabristenaufstand war. Ein Jahr später setzte er das Studium der Philosophie, Geschichte und Literatur in Petersburg fort, wo er 1837 den akademischen Grad eines Kandidaten der Philosophie erlangte. In diese Zeit fallen auch seine ersten Schreibversuche: elegische Liebesgedichte und das romantische Versdrama „Steno“, das er 1868 in seinen „Literatur- und Lebenserinnerungen“ selbst als eine sklavische Nachahmung des Byronschen „Manfred“ bezeichnete.

Um sein Wissen zu erweitern, begab sich Turgenjew 1838 ins Ausland. In Berlin studierte er, von einigen Unterbrechungen abgesehen, bis 1841 Geschichte, alte Sprachen und besonders die Hegelsche Philosophie, die im zaristischen Rußland nicht gelehrt werden durfte. Die Berliner Universität, an der sich gleichzeitig mit Turgenjew auch Karl Marx immatrikuliert hatte, galt damals für viele junge russische Intellektuelle als Mekka des deutschen philosophischen Idealismus. In seinen Erinnerungen charakterisiert der Dichter die Bedeutung der Berliner Jahre für seine geistige und weltanschauliche Entwicklung mit den Worten: „Ich stürzte mich kopfüber in das ‚deutsche Meer‘, das mich reinigen und wiedergebären sollte – und als ich endlich aus seinen Wogen wieder auftauchte, war ich ein ‚Westler‘ geworden und bin es für immer geblieben.“

Der Studiosus „Johann v. Turgenef“ (so schrieb er sich in die Matrikel der Berliner Alma mater ein) hörte aber nicht nur die Vorlesungen des beliebten Hegelianers Karl Werder, des Historikers Leopold Ranke und der Altphilologen Karl Gottlieb Zumpt und Philipp August Böck. Zu seinen stärksten Bildungserlebnissen zählte damals die intensive Beschäftigung mit dem Werk Goethes, dessen großer Kenner und Verehrer er wurde. In dieser Verehrung bestärkten ihn Bettina von Arnim und Varnhagen von Ense, deren literarische Salons er in Berlin häufig besuchte, sowie Alexander von Humboldt. In seiner Meisternovelle „Faust“ brachte er Jahre später als reifer Künstler dem nach Shakespeare „größten Dichter der Neuzeit“, wie er Goethe 1869 in seinem Artikel „Erstaufführung einer Operette von Frau Viardot in Weimar“ nannte, eine eindrucksvolle und zugleich eigenwillige literarische Huldigung dar.

Nach Rußland zurückgekehrt, legte Turgenjew 1842 in Petersburg die philosophische Magisterprüfung mit Auszeichnung ab. Sein großer Wunsch, einen Lehrstuhl für Philosophie an der Moskauer Universität zu erhalten, erfüllte sich jedoch nicht, weil die zaristische Regierung diese „gefährliche“ Fachrichtung inzwischen abgeschafft hatte. So entsprach er zunächst der Bitte seiner Mutter und nahm 1843 eine Tätigkeit als Beamter im Innenministerium auf, die ihn so wenig befriedigte, daß er 1845 seine Ent-

Pauline Viardot

lassung aus dem Staatsdienst erwirkte, um sich nunmehr ganz der schriftstellerischen Arbeit zu widmen.

Turgenjews frühes Schaffen, das die zwischen 1843 und 1846 geschriebenen Poeme, Prosaerzählungen und Komödien umfaßt, verriet zwar schon die originale künstlerische Handschrift des heranwachsenden großen Talents, ließ aber zugleich eine gewisse Abhängigkeit von seinen literarischen Vorbildern Puschkin, Lermontow und Gogol erkennen. Von Zweifeln an seiner dichterischen Begabung gequält, trug sich der junge Autor zuweilen sogar mit dem Gedanken, das Schreiben wieder aufzugeben. 1847 kam es zu einer entscheidenden Wende: die im „Sowremennik" veröffentlichte kleine Erzählung „Chor und Kalinytsch" fand bei den Lesern und der Literaturkritik überraschend einen so begeisterten Widerhall, daß ihr Verfasser in der Folgezeit weitere zwanzig Skizzen und Erzählungen für den „Sowremennik" schrieb, die dann 1852, erstmals zu einer Buchausgabe vereinigt, unter dem Sammeltitel „Aufzeichnungen eines Jägers" in Moskau erschienen. Dieser Zyklus, der in den siebziger Jahren noch erweitert wurde, machte den Dichter in Rußland und schon bald darauf auch in Westeuropa schlagartig berühmt. Mit der fast wissenschaftlich genauen und zutiefst poetischen Schilderung der Wirklichkeit – vermittelt durch die auktoriale Erzählergestalt des Jägers, der seine Eindrücke von Mensch und Natur als scheinbar neutraler Beobachter wiedergibt – hatte Turgenjew offensichtlich die seiner spezifischen Begabung adäquate Darstellungsart gefunden.

„Der Mit- und Nachwelt berichtet zu haben, was Leibeigenschaft ist", darin erblickte schon 1866 der liberale Literaturkritiker Julian Schmidt den Schlüssel für den großen Erfolg und die anhaltende Wirkung des Jäger-Tagebuches. Tatsächlich schuf Turgenjew anhand erschütternder Bauernschicksale und klug differenzierter Gutsbesitzerporträts ein vielschichtiges und anschauliches Bild des damaligen russischen Land- und Provinzlebens, das bis 1861 durch die anachronistischen Zustände der Leibeigenschaft bestimmt wurde. Nicht zuletzt aus Abscheu vor dieser unmenschlichen Ordnung, in der er den Hauptgrund für die schwere Lage und die allgemeine Rückständigkeit seines Volkes erblickte, entschloß er sich 1847, ausschließlich im westlichen Ausland zu leben, wo auch ein Teil seiner „Aufzeichnungen eines Jägers" entstand. In seinen Erinnerungen berichtete er, daß er zu jener Zeit eine Art „Hannibalschwur" geleistet habe, sich nie mit seinem schlimmsten Feind, der Leibeigenschaft, zu versöhnen. Um diesen Gegner besser bekämpfen zu können, habe er damals Rußland für längere Zeit verlassen. Die schärfste Kritik an der sozialen Ungerechtigkeit auf dem Lande und an den grausamen adligen „Seelenbesitzern" enthalten die Skizzen „Der Gutsvogt", „Zwei Gutsbesitzer" und „Das Kontor". Diese Werke wurden nicht zufällig geschrieben, als Turgenjews Freundschaft mit Wissarion Belinski ihren Höhepunkt erreichte. Der Einfluß der demokratischen und materialistischen Ansichten Belinskis und sein kompetentes Eintreten für den Realismus in der zeitgenössischen russischen Literatur haben zweifellos dazu beigetragen, daß die anfängliche Vorliebe des jungen Dichters für die ästhetische Konzeption der Romantik und seine Neigung für die deutsche spekulative Philosophie zunehmend einer nüchterneren, kritischeren Wirklichkeitssicht, der Auseinandersetzung mit aktuellen sozialen Fragen und der realistischen Darstellung alltäglicher Menschen Platz machten. Die revolutionären Ideen seines Freundes vermochte Turgenjew allerdings nicht zu teilen. Er blieb zeit seines Lebens ein Anhänger des gemäßigten, reformerischen Fortschritts und eines aufklärerischen Liberalismus. 1879 erklärte er in einer Rede vor Studenten, das Wort Liberaler sei in den vierziger Jahren gleichbedeutend gewesen mit „Ehrfurcht vor der Wissenschaft und der Bildung", mit „Protest gegen alles Finstere und Bedrükkende", mit „Liebe zur Poesie und Kunst" und vor allem mit der „Liebe zum Volk". Obwohl der Dichter die Befreiung der Bauern und den gesellschaftlichen Fortschritt in Rußland durch Reformen nach westeuropäischem Vorbild verwirklicht sehen wollte, entging ihm als scharfsichtigem Künstler nicht, daß sich viele adlige Gutsbesitzer nur zum Schein mit der Gloriole des humanen und zivilisierten Liberalen umgaben, in der Praxis jedoch mit ihren Leibeigenen noch grausamer verfuhren als die reaktionären „altväterlichen" Gutsherren. Einen solchen „Westler" beschreibt Turgenjew mit satirischen Farben in der Gestalt des Gutsbesitzers Penotschkin („Der Gutsvogt"), der mit seinem Gast erhabene Gespräche führt und gleichzeitig seinen Diener auspeitschen läßt, weil der Wein nicht genügend temperiert ist. Auf die typischen Züge dieses „Liberalen" hat 1907 Lenin in seinem Aufsatz „Graf Heyden zum Gedächtnis" hingewiesen.

In dem fast enzyklopädischen Figurenensemble der „Aufzeichnungen eines Jägers" befinden sich neben den adligen Gutsherren und ihren leibeigenen Opfern auch jene Verwalter, Kontoristen, Schreiber und Kammerdiener, die sich zu willenlosen Werkzeugen oder zu schlau berechnenden, auf Eigennutz bedachten Gehilfen ihrer Herren machen lassen, die ihre Macht mitleidlos mißbrauchen und sich auf Kosten der Bauern bereichern. Sie waren Vorläufer einer ländlichen Bourgeoisie, die in Rußland nach der Aufhebung der Leibeigenschaft als Ausbeuter an die Seite der Gutsbesitzer trat.

Turgenjew schilderte indessen die Leibeigenen nicht nur als Opfer der Willkür, sondern er zeigte als erster russischer Schriftsteller auch ihre gesunde Lebenstüchtigkeit, die in ihnen verborgenen schöpferischen Fähigkeiten und menschlichen Qualitäten. Diese positiven Eigenschaften bildeten für ihn den „Keim zukünftiger großer Taten, einer großen Entwicklung des Volkes". In der erst 1874 veröffentlichten Skizze „Die lebende Reliquie" hat der Dichter zugleich die Leidensfähigkeit und Geduld des einfachen russischen Menschen in zutiefst humanistischer Weise beschrieben. Die ergreifende Geschichte der gelähmten Lukerja belegt eindrucksvoll das Vermögen des Autors, ungewöhnliche Erscheinungen und Gestalten der Wirklichkeit aufmerksam zu beobachten und in ihnen die Poesie des Alltagslebens feinfühlig zu enthüllen. In einem Brief an seinen Freund Ludwig Pietsch vom 22. April 1874 berichtete er über den seiner Erzählung zugrunde liegenden authentischen Fall: „... Derselbe patriarchalische Dorfälteste, der mir den Namen nannte – (das Ganze ist nämlich eine wahre Geschichte) – erklärte mir nicht ohne einen gewissen ironischen Humor –, daß die Klawdia (das war ihr eigentlicher Name) – nur an Sonntagen pißt. NB – und an großen Feiertagen (also 6 oder 8 Mal im Jahr) sch...st. – Wie das möglich ist – darüber können Sie meinen Arzt befragen. – Derselbe Arzt wird Ihnen sagen können, wie es möglich war, daß das Fleisch des armen Wesens absolut so hart wie Bronze wurde – und also von einem Durchgelegtsein keine Rede sein konnte! – Es ist wahr, ich habe sie im Sommer besucht – und der Raum war luftig ... aber ma parole! Gestank habe ich nicht gespürt! Ihre Krankheit soll eine Rückenmarkerschütterung gewesen sein."

Der lyrisch-emotionale Grundton, auch in den meisten anderen Jäger-Skizzen Bestandteil der Wirkungsstrategie ihres Autors, resultiert in der „Lebenden Reliquie" nicht allein aus der von menschlicher Anteilnahme bestimmten Erzählhaltung, sondern auch aus der Ausdruckskraft und Plastizität der einleitenden Naturschilderungen, die allen Skizzen der „Aufzeichnungen eines Jägers“ eigen sind. In ihnen äußert sich Turgenjews Liebe zur heimatlichen mittelrussischen Landschaft, die ihm durch seine Streifzüge sehr vertraut war. In einer Sprache, die einmal von dem Dichter Alexej Konstantinowitsch Tolstoi mit dem Klang Beethovenscher Sonaten verglichen worden ist, beschreibt er Wald, Feld und Steppe im Wechsel der Tages- und Jahreszeiten, wobei er die vielfältigen Nuancen der Natur adäquat wiedergibt.

Turgenjews „poetische Anklagerede gegen die Leibeigenschaft“ (so charakterisierte Alexander Herzen die „Aufzeichnungen eines Jägers“) konnte 1852 nur durch ein Versehen der Zensurbehörde als Buchausgabe erscheinen. Die zaristische Regierung, die jede öffentliche Diskussion über die Bauernbefreiung kategorisch untersagt hatte, fand jedoch bald einen Vorwand, um den unbequemen Kritiker zu maßregeln. Als der Dichter im selben Jahr in einer Moskauer Zeitung seinen von der Petersburger Zensur nicht genehmigten Nachruf auf den verstorbenen Nikolai Gogol veröffentlichte, wurde er wegen Ungehorsams verhaftet und nach einmonatiger Untersuchungshaft für anderthalb Jahre auf sein Gut Spasskoje verbannt. Doch konnte damit die weitere Verbreitung und die nationale und internationale Wirkung des Jäger-Tagebuches nicht aufgehalten werden.

Mit den „Aufzeichnungen eines Jägers“ hat Turgenjew – wie er selbst zu Recht einschätzte – sein „bleibendes Scherflein für die Schatzkammer der russischen Literatur“ beigesteuert. Lange Zeit unterbewertet blieben indessen seine Beiträge zur Erneuerung des stagnierenden russischen Theaters, die er mit seinen zwischen 1843 und 1850 geschriebenen Einaktern und Komödien leistete. Ganz bewußt wandte Turgenjew sich gegen den manierierten und gekünstelten Stil des auf der zeitgenössischen Bühne dominierenden romantischen Melodramas und verwirklichte, wobei er an die realistischen Traditionen der Gogolschen Dramatik anknüpfte, auch in seinen Komödien die ästhetischen Prinzipien der Einfachheit, Natürlichkeit und Lebensechtheit, die Belinski als Theoretiker der realistischen „Natürlichen Schule“ zu jener Zeit propagierte. Künstlerisch überzeugenden Ausdruck fand das unter anderem in dem Einakter „Das Frühstück beim Adelsmarschall“, der wegen seiner theatralischen Wirksamkeit auch heute noch gespielt wird. Wie im „Gutsvogt“ erweist sich der Autor in diesem Stück als glänzender Satiriker, der – ähnlich wie vor ihm schon

Gogol in dem Roman „Die toten Seelen" – die Ichsucht, Grobheit und mangelnde Bildung des russischen Landadels der Lächerlichkeit preisgibt. Eine psychologisch bemerkenswerte Charakterstudie dieses parasitären Typus gelang ihm hier vor allem mit der boshaften, hintergründig-schlauen Gutsbesitzerin Kaurowa.

Den Höhepunkt und Abschluß von Turgenjews dramatischem Schaffen bildete die 1850 geschriebene Komödie in fünf Akten „Ein Monat auf dem Lande", die erst 1855 – von der Zensur stark verstümmelt – veröffentlicht und uraufgeführt werden konnte. Dieses größte und künstlerisch reifste Drama des Dichters, dessen Spezifik und Neuerertum nach Meinung des bekannten Regisseurs des Moskauer Künstlertheaters, Konstantin Stanislawski, vor allem in der „inneren Handlung", in der Darstellung der seelischen Konflikte der Figuren und der Doppelbödigkeit der Dialoge besteht, wurde erst zu Beginn dieses Jahrhunderts für die russische Bühne erschlossen.

In den fünfziger Jahren wandte sich Turgenjew, um die sozialen und psychologischen Probleme dieses der Bauernbefreiung vorausgehenden bewegten Jahrzehnts künstlerisch differenzierter erfassen zu können, größeren Genres und neuen Gestaltungsmitteln zu. Der Übergang von der Erzählungsskizze, die ihm zunehmend zu eng erschien, zu einer abgerundeteren, umfassenderen Darstellungsweise zeigte sich zuerst in seiner 1852 in Polizeihaft niedergeschriebenen Novelle „Mumu", die auf einem Erlebnis seiner Kinderzeit fußt. Mit der Geschichte des taubstummen Leibeigenen Gerassim, der von der Herrin gezwungen wird, seinen kleinen Hund, die einzige Freude seines schweren und einsamen Lebens, zu töten, knüpfte der Autor – ohne sich zu wiederholen – thematisch an die Jäger-Skizzen an. Die Gestalt des „russischen Onkel Tom", wie Alexander Herzen den fleißig-gutmütigen Riesen Gerassim nannte, verkörpert symbolisch die schlummernde Kraft und die Humanität des einfachen Volkes, das seine Stimme noch nicht erheben konnte. Im Unterschied zu den „Aufzeichnungen eines Jägers", wo die Leibeigenen vorwiegend Züge der Verschüchterung, der passiven Geduld und der patriarchalischen Demut tragen, kommt es in „Mumu" zumindest am Schluß bereits zu einer gewissen Protesthaltung: in seiner Menschenwürde tief verletzt, verläßt Gerassim ohne Erlaubnis seine Arbeitsstelle in der Stadt und kehrt demonstrativ in sein heimatliches Dorf zurück.

Die neue Phase in der Novellistik des gereiften Dichters, in der nun nicht mehr die „unerhörte Begebenheit“, sondern eine vertiefte Menschenzeichnung von entscheidender Bedeutung war, fand ihren bemerkenswertesten Ausdruck in den Mitte der fünfziger Jahre entstandenen lyrisch-intimen Erinnerungs- und Stimmungsnovellen. Werke wie „Faust“, „Asja“ und „Erste Liebe“, die als klassische Liebeserzählungen in die Weltliteratur eingegangen sind, vereinigen – häufig mit wehmütig-entsagender Grundhaltung – intime Liebesmotive und autobiographische Erinnerungsstoffe und spiegeln zugleich, eingebettet in individualpsychologische Konflikte, aktuelle ideologische Fragen ihrer Entstehungszeit wider. Das „träumerische Ablagern von Stimmungen“, das Theodor Storm an den Novellen des ihm in vielem wesensverwandten russischen Dichters besonders bewunderte, ist auch ein charakteristisches Merkmal der Novelle „Asja“, die Turgenjew 1857 in Sinzig am Rhein zu schreiben begann und im selben Jahr in Rom vollendete. Die deutsche Rheinlandschaft bildet hier den stimmungsvollen Hintergrund der retrospektiv erzählten Jugendepisode. Der ästhetische Reiz dieses kleinen Werkes beruht vor allem auf dem Zauber erwachender Weiblichkeit und jugendlicher Reinheit, den die anmutig-naive, „rätselhafte“ und kapriziöse Titelheldin ausstrahlt. Zu ihren literarischen Vorbildern zählt die moderne Turgenjew-Forschung Goethes Mignon. Trotz ihrer inneren Zerrissenheit, die sich aus ihrer Herkunft erklärt, übertrifft Asja den jungen N. (den Ich-Erzähler), der vor den Schwierigkeiten einer Entscheidung zurückweicht und damit sein Lebensglück versäumt, an Charakterstärke und Gefühlstiefe. In seiner berühmten Rezension „Ein russischer Mensch beim Rendezvous“ (1858) hat Tschernyschewski die seelische Lauheit und den Wankelmut dieses Turgenjewschen Helden als typischen Zug der liberalen Adelsintelligenz interpretiert, der er das Recht auf eine Führungsrolle innerhalb der Nation absprach.

In „Asja“ und anderen Novellen dieser Periode verbindet sich das lebensbejahende Motiv der „ersten Liebe“, der strahlenden „Apotheose der Jugend“ mit dem für Turgenjews „Philosophie der Liebe“ charakteristischen Gedanken der Zerbrechlichkeit und Kurzlebigkeit persönlichen Glücks zu einer eigenartig reizvollen bitter-süßen Mischung aus optimistischer Weltsicht und schwermütiger Resignation. Die fatalistischen Ansichten des Dichters von der „tragischen Bedeutung der Liebe“, die den Menschen wie eine verheerende Krankheit überfallen, unterjochen und zerstören kann, wie sie in „Faust“, „Erste Liebe“ und auch späteren Erzählungen anklingen, resultierten nicht nur aus seiner Beschäftigung mit Schopenhauers pessimistischen Lehren, sondern waren auch Reflex persönlicher Erfahrungen.

1843 war Turgenjew erstmals der berühmten Sängerin Pauline García-Viardot begegnet, als sie mit der italienischen Oper in Petersburg gastierte. Die überragende künstlerische Begabung der Sopranistin, ihre hohe geistige Kultur und ihr natürlicher Charme faszinierten ihn so stark, daß er sich bis zu seinem Tode zu der begnadeten Künstlerin hingezogen fühlte. Obwohl seine Liebe keine Erfüllung finden konnte, da Pauline bereits mit dem französischen Musikschriftsteller Louis Viardot verheiratet war, verzichtete er ihretwegen auf ein eigenes Ehe- und Familienglück. Seine zahlreichen Westeuropareisen zwischen 1845 und 1861 und die folgende endgültige Übersiedlung nach Deutschland beziehungsweise Frankreich waren auch mit von dem Wunsch inspiriert, Pauline Viardot wiederzusehen und schließlich ganz in ihrer Nähe zu leben.

Turgenjews lyrisch-intime Novellen sowie ein Teil der Erzählungen der sechziger und siebziger Jahre sind thematisch und künstlerisch eng verbunden mit seinen sechs Gesellschaftsromanen, die zwischen 1856 und 1876 entstanden. Sie umgeben sie gleichsam kranzförmig und leiten sie häufig als psychologische und philosophische Studien ein, begleiten sie oder bringen sie zum Ausklingen. Der Dichter selbst hat seine Romane gelegentlich als „verlängerte Novellen“ bezeichnet, wobei er nicht nur ihre relative Kürze und Komprimiertheit im Auge hatte. Während in den Novellen und Erzählungen die persönlich-intime und individualpsychologische Problematik dominiert, geht es in den sozialpsychologischen Romanen vorrangig um zentrale gesellschaftliche und ideologische Fragen. Wie Turgenjew in seinem Aufsatz „Zu den Romanen“ (1879) formulierte, wollte er in diesen Werken der großen epischen Form „gewissenhaft und unparteiisch“ das darstellen, „was Shakespeare ‚the body and pressure of time‘ nennt“, und „jenes sich rasch verändernde Antlitz der Russen aus den kultivierten Kreisen“ zeigen. Mit der subtilen Analyse konkreter sozialhistorischer Erscheinungen verbindet sich aber auch – wie in seinen Novellen, nur im umgekehrten Verhältnis – die gedankentiefe Behandlung „ewiger“ existentieller Fragen.

Seinen Ruf als künstlerischer „Chronist“ der zeitgenössischen russischen Gesellschaft begründete Turgenjew bereits mit den er-

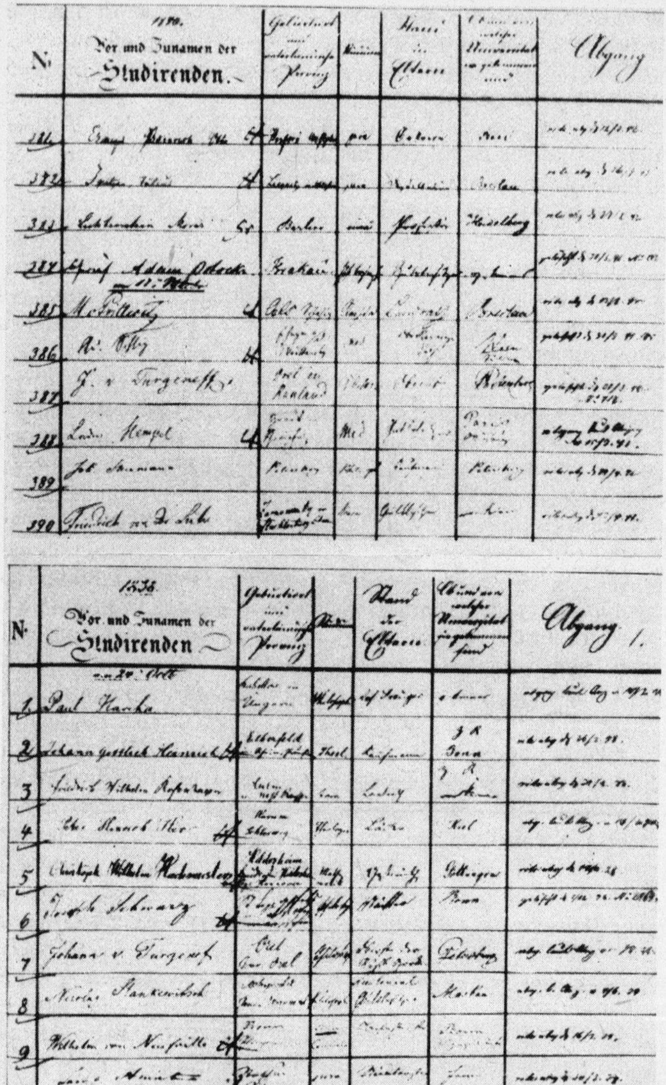

Faksimile der Immatrikulation Turgenjews an der Berliner Universität 1838 (Nr. 7) und 1840 (Nr. 387)

sten beiden Romanen, „Rudin“ und „Ein Adelsnest“, in denen er die tragische Situation der liberalen Adelsintelligenz, die am Vorabend der Aufhebung der Leibeigenschaft nicht mehr die Führung der Nation beanspruchen konnte, in verschiedenen Varianten gestaltete. Während er zunächst in „Rudin“ den Typ des „Träumers“, des idealistisch-weltfremden Aufklärers der vierziger Jahre schilderte, wandte er sich in „Ein Adelsnest“ mit seinem Romanhelden Lawrezki dem „Praktiker“ zu, der – ähnlich wie der Autor – auf seinem Gut Reformen durchführt, um das schwere Los der Bauern zu erleichtern, und der versucht, dem Volk näherzukommen. Ähnliche Bestrebungen kennzeichneten später auch die Gestalt des Gutsbesitzers Lewin in Lew Tolstois Roman „Anna Karenina“ (1877/78). In den Streitgesprächen mit dem eitlen Karrieristen Panschin verteidigt Lawrezki als Patriot den Gedanken einer eigenständigen nationalen Entwicklung Rußlands gegen die unter den Adligen weit verbreitete Anbetung und Nachahmung westeuropäischer Modeströmungen. Sein wirkungsstrategisches Konzept, den gesellschaftlichen und menschlichen Wert des „Helden seiner Zeit“ zu untersuchen, realisierte Turgenjew aber nicht nur in den ideologischen Auseinandersetzungen der Antipoden. Wie auch in den anderen Romanen bildet das Verhalten im Liebeskonflikt ein entscheidendes Kriterium für ihre Beurteilung. Die tragische Liebesgeschichte zwischen den beiden Hauptgestalten, Lawrezki und Lisa Kalitina, stellt gleichsam den „novellistischen Kern“ des Romans dar, um den sich als „epischer Rahmen“ vielfältige biographische Porträts, Exkurse in die Vergangenheit, Landschaftsbilder und ein abschließender Epilog ranken. Obwohl sich Lawrezki mit seiner idealen Denkweise und seinem aufrichtigen Bemühen, ein sinnvolles, tätiges Leben zu führen, der Liebe Lisas durchaus würdig erweist, resigniert er, als es darauf ankommt, sein Lebensglück gegen die starren Moralgesetze der Religion und Gesellschaft durchzusetzen. Wie in „Asja“ und „Faust“, die nicht zufällig eine Art Einleitung zum „Adelsnest“ darstellen, klingen im Roman wiederum das elegische Motiv der „Unerreichbarkeit des Glücks“ und die daraus resultierende asketische Schlußfolgerung an, daß der tiefe Sinn des Lebens in Entsagung, im bewußten Verzicht auf persönliche Interessen und in der Erfüllung der gesellschaftlichen „Pflicht“ besteht. Daß Lawrezki mit dieser Maxime letztlich scheitert und (im Epilog des Romans) an der Schwelle eines einsamen Alters die Nutzlosigkeit seines Lebens bekennen muß, führte Nikolai Dobroljubow in seinem Aufsatz „Wann endlich kommt der Tag?“ (1859) nicht so sehr auf das subjektive Versagen des Helden, sondern vielmehr auf die Wirkung der bestehenden gesellschaftlichen Vorurteile und fest eingewurzelten Gewohnheiten zurück, mit denen „zu kämpfen auch für einen energischen, kühnen Menschen etwas Erschreckendes sein muß“. Der Roman endet auch nicht mit dem pessimistischen Gedanken der unabwendbaren Entsagung. Turgenjews Überzeugung, daß das menschliche Leben den Gesetzen ewiger Erneuerung unterworfen ist, kommt am Schluß deutlich zum Ausdruck, wenn der einsame, vom Leben enttäuschte Lawrezki die heranwachsende Generation begrüßt, die er für berufen hält, die Neugestaltung Rußlands im humanistischen Sinne zu verwirklichen.

Lisa Kalitina gehört zu jenen charakterstarken Turgenjewschen Mädchen, die eine Art Gegenpol zu den problematischen Naturen seiner männlichen Helden bilden. In manchen Zügen ihrer „echt russischen Seele“ erinnert sie an Tatjana Larina in Puschkins „Eugen Onegin“ (1833). Wie Lawrezki glaubt auch Lisa, kein Recht auf ein persönliches Glück zu haben. Durchdrungen von den starren Moralgesetzen einer patriarchalisch-religiösen Demutsphilosophie, hält sie es für ihre „Pflicht“, der Liebe zu Lawrezki zu entsagen, als dessen tot geglaubte Ehefrau wieder auftaucht. Lisas Eintritt ins Kloster resultiert aber nicht allein aus einem objektiv ungerechtfertigten persönlichen Schuldgefühl, sondern ist zugleich auch eine Reaktion ihres sensiblen sozialen Gewissens. Sie fühlt sich mitverantwortlich für die Sünden ihres ganzen Adelsgeschlechts, das so viel Leid über seine Leibeigenen gebracht hat.

„Ein Adelsnest“ wurde gleich nach seiner Veröffentlichung zum größten Bucherfolg des Dichters in Rußland und brachte ihn dort auf den Gipfel seines literarischen Ruhms. Der Roman erschien zu einem Zeitpunkt, als sich nach der schmählichen Niederlage des zaristischen Rußlands im Krimkrieg (1853–1856) die Krise der feudalabsolutistischen Ordnung noch verstärkte und der Niedergang der herrschenden Adelsschicht immer evidenter wurde. Die wehmütige Schilderung des Verfalls der von Turgenjew geliebten heimatlichen „Adelsnester“ und der schmerzliche Abschied von einer historisch zum Untergang verurteilten Welt bilden die Grundlage der poetischen Atmosphäre dieses Werkes, in dem die gesellschaftskritische Darstellung, die detailgetreue Milieu- und Sittenbeschreibung und die feinfühlige Menschenzeichnung ebenso eine harmonische Einheit bilden wie die welt-

Iwan Turgenjew – 1848

anschaulich-soziale und psychologisch-individuelle Problematik. Eine wesentliche Komponente der lyrischen Grundstimmung des Romans ist neben der für Turgenjew typischen Einbeziehung von Natur und Landschaft die Musik. Sie spielt bei der Charakterisierung der Gestalten, ihrer Gefühle und ihrer Umwelt eine bedeutende Rolle. So tönt zum Beispiel an dem Abend, der Lawrezki und Lisa innerlich zusammenführt, „der machtvolle, verwegen schmetternde Gesang der Nachtigall herein". Von großer emotionaler Kraft ist auch die nächtliche Szene, in der der alte Lemm, der deutsche romantisch-idealistische Musiklehrer Lisas, das von ihm komponierte „Lied der triumphierenden Liebe" erklingen läßt, das Lawrezkis Seelenzustand nach der Liebeserklärung an Lisa untermalt.

Ende der fünfziger Jahre brach Turgenjew, nach langjähriger Zusammenarbeit, mit der Redaktion des „Sowremennik", in dem bis dahin die meisten seiner Werke erschienen waren. Zu einer Zeit, da in Rußland die weitere Zuspitzung der Klassengegensätze in eine revolutionäre Krise mündete und der Kampf um die Aufhebung der Leibeigenschaft in sein entscheidendes Stadium trat, lehnte er die radikaldemokratischen Positionen Tschernyschewskis und Dobroljubows, die damals die führenden Köpfe dieser Zeitschrift waren, entschieden ab. Er selbst gehörte – wie Lenin es 1918 in seinem Artikel „Die nächsten Aufgaben der Sowjetmacht" ausdrückte – zu den Anhängern einer „monarchistischen und adligen Verfassung" und befürwortete liberale Reformen von seiten der Regierung. Als realistischer Künstler, der die Wahrheit des Lebens über seine politischen Sympathien und Antipathien zu stellen vermochte, übersah er jedoch keineswegs, daß der Adel in Rußland endgültig jede historische Perspektive verloren hatte und daß jetzt Menschen benötigt wurden, die die Wirklichkeit gut kannten und tatkräftig handelten. Mit einem feinen Gespür für neue, gerade erst entstehende Erscheinungen wurde Turgenjew bewußt, daß in der russischen Befreiungsbewegung ein Führungswechsel bevorstand. Nachdem er in „Rudin" und „Ein Adelsnest" die Stärken und Schwächen der fortschrittlichen Adelsintelligenz analysiert hatte, die trotz ihrer Weltfremdheit in den dreißiger und vierziger Jahren als idealistischer Aufklärer eine progressive Wegbereiterrolle spielte, befaßte er sich in den Romanen „Vorabend" und „Väter und Söhne" vornehmlich mit den jungen Rasnotschinzen, den „neuen Menschen" aus der aufstrebenden kleinbürgerlich-demokratischen Intelligenz, die im gesellschaftlichen und geistigen Leben Rußlands zunehmend Bedeutung erlangten.

Wichtige Aufschlüsse über die mit der Typologie seiner Romanfiguren verbundene weltanschauliche Konzeption vermittelte der Dichter zur selben Zeit in seinem großen philosophisch-soziologischen Essay „Hamlet und Don Quijote", den er im Januar 1860 in der Petersburger „Gesellschaft zur Unterstützung notleidender Schriftsteller und Gelehrter" vortrug. Hamlet ist in der eigenwilligen Interpretation Turgenjews der scharfsinnige Analytiker der Gesellschaft, der aber keine praktischen Konsequenzen aus seinen Einsichten zu ziehen und sich nicht aus seiner fragwürdigen Umwelt zu lösen vermag. Don Quijote verkörpert dagegen den Typ des Enthusiasten, der sich unbeirrt, selbstlos und opferbereit für seine Ideale, für die Sache des menschlichen Fortschritts einsetzt, dessen Weltsicht und positive Wirkung jedoch durch naives Unverständnis für die Kompliziertheit seiner Vorhaben eingeengt erscheinen. Auch wenn sich der Dualismus Hamlet – Don Quijote und die damit verbundenen humanistischen Ideen des Dichters (Kritik an Individualismus und unfruchtbarem Skeptizismus, Eintreten für Enthusiasmus, Güte und Menschenliebe) in dem Essay als allgemein menschliche Problematik darstellen, spiegeln sich diese Auffassungen verschiedener menschlicher Verhaltensweisen ziemlich deutlich in den Hauptfiguren seiner „ideologischen Romane" wider, in denen die „überflüssigen Menschen" aus der absteigenden Adelsintelligenz gewisse „Hamlet"-Züge tragen, während die starken, in sich ruhenden Frauennaturen und die Repräsentanten der Rasnotschinzen-Generation an das „Don-Quijote"-Verständnis ihres Autors erinnern.

Das Leitmotiv für Turgenjews dritten Roman, „Vorabend", bildete der 1859 in einem Brief geäußerte Gedanke, daß „nun bewußt heroische Naturen notwendig sind ..., um die Sache voranzubringen", das heißt Rußland vom Druck der feudalabsolutistischen Verhältnisse zu befreien. Die männliche Hauptgestalt des Werkes, der bulgarische Freiheitskämpfer Insarow, unterscheidet sich durch die Übereinstimmung von Wort und Tat, durch Mut, Willenskraft und Lebenstüchtigkeit von seinen adligen russischen Kontrahenten und den bisherigen Romanhelden Turgenjews. Allerdings weist er nur allgemein die Merkmale dieses neuen aktiven Menschentyps auf, der – wie der Dichter durchblicken läßt – auch in Rußland dringend gebraucht wurde.

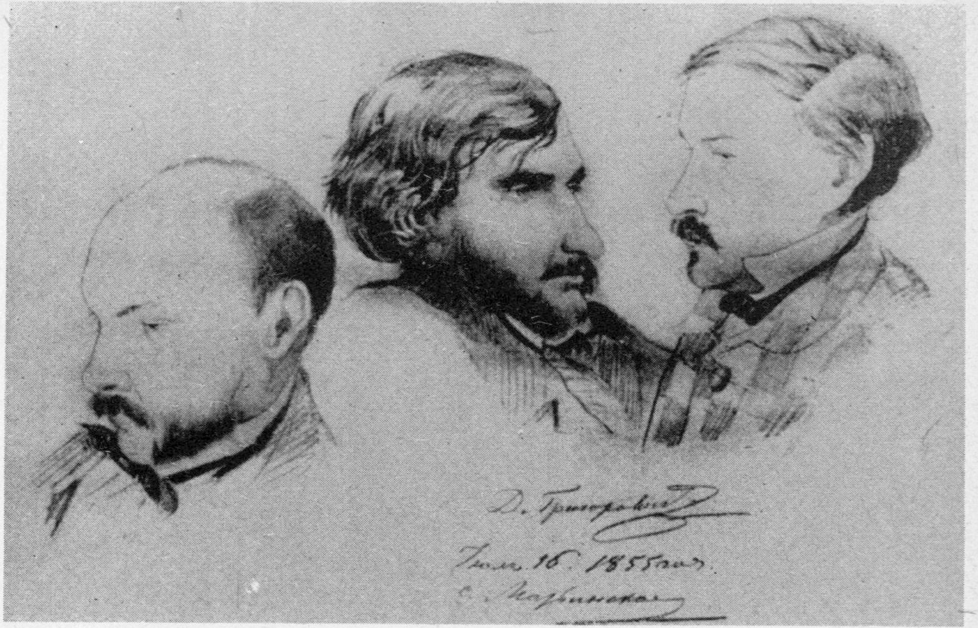

Wassili Botkin, Iwan Turgenjew und Alexander Drushinin
(v. l. n. r.) – 1855

Einen ersten russischen „neuen Menschen" aus der aufstrebenden kleinbürgerlich-demokratischen Intelligenz stellte Turgenjew ein Jahr später in „Väter und Söhne" dar. Das gewaltige Aufsehen, das dieser Roman bei seinem Erscheinen kurz nach der Aufhebung der Leibeigenschaft in Rußland hervorrief, erklärt sich daraus, daß der Autor die aktuelle Auseinandersetzung zwischen den „zwei historischen Tendenzen", wie Lenin später die politische und ideologische Konfrontation zwischen dem adlig-liberalen und dem demokratisch-revolutionären Lager bezeichnet hat, als Generationskonflikt künstlerisch meisterhaft gestaltete. Stürmische Diskussionen, die bis heute nachklingen, löste der plebejische Held des Werkes, der Medizinstudent Jewgeni Basarow, aus, den Turgenjew 1862 in einem Brief selbst als eine „düstere, wilde, große ... starke, boshafte und ehrliche Gestalt" charakterisierte. Die weltanschauliche Kollision erfolgt wie in den vorangegangenen „ideologischen Romanen" hauptsächlich in philosophischen und politischen Streitgesprächen, in denen sich der Materialist Basarow den differenziert und keinesfalls unsympathisch gezeichneten adligen „Vätern" letztlich als überlegen erweist. Mit seiner Liebe zur Arbeit, seiner Begeisterung für die Naturwissenschaften, seinem scharfen Verstand und seiner großen Energie dokumentiert er – wie Turgenjew 1862 in einem Brief an Heyen schreibt – den „Triumph des Demokratismus über die Aristokratie". Die radikaldemokratische Weltanschauung des jungen „Nihilisten" gipfelt in der konsequenten Verneinung der alten Ordnung mit ihren überlebten Ideen, Gewohnheiten und Einrichtungen. Zugleich spiegeln sich in seinen vulgärmaterialistischen Äußerungen über die Liebe und seiner radikalen Ablehnung von Kunst und Literatur als „romantischen Plunder" gewisse Einseitigkeiten und Überspitzungen in den Ansichten eines Teils der jungen Rasnotschinzen-Generation. Zu Recht verwahrte sich der Dichter gegen den damals weit verbreiteten Vorwurf, er habe damit die revolutionäre Jugend verunglimpfen wollen. In Deutschland verteidigte ihn sein Freund Ludwig Pietsch gegen diese ungerechte Kritik, indem er 1869 in seiner großen Rezension des Romans unter anderem feststellte: „Man sollte denken, jeder moderne Radikale (nicht allein auf politischem Gebiet) könne nur mit froher Genugtuung in einer so stolzen Gestalt von solcher Wucht des Charakters, solcher schneidigen Kraft und Kühnheit des Denkens, solcher gründlichen Freiheit von allem Kleinlichen, Trivialen, Faulen, Schlaffen und Lügenhaften sein und seiner Parteigenossen typisches Porträt dargestellt sehen."

„Väter und Söhne" sind nicht nur Turgenjews künstlerisch reifster Roman, sondern auch das Werk, das außerhalb Rußlands wirkungsgeschichtlich die meisten Spuren hinterlassen und bis zum heutigen Tag die größte Verbreitung erfahren hat. Auf die überzeitliche und übernationale Bedeutung dieses Romans weist der amerikanische Schriftsteller Sinclair Lewis hin, der in Basarow den „Prototyp aller jungen Radikalen oder Erneuerer aller Jahrhunderte" erblickte und dazu bemerkte: „Basarow nennt sich selbst einen ‚Nihilisten'. Nennen Sie ihn einen Kommunisten oder Surrealisten oder Biophysiker, geben Sie ihm Zigaretten statt der Zigarren und ein Auto statt der Postkutsche … und Sie werden nichts Veraltetes im naiven Brennen seines Herzens und der Rebellion seines Verstandes finden." Thomas Mann, der den Roman mehrmals gelesen hat und sich von ihm in seinem eigenen Schaffen anregen ließ, bezeichnete ihn als „eines der vollkommensten Werke der Weltliteratur". In einem Interview sagte er 1949 in Weimar: „Wenn ich auf eine einsame Insel verbannt würde und nur sechs Bücher mitnehmen dürfte, so würden zweifellos Turgenjews ‚Väter und Söhne' dabeisein."

Über die äußerst widersprüchliche Aufnahme seines Romans in der russischen Öffentlichkeit schrieb Turgenjew Jahre später in seinen „Literatur- und Lebenserinnerungen": „Bei meiner Rückkehr nach Petersburg – es war an dem Tag, an dem der Apraxin-Dwor niederbrannte – hatten Tausende von Menschen das Wort ‚Nihilist' bereits aufgegriffen, und das erste, was mir einer meiner Bekannten, dem ich auf dem Newski Prospekt begegnete, zurief, war: ‚Sehen Sie nur, was *Ihre* Nihilisten anrichten! Sie brennen Petersburg nieder!' … Bei vielen mir nahestehenden und sympathischen Menschen verspürte ich Kälte, ja beinahe Entrüstung; aus dem gegnerischen Lager, von meinen Feinden, erhielt ich Glückwünsche, die an Lobhudeleien grenzten."

Die heftigen, zumeist sehr ungerechten Angriffe gegen „Väter und Söhne", an denen sich Kritiker aller Richtungen beteiligten, und seine grundlegenden Differenzen mit den revolutionären Demokraten waren der Anlaß dafür, daß sich Turgenjew 1863 entschloß, seine russische Heimat für immer zu verlassen und nach Baden-Baden überzusiedeln. Neben der schon erwähnten tiefen Zuneigung zu Pauline Viardot trug zu dieser Entscheidung nicht

Iwan Turgenjew, Wladimir Sollogub und Lew Tolstoi (obere Reihe, v. l. n. r.);
Nikolai Nekrassow, Dmitri Grigorowitsch und Iwan Panajew (untere Reihe, v. l. n. r.) – 1857

zuletzt auch seine tiefe Enttäuschung angesichts der gesellschaftlichen und politischen Zustände in Rußland nach der Aufhebung der Leibeigenschaft bei, von der er sich soviel versprochen hatte. Im „Wald- und Wiesenparadies an der Oos" (so nannte er den mondänen Schwarzwaldkurort in seinen Briefen), wo er in der Nähe der Viardots seinen Wohnsitz nahm, wurde er zum Mittelpunkt eines glänzenden Künstlerkreises von hoher Kultur und humanistischer Gesinnung. Der „europäischste" unter den russischen Schriftstellern, der sich eng mit der westeuropäischen Literatur, Musik und Geisteswelt verbunden fühlte, wirkte hier als Repräsentant eines bis dahin im Westen wenig bekannten „anderen", besseren, weil gebildeten und humanistischen Rußlands und propagierte geschickt dessen realistische Literatur. In dieser Periode pflegte Turgenjew persönliche Beziehungen zu vielen hervorragenden Vertretern des zeitgenössischen Geisteslebens, unter ihnen Schriftsteller wie Theodor Storm, Paul Heyse, Berthold Auerbach und Eduard Mörike, der Maler Adolf Menzel und einflußreiche Übersetzer, Kritiker und Publizisten wie Friedrich Bodenstedt, Ludwig Pietsch, Julian Schmidt und Julius Rodenberg. Mit diesen deutschen Bekannten und Freunden unterhielt er eine rege Korrespondenz. Die erhalten gebliebenen Briefe zeugen davon, wie meisterhaft er selbst die deutsche Sprache beherrschte, wie gut er sich in den deutschen Verhältnissen auskannte und wie feinfühlig er sich seinen Briefpartnern gegenüber zu verhalten wußte. „Ich verdanke Deutschland zuviel, um es nicht als mein zweites Vaterland zu lieben und zu verehren"; so kennzeichnete Turgenjew 1869 im Vorwort zur ersten deutschsprachigen Ausgabe von „Väter und Söhne" das Verhältnis zu seiner zeitweiligen Wahlheimat.

Bei aller Sympathie für Deutschland und die Deutschen übersah er aber auch nicht die Schattenseiten der damals herrschenden politischen und sozialen Verhältnisse. So beschrieb er bereits bei seinem zweiten längeren Deutschlandaufenthalt in den feuilletonistischen „Briefen aus Berlin", die er für den „Sowremennik" verfaßte, sehr kritisch die Atmosphäre in der preußischen Hauptstadt kurz vor der Achtundvierziger Revolution. Voller Sarkasmus schilderte er im einzelnen das spießbürgerliche Treiben und seine Auswirkungen auf das Jahre zuvor noch blühende Kulturleben der Stadt. Angedeutet wird in diesem Bericht auch die verbreitete Furcht vor der preußischen Polizeigewalt in der angespannten Vormärzsituation und das allgemeine Warten auf „große Veränderungen". In der Folgezeit beunruhigte Turgenjew in zunehmendem Maße die wachsende Eroberungslust des jungen Bismarckschen preußisch-deutschen Reiches. In einem Brief an seinen Freund Paul Heyse schreibt er am 26. Oktober 1870: „Sind Sie mit dem Elsaß zufrieden – oder wollen Sie auch Lothringen mitgenießen? Ich fange an, etwas verdutzt zu werden – und fürchte, meine früheren lieben Deutschen nicht mehr recht zu kennen." Etwa zur selben Zeit entwarf er in seiner Erzählung „Frühlingsfluten" ein äußerst treffendes satirisches Bild des deutschen Spießbürgers der „Gründerjahre". Empört wandte sich Turgenjew jedoch gegen die Versuche reaktionärer Kreise, ihn wegen dieser kritischen Haltung als Deutschenhasser zu verunglimpfen. Diese chauvinistischen Stimmen konnten zumindest zu Lebzeiten des Dichters dessen großer Popularität in Deutschland keinen entscheidenden Abbruch tun.

Zu Beginn des Deutsch-Französischen Krieges von 1870/71 stand Turgenjew, der ein erklärter Gegner des reaktionären Regimes Napoleons III. war, auf deutscher Seite, am Ende aber verurteilte er ebenso entschieden die Bismarcksche Eroberungspolitik. Als Pauline Viardot mit ihrer Familie 1871 für immer nach Paris zurückkehrte, folgte er ihr, um weiterhin in ihrer Nähe zu sein. 1875 erwarb er mit den Viardots ein Gut in Bougival bei Paris, wo er bis zu seinem Tode wohnte.

In dieser letzten Lebens- und Schaffensperiode vertieften sich Turgenjews freundschaftliche Beziehungen zu einer Reihe bedeutender französischer Schriftsteller. So traf er sich in Paris zeitweilig regelmäßig zu literarischen Banketten mit Gustave Flaubert, Emile Zola, Alphonse Daudet und Edmond Goncourt. Auch Guy de Maupassant gehörte damals zu dem engeren Kreis seiner literarischen Bekannten in Frankreich, die ihn, den russischen Dichter, als hervorragenden Vertreter des europäischen Realismus, als bezaubernde Persönlichkeit und hochgebildeten Gesprächspartner verehrten.

Ungeachtet der anhaltenden schmerzlichen Trennung von der Heimat fühlte sich Turgenjew mit deren Schicksal weiterhin eng verbunden. Auf seinen häufigen Reisen nach Rußland und bei seinen russischen Freunden informierte er sich ständig über die politische und literarische Entwicklung seines Vaterlandes. Nach Jahren der Entfremdung näherte er sich in den siebziger Jahren wieder der revolutionären russischen Jugend. Obwohl er wie auch früher ihre Ziele und Methoden nicht billigte, beeindruckte ihn angesichts der Verkommenheit der herrschenden Kreise, der Korruptheit der Beamtenschaft und der Heuchelei der Liberalen der Opfermut und die ideale Gesinnung der jungen Narodniki (Volkstümler), die in dieser Zeit eine neue Phase der revolutionären Bewegung einleiteten.

Von Paris aus unterstützte Turgenjew großzügig die politischen Emigranten aus den Reihen der Narodniki, zu deren führenden Köpfen, German Lopatin und Pjotr Lawrow, er persönliche Kontakte unterhielt. Dem tragischen Kampf der russischen „Volksgänger" widmete er auch seinen letzten Roman, „Neuland". Als der greise Dichter 1879 und 1880 noch einmal Rußland besuchte, bereitete ihm die studentische Jugend zum großen Ärger der Regierung einen triumphalen Empfang.

Ein wesentliches Merkmal von Turgenjews Spätschaffen, das neben „Neuland" und den „Gedichten in Prosa" eine Reihe von Novellen, Erzählungen und Skizzen sowie die „Literatur- und Lebenserinnerungen" und literaturkritische Aufsätze umfaßt und darüber hinaus eine Vielfalt an Themen und Stilelementen aufweist, ist sein Erinnerungs- und Rückschaucharakter, der auf der Lebenserfahrung des realistischen Künstlers basiert. Furcht vor dem Altern und Sterben und die heraufziehende heimtückische Krankheit, die sich nach dem Tode als Rückenmarkkrebs herausstellte, waren neben der anhaltenden „Nestlosigkeit" Ursachen dafür, daß sich im Alterswerk verstärkt Resignation, Müdigkeit und Vereinsamung ausdrückten. Bereits in „Frühlingsfluten" philosophiert er über das „taedium vitae", den Lebensekel, der den Menschen angesichts der Vergänglichkeit seines Daseins ergreifen kann. Erschütternd bildhaft vergleicht er „Leiden, Krankheit, Unglück, Wahnsinn, Blindheit" mit gräßlichen Ungeheuern, die vom dunklen Grund des Lebensmeeres auftauchen, um das schwankende Boot der menschlichen Existenz zum Kentern zu bringen. Zugleich wehrte sich der Dichter gegen die Schatten des Alterns und des Todes und suchte als Künstler immer wieder die Verbindung zum realen Leben.

Diese Dialektik von Dunkel und Hell kommt besonders deutlich in den zwischen 1877 und 1882 entstandenen „Gedichten in Prosa" zum Ausdruck, von denen Turgenjew 1882 fünfzig veröffentlichte, die restlichen einunddreißig erschienen postum 1929/30. Meisterhafte freie und gebundene Rede miteinander verschmelzend, hat er in dem Zyklus mit der für seinen künstlerischen Stil charakteristischen Dichte, lakonischen Schlichtheit und Musikalität Persönlich-Intimes, allgemein Menschliches und Gesellschaftliches in einer Art lyrischem Tagebuch aufgezeichnet. Bei diesen ursprünglich als „Senilia" betitelten Prosagedichten handelt es sich um Miniaturen unterschiedlicher Genrespezifik, in denen der Autor mit der Weisheit des Alters auf sein Leben und Schaffen zurückblickt und gleichsam Bilanz zieht. Obwohl diese kleinen Werke keineswegs nur – wie Turgenjew 1882 in einem Brief an Ludwig Pietsch meinte – „die letzten Stoßseufzer (um höflich zu sprechen) eines alten Manns" darstellen, äußert sich zumindest in einem Teil von ihnen, eingebettet in schwermütige Erinnerungen, elegische Betrachtungen über Weltall, Natur, Liebe, Krankheit und Tod, die Verzweiflung des einsamen, schwerkranken Dichters angesichts des unaufhaltsam nahenden Endes. Ohne von seinen realistischen Grundpositionen abzugehen, verarbeitete der auch im Alter für das Neue aufgeschlossene Turgenjew bestimmte Gestaltungsmittel des westeuropäischen Symbolismus. So offenbaren sich viele seiner Gedanken und Gefühle in Träumen, Visionen, Halluzinationen und anderen Elementen einer phantastischen Empfindungswelt. Diese lyrischen Skizzen sind reich an Allegorien und Symbolen. In dem Prosagedicht „Die Alte" tritt beispielsweise der Tod als blinde Greisin auf, während er in anderen Miniaturen als unheimliches Insekt oder als Gestalt mit dem Stundenglas versinnbildlicht wird. Fast naturwissenschaftlich exakt wirkt dagegen die glänzende psychologische Studie „Was werde ich denken?", die sich mit dem Verhalten des Menschen in der Sterbestunde befaßt.

Eine dominierende Rolle in diesem Zyklus spielt eine Idee, die bereits in früheren Werken Turgenjews anklingt: die Natur als ewige Elementarkraft, die weder gut noch böse, weder Vernunft noch Gerechtigkeit kennt, für die Jahrtausende nur einen kurzen Augenblick bedeuten. Dieser „kosmische Fatalismus" korrespondiert ebenso wie die tragisch-pessimistische Grundstimmung mancher Prosagedichte in gewissem Maße mit Turgenjews fortdauernder Schopenhauer-Lektüre, und nicht zufällig ähneln sie auch der schwermütigen Weltsicht in den Dichtungen von Charles Baudelaire und Giacomo Leopardi. Doch den bestimmenden Hintergrund für diese Tendenzen bildeten – wie bereits erwähnt – die schweren Lebensumstände des Dichters. Nachdem er schon jahrelang von Gichtanfällen gepeinigt worden war, verschlechterte sich sein Gesundheitszustand ab 1882 in dramatischer Weise. Eine Vorstellung von dem Ausmaß seiner Leiden vermittelt ein Brief Turgenjews an Ludwig Pietsch vom 30. Juli 1882, in dem es heißt: „Meine Krankheit hat sich jetzt als chronisch festgesetzt ... Gehen und stehen kann ich nur eine sehr kurze Zeit ..., sonst wird der Schmerz sehr unangenehm. – Auch fühl ich ein beständiges Zahnwehreißen im *rechten* Schulterblatt, das gewöhnlich nachts sehr heftig wird – und mich zwingt – zu Opiumeinspritzungen meine Zuflucht zu nehmen ... Die Erschütterung des Wagens – ja des *Schreibens* – kann ich nur kurze Zeit ertragen. – Resultat: an keine Arbeit, an keine Reise ist zu denken – und es kann so jahrelang dauern. – Ob das Leben dabei als etwas sehr Wünschenswertes erscheint – überlaß ich Ihrem Scharfsinn zu entscheiden."

Die „Gedichte in Prosa" spiegeln darüber hinaus Turgenjews tiefe Beunruhigung angesichts der anhaltend drückenden Zustände in seinem fernen Vaterland wider. Mit tiefem Mitgefühl schildert er in den lyrischen Skizzen „Mascha", „Die Kohlsuppe" und „Aufhängen", die thematisch und tendenziell an die „Aufzeichnungen eines Jägers" erinnern, die schwere Lage des einfachen Volkes. Zugleich werden erneut das Mitleid, die Großmut und die Opferbereitschaft dieser Menschen als beste Eigenschaften des russischen Nationalcharakters dargestellt, die weder Armut noch Tod zu ersticken vermögen. Die „Senilia" enthalten jedoch auch aktive, lebensbejahende Elemente, die der Dialektik der ewigen Erneuerung im Sinne Goethes verpflichtet sind. Sie zeigen sich in den Visionen von Jugend und Schönheit, vor allem aber in seinem humanistischen Glauben an die Kraft der Liebe und an die unvergänglichen Ideen der Menschlichkeit, Gerechtigkeit und Freiheit. Schließlich huldigte Turgenjew noch einmal der charakterstarken russischen Frau. In der lyrischen Skizze „J. P. Wrewskaja zum Gedenken" erzählt er das Schicksal der mit ihm befreundeten Baronesse Wrewskaja, die als Krankenschwester im Russisch-Türkischen Krieg von 1877 in Bulgarien an Typhus starb. Eine Apotheose der revolutionären Mädchen und Frauen, die, von tiefer Liebe zu den Mitmenschen erfüllt, bewußt auf ein kleines persönliches Glück verzichten, um ihr Leben einer großen Idee zu weihen, stellt das berühmte Prosagedicht „Die Schwelle" dar, das 1878 kurz nach dem Prozeß gegen die Volkstümlerin Wera Sassulitsch entstand und erst nach der Revolution von 1905 veröffentlicht werden konnte. Im Mittelpunkt dieses beeindruckenden Werkes steht das Bild eines russischen Mädchens, das „Kälte, Hunger, Haß, Spott, Verachtung, Beschimpfungen, Gefängnis, Krankheit und schließlich den Tod" auf sich nimmt, um sich dem revolutionären Befreiungskampf zu widmen.

Nach langem qualvollem Leiden starb Iwan Turgenjew am 3. September 1883 in Bougival bei Paris. Einige Tage darauf wurde sein Leichnam nach Petersburg übergeführt. Mit welchem Haß die zaristischen Behörden selbst noch den toten Dichter verfolgten, belegt eine Äußerung des Redakteurs des liberalen „Westnik Jewropy" (Der Bote Europas), Michail Stassjulewitsch, der den Sarg seines Freundes auf dieser letzten Fahrt begleitete: „Man hätte meinen können, daß ich die Leiche eines berüchtigten Straßenräubers begleitete." Nicht verhindern konnte man jedoch, daß fast 400000 Menschen von dem geliebten Schriftsteller Abschied nehmen wollten, als er, seinem Wunsche entsprechend, auf dem Petersburger Wolkowo-Friedhof an der Seite seines Freundes Belinski beigesetzt wurde. In einem handschriftlich verbreiteten Flugblatt, das Mitglieder der revolutionären Geheimorganisation „Narodnaja wolja" (Volkswille) am Tage seiner Beerdigung verbreiteten, hieß es unter anderem: „Turgenjew diente der Revolution mit seinem Werk ... er liebte die revolutionäre Jugend, nannte sie ‚heilig' und ‚selbstlos'."

Klaus Dornacher

Aus: Aufzeichnungen eines Jägers

Skizzen

DER GUTSVOGT

Etwa fünfzehn Werst von meinem Gut entfernt lebt ein Bekannter von mir, ein junger Gutsbesitzer und ehemaliger Gardeoffizier, Arkadi Pawlytsch Penotschkin. Auf seiner Besitzung gibt es viel Wild, sein Haus ist nach dem Plan eines französischen Architekten erbaut, seine Leute sind nach englischer Mode gekleidet, er gibt vorzügliche Diners, nimmt seine Gäste sehr liebenswürdig auf, und doch fährt man nicht gern zu ihm. Er ist ein besonnener und tüchtiger Mann, hat eine ausgezeichnete Erziehung genossen, wie das so Sitte ist, hat gedient und in den höchsten Kreisen verkehrt und widmet sich jetzt mit großem Erfolg der Landwirtschaft. Arkadi Pawlytsch ist, um mit seinen eigenen Worten zu sprechen, streng, aber gerecht, er ist um das Wohl seiner Untertanen besorgt und straft sie zu ihrem eigenen Besten. „Man muß sie behandeln wie Kinder", sagt er in solchen Fällen, „es ist nur Unwissenheit, mon cher; il faut prendre cela en considération[1]." Er selbst vermeidet im Falle einer sogenannten betrüblichen Notwendigkeit alle jähen und heftigen Bewegungen und liebt es nicht, die Stimme zu erheben, sondern streckt meist die Hand aus und sagt dazu ruhig: „Aber ich hatte dich doch gebeten, mein Lieber!" oder: „Was ist mit dir, mein Freund, besinne dich", wobei er nur leicht die Zähne zusammenbeißt und den Mund verzieht. Er ist kaum mittelgroß, gut gebaut und von sehr anziehendem Äußeren; seine Hände und Nägel hält er sehr sauber; seine roten Lippen und Wangen strotzen vor Gesundheit. Er lacht laut und sorglos und blinzelt freundlich mit seinen hellen braunen Augen. Er kleidet sich sehr gut und mit Geschmack; er läßt sich französische Bücher, Zeichnungen und Zeitungen kommen, ist aber kein großer Freund vom Lesen, den „Ewigen Juden"[2] hat er kaum bewältigt. Karten spielt er meisterhaft. Alles in allem gilt Arkadi Pawlytsch als einer der gebildetsten Adligen und der begehrenswertesten Freier unseres Gouvernements; die Damen sind

1 (franz.) mein Lieber; man muß das in Betracht ziehen. – 2 Roman des französischen Schriftstellers Eugène Sue (1804–1857).

ganz hingerissen von ihm und loben besonders seine Manieren. Er bewahrt in bewundernswerter Weise Haltung, ist vorsichtig wie eine Katze und war nie in seinem Leben in irgendeine Affäre verwickelt, obwohl er es gelegentlich liebt, zu zeigen, wer er ist, und schüchterne Menschen in Verlegenheit zu bringen und zurechtzuweisen. Schlechte Gesellschaft verabscheut er entschieden – er fürchtet, sich zu kompromittieren; dafür erklärt er in fröhlichen Stunden, ein Anhänger Epikurs zu sein, obwohl er sich im allgemeinen abfällig über die Philosophie äußert und sie die nebelhafte Speise germanischer Köpfe und manchmal sogar einfach Unsinn nennt. Auch die Musik liebt er; beim Kartenspiel singt er durch die Zähne, aber mit Gefühl; aus „Lucia“[1] und „Die Nachtwandlerin“[2] hat er manches behalten, doch stimmt er stets etwas zu hoch an. Im Winter fährt er nach Petersburg. In seinem Hause herrscht eine ungewöhnliche Ordnung; selbst die Kutscher haben sich seinem Einfluß unterworfen, sie putzen nicht nur jeden Tag die Kumte und reinigen ihre Röcke, sondern waschen sich auch das Gesicht. Das Gutsgesinde Arkadi Pawlytschs blickt allerdings etwas mürrisch drein, aber bei uns in Rußland kann man Mißmut von Verschlafenheit nicht unterscheiden. Arkadi Pawlytsch spricht mit sanfter und angenehmer Stimme und macht beim Sprechen kurze Pausen; es ist, als lasse er jedes Wort mit Vergnügen durch seinen schönen, parfümierten Schnurrbart sickern; auch gebraucht er viel französische Ausdrücke wie: „Mais c'est impayable!“[3] – „Mais comment donc!“[4] und andere.

Bei alledem besuche wenigstens ich ihn nicht allzugern, und wären nicht die Birkhähne und Rebhühner, so hätte ich wahrscheinlich den Umgang mit ihm ganz aufgegeben. Eine sonderbare Unruhe überkommt mich in seinem Hause; sogar der Komfort macht mir keine Freude, und jedesmal, wenn abends der geschniegelte Kammerdiener in blauer Livree mit Wappenknöpfen vor mich hintritt und mir unterwürfig die Stiefel auszieht, habe ich das Gefühl, daß ich mich unsagbar freuen würde, wenn ich statt seiner bleichen und hageren Gestalt plötzlich die erstaunlich breiten Backenknochen und die unwahrscheinlich stumpfe Nase eines jungen, stämmigen Burschen erblickte, den sein Herr soeben vom Pflug weggeholt hat, dem aber die Nähte des Nankingkaftans, den er erst kürzlich geschenkt bekommen hat, schon an

1 „Lucia di Lammermoor“; Oper des italienischen Komponisten Gaetano Donizetti (1797–1848). – 2 Oper des italienischen Komponisten Vincenzo Bellini (1801–1836). – 3 (franz.) Das ist ja köstlich! – 4 (franz.) Aber wieso denn!

zehn Stellen geplatzt sind, und daß ich mich gern der Gefahr aussetzen würde, mitsamt dem Stiefel auch mein eigenes Bein bis zum Hüftgelenk zu verlieren.

Trotz meiner Abneigung gegen Arkadi Pawlytsch war ich einmal genötigt, eine Nacht bei ihm zu verbringen. Am nächsten Tag ließ ich frühmorgens meine Kalesche anspannen, aber er wollte mich nicht ohne ein Frühstück nach englischer Art fortlassen und führte mich in sein Kabinett. Mit dem Tee wurden uns Koteletts, weichgekochte Eier, Butter, Honig, Käse und anderes gebracht. Zwei Kammerdiener in sauberen weißen Handschuhen kamen schnell und schweigend unseren kleinsten Wünschen zuvor. Wir saßen auf einem persischen Diwan. Arkadi Pawlytsch trug weite seidene Pluderhosen, eine schwarze Samtjacke, einen hübschen Fes mit blauer Quaste und gelbe chinesische Pantoffeln. Er trank Tee, lachte, besah sich seine Fingernägel, rauchte, stopfte sich Kissen in die Seite und war überhaupt in ausgezeichneter Stimmung. Nachdem er reichlich und mit sichtlichem Behagen gefrühstückt hatte, schenkte sich Arkadi Pawlytsch ein Glas Rotwein ein, hob es an die Lippen und runzelte plötzlich die Stirn.

„Weshalb ist der Wein nicht angewärmt?“ fragte er einen der Kammerdiener in ziemlich scharfem Ton.

Der Kammerdiener geriet in Verwirrung, blieb wie angewurzelt stehen und erblaßte.

„Ich frage dich doch etwas, mein Lieber?“ fuhr Arkadi Pawlytsch ruhig fort, ohne ihn aus den Augen zu lassen.

Der unglückliche Kammerdiener stand ratlos an seinem Platz, drehte die Serviette in den Händen und brachte kein Wort heraus. Arkadi Pawlytsch senkte den Kopf und betrachtete ihn eine Weile nachdenklich mit gerunzelten Brauen.

„Pardon, mon cher“[1], sagte er dann mit verbindlichem Lächeln zu mir, wobei er freundschaftlich mein Knie berührte, und richtete den Blick von neuem auf den Kammerdiener.

„Nun, geh“, fügte er nach kurzem Schweigen hinzu, zog die Brauen hoch und läutete.

Ein dicker, dunkelhäutiger, schwarzhaariger Mann mit niedriger Stirn und ganz in Fettpolster gebetteten Augen trat ein.

„In bezug auf Fjodor ... Anordnungen treffen“, sagte Arkadi Pawlytsch halblaut und vollkommen beherrscht.

„Ich höre“, antwortete der Dicke und ging hinaus.

1 (franz.) Verzeihung, mein Lieber.

„Voilà, mon cher, les désagréments de la campagne“[1], bemerkte Arkadi Pawlytsch heiter. „Aber wohin wollen Sie denn? Bleiben Sie doch, behalten Sie noch ein wenig Platz.“

„Nein“, entgegnete ich, „es ist Zeit für mich.“

„Immer auf die Jagd! Ach, diese Jäger! Und wohin fahren Sie jetzt?“

„Vierzig Werst weit, nach Rjabowo.“

„Nach Rjabowo? Ach, mein Gott, in diesem Fall fahre ich ja mit Ihnen. Rjabowo liegt nur fünf Werst von meinem Schipilowka entfernt, und ich bin schon so lange nicht mehr in Schipilowka gewesen: Ich konnte immer keine Zeit dafür finden. Das kommt mir sehr gelegen: Sie werden heute in Rjabowo jagen, und abends kommen Sie zu mir. Ce sera charmant.[2] Wir werden zusammen zu Abend essen – wir werden meinen Koch mitnehmen –, und Sie werden bei mir übernachten. Wunderbar! Wunderbar!“ fügte er hinzu, ohne meine Antwort abzuwarten. „C'est arrangé.[3] – He, wer ist dort? Laßt die Kalesche anspannen, aber ein bißchen schnell! Sie sind noch nie in Schipilowka gewesen? Ich hätte mich nicht getraut, Ihnen vorzuschlagen, die Nacht im Hause meines Gutsvogtes zu verbringen, aber ich weiß, Sie sind nicht anspruchsvoll und hätten in Rjabowo in einer Heuscheune übernachtet. Also fahren wir, fahren wir!“ Und Arkadi Pawlytsch stimmte irgendeine französische Romanze an. „Sie wissen vielleicht nicht“, fuhr er fort und wiegte sich dabei auf den Beinen, „ich habe die Bauern dort auf Zins gesetzt. Es ist die Konstitution – was soll man machen? Aber sie zahlen mir den Zins pünktlich. Ich hätte sie, offen gestanden, längst in Frondienst genommen, aber es ist zuwenig Land da! Ich wundere mich ohnehin, wie sie damit zurechtkommen. Im übrigen, c'est leur affaire[4]. Mein Gutsvogt dort ist ein tüchtiger Kerl, une forte tête[5], ein wahrer Staatsmann! Sie werden es sehen … Wie gut sich das trifft, wahrhaftig!“

Da war nichts zu machen. Statt um neun Uhr morgens fuhren wir um zwei ab. Jäger werden meine Ungeduld verstehen. Arkadi Pawlytsch liebte es, sich gelegentlich etwas zu verwöhnen, wie er sich ausdrückte, und nahm eine solche Unmenge von Wäsche, Lebensmitteln, Kleidung, Parfümen, Kissen und verschiedenen Reisebestecken mit, daß mancher sparsame und haushälterische Deutsche mit diesem Überfluß ein ganzes Jahr gereicht hätte.

1 (franz.) Das, mein Lieber, sind die Unannehmlichkeiten des Landlebens. – 2 (franz.) Das wird sehr nett werden. – 3 (franz.) Das ist geregelt. – 4 (franz.) das ist ihre Sache. – 5 (franz.) ein Dickkopf.

Jedesmal, wenn es bergab ging, hielt Arkadi Pawlytsch dem Kutscher eine kurze, aber wirkungsvolle Rede, woraus ich schließen konnte, daß mein Bekannter ein rechter Feigling war. Übrigens lief die Reise durchaus zufriedenstellend ab; nur schlug auf einer kürzlich ausgebesserten kleinen Brücke der Wagen mit dem Koch um und quetschte ihm mit dem Hinterrad den Magen.

Als Arkadi Pawlytsch seinen selbstgezüchteten Carême[1] stürzen sah, erschrak er ernstlich und ließ sofort nachfragen, ob seine Hände heil geblieben seien. Als er eine bejahende Antwort erhielt, beruhigte er sich gleich wieder. Durch all das dauerte unsere Fahrt ziemlich lange; ich saß mit Arkadi Pawlytsch in einer Kalesche und empfand gegen Ende der Reise eine tödliche Langeweile, um so mehr, als mein Bekannter sich im Verlaufe einiger Stunden völlig ausgegeben hatte und schon anfing, liberale Reden zu halten. Endlich kamen wir an, allerdings nicht in Rjabowo, sondern in Schipilowka; irgendwie war es so gekommen. An diesem Tag hätte ich ohnehin nicht mehr auf die Jagd gehen können und ergab mich daher schweren Herzens in mein Schicksal.

Der Koch war einige Minuten vor uns angekommen und hatte augenscheinlich schon Zeit gefunden, Vorbereitungen zu treffen und die zuständigen Leute zu benachrichtigen, denn als wir ins Dorf einfuhren, empfing uns bereits der Dorfälteste, der Sohn des Gutsvogtes, ein stämmiger, rothaariger, großer und breitschultriger Bauer, der in einem neuen, nicht zugeknöpften Rock und ohne Mütze zu Pferde saß.

„Wo ist Sofron?" fragte ihn Arkadi Pawlytsch.

Der Dorfälteste sprang zuerst gewandt vom Pferde, verneigte sich tief vor seinem Herrn und sprach:

„Seien Sie gegrüßt, Väterchen Arkadi Pawlytsch."

Dann hob er den Kopf, schüttelte sich und meldete, daß Sofron nach Perow gefahren sei, daß man aber schon nach ihm geschickt habe.

„Nun, dann folge uns", sagte Arkadi Pawlytsch.

Der Dorfälteste führte aus Höflichkeit sein Pferd etwas zur Seite, stieg schwerfällig auf und ritt im Trab hinter der Kalesche her, die Mütze in der Hand haltend. Wir fuhren durch das Dorf. Unterwegs begegneten uns einige Bauern in leeren Wagen; sie kamen von der Tenne und sangen Lieder, ihre Körper wurden durchgerüttelt, und die Beine ließen sie baumeln; beim Anblick

1 Marie-Antonine Carême (1784–1833), französischer Koch; verfaßte mehrere Werke über die Kochkunst.

unserer Kalesche und des Dorfältesten verstummten sie jedoch plötzlich, nahmen ihre Wintermützen ab – es war Sommer – und richteten sich auf, als erwarteten sie Befehle. Arkadi Pawlytsch grüßte sie leutselig. Im Dorf machte sich offensichtlich eine unruhige Erregung breit. Weiber in karierten Röcken warfen mit Holzscheiten nach begriffsstutzigen oder allzu eifrigen Hunden; ein lahmer Greis mit einem Bart, der unmittelbar unter den Augen ansetzte, riß ein noch nicht sattgetränktes Pferd vom Brunnen fort und gab ihm ohne erkennbaren Anlaß einen Stoß in die Flanke, erst dann verneigte er sich. Kleine Jungen in langen Hemden rannten heulend zu den Häusern, legten sich bäuchlings auf die hohe Schwelle, zogen den Kopf ein, warfen die Beine hoch und wälzten sich auf diese Weise äußerst geschickt zur Tür hinein, in den dunklen Hausflur, aus dem sie sich nicht mehr herauswagten. Sogar die Hühner strebten in beschleunigtem Trab dem Spalt unter dem Hoftor zu; ein beherzter Hahn mit schwarzer Brust, die einer Atlasweste glich, und einem roten Schweif, der sich fast bis zum Kamm krümmte, blieb anfangs auf der Straße stehen und schickte sich gerade an zu krähen, als plötzlich auch er in Verwirrung geriet und davonlief.

Das Haus des Gutsvogtes stand abseits von den anderen inmitten eines dichten grünen Hanffeldes. Wir hielten vor dem Hoftor an. Herr Penotschkin stand auf, warf malerisch den Mantel von sich und stieg aus der Kalesche, wobei er freundlich um sich blickte. Die Frau des Gutsvogtes kam uns mit tiefen Verbeugungen entgegen und trat zum Handkuß an den Gutsherrn heran. Arkadi Pawlytsch ließ sie nach Herzenslust küssen und stieg dann die Stufen zum Haus hinauf. Im Hausflur stand in einem dunklen Winkel die Frau des Dorfältesten und verneigte sich ebenfalls, wagte aber nicht, zum Handkuß näher zu treten. In der sogenannten „kalten" Stube, rechts vom Hausflur, machten sich bereits zwei andere Weiber zu schaffen; sie trugen allerlei Plunder heraus, leere Deckelkannen, hartgewordene Schafpelze, Buttertöpfe, eine Wiege mit einem Haufen Lumpen und einer bunten Puppe, und fegten mit Rutenbesen den Kehricht zusammen. Arkadi Pawlytsch schickte sie hinaus und nahm auf der Bank unter den Heiligenbildern Platz. Die Kutscher begannen Truhen, Schatullen und sonstige zur Bequemlichkeit dienenden Dinge hereinzutragen, wobei sie sich in jeder Weise bemühten, das Stampfen ihrer schweren Stiefel zu dämpfen.

Unterdessen befragte Arkadi Pawlytsch den Dorfältesten nach

der Ernte, der Aussaat und anderen Wirtschaftsangelegenheiten. Der Dorfälteste antwortete zufriedenstellend, aber irgendwie träge und ungeschickt, so, als müsse er sich mit steifgefrorenen Fingern den Kaftan zuknöpfen. Er stand an der Tür, und um dem flinken Kammerdiener den Weg nicht zu versperren, war er ständig auf der Hut und sah sich fortwährend um. Hinter seinen mächtigen Schultern konnte ich sehen, wie die Frau des Gutsvogtes im Hausflur heimlich ein anderes Weib prügelte. Plötzlich hörte man einen Wagen heranrattern und vor der Außentreppe halten; der Gutsvogt trat ein.

Dieser Staatsmann, wie ihn Arkadi Pawlytsch genannt hatte, war von mittelgroßem Wuchs, breitschultrig, grauhaarig und stämmig, er hatte eine rote Nase, kleine blaue Augen und einen fächerförmigen Bart. Nebenbei bemerkt hat es, seitdem Rußland besteht, daselbst noch nie einen dick und reich gewordenen Mann ohne einen dichten Vollbart gegeben; mancher hat sein ganzes Leben lang ein dünnes Spitzbärtchen getragen – plötzlich, hast du nicht gesehen, hat er sich rundum wie mit einem Heiligenschein umgeben; woher nimmt er nur all das Haar! Der Gutsvogt hatte vermutlich in Perow etwas über den Durst getrunken: Sein Gesicht war ordentlich aufgedunsen, auch strömte er einen starken Branntweingeruch aus.

„Ach ihr, unsere Väter, unsere Wohltäter“, begann er in singendem Tonfall und mit solcher Rührung auf dem Gesicht, daß es schien, als würden jeden Augenblick Tränen hervorströmen. „Endlich geruht ihr einmal, uns zu besuchen! Die Hand, Väterchen, die Hand“, fügte er hinzu und streckte schon im voraus die Lippen vor.

Arkadi Pawlytsch erfüllte seinen Wunsch.

„Nun, wie steht's, Bruder Sofron, wie gehen bei dir die Geschäfte?“ fragte er in freundlichem Ton.

„Ach ihr, unsere Väter!“ rief Sofron aus. „Wie sollten sie denn schlecht gehen, die Geschäfte! Ihr, unsere Väter, unsere Wohltäter, habt ja doch geruht, unser Dörfchen mit eurer Ankunft zu erleuchten, habt uns beglückt bis ans Ende unserer Tage. Gott sei Lob und Dank, Arkadi Pawlytsch, Gott sei Lob und Dank! Alles steht gut durch Ihre Gnade.“

Hier verstummte Sofron, blickte seinen Herrn an, und wie erneut von einem Gefühlsausbruch überwältigt – wobei auch der Rausch das Seine tat –, erbat er sich ein zweites Mal die Hand zum Kuß und begann noch ärger als vorher zu singen:

„Ach ihr, unsere Väter und Wohltäter ... und ... was denn! Bei Gott, ganz närrisch bin ich vor Freude geworden. Bei Gott, ich sehe und traue meinen Augen nicht ... Ach ihr, unsere Väter!"

Arkadi Pawlytsch warf mir einen Blick zu, lächelte und fragte: „N'est-ce pas que c'est touchant?"[1]

„Ja, Väterchen Arkadi Pawlytsch", fuhr der unermüdliche Gutsvogt fort, „wie konnten Sie nur? Sie machen mir großen Kummer, Väterchen; Sie haben nicht geruht, mich von Ihrer Ankunft zu benachrichtigen. Wo werden Sie denn die Nacht zubringen? Hier ist doch alles unsauber, schmutzig."

„Tut nichts, Sofron, tut nichts", antwortete Arkadi Pawlytsch mit einem Lächeln, „es ist gut hier."

„Ja, ihr, unsere Väter, für wen ist es denn gut? Für unsereinen, für einen Bauern ist es gut, aber ihr ... Ach ihr, meine Väter und Wohltäter, ach ihr, meine Väter! Verzeihen Sie mir Dummkopf, ich habe den Verstand verloren, bei Gott, ich bin ganz närrisch geworden."

Inzwischen war das Abendessen aufgetragen worden; Arkadi Pawlytsch begann zu speisen. Seinen Sohn hatte der Alte hinausgeschickt, er verderbe die Luft.

„Nun, wie ist es, Alter, hast du die Grenzen festgesetzt?" fragte Herr Penotschkin, der offenbar die bäuerliche Redeweise nachzuahmen trachtete und mir dabei zublinzelte.

„Wir haben uns abgegrenzt, Väterchen, alles durch deine Gnade. Vorgestern haben wir das Protokoll unterschrieben. Die aus Chlynowo haben anfangs Sperenzien gemacht – wirklich, Väterchen, Sperenzien. Sie forderten und forderten ... Gott weiß, was sie alles forderten, aber es sind doch Dummköpfe, Väterchen, dummes Volk. Aber wir, Väterchen, haben durch deine Gnade unsere Dankbarkeit bezeugt und den Schiedsmann Mikolai Mikolajitsch zufriedengestellt; wir haben in allem nach deinem Befehl gehandelt, Väterchen; wie du geruht hattest zu befehlen, so haben wir auch gehandelt, und mit Wissen von Jegor Dmitritsch haben wir in allem gehandelt."

„Jegor hat mir Bericht erstattet", bemerkte Arkadi Pawlytsch ernst.

„Freilich, Väterchen, Jegor Dmitritsch, freilich."

„Nun, und so seid ihr jetzt zufrieden?"

Darauf hatte Sofron nur gewartet.

„Ach ihr, unsere Väter, unsere Wohltäter!" fing er wieder an zu

1 (franz.) Ist das nicht rührend?

singen. „Haben Sie die Gnade, mich anzuhören ... Wir beten ja doch für euch, unsere Väter, Tag und Nacht zu Gott dem Herrn ... Land haben wir freilich wenig ...“

Penotschkin unterbrach ihn:

„Schon gut, schon gut, Sofron, ich weiß, du bist mir ein eifriger Diener. Aber wie steht es denn mit dem Ausdrusch?“

Sofron seufzte.

„Ach ihr, unsere Väter, mit dem Ausdrusch, mit dem steht es nicht allzugut. Doch nun, Väterchen Arkadi Pawlytsch, erlauben Sie mir, Ihnen zu berichten, was für eine Geschichte sich da bei uns zugetragen hat.“ Hierbei näherte er sich mit ausgebreiteten Armen Herrn Penotschkin, beugte sich zu ihm hinab und kniff ein Auge zu. „Ein Leichnam ist auf unserem Land gefunden worden.“

„Wie kam denn das?“

„Ich begreife es selbst nicht, Väterchen, ihr, unsere Väter, offenbar war da der Feind im Spiel. Aber zum Glück lag er an der fremden Flurgrenze, nur eben – es wäre Sünde, das zu verschweigen – auf unserem Land. Ich befahl sofort, ihn auf den fremden Flurkeil hinüberzuziehen, solange das noch möglich war, stellte auch eine Wache hin und gebot den Unsrigen zu schweigen. Dem Polizeihauptmann aber habe ich es für alle Fälle erklärt: ‚So ist das geregelt‘, habe ich gesagt; auch mit Tee habe ich ihn bewirtet und ihm auch unsere Dankbarkeit bewiesen ... Was denken Sie denn, Väterchen? Nun haben doch die Fremden die Sache auf dem Hals; so ein Leichnam ist doch seine zweihundert Rubel wert – ein fetter Bissen für die Behörden.“

Herr Penotschkin lachte ausgiebig über den Kniff seines Gutsvogtes und sagte mehrmals zu mir, indem er mit dem Kopf auf ihn deutete: „Quel gaillard, ah?“[1]

Mittlerweile war es draußen völlig dunkel geworden; Arkadi Pawlytsch ließ den Tisch abräumen und Heu hereinbringen. Ein Kammerdiener breitete Bettlaken für uns aus und ordnete die Kissen für das Nachtlager; wir legten uns nieder. Sofron ging in seine Stube, nachdem er Befehle für den nächsten Tag erhalten hatte. Vorm Einschlafen redete Arkadi Pawlytsch noch ein Weilchen über die vortrefflichen Eigenschaften des russischen Bauern und bemerkte dazu, daß die Bauern von Schipilowka, seit Sofron die Verwaltung übernommen hatte, nicht einen Groschen Rückstand hätten ... Der Nachtwächter schlug auf sein Brett; ein Kind, das

1 (franz.) Das ist ein Kerl, wie?

offenbar noch nicht von dem Gefühl der schuldigen Selbstverleugnung durchdrungen war, fing irgendwo in einem Hause an zu quieken. Wir schliefen ein.

Am nächsten Morgen standen wir ziemlich früh auf. Ich wollte eigentlich nach Rjabowo fahren, doch Arkadi Pawlytsch wünschte mir seine Besitzung zu zeigen und bat mich zu bleiben. Ich war auch selbst nicht abgeneigt, mich aus eigener Anschauung von den vortrefflichen Eigenschaften des Staatsmanns Sofron zu überzeugen. Der Gutsvogt erschien. Er hatte einen dunkelblauen Rock an, um seine Hüften war ein roter Stoffgürtel geschlungen. Er sprach erheblich weniger als gestern, blickte seinem Herrn fest und aufmerksam in die Augen und antwortete gewandt und sachlich. Wir begaben uns zusammen mit ihm auf die Tenne. Sofrons Sohn, der drei Arschin lange Dorfälteste, allem Anschein nach ein sehr dummer Mensch, ging ebenfalls mit, und außerdem schloß sich uns noch der Gemeindeschreiber Fedossejitsch an, ein verabschiedeter Soldat mit mächtigem Schnauzbart und höchst merkwürdigem Gesichtsausdruck: Als sei er vor sehr, sehr langer Zeit über irgend etwas maßlos in Staunen geraten und seitdem nicht wieder zu sich gekommen. Wir besichtigten die Tenne, die Getreidedarre, die Korn- und die Heuscheunen, die Windmühle, den Viehhof, die Wintersaaten und die Hanffelder; alles war wirklich in musterhafter Ordnung; nur die bedrückten Gesichter der Bauern riefen ein gewisses Befremden in mir wach. Außer für das Nützliche sorgte Sofron auch für das Angenehme: Alle Gräben hatte er mit Weiden bepflanzt, zwischen den Kornschobern auf der Tenne waren Wege gezogen und mit Sand bestreut, auf der Windmühle hatte er eine Wetterfahne in Gestalt eines Bären mit aufgerissenem Rachen und roter Zunge angebracht, an den Ziegelbau des Viehstalles hatte er etwas in der Art eines griechischen Giebels angemauert und unter den Giebel mit weißer Farbe geschrieben: „Erbaud imdorf Schipilofka imjar tausent acht Hunderd firzig. Dieser Viestal." Arkadi Pawlytsch geriet in eine ganz weiche Stimmung, er begann mir auf französisch die Vorteile des Zinsbauernverhältnisses darzulegen, wobei er allerdings bemerkte, daß der Frondienst für die Gutsbesitzer vorteilhafter sei – aber man könne ja nicht alles zugleich haben! Er fing an, dem Gutsvogt Ratschläge zu erteilen, wie man Kartoffeln legen müsse, wie das Futter für das Vieh zu bereiten sei und dergleichen mehr. Sofron hörte sich die Reden seines Herrn aufmerksam an, manchmal widersprach er auch, rühmte ihn aber nicht mehr als Vater und Wohltäter, sondern betonte immer wieder, daß sie recht wenig Land hätten und daß es nichts schaden könnte, etwas dazuzukaufen. „Na, dann kauft doch", sagte Arkadi Pawlytsch, „auf meinen Namen, ich habe nichts dagegen." Auf diese Worte antwortete Sofron nichts, er strich sich nur den Bart.

„Jetzt indessen könnte es nichts schaden, in den Wald zu reiten", bemerkte Herr Penotschkin. Sogleich wurden Reitpferde für uns herbeigeführt; wir ritten in den Wald oder, wie man bei uns sagt, in die „Bestellung". In dieser „Bestellung" fanden wir eine fürchterliche Wildnis vor, wofür Arkadi Pawlytsch Sofron lobte und ihm auf die Schulter klopfte. Herr Penotschkin hielt, was die Forstwirtschaft betraf, an echt russischen Anschauungen fest und erzählte mir gleich eine, nach seinen Worten, höchst ergötzliche Begebenheit, wie ein Spaßvogel von Gutsbesitzer seinen Förster belehrt habe, indem er ihm als Beweis, daß der Wald vom Durchforsten nicht dichter werde, fast die Hälfte seines Bartes ausriß. In anderer Hinsicht scheuten übrigens beide, sowohl Sofron wie Arkadi Pawlytsch, die Einführung von Neuerungen nicht.

Nachdem wir ins Dorf zurückgekehrt waren, führte uns der Gutsvogt eine Kornschwinge vor, die er kürzlich aus Moskau hatte kommen lassen. Die Maschine arbeitete wirklich gut, aber wenn Sofron gewußt hätte, welche Unannehmlichkeit ihn und seinen Herrn auf diesem letzten Spaziergang erwartete, wäre er wahrscheinlich mit uns zu Hause geblieben.

Es trug sich Folgendes zu. Als wir aus der Scheune traten, bot sich uns dieses Bild: Einige Schritte von der Tür entfernt, neben einer schlammigen Pfütze, in der drei Enten sorglos plätscherten, standen zwei Bauern, der eine ein alter Mann von etwa sechzig Jahren, der andere ein Bursche von zwanzig Jahren, beide in geflickten Hanfhemden, barfuß und mit Stricken gegürtet. Der Gemeindeschreiber Fedossejitsch gab sich eifrig mit ihnen ab und hätte sie wahrscheinlich am Ende auch überredet, sich zu entfernen, wenn wir in der Scheune länger verweilt hätten, aber als er uns erblickte, stand er stramm und blieb wie angewurzelt stehen. Auch der Dorfälteste stand dabei, mit aufgesperrtem Mund und unschlüssig geballten Fäusten. Arkadi Pawlytschs Gesicht verfinsterte sich, er biß sich auf die Lippen und trat zu den Bittstellern. Beide fielen stumm vor ihm auf die Knie und verneigten sich bis zur Erde.

„Was wollt ihr? Worum bittet ihr?" fragte er streng und ein wenig durch die Nase.

Die Bauern blickten einander an, brachten aber kein Wort heraus, sie blinzelten nur, als blende sie die Sonne, und atmeten schneller.

„Nun, was ist denn?" fuhr Arkadi Pawlytsch fort und wandte sich gleich darauf an Sofron: „Aus welcher Familie?"

„Aus der Familie Tobolejew", antwortete der Gutsvogt langsam.

„Nun, was wollt ihr denn?" begann Herr Penotschkin wieder. „Habt ihr keine Zungen, wie? Sag du, was brauchst du?" fügte er hinzu, indem er dem Alten zunickte. „Fürchte dich doch nicht, Dummkopf!"

Der Alte reckte seinen dunkelbraunen, runzligen Hals, öffnete schief die blau angelaufenen Lippen und sprach mit heiserer Stimme: „Hilf uns, Herr!" Dann schlug er wieder mit der Stirn auf den Erdboden. Der junge Bauer verneigte sich gleichfalls. Arkadi Pawlytsch blickte mit Würde auf ihre Nacken, warf den Kopf zurück und spreizte ein wenig die Beine.

„Was heißt das? Über wen hast du dich zu beklagen?"

„Erbarme dich, Herr! Laß uns leben ... Wir sind fast zu Tode gequält."

Der Alte konnte nur mit Mühe sprechen.

„Wer hat dich gequält?"

„Sofron Jakowlitsch, Väterchen."

Arkadi Pawlytsch schwieg eine Weile.

„Wie heißt du?"

„Antip, Väterchen."

„Und wer ist das?"

„Mein Sohn, Väterchen."

Arkadi Pawlytsch schwieg wieder und strich sich den Schnurrbart.

„Nun, womit hat er dich denn gequält?" begann er von neuem und blickte durch seinen Schnurrbart auf den Alten.

„Väterchen, er hat uns ganz zugrunde gerichtet. Zwei Söhne, Väterchen, hat er außer der Reihe zu den Rekruten geschickt, und jetzt nimmt er auch noch den dritten weg. Gestern, Väterchen, hat er mir die letzte Kuh vom Hof geholt und meine Frau durchgeprügelt – Seine Gnaden dort." Er zeigte auf den Dorfältesten.

„Hm!" machte Arkadi Pawlytsch.

„Laß nicht zu, daß wir ganz zugrunde gerichtet werden, Nährvater!"

Herr Penotschkin runzelte die Stirn.

„Was bedeutet das eigentlich?" fragte er den Gutsvogt halblaut und mit unzufriedener Miene.

„Ein Betrunkener, gnädiger Herr", antwortete der Gutsvogt, das erste Mal diese Anrede gebrauchend, „einer, der nicht arbeiten will. Es ist nun schon das fünfte Jahr, daß er aus dem Zinsrückstand nicht herauskommt."

„Sofron Jakowlitsch hat den Rückstand für mich bezahlt, Väterchen", fuhr der Greis fort. „Es ist jetzt das fünfte Jahr, daß er ihn bezahlt hat, und dafür, daß er bezahlt hat – geknechtet hat er mich dafür, Väterchen, und nun ..."

„Weshalb bist du denn in Rückstand geraten?" fragte Herr Penotschkin streng. Der Alte senkte den Kopf. „Wahrscheinlich liebst du es zu saufen, dich in den Schenken herumzutreiben?" Der Alte wollte den Mund auftun. „Ich kenne euch", fuhr Arkadi Pawlytsch zornig fort, „ihr tut weiter nichts als trinken und auf dem Ofen liegen, und ein guter Bauer muß dann für euch geradestehen."

„Und ein Grobian ist er auch", warf der Gutsvogt in seines Herrn Rede ein.

„Nun, das versteht sich schon von selbst. Das ist immer so, das habe ich schon oft bemerkt. Das ganze Jahr führt er ein liederliches Leben, redet Grobheiten, und jetzt wälzt er sich mir zu Füßen."

„Väterchen, Arkadi Pawlytsch", begann der Alte voll Verzweiflung, „erbarme dich, hilf, was bin ich denn für ein Grobian? Wie vor Gott dem Herrn sage ich dir, es ist nicht mehr auszuhalten. Sofron Jakowlitsch kann mich nicht leiden. Warum er mich nicht leiden kann – Gott ist sein Richter! Er richtet mich ganz zugrunde, Väterchen ... Den letzten Sohn hier, auch den ..." In den gelben, von Runzeln umgebenen Augen des Alten glitzerten Tränen. „Erbarme dich, Herr, hilf uns ..."

„Und nicht nur uns allein ...", begann der junge Bauer.

Arkadi Pawlytsch brauste plötzlich auf:

„Wer hat dich gefragt, he? Du bist nicht gefragt, also schweig! Was soll das heißen? Schweig, sagt man dir, schweig! – Ach, mein Gott, das ist ja regelrechter Aufruhr. Nein, Freundchen, bei mir zu rebellieren, das rate ich dir nicht, bei mir ..." Arkadi Pawlytsch trat einen Schritt vor, doch fiel ihm wahrscheinlich meine Anwesenheit ein, er wandte sich ab und steckte die Hände in die Taschen. „Je vous demande bien pardon, mon cher"[1], sagte er mit ge-

1 (franz.) Ich bitte Sie vielmals um Verzeihung, mein Lieber.

zwungenem Lächeln, wobei er die Stimme beträchtlich senkte. „C'est le mauvais côté de la médaille[1] ... Nun gut, gut", fuhr er fort, ohne die Bauern anzusehen, „ich werde befehlen ... Es ist gut, geht." Die Bauern erhoben sich nicht. „Nun, ich habe euch doch gesagt ... es ist gut. Geht schon, ich werde befehlen, habe ich euch gesagt."

Arkadi Pawlytsch kehrte ihnen den Rücken. „Ewig Unannehmlichkeiten", preßte er durch die Zähne und ging mit großen Schritten dem Hause zu. Sofron folgte ihm. Der Gemeindeschreiber riß die Augen auf, als wolle er im nächsten Augenblick wer weiß wie weit springen. Der Dorfälteste scheuchte die Enten aus der Pfütze. Die Bittsteller blieben noch eine Weile an derselben Stelle stehen, sahen einander an und trotteten dann langsam heim, ohne sich umzublicken.

Zwei Stunden später war ich bereits in Rjabowo und machte mich zusammen mit Anpadist, einem mir bekannten Bauern, für die Jagd fertig. Bis zu meiner Abfahrt hatte Penotschkin Sofron gezürnt. Ich knüpfte mit Anpadist ein Gespräch über die Bauern von Schipilowka und über Herrn Penotschkin an und fragte ihn, ob er den dortigen Gutsvogt kenne.

„Den Sofron Jakowlitsch? Freilich!"

„Was ist das für ein Mensch?"

„Ein Hund ist das, kein Mensch; so einen Hund findet man bis Kursk nicht noch einmal."

„Wieso?"

„Schipilowka ist zwar auf den Namen dieses ... wie heißt er doch, dieses Penkin eingetragen, aber nicht er ist dort der Herr: Sofron ist der Herr."

„Wirklich?"

„Er herrscht dort, als wäre es sein Eigentum. Die Bauern sind ihm völlig verschuldet; sie arbeiten für ihn wie Knechte: Den einen schickt er mit einer Fuhre fort, den andern woandershin – er läßt ihnen überhaupt keine Ruhe mehr."

„Land scheinen sie nicht viel zu haben?"

„Nicht viel? Allein von den Chlynowschen hat er achtzig Deßjatinen gepachtet und von den Unsrigen noch hundertzwanzig; und selber haben sie auch anderthalb hundert Deßjatinen. Er zieht aber nicht nur aus dem Boden Gewinn, er handelt auch mit Pferden, mit Vieh, mit Teer, mit Öl, mit Hanf, mit allem möglichen ... Gescheit ist er, sehr gescheit, und reich dazu, die Bestie! Und was

1 (franz.) Das ist die Kehrseite der Medaille.

noch schlimmer ist – er schlägt die Leute. Ein wildes Tier – kein Mensch. Wie gesagt: ein Hund, ein Hund, wie er im Buche steht."

„Aber warum beschweren sie sich denn nicht über ihn?"

„Das wäre das Rechte! Was macht sich der Herr schon daraus? Zinsrückstände gibt es nicht, was will er noch mehr? – Versuch's doch mal", fügte er nach einer kurzen Pause hinzu, „beschwer dich. Nein, er wird dich ... Versuch's doch mal ... Nein, nein, er würde dich derartig ..."

Ich mußte an Antip denken und erzählte ihm, was ich erlebt hatte.

„Nun", meinte Anpadist, „jetzt wird er ihn auffressen; jetzt wird er den Mann mit Haut und Haar auffressen. Der Dorfälteste wird ihn jetzt zu Tode prügeln. So ein unglückseliger armer Teufel, wenn man das bedenkt! Und wofür muß er leiden ... Auf der Dorfversammlung hat er mit ihm Streit gehabt, mit dem Gutsvogt, die Geduld war ihm gerissen ... Als wäre das eine große Sache! Aber seit der Zeit hat er angefangen, auf ihm herumzuhacken, auf dem Antip. Und jetzt wird er ihn ganz auffressen. Er ist ja so ein Hund, so ein Hund, vergib mir, Herr, meine Sünde – er weiß schon, auf wen er sich stürzen kann. Die Alten, die reich sind und viel Familie haben, die rührt er nicht an, der kahlköpfige Teufel, aber hier konnte er sich austoben! Er hat doch Antips Söhne außer der Reihe zu den Rekruten geschickt, der erbarmungslose Schurke, der Hund, der Herr verzeih mir meine Sünde!"

Wir begaben uns auf die Jagd.

Salzbrunn in Schlesien, Juli 1847

DIE LEBENDE RELIQUIE

Heimatland des stillen Duldens
Bist du, Land des Russenvolkes!
F. Tjutschew[1]

Ein französisches Sprichwort lautet: „Ein trockener Fischer und ein nasser Jäger sind ein trauriger Anblick." Da ich niemals eine besondere Vorliebe für den Fischfang gehabt habe, kann ich nicht beurteilen, was ein Fischer bei schönem, klarem Wetter empfindet und wieweit bei regnerischem Wetter das Vergnügen, das ihm die reiche Beute bereitet, die Unannehmlichkeit des Naßwerdens aufwiegt. Für den Jäger aber ist der Regen ein wahres Unglück. Und gerade ein solches Unglück betraf Jermolai und mich, als wir einmal im Kreis Belew Birkhähne jagten. Vom ersten Morgengrauen an hörte es nicht auf zu regnen. Was taten wir nicht alles, um uns davor zu schützen! Unsere Gummimäntel zogen wir fast bis über den Kopf, unter Bäume stellten wir uns, um weniger Tropfen abzubekommen ... Aber ganz abgesehen davon, daß die undurchlässigen Mäntel uns beim Schießen behinderten, ließen sie auf die unverschämteste Weise das Wasser durch; und unter den Bäumen schien es anfangs wirklich nicht zu tropfen, aber dann brach mit einemmal die im Laube angesammelte Nässe durch; von jedem Zweig lief es auf uns herab wie aus einer Regentraufe, ein kaltes Rinnsal drang unter das Halstuch und rieselte den Rücken hinunter ... Das aber war der Höhepunkt, wie Jermolai sich auszudrücken pflegte.

„Nein, Pjotr Petrowitsch", rief er endlich aus, „so geht das nicht! Heute kann man nicht jagen. Den Hunden verregnet es die Witterung, die Gewehre versagen ... Pfui, so ein Pech!"

„Was sollen wir denn machen?" fragte ich.

„Das will ich Ihnen sagen. Fahren wir doch nach Alexejewka. Sie wissen vielleicht gar nicht – das ist so ein kleines Vorwerk, es gehört Ihrer Mutter; von hier sind es acht Werst. Dort übernachten wir, und morgen ..."

1 Fjodor Iwanowitsch Tjutschew (1803–1873), Dichter.

„Kehren wir hierher zurück?“

„Nein, nicht hierher ... Mir ist hinter Alexejewka eine Gegend bekannt, die viel besser ist für Birkhähne als die hiesige!“

Ich unterließ es, meinen treuen Gefährten zu fragen, warum er mich nicht gleich in diese Gegend geführt habe, und noch am selben Tag gelangten wir zu dem meiner Mutter gehörenden kleinen Vorwerk, von dessen Dasein ich, wie ich gestehen muß, bis dahin keine Ahnung gehabt hatte. Auf dem Vorwerk fand ich ein kleines Wohnhaus vor, das zwar sehr baufällig, aber unbewohnt und daher sauber war; ich verbrachte darin eine ziemlich ruhige Nacht.

Am nächsten Tag erwachte ich sehr früh. Die Sonne war soeben aufgegangen; am Himmel stand nicht ein einziges Wölkchen; alles ringsum glänzte in einem starken, doppelten Glanz: dem Glanz der jungen Morgenstrahlen und dem Glanz des gestrigen Regens. Während für mich der zweirädrige Jagdwagen angespannt wurde, schlenderte ich ein wenig durch den kleinen Garten, der einstmals ein Obstgarten gewesen, jetzt aber verwildert war und das Wohnhaus von allen Seiten mit seinem wohlriechenden, saftigen Dikkicht umgab. Ach, wie schön war es an der frischen Luft, unter dem klaren Himmel, an dem die Lerchen mit zitterndem Flügelschlag standen und von dem die Silberperlen ihrer hellen Stimmen herabrieselten! Auf ihren Flügeln hatten sie gewiß Tautropfen nach oben getragen, und ihre Lieder schienen nun mit Tau getränkt. Ich nahm sogar die Mütze vom Kopf und atmete froh aus voller Brust ... Am Rande einer nicht sehr tiefen Schlucht, dicht an dem Flechtzaun, gewahrte ich einen Bienenstand; ein schmaler Pfad führte darauf zu, er schlängelte sich zwischen dichten Wänden von Brennesseln und anderem Unkraut hin, über denen die spitz auslaufenden Stengel dunkelgrünen Hanfes aufragten, der, Gott weiß von wo, hierher verschlagen worden war.

Ich ging auf diesem Pfad weiter und kam zu dem Bienenstand. Neben ihm befand sich ein kleiner geflochtener Schuppen, in den die Bienenstöcke den Winter über gestellt werden. Ich blickte durch die halboffene Tür: Dunkel, still und trocken war es darin; es duftete nach Minze und Melisse. In einer Ecke war ein Gestell angebracht, und darauf lag, in eine Decke gehüllt, eine kleine Gestalt ... Ich wandte mich schon zum Gehen ...

„Herr, gnädiger Herr! Pjotr Petrowitsch!“ vernahm ich eine schwache, stammelnde, tonlose Stimme, die an das Rascheln des Riedgrases im Moor erinnerte.

Ich blieb stehen.

„Pjotr Petrowitsch! Kommen Sie doch her, bitte!" wiederholte die Stimme. Sie kam aus der Ecke, von dem Gestell her, das ich bemerkt hatte.

Ich trat näher und erstarrte vor Verwunderung. Vor mir lag ein lebendes menschliches Wesen, aber was war das für ein Wesen? Der Kopf war völlig ausgedörrt und gleichmäßig bronzefarben, er glich aufs Haar den Ikonen der alten Malschule; die Nase war schmal wie eine Messerklinge; von Lippen war fast nichts zu sehen, nur die Zähne und die Augen schimmerten hell, und unter dem Kopftuch hervor fielen ein paar dünne Strähnen gelber Haare auf die Stirn. Am Kinn regten sich auf einer Falte der Decke zwei winzige, ebenfalls bronzefarbene Hände, deren Finger sich wie dünne Stäbchen langsam bewegten. Ich sah genauer hin: Das Gesicht war keineswegs häßlich, man konnte es sogar schön nennen – aber es war schrecklich und ungewöhnlich. Und um so schrecklicher erschien mir dieses Gesicht, als ich sah, wie sich auf ihm, auf den metallischen Wangen ein Lächeln sichtbar zu werden mühte – sich mühte und doch nicht die Kraft dazu hatte.

„Sie erkennen mich wohl nicht, gnädiger Herr?" flüsterte die Stimme wieder. Sie drang wie ein Hauch aus dem sich kaum bewegenden Mund. „Wie sollten Sie mich auch erkennen! Ich bin Lukerja, erinnern Sie sich, die bei Ihrer Mutter in Spasskoje die Reigen anführte ... Erinnern Sie sich – ich war auch die Vorsängerin?"

„Lukerja!" rief ich aus. „Du bist es? Ist das möglich?"

„Ja, ich bin es, gnädiger Herr, ich bin es. Ich bin Lukerja."

Ich wußte nicht, was ich sagen sollte, und starrte wie betäubt auf dieses dunkle, unbewegliche Gesicht mit den auf mich gerichteten hellen, leblosen Augen. War es möglich? Diese Mumie sollte Lukerja sein, die Schönste von unserem ganzen Hofgesinde, das große, stattliche Mädchen mit der weißen Haut und den roten Wangen, das so gern lachte, tanzte und sang! Lukerja, die kluge Lukerja, der alle unsere jungen Burschen den Hof machten, in die ich selbst heimlich verliebt war, ich, damals ein Junge von sechzehn Jahren!

„Um Gottes willen, Lukerja", brachte ich schließlich hervor, „was ist denn mit dir geschehen?"

„Mir ist doch so ein Unglück zugestoßen! Ekeln Sie sich aber nicht, gnädiger Herr, lassen Sie sich durch mein Elend nicht abschrecken, setzen Sie sich dort auf den kleinen Kübel, etwas näher, sonst können Sie mich nicht verstehen … Merken Sie, wie laut meine Stimme jetzt klingt! … Ach, ich bin ja so froh, daß ich Sie noch einmal sehe! Wie sind Sie denn nach Alexejewka gekommen?"

Lukerja sprach sehr leise und schwach, aber ohne innezuhalten.

„Der Jäger Jermolai hat mich hierhergeführt. Aber erzähl mir doch …"

„Von meinem Unglück soll ich erzählen? Wie Sie wollen, gnädiger Herr. Es ist schon lange her, daß mir das zugestoßen ist, sechs oder sieben Jahre. Man hatte mich damals gerade mit Wassili Poljakow verlobt – erinnern Sie sich, er war so ein großer, schlanker Bursche mit einem Lockenkopf, er diente bei Ihrer Mutter als Einschenker. Ach ja, Sie waren damals schon nicht mehr auf dem Gut; Sie waren nach Moskau gefahren, um zu studieren. Wir hatten uns sehr lieb, Wassili und ich; ich mußte immerzu an ihn denken; es war im Frühling. Und einmal nachts – es war nicht mehr weit bis zum Morgengrauen –, da konnte ich nicht schlafen: Im Garten sang die Nachtigall so wunderbar süß! … Ich hielt es nicht aus, ich stand auf und ging auf die Freitreppe hinaus, um ihr zu lauschen. Sie singt und singt … Und plötzlich ist mir, als rufe mich jemand mit Wasjas Stimme, ganz leise: Luscha! … Ich blicke zur Seite, aber weil ich noch halb im Schlafe war, bin ich wohl fehlgetreten, ich stürzte vom Treppenrand hinunter und schlug hart auf den Erdboden auf. Ich hatte mich aber scheinbar gar nicht sehr verletzt, denn ich stand gleich wieder auf und kehrte in meine Kammer zurück. Nur war mir's, als wäre in mir, im Leibe, etwas gerissen … Lassen Sie mich Atem holen, einen Augenblick, gnädiger Herr."

Lukerja verstummte, ich aber sah sie voller Staunen an. Was mich so sehr in Erstaunen setzte, war, daß sie dies alles beinahe fröhlich erzählte, ohne Ach und Weh, ohne sich im mindesten zu beklagen und ohne Mitleid zu heischen.

„Seit diesem Unfall fing ich an zu verdorren und zu verkümmern", fuhr Lukerja fort. „Meine Haut wurde dunkel; das Gehen fiel mir immer schwerer, und zuletzt verlor ich die Herrschaft über meine Beine ganz; ich konnte weder stehen noch sitzen; ich wollte nur immer liegen. Ich mochte auch weder essen noch trinken. Es wurde immer schlimmer. Ihre Mutter führte mich in ihrer Güte den Ärzten vor und schickte mich in ein Krankenhaus. Aber Erleichterung verschaffte mir das nicht. Kein Arzt konnte mir auch nur sagen, was für eine Krankheit ich eigentlich habe. Was stellten sie nicht alles mit mir an: Mit glühendem Eisen haben sie mir den Rücken gebrannt, in zerstoßenes Eis haben sie mich gesetzt – es half alles nichts. Zuletzt war ich vollkommen steif geworden … Da kam die Herrschaft zu dem Schluß, daß es zwecklos sei, mich weiter zu kurieren, aber Krüppel im herrschaftlichen Hause zu halten, das sei auch nicht gut möglich … Nun, und da wurde ich eben hierher gebracht – weil ich hier Verwandte habe. So lebe ich nun hier, wie Sie sehen."

Wieder verstummte Lukerja, und wieder bemühte sie sich zu lächeln.

„Das ist aber doch furchtbar – deine Lage!" rief ich aus … Und da mir im Augenblick nichts anderes einfiel, fragte ich: „Und was macht denn Wassili Poljakow?" Sehr dumm war diese Frage.

Lukerja wandte den Blick etwas zur Seite.

„Was Poljakow macht? Er war traurig, sehr traurig, aber dann hat er eine andere geheiratet, ein Mädchen aus Glinnoje. Kennen Sie Glinnoje? Es ist nicht weit von uns weg. Agrafena heißt sie. Er hat mich sehr geliebt, aber er war ja ein junger Mensch, er konnte doch nicht ledig bleiben. Und was konnte ich ihm denn für eine Lebensgefährtin sein? Er hat eine nette, gute Frau gefunden, auch Kinderchen haben sie. Er lebt hier bei einem Nachbarn als Verwalter: Ihre Mutter hat ihm die Genehmigung dazu erteilt, und es geht ihm, Gott sei Dank, sehr gut."

„Und du liegst nun immerzu?" fragte ich wieder.

„Ich liege nun so da, gnädiger Herr, das siebente Jahr. Im Sommer, da liege ich hier, in dieser geflochtenen Hütte, und wenn es kalt wird, tragen sie mich in den Vorraum der Badestube. Dann liege ich dort."

„Wer pflegt dich denn? Kümmert sich jemand um dich?"

„Es gibt auch hier gute Menschen. Man läßt mich nicht im Stich. Viel Pflege brauche ich ja nicht. Was das Essen angeht, so esse ich so gut wie nichts, und Wasser – dort im Krug ist es: Immer steht ein Vorrat an reinem Quellwasser da. Bis zu dem Krug kann ich selbst hinlangen, mit dem einen Arm kann ich noch etwas tun. Und dann ist hier ein kleines Mädchen, eine Waise, die sieht dann und wann nach mir; ich bin ihr sehr dankbar dafür. Eben war sie hier … Sind Sie ihr nicht begegnet? Sie ist so ein hübsches, frisches Kind. Sie bringt mir Blumen; ich liebe sie sehr, die Blumen. Gartenblumen gibt es bei uns nicht – die hier waren, sind eingegangen. Aber die Feldblumen sind ja auch schön, sie duften noch besser als die Gartenblumen. Zum Beispiel das Maiglöckchen, das duftet am angenehmsten!"

„Ist das nicht langweilig, nicht schrecklich für dich, meine arme Lukerja?"

„Was soll man dagegen machen? Ich will nicht lügen – anfangs war es sehr schwer für mich, aber dann gewöhnte ich mich daran und lernte es ertragen, es geht schon; andere haben es noch schlechter."

„Wie meinst du das?"

„Mancher hat nicht einmal ein Obdach! Und mancher ist blind oder taub! Aber ich sehe, Gott sei Dank, sehr gut und höre alles, alles. Wenn ein Maulwurf unter der Erde wühlt – ich höre es. Auch jeden Geruch verspüre ich, selbst den allerschwächsten! Wenn der Buchweizen auf dem Feld zu blühen anfängt oder die Linde im Garten – mir braucht man es nicht zu sagen, ich rieche es als erste, sobald nur ein Lüftchen von dort herweht. Nein, warum sollte ich Gott erzürnen? Viele haben es schlechter als ich. Nehmen wir nur dies: Mancher gesunde Mensch kann sich sehr leicht versündigen, aber von mir ist sogar die Sünde gewichen. Kürzlich wollte mir Vater Alexej, der Priester, das Abendmahl reichen und sagte: ‚Zu beichten brauchst du nicht: Kannst du in deinem Zustand denn sündigen?' Aber ich antwortete ihm: ‚Und die Gedankensünden, Väterchen?' – ‚Nun', sagte er und lachte, ‚das sind keine großen Sünden.' Und wahrscheinlich mache ich mich auch dieser Gedankensünden nicht sehr schuldig", fuhr Lukerja fort, „denn ich habe mir angewöhnt, nicht zu denken, und vor allcm, mich an nichts zu crinncrn. Dic Zcit vcrgcht schncllcr."

Ich muß gestehen, ich war erstaunt.

„Du bist immer allein, Lukerja, immer allein? Wie kannst du denn da verhindern, daß dir Gedanken durch den Kopf gehen? Oder schläfst du immerzu?"

„O nein, gnädiger Herr! Schlafen kann ich nicht immer. Wenn ich auch keine großen Schmerzen habe, aber hier im Innern tut es mir fortwährend weh – und in den Knochen auch; das läßt mich nicht richtig schlafen. Nein … Ich liege so da, liege und liege und denke an nichts; ich fühle, daß ich lebe, ich atme – das ist mir genug. Ich schaue, ich lausche. Die Bienen auf dem Bienenstand summen und brummen; eine Taube setzt sich aufs Dach und gurrt; eine Gluckhenne kommt mit ihren Küchlein herein, Krümchen picken; manchmal fliegt ein Spatz oder ein Schmetterling herbei – und ich freue mich daran. Im vorvorigen Jahr haben sogar Schwalben dort in der Ecke ihr Nest gebaut und ihre Jungen ausgebrütet. Wie unterhaltsam war das doch! Eine kommt geflogen, schmiegt sich ans Nestchen, füttert die Jungen, und fort ist sie wieder. Aber sieh – schon löst die andere sie ab. Manchmal kommt sie nicht herein, sie fliegt nur an der offenen Tür vorüber, aber gleich piepsen die Jungen und sperren die Schnäbel auf ... Ich wartete auch im nächsten Jahr auf sie, aber es heißt, ein hiesiger Jäger hätte sie mit der Flinte totgeschossen. Was hat er nur davon? Die ganze Schwalbe ist ja nicht größer als ein Käfer ... Was seid ihr Herren Jäger doch für böse Menschen!"

„Ich schieße keine Schwalben", beeilte ich mich zu bemerken.

„Und ein andermal", begann Lukerja wieder, „das war ein Spaß! Da kam ein Hase hereingelaufen, wirklich! Vielleicht waren die Hunde hinter ihm her, jedenfalls kam er einfach zur Tür hereingesprungen! ... Er setzte sich ganz dicht neben mich und blieb lange so sitzen, immerzu schnupperte er mit der Nase und zuckte mit dem Schnurrbart – genau wie ein Offizier! Er sah mich auch an. Er hatte also verstanden, daß ich ihm nicht gefährlich war. Schließlich stand er auf, hoppelte zur Tür, blickte sich auf der Schwelle um – und schon war er fort! So ein spaßiger Kerl!"

Lukerja sah mich an, als wolle sie sagen: Ist das vielleicht nicht zum Lachen? Ihr zu Gefallen lachte ich. Sie biß sich auf die verdorrten Lippen.

„Nun, im Winter ist es natürlich schlechter für mich, denn da ist es dunkel; eine Kerze anzuzünden wäre schade, und wozu auch? Ich kann zwar lesen und habe immer gern gelesen, aber was soll ich denn lesen? Bücher gibt es hier keine, und selbst wenn es welche gäbe, wie soll ich es denn halten, das Buch? Der Vater Alexej hat mir einen Kalender gebracht, zum Zeitvertreib, aber als er sah, daß ich damit nichts anfangen konnte, nahm er ihn wieder mit. Aber wenn es auch dunkel ist, zu erlauschen gibt es immer etwas: Ein Heimchen zirpt, oder eine Maus raschelt irgendwo. So ist es gut – nicht denken!

Manchmal spreche ich auch Gebete", fuhr Lukerja fort, nachdem sie ein wenig ausgeruht hatte. „Nur kenne ich wenig Gebete. Und warum soll ich dem Herrgott auch lästig fallen? Worum kann ich ihn denn bitten? Er weiß besser als ich, was mir not tut. Er hat mir ein Kreuz auferlegt, also liebt er mich. So ist es uns geboten, das zu verstehen. Ich spreche das Vaterunser, die Fürbitte der Mutter Gottes, den Bittgesang für alle Leidtragenden, und dann liege ich wieder da ohne jeden Gedanken. Und das ist gut so."

Es vergingen wohl zwei Minuten. Ich brach das Schweigen nicht und regte mich nicht auf dem schmalen Kübelchen, das mir als Sitz diente. Die schreckliche steinerne Unbeweglichkeit des vor mir liegenden lebenden, unglücklichen Wesens teilte sich auch mir mit: Auch ich war wie erstarrt.

„Hör zu, Lukerja", begann ich endlich. „Hör zu, was ich dir für einen Vorschlag machen will. Wenn du willst, werde ich veranlassen, daß du in ein Krankenhaus gebracht wirst, in ein gutes städtisches Krankenhaus. Wer weiß, vielleicht kannst du doch noch geheilt werden? Auf jeden Fall wirst du nicht so allein sein …"

Lukerja bewegte kaum wahrnehmbar die Brauen.

„Ach nein, gnädiger Herr", flüsterte sie besorgt, „schaffen Sie mich nicht in ein Krankenhaus, lassen Sie mich hier. Dort muß ich nur noch mehr Qualen erdulden. Wie will man mich denn heilen! … Da ist einmal ein Doktor hergekommen, der wollte mich untersuchen. Ich bat ihn: ‚Nehmen Sie mir meine Ruhe nicht, um Christi willen!' Vergeblich! Er drehte mich um, knetete und bog mir die Arme und Beine und sagte: ‚Das tue ich der Wissenschaft wegen; das ist mein Amt, dafür bin ich ein Gelehrter! Und du', sagte er, ‚untersteh dich, dich mir zu widersetzen, denn für meine Mühen habe ich einen Orden um den Hals bekommen, und es ist ja nur euretwegen, ihr Dummköpfe, daß ich mich so plage.' Er drückte und zerrte fortwährend an mir herum, er nannte mir auch meine Krankheit – es war so ein fremdes, schwieriges Wort –, und dann reiste er ab. Mir aber taten danach eine ganze Woche lang alle Knochen weh. Sie sagen, ich sei allein, immer allein. Nein, nicht immer. Ich bekomme zuweilen Besuch. Ich bin friedlich, ich störe niemanden. Die jungen Bauernmädchen kommen her und plaudern ein bißchen; eine Pilgerin kehrt bei mir ein und erzählt von Jerusalem, von Kiew und von anderen heiligen Städten. Aber auch vor dem Alleinsein ist mir nicht bange. Es ist mir sogar lieber, ja, ja! … Gnädiger Herr, lassen Sie mir meine Ruhe, bringen Sie mich nicht ins Krankenhaus … Ich danke Ihnen, Sie sind gütig, nur lassen Sie mir meine Ruhe, lieber Herr."

„Nun, wie du willst, Lukerja, wie du willst. Ich meinte es ja nur gut mit dir …"

„Ich weiß, gnädiger Herr, daß Sie es gut mit mir meinen. Aber, lieber gnädiger Herr, wer kann denn dem anderen helfen? Wer kann sich in die Seele des anderen versetzen? Selber muß sich der Mensch helfen! Sie werden es nicht glauben, aber wenn ich manchmal so allein liege, dann ist mir, als sei auf der ganzen Welt niemand da außer mir. Nur ich allein lebe! Und es scheint mir, als käme eine Erleuchtung über mich … Ein tiefes Sinnen ergreift mich – es ist ganz seltsam!"

„Worüber sinnst du wohl dann nach, Lukerja?"

„Das kann man gar nicht sagen, gnädiger Herr, das kann man nicht erklären. Und man vergißt es nachher auch. Es kommt über einen, wie wenn sich ein Wölkchen abregnet, es wird einem so frisch, so wohl zumute, aber was es eigentlich ist, das begreift man nicht! Ich denke mir nur: Wenn Menschen um mich wären, dann gäbe es das alles nicht, ich würde nichts weiter fühlen als mein Unglück."

Lukerja seufzte mühsam. Die Brust gehorchte ihr ebensowenig wie ihre Glieder.

„Wenn ich Sie so ansehe, gnädiger Herr", begann sie von neuem, „dann merke ich, daß ich Ihnen sehr leid tue. Aber bedauern Sie mich nicht zu sehr, wirklich! Ich will Ihnen zum Beispiel sagen, daß ich manchmal, auch jetzt noch … Sie entsinnen sich doch, wie lustig ich zu meiner Zeit war? Ein Teufelsmädel! … Und wissen Sie was? Ich singe auch jetzt noch Lieder."

„Lieder? … Du?"

„Ja, Lieder, die alten Lieder, die Reigenlieder, die Wahrsagelieder vom Dreikönigsfest, die Weihnachtslieder, alle möglichen Lieder! Ich kannte ihrer doch viele und habe sie nicht vergessen. Nur Tanzlieder singe ich nicht. In meinem jetzigen Zustand gehört sich das nicht."

„Wie singst du Sie denn – wohl in Gedanken?"

„Manchmal in Gedanken, manchmal auch mit der Stimme. Laut singen kann ich ja nicht, aber man kann es immerhin hören. Ich habe Ihnen vorhin gesagt, daß hin und wieder ein kleines Mädchen zu mir kommt, eine sehr aufgeweckte Waise. Die lehre ich nun singen: Vier Lieder hat sie schon von mir gelernt. Sie glauben es wohl nicht? Warten Sie, ich werde Ihnen gleich …"

Lukerja holte tief Atem. Der Gedanke, daß dieses halbtote Wesen singen wollte, erweckte in mir ein unwillkürliches Grauen. Ehe ich ein Wort sagen konnte, erzitterte in meinen Ohren schon ein langgezogener, kaum hörbarer, aber reiner und richtiger Ton … Ihm folgte ein zweiter, ein dritter. „Auf den Wiesen" sang Lukerja. Sie sang, ohne daß sich der Ausdruck ihres versteinerten Gesichtes veränderte, auch ihre Augen blickten starr. Aber so rührend klang dieses arme, angestrengte, wie ein Rauchwölkchen schwankende Stimmchen, so sehr verlangte es sie, ihre ganze

Seele hineinzulegen ... Ich empfand kein Grauen mehr: Ein unsagbares Mitleid schnürte mir das Herz zusammen.

„Ach, ich kann nicht mehr!" sagte sie plötzlich. „Die Kraft reicht nicht aus ... Ich habe mich schon so sehr gefreut, daß Sie gekommen sind."

Sie schloß die Augen. Ich legte meine Hand auf ihre winzigen kalten Finger ... Sie sah mich an, und ihre dunklen Augenlider, die von goldenen Wimpern umsäumt waren wie bei alten Statuen, schlossen sich aufs neue. Einen Augenblick später glänzten sie im Halbdunkel auf ... Eine Träne hatte sie benetzt. Ich saß noch immer regungslos da.

„Was ist denn nur mit mir!" sagte Lukerja plötzlich mit unerwarteter Kraft und bemühte sich, indem sie die Augen weit öffnete, die Träne fortzuzwinkern. „Ich muß mich ja schämen! Was habe ich nur? Das ist mir schon lange nicht mehr passiert, seit dem Tag, als Wasja Poljakow mich voriges Frühjahr besuchte. Solange er bei mir saß und sich mit mir unterhielt – nun, da ging es noch, aber als er fortgegangen war, da habe ich geweint in meiner Einsamkeit! Wo kam das nur her! ... Freilich, wir Frauen brauchen Tränen nicht zu kaufen. Gnädiger Herr", fügte Lukerja hinzu, „Sie haben gewiß ein Taschentuch bei sich ... Ekeln Sie sich nicht, wischen Sie mir die Augen ab."

Ich beeilte mich, ihren Wunsch zu erfüllen und ließ ihr das Taschentuch. Sie wollte es erst nicht annehmen. „Was soll ich mit so einem Geschenk anfangen?" sagte sie. Das Tuch war sehr einfach, aber weiß und sauber. Doch dann umfaßte sie es mit ihren schwachen Fingern und ließ es nicht mehr los. Inzwischen hatte ich mich an die Dunkelheit gewöhnt, in der wir beide uns befanden, und konnte ihre Züge deutlich erkennen, ich konnte sogar die feine Röte bemerken, die durch die Bronze ihres Gesichtes hindurchschimmerte, und ich konnte in diesem Gesicht – so schien es mir wenigstens – Spuren seiner einstigen Schönheit entdecken.

„Sie haben mich vorhin gefragt, gnädiger Herr, ob ich viel schlafe", begann Lukerja wieder. „Ich schlafe eigentlich selten, aber jedesmal habe ich Träume, schöne Träume! Im Traum bin ich niemals krank, da bin ich immer gesund und jung ... Nur eins ist bitter: Wenn ich aufwache und mich ordentlich strecken will, dann bin ich wie angeschmiedet. Einmal träumte ich so einen wunderbaren Traum! Wollen Sie, daß ich ihn erzähle? – Nun gut, hören Sie zu. Ich träumte, ich stehe auf einem Feld, ringsum ist Roggen, so hoch und reif und golden! ... Und bei mir steht ein fuchsrotes Hündchen, ein böses, ganz böses, das will mich immerfort beißen. Und in der Hand habe ich eine Sichel, aber es ist keine gewöhnliche Sichel, sondern der Mond selber, wie er ist, wenn er einer Sichel gleicht. Und mit diesem Mond soll ich diesen Roggen schneiden, den ganzen Roggen. Ich bin aber sehr matt von der Hitze, und der Mond blendet mich, und Trägheit überkommt mich; ringsum aber wachsen Kornblumen, solche ganz große, und haben sich mit den Köpfchen zu mir gewandt. Und ich denke: Ich werde diese Kornblumen pflücken; Wasja hat mir versprochen zu kommen, so will ich mir zuerst einen Kranz winden; mit dem Kornschneiden werde ich immer noch fertig. Ich fange an, die Kornblumen zu pflücken, aber sie zergehen mir zwischen den Fingern, sie zergehen, es ist nicht zu ändern! Und ich kann mir keinen Kranz winden. Unterdessen aber höre ich, wie jemand zu mir kommt, er ist schon ganz nahe und ruft: ‚Luscha! Luscha!' … O weh, denke ich, das ist schlimm, ich bin nicht fertig geworden! Macht nichts, ich werde mir diesen Mond statt der Kornblumen auf den Kopf setzen. Ich setze mir den Mond auf, ganz wie einen Kopfputz, und da fange ich sogleich selbst an zu leuchten; das ganze Feld ringsum erleuchte ich. Und sieh da – über den obersten Spitzen der Ähren schwebt er rasch auf mich zu, aber nicht Wasja, sondern Christus selbst! Woran ich erkannte, daß es Christus war, kann ich nicht sagen – so wird er nicht gemalt –, aber er war es! Bartlos, hochgewachsen, jung, ganz in Weiß, nur der Gürtel golden; und er streckt mir die Hand hin. ‚Fürchte dich nicht', spricht er, ‚meine schöngeschmückte Braut, folge mir nach; du wirst bei mir im Himmelreich die Reigen anführen und himmlische Lieder spielen.' Wie gern nahm ich seine Hand! Mein Hündchen fuhr mir gleich in die Beine … Aber da schwangen wir uns schon empor! Er voran … Seine Flügel breiteten sich über den ganzen Himmel aus, sie waren lang wie die einer Möwe, und ich folgte ihm. Und das Hündchen mußte von mir ablassen. Da begriff ich erst, daß dieses Hündchen meine Krankheit war und daß im Himmelreich für sie kein Platz mehr sein wird."

Lukerja schwieg einen Augenblick.

„Und dann hatte ich noch einen Traum", begann sie von neuem, „aber vielleicht war es auch eine Erscheinung, ich weiß es nicht. Es schien mir, als läge ich hier in diesem Flechtschuppen, und meine verstorbenen Eltern – Vater und Mutter – kommen zu mir und verneigen sich tief vor mir, sagen aber nichts. Und ich frage sie: ‚Warum verneigt ihr euch vor mir, Vater und Mutter?' –

‚Darum', sagen sie, ‚weil du auf dieser Welt viel leiden mußt und dadurch nicht nur deine eigene Seele erleichterst, sondern auch von uns eine große Last genommen hast. Auch für uns ist es nun in jener Welt viel besser geworden. Mit deinen Sünden hast du schon abgeschlossen; jetzt besiegst du die unseren.' Und als meine Eltern das gesagt hatten, verneigten sie sich abermals und waren verschwunden; nur die Wände waren noch da. Ich wußte nachher nicht recht, was da eigentlich mit mir vorgegangen war. Sogar dem Priester habe ich es in der Beichte erzählt. Nur meinte er, daß es keine Erscheinung gewesen sei, weil Erscheinungen nur der geistliche Stand habe.

Und dann hatte ich noch einen Traum", fuhr Lukerja fort. „Mir träumte, daß ich an der großen Landstraße unter einem Weidenbaum sitze und einen glattgehobelten Stab in der Hand halte, auf dem Rücken trage ich einen Sack, und mein Kopf ist mit einem Tuch umhüllt – eine richtige Pilgerin bin ich! Und ich muß weit, weit fort auf eine Wallfahrt gehen. Und lauter Pilger ziehen an mir vorbei; sie gehen langsam, gleichsam widerwillig, alle in einer Richtung; sie haben traurige Gesichter und sind einander alle sehr ähnlich. Und ich sehe: Zwischen ihnen schlängelt sich eilig eine Frau hindurch, sie ist einen ganzen Kopf größer als die anderen und hat ein eigenartiges Kleid an, keins nach unserer Art, kein russisches. Und ihr Gesicht ist auch eigenartig, es ist ein mageres, strenges Gesicht. Und es ist, als wichen alle anderen ihr aus. Sie aber wendet sich plötzlich um und kommt gerade auf mich zu. Sie bleibt stehen und sieht mich an; Augen hat sie wie ein Falke, gelb, groß und hell, ganz hell. Und ich frage sie: ‚Wer bist du?' Sie aber sagt zu mir: ‚Ich bin dein Tod.' Ich erschrak nicht etwa, im Gegenteil – ich war froh, richtig froh und bekreuzigte mich. Da sprach zu mir diese Frau, mein Tod: ‚Du tust mir leid, Lukerja, aber mitnehmen kann ich dich nicht. Leb wohl!' Lieber Gott! Wie traurig wurde mir da ums Herz! ‚Nimm mich mit', sagte ich, ‚Mütterchen, liebes, nimm mich mit!' Und mein Tod wandte sich zu mir um und sagte etwas ... Ich begriff, daß sie mir meine Stunde bestimmte, aber es war so unverständlich, so undeutlich ... ‚Nach den Petrifasten[1]', sagte sie wohl ... Da erwachte ich. Solch merkwürdige Träume habe ich manchmal!" Lukerja hob die Augen empor, versank in Gedanken ... „Schlimm ist für mich nur dies: Es

1 Fastenzeit vom Sonntag nach Pfingsten bis zum Peter-und-Pauls-Tag am 29. 6. alten Stils, der zu Ehren der beiden Apostel Petrus und Paulus von der römisch-katholischen und der griechisch-orthodoxen Kirche begangen wird.

kommt vor, daß ich eine ganze Woche lang nicht einschlafen kann. Im vorigen Jahr reiste hier eine Dame durch, sie sah mich und gab mir ein Fläschchen mit einer Arznei gegen Schlaflosigkeit; zehn Tropfen sollte ich jedesmal nehmen. Es half mir sehr, ich konnte schlafen. Aber dieses Fläschchen ist jetzt schon lange leer … Wissen Sie nicht, was das für eine Arznei war und wie man sie bekommen kann?"

Die durchreisende Dame hatte Lukerja offenbar Opium gegeben. Ich versprach, ihr ein solches Fläschchen zu verschaffen, und konnte mich wieder nicht enthalten, mich bewundernd über ihre Geduld zu äußern.

„Ach, gnädiger Herr!" entgegnete sie. „Was sagen Sie da! Was ist das schon für eine Geduld? Die Geduld Simeons des Mönchs, die war wirklich groß: Dreißig Jahre hat er auf der Säule gestanden! Und ein anderer Knecht Gottes ließ sich bis an die Brust in die Erde eingraben, und die Ameisen fraßen sein Gesicht … Und folgendes hat mir ein Mann, der viel gelesen hat, noch erzählt: Es gab einmal ein Land, und dieses Land eroberten die Türken, alle Bewohner peinigten und erschlugen sie; und was die Bewohner auch unternahmen, sie vermochten sich nicht zu befreien. Da erschien unter diesen Bewohnern eine heilige Jungfrau; sie ergriff ein großes Schwert, legte einen zwei Pud schweren Harnisch an, zog gegen die Türken und verjagte sie alle übers Meer. Als sie sie aber verjagt hatte, sprach sie zu ihnen: ‚Jetzt verbrennt mich, denn es war mein Gelübde, für mein Volk den Feuertod zu sterben.' Und die Türken ergriffen und verbrannten sie, das Volk aber war seit jener Zeit für immer befreit! Das war wirklich eine Heldentat! Was bin ich dagegen!"

Ich wunderte mich im stillen darüber, wohin die Legende von Jeanne d'Arc[1] gedrungen war und in welcher Gestalt, und nach kurzem Schweigen fragte ich Lukerja, wie alt sie sei.

„Achtundzwanzig … oder neunundzwanzig … Dreißig werde ich noch nicht sein. Aber wozu die Jahre zählen? Ich will Ihnen noch etwas berichten …"

Lukerja hustete plötzlich dumpf und ächzte.

„Du sprichst zuviel", bemerkte ich zu ihr, „das kann dir schaden."

„Es ist wahr", flüsterte sie kaum hörbar, „unser Gespräch ist zu Ende, aber es war gut so! Dann, wenn Sie fortgegangen sind, kann

1 Jungfrau von Orleans (1412–1431), französische Nationalheldin; wurde von einem kirchlichen französischen Gericht zur Ketzerin erklärt und 1431 in Rouen als Hexe verbrannt.

ich wieder genug schweigen. So habe ich mir wenigstens das Herz erleichtert …"

Ich verabschiedete mich von ihr, wiederholte mein Versprechen, ihr die Arznei zu schicken, und bat sie, noch einmal gut nachzudenken und mir zu sagen, ob sie nicht etwas brauche.

„Ich brauche nichts; ich bin zufrieden, Gott sei Dank", brachte sie mit größter Anstrengung, aber gerührt hervor. „Gott schenke allen Gesundheit! Aber vielleicht könnten Sie Ihre Mutter überreden, gnädiger Herr – die Bauern hier sind arm –, daß sie ihnen den Zins wenigstens um ein geringes herabsetzt! Sie haben nicht genügend Land, zuwenig nutzbares Land … Die Bauern würden für Sie zu Gott beten … Ich aber brauche nichts, ich bin zufrieden."

Ich gab Lukerja mein Wort, ihre Bitte zu erfüllen, und ging schon zur Tür … Da rief sie mich noch einmal zurück.

„Erinnern Sie sich, gnädiger Herr", sagte sie, und ein seltsamer Ausdruck erschien für einen Augenblick in ihren Augen und auf ihren Lippen, „was ich für einen Zopf hatte? Erinnern Sie sich – bis zu den Knien reichte er! Ich konnte mich lange nicht entschließen … So ein Haar! … Aber wie sollte ich es denn durchkämmen? In meiner Lage! … So habe ich es mir denn abschneiden lassen … Ja … Nun leben Sie wohl, gnädiger Herr! Ich kann nicht mehr …"

Am selben Tag, ehe ich mich auf die Jagd begab, unterhielt ich mich mit dem Gemeindediener des Vorwerks über Lukerja. Ich erfuhr von ihm, daß sie im Dorf die „lebende Reliquie" genannt wurde und übrigens in keiner Weise störte; weder Murren höre man von ihr noch Klagen. „Für sich selbst verlangt sie nichts, im Gegenteil – sie ist für alles dankbar; eine Dulderin ist sie, eine richtige Dulderin, das muß man sagen. Sie ist von Gott gestraft", schloß der Gemeindediener, „wahrscheinlich für ihre Sünden, aber das geht uns nichts an. Daß wir sie zum Beispiel verurteilen würden – nein, wir verurteilen sie nicht. Mag sie ihre Ruhe haben!"

Einige Wochen danach erfuhr ich, daß Lukerja gestorben war. Der Tod war nun doch gekommen, sie zu holen – und auch „nach den Petrifasten". Man erzählte, sie habe an ihrem Sterbetag immerzu Glockenläuten gehört, obwohl man von Alexejewka bis zur Kirche reichlich fünf Werst rechnet und es ein Werktag war. Übrigens hatte Lukerja gesagt, daß das Läuten nicht von der Kirche komme, sondern „von oben". Wahrscheinlich hatte sie sich nicht getraut zu sagen: vom Himmel.

Ein Adelsnest

Roman

1

Ein heller Frühlingstag neigte sich dem Abend zu, kleine rosige Wölkchen standen hoch am klaren Himmel, und es schien, als schwebten sie nicht vorüber, sondern zögen in die lasurblaue Tiefe davon.

Am offenen Fenster eines schönen Hauses in einer der abgelegenen Straßen der Gouvernementsstadt O... – es war im Jahre 1842 – saßen zwei Frauen: Die eine war etwa fünfzig Jahre alt, die andere eine Greisin von siebzig.

Die erste hieß Marja Dmitrijewna Kalitina. Ihr Mann, einstmals Gouvernementsstaatsanwalt und seinerzeit als Geschäftemacher bekannt, ein rühriger und entschlossener, reizbarer und eigensinniger Mensch, war vor zehn Jahren gestorben. Er hatte eine vortreffliche Erziehung genossen und die Universität besucht; da er aber aus ärmlichen Verhältnissen stammte, hatte er schon früh die Notwendigkeit erkannt, sich selbst einen Weg zu bahnen und zu Geld zu kommen. Marja Dmitrijewna hatte ihn aus Liebe geheiratet, denn er sah nicht übel aus, war klug und, wenn er wollte, sehr liebenswürdig. Marja Dmitrijewna, eine geborene Pestowa, hatte bereits als Kind ihre Eltern verloren. Sie verbrachte einige Jahre in Moskau in einem Pensionat und lebte, nachdem sie von dort zurückgekehrt war, mit ihrer Tante und ihrem älteren Bruder auf ihrem Stammgut Pokrowskoje, das fünfzig Werst von O... entfernt liegt. Der Bruder siedelte bald nach Petersburg über, trat dort in den Staatsdienst und hielt Schwester und Tante sehr kurz, bis sein plötzlicher Tod seine Laufbahn beendete. Marja Dmitrijewna erbte Pokrowskoje, wohnte aber nicht lange dort; schon im zweiten Jahr nach ihrer Hochzeit mit Kalitin, der in wenigen Tagen ihr Herz erobert hatte, wurde Pokrowskoje gegen ein anderes Gut eingetauscht, das bedeutend einträglicher, aber nicht schön war und kein Herrenhaus hatte. Zur gleichen Zeit erwarb Kalitin das Haus in der Stadt O..., das er für sich und seine Frau zum ständigen Aufenthaltsort wählte. Zu dem Haus gehörte ein großer Garten, der auf der einen Seite an das freie Feld außerhalb der Stadt grenzte. Folglich – entschied Kalitin, der gar kein Freund ländlicher Stille war – bestehe keine Veranlassung, aufs Land zu fahren. Marja Dmitrijewna sehnte sich oft nach ihrem hübschen Pokrowskoje mit dem lustigen Flüßchen, den weiten Wiesen und grünen Hainen, doch sie widersprach ihrem Mann in keiner Weise und beugte sich ehrfürchtig seinem Verstand und seiner Weltkenntnis. Als er dann nach fünfzehnjähriger Ehe starb, einen Sohn und zwei Töchter hinterlassend, hatte Marja Dmitrijewna sich schon so an ihr Haus und an das Stadtleben gewöhnt, daß sie selber O... nicht mehr verlassen wollte.

Marja Dmitrijewna hatte in ihrer Jugend als eine niedliche Blondine gegolten, und auch jetzt noch, mit fünfzig Jahren, waren ihre Züge angenehm, wenngleich ein wenig aufgequollen und verschwommen. Sie war mehr empfindsam als gutherzig und hatte bis in ihre reifen Jahre ihre Pensionatsallüren beibehalten. Sie verwöhnte sich, regte sich leicht auf und konnte sogar weinen, wenn etwas gegen ihre Gewohnheiten ging; dafür aber war sie sehr sanft und liebenswürdig, wenn alle ihre Wünsche erfüllt wurden und niemand ihr widersprach. Ihr Haus gehörte zu den angenehmsten in der Stadt. Ihr Vermögen, nicht so sehr das ererbte wie das von ihrem Manne wohlerworbene, war recht ansehnlich. Die beiden Töchter lebten bei ihr, der Sohn jedoch wurde in einer der besten staatlichen Anstalten von Petersburg erzogen.

Die alte Dame, die mit Marja Dmitrijewna am Fenster saß, war ebenjene Tante, die Schwester ihres Vaters, mit der sie einst die einsamen Jahre in Pokrowskoje verbracht hatte. Sie hieß Marfa Timofejewna Pestowa und galt als ein Original. Sie besaß einen sehr eigenwilligen Charakter, sagte allen die Wahrheit ins Gesicht und trat bei äußerst bescheidenen Mitteln so auf, als verfügte sie über Tausende. Sie hatte den verstorbenen Kalitin nicht leiden können und sich, gleich nachdem ihre Nichte ihn geheiratet hatte, in ihr Dörfchen zurückgezogen. Dort wohnte sie volle zehn Jahre bei einem Bauern in einer Hütte, die nicht einmal einen Rauchfang besaß. Marja Dmitrijewna fürchtete sich ein wenig vor ihr. Marfa Timofejewna war klein und spitznasig und hatte noch im Alter schwarzes Haar, flinke Augen und einen raschen Gang; sie hielt sich gerade und sprach schnell und deutlich, mit einer feinen, klangvollen Stimme. Sie trug stets eine weiße Haube und eine kurze weiße Jacke.

„Was hast du?“ fragte sie plötzlich Marja Dmitrijewna. „Weshalb seufzt du, meine Liebe?“

„Nur so“, erwiderte diese. „Was für wunderbare Wolken heute sind!“

„Sie tun dir wohl leid, wie?“

Marja Dmitrijewna antwortete nichts.

„Wo bleibt denn Gedeonowski?“ fragte Marfa Timofejewna, während sie emsig mit ihren Stricknadeln klapperte. Sie strickte einen langen wollenen Schal. „Er könnte mit dir zusammen seufzen oder uns etwas vorschwindeln.“

„Wie hart Sie immer über ihn urteilen! Sergej Petrowitsch ist ein achtbarer Mensch.“

„Achtbar!“ wiederholte die alte Dame vorwurfsvoll.

„Und wie ergeben er meinem verstorbenen Mann war!“ fuhr Marja Dmitrijewna fort. „Noch heute kann er nicht ohne Rührung an ihn denken.“

„Ja, freilich! Der hat ihn ja auch an den Ohren aus dem Dreck gezogen“, knurrte Marfa Timofejewna, und die Stricknadeln in ihren Händen klapperten noch heftiger.

„Er sieht so sanft aus“, begann sie von neuem. „Sein Kopf ist schon ganz grau, wenn er aber den Mund auftut, lügt er oder klatscht. Und das nennt sich Staatsrat! Na ja, er ist eben ein Popensohn!“

„Wer ist denn ohne Fehler, Tantchen? Diese Schwäche hat er, allerdings. Sergej Petrowitsch hat allerdings keine Erziehung genossen – er spricht auch nicht Französisch, aber – sagen Sie doch selbst – ein netter Mensch ist er.“

„Ja, weil er dir immer die Händchen leckt. Er spricht nicht Französisch – was ist das schon für ein Unglück! Ich bin selber nicht stark im französischen ‚Dialekt‘. Das beste wäre, er spräche überhaupt keine Sprache, dann würde er wenigstens nicht lügen. Da kommt er übrigens; malt man den Teufel an die Wand, dann kommt er auch schon“, fügte Marfa Timofejewna hinzu, nachdem sie einen Blick auf die Straße geworfen hatte. „Da kommt er angestelzt, dein netter Mensch. So ein langes Laster, wie ein Storch!“

Marja Dmitrijewna ordnete ihre Locken. Marfa Timofejewna sah ihr mit spöttischem Lächeln zu.

„Was hast du da, meine Liebe? Wohl gar ein graues Haar? Du mußt deine Palaschka mal ordentlich hernehmen. Wo hat sie nur ihre Augen!“

„Ach, Tantchen, daß Sie auch immer …“, murmelte Marja Dmitrijewna ärgerlich und trommelte mit den Fingern auf die Armlehne ihres Sessels.

„Sergej Petrowitsch Gedeonowski!" piepste ein kleiner rotwangiger Bedienter, der zur Tür hereingeschlüpft war.

2

Ein hochgewachsener Mann trat ein, der einen tadellosen Gehrock, etwas zu kurze Beinkleider, graue Wildlederhandschuhe und zwei Halsbinden trug – eine schwarze obenauf und eine weiße darunter. Alles an ihm atmete Anstand und Schicklichkeit, von dem wohlgeformten Gesicht und dem glattgekämmten Schläfenhaar bis zu den absatzlosen, nicht knarrenden Stiefeln. Er verbeugte sich zuerst vor der Hausherrin, dann vor Marfa Timofejewna und näherte sich, nachdem er langsam seine Handschuhe abgestreift hatte, Marja Dmitrijewna. Er küßte ihr ehrerbietig und gleich zweimal hintereinander die Hand, ließ sich gemächlich in einem Sessel nieder und sagte lächelnd, indem er die Fingerspitzen aneinanderrieb:

„Ist Jelisaweta Michailowna wohlauf?"

„Ja", antwortete Marja Dmitrijewna, „sie ist im Garten."

„Und Jelena Michailowna?"

„Lenotschka ist auch im Garten. – Gibt es nichts Neues?"

„Gewiß doch, gewiß doch", erwiderte der Gast blinzelnd und gemächlich die Lippen vorschiebend. „Hm! Da wäre zum Beispiel schon eine Neuigkeit – und sogar eine ganz erstaunliche: Fjodor Iwanowitsch Lawrezki ist wieder im Lande."

„Fedja!" rief Marfa Timofejewna aus. „Aber hast du dir das auch nicht etwa nur so ausgedacht, mein Lieber?"

„Durchaus nicht, ich habe ihn selber gesehen."

„Nun, das ist noch kein Beweis."

„Er hat sich sehr gut erholt", fuhr Gedeonowski fort, wobei er sich den Anschein gab, als habe er Marfa Timofejewnas Bemerkung überhört. „In den Schultern ist er noch breiter geworden, und richtig rote Backen hat er bekommen."

„Erholt", sagte Marfa Timofejewna gedehnt, „wovon soll er sich denn erholt haben?"

„Ja", entgegnete Gedeonowski, „ein anderer an seiner Stelle hätte sich geniert, sich in der Öffentlichkeit zu zeigen."

„Warum eigentlich?" unterbrach ihn Marfa Timofejewna. „Was

ist das für ein Unsinn? Der Mann ist in seine Heimat zurückgekehrt. Wohin sollte er sich denn deiner Meinung nach verkriechen? Als träfe ihn die Schuld!"

„Der Mann ist immer schuld, meine Gnädige, wage ich zu behaupten, wenn die Frau sich schlecht aufführt."

„Das sagst du nur, mein Bester, weil du selber nie verheiratet warst."

Gedeonowski lächelte gezwungen.

„Verzeihen Sie meine Neugier", fragte er nach kurzem Schweigen, „für wen ist dieser reizende Schal bestimmt?"

Marfa Timofejewna warf ihm einen Blick zu.

„Er ist für jemanden bestimmt", erwiderte sie, „der nie klatscht, nie krumme Wege geht und sich nie Lügengeschichten ausdenkt – falls es auf der Welt einen solchen Menschen überhaupt gibt. Fedja kenne ich gut; er ist nur insofern schuld, als er seine Frau zu sehr verwöhnt hat. Nun, er hat zwar aus Liebe geheiratet, aber bei diesen Liebesheiraten kommt niemals etwas Gescheites heraus", fügte die alte Dame mit einem Seitenblick auf Marja Dmitrijewna hinzu und stand auf. „Und jetzt, mein Bester, kannst du deine Zähne wetzen, an wem du willst, meinetwegen auch an mir; ich will nicht länger stören, ich gehe." Und Marfa Timofejewna entfernte sich.

„So ist sie immer", sagte Marja Dmitrijewna, indem sie ihrer Tante mit den Augen folgte, „immer!"

„Das sind die Jahre! Da kann man nichts machen!" bemerkte Gedeonowski. „Da beliebte es ihr zu sagen: Wer keine krummen Wege geht. Aber wer geht heutzutage keine krummen Wege? Unsere Zeit ist nun mal so. Ein Freund von mir, ein hochangesehener Mann und, wie ich Ihnen versichern kann, ein Mann von nicht geringem Rang, pflegte zu sagen, daß sich heutzutage selbst ein Huhn mit List einem Korn nähert und immer darauf aus ist, von der Seite heranzukommen. Wenn ich dagegen Sie ansehe, meine Gnädigste, Sie haben wahrhaftig das Wesen eines Engels. Gestatten Sie mir, Ihr schneeweißes Händchen ..."

Marja Dmitrijewna lächelte matt und streckte Gedeonowski ihre rundliche Hand hin, wobei sie den kleinen Finger abspreizte. Er drückte seine Lippen auf die Hand, und sie rückte ihren Sessel näher an ihn heran, beugte sich ein wenig vor und fragte ihn halblaut:

„Sie haben ihn also gesehen? Ist er wirklich unverändert, gesund und munter?"

„Munter, unverändert ist er", erwiderte Gedeonowski im Flüsterton.

„Und haben Sie nicht gehört, wo seine Frau jetzt ist?"

„In der letzten Zeit war sie in Paris; jetzt aber soll sie in einen italienischen Staat übergesiedelt sein."

„Fedjas Lage ist wirklich furchtbar. Ich weiß nicht, wie er das aushält. Zwar kann jedem einmal ein Unglück zustoßen, aber das seine hat sich ja, man kann sagen, in ganz Europa herumgesprochen."

Gedeonowski seufzte.

„Ja, ja. Sie hat sich ja, sagt man, mit Artisten und Pianisten und, wie es dort Sitte ist, mit Salonlöwen und Modenarren abgegeben. Sie hat alle Scham verloren …"

„Sehr, sehr bedauerlich", meinte Marja Dmitrijewna, „aus verwandtschaftlichen Gründen. Er ist doch, wissen Sie, Sergej Petrowitsch, ein Großneffe von mir."

„Freilich, freilich. Wie sollte ich nicht alles wissen, was sich auf Ihre Familie bezieht? Ich bitte Sie."

„Wird er zu uns kommen? Was meinen Sie?"

„Man sollte es annehmen. Übrigens heißt es, er habe die Absicht, auf sein Gut zu ziehen."

Marja Dmitrijewna hob die Augen zum Himmel auf.

„Ach, Sergej Petrowitsch, Sergej Petrowitsch, wenn ich bedenke, wie vorsichtig wir Frauen doch in unserem Verhalten sein müssen!"

„Eine Frau ist nicht wie die andere, Marja Dmitrijewna. Leider gibt es solche – von unbeständigem Charakter. Auch die Jahre sprechen da mit; und manchen hat man von Kindheit an keine Grundsätze beigebracht." Sergej Petrowitsch holte ein blaukariertes Tuch aus der Tasche und begann es zu entfalten. „Solche Frauen gibt es natürlich." Sergej Petrowitsch führte einen Zipfel des Tuches erst an das eine, dann an das andere Auge. „Aber allgemein gesprochen, wenn man bedenkt, das heißt … Ungemein staubig ist es in der Stadt", schloß er.

„Maman, maman", rief, ins Zimmer stürzend, ein hübsches Mädchen von etwa elf Jahren, „Wladimir Nikolajitsch kommt zu uns geritten!"

Marja Dmitrijewna erhob sich: Sergej Petrowitsch stand ebenfalls auf und verbeugte sich. „Ergebenster Diener, Jelena Michailowna", sagte er und zog sich der Schicklichkeit halber in eine Ecke zurück, wo er seine lange, ebenmäßige Nase schneuzte.

Iwan Turgenjew – 1858

„Was für ein wundervolles Pferd er hat!" fuhr das Mädchen fort. „Er war eben an der Gartenpforte und sagte Lisa und mir, daß er zur Freitreppe reitet."

Man vernahm Hufgetrappel, und ein schlanker Reiter auf einem schönen braunen Pferd erschien auf der Straße und hielt vor dem offenen Fenster.

3

„Guten Tag, Marja Dmitrijewna!" rief mit volltönender und angenehmer Stimme der Reiter. „Wie gefällt Ihnen meine Neuerwerbung?"

Marja Dmitrijewna trat ans Fenster.

„Guten Tag, Woldemar! Oh, was für ein prächtiges Pferd! Von wem haben Sie es gekauft?"

„Von einem Remonteur[1]. Ein Heidengeld hat er genommen, der Gauner."

„Und wie heißt es?"

„Orland. Aber der Name ist dumm, ich will es umbenennen ... Eh bien, eh bien, mon garçon.[2] So ein unruhiges Tier!"

Das Pferd schnaubte, stampfte mit den Hufen und schwenkte das schaumbedeckte Maul.

„Streicheln Sie es nur, Lenotschka, haben Sie keine Angst."

Das Mädchen streckte die Hand aus dem Fenster, aber Orland bäumte sich plötzlich und sprang zur Seite. Der Reiter verlor nicht den Kopf. Er nahm das Pferd fest zwischen die Schenkel, zog ihm mit der Gerte eins über den Hals und brachte es trotz seines Widerstands abermals vor dem Fenster zum Stehen.

„Prenez garde, prenez garde!"[3] wiederholte Marja Dmitrijewna mehrmals.

„Streicheln Sie es nur, Lenotschka", entgegnete der Reiter. „Ich will ihm seinen Übermut schon austreiben."

Das Mädchen streckte wieder die Hand aus und berührte zaghaft die bebenden Nüstern Orlands, der unaufhörlich zusammenzuckte und auf die Kandare biß.

„Bravo!" rief Marja Dmitrijewna. „Aber jetzt steigen Sie ab und kommen Sie zu uns herein."

Der Reiter wendete keck sein Pferd, gab ihm die Sporen,

1 Offizier, der für die Beschaffung neuer Pferde verantwortlich ist. – 2 (franz.) Schon gut, schon gut, mein Junge. – 3 (franz.) Vorsicht, Vorsicht!

sprengte in kurzem Galopp die Straße entlang und ritt in den Hof. Eine Minute später eilte er, die Reitgerte schwingend, durch die Vorzimmertür in den Salon. Gleichzeitig erschien auf der Schwelle einer anderen Tür ein schlankes, hochgewachsenes, schwarzhaariges Mädchen von etwa neunzehn Jahren, die ältere Tochter Marja Dmitrijewnas – Lisa.

4

Der junge Mann, mit dem wir den Leser soeben bekannt gemacht haben, hieß Wladimir Nikolajitsch Panschin. Er war im Innenministerium in Petersburg Beamter zur besonderen Verwendung. In die Stadt O... war er gekommen, um einen zeitweiligen Regierungsauftrag auszuführen, und er stand hier dem Gouverneur, General Sonnenberg, zur Verfügung, von dem er ein entfernter Verwandter war. Der Vater Panschins, ein Stabsrittmeister a. D. und ein bekannter Spieler, war ein Mann mit süßlichen Augen, zerknittertem Gesicht und einem nervösen Zucken um den Mund gewesen. Er hatte sein ganzes Leben lang in adligen Kreisen verkehrt, war ein ständiger Gast in den englischen Klubs beider Hauptstädte gewesen und hatte im Ruf eines gewandten, nicht sehr verläßlichen, aber netten und gemütvollen Menschen gestanden. Ungeachtet all seiner Gewandtheit hatte er sich fast ständig hart am Rande der Armut befunden und seinem einzigen Sohn nur ein kleines und zerrüttetes Vermögen hinterlassen. Dafür hatte er sich, freilich auf seine Art, seiner Erziehung angenommen: Wladimir Nikolajitsch sprach ausgezeichnet Französisch, gut Englisch, schlecht Deutsch. So gehört es sich auch: Für anständige Leute ist es eine Schande, gut Deutsch zu sprechen. Aber bei gewissen, meist komischen Anlässen ein deutsches Wort einzuflechten ist statthaft – c'est même très chic[1], wie sich die Petersburger Pariser ausdrücken. Wladimir Nikolajitsch konnte schon mit fünfzehn Jahren, ohne verlegen zu werden, jeden Salon betreten, sich mit Anstand darin bewegen und zur rechten Zeit entfernen. Vater Panschin hatte dem Sohn viele Beziehungen verschafft. Wenn er zwischen zwei Robbern oder nach einem geglückten „Großschlemm" die Karten mischte, ließ er sich nie die Gelegenheit entgehen, diesem oder jenem einflußreichen Herrn und Liebhaber kommerzieller Spiele gegenüber ein Wörtchen

1 (franz.) das ist sogar sehr schick.

über seinen „Wolodja“ fallenzulassen. Wladimir Nikolajitsch seinerseits machte während seines Studiums an der Universität, die er mit dem Grad eines „wirklichen Studenten“ verließ, die Bekanntschaft einiger vornehmer junger Leute und erhielt Zutritt zu den besten Häusern. Man nahm ihn überall gern auf, denn er sah sehr gut aus, war ungezwungen, unterhaltsam, immer gesund und zu allem aufgelegt, wo es angebracht war – ehrerbietig, wo er sich's erlauben konnte – frech, ein ausgezeichneter Kamerad, un charmant garçon[1]. Ein Land der Verheißung erschloß sich ihm. Rasch erfaßte Panschin die Geheimnisse der Wissenschaft von der großen Welt: Er lernte es, ihren Gesetzen wirkliche Achtung entgegenzubringen, sich mit halb spöttischer Ernsthaftigkeit mit Unsinn zu befassen und dabei den Anschein zu erwecken, als hielte er alles Ernsthafte für Unsinn; er tanzte hervorragend und kleidete sich nach englischer Mode. In kurzer Zeit erwarb er sich den Ruf, einer der liebenswürdigsten und weltgewandtesten jungen Männer von Petersburg zu sein. Panschin war tatsächlich sehr gewandt – nicht weniger als sein Vater, aber er war auch sehr talentiert. Alles fiel ihm leicht: Er sang recht hübsch, zeichnete ansprechend, schrieb Gedichte und spielte gar nicht übel Theater. Mit achtundzwanzig Jahren war er bereits Kammerjunker und hatte einen sehr beachtlichen Rang inne. Panschin glaubte fest an sich, an seinen Verstand, an seinen Scharfsinn; keck, heiter und voll Schwung schritt er vorwärts; in seinem Leben ging alles glatt. Er war es gewöhnt, allen zu gefallen, alt und jung, und bildete sich ein, die Menschen zu kennen, besonders die Frauen; und ihre üblichen Schwächen kannte er allerdings gut. Als ein Mensch, der Sinn für Kunst hatte, verspürte er in sich auch Feuer und eine gewisse Begeisterung und Leidenschaftlichkeit und erlaubte sich infolgedessen allerhand Abweichungen von den allgemeinen Regeln: Er zechte gern, unterhielt Bekanntschaften mit Personen, die nicht zur guten Gesellschaft gehörten, und gab sich überhaupt sehr frei und einfach; im Grunde seines Wesens aber war er kalt und schlau, und auch beim ausgelassensten Zechgelage belauerte und erspähte sein kluges braunes Auge alles. Dieser kühne, dieser freie junge Mann konnte sich niemals ganz vergessen und ganz hingeben. Zu seiner Ehre muß gesagt werden, daß er nie mit seinen Siegen prahlte. In das Haus Marja Dmitrijewnas war er gleich nach seiner Ankunft in O... geraten und darin bald vollkommen heimisch geworden. Marja Dmitrijewna vergötterte ihn geradezu.

1 (franz.) ein reizender Bursche.

Panschin verbeugte sich liebenswürdig vor allen Anwesenden, drückte Marja Dmitrijewna und Lisaweta Michailowna die Hand, klopfte Gedeonowski leicht auf die Schulter und erhaschte, sich auf den Absätzen umdrehend, Lenotschkas Kopf und küßte sie auf die Stirn.

„Und Sie fürchten sich gar nicht, ein so wildes Pferd zu reiten?“ fragte ihn Marja Dmitrijewna.

„Ich bitte Sie, es ist lammfromm: aber ich will Ihnen sagen, wovor ich mich fürchte: Ich fürchte mich, mit Sergej Petrowitsch Preference zu spielen. Gestern, bei den Belenizyns, hat er mich gerupft, daß die Federn flogen.“

Gedeonowski ließ sein dünnes, unterwürfiges Lachen hören: Er suchte sich bei dem jungen glänzenden Beamten aus Petersburg, dem Liebling des Gouverneurs, einzuschmeicheln. In seinen Gesprächen mit Marja Dmitrijewna erwähnte er oft die bemerkenswerten Fähigkeiten Panschins. Wie sollte man ihn auch nicht loben? pflegte er zu überlegen. Selbst in den höchsten Sphären des Lebens hat der junge Mann Erfolg, im Dienst ist er musterhaft, und dabei ist er nicht im geringsten hochmütig. Übrigens hielt man auch in Petersburg Panschin für einen tüchtigen Beamten. Die Arbeit ging ihm flott von der Hand; er sprach von ihr nur in scherzhaftem Ton, wie sich das für einen Mann von Welt geziemt, der seiner beruflichen Tätigkeit keine besondere Bedeutung beimißt; dennoch war er überaus pflichtbewußt. Die Vorgesetzten lieben solche Untergebenen. Er selbst zweifelte nicht daran, daß er, wenn er wollte, mit der Zeit Minister werden würde.

„Sie beliebten zu sagen, daß ich Sie gerupft hätte“, meinte Gedeonowski, „aber wer hat mir denn vorige Woche zwölf Rubel abgenommen? Und dann noch ...“

„Sie Bösewicht, Sie Bösewicht!“ unterbrach ihn Panschin mit freundlicher, aber ein wenig verächtlicher Lässigkeit und trat, ohne ihn weiter zu beachten, zu Lisa heran.

„Ich habe die Ouvertüre zu ‚Oberon‘[1] hier nicht auftreiben können“, begann er. „Die Belenizyna hat nur geprahlt, als sie sagte, sie besäße die ganze klassische Musik; in Wirklichkeit hat sie nichts als Polkas und Walzer. Aber ich habe schon nach Moskau geschrieben, und in einer Woche werden Sie die Ouvertüre haben. Nebenbei bemerkt“, fuhr er fort, „habe ich gestern eine neue Romanze komponiert, und der Text ist auch von mir. Wenn Sie wollen, singe ich sie Ihnen vor. Ich weiß nicht, was dabei heraus-

1 Oper von Carl Maria von Weber (1786–1826).

gekommen ist. Die Belenizyna fand sie wunderschön, aber ihr Urteil besagt nichts, ich möchte Ihre Meinung wissen. Übrigens, glaube ich, heben wir uns das lieber für später auf."

„Warum für später?" mischte sich Marja Dmitrijewna ein. „Weshalb nicht jetzt?"

„Zu Befehl", sagte Panschin mit dem heiteren, süßlichen Lächeln, das bei ihm stets ganz plötzlich erschien und auch wieder verschwand. Er schob mit dem Knie einen Stuhl heran, setzte sich an den Flügel, griff einige Akkorde und sang, die Worte deutlich formend, folgende Romanze:

„Es schwebt der Mond so hoch am Himmel droben
  Durch Wolken fahl;
Tief rührt die Meereswogen auf von oben
  Sein Zauberstrahl.

Dich fühlt die Meeresflut in meinem Herzen
  Wie Mondenschein
Und wird bewegt, in Freuden wie in Schmerzen,
  Durch dich allein.

Nur Liebessehnsucht mir und stummes Schmachten
  Im Herzen wohnt.
Ich leide ... Aber dir ist fremd solch Trachten
  Wie dort dem Mond."[1]

Die zweite Strophe wurde von Panschin mit besonderem Ausdruck und besonderer Kraft gesungen; in der stürmischen Begleitung war das Auf und Ab der Wellen zu hören. Nach den Worten „Ich leide ..." seufzte er leise, schlug die Augen nieder und senkte die Stimme – morendo[2]. Als er geendet hatte, lobte Lisa die Melodie, Marja Dmitrijewna sagte: „Entzückend!", und Gedeonowski rief sogar: „Bezaubernd! Poesie und Harmonie sind gleichermaßen bezaubernd!" Lenotschka schaute mit kindlicher Ehrfurcht den Sänger an. Mit einem Wort, allen Anwesenden hatte das Werk des jungen Dilettanten sehr gefallen; vor der Tür des Salons aber, im Vorzimmer, stand ein soeben dort eingetretener, schon bejahrter Mann, dem, nach dem Ausdruck seines gesenkten Gesichtes und den Bewegungen seiner Schultern zu urteilen, Pan-

1 Turgenjew zitiert hier ein eigenes Gedicht aus dem Jahre 1841. – 2 (ital.) in der Musik: zugleich langsam und schwächer werdend.

schins Romanze, so reizend sie war, kein Vergnügen bereitet hatte. Nachdem er eine Weile gewartet und mit einem groben Taschentuch seine Stiefel abgestaubt hatte, kniff er mit einemmal die Augen zusammen, preßte mürrisch die Lippen aufeinander, krümmte seinen ohnehin gebeugten Rücken noch mehr und trat langsam in den Salon.

„Ah! Christophor Fjodorytsch, guten Tag!" rief Panschin als erster und sprang rasch von seinem Stuhl auf. „Ich hatte keine Ahnung, daß Sie hier sind – in Ihrer Gegenwart hätte ich bestimmt nicht gewagt, meine Romanze zu singen. Ich weiß, Sie sind kein Freund von leichter Musik."

„Ich habe nicht zugehört", versetzte der Eingetretene in schlechtem Russisch und blieb, nachdem er sich vor allen Anwesenden verbeugt hatte, unbeholfen mitten im Zimmer stehen.

„Sie sind gekommen, um Lisa eine Musikstunde zu geben, Musje Lemm?" fragte Marja Dmitrijewna.

„Nein, nicht Lisabet Michailowna, sondern Jelene Michailowna."

„Ach so. Nun, sehr schön. Lenotschka, geh mit Herrn Lemm nach oben."

Der Alte wollte dem Mädchen folgen, doch Panschin hielt ihn zurück.

„Gehen Sie nach der Stunde nicht fort, Christophor Fjodorytsch", sagte er, „Lisaweta Michailowna und ich werden eine Beethovensonate vierhändig spielen."

Der Alte brummte etwas vor sich hin, aber Panschin fuhr deutsch fort, wobei er die Worte schlecht aussprach:

„Lisaweta Michailowna hat mir eine geistliche Kantate gezeigt, die Sie ihr überreicht haben – eine herrliche Sache! Glauben Sie bitte nicht, ich verstünde ernste Musik nicht zu schätzen – im Gegenteil: Sie ist zwar manchmal langweilig, aber dafür sehr nützlich."

Der Alte errötete bis über die Ohren, warf Lisa einen scheelen Blick zu und verließ eilig das Zimmer.

Marja Dmitrijewna bat Panschin, die Romanze noch einmal zu singen, aber er erklärte, er wolle die Ohren des gelehrten Deutschen nicht beleidigen, und schlug Lisa vor, die Beethovensonate zu spielen. Da seufzte Marja Dmitrijewna und schlug ihrerseits Gedeonowski vor, mit ihr ein wenig im Garten spazierenzugehen. „Ich möchte mich mit Ihnen noch über unseren armen Fedja aussprechen und beraten", sagte sie. Gedeonowski schmunzelte, verneigte sich, nahm mit zwei Fingern seinen Hut mit den sorgfältig auf die Krempe gelegten Handschuhen und entfernte sich mit Marja Dmitrijewna. Panschin und Lisa blieben im Zimmer zurück. Sie holte die Sonate und schlug sie auf; beide setzten sich schweigend an den Flügel. Von oben waren schwach die Klänge der Tonleitern zu vernehmen, die Lenotschkas unsichere Finger spielten.

5

Christophor Theodor Gottlieb Lemm wurde im Jahre 1786 zu Chemnitz im Königreich Sachsen als Sohn armer Musiker geboren. Sein Vater blies Waldhorn, die Mutter spielte Harfe; er selbst übte sich schon seit seinem fünften Lebensjahr auf drei verschiedenen Instrumenten. Mit acht Jahren wurde er Waise, und als er zehn Jahre alt war, begann er sich mit seiner Kunst sein Brot selbst zu verdienen. Lange Zeit führte er ein Wanderleben und spielte überall – in Schenken und auf Jahrmärkten, auf Bauernhochzeiten und auf Bällen; schließlich aber wurde er in einem Orchester angestellt und erlangte, immer höher aufrückend, den Posten des Dirigenten. Er spielte ziemlich schlecht, besaß aber ein tiefes Musikverständnis und große musikalische Kenntnisse. In seinem achtundzwanzigsten Lebensjahr wanderte er nach Rußland aus. Ein großer Herr, der selber Musik nicht ausstehen konnte, sich aber aus Großtuerei ein Orchester hielt, hatte ihn zu sich gerufen. Lemm brachte bei ihm sieben Jahre als Kapellmeister zu und verließ ihn mit leeren Händen: Der Herr hatte sich ruiniert. Er wollte ihm zwar einen Wechsel ausstellen, verweigerte ihm jedoch später auch diesen – kurzum, er zahlte ihm nicht eine Kopeke. Man riet ihm abzureisen, aber er wollte nicht als Bettler aus Rußland heimkehren, aus dem großen Rußland, diesem goldenen Boden für Künstler. Er entschloß sich, zu bleiben und sein Glück zu versuchen. Zwanzig Jahre lang versuchte der arme Deutsche sein Glück: Er kam bei verschiedenen Herren unter, lebte in Moskau und in Provinzstädten, erduldete und ertrug vieles, lernte die Armut kennen und zappelte wie ein Fisch auf dem Trocknen – doch niemals verließ ihn inmitten all des Elends, dem er ausgesetzt war, der Gedanke, in die Heimat zurückzukehren; er allein hielt ihn aufrecht. Das Schicksal versagte ihm jedoch dieses letzte und zugleich erste Glück. Mit fünfzig Jahren blieb er, krank und vorzeitig gealtert, in der Stadt O… hängen und siedelte sich für immer hier an, nachdem er alle Hoffnung, das ihm verhaßte Rußland je verlassen zu können, verloren hatte. Mit Müh und Not fristete er durch Stundengeben sein kärgliches Dasein. Lemms äußere Erscheinung sprach nicht zu seinen Gunsten. Er war klein, ging krumm, hatte hervorstehende Schulterblätter, einen eingesunkenen Leib, große Plattfüße und an den harten, ungelenken Fingern seiner sehnigen roten Hände blaßbläuliche Nägel; sein Gesicht durchfurchten Falten, die Wangen waren eingefallen, die zusammengekniffenen Lippen kauten unaufhörlich, was bei seiner gewohnten Schweigsamkeit einen fast unheimlichen Eindruck machte. Die grauen Haare hingen ihm in Strähnen in die niedrige Stirn; die winzigen starren Augen glommen wie erlöschende Kohlen. Sein Gang war schwerfällig – bei jedem Schritt schwankte der plumpe Körper. Manchmal erinnerten seine Bewegungen an das unbeholfene Sichputzen einer Eule im Käfig, die merkt, daß sie beobachtet wird, aber mit ihren großen gelben, furchtsam und schläfrig blinzelnden Augen selbst kaum etwas sieht. Der ewige, unerbittliche Kummer hatte dem armen Musikus seinen unauslöschlichen Stempel aufgedrückt, hatte seine ohnehin schon unansehnliche Gestalt noch mehr gekrümmt und entstellt, aber für den, der sich über die ersten Eindrücke hinwegzusetzen vermochte, offenbarte sich in diesem halbzerstörten Wesen etwas Gütiges, Ehrliches, ja etwas Ungewöhnliches. Als ein Verehrer Bachs und Händels, als ein Kenner seines Fachs, begabt mit einer lebhaften Einbildungskraft und jener Kühnheit des Gedankens, die nur der germanischen Rasse eigen ist, wäre Lemm mit der Zeit – wer weiß? – in die Reihe der großen Komponisten seines Vaterlandes getreten, wenn das Schicksal ihn anders geführt hätte. Aber er war unter keinem glücklichen Stern geboren! Er hatte in seinem Leben viel geschrieben, und doch war es ihm nicht vergönnt, auch nur eines seiner Werke veröffentlicht zu sehen. Er verstand es nicht, die Sache richtig anzupacken, im rechten Augenblick zu katzbuckeln und zur rechten Zeit für sich selbst einzutreten. Vor langer, langer Zeit hatte einmal ein Verehrer und Freund von ihm, gleichfalls ein Deutscher und gleichfalls arm, auf eigene Kosten zwei seiner Sonaten herausgegeben, aber sie blieben sämtlich in den Kellern der Musikalienhandlungen liegen. Stumm und spurlos verschwanden sie, als hätte sie jemand nachts in einen Fluß geworfen. Lemm wurde schließlich gleichgültig gegen alles, und die Jahre taten das Ihre dazu: Er wurde hölzern und steif, so steif wie seine Finger.

Allein mit einer alten Köchin, die er aus dem Armenhaus zu sich genommen hatte (er war nie verheiratet gewesen), lebte er in O... in einem kleinen Häuschen, nicht weit vom Kalitinschen Haus entfernt. Er ging viel spazieren, las die Bibel, daneben eine Sammlung protestantischer Psalmen, außerdem Shakespeare in der Schlegelschen Übersetzung. Er hatte schon lange nichts mehr komponiert, doch Lisa, seine beste Schülerin, hatte ihn anscheinend aufzurütteln vermocht: Er schrieb für sie die Kantate, die Panschin erwähnt hatte. Der Text dieser Kantate war seiner Psalmensammlung entlehnt; einige Verse hatte er selbst hinzugedichtet. Sie wurde von zwei Chören gesungen – dem Chor der Glücklichen und dem Chor der Unglücklichen. Beide vereinten sich zum Schluß und sangen gemeinsam: „Barmherziger Gott, sei uns Sündern gnädig und nimm von uns alle bösen Gedanken und irdischen Hoffnungen." Auf dem äußerst sorgfältig geschriebenen und sogar ausgemalten Titelblatt stand: „Nur die Gerechten werden bestehen. Eine geistliche Kantate. Komponiert und der Jungfrau Jelisaweta Kalitina, meiner liebenswürdigen Schülerin, gewidmet von ihrem Lehrer Ch. T. G. Lemm." Die Worte „Nur die Gerechten werden bestehen" und „Jelisaweta Kalitina" waren von Strahlen umgeben. Unten war noch hinzugefügt: *„Für Sie allein"**[1]. – Ebendeshalb war Lemm errötet und hatte er Lisa scheel angesehen; es hatte ihm weh getan, daß Panschin in seiner Gegenwart von der Kantate sprach.

6

Panschin schlug laut und energisch die ersten Akkorde der Sonate an – er spielte die Begleitung –, aber Lisa begann mit ihrer Partie nicht. Er hielt inne und blickte sie an. Aus Lisas Augen, die auf ihn gerichtet waren, sprach Unzufriedenheit; ihre Lippen lächelten nicht; ihr ganzes Gesicht sah streng, fast traurig aus.

„Was haben Sie?" fragte er.

„Warum haben Sie Ihr Wort nicht gehalten?" fragte sie. „Ich habe Ihnen Christophor Fjodorytschs Kantate nur unter der Bedingung gezeigt, daß Sie mit ihm nicht darüber sprechen."

„Verzeihung, Lisaweta Michailowna. Es ist mir so herausgefahren."

1 Die mit einem Sternchen versehenen Kursivstellen sind auch im Original deutsch.

„Sie haben ihn gekränkt – und mich auch. Jetzt wird er auch mir nicht mehr vertrauen."

„Was soll ich machen, Lisaweta Michailowna! Von Kindesbeinen an kann ich nicht gleichgültig bleiben, wenn ich einen Deutschen sehe: Immer reizt es mich, ihn ein bißchen zu necken."

„Was reden Sie da, Wladimir Nikolajitsch! Dieser Deutsche ist ein armer, einsamer, geschlagener Mann – und er tut Ihnen nicht leid? Ihn wollen Sie noch necken?"

Panschin wurde verlegen.

„Sie haben recht, Lisaweta Michailowna", sagte er. „An allem ist meine ewige Unbesonnenheit schuld. Nein, widersprechen Sie mir nicht; ich kenne mich selbst gut genug. Meine Unbesonnenheit hat mir schon viel Ärger bereitet. Durch sie bin ich in den Ruf eines Egoisten gekommen."

Panschin schwieg eine Weile. Womit er auch immer ein Gespräch begann, regelmäßig endete es damit, daß er von sich selbst sprach, aber das klang bei ihm irgendwie nett, harmlos und herzlich, so, als käme es unbewußt heraus.

„So ist es auch in Ihrem Hause", fuhr er fort. „Ihre Mutter ist mir natürlich wohlgesinnt – sie ist so gütig; und Sie ... Ihre Meinung über mich kenne ich übrigens nicht; dafür aber kann mich Ihr Tantchen einfach nicht ausstehen. Wahrscheinlich habe ich auch sie durch irgendein unbedachtes, dummes Wort gekränkt. Denn sie hat mich nicht gern, nicht wahr?"

„Ja", sagte Lisa ein wenig zögernd, „Sie gefallen ihr nicht."

Panschins Finger huschten über die Tasten; ein kaum wahrnehmbares spöttisches Lächeln glitt über seine Lippen.

„Nun, und Sie?" fragte er. „Halten auch Sie mich für einen Egoisten?"

„Ich kenne Sie noch zuwenig", entgegnete Lisa, „aber ich halte Sie nicht für einen Egoisten – im Gegenteil, ich muß Ihnen dankbar sein ..."

„Ich weiß, ich weiß, was Sie sagen wollen", fiel Panschin ihr ins Wort und ließ wieder die Finger über die Tasten gleiten, „für die Noten, für die Bücher, die ich Ihnen mitbringe, für die schlechten Zeichnungen, mit denen ich Ihr Album schmücke, und so weiter und so weiter. Ich kann das alles tun und trotzdem ein Egoist sein. Ich wage anzunehmen, daß Sie sich mit mir nicht langweilen und daß Sie mich nicht für einen schlechten Menschen halten, und doch glauben Sie, daß ich – wie soll ich sagen? – um eines witzigen Wortes willen weder Vater noch Freund schonen würde."

„Sie sind zerstreut und vergeßlich wie jeder Mann von Welt", erwiderte Lisa, „weiter nichts."

Panschin runzelte ein wenig die Stirn.

„Hören Sie", sagte er, „wir wollen nicht mehr von mir sprechen, lassen Sie uns unsere Sonate spielen. Nur um eines bitte ich Sie", fügte er hinzu, während er mit der Hand die Blätter des auf dem Notenpult liegenden Heftes glattstrich, „denken Sie von mir, was Sie wollen, nennen Sie mich sogar einen Egoisten – meinetwegen! Aber nennen Sie mich nicht einen Mann von Welt – das kann ich nicht hören. Anch'io sono pittore.[1] Auch ich bin ein Künstler, wenn auch ein schlechter, und dies, nämlich daß ich ein schlechter Künstler bin, werde ich Ihnen sogleich durch die Tat beweisen. Fangen wir also an."

„Gut, fangen wir an", sagte Lisa.

Das erste Adagio klappte ganz leidlich, obwohl Panschin mehrmals danebengriff. Seine eigenen Sachen und das, was er einstudiert hatte, spielte er sehr hübsch, aber das Notenlesen fiel ihm schwer. Dagegen ging der zweite Satz der Sonate, ein ziemlich schnelles Allegro, völlig daneben: Beim zwanzigsten Takt hielt es Panschin, der um zwei Takte zurückgeblieben war, nicht länger aus und schob lachend seinen Stuhl beiseite.

„Nein", rief er aus, „ich kann heute nicht spielen. Nur gut, daß Lemm uns nicht gehört hat, er wäre in Ohnmacht gefallen."

Lisa stand auf, schloß das Klavier und wandte sich zu Panschin um.

„Was wollen wir jetzt tun?" fragte sie.

„An dieser Frage erkenne ich Sie wieder! Sie können einfach nicht stillsitzen und die Hände in den Schoß legen. Nun, wenn Sie wollen, können wir zeichnen, solange es noch nicht völlig dunkel geworden ist. Vielleicht ist eine andere Muse, die Muse der Malerei – wie hieß sie doch gleich? Ich habe es vergessen – mir mehr gewogen. Wo ist Ihr Album? Ich erinnere mich, meine Landschaft darin ist noch nicht fertig."

Lisa ging in ein anderes Zimmer, um das Album zu holen, und Panschin zog, sobald er allein war, ein Batisttüchlein aus der Tasche, polierte damit die Fingernägel und betrachtete, den Kopf ein wenig zur Seite geneigt, seine Hände. Sie waren sehr schön und weiß; am Daumen der linken Hand trug er einen spiralförmigen goldenen Ring. Lisa kehrte zurück; Panschin setzte sich ans Fenster und schlug das Album auf.

1 (ital.) Auch ich bin ein Künstler.

„Aha!“ rief er aus. „Ich sehe, Sie haben angefangen, meine Landschaft abzuzeichnen – und zwar vortrefflich. Sehr gut! Nur hier – geben Sie mir mal den Bleistift – sind die Schatten nicht kräftig genug. Schauen Sie.“

Und schwungvoll warf Panschin einige lange Striche hin. Er zeichnete stets ein und dieselbe Landschaft: im Vordergrund große zerzauste Bäume, in der Ferne eine Lichtung und gezackte Berge am Horizont. Lisa blickte über seine Schulter auf die Arbeit.

„In einer Zeichnung, wie überhaupt im Leben“, sprach Panschin, während er den Kopf bald nach rechts, bald nach links bog, „sind Leichtigkeit und Kühnheit die Hauptsache.“

In diesem Augenblick trat Lemm ins Zimmer, verbeugte sich steif und wollte sich entfernen, aber Panschin warf Album und Stift beiseite und vertrat ihm den Weg.

„Wohin denn, mein lieber Christophor Fjodorytsch? Bleiben Sie denn nicht zum Tee?“

„Ich muß nach Hause“, versetzte Lemm in mürrischem Ton, „ich habe Kopfschmerzen.“

„Na, das wird nicht so schlimm sein, bleiben Sie nur. Ich möchte mich mit Ihnen ein bißchen über Shakespeare streiten.“

„Ich habe Kopfschmerzen“, wiederholte der Alte.

„Wir wollten uns ohne Sie die Beethovensonate vornehmen“, fuhr Panschin fort und faßte ihn dabei mit heiterem Lächeln vertraulich um die Taille, „aber es ist völlig schiefgegangen. Stellen Sie sich vor, ich konnte nicht zwei Töne hintereinander richtig anschlagen.“

„Sie hätten lieber wieder Ihre Romanze singen sollen“, entgegnete Lemm, sich Panschins Arm entziehend, und ging hinaus.

Lisa eilte ihm nach. Sie holte ihn auf der Freitreppe ein.

„Christophor Fjodorytsch, hören Sie mich an“, sagte sie auf deutsch zu ihm, während sie ihn über das kurze grüne Gras, das überall auf dem Hof wuchs, zum Tor begleitete. „Ich fühle mich schuldig vor Ihnen, verzeihen Sie mir.“

Lemm antwortete nichts.

„Ich habe Wladimir Nikolajewitsch Ihre Kantate gezeigt. Ich war überzeugt, er werde sie zu schätzen wissen, und sie hat ihm auch wirklich sehr gefallen.“

Lemm blieb stehen.

„Das macht nichts“, sagte er auf russisch und fügte dann in seiner Muttersprache hinzu: „Er kann doch nichts davon verstehen, sehen Sie das denn nicht? Er ist ein Dilettant – damit ist alles gesagt!“

„Sie sind ungerecht gegen ihn“, entgegnete Lisa, „er versteht alles und kann selbst fast alles.“

„Ja, alles ist zweitrangig, leichte Ware, flüchtige Arbeit. Das gefällt, und er gefällt auch und ist damit zufrieden – nun, soll er. Ich bin gar nicht böse; diese Kantate und ich – wir sind beide alte Narren. Ich schäme mich nur ein bißchen, aber das macht nichts.“

„Verzeihen Sie mir, Christophor Fjodorytsch“, sagte Lisa von neuem.

„Macht nichts, macht nichts“, wiederholte er nochmals auf russisch. „Sie sind ein gutes Mädchen ... Aber da kommt jemand zu Ihnen. Leben Sie wohl. Sie sind ein sehr gutes Mädchen.“

Und mit beschleunigtem Schritt ging Lemm zum Tor, durch das gerade ein ihm unbekannter Herr in grauem Überzieher und breitem Strohhut trat. Lemm verneigte sich höflich vor ihm (er grüßte alle Personen, die in O... fremd waren; von Bekannten hingegen wandte er sich auf der Straße stets ab – das hatte er sich bereits zur Regel gemacht), ging an ihm vorbei und verschwand hinter dem Zaun. Der Unbekannte blickte ihm verwundert nach, sah darauf Lisa an und ging geradeswegs auf sie zu.

7

„Sie erkennen mich nicht“, sagte er, den Hut ziehend, „aber ich habe Sie erkannt, obwohl schon acht Jahre verflossen sind, seit ich Sie das letztemal gesehen habe. Sie waren damals noch ein Kind. Ich bin Lawrezki. Ist Ihre Mutter zu Hause? Kann man sie sehen?“

„Meine Mutter wird sich sehr freuen“, erwiderte Lisa, „sie hat bereits von Ihrer Ankunft gehört.“

„Sie heißen doch Jelisaweta, nicht wahr?“ fragte Lawrezki, während er die Stufen der Freitreppe hinaufstieg.

„Ja.“

„Ich erinnere mich Ihrer noch gut. Sie hatten schon damals ein Gesicht, das man nicht vergißt. Ich brachte Ihnen damals immer Bonbons.“

Lisa errötete und dachte: Was für ein sonderbarer Mensch! Lawrezki blieb ein Weilchen im Vorzimmer zurück. Lisa trat in den Salon, wo die Stimme und das Lachen Panschins zu hören waren – er teilte gerade Marja Dmitrijewna und Gedeonowski, die bereits aus dem Garten zurückgekehrt waren, irgendeinen Stadtklatsch mit und lachte selber laut über das, was er erzählte. Bei dem Namen Lawrezki fuhr Marja Dmitrijewna auf, erblaßte und ging ihm entgegen.

„Guten Tag, guten Tag, mein lieber Cousin!" rief sie gedehnt, fast weinerlich. „Wie ich mich freue, Sie zu sehen!"

„Guten Tag, meine gute Cousine", erwiderte Lawrezki und drückte freundschaftlich die Hand, die sie ihm hinstreckte. „Wie geht es Ihnen?"

„Setzen Sie sich, setzen Sie sich, mein teurer Fjodor Iwanytsch. Ach, wie ich mich freue! Gestatten Sie zuerst, daß ich Ihnen meine Tochter Lisa vorstelle."

„Ich habe mich Lisaweta Michailowna bereits selber vorgestellt", unterbrach Lawrezki sie.

„Monsieur Panschin ... Sergej Petrowitsch Gedeonowski. Aber so setzen Sie sich doch! Ich sehe Sie an und traue wahrhaftig meinen Augen nicht. Wie ist Ihr Befinden?"

„Wie Sie sehen: Ich blühe und gedeihe. Aber auch Sie, Cousine, haben sich – unberufen – in diesen acht Jahren nicht zu Ihrem Nachteil verändert."

„Wenn man bedenkt, wie lange wir uns nicht gesehen haben", sagte Marja Dmitrijewna versonnen. „Woher kommen Sie jetzt? Wo ließen Sie, das heißt, ich wollte sagen", unterbrach sie sich rasch, „ich wollte fragen, ob Sie für längere Zeit hergekommen sind?"

„Ich komme jetzt aus Berlin", erwiderte Lawrezki, „und morgen fahre ich aufs Land, wahrscheinlich für längere Zeit."

„Sie werden natürlich in Lawriki wohnen?"

„Nein, nicht in Lawriki. Ich habe, ungefähr fünfundzwanzig Werst von hier, ein kleines Gut – dorthin fahre ich."

„Ist es das Gütchen, das Ihnen Glafira Petrowna hinterlassen hat?"

„Ebendas."

„Aber ich bitte Sie, Fjodor Iwanytsch! Sie haben in Lawriki ein so wunderschönes Haus!"

Lawrezki runzelte ein wenig die Brauen.

„Ja, aber auch zu jenem kleinen Gut gehört ein Wohnhaus; und mehr brauche ich vorläufig nicht. Dieser Ort ist für mich jetzt der geeignetste."

Marja Dmitrijewna geriet abermals derartig in Verwirrung, daß sie sich aufrichtete und die Arme ausbreitete. Panschin kam ihr zu

Hilfe und knüpfte mit Lawrezki ein Gespräch an. Marja Dmitrijewna beruhigte sich wieder, lehnte sich in den Sessel zurück und warf nur dann und wann ein Wörtchen ein; doch dabei sah sie ihren Gast so mitleidig an, seufzte sie so bedeutungsvoll und schüttelte sie einige Male so bekümmert den Kopf, daß es jenem endlich zuviel wurde und er sie ziemlich schroff fragte, ob sie sich nicht wohl fühle.

„Doch, Gott sei Dank!" entgegnete Marja Dmitrijewna. „Warum fragen Sie?"

„Es kam mir so vor, als sei Ihnen nicht gut."

Marja Dmitrijewna setzte eine würdevolle und etwas beleidigte Miene auf. Wenn du mir so kommst, dachte sie, dann ist mir alles ganz gleich. Von dir, mein Bester, läuft anscheinend alles ab wie von der Gans das Wasser; ein anderer wäre vor Kummer vergangen, aber du hast noch Fett angesetzt. – Wenn Marja Dmitrijewna mit sich selbst sprach, nahm sie kein Blatt vor den Mund; laut drückte sie sich gewählter aus.

Lawrezki glich tatsächlich nicht einem Opfer des Schicksals. Sein rotwangiges, echt russisches Gesicht mit der großen weißen Stirn, der etwas zu dicken Nase und dem breiten, regelmäßigen Mund strahlte die Gesundheit der Steppe und eine starke, unverwüstliche Kraft aus. Er war prachtvoll gebaut, und sein blondes, lockiges Haupthaar wucherte üppig wie bei einem Jüngling. Nur seine blauen, hervorstehenden und ein wenig starr blickenden Augen sahen irgendwie nachdenklich oder müde drein, und seine Stimme klang ein wenig zu gelassen.

Panschin hielt unterdessen das Gespräch weiter in Fluß. Er brachte die Rede auf die Vorteile des Zuckersiedens, über das er unlängst zwei französische Broschüren gelesen hatte, deren Inhalt er nun mit ruhiger Bescheidenheit darzulegen begann, ohne sie übrigens mit einem einzigen Wort zu erwähnen.

„Aber das ist doch Fedja!" ertönte plötzlich durch die halb offene Tür des Nebenzimmers die Stimme Marfa Timofejewnas. „Fedja, wahrhaftig!" Und hurtig trat die alte Dame in den Salon. Ehe sich Lawrezki noch vom Stuhl erhoben hatte, umarmte sie ihn schon. „Laß dich mal anschauen, laß dich mal anschauen", sagte sie, bog sich zurück und sah ihm ins Gesicht. „Ei, prächtig siehst du aus! Älter bist du geworden, aber keineswegs häßlicher, wirklich nicht. Doch warum küßt du mir die Hände; küß mich doch richtig, wenn dir meine runzligen Wangen nicht zuwider sind. Nach mir hast du wohl nicht gefragt? Hast nicht gefragt, ob die Tante noch am Leben ist? Dabei bist du unter meinen Händen aufgewachsen, du Schlingel, du! Na ja, das ist schließlich einerlei – wieso solltest du auch an mich denken! Aber gescheit ist es von dir, daß du gekommen bist. Wie steht's", fügte sie, zu Marja Dmitrijewna gewandt, hinzu, „hast du ihm etwas vorgesetzt?"

„Danke, ich brauche nichts", beeilte sich Lawrezki zu sagen.

„Na, trink wenigstens eine Tasse Tee, mein Junge. Herr mein Gott! Da kommt er wer weiß woher, und sie bieten ihm nicht einmal ein Täßchen Tee an. Lisa, geh und kümmere dich darum, aber mach schnell. Ich entsinne mich, als kleines Kind war er ein schrecklicher Freßsack, und jetzt ißt er wahrscheinlich auch noch gern."

„Meine Verehrung, Marfa Timofejewna", sagte Panschin, während er sich der in Eifer geratenen alten Dame von der Seite näherte und sich tief verbeugte.

„Entschuldigen Sie, mein Herr", erwiderte Marfa Timofejewna, „ich habe Sie vor lauter Freude gar nicht bemerkt. Deiner Mutter bist du ähnlich geworden, dem guten Kind", fuhr sie fort, sich wieder Lawrezki zuwendend, „nur die Nase war die deines Vaters, und sie ist es auch geblieben. Nun, du bleibst doch längere Zeit bei uns?"

„Morgen fahre ich, Tantchen."

„Wohin?"

„Nach Hause, nach Wassiljewskoje."

„Morgen?"

„Ja, morgen."

„Nun, wenn es denn morgen sein soll, dann eben morgen. Reise mit Gott, du mußt es am besten wissen. Aber daß du dich vorher verabschieden kommst, hörst du?" Die alte Frau tätschelte ihm die Wange. „Ich hätte nicht geglaubt, daß ich dich noch einmal wiedersehen würde, nicht, weil ich ans Sterben gedacht hätte – nein, so an die zehn Jahre mache ich schon noch mit, wir Pestows haben alle ein zähes Leben; dein seliger Großvater hat uns immer die Zweilebigen genannt –, aber du hättest dich ja noch Gott weiß wie lange in der Fremde herumtreiben können. Ja, ein Prachtjunge bist du, ein Prachtjunge. Du stemmst sicher noch wie früher deine zehn Pud mit einer Hand. Dein seliger Vater, so verdreht er sonst auch war – verzeih –, hat gut daran getan, daß er den Schweizer für dich anstellte. Erinnerst du dich noch, wie ihr euch mit den Fäusten bearbeitet habt, du und er? Gymnastik nennt man das, nicht wahr? Aber was gackere ich da zusammen, ich störe nur Herrn Panschín" (sie nannte ihn nie, wie es eigentlich richtig war, Pánschin) „in seinen Ausführungen. Übrigens, wir wollen lieber Tee trinken und dazu auf die Terrasse gehen; wir haben eine sehr gute Sahne – nicht solche wie in eurem London oder Paris. Kommt mit, kommt, und du, Fedjuscha, reich mir den Arm. Oh, was für einen starken Arm du hast! Wenn man mit dir geht, fällt man bestimmt nicht hin."

Alle standen auf und begaben sich auf die Terrasse, mit Ausnahme Gedeonowskis, der sich unbemerkt entfernte. Während sich Lawrezki mit der Frau des Hauses, Panschin und Marfa Timofejewna unterhalten hatte, saß er die ganze Zeit in einer Ecke, aufmerksam blinzelnd und in kindlicher Neugier die Lippen spitzend; und jetzt beeilte er sich, die Nachricht von dem neuen Gast in der Stadt zu verbreiten.

Am selben Tag, um elf Uhr abends, trug sich im Hause der Frau Kalitina folgendes zu. Unten, auf der Schwelle des Salons, verabschiedete sich Wladimir Nikolajitsch, einen günstigen Augenblick abpassend, von Lisa und sagte zu ihr, während er ihre Hand in der seinen hielt: „Sie wissen, was mich hierher zieht, Sie wissen, weshalb ich beständig in Ihr Haus komme – wozu da noch Worte, wenn auch so alles klar ist." Lisa gab ihm keine Antwort; ohne zu lächeln, hob sie die Augenbrauen ein wenig und blickte errötend zu Boden, zog aber ihre Hand nicht zurück. Oben aber, in Marfa Timofejewnas Zimmer, saß beim Schein des Lämpchens, das vor den verblaßten altertümlichen Heiligenbildern hing, Lawrezki in einem Lehnstuhl, die Ellbogen auf die Knie gestützt und das Gesicht in den Händen vergraben; die alte Frau stand vor ihm und strich ihm bisweilen schweigend übers Haar. Mehr als eine Stunde brachte er bei ihr zu, nachdem er sich von der Frau des Hauses verabschiedet hatte. Er erzählte seiner alten guten Freundin fast nichts, und sie fragte ihn nicht aus ... Was hätte er ihr auch sagen und wonach hätte sie fragen sollen? Sie verstand auch so alles, fühlte auch so mit, was sein Herz bewegte.

8

Fjodor Iwanowitsch Lawrezki (wir müssen den Leser um die Erlaubnis bitten, den Gang unserer Erzählung für eine Weile zu unterbrechen) entstammte einem alten Adelsgeschlecht. Der Ahnherr der Lawrezkis war zur Regierungszeit Fürst Wassilis des Geblendeten[1] aus Preußen gekommen und mit zweihundert Vierteln Land in der Gegend von Beshezk belehnt worden. Viele seiner Nachkommen hatten verschiedene Ämter innegehabt und unter Fürsten und anderen Großen auf entlegenen Wojewodschaften gesessen, aber keiner von ihnen war zu einer höheren Würde als der eines Truchseß aufgestiegen, und keiner hatte ein bedeutendes Vermögen erworben. Der reichste und bemerkenswerteste unter den Lawrezkis war Fjodor Iwanytschs leiblicher Urgroßvater Andrej, ein grausamer und roher, aber kluger und verschlagener Mensch. Noch heutigentags erzählt man sich von seiner Willkür, seiner wilden Gemütsart, seiner unsinnigen Freigebigkeit und seiner unersättlichen Habgier. Er war sehr dick und sehr groß, sein Gesicht sonnverbrannt und bartlos; er machte einen verschlafenen Eindruck und schnarrte beim Sprechen, aber je leiser er sprach, desto mehr zitterten alle um ihn herum. Er hatte sich auch eine Frau gesucht, die zu ihm paßte. Glotzäugig, mit einer Habichtsnase und einem runden gelblichen Gesicht, der Abstammung nach Zigeunerin, jähzornig und rachsüchtig, stand sie in nichts ihrem Manne nach, der sie fast zu Tode gequält hatte und den sie auch nicht überlebte, obwohl sie sich ewig mit ihm zankte und ständig mit ihm stritt.

Andrejs Sohn Pjotr, Fjodors Großvater, glich seinem Vater nicht. Er war ein einfacher, ziemlich wunderlicher Steppenjunker, ein Schreier und Trödler, grob, aber nicht bösartig, sehr gastfrei und ein Liebhaber von Hetzjagden. Er war schon über die Dreißig, als er von seinem Vater zweitausend Seelen, die sich in bester Verfassung befanden, erbte, doch er ließ sie bald frei, verkaufte einen Teil seines Besitztums und verwöhnte das Gesinde. Wie Schaben kam von allen Seiten allerlei bekanntes und unbekanntes geringes Volk in sein geräumiges und warmes, aber unordentliches Haus gekrochen. Es fraß, was ihm in die Hände kam, bis der Bauch voll war, trank, bis es besoffen war, schleppte alles mit fort, was es erwischen konnte, und pries und rühmte den gastfreien Hausherrn. Der Hausherr wiederum titulierte seine Gäste, wenn er schlechter Laune war, Schmarotzer und Spitzbuben, doch ohne sie langweilte er sich. Pjotr Andrejitschs Frau war ein demütiges Weib; er hatte sie sich nach seines Vaters Wahl und auf sein Geheiß aus einer Nachbarsfamilie geholt. Sie hieß Anna Pawlowna. Sie mischte sich in nichts ein, nahm die Gäste freundlich auf und

1 Wassili II. (1415–1462), Großfürst von Moskau; wurde von politischen Gegnern geblendet.

fuhr selbst gern auf Besuch, obwohl, nach ihren eigenen Worten, das Pudern für sie der Tod war. „Da stülpen sie dir", so erzählte sie im Alter, „eine Filzkappe auf den Kopf, kämmen alle Haare nach oben, schmieren sie mit Fett ein, streuen Mehl darauf und stecken sie mit eisernen Nadeln voll – das läßt sich nachher kaum wieder abwaschen, aber ungepudert Besuche machen, das ging nicht – da wären sie beleidigt gewesen. Das war eine Qual!" Sie liebte es, mit einem Trabergespann auszufahren, war stets bereit, von morgens bis abends Karten zu spielen, und pflegte den ihr angeschriebenen geringfügigen Gewinn mit der Hand zu verdecken, wenn ihr Mann an den Spieltisch trat; dabei hatte sie ihm ihre gesamte Mitgift, all ihr Geld, zu unumschränkter Verfügung überlassen. Sie hatte ihm zwei Kinder geboren: einen Sohn namens Iwan, Fjodors Vater, und eine Tochter Glafira.

Iwan wurde nicht zu Hause erzogen, sondern bei einer reichen alten Tante, der unverheirateten Fürstin Kubenskaja. Sie hatte ihn zu ihrem Erben bestimmt – sonst hätte ihn der Vater nicht fortgelassen. Sie kleidete ihn wie eine Puppe, stellte für ihn Lehrer aller Art an und gab ihm als Erzieher einen Franzosen, einen ehemaligen Abbé und späteren Schüler von Jean-Jacques Rousseau, einen gewissen Monsieur Courtin de Vaucelles, einen gewandten, gerissenen Schleicher – eine wahre fine fleur[1] der Emigration, wie sie sich ausdrückte. Es endete damit, daß sie, fast siebzigjährig, diese fine fleur heiratete, ihr ganzes Vermögen auf seinen Namen umschreiben ließ und bald darauf, rot geschminkt, mit Ambra à la Richelieu parfümiert[2], umringt von Mohrenknaben, dünnbeinigen Hündchen und kreischenden Papageien, auf einem geschweiften kleinen Seidensofa aus der Zeit Ludwigs XV. starb, eine emaillierte Tabaksdose, eine Arbeit von Petitot[3], in der Hand. Sie starb, verlassen von ihrem Mann: Der geschmeidige Herr Courtin hatte es vorgezogen, sich mit ihrem Geld nach Paris abzusetzen. Iwan stand im zwanzigsten Lebensjahr, als dieser unerwartete Schlag – wir meinen die Heirat der Fürstin, nicht ihren Tod – ihn wie ein Blitz aus heiterem Himmel traf. Er wollte nicht im Hause der Tante bleiben, wo er aus einem reichen Erben jählings zu einem Gnadenbrotempfänger geworden war; in Petersburg war ihm die Gesellschaft, in der er aufgewachsen war, nunmehr verschlossen;

1 (franz.) das Feinste vom Feinen. – 2 Der französische Kardinal Armand-Jean du Plessis, Herzog von Richelieu (1585–1642), Erster Minister Ludwigs des XIII. und einer der Hauptvertreter des Absolutismus, galt in Fragen der Mode als Vorbild. Nachgeahmt wurde seine Angewohnheit, parfümierte Pastillen aus Ambra zu kauen. – 3 Jean Petitot (1607–1691), französischer Emaillemaler.

gegen den mühseligen und tristen Dienst in den unteren Rangstufen empfand er Widerwillen (all das geschah zu Beginn der Regierungszeit des Kaisers Alexander), und so mußte er notgedrungen aufs Land zurückkehren, zu seinem Vater. Schmutzig, armselig und elend erschien ihm das heimatliche Nest; von der Öde und Unsauberkeit des Steppenlebens fühlte er sich auf Schritt und Tritt abgestoßen; die Langeweile plagte ihn; dazu hatte niemand im Hause, außer seiner Mutter, einen freundlichen Blick für ihn übrig. Dem Vater mißfielen seine großstädtischen Manieren, seine Fräcke und Jabots, seine Bücher, seine Flöte und seine Ordnungsliebe, in der er nicht zu Unrecht einen verhaltenen Abscheu witterte – beständig klagte und murrte er über den Sohn. „Nichts ist ihm hier gut genug", pflegte er zu sagen. „Bei Tische mäkelt er, ißt nichts; Menschengeruch, stickige Luft kann er nicht vertragen; der Anblick von Betrunkenen verstimmt ihn; prügeln darf man sich in seiner Gegenwart auch nicht; in den Staatsdienst will er nicht – dafür sei er nicht gesund genug. Pfui doch, so ein Weichling! Und alles nur, weil ihm der Voltaire im Kopfe steckt." Gegen Voltaire und ebenso gegen den „Fanatiker" Diderot hatte der Alte eine besondere Abneigung, obwohl er nie auch nur eine Zeile aus ihren Werken gelesen hatte – Lesen war überhaupt nicht sein Fall. Pjotr Andrejitsch irrte sich nicht: Seinem Sohn steckten wirklich sowohl Diderot wie Voltaire im Kopf, und nicht nur sie, auch Rousseau und Raynal[1] und Helvétius[2] und viele andere Schriftsteller ihrer Art steckten ihm im Kopf – aber eben nur im Kopf. Der einstige Erzieher Iwan Petrowitschs, der gewesene Abbé und Enzyklopädist[3], hatte sich damit begnügt, seinem Zögling die gesamte Weisheit des achtzehnten Jahrhunderts einzutrichtern, so daß dieser ganz damit angefüllt war; aber sie steckte in ihm, ohne ihm in Fleisch und Blut überzugehen, ohne seine Seele zu durchdringen, ohne sich als eine feste Überzeugung zu äußern. Und konnte man denn vor fünfzig Jahren von einem jungen Mann Überzeugungen verlangen, wo wir doch selbst jetzt noch nicht reif dafür sind? Den Besuchern des väterlichen Hauses war Iwan Petrowitsch ebenfalls lästig. Er verabscheute sie, und sie fürchteten ihn. Mit seiner Schwester Glafira aber, die zwölf Jahre älter war als er, vertrug er sich überhaupt nicht.

1 Guillaume-Thomas Raynal (1713–1796), französischer Schriftsteller der Aufklärung. – 2 Claude-Adrien Helvétius (1715–1771), französischer Aufklärungsphilosoph, Materialist und Atheist. – 3 Mitarbeiter an der „Encyclopédie", dem berühmten, 35 Bände umfassenden Nachschlagewerk der französischen Aufklärung (Paris 1751–1780).

Diese Glafira war ein sonderbares Wesen. Sie war häßlich, bucklig, mager und hatte weit aufgerissene, strenge Augen und einen zusammengekniffenen schmalen Mund. In Gesicht und Stimme und in ihren eckigen, hastigen Bewegungen erinnerte sie an ihre Großmutter, die Zigeunerin, die Frau Andrejs. Starrsinnig und herrschsüchtig, wie sie war, wollte sie nichts vom Heiraten wissen. Die Rückkehr Iwan Petrowitschs paßte ihr gar nicht in den Kram. Solange er bei der Fürstin Kubenskaja war, hoffte sie, wenigstens die Hälfte des väterlichen Besitzes zu bekommen – auch in ihrem Geiz war sie nach der Großmutter geraten. Außerdem beneidete Glafira ihren Bruder: Er war so gebildet, sprach so gut Französisch, mit Pariser Akzent, während sie kaum „bongschur" und „kommang wu porteh wu?"[1] sagen konnte. Freilich, ihre Eltern konnten überhaupt nicht Französisch, aber davon wurde ihr das Herz nicht leichter. Iwan Petrowitsch wußte nicht, was er vor Trübsinn und Langeweile machen sollte; noch kein volles Jahr hatte er auf dem Lande zugebracht, aber ihm kam es wie ein Jahrzehnt vor. Nur seiner Mutter konnte er sein Herz ausschütten. Stundenlang saß er oft in ihren niedrigen Gemächern, hörte dem einfältigen Geplauder der gutherzigen Frau zu und aß unentwegt eingemachtes Obst.

Der Zufall wollte es, daß sich unter den Stubenmädchen Anna Pawlownas ein sehr hübsches Mädchen namens Malanja befand. Sie hatte klare, sanfte Augen, feine Gesichtszüge und war klug und bescheiden. Sie hatte Iwan Petrowitsch auf den ersten Blick gefallen, und er verliebte sich in sie: Er liebte ihren schüchternen Gang, ihre verschämten Antworten, ihr leises Stimmchen, ihr stilles Lächeln. Mit jedem Tag erschien sie ihm lieblicher. Auch sie gewann Iwan Petrowitsch lieb und hing mit der ganzen Kraft ihres Herzens an ihm, wie das nur russische Mädchen vermögen – und sie gab sich ihm hin. In einem Gutsbesitzerhaus auf dem Lande kann ein Geheimnis nicht lange gewahrt bleiben: Bald wußten alle von dem Verhältnis des jungen Herrn mit Malanja, und die Kunde von diesem Verhältnis drang schließlich auch zu Pjotr Andrejitsch. Zu anderer Zeit hätte er wahrscheinlich einer so belanglosen Angelegenheit keine Beachtung geschenkt, aber er grollte seinem Sohn schon lange und freute sich über die Gelegenheit, den Petersburger Besserwisser und Gecken bloßzustellen. Es erhob sich ein großes Geschrei und Geschimpfe; Malanja wurde in eine Rumpelkammer gesperrt, Iwan Petrowitsch aber zu

1 richtig: comment vous portez-vous? = (franz.) wie geht es Ihnen?

seinem Erzeuger befohlen. Auch Anna Pawlowna eilte auf den Lärm hin herbei. Sie versuchte ihren Mann zu beschwichtigen, doch Pjotr Andrejitsch hörte sie gar nicht an. Wie ein Habicht stürzte er sich auf den Sohn und warf ihm Sittenlosigkeit, Gottlosigkeit und Heuchelei vor; dabei ließ er zugleich seinen ganzen aufgespeicherten Ärger über die Fürstin Kubenskaja an ihm aus und überhäufte ihn mit beleidigenden Ausdrücken. Anfangs schwieg Iwan Petrowitsch und nahm sich zusammen; als es sich der Vater jedoch einfallen ließ, ihm mit einer schimpflichen Bestrafung zu drohen, konnte er nicht länger an sich halten. Der Fanatiker Diderot kommt wieder aufs Tapet, dachte er. So will denn auch ich ihn ins Treffen führen – wartet nur, ich werde euch alle in Erstaunen setzen. Und in ruhigem, gelassenem Ton, wenn auch innerlich am ganzen Leibe bebend, erklärte Iwan Petrowitsch seinem Vater, daß er ihn zu Unrecht der Sittenlosigkeit bezichtige; obgleich er nicht die Absicht habe, seinen Fehltritt zu rechtfertigen, sei er doch bereit, seine Schuld wiedergutzumachen, und das um so lieber, als er sich über alle Vorurteile erhaben fühle – und zwar sei er bereit, Malanja zu heiraten. Mit diesen Worten hatte Iwan Petrowitsch unstreitig seinen Zweck erreicht: Pjotr Andrejitsch war dermaßen verblüfft, daß er die Augen weit aufriß und für einen Augenblick die Sprache verlor. Doch er kam sehr schnell wieder zur Besinnung und stürzte mit geballten Fäusten, so wie er war, in einem Fehpelz und barfuß in Pantoffeln, auf Iwan Petrowitsch los, der an diesem Tag, wie mit Absicht, à la Titus frisiert war und einen neuen blauen englischen Frack, Stiefel mit Quasten und enganliegende, stutzerhafte elchlederne Hosen trug. Anna Pawlowna schrie wie am Spieß und bedeckte das Gesicht mit den Händen; ihr Sohn aber lief durch das ganze Haus, sprang auf den Hof, rannte in den Gemüsegarten und in den Park und aus dem Park auf die Landstraße. Er lief und lief, ohne sich umzusehen, bis er endlich die schweren Trampelschritte des Vaters und sein lautes, abgehacktes Schimpfen nicht mehr hinter sich vernahm. „Halt, du Schurke“, hatte er geschrien, „halt! Ich werde dich verfluchen!“

Iwan Petrowitsch verbarg sich bei einem benachbarten Freisassen, Pjotr Andrejitsch indessen kehrte völlig erschöpft und in Schweiß gebadet nach Hause zurück und erklärte, mühsam nach Luft schnappend, daß er dem Sohn seinen Segen und sein Erbteil entziehe. Darauf befahl er, alle seine verrückten Bücher zu verbrennen und die Dirne Malanja unverzüglich in ein abgelegenes

Dorf zu bringen. Es fanden sich jedoch brave Leute, die Iwan Petrowitsch aufsuchten und von allem unterrichteten. Vor Scham und Wut tobend, schwor er, an seinem Vater Rache zu nehmen. Noch in derselben Nacht lauerte er dem Bauernwagen auf, in dem Malanja fortgebracht wurde, entführte sie mit Gewalt, galoppierte mit ihr in die nächste Stadt und ließ sich mit ihr trauen. Mit Geld versorgte ihn ein Nachbar, ein ewig betrunkener, aber herzensguter abgemusterter Seemann, der ein leidenschaftlicher Liebhaber jeder – wie er sich ausdrückte – edlen Affäre war. Am nächsten Tag schrieb Iwan Petrowitsch einen giftig-kalten, doch höflichen Brief an seinen Vater; er selber begab sich auf das Gut eines weitläufigen Vetters, Dmitri Pestow, der dort mit seiner Schwester, der dem Leser bereits bekannten Marfa Timofejewna, wohnte. Er erzählte ihnen alles, erklärte, daß er nach Petersburg zu fahren beabsichtige, um sich eine Stellung zu suchen, und bat sie, seiner Frau wenigstens für einige Zeit Obdach zu gewähren. Bei dem Wort „Frau" vergoß er ein paar bittere Tränen und fiel vor seinen Verwandten, trotz seiner hauptstädtischen Bildung und seiner Philosophie, demütig wie ein armes Bäuerlein auf die Knie und berührte sogar mit der Stirn den Fußboden. Die Pestows, mitleidige und gutherzige Menschen, willigten gern in seine Bitte ein. Er blieb etwa drei Wochen bei ihnen wohnen, denn er erwartete insgeheim eine Antwort von seinem Vater, doch es kam keine Antwort, und es konnte auch keine kommen. Als Pjotr Andrejitsch von der Heirat seines Sohnes erfuhr, mußte er sich ins Bett legen und verbot, in seiner Gegenwart den Namen Iwan Petrowitschs auch nur zu erwähnen; die Mutter indessen borgte sich heimlich, hinter dem Rücken ihres Mannes, vom Propst fünfhundert Rubel in Banknoten und schickte sie nebst einem Heiligenbildchen der jungen Frau. Zu schreiben wagte sie nicht, aber sie ließ Iwan Petrowitsch durch einen Boten, ein hageres Bäuerlein, das am Tag seine sechzig Werst zurückzulegen vermochte, sagen, er solle sich nicht gar zu sehr grämen, mit Gottes Hilfe werde sich alles wieder einrenken und des Vaters Zorn sich in Gnade umwandeln; auch ihr wäre eine andere Schwiegertochter lieber gewesen, aber Gott habe es offenbar so gewollt, und sie sende Malanja Sergejewna ihren mütterlichen Segen. Das hagere Bäuerlein bekam einen Rubel, bat um die Erlaubnis, die neue gnädige Frau, deren Pate er sei, einmal zu sehen, küßte ihr die Hand und trabte heimwärts.

Leichten Herzens begab sich Iwan Petrowitsch nun nach Petersburg. Eine ungewisse Zukunft erwartete ihn – vielleicht drohte ihm Armut, aber er kehrte endlich dem verhaßten Landleben den Rücken und hatte, was die Hauptsache war, seine Lehrmeister nicht preisgegeben, hatte wirklich Rousseau, Diderot und la Déclaration des droits de l'homme[1] in die Tat umgesetzt und gerechtfertigt. Ein Gefühl erfüllter Pflicht, ein Gefühl des Triumphes, des Stolzes schwellte seine Brust. Selbst die Trennung von seiner Frau schreckte ihn nicht sonderlich, eher hätte ihn die Notwendigkeit, ständig mit ihr zusammen leben zu müssen, beunruhigt. Diese Sache war abgetan, jetzt galt es, sich mit anderen Dingen zu befassen. In Petersburg hatte er, entgegen seinen Erwartungen, Glück: Die Fürstin Kubenskaja – von Monsieur Courtin bereits verlassen, aber damals noch am Leben – empfahl ihren Neffen, um das Unrecht, das sie ihm angetan hatte, einigermaßen wiedergutzumachen, allen ihren Freunden und schenkte ihm fünftausend Rubel, beinahe ihr letztes Geld, und eine Uhr von Lepic[2] mit seinem Monogramm in einer Girlande von Amoretten. Es waren noch keine drei Monate vergangen, als er eine Anstellung bei der russischen Gesandtschaft in London erhielt und mit dem ersten abgehenden englischen Segelschiff (an Dampfer dachte man dazumal noch nicht) in See stach. Einige Monate später bekam er einen Brief von Pestow. Der wackere Gutsbesitzer beglückwünschte Iwan Petrowitsch zur Geburt eines Sohnes, der am 20. August des Jahres 1807 auf dem Gut Pokrowskoje zur Welt gekommen war und dem heiligen Märtyrer Theodor Stratilatos zu Ehren den Namen Fjodor erhalten hatte. Malanja Sergejewna hatte, da sie noch sehr schwach war, nur einige Zeilen hinzugefügt, aber schon diese wenigen Zeilen setzten Iwan Petrowitsch in Erstaunen: Er hatte nicht gewußt, daß Marfa Timofejewna seiner Frau das Schreiben beigebracht hatte. Übrigens gab sich Iwan Petrowitsch nicht lange der süßen Regung väterlicher Gefühle hin, denn er machte gerade einer der berühmten Phrynen oder Laïs[3] jener Zeit den Hof (klassische Namen standen dazumal noch in Blüte). Der Friede von Tilsit[4] war soeben geschlossen worden, alle Welt beeilte sich, das Leben zu genießen, alles drehte sich wie in

1 (franz.) die Erklärung der Menschenrechte; politisches Manifest der französischen Bourgeoisie im Kampf gegen die Feudalordnung (Hauptlosungen: Freiheit, Gleichheit, Brüderlichkeit); verkündet 1789 am Beginn der Französischen Revolution. – 2 Karl Lepic, italienischer Ballettmeister; von Katharina II. an den russischen Zarenhof berufen. – 3 Name zweier wegen ihrer Schönheit gerühmter griechischer Hetären von Korinth (5. Jh. v. u. Z.). – 4 1807 geschlossen; beendete den Krieg zwischen Frankreich und Preußen, das fast die Hälfte seines Territoriums verlor, und sicherte Frankreich die Unterstützung Rußlands im Kampf gegen England zu.

einem tollen Wirbel; die schwarzen Augen einer flotten Schönen hatten auch ihm den Kopf verdreht. Geld besaß er sehr wenig, aber er hatte Glück im Kartenspiel, knüpfte Bekanntschaften an, nahm an allen möglichen Lustbarkeiten teil, mit einem Wort, er fuhr mit vollen Segeln.

9

Der alte Lawrezki konnte seinem Sohn die Heirat lange nicht verzeihen. Wäre Iwan Petrowitsch nach einem halben Jahr schuldbewußt vor ihn hingetreten und ihm zu Füßen gefallen, hätte er ihm vermutlich vergeben, nachdem er ihn zuvor tüchtig ausgescholten und zur Einschüchterung ein bißchen mit dem Krückstock geklopft hätte, aber Iwan Petrowitsch lebte im Ausland und ließ sich offenbar keine grauen Haare wachsen. „Schweig! Untersteh dich!" herrschte Pjotr Andrejitsch jedesmal seine Frau an, wenn sie versuchte, ihn zur Milde zu bewegen. „Der Bengel sollte ewig Gott danken, daß ich ihn nicht verflucht habe. Mein seliger Vater hätte ihn eigenhändig totgeschlagen, den Taugenichts, und er hätte gut daran getan." Bei solchen schrecklichen Reden bekreuzigte sich Anna Pawlowna nur verstohlen.

Was Iwan Petrowitschs Frau anbelangte, so wollte Pjotr Andrejitsch anfangs nicht einmal von ihr hören, und auf einen Brief von Pestow, in dem dieser die Schwiegertochter erwähnte, ließ er sogar antworten, daß er von einer Schwiegertochter, die er angeblich habe, nichts wisse, daß es aber gesetzlich verboten sei, entlaufene Mägde aufzunehmen, wovor ihn zu warnen er für seine Pflicht halte. Später jedoch, als er von der Geburt eines Enkels erfuhr, wurde er milder gestimmt, befahl, unterderhand Erkundigungen über die Gesundheit der Wöchnerin einzuholen, und schickte ihr – wiederum so, als käme es nicht von ihm – etwas Geld. Fedja war noch kein Jahr alt, da wurde Anna Pawlowna von einer tödlichen Krankheit befallen. Einige Tage vor ihrem Ende, als sie das Bett bereits nicht mehr verlassen konnte, erklärte sie, schüchterne Tränen in den erlöschenden Augen, ihrem Mann in Gegenwart ihres Beichtvaters, sie habe den Wunsch, ihre Schwiegertochter zu sehen, um von ihr Abschied zu nehmen, und ihren Enkel zu segnen. Der bekümmerte alte Mann beruhigte sie und schickte sofort seine eigene Equipage nach der Schwiegertochter, wobei er sie zum erstenmal Malanja Sergejewna nannte. Sie kam mit ihrem Sohn und mit Marfa Timofejewna, die sie unter keinen Umständen hatte allein fortlassen wollen – sie sollte keinen Kränkungen ausgesetzt werden. Halbtot vor Angst, betrat Malanja Sergejewna das Kabinett Pjotr Andrejitschs. Die Kinderfrau trug Fedja hinter ihr her. Pjotr Andrejitsch sah Malanja schweigend an. Sie näherte sich ihm und ergriff seine Hand; ihre bebenden Lippen vermochten kaum einen lautlosen Kuß darauf zu drücken.

„Nun, angeheiratete Edelfrau", sagte er schließlich, „guten Tag; komm mit zur gnädigen Frau." Er stand auf und beugte sich über Fedja. Das Kind lächelte und streckte ihm seine blassen Händchen entgegen. Dem Alten drehte es das Herz um. „Ach, du verwaistes Kind!" murmelte er. „Du bittest mich für deinen Vater; ich werde dich nicht verlassen, armes Vögelchen."

Malanja Sergejewna fiel, sobald sie das Schlafzimmer von Anna Pawlowna betreten hatte, gleich an der Tür auf die Knie. Anna Pawlowna winkte sie an ihr Bett, umarmte sie und segnete ihren Sohn; dann wandte sie das von der schweren Krankheit abgezehrte Gesicht ihrem Manne zu und wollte etwas sagen.

„Weiß schon, weiß schon, worum du bitten willst", sagte Pjotr Andrejitsch. „Sorg dich nicht, sie soll bei uns bleiben, und Wanja will ich um ihretwillen verzeihen."

Anna Pawlowna ergriff mit Anstrengung die Hand ihres Mannes und drückte ihre Lippen darauf. Am selben Abend verschied sie.

Pjotr Andrejitsch hielt sein Wort. Er teilte seinem Sohne mit, daß er ihm um des Todes seiner Mutter und um des kleinen Fjodor willen aufs neue seinen Segen gebe und Malanja Sergejewna bei sich im Hause behalte. Im Zwischengeschoß wurden ihr zwei Zimmer überlassen; er stellte sie seinen angesehensten Gästen vor, dem einäugigen Brigadegeneral Skurjochin und dessen Frau, und schenkte ihr zwei Mägde und einen kleinen Laufburschen. Marfa Timofejewna verabschiedete sich von ihr. Sie haßte Glafira und war im Laufe eines einzigen Tages dreimal mit ihr in Streit geraten.

Schwer und bedrückend war anfangs das Leben für die arme Frau, aber dann lernte sie es ertragen und gewöhnte sich an ihren Schwiegervater. Auch er gewöhnte sich an sie, er gewann sie sogar lieb, obgleich er fast nie mit ihr sprach und obwohl selbst in seinen Freundlichkeiten ihr gegenüber eine gewisse unbeabsichtigte Geringschätzung lag. Am meisten hatte Malanja Sergejewna unter ihrer Schwägerin zu leiden. Noch zu Lebzeiten der Mutter hatte Glafira es verstanden, allmählich das ganze Hauswesen in ihre

Hand zu bekommen. Alle, beim Vater angefangen, unterwarfen sich ihr. Ohne ihre Erlaubnis durfte kein Stück Zucker herausgegeben werden. Sie wäre lieber gestorben, als daß sie ihre Macht mit einer anderen Hausfrau geteilt hätte – und noch dazu mit einer solchen Hausfrau! Die Heirat des Bruders hatte sie noch mehr erbost als ihren Vater. Sie nahm sich vor, dem Emporkömmling eine Lehre zu erteilen, und so wurde Malanja Sergejewna von der ersten Stunde an ihre Sklavin. Wie hätte sie auch den Kampf mit der eigenwilligen, hochmütigen Glafira aufnehmen können, sie, die Demütige, beständig Verlegene und Eingeschüchterte mit ihrer schwachen Gesundheit? Es verging kein Tag, an dem Glafira sie nicht an ihre Herkunft erinnerte oder sie dafür lobte, daß sie nicht vergaß, was sie früher gewesen war. Malanja Sergejewna hätte sich gewiß mit diesen Sticheleien und Lobsprüchen abgefunden, so bitter sie auch waren, aber man hatte ihr Fedja weggenommen. Das war der Schmerz, der am meisten an ihr zehrte. Unter dem Vorwand, sie sei nicht in der Lage, sich mit seiner Erziehung zu befassen, ließ man sie fast nicht mehr zu ihm; Glafira hatte diese Sache in die Hand genommen, und das Kind geriet völlig in ihre Gewalt. Vor Kummer begann Malanja Sergejewna in ihren Briefen Iwan Petrowitsch flehentlich zu bitten, er möge doch recht bald heimkehren; auch Pjotr Andrejitsch wünschte seinen Sohn wiederzusehen. Dieser aber machte immer nur Ausflüchte, dankte dem Vater dafür, daß er sich seiner Frau angenommen habe, und für das übersandte Geld, versprach, bald zu kommen, und kam nicht. Das Jahr 1812[1] rief ihn endlich aus der Fremde zurück. Als sich Vater und Sohn nach sechsjähriger Trennung zum erstenmal wiedersahen, umarmten sie sich und erwähnten mit keinem Wort die einstige Zwietracht. Damals ging es um andere Dinge: Ganz Rußland erhob sich gegen den Feind, und beide fühlten, daß russisches Blut in ihren Adern floß. Pjotr Andrejitsch kleidete auf seine Kosten ein ganzes Regiment Landwehrmänner ein. Doch der Krieg ging zu Ende, die Gefahr war vorüber, und Iwan Petrowitsch fing wieder an, sich zu langweilen. Wieder zog es ihn in die Ferne, in jene Welt, mit der er verwachsen war und in der er sich zu Hause fühlte. Malanja Sergejewna konnte ihn nicht halten; sie bedeutete ihm zuwenig. Nicht einmal ihre Hoffnungen erfüllten sich: Auch ihr Mann fand, daß es viel

1 Einmarsch Napoleons in Rußland; der siegreiche Kampf des russischen Volkes gegen die Okkupanten ermöglichte die Befreiung Europas von der französischen Fremdherrschaft.

besser sei, Fedjas Erziehung Glafira anzuvertrauen. Iwan Petrowitschs arme Frau überstand diesen Schlag nicht, überstand auch nicht die abermalige Trennung: Ergeben in ihr Schicksal, erlosch sie in wenigen Tagen. Ihr ganzes Leben lang hatte sie nicht verstanden, sich zur Wehr zu setzen, und auch gegen die Krankheit kämpfte sie nicht an. Sie konnte schon nicht mehr sprechen, die Schatten des Todes lagen schon auf ihrem Gesicht, aber aus ihren Zügen sprach noch immer geduldige Verwunderung und unwandelbare sanfte Demut. Mit derselben stummen Ergebenheit wie sonst ruhte ihr Blick auf Glafira, und so wie Anna Pawlowna auf dem Sterbebett Pjotr Andrejitschs Hand geküßt hatte, drückte sie nun ihre Lippen auf Glafiras Hand und vertraute ihr, Glafira, ihren einzigen Sohn an. So beschloß es seinen irdischen Weg, das stille, gute Geschöpf, das, Gott weiß, warum, aus seinem Heimatboden gerissen und gleich darauf beiseite geworfen worden war wie ein herausgerissenes Bäumchen, die Wurzeln der Sonne zugekehrt. Es war verwelkt, war spurlos vergangen, dieses Geschöpf, und niemand grämte sich darum. Nur die beiden Stubenmädchen trauerten Malanja Sergejewna nach – und auch Pjotr Andrejitsch. Der alte Mann vermißte ihre stumme Gegenwart. „Verzeih, leb wohl, mein sanftes Kind!“ flüsterte er, als er sich in der Kirche zum letztenmal vor ihr verneigte. Und als er die Handvoll Erde in ihr Grab warf, weinte er.

Er überlebte sie nicht lange, nur um fünf Jahre. Im Winter des Jahres 1819 verschied er friedlich in Moskau, wohin er mit Glafira und seinem Enkel übergesiedelt war. Er hatte die Verfügung getroffen, neben Anna Pawlowna und „Malascha“ bestattet zu werden. Iwan Petrowitsch befand sich damals in Paris und lebte seinem Vergnügen – er hatte bald nach 1815 den Dienst aufgegeben. Als Iwan Petrowitsch vom Tode seines Vaters erfuhr, entschloß er sich, nach Rußland zurückzukehren. Er mußte sich um die Regelung der Gutsangelegenheiten kümmern; außerdem hatte Fedja, wie Glafira schrieb, das zwölfte Lebensjahr vollendet. Es war also an der Zeit, sich ernstlich mit seiner Erziehung zu beschäftigen.

10

Iwan Petrowitsch kehrte als Anglomane nach Rußland zurück. Das kurzgeschorene Haar, das gestärkte Jabot, der langschößige, erbsenfarbene Gehrock mit den vielen Krägelchen, die saure

Miene, eine gewisse Schroffheit, aber auch Gleichgültigkeit im Umgang, das Sprechen durch die Zähne, das plötzliche hölzerne Lachen, das völlige Fehlen eines Lächelns, Gespräche ausschließlich politischen oder politisch-ökonomischen Inhalts, die Leidenschaft für blutige Roastbeefs und Portwein – alles an ihm atmete den Geist Großbritanniens; er schien ganz davon durchdrungen. Aber merkwürdig! Während Iwan Petrowitsch sich in einen Anglomanen verwandelt hatte, war er gleichzeitig auch Patriot geworden, wenigstens nannte er sich so, obgleich er Rußland wenig kannte, an keinem einzigen russischen Brauch festhielt und sich sonderbar ausdrückte, wenn er russisch sprach. Unterhielt er sich über Alltägliches, strotzte seine an sich schwerfällige und fade Sprechweise von Gallizismen, sobald das Gespräch jedoch wichtige Dinge berührte, verwendete Iwan Petrowitsch Ausdrücke wie: „neue Versuche von Selbstbeflissenheit anstellen", „dies steht nicht im Einklang mit der eigentlichen Natur des Umstands" und dergleichen mehr. Iwan Petrowitsch hatte einige handschriftliche Entwürfe mitgebracht, die den Aufbau und die Verbesserung des Staatswesens betrafen. Er war mit allem, was er sah, sehr unzufrieden, besonders aber erregte seinen Ärger, daß in nichts System lag. Als er seine Schwester wiedersah, erklärte er ihr von vornherein, daß er die Absicht habe, grundlegende Reformen durchzuführen, daß künftig bei ihm alles nach einem neuen System gehen werde. Glafira Petrowna gab ihrem Bruder darauf keine Antwort; sie biß nur die Zähne zusammen und dachte: Und was wird aus mir? Als sie mit ihm und ihrem Neffen auf dem Gut angekommen war, beruhigte sie sich übrigens bald wieder. Im Hause traten wirklich einige Veränderungen ein: Die Gnadenbrotempfänger und Schmarotzer wurden unverzüglich verbannt. Unter denen, die dieses harte Los traf, befanden sich zwei alte Frauen, die eine blind, die andere gelähmt, sowie ein altersschwacher Major aus der Zeit der Eroberung von Otschakow[1], den man wegen seiner wahrhaft erstaunlichen Gefräßigkeit nur mit Schwarzbrot und Linsen gefüttert hatte. Auch erging ein Befehl, die früheren Gäste nicht mehr einzulassen: Sie alle ersetzte ein entfernter Nachbar, ein blondhaariger, skrofulöser Baron, ein sehr wohlerzogener und sehr dummer Mensch. Aus Moskau kamen neue Möbel; es wurden Spucknäpfe, Klingeln, Waschtische angeschafft; das Frühstück wurde anders serviert; ausländische Weine verdrängten die

1 Südukrainische Stadt; wurde 1788 im zweiten Russisch-Türkischen Krieg (1787–1792) von den russischen Truppen im Sturm genommen.

Schnäpse und Fruchtliköre; für die Bedienten wurden neue Livreen angefertigt, und dem Familienwappen ward die Inschrift „in recto virtus“[1] beigefügt. Im Grunde aber verringerte sich Glafiras Macht in keiner Weise: Alle Ausgaben und Käufe hingen nach wie vor von ihr ab. Ein aus dem Ausland mitgebrachter elsässischer Kammerdiener unternahm den Versuch, ihr den Rang abzulaufen, und verlor seine Stellung, obwohl ihn der Herr in Schutz nahm. Und was die Wirtschaft, die Verwaltung der Güter betraf (Glafira Petrowna mischte sich auch in diese Angelegenheiten), so blieb, trotz der von Iwan Petrowitsch wiederholt geäußerten Absicht, diesem Chaos neues Leben einzuhauchen, alles beim alten, nur wurden die Abgaben der Bauern hier und da erhöht und der Frondienst etwas erschwert; auch wurde den Bauern verboten, sich unmittelbar an Iwan Petrowitsch zu wenden, denn der Patriot verachtete seine Mitbürger gar sehr. Nur auf Fedja wurde Iwan Petrowitschs System in voller Stärke angewandt. Seine Erziehung wurde in der Tat einer „grundlegenden Reform“ unterzogen: Der Vater befaßte sich ausschließlich damit.

11

Bevor Iwan Petrowitsch aus dem Ausland zurückgekehrt war, hatte sich Fedja, wie schon gesagt, in Glafira Petrownas Obhut befunden. Er war noch keine acht Jahre alt gewesen, als seine Mutter starb. Er hatte sie nicht jeden Tag gesehen und sie leidenschaftlich geliebt. Die Erinnerung an sie, an ihr stilles, blasses Gesicht, ihre traurigen Augen und ihre scheuen Liebkosungen, hatte sich für immer in sein Herz eingeprägt, aber er begriff schon damals, wenn auch nur dunkel, ihre Stellung im Hause; er fühlte, daß zwischen ihm und ihr eine Schranke stand, die niederzureißen sie weder den Mut noch die Kraft hatte. Dem Vater ging er aus dem Weg, und Iwan Petrowitsch liebkoste ihn auch nie; der Großvater strich ihm bisweilen über den Kopf und reichte ihm die Hand zum Kuß, nannte ihn jedoch einen Popanz und hielt ihn für einen kleinen Dummkopf. Nach dem Tode Malanja Sergejewnas bekam ihn die Tante völlig in ihre Gewalt. Fedja fürchtete sich vor ihr; er fürchtete sich vor ihren hellen scharfen Augen und ihrer schrillen Stimme – er wagte in ihrer Gegenwart nicht zu mucksen. Er brauchte sich nur auf seinem Stuhl zu rühren, so

1 (lat.) im Rechten liegt die Tugend.

zischte sie schon: „Wohin? Sitz still!“ Sonntags, nach dem Morgengottesdienst, erlaubte man ihm zu spielen, das heißt, man gab ihm ein dickes Buch, ein geheimnisvolles Buch, das Werk eines gewissen Maximowitsch-Ambodik[1] mit dem Titel „Symbole und Embleme“. Dieses Buch enthielt etwa tausend höchst rätselhafte Zeichnungen mit ebenso rätselhaften Erläuterungen in fünf Sprachen. Ein nackter, molliger Kupido spielte eine große Rolle in diesen Zeichnungen. Zu einer davon, die „Safran und Regenbogen“ benannt war, gehörte die Erläuterung: „Seine Wirkung ist größer“, und neben einer anderen, die einen „fliegenden Reiher mit einem Veilchen im Schnabel“ darstellte, stand zu lesen: „Du kennst sie alle“. „Kupido und der Bär, der sein Junges leckt“, wurde erklärt mit: „Nach und nach“. Fedja betrachtete diese Zeichnungen – sie waren ihm alle bis in die kleinsten Einzelheiten bekannt. Einige, und zwar immer dieselben, regten ihn zum Nachdenken an und weckten seine Einbildungskraft – andere Zerstreuungen kannte er nicht. Als es an der Zeit war, ihn in Sprachen und Musik unterrichten zu lassen, stellte Glafira Petrowna für ein Spottgeld eine alte Jungfer ein, eine Schwedin mit Augen wie ein Hase, die notdürftig Französisch und Deutsch sprach, schlecht und recht Klavier spielte und obendrein ausgezeichnet Gurken einzusalzen verstand. In der Gesellschaft dieser Erzieherin sowie seiner Tante und eines alten Stubenmädchens namens Wassiljewna brachte Fedja volle vier Jahre zu. Meistens saß er mit seinen „Emblemen“ in einem Winkel – saß und saß. In der niedrigen Stube roch es nach Geranien; trübe brannte eine Talgkerze; ein Heimchen zirpte eintönig, als langweilte es sich; an der Wand tickte eilig die kleine Uhr; verstohlen scharrte und nagte eine Maus hinter der Tapete; die drei alten Jungfern aber, den Parzen gleichend, saßen schweigend da und klapperten emsig mit ihren Stricknadeln. Die Schatten ihrer Hände huschten im Halbdunkel hin und her oder blieben seltsam zitternd stehen, und seltsam und halbdunkel waren auch die Gedanken, die dem Kind durch den Kopf schwirrten. Niemand hätte Fedja ein hübsches Kind genannt: Er war ziemlich blaß, aber dick, von plumpem Körperbau und unbeholfen – ein richtiger Bauer, wie Glafira Petrowna sich ausdrückte. Die Blässe aber wäre bald von seinen Wangen geschwunden, hätte man ihn öfter ins Freie gelassen. Er lernte recht

1 Nestor Maximowitsch Ambodik (1744–1812), Professor der Geburtshilfe, Verfasser medizinischer Bücher; gab u. a. 1811 den von ihm bearbeiteten Sammelband „Embleme und Symbole“ heraus, in dem eine große Anzahl mythologischer und allegorischer Figuren erläutert werden.

ordentlich, obwohl er häufig faul war; er weinte nie; dafür überkam ihn zuzeiten ein wilder Trotz – dann wurde niemand mit ihm fertig. Fedja liebte niemanden aus seiner Umgebung ... Wehe dem Herzen, das in seiner Jugend nicht geliebt hat!

So fand Iwan Petrowitsch ihn vor, und ohne Zeit zu verlieren, ging er daran, sein System auf ihn anzuwenden. „Ich will vor allem einen Mann aus ihm machen, un homme", sagte er zu Glafira Petrowna, „und nicht nur einen Mann, sondern einen Spartaner." Sein Vorhaben begann Iwan Petrowitsch damit in die Tat umzusetzen, daß er seinen Sohn nach schottischer Art kleidete. Der zwölfjährige Junge lief von nun an mit nackten Waden und mit einer Hahnenfeder am Barett herum. Die Schwedin wurde durch einen jungen Schweizer ersetzt, der die Gymnastik vollendet beherrschte, und die Musik wurde als eine des Mannes unwürdige Beschäftigung für immer verbannt. Naturwissenschaften, Völkerrecht, Mathematik, das Tischlerhandwerk – nach dem Rat Jean-Jacques Rousseaus[1] – und Heraldik, zur Förderung des ritterlichen Sinnes, das war es, womit sich der zukünftige „Mann" beschäftigen sollte. Um vier Uhr morgens wurde er geweckt, sofort mit kaltem Wasser übergossen und gezwungen, an einer Leine um einen hohen Pfahl herumzulaufen; nur einmal am Tag bekam er zu essen, und jedesmal nur ein einziges Gericht; er mußte reiten und Armbrust schießen und bei jeder passenden Gelegenheit, nach dem Vorbild des Vaters, seine Willenskraft üben. Jeden Abend trug er in ein besonderes Buch einen Bericht über den vergangenen Tag und seine Eindrücke ein, und Iwan Petrowitsch seinerseits verfaßte für ihn Vorschriften in französischer Sprache, in denen er ihn mon fils[2] nannte und mit vous[3] anredete. Wenn sie russisch sprachen, duzte Fedja seinen Vater, durfte sich jedoch in seiner Gegenwart nicht setzen. Das „System" brachte den Jungen ganz aus dem Gleichgewicht; es stiftete Verwirrung in seinem Kopf und bedrückte ihn. Dafür wirkte sich aber die neue Lebensweise auf seine Gesundheit sehr günstig aus. Zwar bekam er gleich zu Anfang hohes Fieber, aber er erholte sich bald wieder und wurde ein kräftiger Bursche. Der Vater war stolz auf ihn und nannte ihn in seiner sonderbaren Ausdrucksweise „Sohn der Natur, mein Werk". Als Fedja sechzehn Jahre alt geworden war, hielt Iwan Petrowitsch es für seine Pflicht, ihm bereits jetzt Verachtung für das weibliche Geschlecht einzuflößen, und so mühte sich

1 Anspielung auf Rousseaus Erziehungsroman „Emile", der großen Einfluß auf die zeitgenössischen Lehren hatte. – 2 (franz.) mein Sohn. – 3 (franz.) Sie.

denn der junge Spartaner, Schüchternheit im Herzen, den ersten Flaum auf den Lippen, voller Saft, Kraft und Blut, schon gleichgültig, kalt und roh zu erscheinen.

Unterdessen ging die Zeit hin. Iwan Petrowitsch verbrachte den größten Teil des Jahres in Lawriki (so hieß das bedeutendste seiner Erbgüter), im Winter aber reiste er nach Moskau, und zwar allein, wohnte in einem Gasthof, besuchte fleißig den Klub, hielt in den Salons Reden und entwickelte seine Pläne und spielte sich mehr denn je als Anglomane, Nörgler und Staatsmann auf. Aber da brach das Jahr 1825 an und brachte viel Kummer mit sich. Nahe Bekannte und Freunde Iwan Petrowitschs machten schwere Prüfungen durch. Er selbst zog sich eilends auf sein Gut zurück und schloß sich in seinem Hause von allem ab. Nach einem Jahr jedoch begann Iwan Petrowitsch mit einemmal zu kränkeln; er wurde schwach und hinfällig – seine Gesundheit schwand dahin. Der Freidenker fing an, in die Kirche zu gehen und Messen zu bestellen; der Europäer schwitzte im russischen Dampfbad, speiste um zwei Uhr zu Mittag, legte sich um neun zu Bett und ließ sich von seinem alten Haushofmeister in den Schlaf schwatzen; der Staatsmann verbrannte alle seine Entwürfe, seinen ganzen Briefwechsel, zitterte vor dem Gouverneur und liebedienerte vor dem Kreispolizeichef; der Mann mit dem gestählten Willen jammerte und klagte, wenn sich auf seiner Haut ein Pickel bildete oder wenn ihm ein Teller kalt gewordener Suppe vorgesetzt wurde. Glafira Petrowna beherrschte wieder das ganze Haus; wieder kamen durch die Hintertür Verwalter, Gutsvögte und einfache Bauern zu dem „alten Drachen“ – so wurde sie vom Gesinde genannt. Die Veränderung, die mit Iwan Petrowitsch vor sich ging, machte einen tiefen Eindruck auf seinen Sohn. Er stand nun im neunzehnten Lebensjahr und begann nachzudenken und sich von dem Druck der auf ihm lastenden Hand zu befreien. Er hatte auch früher schon den Widerspruch zwischen den Worten und den Taten des Vaters, zwischen seinen weitreichenden liberalen Theorien und seinem engherzigen, kleinlichen Despotismus bemerkt, aber eine so schroffe Wandlung hatte er nicht erwartet. Der eingefleischte Egoist trat plötzlich unverhüllt zutage.

Der junge Lawrezki schickte sich gerade an, nach Moskau zu gehen, um sich auf die Universität vorzubereiten, da brach ein neues, unerwartetes Unglück über Iwan Petrowitsch herein: Er erblindete, erblindete hoffnungslos, und zwar innerhalb eines Tages.

Da er zu der Kunst der russischen Ärzte kein Vertrauen hatte, suchte er um die Erlaubnis nach, ins Ausland zu reisen. Sie wurde ihm nicht erteilt. Da machte er sich mit seinem Sohn auf, zog drei Jahre lang in Rußland umher, von einem Arzt zum andern, aus einer Stadt in die andere, und brachte die Ärzte, den Sohn und die Dienerschaft durch seinen Kleinmut und seine Ungeduld zur Verzweiflung. Vollkommen gebrochen, einem weinerlichen und launischen Kinde ähnlich, kehrte er nach Lawriki zurück. Es kamen schlimme Tage; alle hatten unter ihm zu leiden. Iwan Petrowitsch war nur still, wenn er aß – niemals hatte er so gierig und so viel gegessen –, die ganze übrige Zeit gönnte er weder sich noch den anderen Ruhe. Er betete, murrte über sein Schicksal, schimpfte auf sich selbst, schimpfte auf die Politik, auf sein System, schimpfte auf alles, womit er früher geprahlt und sich gebrüstet hatte, auf alles, was er einst seinem Sohn als Vorbild hingestellt hatte, wiederholte ständig, daß er an nichts glaube, und betete von neuem. Er ertrug es nicht, auch nur einen Augenblick allein zu sein, und verlangte von seinen Hausgenossen, daß sie unausgesetzt, Tag und Nacht, an seinem Lehnstuhl saßen und ihn mit Erzählungen unterhielten, die er fortwährend durch Ausrufe unterbrach wie: „Alles erlogen!" – „So ein Blödsinn!".

Am meisten hatte Glafira Petrowna von ihm auszustehen. Ohne sie konnte er überhaupt nicht auskommen, und sie ging bis zuletzt auf alle Launen des Kranken ein, obgleich sie sich manchmal nicht getraute, ihm sofort zu antworten, um nicht durch den Ton ihrer Stimme zu verraten, wie es in ihr kochte. So siechte er noch zwei Jahre dahin. Er starb in den ersten Maitagen, als man ihn gerade auf den Balkon in die Sonne getragen hatte. „Glascha, Glaschka! Meine Bouillon, Bouillon. Alte, dumm …", lallte er mit erstarrender Zunge und verstummte, ohne den letzten Satz zu beenden, für immer. Glafira Petrowna, die soeben die Tasse mit der Bouillon dem Haushofmeister aus der Hand gerissen hatte, hielt inne, sah ihrem Bruder ins Gesicht, bekreuzigte sich langsam und nachdrücklich und entfernte sich schweigend. Der gleichfalls anwesende Sohn sagte auch nichts; er stützte sich auf das Geländer des Balkons und schaute lange in den dufterfüllten, grünen Garten, der in den Strahlen der goldenen Frühlingssonne herrlich leuchtete. Er war dreiundzwanzig Jahre alt. Wie erschreckend, wie unmerklich rasch waren diese dreiundzwanzig Jahre verflogen! Das Leben tat sich vor ihm auf.

12

Nachdem der junge Lawrezki seinen Vater begraben und die Leitung der Wirtschaft und die Aufsicht über die Verwalter der unwandelbaren Glafira Petrowna übertragen hatte, begab er sich nach Moskau, wohin ihn ein dunkles, aber starkes Gefühl zog. Er war sich der Mängel seiner Erziehung bewußt und hatte sich vorgenommen, das Versäumte nach Möglichkeit nachzuholen. In den letzten fünf Jahren hatte er viel gelesen und allerhand erlebt; viele Gedanken waren ihm durch den Kopf gegangen. Um einige seiner Kenntnisse hätte ihn mancher Professor beneidet, aber gleichzeitig wußte er vieles nicht, was jedem Gymnasiasten längst bekannt war. Lawrezki war sich seiner Unfreiheit bewußt und hatte insgeheim das Gefühl, ein Sonderling zu sein. Der Anglomane hatte seinem Sohn einen bösen Streich gespielt; die launenhafte Erziehung trug ihre Früchte. Lange Jahre hatte sich der Sohn dem Willen des Vaters blindlings gefügt; als er ihn dann endlich durchschaut hatte, war das Unheil schon geschehen, waren die Gewohnheiten bereits eingewurzelt. Er wußte nicht mit Menschen umzugehen: Dreiundzwanzig Jahre alt, einen unbezähmbaren Hunger nach Liebe im scheuen Herzen, hatte er noch keiner einzigen Frau in die Augen zu blicken gewagt. Bei seinem klaren und gesunden, aber etwas schwerfälligen Verstand, bei seiner Neigung zu Eigensinn, Beschaulichkeit und Trägheit hätte er eigentlich schon in frühen Jahren in den Strudel des Lebens gehört, doch er war bewußt von allem ferngehalten worden. Zwar war der Zauberkreis nun gesprengt, doch er blieb immer noch auf derselben Stelle stehen, verschlossen und in sich gekehrt. Es war lächerlich, in seinem Alter noch die Studentenuniform anzuziehen, aber er fürchtete sich nicht vor Gespött. Seine spartanische Erziehung hatte wenigstens vermocht, ihn fremdes Gerede geringschätzen zu lassen, und so zog er denn, ohne sich beirren zu lassen, die Studentenuniform an. Er ließ sich bei der physikalisch-mathematischen Fakultät einschreiben. Gesund, rotwangig, mit schon kräftigem Bartwuchs und schweigsam, machte er auf seine Kameraden einen sonderbaren Eindruck. Sie ahnten nicht, daß dieser rauhe Mann, der in einem breiten, zweispännigen ländlichen Schlitten stets pünktlich zu den Vorlesungen kam, fast noch ein Kind war. Sie hielten ihn für einen verschrobenen Pedanten. Sie brauchten ihn nicht und wollten nichts von ihm, und er ging ihnen aus dem Wege. In den ersten zwei Jahren, die er auf der Universität verbrachte, freundete er sich nur mit einem einzigen Studenten an, bei dem er Lateinstunden nahm. Dieser Student, mit Namen Michalewitsch, ein Enthusiast und Versemacher, gewann Lawrezki aufrichtig lieb und wurde ganz zufällig zum Anlaß einer bedeutsamen Wende in seinem Schicksal.

Eines Abends erblickte Lawrezki im Theater (Motschalow[1] stand damals auf der Höhe seines Ruhmes, und Lawrezki versäumte keine Vorstellung) in einer Loge des ersten Ranges ein junges Mädchen, und obgleich noch keine Frau an seiner düsteren Gestalt vorübergegangen war, die sein Herz nicht hätte erbeben lassen, so hatte es doch noch nie so heftig geschlagen. Die Ellbogen auf den Samt der Logenbrüstung gestützt, saß das Mädchen regungslos da. Zartes junges Leben spielte in jedem Zug ihres bräunlichen, runden, lieblichen Gesichtes; Geschmack und Geist sprachen aus den schönen Augen, die aufmerksam und sanft unter den feinen Brauen hervorschauten, sprachen aus dem flüchtigen, spöttischen Lächeln der ausdrucksvollen Lippen, aus der ganzen Haltung des Kopfes, der Hände, des Halses; außerdem war sie entzückend gekleidet. Neben ihr saß eine runzlige, gelbhäutige Dame von etwa fünfundvierzig Jahren, dekolletiert, in einer schwarzen Toque und mit einem zahnlosen Lächeln auf dem angespannt-bekümmerten, nichtssagenden Gesicht. In der Tiefe der Loge sah man einen ältlichen Herrn in weitem Gehrock und hoher Halsbinde, mit dem Ausdruck bornierten Dünkels und einer Art kriecherischen Argwohns in den kleinen Augen, mit gefärbtem Schnurr- und Backenbart, einer unbedeutenden mächtigen Stirn und welken Wangen, allen Anzeichen nach ein General a. D. Lawrezki wandte kein Auge von dem jungen Mädchen, das einen so tiefen Eindruck auf ihn gemacht hatte. Plötzlich öffnete sich die Logentür, und Michalewitsch trat ein. Das Erscheinen dieses Menschen, des fast einzigen Bekannten, den er in ganz Moskau hatte, sein Erscheinen in der Gesellschaft des einzigen Mädchens, das seine ganze Aufmerksamkeit auf sich gezogen hatte, kam Lawrezki bedeutungsvoll und merkwürdig vor. Er blickte immer wieder nach der Loge hin und bemerkte, daß alle Personen, die sich darin befanden, Michalewitsch wie einen alten guten Freund behandelten. Die Vorgänge auf der Bühne verloren ihr Interesse für Lawrezki; selbst Motschalow – obwohl er an diesem Abend „in Form“ war – übte nicht die gewohnte Wirkung auf ihn aus. An einer besonders pathetischen Stelle warf Lawrezki unwillkürlich

1 Pawel Stepanowitsch Motschalow (1800–1848), Schauspieler.

einen Blick auf seine Schöne: Sie hatte sich weit vorgebeugt; ihre Wangen glühten. Unter seinem beharrlichen Blick wandten sich ihre Augen, die auf die Bühne gerichtet waren, langsam ihm zu und blieben auf ihm haften ... Die ganze Nacht sah er diese Augen vor sich. Der künstlich aufgerichtete Damm war endlich gebrochen. Lawrezki zitterte, er stand in Flammen, und am nächsten Tag begab er sich zu Michalewitsch. Von ihm erfuhr er, daß die Schöne Warwara Pawlowna Korobjina hieß, daß der alte Herr und die alte Dame, die mit ihr in der Loge gesessen hatten, ihr Vater und ihre Mutter waren und daß er selbst, Michalewitsch, sie vor einem Jahr kennengelernt hatte, als er in seinen Ferien in der Nähe von Moskau bei dem Grafen N. als Hauslehrer tätig gewesen war. Für Warwara Pawlowna fand der Enthusiast Worte höchsten Lobes. „Dieses Mädchen, mein lieber Freund", rief er in dem ihm eigenen überschwenglichen Tonfall aus, „ist ein erstaunliches, geniales Wesen, eine Künstlerin im wahren Sinn des Wortes, und dabei seelensgut." Als er aus Lawrezkis Fragen merkte, welchen Eindruck Warwara Pawlowna auf ihn gemacht hatte, bot er ihm an, ihn mit ihr bekannt zu machen, und fügte hinzu, daß er bei ihnen verkehre, als gehörte er zur Familie, daß der General ganz und gar nicht stolz sei, die Mutter aber so dumm wie ein neugeborenes Kind. Lawrezki errötete, murmelte etwas Unverständliches und lief fort. Volle fünf Tage rang er mit seiner Schüchternheit; am sechsten Tag zog der junge Spartaner eine nagelneue Uniform an und stellte sich Michalewitsch zur Verfügung, der sich, da er so gut wie zur Familie gehörte, darauf beschränkte, sich die Haare zu kämmen – und beide begaben sich zu den Korobjins.

13

Der Vater Warwara Pawlownas, Pawel Petrowitsch Korobjin, ein Generalmajor a. D., hatte sein ganzes Leben in Petersburg gedient. In seiner Jugend hatte er in dem Ruf gestanden, ein gewandter Tänzer und guter Soldat zu sein, war seiner Armut wegen Adjutant bei zwei oder drei unbedeutenden Generälen gewesen, hatte die Tochter eines von ihnen geheiratet und dabei eine Mitgift von fünfundzwanzigtausend eingesteckt und sich die hohe Weisheit des Exerzierens und der Paraden bis in die letzten Feinheiten angeeignet. Er mühte und plagte sich in der Tretmühle des Dienstes, bis er es nach zwanzig Jahren endlich zum Generalmajor brachte und ein Regiment erhielt. Nun hätte er sich eigentlich etwas Ruhe gönnen und in aller Beschaulichkeit seinen Wohlstand sichern können, und das hatte er auch im Sinn, aber er ging dabei ein bißchen unvorsichtig zu Werke. Er ersann ein neues Verfahren, Staatsgelder in Umlauf zu bringen. Das Verfahren erwies sich auch als vortrefflich, doch er knauserte dort, wo er hätte freigebig sein müssen, und so wurde er denunziert; es wurde eine mehr als unangenehme, es wurde eine schlimme Geschichte daraus. Mit Müh und Not wand sich der General aus der Affäre heraus, aber mit seiner Karriere war es vorbei. Man riet ihm, seinen Abschied zu nehmen. An die zwei Jahre lief er sich noch in Petersburg die Hacken ab, in der Hoffnung, es werde für ihn im Zivildienst ein warmes Plätzchen herausspringen, doch es sprang kein Platz für ihn heraus. Seine Tochter verließ damals gerade das Pensionat, und die Ausgaben wurden von Tag zu Tag größer. Schweren Herzens entschloß er sich, nach Moskau überzusiedeln, wo man billiger lebte, mietete in der Alten Stallstraße ein winziges, niedriges Haus mit einem riesengroßen Wappenschild am Dach und begann das Dasein eines Moskauer Generals a. D. zu führen, der im Jahre zweitausendsiebenhundertfünfzig Rubel zu verleben hat. Moskau ist eine gastfreie Stadt und nimmt mit Freuden jedermann auf, und Generäle erst recht; die massige Gestalt Pawel Petrowitschs, die noch immer eine gewisse militärische Haltung bewahrte, tauchte bald in den besten Moskauer Salons auf. Sein kahler Nacken mit den spärlichen, gefärbten Haarsträhnen und dem fettglänzenden Band des Annenordens auf der rabenschwarzen Halsbinde war bald all den blasierten und bleichen Jünglingen wohlbekannt, die, wenn getanzt wurde, griesgrämig um die Spieltische herumlungerten. Pawel Petrowitsch hatte es verstanden, sich eine Stellung in der Gesellschaft zu verschaffen. Er sprach wenig, wenn er aber sprach, dann nach alter Gewohnheit – durch die Nase, allerdings tat er das nicht mit höhergestellten Personen; er spielte vorsichtig Karten; zu Hause aß er maßvoll, war er aber eingeladen, dann aß er für sechs. Über seine Frau läßt sich so gut wie nichts sagen. Sie hieß Kalliopa Karlowna. Aus ihrem linken Auge sickerte beständig eine Träne, weswegen sich Kalliopa Karlowna (sie war obendrein deutscher Herkunft) für eine gefühlvolle Frau hielt. Sie war fortwährend in Angst, gleichsam als hätte sie sich nicht satt gegessen, trug enge Samtkleider, eine Toque und matt glänzende hohle Armbänder. Die einzige Tochter Pawel Petrowitschs und Kalliopa Karlownas,

Warwara Pawlowna, war gerade siebzehn Jahre alt geworden, als sie das ...sche Pensionat verließ, wo sie, wenn nicht als die schönste, so doch gewiß als die gescheiteste und musikbegabteste Schülerin gegolten und eine Auszeichnung bekommen hatte. Als Lawrezki Warwara Pawlowna zum erstenmal sah, war sie noch keine neunzehn Jahre alt.

14

Die Beine versagten dem Spartaner den Dienst, als Michalewitsch ihn in den ziemlich schlecht ausstaffierten Salon der Korobjins führte und den Herrschaften vorstellte. Doch bald schwand die Schüchternheit, die sich seiner bemächtigt hatte, denn bei dem General gesellte sich zu der allen Russen angeborenen Gutmütigkeit noch jene besondere Art von Zuvorkommenheit, die allen Leuten eigen ist, die keine ganz saubere Weste haben. Die Generalin trat bald in den Hintergrund, und was Warwara Pawlowna betraf, so war sie so ruhig, so selbstbewußt-freundlich, daß sich ein jeder in ihrer Gegenwart sogleich wie zu Hause fühlte. Von ihrer ganzen hinreißenden Gestalt, von ihren lächelnden Augen, den unschuldig-sanft abfallenden Schultern und rosigen Armen, dem leichten und zugleich scheinbar müden Gang, vom Klang ihrer etwas schleppenden, angenehmen Stimme ging zudem ein verführerischer Zauber aus, unfaßbar wie ein feiner Duft, eine weiche, vorerst noch verschämte Zärtlichkeit, etwas, das mit Worten schwer wiederzugeben ist, das rührte und erregte, aber gewiß keine Schüchternheit einflößte. Lawrezki lenkte das Gespräch auf das Theater, auf die Vorstellung des vorangegangenen Tages. Sie fing sofort an, von Motschalow zu sprechen, und begnügte sich nicht mit Ausrufen und Seufzern, sondern äußerte einige treffende, weiblich-scharfsichtige Bemerkungen über sein Spiel. Michalewitsch kam auf die Musik zu sprechen; ohne sich zu zieren, setzte sie sich ans Klavier und spielte sehr sauber einige Mazurkas von Chopin, die damals gerade in Mode gekommen waren. Die Stunde des Mittagessens rückte heran. Lawrezki wollte sich entfernen, doch man hielt ihn zurück. Bei Tisch bewirtete ihn der General mit einem guten Lafitte, den der Lakai des Generals mit einer Droschke schnell von Depret[1] hatte holen müssen. Spätabends kehrte Lawrezki nach Hause zurück. Er saß lange da, ohne

1 Restaurant im damaligen Moskau.

sich auszukleiden, die Augen mit der Hand bedeckend, in starrer Verzauberung. Ihm war, als begreife er erst jetzt, wofür es sich zu leben lohnt. All seine Pläne und Vorhaben, dieser ganze Unsinn, waren mit einemmal verflogen; seine ganze Seele erfüllte nur ein einziges Gefühl, ein einziges Verlangen, das Verlangen nach Glück, Besitz, Liebe, süßer Frauenliebe. Von jenem Tage an ging er oft zu den Korobjins. Nach einem halben Jahr gestand er Warwara Pawlowna seine Liebe und hielt um ihre Hand an. Sein Antrag wurde angenommen. Der General hatte sich längst, anscheinend schon am Abend vor Lawrezkis erstem Besuch, bei Michalewitsch erkundigt, wieviel Seelen Lawrezki besitze, und auch Warwara Pawlowna, die die ganze Zeit über, da der junge Mann sie umwarb, und sogar während seiner Liebeserklärung ihre gewohnte Seelenruhe und ihren klaren Blick bewahrt hatte, auch Warwara Pawlowna wußte sehr wohl, daß ihr Freier reich war. Kalliopa Karlowna aber dachte: *Meine Tochter macht eine schöne Partie** und kaufte sich eine neue Toque.

15

Sein Antrag wurde also angenommen, jedoch mit gewissen Bedingungen. Erstens sollte Lawrezki unverzüglich die Universität verlassen: Wer heiratet denn einen Studenten, und was war das für eine sonderbare Idee, daß ein reicher Gutsbesitzer mit sechsundzwanzig Jahren Stunden nahm wie ein Schulknabe? Zweitens nahm Warwara Pawlowna die Mühe auf sich, die Aussteuer zu bestellen und einzukaufen und sogar die Geschenke des Bräutigams auszuwählen. Sie besaß viel praktischen Sinn, viel Geschmack, dazu eine äußerst große Vorliebe für Komfort und viel Geschick, sich mit diesem Komfort zu umgeben. Über dieses Geschick staunte Lawrezki besonders, als er sich gleich nach der Hochzeit mit seiner Frau in einer bequemen, von ihr gekauften Kutsche nach Lawriki begab. Wie war da alles, was ihn umgab, von Warwara Pawlowna durchdacht, vorausgeahnt, vorausgesehen! Was für reizende Reisebestecke kamen in verschiedenen behaglichen Eckchen zum Vorschein, was für entzückende Toilettenkästchen und Kaffeegeschirre, und wie anmutig kochte Warwara Pawlowna selber morgens den Kaffee! Übrigens stand Lawrezki der Sinn damals nicht danach, Beobachtungen anzustellen: Er war selig; er berauschte sich an seinem Glück; er gab sich ihm hin wie ein

Kind ... Er war ja auch unschuldig wie ein Kind, dieser junge Alkide[1]. Nicht umsonst strömte das ganze Wesen seiner jungen Frau Liebreiz aus, nicht umsonst versprach sie den Sinnen heimliches Schwelgen in ungekannten Wonnen – sie hielt mehr, als sie versprach.

Als sie mitten im Hochsommer in Lawriki ankam, fand sie das Haus schmutzig und dunkel, das Gesinde lächerlich und altmodisch, doch sie hielt es nicht für notwendig, ihrem Mann dies auch nur anzudeuten. Wäre es ihre Absicht gewesen, sich in Lawriki für immer niederzulassen, dann hätte sie dort alles verändert, das Haus selbstverständlich zuerst, aber der Gedanke, in diesem gottverlassenen Steppennest zu bleiben, kam ihr nicht einen Augenblick in den Sinn. Sie wohnte dort wie in einem Zelt, ertrug sanftmütig alle Unbequemlichkeiten und machte sich in erheiternder Weise darüber lustig. Marfa Timofejewna kam, um ihren Zögling wiederzusehen. Sie gefiel Warwara Pawlowna sehr, doch Warwara Pawlowna gefiel ihr nicht. Auch mit Glafira Petrowna kam die neue Hausherrin nicht aus. Sie selbst hätte Glafira in Ruhe gelassen, aber den alten Korobjin gelüstete es, seine Finger in die Angelegenheiten des Schwiegersohnes zu stecken: Das Gut eines so nahen Verwandten zu verwalten, sagte er, sei selbst für einen General keine Schande. Man darf aber annehmen, daß Pawel Petrowitsch sich nicht gescheut hätte, auch das Gut eines ihm völlig fremden Menschen zu bewirtschaften. Warwara Pawlowna führte ihren Angriff äußerst geschickt: Ohne selbst hervorzutreten, dem Anschein nach ganz in die Seligkeit des Honigmondes versunken, in die Stille des Landlebens, in Musik und Lektüre, brachte sie Glafira allmählich so weit, daß diese eines Morgens wie eine Rasende in Lawrezkis Arbeitszimmer stürzte, das Schlüsselbund auf den Tisch schleuderte und erklärte, sie sei außerstande, noch länger die Wirtschaft zu führen, sie wolle nicht auf dem Gut bleiben. Lawrezki, der entsprechend vorbereitet worden war, willigte sofort in ihre Abreise ein. Das hatte Glafira Petrowna nicht erwartet. „Gut", sagte sie, und ihr Blick verfinsterte sich, „ich sehe, daß ich hier überflüssig bin! Ich weiß, wer mich von hier vertreibt, aus meinem angestammten Nest. Du aber denke an meine Worte, Neffe: Auch du sollst dir nirgendwo ein Nest bauen können. Umherirren sollst du dein Leben lang. Das ist mein Vermächtnis an dich." Noch am selben Tag zog sie sich auf ihr Gütchen zurück, und eine Woche darauf traf General Korobjin ein

1 Beiname des antiken Sagenhelden Herakles.

und nahm mit einer sympathischen Melancholie in Blicken und Gebärden die Verwaltung des gesamten Besitztums in seine Hände.

Im September entführte Warwara Pawlowna ihren Mann nach Petersburg. Zwei Winter verlebten sie in Petersburg (im Sommer siedelten sie nach Zarskoje Selo über), in einer schönen, hellen, elegant möblierten Wohnung. Sie knüpften in den mittleren und sogar in den höheren Gesellschaftskreisen viele Bekanntschaften an, machten und empfingen viele Besuche und gaben die entzükkendsten Musik- und Tanzabende. Warwara Pawlowna zog die Gäste an wie das Licht die Falter. Fjodor Iwanytsch behagte dieses mit Zerstreuungen ausgefüllte Leben nicht so recht. Seine Frau riet ihm, in den Staatsdienst zu treten. Im Gedenken an seinen Vater und auch aus eigener Überzeugung wollte er nicht dienen, doch blieb er Warwara Pawlowna zu Gefallen in Petersburg. Übrigens hatte er bald herausgefunden, daß niemand ihn daran hinderte, sich abzusondern, daß er nicht umsonst das ruhigste und gemütlichste Arbeitszimmer in ganz Petersburg besaß, ja daß seine fürsorgliche Gattin sogar bereit war, ihm dabei behilflich zu sein, sich abzusondern – und von da an ging alles vortrefflich. Er nahm seine eigene, nach seiner Ansicht unvollendete Erziehung wieder auf, fing wieder an zu lesen und ging sogar daran, Englisch zu lernen. Seltsam war er anzusehen: die mächtige, breitschultrige Gestalt beständig über den Schreibtisch gebeugt, das volle, bärtige, rotwangige Gesicht halb verdeckt von den Blättern eines Wörterbuches oder Heftes. Jeden Vormittag brachte er mit Arbeit zu, speiste dann ausgezeichnet zu Mittag (Warwara Pawlowna war eine Hausfrau, wie man sie selten findet), und abends trat er in eine bezaubernde, dufterfüllte, lichte Welt voll junger, fröhlicher Gesichter – und der Mittelpunkt dieser Welt war ebenjene umsichtige Hausfrau, seine Gattin. Sie erfreute ihn mit der Geburt eines Sohnes, doch das arme Kind lebte nicht lange. Es starb im Frühjahr, und im Sommer brachte Lawrezki auf den Rat der Ärzte seine Frau ins Ausland, in verschiedene Bäder. Nach einem solchen Unglück bedurfte sie der Zerstreuung, auch verlangte ihr Gesundheitszustand ein warmes Klima. Den Sommer und den Herbst verbrachten sie in Deutschland und in der Schweiz, und den Winter über fuhren sie, wie nicht anders zu erwarten, nach Paris. In Paris blühte Warwara Pawlowna auf wie eine Rose. Sie wußte sich hier ebenso rasch und geschickt ihr Nestchen zu bauen wie in Petersburg. In einer der stillen und doch eleganten

Straßen von Paris fand sie eine wunderhübsche Wohnung. Sie stickte ihrem Mann einen Schlafrock, wie er noch nie einen getragen hatte, stellte eine kokett herausgeputzte Zofe, eine tüchtige Köchin und einen gewandten Lakaien ein und kaufte eine entzükkende Kutsche und ein prachtvolles Pianino. Noch war keine Woche vergangen, als sie bereits wie eine echte Pariserin die Straße überquerte, ihren Schal trug, ihren Sonnenschirm aufspannte und sich die Handschuhe anzog. Auch Bekannte hatte sie sich bald angeschafft. Anfangs kamen nur Russen zu ihr, dann stellten sich auch Franzosen ein, überaus liebenswürdige, höfliche, unverheiratete Männer mit tadellosen Manieren und wohlklingenden Namen. Sie alle sprachen schnell und viel, verbeugten sich ungezwungen und zwinkerten auf eine nette Art mit den Augen; bei allen blitzten weiße Zähne zwischen rosigen Lippen – und wie sie zu lächeln verstanden! Ein jeder von ihnen brachte seine Freunde mit, und la belle madame de Lavretzki[1] war bald von der Chaussée d' Antin bis zur Rue de Lille[2] bekannt. Zu jener Zeit (es war im Jahre 1836) hatte sich das Volk der Feuilletonisten und Tageschronisten, von denen es heutzutage überall wimmelt wie von Ameisen in einem aufgewühlten Ameisenhaufen, noch nicht so vermehrt, doch tauchte schon damals in Warwara Pawlownas Salon ein gewisser Monsieur Jules auf, ein Herr von unansehnlichem Äußeren und skandalösem Ruf, frech und gemein wie alle Duellhelden und heruntergekommenen Menschen. Obwohl dieser Monsieur Jules Warwara Pawlowna sehr zuwider war, empfing sie ihn dennoch, weil er für verschiedene Zeitungen schrieb und sie darin fortwährend erwähnte, indem er sie bald Mme de L...tzki nannte, bald Mme de***, cette grande dame russe si distinguée, qui demeure rue de P[3]... Er erzählte der ganzen Welt, das heißt einigen hundert Abonnenten, die Mme L...tzki eigentlich gar nichts anging, wie nett und liebenswürdig diese Dame sei, an Geist eine wahre Französin (une vraie française par l'esprit) – ein höheres Lob kennen die Franzosen nicht –, welch ungewöhnliches musikalisches Talent sie besitze und wie bewundernswert sie Walzer tanze (Warwara Pawlowna tanzte in der Tat so herrlich Walzer, daß sie alle Herzen am Saum ihres leichten, fliegenden Gewandes mit fortriß) – kurz gesagt, er brachte die Welt dazu, von ihr zu reden, und das ist doch, was man auch sagen mag, an-

1 (franz.) die schöne Frau von Lawrezki. – 2 Pariser Viertel, in dem damals die Villen und Vergnügungsstätten der aristokratischen Welt konzentriert waren. – 3 (franz.) Frau von***, diese vornehme und so elegante russische Dame, die in der P...straße wohnt.

genehm. Mademoiselle Mars[1] war damals bereits von der Bühne abgetreten und Mademoiselle Rachels[2] Stern noch nicht aufgegangen, trotzdem besuchte Warwara Pawlowna fleißig die Theater. Sie geriet bei italienischer Musik in Entzücken und lachte über die komische Häßlichkeit von Odry[3], sie gähnte mit Anstand in der Comédie Française und weinte, wenn Madame Dorval[4] in irgendeinem ultraromantischen Melodrama auftrat. Was aber die Hauptsache war – Liszt spielte zweimal bei ihr und war so lieb, so schlicht – einfach hinreißend! Unter solch angenehmen Empfindungen verging der Winter, an dessen Ende Warwara Pawlowna sogar bei Hofe vorgestellt wurde. Fjodor Iwanytsch langweilte sich ebenfalls nicht, wenn auch das Leben bisweilen schwer auf seinen Schultern lastete – schwer, weil es leer war. Er las Zeitungen, hörte Vorlesungen an der Sorbonne und am Collège de France, verfolgte die Debatten in den Kammern und machte sich an die Übersetzung eines bekannten gelehrten Werkes über Bewässerungsanlagen. Ich vertrödele die Zeit nicht! dachte er. Das alles ist nützlich, aber vor dem nächsten Winter muß ich unbedingt nach Rußland zurück und dort an die Arbeit gehen. Es ist schwer zu sagen, ob er eine klare Vorstellung davon hatte, worin diese Arbeit eigentlich bestehen sollte, und Gott weiß, ob es ihm gelungen wäre, vor dem nächsten Winter nach Rußland zurückzukehren, denn zunächst war er im Begriff, mit seiner Frau nach Baden-Baden zu reisen. Da machte ein unerwarteter Vorfall alle seine Pläne zunichte.

16

Als Lawrezki eines Tages in Abwesenheit Warwara Pawlownas in deren Zimmer trat, erblickte er auf dem Fußboden einen kleinen, sorgfältig zusammengefalteten Zettel. Mechanisch hob er ihn auf, mechanisch entfaltete er ihn und las folgende, in französischer Sprache geschriebene Zeilen:

Geliebter Engel Betsy! (Ich bringe es nun einmal nicht fertig, Dich Barbara oder Warwara zu nennen.) Vergebens habe ich an der Ecke des Boulevards auf Dich gewartet. Komm morgen gegen halb zwei in unsere kleine Wohnung. Dein guter Dicker (ton gros

1 Anna-Françoise Hippolyte Boutet Mars (1779–1847), französische Schauspielerin. – 2 Elisa-Félix Rachel (1821–1858), französische Schauspielerin; debütierte 1838. – 3 Jacques-Charles Odry (1781–1835), französischer Schauspieler. – 4 Künstlername von Marie-Amélie Delaunay (1798–1879), französische Schauspielerin.

bonhomme de mari) vergräbt sich um diese Zeit gewöhnlich in seine Bücher. Wir wollen wieder das Liedchen eures Dichters Puschkin (de votre poète Pouskine) singen, das Du mich gelehrt hast: „Alter Mann, harter Mann!"[1] Tausend Küsse auf Deine kleinen Hände und Füße. Ich erwarte Dich.

Ernest

Lawrezki begriff nicht gleich, was er da gelesen hatte. Er las es zum zweitenmal – in seinem Kopf drehte sich alles, und der Boden schwankte unter seinen Füßen wie das Deck eines Schiffes bei hohem Wellengang. Er schrie auf, rang nach Luft, brach in Tränen aus – alles in einem Augenblick.

Er glaubte den Verstand zu verlieren. Er hatte seiner Frau blind vertraut – die Möglichkeit, sie könnte ihn betrügen, ihm untreu sein, war ihm nie in den Sinn gekommen. Dieser Ernest, dieser Liebhaber seiner Frau, war ein blonder, hübscher Junge von dreiundzwanzig Jahren mit einer Stupsnase und einem dünnen Schnurrbart, wohl der unbedeutendste von allen ihren Bekannten. Es vergingen mehrere Minuten, es verging eine halbe Stunde – Lawrezki stand noch immer da, preßte das verhängnisvolle Briefchen in der Hand zusammen und starrte verständnislos zu Boden. In einem dunklen Wirbel sah er blasse Gesichter schweben; qualvoll krampfte sich sein Herz zusammen. Ihm war, als stürzte er, tiefer und immer tiefer. Das wohlbekannte leise Rauschen eines seidenen Kleides riß ihn aus seiner Erstarrung – Warwara Pawlowna, in Hut und Schal, kehrte eilig von einem Spaziergang heim. Lawrezki erzitterte am ganzen Körper und stürzte hinaus; er fühlte, daß er in diesem Augenblick imstande war, sie in Stücke zu reißen, sie halbtot zu schlagen, wie ein Bauer es tun würde, sie mit eigener Hand zu erwürgen. Die erstaunte Warwara Pawlowna wollte ihn aufhalten. Er konnte nur flüstern: „Betsy", dann lief er aus dem Haus.

Lawrezki nahm einen Wagen und ließ sich vor die Stadt fahren. Den Rest des Tages und die ganze Nacht, bis zum Morgen, irrte er umher, fortwährend stehenbleibend und die Hände ringend. Bald tobte er wie ein Wahnsinniger, bald fand er alles lächerlich, ja geradezu lustig. Gegen Morgen kehrte er durchfroren in einem elenden Wirtshaus außerhalb der Stadt ein, verlangte ein Zimmer und setzte sich auf einen Stuhl am Fenster. Ein krampfhaftes Gähnen überkam ihn. Er hielt sich kaum noch auf den Beinen, sein

1 Lied der Zigeunerin Semfira aus Puschkins Poem „Die Zigeuner".

Körper war völlig erschöpft, aber er verspürte keine Müdigkeit – trotzdem verlangte die Müdigkeit ihr Recht: Er saß da, starrte vor sich hin und begriff nichts. Er begriff nicht, was mit ihm geschehen war, weshalb er sich allein, mit erstarrten Gliedern, mit einem bitteren Geschmack im Munde und mit einem Stein auf der Brust in einem leeren, unbekannten Zimmer befand; er begriff nicht, was sie, Warja, veranlaßt haben mochte, sich diesem Franzosen hinzugeben, und wie sie, sich ihrer Untreue bewußt, zu ihm so ruhig wie früher, so zärtlich und zutraulich wie früher hatte sein können! „Ich begreife es nicht!“ flüsterten seine trockenen Lippen. „Wer bürgt mir jetzt dafür, daß nicht schon in Petersburg …“ Er sprach die Frage nicht zu Ende und gähnte wieder, am ganzen Leibe zitternd und sich vor Kälte krümmend. Lichte und düstere Erinnerungen peinigten ihn gleichermaßen. Plötzlich fiel ihm ein, daß sie sich vor wenigen Tagen in seiner und Ernests Gegenwart ans Klavier gesetzt und „Alter Mann, harter Mann!“ gesungen hatte. Er erinnerte sich ihres Gesichtsausdruckes, des eigentümlichen Glanzes ihrer Augen und der Röte auf ihren Wangen, und er stand vom Stuhl auf. Er wollte hingehen, zu ihnen sagen: „Ihr habt vergebens gemeint, euren Spott mit mir treiben zu können; mein Urgroßvater hat die Bauern an den Rippen aufgehängt, und mein Großvater war selber ein Bauer“ und sie dann beide totschlagen. Da schien ihm plötzlich, als wäre alles, was mit ihm vorging, nur ein Traum, ja nicht einmal ein Traum, sondern barer Unsinn; er glaubte, er brauchte sich nur zu schütteln, nur um sich zu blikken … Er blickte um sich, und wie ein Habicht seine Krallen in den gefangenen Vogel schlägt, so bohrte sich der Gram tiefer und tiefer in sein Herz. Zu alledem kam noch, daß Lawrezki hoffte, in einigen Monaten Vater zu werden. Die Vergangenheit, die Zukunft, das ganze Leben war vergiftet. Er kehrte schließlich nach Paris zurück, stieg in einem Hotel ab und schickte Warwara Pawlowna das Briefchen des Herrn Ernest mit folgendem Begleitschreiben zurück:

Der beiliegende Zettel wird Ihnen alles erklären. Im übrigen möchte ich Ihnen sagen, daß ich Sie nicht wiedererkenne: Sie, sonst in allem so peinlich genau, verlieren solch wichtige Papiere. (An diesem Satz hatte der arme Lawrezki mehrere Stunden lang gefeilt und sich geweidet.) Ich kann Sie nicht wiedersehen und nehme an, daß auch Sie ein Zusammentreffen mit mir nicht mehr wünschen. Ich setze Ihnen fünfzehntausend Franken jährlich aus;

mehr kann ich nicht geben. Teilen Sie dem Gutsbüro Ihre Anschrift mit. Tun Sie, was Sie wollen; leben Sie, wo Sie wollen. Ich wünsche Ihnen Glück. Eine Antwort ist unnötig.

Lawrezki hatte seiner Frau geschrieben, einer Antwort bedürfe es nicht. Aber er wartete, er brannte auf eine Antwort, auf eine Erklärung dieser unbegreiflichen, unfaßbaren Angelegenheit. Warwara Pawlowna sandte ihm noch am selben Tag einen langen, französisch geschriebenen Brief. Dieser Brief gab ihm den Rest. Seine letzten Zweifel verschwanden, und er schämte sich, noch Zweifel gehegt zu haben. Warwara Pawlowna versuchte nicht, sich zu rechtfertigen, sie wünschte nur, ihn noch einmal zu sehen, und flehte ihn an, sie nicht unwiderruflich zu verdammen. Der Brief wirkte kalt und gezwungen, obgleich hier und da Tränenspuren zu sehen waren. Lawrezki lächelte bitter und ließ durch einen Boten sagen, es wäre alles in Ordnung. Drei Tage danach war er schon nicht mehr in Paris, doch er war nicht nach Rußland gefahren, sondern nach Italien. Er wußte selbst nicht, warum er gerade Italien gewählt hatte. Im Grunde war es ihm gleichgültig, wohin die Reise ging – nur nach Hause wollte er nicht. Seinen Gutsvogt wies er an, Unterhalt an seine Frau zu zahlen, und befahl ihm gleichzeitig, sich von General Korobjin unverzüglich alle Gutsgeschäfte übergeben zu lassen, ohne eine Rechnungslegung abzuwarten, und alle Anstalten für die Abreise Seiner Exzellenz aus Lawriki zu treffen. Lebhaft stellte er sich die Verwirrung des davongejagten Generals vor, den vergeblichen Versuch, seine Würde zu wahren, und empfand, bei all seinem Kummer, eine gewisse boshafte Genugtuung. Sodann bat er Glafira Petrowna brieflich, nach Lawriki zurückzukehren, und schickte ihr eine auf ihren Namen ausgestellte Vollmacht. Glafira Petrowna kehrte jedoch nicht nach Lawriki zurück und ließ sogar eine Nichtigkeitserklärung der Vollmacht in die Zeitungen setzen, was vollkommen überflüssig war. Lawrezki, der sich in einem kleinen italienischen Städtchen verborgen hielt, konnte es noch lange nicht unterlassen, seiner Frau nachzuspüren. Aus den Zeitungen erfuhr er, daß sie aus Paris, wie sie beabsichtigt hatte, nach Baden-Baden gereist war. Bald danach tauchte ihr Name in einem kurzen Artikel auf, der von ebenjenem Monsieur Jules unterzeichnet war. In diesem Artikel klang durch den üblichen spielerischen Ton eine Art freundschaftlicher Beileidsbezeigung hindurch; ein Gefühl des Ekels überkam Fjodor Iwanytsch, als er diesen Artikel las.

Dann erfuhr er, daß ihm eine Tochter geboren worden war; zwei Monate danach erhielt er von seinem Gutsvogt die Nachricht, daß Warwara Pawlowna sich das erste Drittel ihres jährlichen Unterhaltsgeldes habe überweisen lassen. Später kamen immer üblere Gerüchte in Umlauf; zuletzt verbreitete sich wie ein Lauffeuer durch alle Zeitungen eine tragikomische Geschichte, die viel Aufsehen machte und in der seine Frau eine nicht beneidenswerte Rolle spielte. Alles war zu Ende: Warwara Pawlowna war eine „Berühmtheit" geworden.

Lawrezki hörte auf, ihr nachzuspüren, aber noch lange konnte er nicht mit sich ins reine kommen. Manchmal packte ihn eine solche Sehnsucht nach seiner Frau, daß er, so dünkte es ihn, alles hingegeben, ja ihr vielleicht sogar verziehen hätte, nur um wieder ihre sanfte Stimme zu hören, ihre Hand in der seinen zu fühlen. Doch die Zeit verging nicht umsonst. Er war nicht zum Dulder geboren; seine gesunde Natur nahm sich ihr Recht. Vieles wurde ihm nun klar; selbst der Schlag, der ihn getroffen hatte, erschien ihm nicht mehr unvorhergesehen. Er verstand seine Frau jetzt – einen nahestehenden Menschen versteht man erst dann völlig, wenn man von ihm getrennt ist. Er vermochte wieder, sich zu betätigen, zu arbeiten, wenn auch bei weitem nicht mehr mit dem früheren Feuereifer; ein durch Lebenserfahrung und Erziehung vorbereiteter Skeptizismus nahm endgültig von ihm Besitz. Er war vollkommen gleichgültig gegen alles geworden. Vier Jahre vergingen, dann fühlte er sich stark genug, in die Heimat zurückzukehren und seinen Angehörigen wieder zu begegnen. Ohne sich in Petersburg oder in Moskau aufzuhalten, reiste er nach O…, wo wir uns von ihm getrennt haben und wohin wir jetzt den geneigten Leser bitten, uns wieder zu folgen.

17

Am Morgen nach dem von uns geschilderten Tag, in der zehnten Stunde, stieg Lawrezki die Freitreppe des Kalitinschen Hauses hinauf. Da trat Lisa heraus, in Hut und Handschuhen, und kam ihm entgegen.

„Wohin gehen Sie?" fragte er.

„Zum Gottesdienst. Heute ist Sonntag."

„Sie gehen zum Gottesdienst?"

Lisa sah ihn schweigend und verwundert an.

„Entschuldigen Sie, bitte“, sagte Lawrezki, „ich … ich wollte etwas anderes sagen, ich komme, um mich von Ihnen zu verabschieden; in einer Stunde fahre ich aufs Land.“

„Das ist ja wohl nicht weit von hier?“ fragte Lisa.

„Etwa fünfundzwanzig Werst.“

Auf der Türschwelle erschien Lenotschka in Begleitung eines Stubenmädchens.

„Aber vergessen Sie uns nicht“, sagte Lisa und ging die Treppe hinunter.

„Vergessen auch Sie mich nicht. Und hören Sie“, fügte er hinzu, „Sie gehen in die Kirche: Beten Sie doch auch für mich.“

Lisa blieb stehen und drehte sich zu ihm um.

„Gern“, sagte sie und sah ihm gerade ins Gesicht, „ich werde auch für Sie beten. Komm, Lenotschka.“

Im Salon traf Lawrezki Marja Dmitrijewna allein an. Ein Duft von Kölnischwasser und Pfefferminz ging von ihr aus. Ihr tue der Kopf weh, sagte sie, und sie habe eine unruhige Nacht verbracht. Sie empfing ihn mit ihrer gewohnten, etwas müden Liebenswürdigkeit und wurde allmählich gesprächiger.

„Nicht wahr“, fragte sie ihn, „Wladimir Nikolajitsch ist doch wirklich ein sympathischer junger Mann?“

„Was für ein Wladimir Nikolajitsch?“

„Nun, Panschin, der gestern hier war. Sie haben ihm schrecklich gefallen. Ich will Ihnen im Vertrauen sagen, mon cher cousin: Er ist rasend in meine Lisa verliebt. Warum auch nicht? Er ist aus guter Familie, versieht seinen Dienst musterhaft, ist klug, obendrein Kammerjunker, und wenn es Gottes Wille ist … Ich, als Mutter, würde mich sehr freuen. Die Verantwortung ist natürlich groß; das Glück der Kinder hängt natürlich von den Eltern ab, aber ich muß auch sagen: Ob es gut ging oder schlecht, bis jetzt habe doch stets ich, immer nur ich allein, alles getragen; ich habe die Kinder erzogen, habe sie unterrichtet, immer nur ich … So habe ich auch jetzt von Madame Beauluce eine Gouvernante kommen lassen.“

Marja Dmitrijewna erging sich in einer ausführlichen Schilderung ihrer Sorgen und Mühen und ihrer mütterlichen Gefühle. Lawrezki hörte ihr schweigend zu und drehte seinen Hut in den Händen. Sein kalter, starrer Blick verwirrte die redselig gewordene Dame.

„Und wie gefällt Ihnen Lisa?“ fragte sie.

„Lisaweta Michailowna ist ein wundervolles Mädchen“, erwiderte Lawrezki, stand auf, verabschiedete sich und ging zu Marfa Timofejewna.

Marja Dmitrijewna sah ihm mißvergnügt nach und dachte: So ein Bär, ein richtiger Bauer! Ja, jetzt verstehe ich, warum seine Frau ihm nicht treu bleiben konnte.

Marfa Timofejewna saß in ihrem Zimmer, umgeben von ihrem Hofstaat. Dieser bestand aus fünf Wesen, die ihrem Herzen fast gleich nahestanden: einem dickhalsigen abgerichteten Dompfaffen, den sie liebte, weil er aufgehört hatte, zu pfeifen und Wasser umherzusprudeln, einem kleinen, sehr scheuen und folgsamen Hündchen, Roska mit Namen, einem reizbaren Kater, Matrose genannt, einem brünetten lebhaften Mädchen, das neun Jahre alt sein mochte, übergroße Augen und ein spitzes Näschen hatte und Schurotschka gerufen wurde, und einer ältlichen Frau von etwa fünfundfünfzig Jahren, die Nastasja Karpowna Ogarkowa hieß und eine weiße Haube und ein braunes, kurzes, pelzbesetztes Jäckchen über dem dunklen Kleid trug. Schurotschka war ein Kleinbürgerkind und Vollwaise. Marfa Timofejewna hatte sie aus Mitleid zu sich genommen, ebenso wie Roska. Sowohl das Hündchen wie das Mädchen hatte sie auf der Straße aufgelesen; beide waren abgemagert und hungrig gewesen, beide vom Herbstregen durchnäßt. Nach Roska hatte niemand gesucht, und Schurotschka hatte ihr Onkel, ein ewig betrunkener Schuster, der selber nichts zu beißen hatte und seiner Nichte nichts zu essen gab, sie aber dafür mit dem Leisten auf den Kopf schlug, sogar gern an Marfa Timofejewna abgetreten. Mit Nastasja Karpowna hatte Marfa Timofejewna auf einer Wallfahrt, in einem Kloster, Bekanntschaft geschlossen. Marfa Timofejewna war in der Kirche zu ihr getreten (sie hatte ihr gefallen, weil sie „so geschmackvoll betete", wie sie sich ausdrückte), hatte sie angesprochen und zu einer Tasse Tee eingeladen. Seit jenem Tage hatte sie sich nicht mehr von ihr getrennt. Nastasja Karpowna war eine Frau von überaus heiterem und sanftem Gemüt, eine kinderlose Witwe aus einer armen Adelsfamilie. Sie hatte einen runden, grauhaarigen Kopf, weiche, weiße Hände, ein weiches Gesicht mit derben, gutmütigen Zügen und eine etwas komische Stupsnase. Sie vergötterte Marfa Timofejewna, und diese liebte sie sehr, wenn sie sie auch gern wegen ihres zärtlichen Herzens neckte – sie hatte nämlich eine Schwäche für alle jungen Leute und errötete unwillkürlich wie ein kleines Mädchen beim harmlosesten Scherz. Ihr ganzes Kapital bestand aus eintausendzweihundert Rubeln in Banknoten; sie lebte auf

Kosten Marfa Timofejewnas, stand jedoch auf gleichem Fuß mit ihr, denn Marfa Timofejewna hätte Unterwürfigkeit nicht geduldet.

„Ah! Fedja!" begann sie, als sie ihn erblickte. „Gestern abend hast du meine Familie nicht gesehen – da, sieh sie dir an. Wir sind alle zum Tee versammelt; es ist unser zweiter, unser Feiertagstee. Du kannst sie alle streicheln; nur Schurotschka wird nicht stillhalten, und der Kater wird kratzen. Du fährst heute?"

„Ja, heute." Lawrezki ließ sich auf einem niedrigen Stuhl nieder. „Ich habe mich schon von Marja Dmitrijewna verabschiedet. Ich habe auch Lisaweta Michailowna gesehen."

„Nenne sie doch Lisa, mein Junge, für dich ist sie doch keine Michailowna! Aber sitz still, sonst zerbrichst du mir Schurotschkas Stuhl."

„Sie ging zum Gottesdienst", fuhr Lawrezki fort. „Ist sie denn so fromm?"

„Ja, Fedja, sehr fromm. Mehr als wir beide, Fedja."

„Sind Sie etwa nicht fromm?" warf, ein wenig lispelnd, Nastasja Karpowna ein. „Wenn Sie heute auch nicht zur Frühmesse gegangen sind, zur Spätmesse werden Sie bestimmt gehen."

„Ach nein! Du wirst allein gehen – ich bin ein bißchen faul geworden, meine Liebe", entgegnete Marfa Timofejewna. „Ich verwöhne mich sehr mit dem Teetrinken." Sie duzte Nastasja Karpowna, obwohl sie auf gleichem Fuße mit ihr lebte; sie war nicht umsonst eine Pestowa: Drei Pestows werden schon im Seelenmessenregister des Zaren Iwan Wassiljewitsch Grosny[1] genannt, und Marfa Timofejewna wußte das.

„Sagen Sie bitte", begann Lawrezki wieder, „Marja Dmitrijewna sprach mir soeben von diesem … wie heißt er gleich? … Panschin. Was ist das für ein Herr?"

„Was ist sie doch für eine Plaudertasche, Gott verzeih mir!" murmelte Marfa Timofejewna. „Sicherlich hat sie dir unter dem Siegel der Verschwiegenheit mitgeteilt, was für ein Freier sich da heranpirscht. Sie könnte sich doch damit begnügen, mit ihrem Popensohn darüber zu tuscheln, aber nein, das ist ihr zuwenig. Dabei ist noch gar nichts an der Sache dran; Gott sei Dank! Sie aber muß schon schwatzen."

„Wieso Gott sei Dank?" fragte Lawrezki.

„Weil mir der Bursche nicht gefällt. Worüber sollte man sich da auch freuen?"

1 Iwan IV. Wassiljewitsch, genannt Grosny, der Schreckliche (1530–1584), russischer Zar ab 1547.

„Er gefällt Ihnen nicht?"

„Ja, er kann doch nicht alle bezaubern. Es reicht schon, daß Nastasja Karpowna hier in ihn verliebt ist."

Die arme Witwe geriet ganz außer sich.

„Was sagen Sie da, Marfa Timofejewna! Sie haben keine Gottesfurcht!" rief sie aus, und glühende Röte ergoß sich jäh über ihr Gesicht und ihren Hals.

„Er weiß ja auch, der Spitzbube, womit er sie betören kann", unterbrach Marfa Timofejewna sie. „Eine Tabakdose hat er ihr geschenkt. Fedja, bitte sie um eine Prise Tabak, und du wirst sehen, was für eine feine Dose es ist: Auf dem Deckel ist ein Husar zu Pferde abgebildet. – Es ist besser, meine Liebe, du rechtfertigst dich nicht erst."

Nastasja Karpowna wehrte nur mit den Händen ab.

„Nun, und Lisa", fragte Lawrezki, „hat sie etwas für ihn übrig?"

„Anscheinend gefällt er ihr – übrigens, der Himmel mag wissen, was in ihr vorgeht! Eine fremde Seele, du weißt ja, ist ein dunkler Wald, und eine Mädchenseele erst recht. Hier, Schurotschkas Seele zum Beispiel – da soll sich einer auskennen! Warum versteckt sie sich, seitdem du da bist, läuft aber nicht fort?"

Schurotschka prustete vor unterdrücktem Lachen und rannte hinaus; Lawrezki erhob sich von seinem Platz.

„Ja", sagte er langsam, „eine Mädchenseele ist schwer zu ergründen."

Er wollte sich verabschieden.

„Wie ist es? Sehen wir dich bald wieder?" fragte Marfa Timofejewna.

„Wie sich's ergibt, Tantchen. Es ist ja nicht weit bis hierher."

„Ja, du fährst ja nach Wassiljewskoje. Du willst nicht in Lawriki wohnen – nun, das ist deine Sache: immerhin solltest du einmal das Grab deiner Mutter besuchen und auch das der Großmutter. Du hast dir dort im Ausland allerhand Weisheiten angeeignet, aber wer weiß, vielleicht fühlen sie es doch in ihren Gräbern, daß du zu ihnen kommst. Und vergiß auch nicht, Fedja, für Glafira Petrowna eine Seelenmesse lesen zu lassen; hier hast du einen Silberrubel. Nimm nur, nimm, die Seelenmesse will doch *ich* für sie lesen lassen. Zu ihren Lebzeiten habe ich sie nie leiden können, aber Charakter hatte das alte Mädchen, das muß man ihr lassen. Klug war sie, nun, und dich hat sie ja nicht übervorteilt. Jetzt aber geh mit Gott, sonst werde ich dir noch lästig." Marfa Timofejewna umarmte ihren Neffen. „Und der Panschin wird Lisa nicht bekommen, mach dir keine Sorgen; für so einen Mann ist sie zu schade."

„Darüber mache ich mir auch gar keine Sorgen", antwortete Lawrezki und entfernte sich.

18

Vier Stunden danach war er bereits auf der Heimfahrt. Sein Reisewagen rollte auf der ungepflasterten Landstraße rasch dahin. Zwei Wochen schon herrschte Trockenheit – ein feiner, milchiger, brandig riechender Dunst erfüllte die Luft und hüllte die fernen Wälder ein. Eine Menge dunkler Wölkchen mit verschwommenen Umrissen zog über den blaßblauen Himmel; ein ziemlich heftiger, trockener Wind fegte ununterbrochen dahin, ohne die Hitze zu vertreiben. Den Kopf an das Polster gelehnt und die Arme über der Brust verschränkt, schaute Lawrezki auf die fächerförmig vorüberziehenden Ackerstreifen, auf die langsam vorbeigleitenden Weidenbüsche, auf die dummen Saat- und Nebelkrähen, die mit dumpfem Mißtrauen den vorüberfahrenden Wagen von der Seite beäugten, auf die langen, mit Beifuß, Wermut und Ebereschen überwucherten Feldraine. Er schaute – und diese frische, fruchtbare, herbe Steppeneinsamkeit, dieses Grün, diese langgestreckten Hügel, die Schluchten mit dem niedrigen Eichengebüsch, die grauen Dörfchen und spärlichen Birken, diese ganze russische Landschaft, die er so lange nicht gesehen hatte, rief in seiner Seele süße und zugleich beinahe traurige Gefühle wach, übte auf seine Brust einen eigenartigen, angenehmen Druck aus. Langsam wanderten seine Gedanken dahin; sie waren ebenso unklar und verschwommen wie die Umrisse der Wölkchen hoch über ihm, die auch so dahinzuwandern schienen. Er dachte an seine Kindheit, an seine Mutter, er erinnerte sich, wie sie starb, wie man ihn zu ihr brachte und wie sie, seinen Kopf an ihre Brust drückend, über ihm leise zu schluchzen begann, dann aber Glafira Petrowna ansah und verstummte. Er dachte an seinen Vater, den erst so regen, stets unzufriedenen Mann mit der metallischen Stimme, der dann blind und weinerlich geworden war und mit ungepflegtem grauem Bart umherging; er erinnerte sich, wie der Vater einmal bei Tisch, als er ein Glas Wein zuviel getrunken und seine Serviette mit Soße begossen hatte, plötzlich auflachte und, mit den erloschenen Augen zwinkernd und ganz rot im Gesicht, von seinen Erfolgen bei Frauen zu erzählen begann. Er dachte an Warwara Pawlowna und kniff unwillkürlich die Augen zusammen, wie man es bei einem plötzlichen inneren Schmerz tut, und schüttelte heftig den Kopf. Danach verweilten seine Gedanken bei Lisa.

Da tritt nun ein neues Wesen gerade ins Leben ein, dachte er. Ein prächtiges Mädchen – was mag wohl aus ihr werden? Sie ist auch hübsch. Das Gesicht blaß und frisch, die Augen und der Mund so ernst, der Blick ehrlich und unschuldig. Schade, sie scheint ein wenig exaltiert zu sein. Sie ist prachtvoll gewachsen, und ihr Gang ist so leicht, ihre Stimme so sanft. Ich liebe es sehr, wenn sie plötzlich stehenbleibt, aufmerksam zuhört, ohne zu lächeln, und dann nachdenklich wird und ihr Haar zurückwirft. Wahrhaftig, mir kommt es selber vor, als sei Panschin ihrer nicht wert. Aber was ist denn an ihm auszusetzen? Übrigens, wozu verliere ich mich da in Träumereien? Sie wird denselben Weg gehen, den alle gehen. Ich will lieber schlafen. Und Lawrezki schloß die Augen.

Einschlafen konnte er nicht, aber er versank in einen Dämmerzustand, wie er sich beim Fahren gern einstellt. Wieder tauchten langsam Gestalten aus der Vergangenheit in ihm auf und vermischten und verwirrten sich mit anderen Erinnerungen. Lawrezki begann, Gott weiß, warum, an Robert Peel[1] zu denken, an die Geschichte Frankreichs, daran, wie er eine Schlacht gewinnen würde, wenn er General wäre. Er glaubte Schüsse und Schreie zu vernehmen … Sein Kopf sank zur Seite; er öffnete die Augen – die gleichen Felder, die gleichen Steppenbilder; die blankgewetzten Hufeisen der Seitenpferde blinkten abwechselnd durch die Staubwolken; das gelbe Hemd des Kutschers mit den roten Achselzwickeln bauschte sich im Wind … Schön kehre ich heim! ging es Lawrezki flüchtig durch den Kopf, und er rief: „Fahr zu!“, hüllte sich fester in seinen Mantel und drückte sich dichter an das Polster. Plötzlich gab es einen Ruck. Lawrezki richtete sich auf und öffnete weit die Augen. Vor ihm zog sich auf einer Anhöhe ein kleines Dorf hin; ein wenig rechts sah man ein baufälliges kleines Herrenhaus mit geschlossenen Fensterläden und einer schiefen Freitreppe; auf dem weiträumigen Hof wucherten, schon vom Tor an, Nesseln, grün und dicht wie Hanf; und auch ein noch fester Speicher aus Eichenholz stand da. Das war Wassiljewskoje.

1 (1788–1850), konservativer britischer Staatsmann, Premierminister von 1841–1846.

Der Kutscher hielt auf das Tor zu und brachte die Pferde zum Stehen. Lawrezkis Diener erhob sich ein wenig vom Bock, als wollte er hinunterspringen, und rief: „He!“ Es erscholl ein heiseres, dumpfes Gebell, aber ein Hund zeigte sich nicht. Wieder sah es aus, als wollte der Diener hinunterspringen, und wieder rief er: „He!“ Das altersschwache Gebell wiederholte sich, und einen Augenblick später kam, wer weiß woher, ein weißhaariger Mann in einem Nanking-Kaftan auf den Hof gelaufen. Er blickte, die Augen vor der Sonne schützend, auf den Reisewagen, schlug sich plötzlich mit beiden Händen auf die Schenkel, lief erst noch ein Weilchen ratlos hin und her und stürzte dann herbei, um das Tor zu öffnen. Der Wagen fuhr in den Hof, rauschte mit den Rädern durch die Nesseln und hielt vor der Freitreppe. Der weißhaarige, aber offenbar noch sehr behende Mann stand bereits mit weit gespreizten Beinen auf der untersten Stufe, knöpfte das Spritzleder ab, zerrte es hastig in die Höhe und küßte dem Herrn, während er ihm beim Aussteigen half, die Hand.

„Guten Tag, guten Tag, mein Freund“, sagte Lawrezki. „Du heißt Anton, nicht wahr? Du lebst also noch?“

Der Alte verbeugte sich stumm und lief die Schlüssel holen. Solange er fort war, saß der Kutscher, zur Seite geneigt und auf die verschlossene Tür starrend, unbeweglich da, Lawrezkis Diener aber blieb so, wie er hinuntergesprungen war, stehen, in einer malerischen Pose, eine Hand auf den Bock gestützt. Der Alte brachte die Schlüssel und schloß die Tür auf, wobei er sich ohne jeden Anlaß wie eine Schlange wand und die Ellenbogen hochhob. Darauf trat er zur Seite und verbeugte sich abermals tief.

Da bin ich also wieder zu Hause, bin heimgekehrt, dachte Lawrezki und betrat das winzige Vorzimmer, während polternd und quietschend die Fensterläden, einer nach dem anderen, aufgingen und das Tageslicht in die verödeten Räume drang.

19

Das kleine Haus, in dem vor zwei Jahren Glafira Petrowna gestorben war und in das Lawrezki nun einzog, war im vorigen Jahrhundert aus dauerhaftem Fichtenholz erbaut worden. Es sah zwar äußerlich baufällig aus, konnte aber gut noch fünfzig Jahre oder mehr überdauern. Lawrezki durchschritt alle Zimmer und ließ, zur großen Beunruhigung der alten, matten Fliegen, die mit weißbestaubtem Rücken regungslos an den Türrahmen saßen, überall die Fenster öffnen: Seit dem Tode Glafira Petrownas hatte sie niemand mehr aufgemacht. Alles im Hause war geblieben wie einst: Die kleinen, dünnbeinigen weißen Diwane im Salon, mit einem grauen, glänzenden Seidenstoff überzogen, abgenutzt und durchgesessen, erinnerten lebhaft an die Zeiten Katharinas[1]. Im Salon stand auch der Lieblingssessel der Hausherrin mit der hohen, geraden Rückenlehne, an die sie sich auch im Alter nicht angelehnt hatte. An der Hauptwand hing ein altertümliches Bildnis von Fjodors Urgroßvater, Andrej Lawrezki: Das finstere, gallige Gesicht hob sich kaum von dem nachgedunkelten und verzogenen Hintergrund ab; die kleinen bösen Augen blickten mürrisch unter schweren, gleichsam geschwollenen Lidern hervor; das schwarze, ungepuderte Haar starrte wie eine Bürste über der strengen, durchfurchten Stirn empor. An einer Ecke des Porträts hing ein Kranz aus verstaubten Immortellen. „Den haben Glafira Petrowna selbst zu flechten geruht", berichtete Anton. Im Schlafzimmer stand hinter einem Vorhang aus uraltem, aber ungemein haltbarem gestreiftem Stoff ein schmales Bett. Ein ganzer Berg verblichener Kissen und eine dünne Steppdecke lagen darauf, und am Kopfende hing ein Heiligenbild, Mariä Opfergang, dasselbe Heiligenbild, auf das die alte Jungfer, als sie einsam und von allen vergessen starb, zum letztenmal ihre schon erkaltenden Lippen gedrückt hatte. Am Fenster stand ein kleiner Toilettentisch aus Holz, der mit Einlegearbeit und Messingbeschlägen und mit einem gekrümmten Spiegel in schwarz gewordenem Goldrahmen versehen war. Neben dem Schlafzimmer befand sich das Betstübchen, eine kleine Kammer mit kahlen Wänden und einem schweren Ikonenschrein in der Ecke; auf dem Fußboden lag ein abgenutzter, mit Wachs betropfter kleiner Teppich; auf ihm hatte Glafira Petrowna kniend ihr Gebet verrichtet. Anton hatte sich mit Lawrezkis Diener entfernt, um den Pferdestall und den Schuppen aufzuschließen. An seiner Stelle erschien eine Frau, die anscheinend ebenso alt war wie er. Sie hatte das Kopftuch bis an die Augenbrauen herabgezogen; ihr Kopf wackelte, die Augen blickten stumpf, drückten jedoch Eifer, die langjährige Gewohnheit stummen Dienens und gleichzeitig ein gewisses ehrerbietiges Mitgefühl aus. Sie küßte Lawrezki die Hand und blieb in Erwartung von Befehlen an der Tür stehen. Er konnte sich beim besten Willen nicht erinnern, wie sie hieß; er wußte nicht einmal, ob er

1 Katharina II. (1729–1798), russische Zarin von 1762 bis 1796.

sie schon jemals gesehen hatte. Es stellte sich heraus, daß sie Apraxeja hieß; vor rund vierzig Jahren hatte Glafira Petrowna sie vom herrschaftlichen Hof verbannt und zur Geflügelwärterin gemacht. Sie sprach übrigens wenig, als sei sie schwachsinnig geworden, doch ihr Blick war unterwürfig geblieben. Außer diesen beiden Alten und drei dickbäuchigen Kindern in langen Hemden, Antons Urenkeln, lebte auf dem Herrenhof noch ein einarmiger, abgabenfreier armer Bauer, der beständig vor sich hin zischelte wie ein Birkhahn und zu nichts zu gebrauchen war. Nicht viel nützlicher als er war der altersschwache Hund, der mit seinem Gebell den heimkehrenden Lawrezki begrüßt hatte. Er lag schon an die zehn Jahre an einer schweren Kette, die auf Glafira Petrownas Geheiß gekauft worden war, und vermochte nur mit Mühe sich zu bewegen und seine Last zu tragen. Nachdem Lawrezki das Haus besichtigt hatte, ging er in den Garten hinaus, und der sagte ihm zu. Er war ganz mit hohem Unkraut, mit Kletten, Stachel- und Himbeergesträuch zugewachsen, aber es gab viele schattige Stellen darin, viele alte Linden, die durch ihre Riesengröße und die eigenartige Stellung ihrer Äste Staunen erregten; sie waren zu dicht gepflanzt und einstmals – vielleicht vor hundert Jahren – beschnitten worden. Am Ende des Gartens befand sich ein nicht sehr großer, klarer Teich, den hohes rötliches Schilf säumte. Die Spuren menschlichen Lebens verwachsen sehr schnell; Glafira Petrownas Besitztum war noch nicht eigentlich verwildert, schien aber schon in jenen leisen Schlaf gesunken, den alles auf Erden schläft, was vom unruhigen Getriebe der Menschen nicht angesteckt ist. Fjodor Iwanytsch ging auch durch das Dorf. Die Weiber, die Wange in die Hand gestützt, sahen ihn von der Schwelle ihrer Hütten an; die Bauern grüßten ihn schon von weitem; die Kinder liefen davon; die Hunde kläfften gleichgültig. Schließlich verspürte er Hunger, doch da er seine Dienerschaft und den Koch erst gegen Abend erwartete und der Wagen mit den Eßvorräten noch nicht aus Lawriki eingetroffen war, mußte er sich an Anton wenden. Anton traf sogleich seine Anstalten: Er fing ein altes Huhn ein, schlachtete und rupfte es. Apraxeja rieb und wusch es danach lange, wie ein Stück Wäsche, bevor sie es in den Kochtopf legte. Als es endlich gar war, deckte Anton umständlich den Tisch. Er stellte neben das Gedeck ein dreifüßiges plattiertes, aber schwarz angelaufenes Salzfaß und eine kleine geschliffene Karaffe mit rundem Glasstöpsel und engem Hals; dann meldete er Lawrezki in singendem Tonfall, das Essen sei angerichtet, und stellte sich selbst, eine Serviette um die rechte Faust geschlungen, hinter Lawrezkis Stuhl. Er verbreitete einen starken, altertümlichen Geruch, dem Geruch von Zypressenholz ähnlich. Lawrezki kostete von der Suppe und nahm sich das Huhn vor. Die Haut war ganz mit großen Blasen bedeckt; eine dicke Sehne zog sich durch jedes Bein, und das Fleisch schmeckte nach Holz und Waschlaugen. Nach dem Essen sagte Lawrezki, er würde gern Tee trinken, falls ... „Wird im Augenblick serviert", unterbrach ihn der Alte, und er hielt sein Versprechen. Es fand sich eine Prise Tee, eingewickelt in einen Fetzen rotes Papier, es fand sich ein kleiner hitziger und geräuschvoller Samowar, und es fand sich auch Zucker in sehr kleinen Stücken, die wie rundum abgetaut aussahen. Lawrezki trank den Tee aus einer großen Tasse. Er entsann sich dieser Tasse noch aus seiner Kindheit: Es waren Spielkarten darauf abgebildet. Nur Gäste hatten aus ihr getrunken, und nun trank er daraus, als sei er selbst ein Gast. Gegen Abend traf die Dienerschaft ein. Lawrezki wollte sich nicht in das Bett der Tante legen, er ließ sich im Eßzimmer ein Nachtlager aufschlagen. Nachdem er die Kerze ausgelöscht hatte, starrte er noch lange vor sich hin und hing unfrohen Gedanken nach. Ihn hatte das Gefühl beschlichen, das ein jeder kennt, der zum erstenmal an einem lange Zeit nicht mehr bewohnten Ort übernachten muß: Es kam ihm vor, als könnte sich die ihn umgebende Dunkelheit an den neuen Bewohner nicht gewöhnen, als seien sogar die Wände des Hauses befremdet. Endlich zog er mit einem Seufzer die Bettdecke über sich und schlief ein.

Anton blieb am längsten von allen auf den Beinen. Lange flüsterte er noch mit Apraxeja, ächzte zuweilen halblaut und bekreuzigte sich ein paarmal. Sie hatten beide nicht erwartet, daß der Herr sich bei ihnen in Wassiljewskoje niederlassen würde, da er doch ganz in der Nähe ein so prächtiges Gut mit einem vorzüglich eingerichteten Herrenhaus besaß. Sie ahnten ja nicht, daß ebenjenes Herrenhaus Lawrezki zuwider war, weil es schmerzliche Erinnerungen in ihm weckte. Nachdem Anton lange genug geflüstert hatte, ergriff er einen Stock, schlug kräftig an ein Brett, das am Speicher hing, aber seit langem verstummt war, und legte sich gleich auf dem Hof zur Ruhe nieder, ohne seinen weißhaarigen Kopf zu bedecken. Die Maiennacht war still und mild, und friedlich schlummerte der Alte.

20

Am nächsten Morgen stand Lawrezki ziemlich früh auf. Er besprach sich mit dem Dorfältesten, verweilte ein bißchen auf der Tenne und ließ dem Hofhund die Kette abnehmen. Der bellte nur ein wenig, lief aber nicht von seiner Hütte fort. Als Lawrezki wieder daheim war, versank er in eine Art friedlicher Erstarrung, aus der er den ganzen Tag nicht mehr herauskam. „Da bin ich ja so richtig auf den Grund des Stromes geraten", sagte er mehr als einmal zu sich selbst. Er saß am Fenster und rührte sich nicht, als lausche er dem Dahinfließen des stillen Lebens, das ihn umgab, den spärlichen Lauten der ländlichen Abgeschiedenheit. Da singt irgendwo hinter dem Nesseldickicht jemand mit feinem, dünnem Stimmchen vor sich hin; eine Mücke sirrt gleichsam die zweite Stimme dazu. Jetzt hört er auf, doch die Mücke sirrt noch immer. Durch das einmütige, aufdringlich klagende Summen der Fliegen tönt das Brummen einer dicken Hummel hindurch, die fortwährend mit dem Kopf an die Zimmerdecke stößt; auf der Straße kräht ein Hahn, den letzten, heiseren Ton in die Länge ziehend; ein Bauernwagen rattert vorüber; im Dorf knarrt ein Tor. „Was denn?" klirrt plötzlich eine weibliche Stimme. „Ach du, mein Liebling", sagt Anton zu einem zweijährigen Mädchen, das er auf den Armen wiegt. „Bring den Kwaß her", ruft wieder die weibliche Stimme – dann tritt auf einmal Totenstille ein. Kein Laut ist zu hören; nichts rührt sich; kein Blättchen regt sich im Wind. Die Schwalben streichen, ohne einen Schrei auszustoßen, eine nach der anderen, dicht über den Erdboden hin, und es wird einem traurig ums Herz bei ihrem stummen Flug. Da sitze ich ja so richtig auf dem Grund des Stromes, denkt Lawrezki wieder. Und immer, zu jeder Zeit, fließt das Leben hier so still und ohne Hast dahin, denkt er. Wer in seinen Kreis eintritt, muß sich fügen: Hier ist es zwecklos, sich aufzuregen, sinnlos, aufzubegehren; hier ist nur demjenigen Erfolg beschieden, der sich gemächlich seinen Weg bahnt, so, wie der Bauer mit dem Pflug die Furche zieht. Und welch eine Kraft ringsum, welche Gesundheit in dieser tatenlosen Stille! Hier, unter dem Fenster, drängt sich eine stämmige Klettenstaude aus dem dichten Gras hervor; ein Liebstöckel reckt seinen saftigen Stengel noch über sie hinaus, und noch höher hebt das Tränengras seine rosigen Löckchen. Und da draußen auf den Feldern leuchtet der Roggen; der Hafer ist schon in die Ähren geschossen, und jedes Blatt an jedem Baum, jedes Gräschen an seinem Halm macht sich breit, so breit es nur kann. Für Frauenliebe habe ich meine besten Jahre hingegeben, denkt Lawrezki weiter. Mag mich denn hier die Langeweile nüchtern machen, mag sie mich beruhigen, mich darauf vorbereiten, daß auch ich ohne Hast etwas zu tun imstande bin. Und wieder beginnt er, der Stille zu lauschen. Er erwartet nichts, und gleichzeitig ist ihm, als warte er dennoch unablässig auf etwas. Die Stille umfängt ihn von allen Seiten; die Sonne zieht am ruhigen blauen Himmel still ihre Bahn, und still wandern die Wolken darüber hin – es scheint, als wüßten sie, wohin und warum sie wandern. Zur selben Zeit brauste, hastete und lärmte an anderen Orten der Welt das Leben; hier floß das gleiche Leben unhörbar dahin, wie Wasser über Sumpfgräser. Bis in den späten Abend hinein konnte sich Lawrezki von der Betrachtung dieses vergehenden, verrinnenden Lebens nicht losreißen. Die Trauer um das Vergangene schmolz in seiner Seele wie Frühlingsschnee. Und merkwürdig – nie zuvor war in ihm das Heimatgefühl so tief und stark gewesen.

21

Im Verlaufe von zwei Wochen brachte Fjodor Iwanytsch das kleine Haus Glafira Petrownas in Ordnung und säuberte Hof und Garten; aus Lawriki wurden für ihn bequeme Möbel herbeigeschafft, aus der Stadt Wein, Bücher und Zeitschriften besorgt; im Stall standen wieder Pferde – kurz, Fjodor Iwanytsch versah sich mit allem Nötigen und begann ein Leben halb als Gutsherr, halb als Einsiedler zu führen. Seine Tage verrannen einförmig, aber er langweilte sich nicht, obwohl er niemanden sah. Fleißig und umsichtig betrieb er seine Wirtschaft, ritt in der Umgebung umher und las. Übrigens las er wenig; lieber hörte er sich die Erzählungen des alten Anton an. Gewöhnlich setzte sich Lawrezki mit einer Pfeife Tabak und einer Tasse kalten Tee ans Fenster, Anton stellte sich, die Hände auf dem Rücken, an die Tür und fing an, gemächlich von längst vergangenen Zeiten zu erzählen, von jenen sagenhaften Zeiten, da man Hafer und Roggen nicht maßweise, sondern in großen Säcken verkaufte, den Sack zu zwei oder drei Kopeken; da sich weit und breit, sogar dicht vor der Stadt, noch undurchdringliche Wälder und unberührte Steppen ausdehnten. „Aber jetzt“, klagte der Alte, der bereits die Achtzig überschritten hatte, „haben sie alles so abgeholzt und aufgepflügt, daß man nirgends mehr durchkommt." Auch von seiner Herrin, Glafira Petrowna, sprach Anton viel. Er erzählte, wie besonnen und sparsam sie gewesen sei, wie ein gewisser junger Herr aus der Nachbarschaft sich an sie herangemacht und sie oft besucht habe und wie sie seinetwegen sogar ihre Festtagshaube mit den „massakafarbenen" Bändern aufgesetzt und das gelbe Kleid aus „Trü-trü-Levantine" anzulegen geruht habe, wie sie aber dann über des Herrn Nachbars unziemliche Frage: „Wie steht es, haben Sie, meine Gnädige, eigentlich Kapital?" in Zorn geraten sei und ihm das Haus verboten und damals schon befohlen habe, daß nach ihrem Ableben alles, bis auf den allerkleinsten Fetzen, Fjodor Iwanowitsch übergeben werden solle. Und in der Tat, Lawrezki fand alle Habseligkeiten der Tante vollzählig vor, einschließlich der Festtagshaube mit den „massakafarbenen" Bändern und des gelben Kleides aus „Trü-trü-Levantine". An alten Papieren und interessanten Dokumenten, auf die Lawrezki gerechnet hatte, war jedoch nichts vorhanden, außer einem abgegriffenen Büchlein, in das sein Großvater Pjotr Andrejitsch Eintragungen gemacht hatte wie: „In der Stadt Sankt Petersburg Feier aus Anlaß des Friedens[1], den Seine Durchlaucht Fürst Alexander Alexandrowitsch Prosorowski[2] mit dem Türkischen Reich geschlossen haben", oder in dem ein Rezept für ein Dekokt gegen Brustkrankheiten stand mit der Anmerkung: „Dies wurde der Generalin Praskowja Fjodorowna Saltykowa vom Oberpriester der Kirche der Heiligen Dreifaltigkeit, Feodor Awxentjewitsch, verordnet", oder in dem sich eine politische Neuigkeit folgender Art fand: „Um die Tiger von Franzosen ist es etwas stiller geworden"[3] und gleich daneben zu lesen war: „In den ‚Moskowskije wedomosti'[4] wird angezeigt, daß Herr Premiermajor Michail Petrowitsch Kolytschew verstorben ist. Ob das ein Sohn von Pjotr Wassiljewitsch Kolytschew ist?" Lawrezki fand auch einige alte Kalender und Traumbücher sowie das geheimnisvolle Werk des Herrn Ambodik vor, und die längst vergessenen, aber noch wohlbekannten „Symbole und Embleme" weckten in ihm viele Erinnerungen. In Glafira Petrownas Toilettentisch entdeckte Fjodor Iwanytsch ein kleines Päckchen, das mit einem schwarzen Band verschnürt und mit schwarzem Lack versiegelt war; es lag ganz hinten in einer Schublade versteckt. In

1 Gemeint ist der Friede von Kütschük-Kainardshi, der den ersten Russisch-Türkischen Krieg (1768–1774) beendete. – 2 (1732–1774), Generalfeldmarschall. – 3 Gemeint sind die Nachrichten über die revolutionären Ereignisse von 1789 in Frankreich. – 4 (russ.) Moskauer Nachrichten; ursprünglich fortschrittliche, ab 1863 überwiegend reaktionäre Tageszeitung, erschien ab 1756.

dem Päckchen befanden sich Gesicht an Gesicht ein Pastellbildnis seines Vaters in jungen Jahren, mit weichen, in die Stirn fallenden Locken, mit länglichen träumerischen Augen und halb geöffnetem Mund, und das fast völlig verwischte Bildnis einer blassen Frau, die ein weißes Kleid und in der Hand eine weiße Rose trug – das Bildnis seiner Mutter. Sich selbst hatte Glafira Petrowna niemals porträtieren lassen. „Ich, Väterchen Fjodor Iwanytsch", pflegte Anton zu sagen, „durfte mich zwar dazumal in den herrschaftlichen Gemächern nicht aufhalten, aber an Ihren Urgroßvater Andrej Afanasjewitsch erinnere ich mich noch. Freilich, als er verschied, stand ich im achtzehnten Jahr. Einmal begegnete ich ihm im Garten – die Knie schlotterten mir nur so, aber er tat mir nichts, er fragte nur, wie ich heiße, und schickte mich in seine Gemächer, ein Schnupftuch zu holen. Ein wirklicher Herr war er, das muß man sagen, und er kannte keinen, der über ihm stand. Dann hatte Ihr Urgroßvater, sage ich Ihnen, auch so ein wundertätiges Amulett – ein Mönch vom Athosberg[1] hatte es ihm geschenkt. Und er sagte zu ihm, dieser Mensch: ‚Für deine Freigebigkeit, Bojar, schenke ich dir dies; trag es, und du brauchst das Gericht nicht zu fürchten.' Nun, man weiß ja, Väterchen, was damals für Zeiten waren: Was der gnädige Herr wollte, das tat er auch. Es kam vor – selbst wenn einer von den anderen Herren sich's einfallen ließ, ihm zu widersprechen –, daß er den nur ansah und sagte: ‚Du schwimmst nicht tief.' Das war sein Lieblingsausspruch. Und gewohnt hat er, Ihr Urgroßvater seligen Angedenkens – in einem kleinen Herrenhaus aus Holz; und was hat er an Hab und Gut hinterlassen, an Silberzeug, an Vorräten jeder Art! Alle Keller waren voll bis oben hin. So ein Hausherr war er. Die kleine Karaffe dort, die Sie zu loben geruhten, gehörte ihm: Aus ihr trank er seinen Wodka. Was aber Ihr Großvater war, Pjotr Andrejitsch, der setzte sich einen Palast aus Stein hin, aber Hab und Gut hat er nicht angehäuft: Bei ihm ging alles flöten. Gelebt hat er schlechter als sein Vater und sich keine Vergnügungen geleistet – und doch ging alles Geld drauf; nichts erinnert mehr an ihn; nicht ein silberner Löffel ist von ihm mehr übriggeblieben, und wenn noch was da ist, so ist es Glafira Petrownas Bemühen zu danken."

„Ist es wahr", unterbrach ihn Lawrezki, „daß man sie einen alten Drachen genannt hat?"

1 Heilige Stätte der orthodoxen Kirche in Nordgriechenland, eine Art „Mönchsrepublik".

„Wer war es denn aber, der sie so nannte!“ entgegnete Anton mißbilligend.

„Wie ist es, Väterchen“, wagte einmal der Alte zu fragen, „wie ist es mit unserer gnädigen Frau. Wo geruht sie sich aufzuhalten?“

„Ich habe mich von meiner Frau getrennt“, brachte Lawrezki mit Anstrengung hervor. „Bitte, frage nicht nach ihr.“

„Wie der Herr befehlen“, erwiderte der Alte bekümmert.

Nachdem drei Wochen vergangen waren, ritt Lawrezki nach O... und verbrachte einen Abend bei den Kalitins. Lemm war bei ihnen; er gefiel Lawrezki sehr. Obwohl er, durch Verschulden seines Vaters, kein Instrument spielte, liebte er Musik doch leidenschaftlich, und zwar gehaltvolle, klassische Musik. Panschin war an diesem Abend nicht bei den Kalitins. Der Gouverneur hatte ihn nach außerhalb geschickt. Lisa spielte allein und mit tiefer Einfühlung. Lemm lebte auf, kam in Schwung, drehte ein Blatt Papier zu einem Röhrchen und dirigierte damit. Marja Dmitrijewna lachte anfangs über ihn, dann ging sie schlafen; sie behauptete, Beethoven rege ihre Nerven zu sehr auf. Um Mitternacht begleitete Lawrezki Lemm nach Hause und blieb bis drei Uhr morgens bei ihm sitzen. Lemm sprach viel; sein krummer Rücken straffte sich, seine Augen weiteten sich und bekamen Glanz; selbst sein Haar richtete sich über der Stirn auf. So lange schon hatte niemand mehr Anteil an ihm genommen, Lawrezki jedoch interessierte sich anscheinend für ihn und forschte ihn teilnehmend und aufmerksam aus. Den alten Mann rührte das, und zu guter Letzt zeigte er dem Gast seine Kompositionen und spielte und sang ihm sogar mit lebloser Stimme einige Partien aus seinen Werken vor – unter anderem auch die ganze von ihm vertonte Ballade „Fridolin“[1] von Schiller. Lawrezki lobte ihn, veranlaßte ihn, dies und jenes zu wiederholen, und lud ihn, als er fortging, auf einige Tage zu sich ein. Lemm, der ihn bis auf die Straße geleitete, sagte sofort zu und drückte ihm kräftig die Hand; als er aber in der frischen, feuchten Luft, beim eben aufglimmenden Morgenrot, allein zurückgeblieben war, da blickte er sich um, kniff die Augen zusammen, krümmte den Rücken und schlich sich, als hätte er ein schlechtes Gewissen, in sein Stübchen hinauf. *„Ich bin wohl nicht klug“* *, murmelte er vor sich hin, als er sich auf sein hartes, kurzes Bett legte. Als Lawrezki einige Tage darauf mit einer Kalesche vorfuhr, um ihn abzuholen, versuchte er, sich für krank auszuge-

1 Titel der russischen Übersetzung von Schillers Ballade „Der Gang nach dem Eisenhammer“.

ben, doch Fjodor Iwanytsch kam zu ihm ins Zimmer und überredete ihn. Stärker als alles andere wirkte auf Lemm der Umstand, daß Lawrezki eigens für ihn ein Klavier aus der Stadt auf sein Gut hatte bringen lassen. Sie begaben sich zu zweit zu den Kalitins und verbrachten den Abend bei ihnen, jedoch nicht mehr so angenehm wie das letztemal: Panschin war zugegen. Er erzählte viel von seiner Dienstreise und ahmte die Gutsbesitzer, die er dabei gesehen hatte, in sehr spaßiger Weise nach. Lawrezki lachte, Lemm aber kam aus seinem Winkel nicht heraus; er schwieg, bewegte sich still wie eine Spinne, blickte finster und stumpf drein und lebte erst auf, als Lawrezki sich erhob, um sich zu verabschieden. Noch als er in der Kalesche saß, war der Alte befangen und in sich gekehrt, aber die stille, warme Luft, der leichte Wind, die sanften Schatten, der Duft des Grases und des frischen Birkengrüns, das friedliche Leuchten des mondlosen Sternenhimmels, der einträchtige Hufschlag und das Schnauben der Pferde – alle Zauber der Fahrt, des Frühlings, der Nacht senkten sich in die Seele des armen Deutschen, und er selbst begann ein Gespräch mit Lawrezki.

22

Er sprach von Musik, von Lisa, dann wieder von Musik. Wenn er von Lisa sprach, schien er die Worte langsamer zu formen. Lawrezki lenkte das Gespräch auf Lemms Kompositionen und erbot sich, halb im Scherz, ein Libretto für ihn zu schreiben.

„Hm, ein Libretto!“ erwiderte Lemm. „Nein, das ist nichts für mich. Ich habe nicht mehr den Schwung, die spielende Leichtigkeit der Phantasie, die für eine Oper erforderlich sind; mir fehlt jetzt bereits die Kraft dazu … Aber wenn ich noch etwas machen könnte, dann würde ich mich mit einer Romanze begnügen – natürlich müßte ich einen guten Text haben.“

Er verstummte und saß lange unbeweglich da, die Augen gen Himmel gerichtet.

„Zum Beispiel“, sagte er endlich, „etwas in dieser Art: Ihr Sterne, o ihr reinen Sterne!“

Lawrezki wandte sein Gesicht ein wenig zu ihm hin und sah ihn an.

„Ihr Sterne, ihr reinen Sterne“, wiederholte Lemm. „Ihr schaut gleichermaßen auf die Gerechten und die Schuldigen herab. Aber nur die reinen Herzens sind – oder etwas in dieser Art – verstehen euch, das heißt, nein: lieben euch. Übrigens, ich bin kein Dichter, wie käme ich dazu! Aber etwas in dieser Art, etwas Erhabenes."

Lemm schob seinen Hut in den Nacken; in dem milden Dämmerlicht der hellen Nacht erschien sein Gesicht bleicher und jünger.

„Und ihr", fuhr er mit leiser werdender Stimme fort, „ihr wißt auch, wer liebt, wer zu lieben versteht, weil ihr Reinen, ihr allein, zu trösten vermögt ... Nein, das ist alles nicht das Richtige! Ich bin kein Dichter", sagte er nochmals, „aber etwas in dieser Art ..."

„Ich bedaure, daß auch ich kein Dichter bin", bemerkte Lawrezki.

„Leere Phantastereien!" entgegnete Lemm und drückte sich tiefer in die Wagenecke. Er schloß die Augen, als wollte er schlafen. Es vergingen einige Augenblicke. Lawrezki lauschte. „Sterne, reine Sterne, Liebe", flüsterte der Alte.

„Liebe", wiederholte Lawrezki für sich. Er versank in Gedanken, und ihm wurde schwer ums Herz. „Sie haben eine herrliche Musik zum ‚Fridolin' geschrieben, Christophor Fjodorytsch", sagte er laut. „Aber was meinen Sie: Dieser Fridolin wird doch, gleich nachdem ihn der Graf zu seiner Frau gebracht hatte, ihr Liebhaber geworden sein – nicht?"

„So denken Sie", entgegnete Lemm, „weil wahrscheinlich die Erfahrung ..."

Er verstummte plötzlich und wandte sich verlegen ab. Lawrezki lachte gezwungen, wandte sich ebenfalls ab und starrte auf den Weg.

Die Sterne begannen schon zu verblassen, und der Himmel wurde grau, als die Kalesche vor der Freitreppe des kleinen Hauses in Wassiljewskoje hielt. Lawrezki geleitete seinen Gast in das für ihn bestimmte Zimmer, begab sich in sein Kabinett und setzte sich ans Fenster. Im Garten sang eine Nachtigall ihr letztes Lied vor Sonnenaufgang. Lawrezki erinnerte sich, daß auch bei den Kalitins im Garten eine Nachtigall gesungen hatte; er erinnerte sich auch der leisen Bewegung von Lisas Augen, als sie sich bei den ersten Tönen auf das dunkle Fenster richteten. Er dachte an Lisa, und in seinem Herzen wurde es stiller. „Ein reines Mädchen", sagte er halblaut. „Reine Sterne", fügte er mit einem Lächeln hinzu und legte sich ruhig schlafen.

Lemm aber saß noch lange auf seinem Bett, ein Notenheft auf den Knien. Ihm war, als käme eine nie gehörte, süße Melodie auf ihn zu; er war schon entflammt und erregt, er genoß schon das erlösende, wonnige Gefühl ihres Nahens ... Aber er wartete vergebens, sie kam nicht.

„Nicht Dichter und nicht Musiker!" flüsterte er schließlich, und schwer sank sein müder Kopf auf das Kissen.

23

Am nächsten Morgen tranken der Hausherr und sein Gast im Garten unter einer alten Linde ihren Tee.

„Maestro", sagte Lawrezki unter anderem, „Sie werden bald eine Festkantate zu komponieren haben."

„Aus welchem Anlaß?"

„Aus Anlaß der Vermählung des Herrn Panschin mit Lisa. Haben Sie bemerkt, wie er ihr gestern den Hof gemacht hat? Sie scheinen sich bereits einig zu sein."

„Das wird nicht geschehen!" rief Lemm.

„Warum?"

„Weil das unmöglich ist. Übrigens", fügte er nach einer Weile hinzu, „auf der Welt ist alles möglich. Besonders hier bei Ihnen, in Rußland."

„Rußland wollen wir einstweilen aus dem Spiel lassen, aber was mißfällt Ihnen denn an dieser Heirat?"

„Alles, alles. Lisaweta Michailowna ist ein gerechtes, ernstes Mädchen mit erhabenen Gefühlen, aber er ... Er ist, mit einem Wort, ein Di-let-tant."

„Aber sie liebt ihn doch?"

Lemm erhob sich von der Bank.

„Nein, sie liebt ihn nicht, das heißt, sie ist reinen Herzens und weiß gar nicht, was das heißt: lieben. Madame von Kalitin sagt ihr, er sei ein guter junger Mann, und sie gehorcht Madame von Kalitin, denn sie ist noch ganz und gar Kind, trotz ihrer neunzehn Jahre. Sie betet morgens, sie betet abends, und das ist sehr lobenswert – aber sie liebt ihn nicht. Sie kann nur das Schöne lieben, und er ist nicht schön, das heißt, seine Seele ist nicht schön."

Lemm brachte dies alles in einem Atemzug und voller Leidenschaft hervor, während er mit kleinen Schritten vor dem Teetisch auf und ab ging und seine Augen über den Erdboden schweifen ließ.

„Teuerster Maestro“, rief Lawrezki plötzlich aus, „mir scheint, Sie sind selbst in meine Cousine verliebt.“

Lemm blieb plötzlich stehen.

„Ich bitte Sie“, versetzte er mit unsicherer Stimme, „treiben Sie nicht solchen Scherz mit mir. Ich bin kein Narr: Ich blicke ins finstere Grab und nicht in eine rosige Zukunft.“

Lawrezki tat der alte Mann leid; er bat ihn um Verzeihung. Nach dem Tee spielte ihm Lemm seine Kantate vor, doch beim Mittagessen kam er, von Lawrezki dazu veranlaßt, wieder auf Lisa zu sprechen. Lawrezki hörte ihm aufmerksam und interessiert zu.

„Was meinen Sie, Christophor Fjodorytsch“, sagte er schließlich, „bei mir hier ist doch jetzt, wie mir scheint, alles in Ordnung; der Garten steht in voller Blüte ... Sollte ich sie nicht mit ihrer Mutter und meiner alten Tante zusammen für einen Tag hierher einladen, wie? Wäre Ihnen das angenehm?“

Lemm beugte den Kopf über seinen Teller.

„Laden Sie sie ein“, sagte er kaum hörbar.

„Aber Panschin ist überflüssig?“

„Ist überflüssig“, erwiderte der Alte mit einem fast kindlichen Lächeln.

Zwei Tage darauf begab sich Fjodor Iwanytsch in die Stadt, zu den Kalitins.

24

Er traf alle zu Hause an, doch er teilte ihnen seine Absicht nicht sogleich mit: Er wollte zuvor mit Lisa unter vier Augen darüber sprechen. Der Zufall half ihm; man ließ sie beide im Salon allein. Sie kamen ins Gespräch. Lisa hatte sich bereits an ihn gewöhnt, ja sie war überhaupt vor niemandem befangen. Er hörte ihr zu und sah ihr ins Gesicht; in Gedanken wiederholte er die Worte Lemms und gab ihm recht. Es geschieht zuweilen, daß zwei Menschen, die sich schon kennen, sich aber noch nicht nahestehen, unvermutet und schnell, im Verlaufe weniger Augenblicke einander nahekommen, und das Eingeständnis dieser Annäherung drückt sich alsbald in ihren Blicken, ihrem freundschaftlichen, stillen Lächeln, ja selbst in ihren Gebärden aus. Ebendas geschah mit Lawrezki und Lisa. So also ist er, dachte sie, indem sie ihn freundlich ansah. So also bist du, dachte auch er. Daher war er nicht sonderlich verwundert, als sie ihm, wenn auch nicht ohne einiges Zaudern, eröffnete, sie habe schon lange etwas auf dem Herzen, das sie ihm sagen wolle, nur fürchte sie, ihn zu erzürnen.

„Fürchten Sie sich nicht, sprechen Sie nur", sagte er und blieb vor ihr stehen.

Lisa hob ihre klaren Augen zu ihm auf.

„Sie sind so gut", begann sie und dachte dabei: Ja, er ist wirklich gut. „Verzeihen Sie mir, ich sollte vielleicht nicht mit Ihnen darüber sprechen. Aber wie konnten Sie ... Weshalb haben Sie sich von Ihrer Frau getrennt?"

Lawrezki zuckte zusammen, warf einen Blick auf Lisa und setzte sich zu ihr.

„Mein Kind", sagte er, „rühren Sie, bitte, nicht an diese Wunde. Sie haben zarte Hände, aber dennoch tun Sie mir weh."

„Ich weiß", fuhr Lisa fort, als hätte sie seine Worte nicht verstanden, „sie hat eine Schuld auf sich geladen, ich will sie nicht rechtfertigen – aber wie kann man trennen, was Gott vereinigt hat?"

„Unsere Auffassungen sind in diesem Punkt zu verschieden, Lisaweta Michailowna", versetzte Lawrezki ziemlich schroff. „Wir werden einander nicht verstehen."

Lisa erblaßte. Ihr ganzer Körper erbebte leicht, doch sie schwieg nicht.

„Sie müssen vergeben", sagte sie leise, „wenn Sie wollen, daß auch Ihnen vergeben werde."

„Vergeben!" fiel Lawrezki ein. „Müßten Sie nicht zuvor wissen, für wen Sie bitten? Dieser Frau vergeben, sie wieder aufnehmen in mein Haus, sie, dieses leere, herzlose Geschöpf! Und wer hat Ihnen gesagt, daß sie zu mir zurückkehren will? Seien Sie unbesorgt, sie ist vollkommen zufrieden mit ihrer Lage. Doch wozu noch darüber reden! Ihr Name darf nicht über Ihre Lippen kommen. Sie sind zu rein dafür, Sie sind gar nicht imstande, ein solches Wesen zu begreifen."

„Wozu so beleidigende Worte!" brachte Lisa mit Mühe hervor. Das Zittern ihrer Hände wurde sichtbar. „Sie selbst haben sie verlassen, Fjodor Iwanytsch."

„Aber ich sage Ihnen doch", entgegnete Lawrezki in einem unwillkürlichen Ausbruch von Ungeduld, „Sie wissen nicht, was für ein Geschöpf das ist!"

„Warum haben Sie sie dann geheiratet?" flüsterte Lisa und schlug die Augen nieder.

Lawrezki fuhr von seinem Stuhl auf.

„Warum ich geheiratet habe? Ich war damals jung und unerfahren; ich habe mich getäuscht; ich habe mich durch das schöne Äußere hinreißen lassen. Ich kannte die Frauen nicht, ich kannte überhaupt nichts. Gebe Gott, daß Sie eine glücklichere Ehe schließen! Aber glauben Sie mir, man kann in keinem Falle dafür bürgen."

„Ich kann ebenso unglücklich werden", flüsterte Lisa (ihre Stimme begann zu versagen), „aber dann werde ich mich darein fügen müssen. Ich kann mich nicht so ausdrücken – aber wenn wir uns nicht fügen ..."

Lawrezki preßte die Hände zusammen und stampfte mit dem Fuß auf.

„Seien Sie nicht böse, verzeihen Sie mir", sagte Lisa hastig.

In diesem Augenblick trat Marja Dmitrijewna ein. Lisa stand auf und wollte sich entfernen.

„Bitte, bleiben Sie", rief Lawrezki ihr unerwartet nach. „Ich habe eine große Bitte an Ihre Mutter und an Sie: Besuchen Sie mich in meiner neuen Wohnung. Sie wissen, ich habe mir ein Klavier angeschafft; Lemm ist bei mir zu Gast; der Flieder blüht jetzt; Sie atmen ein bißchen Landluft und können noch am selben Tag zurückkehren. Sind Sie einverstanden?"

Lisa sah ihre Mutter an. Marja Dmitrijewna setzte eine Leidensmiene auf, doch Lawrezki ließ sie nicht erst zu Wort kommen, sondern küßte ihr sogleich beide Hände. Marja Dmitrijewna, stets für Zärtlichkeiten empfänglich und auf eine solche Liebenswürdigkeit seitens „dieses Bären" gar nicht gefaßt, wurde weich gestimmt und willigte ein. Während sie überlegte, welchen Tag man festsetzen solle, trat Lawrezki an Lisa heran und flüsterte ihr, immer noch aufgeregt, verstohlen zu: „Ich danke Ihnen, Sie sind ein gutes Mädchen; ich bin schuld ..." Ein frohes, verschämtes Lächeln huschte über ihr blasses Gesicht und überzog es mit einer feinen Röte. Auch ihre Augen lächelten – sie hatte bis zu diesem Augenblick befürchtet, ihn verletzt zu haben.

„Wladimir Nikolajewitsch kann doch mitkommen?" fragte Marja Dmitrijewna.

„Natürlich", erwiderte Lawrezki, „aber wäre es nicht besser, wir blieben in unserem Familienkreis?"

„Ja, nur scheint mir ...", begann Marja Dmitrijewna. „Übrigens, wie Sie wollen", fügte sie hinzu.

Es wurde beschlossen, Lenotschka und Schurotschka mitzunehmen. Marfa Timofejewna lehnte es ab, an der Fahrt teilzunehmen.

„Es fällt mir schwer, mein Herzblatt“, sagte sie, „meine alten Knochen anzustrengen; und übernachten kann man bei dir wahrscheinlich nicht – außerdem finde ich in einem fremden Bett keinen Schlaf. Mag die Jugend fahren.“

Lawrezki gelang es nicht mehr, mit Lisa allein zu sein, aber er schaute sie so an, daß ihr leicht ums Herz ward und sie sich zugleich ein wenig schämte und er ihr leid tat. Beim Abschied drückte er ihr kräftig die Hand, und als sie wieder allein war, versank sie in tiefes Nachdenken.

25

Zu Hause trat Lawrezki auf der Schwelle des Salons ein hochgewachsener, hagerer Mann in einem abgetragenen blauen Gehrock entgegen. Er hatte ein zerfurchtes, aber lebhaftes Gesicht, einen zerzausten grauen Backenbart, eine lange, gerade Nase und kleine, entzündete Augen. Es war Michalewitsch, sein einstiger Studiengenosse. Lawrezki erkannte ihn zuerst nicht, umarmte ihn jedoch stürmisch, als jener seinen Namen genannt hatte. Seit Moskau hatten sie sich nicht mehr gesehen. Ausrufe und Fragen überstürzten sich; längst in Vergessenheit geratene Begebenheiten wurden aufgefrischt. Während Michalewitsch hastig eine Pfeife nach der anderen rauchte und ab und zu einen Schluck Tee trank, erzählte er, mit den langen Armen fuchtelnd, Lawrezki seine Erlebnisse. Es war nicht viel Erfreuliches darunter. Er konnte sich keiner Erfolge bei seinen Unternehmungen rühmen, aber er lachte unaufhörlich ein heiseres, nervöses Lachen. Vor einem Monat hatte er eine Stellung im Privatkontor eines reichen Steuerpächters erhalten, ungefähr dreihundert Werst von O... entfernt. Da er von Lawrezkis Rückkehr aus dem Ausland gehört hatte, war er auf der Hinfahrt von der Straße abgebogen, um seinen alten Freund wiederzusehen. Michalewitsch sprach noch genauso ungestüm wie in seiner Jugend, ereiferte sich und lärmte noch wie früher. Als Lawrezki von seinen eigenen Angelegenheiten sprechen wollte, unterbrach ihn Michalewitsch hastig und brummte: „Hab davon gehört, Bruder, hab davon gehört. Wer konnte das ahnen?“ und lenkte das Gespräch sofort auf allgemeine Dinge.

„Ich muß morgen weiterfahren, Bruder“, sagte er, „heute werden wir spät ins Bett kommen, du mußt schon entschuldigen. Ich möchte unbedingt erfahren, wo du stehst, was deine Ansichten, deine Überzeugungen sind, was aus dir geworden ist, was das Leben dich gelehrt hat." Michalewitsch hielt noch an der Phraseologie der dreißiger Jahre fest. „Was mich betrifft, so habe ich mich in vielem geändert, Bruder: Die Wogen des Lebens haben an meine Brust geschlagen – wer hat das doch gleich gesagt? –, obwohl ich mich in den wichtigen, wesentlichen Dingen nicht verändert habe. Ich glaube nach wie vor an das Gute, an die Wahrheit, aber ich glaube nicht nur so obenhin, ich glaube jetzt fest daran, ja, fest, fest. Hör mal, du weißt, ich schreibe hin und wieder Verse. Es ist zwar keine Poesie darin, aber Wahrheit. Ich werde dir mein letztes Werk vortragen; ich habe meine innersten Überzeugungen hineingelegt. Hör zu."

Michalewitsch begann seine Dichtung vorzutragen. Sie war ziemlich lang und endete mit folgenden Versen:

„Neues Fühlen das Herz mir verklärte,
Wie zum Kind ich verwandelt mich fand:
Hab verbrannt, was ich einstens verehrte,
Hab verehrt, was ich einstens verbrannt."

Als Michalewitsch die letzten zwei Verse sprach, wäre er beinahe in Tränen ausgebrochen. Seine vollen Lippen zuckten leicht – ein Zeichen, daß er stark erregt war –, sein unschönes Gesicht leuchtete auf. Lawrezki hörte ihm zu. Sein Widerspruchsgeist regte sich: Die jederzeit bereite, beständig aufschäumende Begeisterung des Moskauer Studenten reizte ihn. Es war noch keine Viertelstunde vergangen, als zwischen ihnen bereits eine Diskussion entbrannt war, eine jener endlosen Diskussionen, zu denen nur Russen fähig sind. Nach den vielen Jahren der Trennung, die sie in zwei verschiedenen Welten verbracht hatten, stritten sie jetzt über die abstraktesten Dinge, ohne die Gedanken des anderen, ja nicht einmal die eigenen klar zu verstehen. Sie klammerten sich an Worte und fanden auch nur Worte zur Erwiderung und stritten so, als ginge es für sie beide um Leben und Tod. Sie schrien und brüllten dermaßen, daß alle Leute im Haus aufgescheucht wurden und der arme Lemm, der sich gleich nach Michalewitschs Ankunft in seinem Zimmer eingeschlossen hatte, unruhig ward und es schon mit der Angst zu tun bekam.

„Was bist du denn nun nach alledem? Ein Enttäuschter?" schrie Michalewitsch in der ersten Stunde nach Mitternacht.

„Sehen Enttäuschte etwa so aus?“ erwiderte Lawrezki. „Die sind doch alle blaß und krank – wenn du aber willst, hebe ich dich mit einer Hand hoch!“

„Nun, wenn du kein *Enttäuschter* bist, so bist du ein *Skeptüker*, und das ist noch schlimmer.“ (Die Aussprache Michalewitschs verriet, daß er aus Kleinrußland stammte.) „Aber welches Recht hast du, Skeptüker zu sein? Du hast im Leben kein Glück gehabt, zugegeben. Das war nicht deine Schuld. Du bist mit einer leidenschaftlichen, nach Liebe dürstenden Seele geboren worden, aber man hat dich gewaltsam von den Frauen ferngehalten. Daher mußte die erste Frau, die dir in den Weg lief, dich betrügen.“

„Sie hat auch dich betrogen“, bemerkte Lawrezki düster.

„Zugegeben, zugegeben. Ich war dabei das Werkzeug des Schicksals. Übrigens, was schwatze ich da! Es gibt gar kein Schicksal – die alte Gewohnheit, sich ungenau auszudrücken. Aber was beweist das schon?“

„Es beweist, daß man mich von Kindheit an verrenkt hat.“

„So renk dich wieder ein! Dazu bist du Mensch, bist du Mann; an Energie dazu fehlt es dir nicht! Doch wie dem auch sei, ist es denn möglich, ist es denn statthaft, einen sozusagen vereinzelten Fall zum allgemeinen Gesetz, zur unumstößlichen Regel zu erheben?“

„Was heißt hier Regel?“ unterbrach ihn Lawrezki. „Ich erkenne nicht an …“

„Nein, das ist deine Regel, deine Regel“, fiel ihm Michalewitsch ins Wort.

„Du bist ein Egoist, jawohl, das bist du!“ wetterte er eine Stunde später. „Du hast nach Selbstgenuß getrachtet, du hast nach Glück im Leben getrachtet, du wolltest nur für dich leben …“

„Was ist das: Selbstgenuß?“

„Und alles hat dich betrogen; alles ist unter deinen Füßen zusammengestürzt.“

„Was Selbstgenuß ist, frage ich dich.“

„Und es mußte zusammenstürzen. Weil du einen Halt dort gesucht hast, wo man keinen finden kann, weil du dein Haus auf lockeren Sand gebaut hast …“

„Drück dich klarer aus, laß die Gleichnisse – ich verstehe dich nicht.“

„Weil – bitte, lach nur –, weil in dir kein Glaube ist, keine Herzenswärme, nur Verstand, einzig und allein armseliger Krämerverstand. Du bist einfach ein jämmerlicher, rückständiger Voltairianer[1] – das bist du!"

„Wer – ich ein Voltairianer?"

„Jawohl, genauso einer wie dein Vater, und du ahnst es nicht einmal."

„Nach alledem", rief Lawrezki aus, „habe ich wohl das Recht zu sagen, daß du ein Fanatiker bist!"

„O weh!" erwiderte Michalewitsch zerknirscht. „Zu meinem Leidwesen habe ich mich einer so erhabenen Bezeichnung noch durch nichts würdig erwiesen. Ich habe jetzt herausgefunden, wie man dich nennen muß", schrie derselbe Michalewitsch gegen drei Uhr nachts. „Du bist kein Skeptüker, kein Enttäuschter, kein Voltairianer, du bist eine Schlafmütze, und zwar eine unverbesserliche Schlafmütze, eine bewußte Schlafmütze, keine naive. Die naiven Schlafmützen liegen auf dem Ofen und tun nichts, weil sie nicht fähig sind, etwas zu tun; sie denken auch nicht – du aber bist ein denkender Mensch und liegst da. Du könntest etwas tun und tust nichts; du liegst da, mit dem vollen Wanst nach oben, und sprichst: Es gehört sich, so dazuliegen, denn alles, was die Menschen auch tun, alles ist Unsinn und Humbug, der zu nichts führt."

„Und woraus schließt du, daß ich so daliege?" fragte Lawrezki. „Warum vermutest du bei mir solche Gedanken?"

„Obendrein seid ihr alle, eure ganze Sippschaft, belesene Schlafmützen", fuhr Michalewitsch unaufhaltsam fort. „Ihr wißt, auf welchem Bein der Deutsche hinkt, wißt, was bei den Engländern und Franzosen faul ist, und euer armseliges Wissen kommt euch noch zu Hilfe; es soll eure schändliche Faulheit, eure widerliche Untätigkeit rechtfertigen. Mancher brüstet sich sogar noch damit: ‚Seht, ich bin ein kluger Kopf. Ich liege, und diese Dummköpfe da rackern sich ab.' Jawohl! Und dann gibt es bei uns noch solche Herrschaften – ich sage das übrigens nicht in Hinblick auf dich –, die ihr ganzes Leben gewissermaßen in einer tödlichen Langeweile zubringen, sich daran gewöhnen und darin sitzen wie … wie ein Pilz in saurer Sahne", fuhr Michalewitsch fort und mußte über seinen Vergleich selber lachen. „Oh, diese tödliche Langeweile ist der Untergang des Russen! Sein ganzes Leben lang nimmt er sich vor, an die Arbeit zu gehen, die widerwärtige Schlafmütze …"

1 Anhänger der philosophischen Lehre Voltaires; im 18. und 19. Jahrhundert auch allgemein Bezeichnung für die Verfechter antireligiöser, materialistischer und aufklärerischer Ideen.

„Aber was schimpfst du denn?" brüllte Lawrezki seinerseits. „Arbeiten, etwas tun. Sag mir lieber, was man tun soll, und schimpfe nicht, du Demosthenes[1] aus Poltawa!"

„Sieh mal an, das möchtest du wohl gern! Das werde ich dir nicht sagen, Bruder, das muß jeder selber wissen", erwiderte ironisch der Demosthenes. „Ein Gutsbesitzer, ein Edelmann – und weiß nicht, was er tun soll! Du hast keinen Glauben, sonst wüßtest du es; wo kein Glaube ist, da gibt es auch keine Offenbarung."

„Laß mich doch wenigstens mal ausruhen, du Teufel, laß mich zur Besinnung kommen", flehte Lawrezki.

„Keine Minute Ruhe, keine Sekunde!" entgegnete Michalewitsch mit einer gebieterischen Handbewegung. „Nicht eine Sekunde! Der Tod wartet nicht, und das Leben darf auch nicht warten. Und wann und wo sind die Menschen daraufgekommen, so ein Schlafmützendasein zu führen?" schrie er um vier Uhr morgens, allerdings schon mit etwas heiser gewordener Stimme. „Hier bei uns! Jetzt! In Rußland! Wo jeder einzelnen Persönlichkeit eine Pflicht, eine hohe Verantwortung vor Gott, vor dem Volk, vor sich selbst auferlegt ist! Wir schlafen, und die Zeit verrinnt; wir schlafen …"

„Darf ich dich darauf aufmerksam machen", sagte Lawrezki, „daß wir zur Zeit keineswegs schlafen, sondern eher noch andere um ihren Schlaf bringen. Wir schreien uns die Kehlen wund wie die Hähne. Horch, da krähen sie wohl gar schon zum drittenmal."

Dieser Ausbruch brachte Michalewitsch zum Lachen und beruhigte ihn.

„Bis morgen", sagte er lächelnd und steckte seine Pfeife in den Tabaksbeutel.

„Bis morgen", wiederholte Lawrezki.

Aber die Freunde unterhielten sich noch länger als eine Stunde. Übrigens sprachen sie nicht mehr so laut; ihre Gespräche waren stiller, schwermütiger, guter Art.

Michalewitsch reiste am nächsten Tag ab, sosehr sich Lawrezki auch bemühte, ihn zurückzuhalten. Es gelang Fjodor Iwanowitsch nicht, ihn zum Bleiben zu überreden, aber er hatte sich mit ihm doch zur Genüge ausgesprochen. Es stellte sich heraus, daß Michalewitsch nicht einen roten Heller besaß. Schon am Vortag hatte Lawrezki mit Bedauern alle Anzeichen und Gewohnheiten eingewurzelter Armut an ihm bemerkt: Seine Stiefel waren schief-

1 (384–322 v. u. Z.), athenischer Redner.

getreten; am Gehrock fehlte hinten ein Knopf; seine Hände kannten keine Handschuhe; in seinen Haaren hingen Daunenfedern; bei seiner Ankunft hatte er gar nicht daran gedacht, um eine Waschgelegenheit zu bitten, und das Abendessen hatte er hinuntergeschlungen wie ein Haifisch – er hatte das Fleisch mit den Fingern auseinandergerissen und die Knochen mit seinen starken schwarzen Zähnen knirschend zernagt. Es stellte sich auch heraus, daß ihm der Dienst nichts eingebracht hatte und daß er seine ganze Hoffnung auf den Steuerpächter setzte, der ihn einzig und allein deswegen eingestellt hatte, weil er einen „gebildeten Menschen" bei sich im Kontor haben wollte. Trotz alledem ließ Michalewitsch den Kopf nicht hängen und lebte auf seine Art, als Zyniker, Idealist und Poet, aufrichtig bemüht und bekümmert um das Schicksal der Menschheit und um seine eigene Berufung und äußerst wenig darum besorgt, nicht selber den Hungertod sterben zu müssen. Michalewitsch war nicht verheiratet, hatte sich aber unzählige Male verliebt und auf alle seine Geliebten Gedichte verfaßt; besonders feurig hatte er eine geheimnisvolle, schwarzlockige „Panna"[1] besungen. Allerdings ging das Gerücht um, diese „Panna" sei ein einfaches, vielen Kavallerieoffizieren wohlbekanntes Judenmädchen gewesen. Doch wenn man es recht bedenkt – ist das nicht ganz einerlei?

Mit Lemm kam Michalewitsch nicht zusammen: Seine überlauten Reden, sein schroffes Benehmen hatten den Deutschen, der so etwas nicht gewöhnt war, abgeschreckt. Ein armer Teufel wittert den anderen schon von weitem, im Alter aber geht er ihm meist aus dem Wege, und das ist gar nicht verwunderlich, denn er hat nichts mit ihm zu teilen, nicht einmal die Hoffnung.

Vor seiner Abreise unterhielt sich Michalewitsch noch lange mit Lawrezki, prophezeite ihm den Untergang, wenn er nicht zur Besinnung komme, bat ihn inständig, sich ernstlich mit der Lebensweise seiner Bauern zu befassen, stellte sich selbst als Vorbild hin, indem er sagte, er sei im Schmelztiegel des Unglücks geläutert worden, und nannte sich dabei mehrmals einen glücklichen Menschen, verglich sich mit den Vögeln unter dem Himmel, mit der Lilie auf dem Feld …

„Mit einer schwarzen Lilie allenfalls", bemerkte Lawrezki.

„Na, Bruder, kehr nicht den Aristokraten heraus", erwiderte Michalewitsch gutmütig. „Danke lieber Gott, daß auch in deinen Adern ehrliches Plebejerblut fließt. Aber ich sehe, du brauchst

1 (poln.) Fräulein.

jetzt ein reines, überirdisches Wesen; das könnte dich aus deiner Apathie herausreißen."

„Vielen Dank, Bruder", versetzte Lawrezki, „ich habe genug von diesen überirdischen Wesen."

„Schweig, *Zünüker*!" rief Michalewitsch aus.

„Zyniker", verbesserte ihn Lawrezki.

„Nun gerade Zünüker", wiederholte Michalewitsch unbeirrt.

Selbst als er schon im Reisewagen saß, in den man seinen flachen gelben und sonderbar leichten Mantelsack gebracht hatte, sprach er noch. Eingehüllt in eine Art spanischen Mantel mit verschossenem Kragen und Löwentatzen an Stelle von Spangen, entwickelte er noch seine Ansichten über das Schicksal Rußlands und fuhr mit der gebräunten Hand durch die Luft, als streute er den Samen zukünftiger Glückseligkeit aus. Endlich zogen die Pferde an. „Denke an meine letzten drei Worte", schrie er, wobei er sich mit dem ganzen Oberkörper aus dem Wagen beugte und gerade noch das Gleichgewicht hielt. „Religion, Fortschritt, Menschlichkeit! – Leb wohl!" Sein Kopf mit der tief in die Stirn gezogenen Mütze verschwand. Lawrezki blieb allein auf der Freitreppe zurück und blickte unverwandt die Straße entlang, bis er den Wagen aus den Augen verlor. Vielleicht hat er doch recht, dachte er, ins Haus zurückkehrend. Vielleicht bin ich wirklich eine Schlafmütze. Vieles von dem, was Michalewitsch gesagt hatte, war ihm unwiderstehlich in die Seele gedrungen, obwohl er mit ihm gestritten und ihm nicht recht gegeben hatte. Wenn der Mensch nur gut ist, dann kann ihm niemand widerstehen.

26

Zwei Tage danach traf Marja Dmitrijewna, wie sie versprochen hatte, mit ihrem ganzen jungen Gefolge in Wassiljewskoje ein. Die Mädchen liefen sofort in den Garten, Marja Dmitrijewna aber ging schmachtend durch die Zimmer und lobte alles schmachtend. Sie betrachtete ihren Besuch bei Lawrezki als ein Zeichen großer Herablassung, beinahe als eine gute Tat. Sie lächelte leutselig, als Anton und Apraxeja nach altem Gesindebrauch zum Handkuß an sie herantraten, und bat dann mit matter, näselnder Stimme um eine Tasse Tee. Zum großen Ärger Antons, der seine weißen, gestrickten Handschuhe angezogen hatte, reichte nicht er der fremden Herrin den Tee, sondern der von Lawrezki gedungene Kammerdiener, der, nach des Alten Worten, keine Ahnung von guten Sitten hatte. Dafür setzte Anton beim Mittagessen seinen Kopf durch: Er stellte sich energisch hinter Marja Dmitrijewnas Sessel auf und trat niemandem mehr seinen Platz ab. Daß in Wassiljewskoje nach langer Zeit wieder Gäste erschienen waren, regte den Alten auf und erfreute ihn; es machte ihm Vergnügen, zu sehen, daß mit seinem Herrn so feine Herrschaften verkehrten. Übrigens war nicht er allein an diesem Tage aufgeregt – Lemm war es gleichfalls. Er hatte einen kurzen tabakfarbenen Frack mit spitzen Schößen angelegt und sein Halstuch straff gezogen; er räusperte sich unaufhörlich, und wenn er jemandem Platz machte, tat er es mit freundlicher, zuvorkommender Miene. Lawrezki bemerkte mit Freuden, daß er Lisa immer näherkam. Gleich als sie eintrat, hatte sie ihm freundschaftlich die Hand entgegengestreckt. Nach dem Mittagessen holte Lemm aus der Hintertasche seines Rocks, in die er fortwährend die Hand geschoben hatte, eine kleine Rolle Notenpapier hervor und legte sie schweigend, die Lippen zusammengepreßt, auf das Klavier. Es war eine Romanze, die er tags zuvor auf einen altmodischen deutschen Text, in dem von Sternen die Rede war, komponiert hatte, Lisa setzte sich sofort ans Klavier und versuchte, die Romanze zu spielen. Aber ach! Die Musik erwies sich als verworren und unangenehm gequält. Es war zu merken, daß der Komponist sich angestrengt hatte, etwas Leidenschaftliches, Tiefempfundenes auszudrücken – doch es war nichts dabei herausgekommen, es war bei der Anstrengung geblieben. Lawrezki und Lisa fühlten das, und auch Lemm begriff es. Ohne ein Wort zu sagen, steckte er seine Romanze wieder in die Tasche, und als Lisa ihm vorschlug, sie noch einmal zu spielen, schüttelte er nur den Kopf und sagte bedeutsam: „Jetzt – basta!" Darauf krümmte er wieder den Rücken, kroch in sich zusammen und trat beiseite.

Gegen Abend ging die ganze Gesellschaft angeln. Im Teich hinter dem Garten gab es viele Karauschen und Gründlinge. Für Marja Dmitrijewna wurde am Ufer, im Schatten, ein Sessel aufgestellt; unter ihre Füße breitete man einen Teppich, und man gab ihr die beste Angelrute. Anton, als alter, erfahrener Angler, bot ihr seine Dienste an. Er steckte eifrig Würmer auf den Haken, gab ihnen einen leichten Klaps, spuckte darauf und warf auch noch selbst die Angel aus, wobei er den ganzen Oberkörper graziös nach vorn beugte. Marja Dmitrijewna äußerte sich über ihn Fjodor Iwanytsch gegenüber noch am selben Tag in ihrem Pensionatsfranzösisch: „Il n'y a plus maintenant de ces gens comme ça comme autrefois."[1] Lemm war mit den beiden kleinen Mädchen weitergegangen, bis ans Wehr; Lawrezki stand neben Lisa. Die Fische bissen unaufhörlich an; fortwährend blitzten in der Luft die aus dem Wasser gezogenen Karauschen mit ihren bald golden, bald silbern glitzernden Seiten auf. Die Freudenrufe der kleinen Mädchen rissen nicht ab; selbst Marja Dmitrijewna kreischte ein paarmal zimperlich los. Den geringsten Erfolg hatten Lawrezki und Lisa, wahrscheinlich, weil sie weniger Aufmerksamkeit auf das Angeln verwandten als die anderen und ihre Schwimmer bis dicht ans Ufer treiben ließen. Das hohe rötliche Schilf um sie herum raschelte leise; vor ihnen glänzte still das unbewegte Wasser, und still floß auch ihr Gespräch dahin. Lisa stand auf einem kleinen Floß; Lawrezki saß auf dem zum Wasser geneigten Stamm einer Weide. Lisa hatte ein weißes Kleid an, das in der Taille ein breites, ebenfalls weißes Band umschlang; an einem Arm hing ein Strohhut, und in der Hand des anderen hielt sie mit einiger Anstrengung die biegsame Angelrute. Lawrezki betrachtete ihr reines, etwas strenges Profil, das hinter die Ohren zurückgestrichene Haar, die zarten Wangen, die wie bei einem Kinde glühten, und dachte: Oh, wie lieblich stehst du an meinem Teich! Lisa wandte sich nicht nach ihm um, sondern sah halb blinzelnd, halb lächelnd aufs Wasser. Der Schatten einer nahen Linde fiel auf beide.

„Wissen Sie", begann Lawrezki, „ich habe viel über unser letztes Gespräch nachgedacht und bin zu dem Schluß gekommen, daß Sie überaus gütig sind."

„Es war durchaus nicht meine Absicht …", erwiderte Lisa und wurde verlegen.

„Sie sind gütig", wiederholte Lawrezki. „Ich bin ein ungehobelter Mensch, doch ich fühle, daß jedermann Sie lieben muß. Nehmen wir zum Beispiel Lemm – er ist einfach verliebt in Sie."

Lisas Augenbrauen zogen sich zwar nicht zusammen, erzitterten aber; das war bei ihr immer der Fall, wenn sie etwas zu hören bekam, das ihr peinlich war.

„Er hat mir heute sehr leid getan mit seiner mißglückten Romanze", sprach Lawrezki weiter. „Jung sein und etwas nicht können – das ist erträglich, aber alt werden und versagen – das ist hart. Und das Schlimme dabei ist ja, daß man nicht fühlt, wenn die Kräfte schwinden. Für einen alten Mann ist es schwer, solche Schläge zu verwinden! – Geben Sie acht, bei Ihnen beißt ein

1 (franz.) Solche tollen Leute wie früher gibt's heute nicht mehr.

Fisch an. – Man sagt", fügte Lawrezki nach kurzem Schweigen hinzu, „Wladimir Nikolajitsch habe eine sehr hübsche Romanze geschrieben."

„Ja", antwortete Lisa, „es ist nichts Überwältigendes, ist aber nicht schlecht."

„Was meinen Sie", fragte Lawrezki, „ist er ein guter Musiker?"

„Mir scheint, er besitzt ein großes musikalisches Talent; nur hat er sich bisher mit Musik nicht ernsthaft genug befaßt."

„So. Und ist er ein guter Mensch?"

Lisa lachte und warf einen flüchtigen Blick auf Fjodor Iwanytsch.

„Was für eine seltsame Frage!" rief sie, zog die Angelschnur heraus und warf sie in weitem Bogen wieder ins Wasser.

„Wieso seltsam? Ich frage Sie nach ihm als jemand, der erst vor kurzem hierhergekommen ist, und als Verwandter."

„Als Verwandter?"

„Ja. Ich bin doch, soviel ich weiß, Ihr Onkel?"

„Wladimir Nikolajitsch hat ein gutes Herz", sagte Lisa, „er ist klug; maman mag ihn sehr."

„Und Sie, mögen Sie ihn?"

„Er ist ein guter Mensch; weshalb sollte ich ihn nicht mögen?"

„Ach so!" sagte Lawrezki und verstummte. Sein Gesicht nahm einen halb traurigen, halb spöttischen Ausdruck an. Sein hartnäkkig auf sie gerichteter Blick verwirrte Lisa, doch sie lächelte noch immer. „Nun, dann gebe Gott Ihnen beiden Glück!" murmelte er schließlich vor sich hin und wandte sich ab.

Lisa errötete.

„Sie irren sich, Fjodor Iwanytsch", sagte sie, „wenn Sie glauben … Gefällt Ihnen Wladimir Nikolajitsch etwa nicht?" fragte sie plötzlich.

„Nein, er gefällt mir nicht."

„Warum denn?"

„Mir scheint, gerade an Herz fehlt es ihm."

Das Lächeln verschwand aus Lisas Gesicht.

„Sie sind es gewohnt, hart über die Menschen zu urteilen", sagte sie nach langem Schweigen.

„Ich glaube nicht. Ich bitte Sie, welches Recht hätte ich, hart über andere zu urteilen, da ich doch selbst der Nachsicht bedarf? Oder haben Sie vergessen, daß alle Welt über mich lacht? Sagen Sie", fügte er hinzu, „haben Sie Ihr Versprechen gehalten?"

„Was für ein Versprechen?"

„Haben Sie für mich gebetet?"

„Ja, ich habe für Sie gebetet und tue es jeden Tag. Sprechen Sie aber, bitte, nicht leichtfertig darüber."

Lawrezki versicherte Lisa, daß ihm das nie in den Sinn komme und daß er jedwede Überzeugung hochachte. Dann begann er von der Religion zu sprechen, von ihrer Bedeutung in der Geschichte der Menschheit, von der Bedeutung des Christentums.

„Christ muß man sein", sagte Lisa nicht ohne einige Überwindung, „nicht um die himmlischen Dinge zu erkennen oder ... die irdischen, sondern weil jeder Mensch sterben muß."

Mit unwillkürlichem Erstaunen hob Lawrezki die Augen zu Lisa auf und begegnete ihrem Blick.

„Was für Worte haben Sie da ausgesprochen!" sagte er.

„Diese Worte stammen nicht von mir", antwortete sie.

„Nicht von Ihnen ... Aber warum sprechen Sie vom Sterben?"

„Ich weiß nicht. Ich denke oft daran."

„Oft?"

„Ja."

„Das würde man gar nicht vermuten, wenn man Sie jetzt ansieht: Sie haben so ein frohes, heiteres Gesicht; Sie lächeln ..."

„Ja, mir ist jetzt sehr froh zumute", erwiderte Lisa naiv.

Lawrezki hätte ihre beiden Hände ergreifen und kräftig drükken mögen.

„Lisa, Lisa", rief Marja Dmitrijewna, „komm her, schau, was für eine Karausche ich gefangen habe."

„Gleich, maman", antwortete Lisa und ging zu ihr.

Lawrezki blieb auf seinem Weidenstamm sitzen. Ich rede mit ihr, als hätte ich mit dem Leben noch nicht abgeschlossen, dachte er.

Als Lisa fortging, hatte sie ihren Hut an einen Zweig gehängt; mit einem seltsamen, fast zärtlichen Gefühl betrachtete Lawrezki diesen Hut mit den langen, ein wenig zerknitterten Bändern. Lisa kehrte bald wieder zu ihm zurück und stellte sich wieder auf das Floß.

„Warum kommt es Ihnen denn so vor, als hätte Wladimir Nikolajitsch kein Herz?" fragte sie einige Augenblicke später.

„Ich habe Ihnen schon gesagt, daß ich mich irren kann; im übrigen wird es die Zeit lehren."

Lisa wurde nachdenklich. Lawrezki erzählte von seinem Leben und Treiben in Wassiljewskoje, von Michalewitsch, von Anton; er empfand das Bedürfnis, mit Lisa zu sprechen, ihr alles mitzuteilen, was ihm auf der Seele lag: Sie hörte so lieb, so aufmerksam zu, und ihre gelegentlichen Bemerkungen und Einwände erschienen ihm so einfach und klug. Er sagte ihr das sogar.

Lisa wunderte sich.

„Wirklich?" sagte sie. „Und ich meinte schon, ich hätte wie meine Kammerjungfer Nastja keine *eigenen* Worte. Sie sagte einmal zu ihrem Bräutigam: ‚Du mußt dich doch mit mir langweilen; du sagst mir immer so nette Sachen, ich aber habe keine eigenen Worte.'"

Gott sei Dank! dachte Lawrezki.

27

Unterdessen war der Abend angebrochen, und Marja Dmitrijewna äußerte den Wunsch, nach Hause zurückzukehren. Die kleinen Mädchen waren nur mit Mühe dazu zu bewegen, den Teich zu verlassen und sich für die Heimfahrt fertigzumachen. Lawrezki erklärte, er werde seine Gäste bis zur Hälfte des Weges begleiten, und ließ ein Pferd für sich satteln. Als er Marja Dmitrijewna in die Kutsche half, vermißte er Lemm, doch der Alte war nirgends zu finden. Er hatte sich gleich nach dem Angeln zurückgezogen. Anton schlug mit einer für seine Jahre bemerkenswerten Kraft den Wagenschlag zu und rief barsch: „Vorwärts, Kutscher!" Der Wagen setzte sich in Bewegung. Auf den hinteren Sitzen hatten Marja Dmitrijewna und Lisa Platz genommen, auf den vorderen die kleinen Mädchen und die Kammerjungfer. Der Abend war warm und still, und die Fenster waren auf beiden Seiten heruntergelassen. Lawrezki ritt auf Lisas Seite im Trab neben der Kutsche her, eine Hand lag auf dem Wagenschlag. Er hatte die Zügel dem ruhig dahintrabenden Pferd auf den Hals gelegt und wechselte hin und wieder ein paar Worte mit dem jungen Mädchen. Das Abendrot erlosch, die Nacht brach herein, die Luft aber wurde noch wärmer. Marja Dmitrijewna nickte bald ein, und auch die kleinen Mädchen und die Kammerjungfer sanken in Schlaf. Rasch und gleichmäßig rollte die Kutsche dahin; Lisa beugte sich vor; der eben erst aufgegangene Mond schien ihr ins Gesicht; der leichte, würzig duftende Nachtwind wehte ihr um Augen und Wangen. Ihr war wohl zumute. Ihre Hand ruhte auf dem Wagenschlag neben der Hand Lawrezkis. Auch ihm war wohl, wie er so durch die stille, warme Nacht ritt, kein Auge von dem guten jungen Antlitz wandte und der jungen, noch im Flüstern wohlklingenden Stimme lauschte, die so einfache, gute Worte sprach. Er hatte gar nicht gemerkt, daß die Hälfte des Weges schon hinter ihm lag. Er wollte Marja Dmitrijewna nicht wecken, drückte Lisa leicht die Hand und sagte: „Jetzt sind wir doch Freunde, nicht wahr?" Sie nickte, und er hielt sein Pferd an. Die Kutsche rollte sanft schaukelnd weiter. Lawrezki ritt im Schritt heimwärts. Der Zauber der Sommernacht umfing ihn; alles ringsum erschien ihm auf einmal sehr seltsam und gleichzeitig längst bekannt und süß vertraut. Nah und fern – und man konnte weithin sehen, wenn auch das Auge vieles von dem, was es sah, nicht deutlich wahrnahm – lag alles in tiefer Ruhe, aber in dieser Ruhe spürte man das junge, aufblühende Leben. Lawrezkis Pferd griff munter aus, sich gleichmäßig nach rechts und nach links wiegend. Sein großer schwarzer Schatten glitt neben ihm her; im Getrappel der Hufe lag etwas geheimnisvoll Angenehmes, etwas Heiteres und Wundersames im schallenden Schlag der Wachteln. Die Sterne verschwanden in einem hellen Dunst; der zunehmende Mond strahlte in kaltem Glanz – sein Licht ergoß sich wie ein blauer Strom über den Himmel und fiel in rauchig-goldenen Flecken auf die an ihm vorüberziehenden zarten Wolken. Die frische Luft ließ die Augen feucht werden, umschmeichelte die Glieder, strömte frei in die Brust. Lawrezki gab sich diesem Genuß hin und freute sich dieses Genusses. Nun, noch leben wir, dachte er, noch hat sie uns nicht gänzlich aufgezehrt ... Er sprach nicht aus, wen oder was er meinte. Dann dachte er an Lisa und sagte sich, daß sie Panschin wohl kaum liebe, daß – wenn er ihr unter anderen Voraussetzungen begegnet wäre – Gott weiß was hätte daraus entstehen können, daß er Lemm verstehe, obwohl sie keine „eigenen" Worte habe. Aber das ist ja gar nicht wahr: Sie hat eigene Worte. „Sprechen Sie nicht leichtfertig darüber", schoß es Lawrezki durch den Kopf. Er ritt lange mit gesenktem Kopf dahin, dann straffte er sich und sprach langsam:

„Hab verbrannt, was ich einstens verehrte,
Hab verehrt, was ich einstens verbrannt."

Aber gleich darauf gab er dem Pferd einen Schlag mit der Gerte und sprengte im Galopp nach Hause.

Als er vom Pferde stieg, blickte er zum letztenmal mit einem unwillkürlichen, dankbaren Lächeln zurück. Nacht, stille, zärtliche Nacht lag auf den Hügeln und Tälern; aus der weiten, dufterfüllten Ferne – Gott weiß woher, ob vom Himmel oder von der Erde – wehte sanfte, milde Wärme. Lawrezki sandte Lisa einen letzten Gruß nach und eilte die Freitreppe hinauf.

Der folgende Tag verlief ziemlich flau. Vom Morgen an regnete es; Lemm blickte finster drein und preßte die Lippen immer fester zusammen, als hätte er sich geschworen, den Mund nie wieder aufzutun. Als Lawrezki sich schlafen legte, nahm er einen großen Stoß französischer Zeitungen mit ins Bett, die schon über zwei Wochen unberührt auf seinem Tisch lagen. Gleichgültig machte er sich daran, die Banderolen abzureißen und die Spalten der Zeitungen zu überfliegen, in denen übrigens nichts Neues stand. Er wollte sie schon beiseite werfen – da sprang er plötzlich, wie von einer Tarantel gestochen, aus dem Bett. Im Feuilleton einer der Zeitungen teilte der uns bereits bekannte Monsieur Jules seinen Lesern eine „betrübliche Neuigkeit" mit: Die reizende, bezaubernde Moskowiterin, schrieb er, eine der Königinnen der Mode, eine Zierde der Pariser Salons, Madame de Lavretzki, sei plötzlich verschieden; diese leider nur allzu wahre Nachricht habe ihn, den Herrn Jules, soeben erreicht. Er sei, so fuhr er fort, das könne man wohl sagen, ein Freund der Verstorbenen gewesen.

Lawrezki kleidete sich an, ging in den Garten hinaus und schritt bis zum Morgen immer dieselbe Allee auf und ab.

28

Am nächsten Morgen beim Tee bat Lemm Lawrezki, für ihn anspannen zu lassen, damit er in die Stadt zurückkehren könne.

„Es wird Zeit, daß ich wieder an die Arbeit gehe, das heißt, meine Stunden gebe", meinte der Alte. „Hier vertrödle ich doch nur unnütz meine Zeit."

Lawrezki antwortete ihm nicht gleich; er schien zerstreut zu sein.

„Gut", sagte er endlich, „ich werde mit Ihnen fahren."

Ohne die Hilfe des Dieners in Anspruch zu nehmen, packte Lemm ächzend und schimpfend seinen kleinen Mantelsack und zerriß und verbrannte einige Notenblätter. Der Wagen fuhr vor. Als Lawrezki sein Kabinett verließ, steckte er sich die Zeitung vom vorhergehenden Tag in die Tasche. Die ganze Fahrt über sprachen Lemm und Lawrezki wenig miteinander; jeder hing seinen eigenen Gedanken nach und war froh, daß ihn der andere nicht störte. Sie verabschiedeten sich auch ziemlich trocken voneinander, was übrigens in Rußland unter Freunden öfter vorkommt. Lawrezki brachte den Alten bis zu dessen Häuschen. Lemm stieg aus, ergriff seinen Mantelsack, und ohne dem Freund die Hand zu reichen – er hielt den Mantelsack mit beiden Händen vor seine Brust –, sogar ohne ihn anzusehen, sagte er auf russisch zu ihm:

„Leben Sie wohl!"

„Leben Sie wohl", wiederholte Lawrezki und befahl dem Kutscher, ihn nach seiner Wohnung zu fahren.

Lawrezki hatte für alle Fälle eine Wohnung in O... gemietet. Nachdem er einige Briefe geschrieben und in aller Eile zu Mittag gegessen hatte, begab er sich zu den Kalitins.

Er traf im Salon nur Panschin an, der ihm mitteilte, daß Marja Dmitrijewna sogleich kommen werde, und sofort mit der herzlichsten Liebenswürdigkeit eine Unterhaltung mit ihm anknüpfte. Bis zu diesem Tag hatte Panschin Lawrezki, wenn auch nicht gerade von oben herab, so doch herablassend behandelt, aber Lisa hatte, als sie Panschin von ihrem Ausflug erzählte, Lawrezki als einen prächtigen und klugen Menschen hingestellt. Das genügte – der „prächtige" Mensch mußte erobert werden. Panschin machte Lawrezki sofort Komplimente. Er schilderte, wie begeistert sich, nach seinen Worten, Marja Dmitrijewnas ganze Familie über Wassiljewskoje geäußert habe, und begann dann, indem er seiner Gewohnheit gemäß zu sich selbst überging, von seiner Tätigkeit, von seinen Anschauungen über das Leben, über die Welt und über den Staatsdienst zu sprechen, sagte ein paar Worte über die Zukunft Rußlands und darüber, wie man die Gouverneure im Zaum halten müsse, wobei er sich unbekümmert über sich selbst lustig machte, und flocht ein, daß man ihm in Petersburg unter anderem aufgetragen habe „de populariser l'idée du cadastre"[1]. Er sprach ziemlich lange, löste mit lässiger Selbstsicherheit alle Schwierigkeiten und spielte mit den wichtigsten administrativen und politischen Fragen wie ein Gaukler mit seinen Bällen. Fortwährend führte er Ausdrücke im Munde wie: „So würde ich es machen, wenn ich die Regierung wäre!" oder: „Sie als kluger Mensch werden mir sofort recht geben." Lawrezki hörte sich das hochtrabende Geschwätz Panschins kühl an; ihm mißfiel dieser hübsche, gescheite und ungezwungen elegante junge Mann mit seinem strahlenden Lächeln, der höflichen Stimme und den forschenden

1 (franz.) die Idee des Katasters zu popularisieren.

Augen. Mit der ihm eigenen Gabe, die Gefühle anderer rasch zu erfassen, merkte Panschin bald, daß es seinem Gesprächspartner kein besonderes Vergnügen bereitete, mit ihm zu plaudern, und zog sich unter einem einleuchtenden Vorwand zurück, im stillen überzeugt, daß Lawrezki zwar möglicherweise ein prächtiger Mensch sei, aber unsympathisch, „aigri“[1] und „en somme“[2] ein bißchen lächerlich.

Marja Dmitrijewna erschien in Begleitung Gedeonowskis; dann kam Marfa Timofejewna mit Lisa; nach ihnen fanden sich die übrigen Hausgenossen ein. Darauf erschien auch die Belenizyna, die große Musikliebhaberin, eine kleine, magere Dame mit einem fast kindlichen, müden und hübschen Gesicht. Sie trug ein rauschendes schwarzes Kleid, hatte einen bunten Fächer in der Hand und dicke goldene Reifen an den Armen. Es kam auch ihr Gatte, ein rotwangiger, beleibter Mann mit großen Füßen und Händen, weißen Augenwimpern und einem starren Lächeln auf den dicken Lippen. Wenn sie beide zu Besuch waren, sprach seine Frau niemals mit ihm, daheim aber nannte sie ihn in Augenblicken der Zärtlichkeit ihr Ferkelchen. Panschin kehrte zurück; es wurde sehr voll und laut in den Zimmern. Eine solche Menge von Menschen war nicht nach Lawrezkis Geschmack – besonders ärgerte ihn die Belenizyna, die ihn unausgesetzt durch die Lorgnette musterte. Er hätte sich sofort entfernt, wäre Lisa nicht dagewesen. Er wollte ihr gern ein paar Worte unter vier Augen sagen, konnte jedoch lange keinen günstigen Augenblick erhaschen und begnügte sich damit, ihr voll heimlicher Freude mit dem Blick zu folgen. Nie war ihm ihr Gesicht edler und lieblicher erschienen. Durch die Nähe der Belenizyna gewann sie sehr. Diese befand sich auf ihrem Stuhl in ständiger Bewegung. Sie zuckte mit den schmalen Schultern und lachte geziert, kniff bald die Augen zusammen, bald riß sie sie ganz plötzlich weit auf. Lisa saß ruhig da, sah vor sich hin und lachte überhaupt nicht. Die Hausherrin nahm mit Marfa Timofejewna, Belenizyn und Gedeonowski am Kartentisch Platz; Gedeonowski spielte sehr langsam, machte fortwährend Fehler, zwinkerte mit den Augen und trocknete sich ständig das Gesicht mit dem Taschentuch ab. Panschin setzte eine melancholische Miene auf und sprach in knappen Sätzen bedeutsam und traurig – ganz und gar der unverstandene Künstler –, doch ließ er sich trotz der Bitten der Belenizyna, die sehr mit ihm kokettierte, nicht dazu herbei, seine Romanze zu singen: Die Anwesenheit

1 (franz.) sauertöpfisch. – 2 (franz.) im ganzen.

Lawrezkis störte ihn. Auch Fjodor Iwanytsch sprach wenig. Der eigentümliche Ausdruck seines Gesichtes war Lisa sofort aufgefallen, als sie das Zimmer betrat; sie hatte sogleich gefühlt, daß er ihr etwas mitzuteilen hatte, scheute sich aber – ohne selbst zu wissen, warum –, ihn danach zu fragen. Als sie schließlich in den Saal hinüberging, um den Tee aufzugießen, wandte sie unwillkürlich den Kopf zu ihm hin. Er folgte ihr sofort.

„Was haben Sie?" fragte sie, während sie die Teekanne auf den Samowar stellte.

„Haben Sie denn etwas bemerkt?" erwiderte er.

„Sie sind heute anders als sonst."

Lawrezki beugte sich über den Tisch.

„Ich wollte Ihnen etwas mitteilen", begann er, „aber das ist jetzt unmöglich. Lesen Sie, was in diesem Feuilleton mit Bleistift angestrichen ist", setzte er hinzu und reichte ihr die Zeitung, die er mitgenommen hatte. „Ich bitte Sie, es geheimzuhalten, ich komme morgen früh wieder."

Lisa war betroffen. Panschin erschien auf der Türschwelle, und sie steckte die Zeitung in die Tasche.

„Haben Sie ‚Obermann'[1] gelesen, Lisaweta Michailowna?" fragte Panschin sie tiefsinnig.

Lisa antwortete ihm flüchtig und ging aus dem Saal hinauf in ihr Zimmer. Lawrezki kehrte in den Salon zurück und näherte sich dem Spieltisch. Marfa Timofejewna, die ihre Haubenbänder gelöst hatte und ganz rot im Gesicht war, beklagte sich bei ihm über ihren Partner Gedeonowski, der, nach ihrer Meinung, nicht auszuspielen verstand.

„Man sieht eben", sagte sie, „Karten spielen ist nicht so einfach wie sich Geschichten ausdenken."

Jener fuhr fort, mit den Augen zu zwinkern und sich das Gesicht abzuwischen. Lisa kam in den Salon und setzte sich in eine Ecke. Lawrezki sah sie an, sie sah ihn an, und beiden wurde fast unheimlich zumute. Er las Verwirrung und etwas wie einen geheimen Vorwurf in ihrem Gesicht. Mit ihr sprechen, was er gern gewollt hätte, konnte er nicht; als Gast unter anderen Gästen in einem Zimmer mit ihr zu bleiben fiel ihm schwer, und so entschloß er sich denn zu gehen. Als er sich von ihr verabschiedete, sagte er ihr nochmals, daß er morgen wiederkommen werde, und fügte hinzu, er vertraue auf ihre Freundschaft.

1 Sentimentalistischer Briefroman des französischen Schriftstellers Etienne de Sénancour (1770–1846).

„Kommen Sie“, antwortete sie mit demselben Ausdruck von Verwirrung im Gesicht wie zuvor.

Panschin lebte nach Lawrezkis Weggang auf. Er begann Gedeonowski Ratschläge zu erteilen, umschmeichelte spöttisch die Belenizyna und sang schließlich seine Romanze. Sprach er aber mit Lisa und schaute er sie an, so tat er es wie vorher: bedeutsam und ein wenig traurig.

Lawrezki schlief wieder die ganze Nacht nicht. Ihm war nicht traurig zumute, er war nicht erregt, er war ganz ruhig geworden, aber schlafen konnte er nicht. Er rief sich auch nicht die Vergangenheit ins Gedächtnis zurück, er betrachtete einfach sein Leben. Sein Herz schlug schwer und gleichmäßig; die Stunden verrannen, aber er dachte nicht an Schlaf. Zuweilen nur kam ihm der Gedanke: Aber das ist ja nicht wahr, das ist ja alles Unsinn! Dann hielt er inne, ließ den Kopf hängen und begann von neuem, sein Leben zu betrachten.

29

Marja Dmitrijewna empfing Lawrezki nicht allzu freundlich, als er am nächsten Tag bei ihr erschien. Sieh mal an, er drängt sich schon auf, dachte sie. Er gefiel ihr an und für sich nicht sehr, und außerdem hatte Panschin, unter dessen Einfluß sie stand, ihn tags zuvor äußerst heimtückisch und geringschätzig gelobt. Da sie ihn nicht als Gast ansah und es nicht für nötig hielt, einem Verwandten, einem Menschen, der beinahe zum Hause gehörte, die Zeit zu vertreiben, war noch keine halbe Stunde verflossen, als er mit Lisa bereits im Garten die Allee entlangging. Lenotschka und Schurotschka liefen einige Schritte von ihnen entfernt durch den Blumengarten.

Lisa war so ruhig wie sonst, aber ungewöhnlich blaß. Sie zog die mehrfach zusammengefaltete Zeitung aus der Tasche und reichte sie Lawrezki.

„Das ist schrecklich!“ sagte sie.

Lawrezki antwortete nichts.

„Aber vielleicht ist es gar nicht wahr“, fügte Lisa hinzu. „Aus diesem Grunde habe ich Sie auch gebeten, mit niemandem darüber zu sprechen.“

Lisa ging ein Stück weiter.

„Sagen Sie“, begann sie wieder, „sind Sie nicht traurig? Kein bißchen?“

„Ich weiß selbst nicht, was ich empfinde", antwortete Lawrezki.

„Aber Sie haben sie doch früher geliebt?"

„Ja, ich habe sie geliebt."

„Sehr?"

„Sehr."

„Und ihr Tod macht Sie nicht traurig?"

„Für mich ist sie nicht erst jetzt gestorben."

„Das ist Sünde, was Sie da sagen. Seien Sie mir nicht böse. Sie nennen mich Ihren Freund: Ein Freund darf alles sagen. Mir ist wirklich bange. Gestern hatten Sie gar kein gutes Gesicht. Erinnern Sie sich, wie Sie sich kürzlich über sie beklagten? Und sie war damals vielleicht schon nicht mehr auf der Welt. Das ist schrecklich. Als ob Ihnen das zur Strafe gesandt wäre."

Lawrezki lächelte bitter.

„Glauben Sie? Wenigstens bin ich jetzt frei."

Lisa zuckte leicht zusammen.

„Hören Sie auf, sprechen Sie nicht so. Was nutzt Ihnen Ihre Freiheit? Nicht daran sollten Sie jetzt denken, sondern an Vergebung ..."

„Ich habe ihr längst vergeben", unterbrach Lawrezki sie mit einer abwehrenden Handbewegung.

„Nein, so meine ich das nicht", entgegnete Lisa und errötete. „Sie haben mich nicht richtig verstanden. Sie müssen sich darum bemühen, daß Ihnen vergeben werde."

„Wer soll mir vergeben?"

„Wer? Gott. Wer kann uns denn vergeben außer Gott."

Lawrezki ergriff ihre Hand.

„Ach, Lisaweta Michailowna, glauben Sie mir", rief er, „ich bin auch so schon genug gestraft worden. Ich habe schon alles gesühnt, glauben Sie mir."

„Das können Sie nicht wissen", sagte Lisa halblaut. „Sie haben vergessen – noch vor kurzem, als Sie mit mir sprachen, da wollten Sie ihr nicht vergeben."

Beide gingen schweigend die Allee auf und ab.

„Und was ist mit Ihrer Tochter?" fragte Lisa plötzlich und blieb stehen.

Lawrezki fuhr zusammen.

„Oh, sorgen Sie sich nicht! Ich habe bereits überallhin geschrieben. Die Zukunft meiner Tochter, wie Sie sie ... wie Sie sagen ... ist gesichert. Sorgen Sie sich nicht."

Lisa lächelte traurig.

„Aber Sie haben recht", fuhr Lawrezki fort, „was soll ich mit meiner Freiheit anfangen? Was nützt sie mir?"

„Wann haben Sie diese Zeitung erhalten?" fragte Lisa, ohne auf seine Frage zu antworten.

„Am Tag nach Ihrem Besuch."

„Und Sie haben wirklich ... wirklich nicht einmal geweint?"

„Nein. Ich war bestürzt, aber wo hätten die Tränen herkommen sollen? Über das Vergangene weinen – aber es ist doch alles in mir erloschen! Ihr Vergehen hat mein Glück nicht zerstört, es hat mir nur bewiesen, daß dieses Glück niemals bestanden hat. Worüber hätte ich da weinen sollen? Übrigens, wer weiß – vielleicht wäre ich trauriger gewesen, wenn ich diese Nachricht zwei Wochen früher erhalten hätte."

„Zwei Wochen früher?" erwiderte Lisa. „Was ist denn in diesen zwei Wochen geschehen?"

Lawrezki antwortete nichts, Lisa aber errötete plötzlich noch mehr als zuvor.

„Ja, ja, Sie haben es erraten", nahm Lawrezki wieder das Wort. „In diesen zwei Wochen habe ich erfahren, was eine reine weibliche Seele bedeutet, und meine Vergangenheit ist noch weiter von mir abgerückt."

Lisa geriet in Verwirrung und ging in den Blumengarten zu Lenotschka und Schurotschka.

„Ich bin doch froh, daß ich Ihnen diese Zeitung gezeigt habe", sagte Lawrezki, während er ihr folgte. „Es ist mir schon zur Gewohnheit geworden, nichts vor Ihnen zu verbergen, und ich hoffe, daß Sie mir das mit gleichem Vertrauen vergelten."

„Meinen Sie?" sagte Lisa und blieb stehen. „In diesem Falle müßte ich ... Aber nein! Das ist unmöglich."

„Was ist es denn? Sprechen Sie, sprechen Sie, Lisaweta Michailowna."

„Nein, wirklich, mir scheint, ich darf nicht ... Und doch", fügte Lisa hinzu und wandte sich lächelnd zu Lawrezki um, „was wäre eine halbe Offenheit wert? Wissen Sie, ich habe heute einen Brief erhalten."

„Von Panschin?"

„Ja, von ihm. Woher wissen Sie das?"

„Er hält um Ihre Hand an?"

„Ja", sprach Lisa und sah Lawrezki offen und ernst in die Augen.

Lawrezki sah Lisa ebenfalls ernst an.

„Nun, und was haben Sie ihm geantwortet?" fragte er schließlich.

„Ich weiß nicht, was ich antworten soll", erwiderte Lisa und ließ die gefalteten Hände sinken.

„Wie? Aber Sie lieben ihn doch?"

„Ja, er gefällt mir; er scheint ein guter Mensch zu sein."

„Dasselbe haben Sie mir vor wenigen Tagen gesagt und sich dabei derselben Worte bedient. Ich möchte wissen, ob Sie ihn mit dem starken, leidenschaftlichen Gefühl lieben, das wir gewohnt sind Liebe zu nennen."

„So wie *Sie* es meinen – nein."

„Sie sind nicht in ihn verliebt?"

„Nein. Aber ist denn das nötig?"

„Wie?"

„Mama gefällt er", fuhr Lisa fort. „Er ist gut; ich habe nichts gegen ihn."

„Und doch sind Sie unschlüssig?"

„Ja. Und vielleicht sind Sie, sind Ihre Worte die Ursache. Erinnern Sie sich, was Sie vorgestern sagten? Aber das ist Schwäche ..."

„O mein Kind", rief Lawrezki plötzlich aus, und seine Stimme zitterte dabei, „lassen Sie das Klügeln, nennen Sie den Schrei Ihres Herzens, das sich ohne Liebe nicht hingeben will, nicht Schwäche. Nehmen Sie nicht eine so furchtbare Verantwortung einem Manne gegenüber auf sich, den Sie nicht lieben und dem Sie dennoch angehören wollen."

„Ich gehorche ja nur, ich nehme nichts auf mich", entgegnete Lisa.

„Gehorchen Sie Ihrem Herzen; Ihr Herz allein wird Ihnen die Wahrheit sagen", unterbrach Lawrezki sie. „Erfahrung, Vernunft – alles das ist Schall und Rauch! Berauben Sie sich nicht des höchsten, einzigen Glückes auf Erden."

„Und das sagen Sie, Fjodor Iwanytsch? Sie selbst haben aus Liebe geheiratet – und waren Sie glücklich?"

Lawrezki schlug die Hände zusammen.

„Ach, sprechen Sie nicht von mir! Sie können ja gar nicht verstehen, was ein unerfahrener, grundverkehrt erzogener junger Mensch alles für Liebe halten kann! Und schließlich, weshalb soll ich mich selbst verleumden? Ich sagte Ihnen ja gerade, daß ich das Glück nicht gekannt habe. – Nein! Ich war glücklich!"

„Mir scheint, Fjodor Iwanytsch", sagte Lisa, die Stimme senkend (wenn sie mit ihrem Gesprächspartner nicht einverstanden war, senkte sie immer die Stimme; außerdem war sie sehr erregt), „das Glück auf Erden hängt nicht von uns ab …"

„Von uns, von uns, glauben Sie mir." Er ergriff ihre beiden Hände; Lisa erblaßte und sah ihn fast erschrocken, aber aufmerksam an. „Nur dürfen wir unser Leben nicht selbst zerstören. Für andere Menschen mag eine Liebesheirat ein Unglück sein, aber nicht für Sie, die Sie so ein ruhiges Gemüt, so eine klare Seele haben! Ich flehe Sie an: Heiraten Sie nicht ohne Liebe, aus Pflichtgefühl, aus Resignation oder aus was sonst auch immer. Das ist auch Unglauben, auch Berechnung – und noch Schlimmeres. Glauben Sie mir, ich habe ein Recht, so zu sprechen: Ich habe dieses Recht teuer bezahlen müssen. Und wenn Ihr Gott …"

In diesem Augenblick bemerkte Lawrezki, daß Lenotschka und Schurotschka neben Lisa standen und ihn mit stummem Erstaunen anstarrten. Er ließ Lisas Hände los, sagte hastig: „Verzeihen Sie bitte!" und wandte sich zum Gehen.

„Um eines nur bitte ich Sie", sagte er noch einmal zu Lisa zurückkehrend, „entscheiden Sie sich nicht sofort, warten Sie, überdenken Sie, was ich Ihnen gesagt habe. Selbst wenn Sie mir nicht glauben sollten, wenn Sie sich zu einer Vernunftehe entschlössen – auch dann dürfen Sie nicht Herrn Panschin heiraten; er darf nicht Ihr Gatte werden. Nicht wahr, Sie versprechen mir, sich nicht zu übereilen?"

Lisa wollte Lawrezki antworten, brachte aber kein Wort über die Lippen, nicht, weil sie entschlossen gewesen wäre, „sich zu übereilen", sondern weil ihr Herz zu heftig klopfte und ein Gefühl, der Angst ähnlich, ihr den Atem benahm.

30

Als Lawrezki die Kalitins verließ, begegnete er Panschin. Sie grüßten einander kühl. In seiner Wohnung angelangt, schloß sich Lawrezki ein. Ihn bewegten kaum je zuvor empfundene Gefühle. War es denn schon so lange her, daß er sich im Zustand „friedlicher Erstarrung" befunden, sich auf dem Grund des Stromes gewähnt hatte, wie er es nannte? Was hatte seine Lage denn so verändert? Was hatte ihn denn hoch, an die Oberfläche getragen? Ein ganz gewöhnlicher, unvermeidlicher, wenn auch stets unerwarteter Zustand: der Tod? Ja, aber er dachte nicht so sehr an den Tod

Iwan Turgenjew – 1862

seiner Frau, an seine Freiheit, als daran, welche Antwort Lisa Panschin geben werde. Er fühlte, daß er im Laufe der letzten drei Tage angefangen hatte, sie mit anderen Augen anzusehen. Er erinnerte sich, wie er auf dem Heimweg in der Stille der Nacht an sie gedacht und zu sich selbst gesagt hatte: Wenn doch ...! Dieses: Wenn doch ...!, das er auf Vergangenes, auf Unmögliches bezogen hatte, war in Erfüllung gegangen, wenn auch nicht so, wie er es gemeint hatte, aber seine Freiheit allein war zuwenig. Sie wird ihrer Mutter gehorchen, dachte er, sie wird Panschin heiraten. Doch selbst wenn sie ihn abweist – ist das für mich nicht einerlei? Als er an einem Spiegel vorüberging, warf er einen flüchtigen Blick auf sein Gesicht und zuckte die Achseln.

Unter solchen Betrachtungen verging der Tag wie im Fluge. Der Abend brach an. Lawrezki begab sich zu den Kalitins. Er beeilte sich, aber in der Nähe ihres Hauses verlangsamte er seinen Schritt. Vor der Freitreppe stand Panschins Wagen. Nun, ich will kein Egoist sein, dachte Lawrezki und trat ins Haus. Er begegnete niemandem; auch im Salon war es still. Er öffnete die Tür und erblickte Marja Dmitrijewna, die mit Panschin Pikett spielte. Panschin verneigte sich stumm, die Hausherrin aber rief: „So unverhofft!" und runzelte ein wenig die Stirn. Lawrezki setzte sich zu ihr und sah ihr in die Karten.

„Können Sie denn Pikett spielen?" fragte sie ihn mit verhohlenem Ärger und erklärte gleich darauf, sie habe sich vertan.

Panschin zählte neunzig und nahm höflich und ruhig seine Stiche auf, mit ernstem und würdigem Gesichtsausdruck. So mögen Diplomaten spielen, und vermutlich hatte Panschin in Petersburg so gespielt, mit irgendeinem einflußreichen Würdenträger, dem er eine günstige Meinung von seiner Solidität und Reife einzuimpfen wünschte. „Hunderteins, hundertzwei, Cœur, hundertdrei", ertönte gemessen seine Stimme, und Lawrezki vermochte nicht festzustellen, was darin mitschwang: Vorwurf oder Selbstzufriedenheit.

„Kann man Marfa Timofejewna besuchen?" fragte er, als er bemerkte, daß Panschin sich mit noch größerer Würde anschickte, die Karten zu mischen. Von einem Künstler war ihm auch nicht die Spur mehr anzumerken.

„Ich glaube schon. Sie ist oben in ihrem Zimmer", antwortete Marja Dmitrijewna. „Schauen Sie nach."

Lawrezki ging nach oben. Auch Marfa Timofejewna traf er beim Kartenspiel an: Sie spielte mit Nastasja Karpowna Schafskopf.

Roska bellte ihn an, aber die beiden alten Frauen empfingen ihn freundlich; besonders Marfa Timofejewna schien guter Laune zu sein.

„Ah, Fedja! Schön willkommen“, sagte sie. „Setz dich, mein Junge. Wir sind gleich fertig. Möchtest du Eingemachtes? Schurotschka, hol ihm ein Glas Erdbeeren. Du magst keine? Nun, dann bleib so sitzen, aber rauchen – das darfst du nicht; ich kann euern Knaster nicht ausstehen, und auch Matrose kriegt das Niesen davon.“

Lawrezki beeilte sich zu versichern, daß er gar nicht rauchen wolle.

„Warst du unten?“ fuhr die alte Dame fort. „Wen hast du dort angetroffen? Hockt Panschin immer noch dort? Und hast du Lisa gesehen? Nein? Sie wollte heraufkommen ... Da ist sie schon, wie gerufen.“

Lisa trat ins Zimmer und errötete, als sie Lawrezki erblickte.

„Ich komme nur auf einen Augenblick zu Ihnen, Marfa Timofejewna“, begann sie.

„Warum nur auf einen Augenblick?“ entgegnete die alte Dame. „Was seid ihr jungen Mädchen doch allesamt für unruhige Geister! Du siehst, ich habe Besuch; plaudere ein bißchen mit ihm, unterhalte ihn.“

Lisa setzte sich auf den Rand eines Stuhles, sah zu Lawrezki hin und fühlte, daß sie ihn wissen lassen mußte, wie ihre Zusammenkunft mit Panschin ausgegangen war. Aber wie sollte sie das tun? Sie schämte sich und war verlegen. Sie war doch noch gar nicht so lange mit ihm bekannt, mit diesem Menschen, der so selten in die Kirche ging und den Tod seiner Frau so gleichgültig hinnahm – und nun teilte sie ihm schon ihre Geheimnisse mit! Gewiß, er nahm Anteil an ihrem Schicksal; sie selbst hatte Vertrauen zu ihm und fühlte sich zu ihm hingezogen – und doch schämte sie sich, als wäre ein Fremder in ihr reines Jungmädchenzimmer eingedrungen.

Marfa Timofejewna kam ihr zu Hilfe.

„Wenn du ihn nicht unterhältst“, sagte sie, „wer soll den Ärmsten dann unterhalten? Ich bin für ihn zu alt; er ist für mich zu gescheit, und für Nastasja Karpowna ist wieder er zu alt: Ihr darf man nur ganz junge Männer anbieten.“

„Womit soll ich Fjodor Iwanytsch denn unterhalten?“ fragte Lisa. „Wenn er will, spiele ich ihm etwas auf dem Klavier vor“, fügte sie unschlüssig hinzu.

„Ausgezeichnet; du bist ein kluges Kind", erwiderte Marfa Timofejewna. „Geht hinunter, meine Lieben, und wenn ihr fertig seid, kommt ihr wieder herauf – ich bin nämlich gerade Schafskopf geblieben, das ärgert mich, ich will Revanche haben."

Lisa stand auf. Lawrezki folgte ihr. Als sie die Treppe hinunterstiegen, blieb Lisa stehen.

„Es ist wahr", begann sie, „wenn man sagt, das menschliche Herz sei voller Widersprüche. Ihr Beispiel müßte mich eigentlich abschrecken, mich mißtrauisch machen gegen Liebesheiraten, und dennoch ..."

„Sie haben ihn abgewiesen?" unterbrach Lawrezki sie.

„Nein, aber ich habe ihm auch nicht meine Einwilligung gegeben. Ich habe ihm alles gesagt, alles, was ich fühle, und habe ihn gebeten zu warten. Sind Sie zufrieden?" fügte sie mit einem flüchtigen Lächeln hinzu und lief, das Geländer leicht mit der Hand berührend, die Treppe hinunter.

„Was soll ich Ihnen vorspielen?" fragte sie, während sie den Deckel des Flügels aufklappte.

„Was Sie wollen", antwortete Lawrezki und setzte sich so, daß er sie anschauen konnte.

Lisa begann zu spielen und riß lange Zeit die Augen nicht von ihren Fingern los. Endlich warf sie einen Blick auf Lawrezki und hielt inne – so ungewöhnlich und sonderbar kam ihr sein Gesicht vor.

„Was haben Sie?" fragte sie.

„Nichts", erwiderte er. „Mir ist sehr wohl; ich bin Ihretwegen froh; ich bin froh, Sie zu sehen – spielen Sie nur weiter."

„Mir scheint", sagte Lisa einige Augenblicke später, „wenn er mich wirklich liebte, hätte er mir diesen Brief nicht geschrieben; er hätte fühlen müssen, daß ich ihm jetzt nicht antworten kann."

„Das ist nicht wichtig", sagte Lawrezki. „Wichtig ist, daß Sie ihn nicht lieben."

„Hören Sie auf; was ist das für ein Gespräch! Mir geht Ihre verstorbene Frau nicht aus dem Sinn, und Sie machen mir angst."

„Nicht wahr, Woldemar, meine Lisette spielt recht hübsch?" sagte zur selben Zeit Marja Dmitrijewna zu Panschin.

„Ja", antwortete Panschin, „sehr hübsch."

Marja Dmitrijewna betrachtete ihren jungen Partner voll Zärtlichkeit, doch dieser setzte eine noch ernstere und besorgtere Miene auf und sagte vierzehn Könige an.

31

Lawrezki war kein Jüngling mehr; er konnte sich über das Gefühl, das Lisa in ihm erweckt hatte, nicht lange im unklaren bleiben. An jenem Tage kam er endgültig zu der Überzeugung, daß er sie liebte. Diese Überzeugung stimmte ihn nicht sehr froh. Habe ich wirklich, dachte er, mit meinen fünfunddreißig Jahren nichts anderes zu tun, als mein Herz abermals in die Hände einer Frau zu legen? Allerdings ist Lisa mit *jener* gar nicht zu vergleichen: Sie würde von mir keine beschämenden Opfer verlangen, mich nicht von meiner Tätigkeit ablenken; sie würde mich vielmehr selbst zu ehrlicher, ernster Arbeit anfeuern, und wir würden gemeinsam vorwärts schreiten, einem herrlichen Ziel entgegen. Ja, beschloß er seine Überlegungen, das ist alles gut und schön, schlimm ist nur, daß sie mich überhaupt nicht wird haben wollen. Nicht umsonst hat sie mir gesagt, daß sie Angst vor mir hat. Allerdings liebt sie Panschin auch nicht ... Ein schwacher Trost!

Lawrezki fuhr nach Wassiljewskoje, doch nur vier Tage hielt er es dort aus – so langweilig kam es ihm da vor. Auch quälte ihn das Warten: Die Nachricht, die Herr Jules verbreitet hatte, bedurfte einer Bestätigung, aber er erhielt keinerlei Briefe. Er kehrte in die Stadt zurück und verbrachte einen Abend bei den Kalitins. Es fiel ihm nicht schwer, zu bemerken, daß Marja Dmitrijewna gegen ihn aufgebracht war, doch es gelang ihm, sie etwas gnädiger zu stimmen, indem er beim Pikett etwa fünfzehn Rubel an sie verlor. Außerdem gelang es ihm, wohl eine halbe Stunde fast mit Lisa allein zu sein, obwohl die Mutter ihr noch tags zuvor geraten hatte, nicht allzu familiär mit einem Menschen zu verkehren, „qui a un si grand ridicule“[1]. Er fand sie verändert: Sie schien nachdenklicher geworden zu sein, machte ihm einen leichten Vorwurf wegen seines Ausbleibens und fragte ihn, ob er nicht am nächsten Tag zur Messe gehen wolle. (Der nächste Tag war ein Sonntag.)

„Gehen Sie hin“, sagte sie, ehe er zu antworten vermochte, „wir wollen gemeinsam für die Ruhe *ihrer* Seele beten.“ Dann fügte sie hinzu, sie wisse nicht, wie sie sich verhalten solle, wisse nicht, ob sie ein Recht habe, Panschin noch länger auf ihre Entscheidung warten zu lassen.

„Warum nicht?“ fragte Lawrezki.

„Weil ich schon jetzt zu ahnen beginne, wie diese Entscheidung ausfallen wird“, sagte sie.

1 (franz.) der soviel Lächerliches an sich hat.

Sie erklärte, sie habe Kopfschmerzen, und ging hinauf in ihr Zimmer, nachdem sie Lawrezki unschlüssig die Fingerspitzen hingestreckt hatte.

Am nächsten Tag besuchte Lawrezki die Messe. Lisa war bereits in der Kirche, als er kam. Sie bemerkte ihn, obwohl sie sich nicht nach ihm umwandte. Sie betete inbrünstig; sanft schimmerten ihre Augen; sanft neigte und hob sich ihr Kopf. Er fühlte, daß sie auch für ihn betete, und eine wundersame Rührung übermannte ihn. Ihm war wohl, und zugleich schämte er sich ein wenig. Die andächtig verharrende Menge, die bekannten Gesichter, der einträchtige Gesang, der Weihrauchduft, die langen, schrägen Lichtstrahlen, die durch die Fenster fielen, selbst die Dunkelheit der Wände und Gewölbe – alles sprach zu seinem Herzen. Schon lange war er nicht mehr in der Kirche gewesen, schon lange hatte er sich nicht mehr an Gott gewandt. Auch jetzt brachte er kein Gebet über die Lippen – und selbst wortlos betete er nicht –, aber wenigstens für einen Augenblick sank er, wenn auch nicht mit dem Körper, so doch mit all seinem Denken und Fühlen, zu Boden und beugte sich demütig zur Erde nieder. Er erinnerte sich, daß er als Kind in der Kirche jedesmal so lange gebetet hatte, bis er auf seiner Stirn eine kühle Berührung spürte. Das, so hatte er damals gedacht, ist mein Schutzengel, der mich in seine Obhut nimmt und mir das Siegel der Auserwählung aufdrückt. Er warf einen Blick auf Lisa. Du hast mich hierher geführt, dachte er, so berühre du mich denn, berühre meine Seele. Sie betete noch immer so still; ihr Gesicht erschien ihm froh, und von neuem überkam ihn Rührung. Er bat für eine andere Seele um Frieden, für seine eigene um Vergebung.

Sie trafen sich vor der Kirche. Sie begrüßte ihn mit heiterem und freundlichem Ernst. Die Sonne beschien hell das junge Gras auf dem Kirchhof und die bunten Kleider und Tücher der Frauen; die Glocken der benachbarten Kirchen dröhnten hoch oben, und die Spatzen zwitscherten auf den Zäunen. Lawrezki stand mit unbedecktem Kopf da und lächelte; ein leichter Wind spielte mit seinem Haar und mit den Bändern an Lisas Hut. Er half Lisa und Lenotschka, die mit ihr war, in die Kutsche, verteilte alles Geld, das er bei sich hatte, an die Bettler und ging langsam nach Hause.

32

Schwere Tage brachen für Fjodor Iwanytsch an. Er befand sich in einem Fieberzustand. Jeden Morgen begab er sich auf die Post, überflog voller Aufregung seine Briefe und Zeitungen und fand nirgends etwas, das das schicksalsschwere Gerücht bestätigt oder widerrufen hätte. Manchmal wurde er sich selbst zuwider: Wie kann ich nur, dachte er, wie ein Rabe auf Blut, auf eine zuverlässige Nachricht über den Tod meiner Frau warten! Zu den Kalitins ging er jeden Tag, aber auch dort wurde ihm nicht leichter. Die Hausherrin schmollte offensichtlich mit ihm und behandelte ihn mit Herablassung; Panschin war ihm gegenüber übertrieben höflich; Lemm trug ein menschenfeindliches Gebaren zur Schau und grüßte ihn kaum; die Hauptsache aber war: Lisa schien ihm auszuweichen. Wenn es sich dennoch ergab, daß sie mit ihm allein bleiben mußte, war sie nicht zutraulich wie früher, sondern verwirrt. Sie wußte nicht, was sie ihm sagen sollte, und auch er selbst war verlegen. Lisa hatte sich in wenigen Tagen verändert: In ihren Bewegungen, ihrer Stimme, selbst in ihrem Lachen lag eine geheime Unruhe, eine früher nicht vorhandene Unausgeglichenheit. Marja Dmitrijewna, als ausgesprochene Egoistin, merkte nichts; Marfa Timofejewna jedoch fing an, auf ihren Liebling genauer achtzugeben. Mehr als einmal machte sich Lawrezki Vorwürfe, daß er Lisa damals die Zeitung gezeigt hatte; er konnte sich nicht verhehlen, daß seine jetzige seelische Verfassung auf ein reines Gemüt empörend wirken mußte. Er nahm auch an, daß die Veränderung, die mit Lisa vorgegangen war, von ihrem Kampf mit sich selbst herrühre, von ihren Zweifeln, welche Antwort sie Panschin geben solle. Einmal brachte sie ihm ein Buch, einen Roman von Walter Scott, um den sie selbst ihn gebeten hatte.

„Haben Sie das Buch gelesen?" fragte er.

„Nein. Ich bin jetzt nicht dazu aufgelegt, Bücher zu lesen", antwortete Lisa und wollte gehen.

„Bleiben Sie einen Augenblick; ich war schon lange nicht mehr mit Ihnen allein. Sie scheinen sich vor mir zu fürchten."

„Ja."

„Weshalb denn nur, ich bitte Sie."

„Ich weiß es nicht."

Lawrezki schwieg.

„Sagen Sie", begann er wieder, „haben Sie sich noch nicht entschieden?"

„Was meinen Sie?“ fragte sie, ohne die Augen zu heben.

„Sie verstehen mich.“

Lisa errötete plötzlich heftig.

„Fragen Sie mich nach nichts“, sagte sie rasch. „Ich weiß nichts; ich kenne mich selbst nicht mehr ...“

Danach ging sie sofort weg.

Am folgenden Tag kam Lawrezki nach dem Mittagessen zu den Kalitins und fand bei ihnen alle Vorbereitungen für eine Abendandacht getroffen. In einer Ecke des Speisezimmers, auf einem viereckigen, mit einem sauberen Tafeltuch bedeckten Tisch, standen bereits, an die Wand gelehnt, die Heiligenbilder in ihren goldenen Einfassungen und mit den kleinen matten Diamanten in den Kronen. Ein alter Diener in einem grauen Frack und Halbschuhen ging langsam und geräuschlos durch das Zimmer, stellte zwei Wachskerzen in schlanken Leuchtern vor den Heiligenbildern auf, bekreuzigte sich, verneigte sich und ging leise hinaus. Der nicht erleuchtete Salon war leer. Lawrezki schritt eine Weile im Speisezimmer auf und ab und fragte, ob etwa jemand Namenstag habe. Man antwortete ihm im Flüsterton, das sei nicht der Fall, die Abendandacht finde auf Wunsch Lisaweta Michailownas und Marfa Timofejewnas statt; man habe eigentlich eine wundertätige Ikone herbeischaffen wollen, sie sei jedoch dreißig Werst weit fort, zu einem Kranken, gebracht worden. Bald darauf kam in Begleitung seiner Küster der Priester, ein nicht mehr junger Mann mit großer Glatze. Er räusperte sich laut im Vorzimmer, und sogleich traten die Damen hintereinander aus dem Kabinett und näherten sich ihm, um seinen Segen zu empfangen. Lawrezki verbeugte sich schweigend vor ihnen, und schweigend verbeugten auch sie sich vor ihm. Der Priester wartete ein Weilchen, räusperte sich nochmals und fragte mit gedämpfter Baßstimme:

„Befehlen Sie anzufangen?“

„Fangen Sie an, lieber Vater“, erwiderte Marja Dmitrijewna.

Er legte das Meßgewand an; ein Küster im Chorhemd bat unterwürfig um ein wenig glühende Kohle; es begann nach Weihrauch zu riechen. Aus dem Vorzimmer kamen die Stubenmädchen und die Lakaien herein und blieben dichtgedrängt an der Tür stehen. Auf einmal erschien Roska, die sonst nie herunterkam, im Speisezimmer. Man wollte sie hinausjagen – sie erschrak, drehte sich um sich selbst und setzte sich nieder. Ein Lakai packte sie und trug sie hinaus. Der Gottesdienst begann. Lawrezki drückte sich in eine Ecke; seltsame, fast traurige Gefühle bewegten ihn. Er konnte sich selbst nicht recht darüber klarwerden, was er empfand. Marja Dmitrijewna stand vor allen anderen, noch vor den Sesseln. Sie bekreuzigte sich geziert und lässig, ganz Herrin. Bald blickte sie sich um, bald hob sie die Augen empor: Sie langweilte sich. Marfa Timofejewna sah sorgenvoll aus; Nastasja Karpowna verneigte sich immer wieder bis zur Erde und richtete sich jedesmal mit einem leisen Geräusch wieder auf; Lisa blieb so stehen, wie sie sich zu Anfang hingestellt hatte, und rührte sich nicht; aus ihrem gesammelten Gesichtsausdruck war zu erraten, daß sie inbrünstig und leidenschaftlich betete. Als sie am Ende des Gottesdienstes mit ihren Lippen das Kreuz berührte, küßte sie auch die große rote Hand des Priesters. Marja Dmitrijewna lud ihn zum Tee ein. Er legte das Meßgewand ab, setzte eine etwas weltlichere Miene auf und ging mit den Damen in den Salon. Es entspann sich eine nicht allzu lebhafte Unterhaltung. Der Priester trank vier Tassen Tee, wobei er sich fortgesetzt mit dem Taschentuch die Glatze abwischte, erzählte unter anderem, daß der Kaufmann Awoschnikow siebenhundert Rubel für die Vergoldung der Kirchenkuppel gespendet habe, und teilte ein sicheres Mittel gegen Sommersprossen mit. Lawrezki wollte sich zu Lisa setzen, aber sie war so streng, beinahe abweisend und richtete nicht ein einziges Mal den Blick auf ihn. Sie schien ihn mit Absicht zu übersehen; eine gewisse kalte, feierliche Entrücktheit war über sie gekommen. Lawrezki hatte aus irgendeinem Grund die ganze Zeit über das Verlangen, zu lächeln und etwas Erheiterndes zu sagen, aber er war innerlich verwirrt, und so ging er schließlich, da er sich keinen Rat wußte, fort. Er fühlte, daß etwas von Lisa Besitz ergriffen hatte, das er nicht ergründen konnte.

Ein andermal, als Lawrezki im Salon saß und sich das einschmeichelnde, aber schwerfällige Geschwätz Gedeonowskis anhörte, drehte er sich plötzlich um, ohne selbst zu wissen, weshalb, und fing einen tiefen, aufmerksamen, fragenden Blick aus Lisas Augen auf. Er war auf ihn gerichtet, dieser rätselhafte Blick. Die ganze folgende Nacht mußte Lawrezki daran denken. Seine Liebe war nicht die eines Jünglings: Seufzen und Schmachten paßte nicht zu ihm, und Lisa selbst erweckte auch kein Gefühl dieser Art. Aber die Liebe hat für jedes Alter ihre Leiden, und er durchlebte sie in vollem Maße.

33

Wieder einmal saß Lawrezki, wie es ihm zur Gewohnheit geworden war, bei den Kalitins. Nach einem drückend heißen Tag war ein so herrlicher Abend angebrochen, daß Marja Dmitrijewna, trotz ihrer Abneigung gegen Zugluft, alle Fenster und Türen, die in den Garten hinausgingen, öffnen ließ und erklärte, sie werde nicht Karten spielen, bei solchem Wetter sei es Sünde, Karten zu spielen, man müsse die Natur genießen. Als Gast war nur Panschin da. Durch den Abend in Stimmung gebracht, rezitierte er Verse, da er nicht gewillt war, in Lawrezkis Gegenwart zu singen, aber künstlerische Regungen in sich verspürte. Er trug gut, allerdings etwas zu selbstbewußt und mit unnötigen Feinheiten, einige Gedichte Lermontows vor (Puschkin war damals noch nicht wieder in Mode gekommen) und begann dann mit einemmal, als schäme er sich seines Gefühlsüberschwanges, im Hinblick auf das bekannte Gedicht „Betrachtung“ die jüngste Generation zu tadeln und mit Vorwürfen zu überhäufen, wobei er nicht versäumte darzulegen, wie er alles auf seine Weise verändern würde, wenn er die Macht in Händen hätte.

„Rußland“, sprach er, „ist hinter Europa zurückgeblieben; es muß angetrieben werden. Man behauptet, wir seien jung – das ist Unsinn. Außerdem fehlt es uns auch an Erfindungsgabe; selbst Chomjakow[1] gibt zu, daß wir nicht einmal die Mausefalle erfunden haben. Folglich müssen wir notgedrungen von anderen nehmen. Wir sind krank, sagt Lermontow. Ich stimme mit ihm überein, aber wir sind krank, weil wir nur zur Hälfte Europäer geworden sind. Das, was uns verwundet hat, muß uns nun zur Heilung dienen.“ Le cadastre[2], dachte Lawrezki. „Unsere besten Köpfe – les meilleures têtes – sind längst davon überzeugt“, fuhr Panschin fort. „Alle Völker sind einander im Grunde gleich; man führe nur gute Einrichtungen ein – und die Sache ist erledigt. Gewiß, man kann dabei auf die bestehenden Lebensformen des Volkes Rücksicht nehmen; das ist unsere Sache, die Sache der …“ (beinahe hätte er gesagt: Staatsmänner) „der Beamten. Doch sollte es einmal so weit kommen, seien Sie unbesorgt: Die Einrichtungen werden diese Lebensformen verändern.“

Marja Dmitrijewna stimmte Panschin gerührt zu. Das ist doch

1 Alexej Stepanowitsch Chomjakow (1804–1860), Schriftsteller; war einer der führenden Vertreter der konservativen slawophilen Richtung, die in den vierziger Jahren eine eigenständige Entwicklung Rußlands unter völliger Isolierung von Westeuropa propagierten. – 2 (franz.) Der Kataster.

ein kluger Mensch, dachte sie, der da bei mir das Wort führt. Lisa lehnte schweigend am Fenster; Lawrezki schwieg ebenfalls; Marfa Timofejewna, die mit ihrer Freundin in einer Ecke Karten spielte, brummte etwas vor sich hin. Panschin schritt im Zimmer auf und ab und erging sich in schönen Reden, durch die allerdings eine geheime Erbitterung klang. Es war, als schelte er nicht die ganze Generation, sondern einige ihm bekannte Personen. Im Garten der Kalitins nistete in einem großen Fliederbusch eine Nachtigall; wenn der Redeschwall verebbte, waren ihre ersten Abendlieder zu hören; am rosigen Himmel, über den regungslosen Wipfeln der Linden, glommen die ersten Sterne auf. Lawrezki erhob sich und begann Panschin zu widersprechen; es entspann sich ein Streit. Lawrezki verteidigte die Jugendlichkeit und Selbständigkeit Rußlands; er gab sich und seine Generation preis, trat aber für die neuen Menschen, für ihre Überzeugungen und Wünsche ein. Panschin entgegnete gereizt und scharf; er behauptete, die klugen Menschen hätten die Pflicht, alles umzugestalten, und ließ sich schließlich so weit hinreißen, daß er, seinen Kammerjunkerrang und seine Beamtenkarriere vergessend, Lawrezki einen rückständigen Konservativen nannte und sogar – allerdings nur ganz entfernt – auf dessen zweifelhafte Stellung in der Gesellschaft anspielte. Lawrezki geriet nicht in Zorn und erhob nicht die Stimme (er erinnerte sich, daß auch Michalewitsch ihn rückständig genannt hatte, nur eben einen Voltairianer), er schlug Panschin gelassen in allen Punkten. Er bewies ihm, wie unmöglich sprunghafte und selbstherrliche Umgestaltungen seien, die weder durch Kenntnis des eigenen Heimatlandes noch durch wahren Glauben an ein Ideal, selbst wenn es ein negatives wäre, gerechtfertigt werden könnten, führte als Beispiel seine eigene Erziehung an und forderte vor allem, die Rechte des Volkes anzuerkennen und ihnen mit Demut zu begegnen, jener Demut, ohne die der Kampf gegen die Lüge nicht aufgenommen werden könne, und schließlich erkannte er den seiner Meinung nach verdienten Vorwurf an, Zeit und Kraft leichtsinnig zu vergeuden.

„Das ist alles sehr schön!" rief Panschin endlich verärgert aus. „Sie sind also nach Rußland zurückgekehrt – was gedenken Sie nun zu tun?"

„Das Land zu pflügen", antwortete Lawrezki, „und mich zu bemühen, es möglichst gut zu pflügen."

„Das ist unstreitig sehr lobenswert", entgegnete Panschin, „und man hat mir erzählt, daß Sie bereits große Fortschritte auf diesem

Gebiet gemacht haben, aber Sie werden zugeben, daß sich nicht jeder für diese Art von Beschäftigung eignet."

„Une nature poétique"[1], fiel Marja Dmitrijewna ein, „kann natürlich nicht pflügen. Et puis[2] sind Sie, Wladimir Nikolajitsch, dazu berufen, alles en grand[3] zu tun."

Das war selbst Panschin zuviel. Er verlor den Faden und schlug ein anderes Thema an. Er versuchte, das Gespräch auf die Schönheit des Sternenhimmels, auf Schubertsche Musik zu lenken, aber es wollte keine Unterhaltung in Fluß kommen. Zu guter Letzt schlug er Marja Dmitrijewna vor, Pikett zu spielen.

„Wie! An einem solchen Abend?" wehrte sie schwach ab, ließ jedoch Karten bringen.

Panschin riß geräuschvoll ein neues Spiel Karten auf. Lisa und Lawrezki aber standen wie auf Verabredung auf und setzten sich zu Marfa Timofejewna. Es war ihnen mit einemmal so wohl zumute, daß sie sich beinahe davor fürchteten, miteinander allein zu bleiben, gleichzeitig aber fühlten, daß die Verwirrung, die in den letzten Tagen von ihnen Besitz ergriffen hatte, verschwunden war und nicht mehr wiederkehren würde. Die alte Dame tätschelte Lawrezki verstohlen die Wange, blinzelte ihm verschmitzt zu, wiegte ein paarmal den Kopf und flüsterte ihm zu: „Dem Klugschwätzer hast du's aber gegeben, vielen Dank." Im Zimmer war es still geworden; man hörte nur das leise Knistern der Wachskerzen und hin und wieder einen Ausruf, hörte, wie eine Hand auf den Tisch schlug oder wie Stiche gezählt wurden – durch die Fenster aber strömte, zusammen mit der taufrischen Kühle, der machtvolle, verwegen schmetternde Gesang der Nachtigall herein.

34

Lisa hatte, während sich Lawrezki und Panschin stritten, kein Wort gesagt; sie war dem Streit aber aufmerksam gefolgt und stand ganz auf Lawrezkis Seite. Politik interessierte sie herzlich wenig, doch der überhebliche Ton des weltmännischen Beamten – er hatte sich noch nie in dieser Weise geäußert – stieß sie ab; die Verachtung, die er Rußland entgegenbrachte, verletzte sie. Lisa war es nie in den Sinn gekommen, sich für eine Patriotin zu halten, aber sie fühlte sich unter den russischen Menschen zu Hause: Die russische Wesensart gefiel ihr. Sie konnte sich, wenn

1 (franz.) Eine poetische Natur. – 2 (franz.) Und dann. – 3 (franz.) im großen.

der Dorfälteste von ihrer Mutter Gut in die Stadt kam, stundenlang ungezwungen mit ihm unterhalten, und sie unterhielt sich mit ihm wie mit ihresgleichen – ohne jede herrschaftliche Herablassung. Lawrezki hatte das alles gespürt: Von sich aus hätte er Panschin nicht widersprochen – er sprach nur für Lisa. Sie hatten einander nichts gesagt, selbst ihre Augen waren sich nur selten begegnet, aber sie hatten beide begriffen, daß sie einander an diesem Abend sehr nahegekommen waren, daß sie beide ein und dasselbe liebten und nicht liebten. In einem nur gingen sie auseinander – doch Lisa hoffte im stillen, ihn zu Gott führen zu können.

Sie saßen neben Marfa Timofejewna und schienen ihrem Spiel zu folgen. Sie folgten ihm auch tatsächlich, aber zugleich schwoll beiden das Herz in der Brust, und nichts ging ihnen verloren: Für sie sang die Nachtigall, für sie funkelten die Sterne und raunten die Bäume, von Sommerwonne und Wärme in den Schlaf gewiegt. Lawrezki überließ sich ganz der Welle, die ihn mit sich fortzog, und empfand Freude; aber kein Wort vermag wiederzugeben, was in der reinen Seele des Mädchens vorging: Es war für sie selbst ein Geheimnis – so mag es denn auch für andere ein Geheimnis bleiben. Niemand weiß, niemand sah und wird jemals sehen, wie das zum Leben und Blühen auserkorene Samenkorn im Schoß der Erde schwillt und reift.

Es schlug zehn Uhr. Marfa Timofejewna begab sich mit Nastasja Karpowna nach oben; Lawrezki und Lisa gingen im Zimmer auf und ab, blieben vor der weit geöffneten Tür, die in den Garten führte, stehen und blickten in die dunkle Ferne. Dann sahen sie einander an und lächelten; es war, als müßten sie sich bei den Händen fassen und einander unendlich viel erzählen. Sie kehrten zu Marja Dmitrijewna und Panschin zurück, deren Pikettspiel sich in die Länge zog. Der letzte „König" war endlich gefallen, und die Hausherrin erhob sich seufzend und ächzend aus ihrem mit Kissen bepackten Sessel; Panschin nahm seinen Hut, küßte Marja Dmitrijewna die Hand und äußerte, daß manchen Glücklichen jetzt nichts daran hindere, schlafen zu gehen oder die Nacht zu genießen, während er bis zum Morgen über dummen Papieren sitzen müsse. Er verbeugte sich kühl vor Lisa (er hatte nicht erwartet, daß sie ihn als Antwort auf seinen Antrag bitten würde zu warten, und war ihr deshalb gram) und entfernte sich. Lawrezki folgte ihm. Am Tor trennten sie sich. Panschin weckte seinen Kutscher, indem er ihn mit der Spitze seines Spazierstockes in den

Hals stieß, setzte sich in den Wagen und fuhr davon. Lawrezki hatte keine Lust, nach Hause zu gehen; er wanderte zur Stadt hinaus, ins Freie. Die Nacht war still und hell, obgleich der Mond nicht schien. Lawrezki schlenderte lange durch das taufeuchte Gras, dann stieß er auf einen schmalen Fußpfad und ging ihn entlang. Der Pfad führte ihn zu einem langen Zaun und zu einer kleinen Pforte. Er versuchte, sie aufzustoßen, ohne selbst zu wissen, warum: Sie öffnete sich mit einem leisen Knarren, als hätte sie nur auf die Berührung seiner Hand gewartet. Lawrezki befand sich in einem Garten. Er ging ein paar Schritte eine Lindenallee entlang und blieb vor Erstaunen plötzlich stehen: Er hatte den Garten der Kalitins erkannt.

Er trat sofort in den schwarzen Schatten eines dichten Haselnußstrauches und stand lange unbeweglich da, verwundert und achselzuckend.

Das hat etwas zu bedeuten, dachte er.

Ringsum war alles still; vom Hause drang kein Laut zu ihm. Vorsichtig schritt er weiter. An einer Biegung der Allee sah ihn plötzlich das ganze Haus mit seiner dunklen Fassade an; nur in zwei Fenstern des oberen Stockwerks schimmerte Licht: In Lisas Zimmer brannte hinter dem weißen Vorhang eine Kerze, und in Marfa Timofejewnas Schlafgemach glomm mit schwacher, rötlicher Flamme das Lämpchen vor dem Heiligenbild und spiegelte sich mit ruhigem Widerschein in der goldenen Einfassung. Unten gähnte die weit geöffnete Tür, die zur Terrasse führte. Lawrezki setzte sich auf eine Holzbank, stützte den Kopf in die Hand und blickte bald auf diese Tür, bald auf Lisas Fenster. In der Stadt schlug es Mitternacht; auch im Haus zeigte eine kleine Uhr mit dünnem Klingen an, daß es zwölf war. Der Nachtwächter hieb in kurzen Abständen auf sein Brett. Lawrezki dachte an nichts und erwartete auch nichts; es war ihm angenehm, sich in Lisas Nähe zu wissen, in ihrem Garten auf einer Bank zu sitzen, auf der auch sie wohl schon oft gesessen hatte. Das Licht in Lisas Zimmer erlosch.

„Gute Nacht, mein liebes Mädchen", flüsterte Lawrezki und blieb unbeweglich sitzen, ohne den Blick von dem nun dunklen Fenster zu wenden.

Plötzlich zeigte sich in einem der Fenster des unteren Stockwerks ein Lichtschein, wanderte in ein zweites hinüber, in ein drittes ... Jemand ging mit einer Kerze durch die Zimmer. Vielleicht gar Lisa? Das konnte nicht sein! Lawrezki erhob sich. Im

Kerzenlicht leuchtete ein vertrautes Gesicht auf – im Salon erschien Lisa. In einem weißen Kleid, mit ungelösten, über die Schulter herabhängenden Flechten, trat sie leise an den Tisch, beugte sich darüber, stellte die Kerze hin und suchte etwas, dann wandte sie das Gesicht dem Garten zu, näherte sich der offenen Tür und blieb, ganz weiß, leicht und schlank, auf der Schwelle stehen. Ein Beben lief durch Lawrezkis Glieder.

„Lisa!" entschlüpfte es seinem Mund kaum vernehmbar.

Sie zuckte zusammen und starrte ins Dunkel.

„Lisa!" wiederholte Lawrezki lauter und trat aus dem Schatten der Allee.

Lisa hob erschrocken den Kopf und taumelte zurück: Sie hatte ihn erkannt. Er rief zum drittenmal ihren Namen und streckte die Arme nach ihr aus. Sie löste sich von der Tür und trat in den Garten.

„Sie?" brachte sie hervor. „Sie sind hier?"

„Ich ... ich ... Hören Sie mich an", flüsterte Lawrezki, ihre Hand ergreifend, und führte sie zu der Bank.

Sie folgte ihm widerstandslos; ihr bleiches Gesicht, ihre starren Augen, all ihre Bewegungen zeugten von unsagbarer Bestürzung. Lawrezki zog sie sanft auf die Bank und blieb selbst vor ihr stehen.

„Ich hatte nicht die Absicht hierherzukommen", begann er. „Es hat mich hergezogen. Ich ... ich ... ich liebe Sie", stieß er mit unwillkürlichem Entsetzen hervor.

Lisa richtete langsam den Blick auf ihn. Sie schien erst in diesem Augenblick zu begreifen, wo sie war und was mit ihr geschah. Sie wollte aufstehen, vermochte es aber nicht und bedeckte das Gesicht mit den Händen.

„Lisa", sagte Lawrezki. „Lisa", wiederholte er und kniete vor ihr nieder.

Ihre Schultern zuckten leicht; die Finger ihrer blassen Hände preßten sich fester an das Gesicht.

„Was haben Sie?" fragte Lawrezki und vernahm ein leises Schluchzen. Er erschauerte; er hatte begriffen, was diese Tränen bedeuteten. „Sie lieben mich wirklich?" flüsterte er und berührte ihre Knie.

„Stehen Sie auf", ertönte ihre Stimme, „stehen Sie auf, Fjodor Iwanytsch. Was tun wir beide da?"

Er erhob sich und setzte sich neben sie auf die Bank. Sie weinte nicht mehr, sondern sah ihn mit ihren feuchten Augen aufmerksam an.

„Mir ist bange. Was tun wir da?“ wiederholte sie.

„Ich liebe Sie“, sagte er abermals. „Ich bin bereit, Ihnen mein ganzes Leben zu schenken.“

Wieder zuckte sie zusammen, als hätte sie irgend etwas gebissen, und hob den Blick zum Himmel empor.

„Das liegt alles in Gottes Hand“, sagte sie.

„Aber Sie lieben mich, Lisa? Wir werden glücklich sein?“

Sie schlug die Augen nieder. Er zog sie leise an sich, und ihr Kopf sank an seine Schulter. Er neigte seinen Kopf ein wenig und berührte ihre bleichen Lippen.

Eine halbe Stunde später stand Lawrezki schon an der Gartenpforte. Er fand sie verschlossen und war gezwungen, über den Zaun zu springen. Er kehrte in die Stadt zurück und ging durch die schlafenden Straßen. Eine unverhoffte große Freude erfüllte sein Herz; alle Zweifel waren in ihm erstorben. Weiche von mir, Vergangenheit, düsteres Gespenst, dachte er. Sie liebt mich, sie wird mein sein.

Plötzlich kam es ihm vor, als breiteten sich über ihm in der Luft wunderbare, feierliche Klänge aus. Er blieb stehen: Die Klänge wurden noch herrlicher; in melodischer, mächtiger Flut strömten sie dahin, und in ihnen, so glaubte er, sprach und sang sein ganzes Glück. Er blickte um sich: Die Töne drangen aus den beiden oberen Fenstern eines kleinen Hauses.

„Lemm!“ rief Lawrezki und eilte auf das Haus zu. „Lemm! Lemm!“ wiederholte er laut.

Die Töne erstarben, und die Gestalt des Alten zeigte sich im Schlafrock, mit entblößter Brust und zerwühltem Haar am Fenster.

„Aha!“ sagte er würdevoll. „Sie sind es?“

„Christophor Fjodorytsch, was ist das für eine wunderbare Musik! Um Gottes willen, lassen Sie mich ein.“

Ohne ein Wort zu sagen, warf der Alte mit majestätischer Gebärde den Hausschlüssel auf die Straße. Lawrezki stieg eilends die Treppe hinauf, trat ins Zimmer und wollte auf Lemm zustürzen, doch dieser wies gebieterisch auf einen Stuhl und sagte abgehackt auf russisch: „Setzen und zuhören!“ Er selbst setzte sich ans Klavier, blickte stolz und streng um sich und begann zu spielen. Schon lange hatte Lawrezki nichts Ähnliches gehört: Die süße, leidenschaftliche Melodie nahm schon mit den ersten Tönen sein Herz gefangen; sie strahlte, sie brannte vor Begeisterung, Glück und Schönheit, sie schwoll an und schmolz dahin; sie rührte an alles, was es auf Erden Teures, Geheimnisvolles, Heiliges gibt; sie atmete unsterbliche Traurigkeit und verlor sich ersterbend in Himmelshöhen. Lawrezki hatte sich erhoben und stand starr und bleich vor Entzücken da – so tief drangen diese Töne in seine eben erst vom Glück der Liebe erschütterte Seele; sie glühten selbst vor Liebe.

„Noch einmal", flüsterte er, kaum daß der letzte Akkord verklungen war.

Der Alte warf einen Adlerblick auf ihn, schlug sich mit der Hand an die Brust und sagte langsam in seiner Muttersprache:

„Das habe ich gemacht, denn ich bin ein großer Musiker." Dann spielte er seine wundervolle Komposition noch einmal. Im Zimmer brannten keine Kerzen; das Licht des aufgehenden Mondes fiel schräg durch die Fenster; melodisch erzitterte die empfindsame Nachtluft; die kleine, ärmliche Stube schien ein Heiligtum zu sein, und erhaben und entrückt erschien in dem silbrigen Halbdunkel der Kopf des Alten. Lawrezki trat auf ihn zu und umarmte ihn. Anfangs erwiderte Lemm seine Umarmung nicht und wollte sich ihrer sogar mit dem Ellbogen erwehren. Lange blickte er, ohne ein Glied zu rühren, unverändert streng, fast hart drein und brummte nur ein paarmal: „Aha!" Schließlich aber wurde sein verwandeltes Gesicht ruhiger, es entspannte sich, und als Antwort auf die heißen Glückwünsche Lawrezkis lächelte er erst ein wenig, dann brach er in Tränen aus und schluchzte leise wie ein Kind.

„Es ist merkwürdig", sagte er, „daß Sie gerade jetzt gekommen sind. Aber ich weiß, ich weiß alles."

„Sie wissen alles?" fragte Lawrezki verwirrt.

„Sie haben mich gehört", erwiderte Lemm. „Haben Sie denn nicht begriffen, daß ich alles weiß?"

Lawrezki konnte bis zum Morgen nicht einschlafen. Er saß die ganze Nacht hindurch auf seinem Bett. Auch Lisa schlief nicht. Sie betete.

35

Der Leser weiß, wie Lawrezki aufwuchs und sich entwickelte. Nun wollen wir einige Worte über Lisas Erziehung sagen. Sie war zehn Jahre alt, als ihr Vater starb, doch er hatte sich wenig um sie gekümmert. Mit Geschäften überhäuft, beständig um das Anwachsen seines Vermögens besorgt, gallig, schroff und ungeduldig, gab er, ohne zu knausern, Geld für Lehrer und Erzieher, für Kleidung und sonstige Bedürfnisse der Kinder her, aber er brachte nicht die Geduld auf, „sich mit den Schreihälsen abzugeben", wie er sich ausdrückte – und er hatte auch gar keine Zeit, sich mit ihnen abzugeben: Er arbeitete, plagte sich mit Geschäften ab, schlief wenig, spielte bisweilen Karten und arbeitete wieder. Er pflegte sich selbst mit einem Pferd zu vergleichen, das in eine Dreschmaschine eingespannt ist. „Ein bißchen zu schnell ist mein Leben abgelaufen", sagte er auf seinem Sterbelager mit einem bitteren Lächeln auf den ausgedörrten Lippen. Marja Dmitrijewna hatte sich im Grunde nicht viel mehr als ihr Mann um Lisa gekümmert, obwohl sie sich vor Lawrezki rühmte, ihre Kinder allein erzogen zu haben: Sie kleidete Lisa wie eine Puppe, strich ihr, wenn Besuch da war, über den Kopf und nannte sie ein kluges Kind und Seelchen. Das war alles gewesen – jede anhaltende Fürsorge ermüdete die bequeme Dame. Zu Lebzeiten ihres Vaters befand sich Lisa in der Obhut einer Gouvernante, eines Fräuleins Moreau aus Paris; nach seinem Tode wurde sie Marfa Timofejewna anvertraut. Marfa Timofejewna kennt der Leser bereits; das Fräulein Moreau aber war ein winziges, vertrocknetes Wesen mit vogelartigen Bewegungen und einem Vogelverstand. In ihrer Jugend hatte sie ein recht lockeres Leben geführt; auf ihre alten Tage jedoch waren ihr nur zwei Leidenschaften geblieben – Näschereien und Karten. Wenn sie satt war, nicht Karten spielte und nicht schwatzte, nahm ihr Gesicht sogleich einen leichenähnlichen Ausdruck an: Sie saß dann da, starrte vor sich hin und atmete. Man sah, daß ihr kein einziger Gedanke durch den Kopf ging. Sie war nicht einmal gut zu nennen: Vögel können doch nicht gut sein. War es eine Folge ihrer leichtlebig verbrachten Jugend, oder lag es an der Pariser Luft, die sie von Kindheit an eingeatmet hatte, jedenfalls hatte sich in ihr so etwas wie ein allgemeiner und ziemlich billiger Skeptizismus eingenistet, der sich gewöhnlich in den Worten „Tout ça c'est des bêtises"[1] äußerte. Sie sprach nicht ganz korrekt, aber reinsten Pariser Jargon; sie klatschte nicht und war auch nicht launisch – was kann man von einer Gouvernante mehr verlangen? Auf Lisa hatte sie wenig Einfluß; um so stärker war der Einfluß der Kinderfrau Agafja Wlasjewna auf Lisa.

Das Schicksal dieser Frau war bemerkenswert. Sie stammte aus einer Bauernfamilie; mit sechzehn Jahren wurde sie an einen Bauern verheiratet; sie unterschied sich indessen auffallend von ihren

1 (franz.) Das sind alles Dummheiten.

bäuerlichen Schwestern. Ihr Vater war zwanzig Jahre lang Dorfältester gewesen, hatte viel Geld zusammengespart und verwöhnte sie. Sie war eine außergewöhnliche Schönheit, das putzsüchtigste Mädchen in der ganzen Gegend, klug, redegewandt und keck. Ihr Gutsherr, Dmitri Pestow, der Vater Marja Dmitrijewnas, ein bescheidener und stiller Mann, erblickte sie einmal beim Dreschen, zog sie in ein Gespräch und verliebte sich leidenschaftlich in sie. Bald darauf wurde sie Witwe; Pestow nahm sie, obwohl er verheiratet war, zu sich ins Haus und kleidete sie nach der Art des Gutsgesindes. Agafja fand sich sofort in ihrer neuen Lage zurecht – als hätte sie nie anders gelebt. Ihre Haut wurde weißer, ihre Gestalt fülliger; ihre Arme wurden unter den Musselinärmeln zart wie bei einer Kaufmannsfrau; der Samowar kam nicht mehr vom Tisch herunter; außer Samt und Seide wollte sie nichts mehr tragen, und sie schlief nur noch auf Daunenpfühlen. Fünf Jahre währte dieses glückselige Leben, aber da starb Dmitri Pestow. Seine Witwe, eine gutmütige Herrin, wollte aus Rücksicht auf das Andenken des Verstorbenen mit ihrer Nebenbuhlerin nicht ungebührlich streng verfahren, zumal sich Agafja ihr gegenüber nie etwas herausgenommen hatte. Dennoch verheiratete sie sie mit einem Viehknecht und verbannte sie aus dem Haus, damit sie ihr aus den Augen kam. Es vergingen drei Jahre. Da besuchte einmal an einem heißen Sommertag die Gutsherrin ihren Viehhof. Agafja bewirtete sie mit so köstlicher kalter Sahne, war so bescheiden und sauber und ordentlich, so heiter und zufrieden, daß die Herrin ihr vergab und ihr erlaubte, das Herrenhaus wieder zu betreten; und nach sechs Monaten hatte sie ein solches Zutrauen zu ihr gefaßt, daß sie sie zur Wirtschafterin machte und ihr die gesamte Haushaltsführung übertrug. Agafja war wieder zu Macht und Ansehen gekommen. Ihre Gestalt wurde wieder füllig, ihre Haut weiß. Die Herrin vertraute ihr völlig. So vergingen weitere fünf Jahre. Da brach das Unglück zum zweitenmal über Agafja herein. Ihr Mann, dem sie den Posten eines Lakaien verschafft hatte, fing an zu trinken, war oft nicht da, wenn man ihn brauchte, und stahl zuletzt sechs herrschaftliche silberne Löffel, die er einstweilen in der Truhe seiner Frau versteckte. Das kam heraus. Er wurde wieder Viehknecht, und Agafja fiel in Ungnade. Sie wurde zwar nicht aus dem Hause gejagt, doch ihres Amtes als Wirtschafterin enthoben und zur Näherin gemacht. Statt einer Haube mußte sie ein Kopftuch tragen. Zum Erstaunen aller nahm Agafja den Schlag, der sie getroffen hatte, mit demütiger Ergebung hin. Sie war damals schon über dreißig Jahre, ihre Kinder waren alle gestorben, und ihr Mann hatte nicht mehr lange zu leben. Es war an der Zeit für sie, in sich zu gehen, und sie ging in sich. Sie wurde sehr schweigsam und fromm, versäumte keine Frühmesse, keine Vesper und verschenkte alle ihre guten Kleider. So verbrachte sie fünfzehn Jahre still, demütig und ehrbar, zankte sich mit niemandem und gab stets nach. Sagte ihr jemand Grobheiten, so verneigte sie sich nur und dankte für die Belehrung. Die Herrin hatte ihr längst verziehen, sie wieder in Gnaden aufgenommen und ihr eine von ihren eigenen Hauben geschenkt, aber Agafja wollte ihr Kopftuch nicht ablegen und ging immer dunkel gekleidet. Nach dem Tode der Herrin wurde sie noch stiller und demütiger. Der Russe fürchtet sich leicht und faßt leicht Zutrauen, aber es ist schwer, sich seine Achtung zu erwerben: Er schenkt sie nicht so bald und nicht jedem. Agafja wurde von allen im Hause sehr geachtet, niemand gedachte ihrer früheren Sünden – als wären sie zusammen mit dem alten Gutsherrn ins Grab gesenkt worden.

Als Kalitin Marja Dmitrijewnas Gatte geworden war, wollte er eigentlich Agafja die Hauswirtschaft übertragen, doch sie lehnte „wegen der Versuchung“ ab. Er schrie sie an, sie aber verbeugte sich nur tief und ging hinaus. Der kluge Kalitin verstand sich auf Menschen; er verstand auch Agafja und vergaß sie nicht. Als er in die Stadt übergesiedelt war, machte er sie mit ihrer Zustimmung zur Kinderfrau Lisas, die damals gerade vier Jahre alt geworden war.

Das ernste und strenge Gesicht der neuen Kinderfrau erschreckte Lisa anfangs, doch sie gewöhnte sich bald an sie und gewann sie sehr lieb. Sie selbst war ein ernstes Kind. Ihre Züge erinnerten an das scharfgeschnittene, regelmäßige Gesicht Kalitins; nur die Augen hatte sie nicht vom Vater – sie leuchteten vor stiller Aufmerksamkeit und Güte, wie man es bei Kindern selten findet. Sie spielte nicht gern mit Puppen; sie lachte nie laut und nie lange und benahm sich sehr artig. Sie versank nicht oft in Nachdenken, aber wenn es geschah, dann selten ohne Grund; hatte sie eine Zeitlang geschwiegen, wandte sie sich dann gewöhnlich an irgendeine ältere Person mit einer Frage, die erkennen ließ, daß ihr Kopf einen neuen Eindruck verarbeitete. Sie legte sehr bald die kindliche Sprechweise ab und sprach schon im vierten Lebensjahr die Worte vollkommen rein aus. Vor ihrem Vater fürchtete sie sich, und das Gefühl, das sie ihrer Mutter entgegenbrachte, war nicht genau zu benennen – sie fürchtete sich nicht vor ihr, umschmeichelte sie aber auch nicht; übrigens umschmeichelte sie auch Agafja nicht, obgleich sie nur diese liebhatte. Agafja wich ihr nicht von der Seite. Sie waren seltsam anzusehen. Agafja saß, ganz in Schwarz, ein dunkles Tuch um den Kopf, mit ihrem abgemagerten, wie Wachs durchsichtigen, aber immer noch schönen und ausdrucksvollen Gesicht meistens kerzengerade da und strickte an einem Strumpf; zu ihren Füßen saß auf einem Stühlchen Lisa, die sich ebenfalls mit einer Handarbeit beschäftigte oder, die klaren Augen ernst erhoben, Agafja zuhörte, die ihr etwas erzählte. Agafja erzählte ihr jedoch keine Märchen: Mit ruhiger, gleichmäßiger Stimme erzählte sie vom Leben der heiligen Jungfrau, vom Leben der Einsiedler, der Knechte Gottes, der heiligen Märtyrerinnen. Sie schilderte Lisa, wie die Heiligen in Wüsten lebten, wie sie Buße taten, Hunger und Not litten und sich vor den Herrschern nicht fürchteten, sondern sich zu Christus bekannten, wie ihnen die Vögel des Himmels Nahrung brachten und die wilden Tiere ihnen gehorchten und wie an den Orten, wo ihr Blut geflossen war, Blumen sprossen. „Goldlack?" fragte Lisa einmal, die Blumen sehr liebte. Agafja sprach mit Lisa ernst und voll Demut, als fühlte sie, daß es ihr nicht zukomme, so hohe und heilige Worte auszusprechen. Lisa hörte ihr zu, und das Bild des allgegenwärtigen, allwissenden Gottes prägte sich ihr mit sanfter Gewalt ein, erfüllte sie mit reiner, andächtiger Furcht. Christus aber kam ihr nah, wurde ihr vertraut, beinahe verwandt. Agafja hatte sie auch beten gelehrt. Manchmal weckte sie Lisa früh im Morgengrauen, kleidete sie eilig an und führte sie heimlich zur Frühmesse. Lisa ging auf den Zehenspitzen hinter ihr her und wagte kaum zu atmen. Die Kälte und das schummrige Licht des Morgens, die Kühle und Leere der Kirche, das Geheimnisvolle dieser überraschenden Ausflüge, die vorsichtige Rückkehr ins Haus, in ihr Bettchen – dieses ganze Gemisch von Verbotenem, Seltsamem, Heiligem erschütterte die Kleine und drang tief in sie ein. Agafja verurteilte niemals jemanden und schalt Lisa nie wegen einer Unart. Wenn sie mit etwas unzufrieden war, schwieg sie nur, und Lisa verstand dieses Schweigen. Mit dem Scharfblick des Kindes verstand sie ebensogut, wenn Agafja mit anderen unzufrieden war – mochte es Marja Dmitrijewna oder Kalitin selbst sein. Agafja betreute Lisa etwas mehr als drei Jahre, dann löste Fräulein Moreau sie ab. Aber die leichtfertige Französin mit ihrer nüchternen Art und ihrem Ausruf: „Tout ça c'est des bêtises" konnte die geliebte Kinderfrau nicht aus Lisas Herzen verdrängen. Der Samen, den sie gesät, hatte zu tiefe Wurzeln geschlagen. Außerdem blieb Agafja, wenn sie auch Lisa nicht mehr betreute, im Haus und begegnete oft ihrem Zögling, der ihr noch ebenso vertraute wie ehedem.

Agafja vertrug sich jedoch mit Marfa Timofejewna nicht, als diese in das Kalitinsche Haus übersiedelte. Die strenge Würde der einstigen „Bauerndirne" gefiel der unduldsamen und eigenwilligen alten Dame nicht. Agafja erbat sich die Erlaubnis, eine Wallfahrt unternehmen zu dürfen, und kehrte nicht zurück. Es gingen dunkle Gerüchte um, sie habe sich in ein Einsiedlerkloster der Raskolniki zurückgezogen. Aber die Spur, die sie in Lisas Seele zurückgelassen hatte, verwischte sich nicht. Lisa ging nach wie vor zum Gottesdienst wie zu einem Fest, betete voller Wonne, mit einer gewissen verhaltenen und schamhaften Inbrunst, worüber sich Marja Dmitrijewna im stillen nicht wenig wunderte; und selbst Marfa Timofejewna, die Lisa sonst keinerlei Beschränkungen auferlegte, bemühte sich, ihren Eifer zu dämpfen, und erlaubte ihr nicht, sich unnötig tief zu verbeugen – das seien keine herrschaftlichen Manieren. Lisa lernte gut, das heißt fleißig, denn mit besonders glänzenden Fähigkeiten und besonders scharfem Verstand hatte Gott sie nicht ausgestattet. Es flog ihr nichts mühelos zu. Sie spielte gut Klavier, doch nur Lemm wußte, was sie das gekostet hatte. Sie las nicht viel; „eigene Worte" hatte sie nicht, aber sie hatte eigene Gedanken und ging ihren eigenen Weg. Nicht umsonst war sie ihrem Vater ähnlich; auch er hatte andere nicht gefragt, was er tun und lassen solle. So wuchs sie auf, in Ruhe und Frieden, und so erreichte sie ihr neunzehntes Lebensjahr. Sie war sehr lieblich, ohne es selbst zu wissen. Aus jeder ihrer Bewegungen sprach unbewußte, ein wenig unbeholfene Grazie; ihre Stimme besaß den Silberklang unberührter Jugend; schon die kleinste Freude lockte ein anziehendes Lächeln auf ihre Lippen und verlieh ihren aufleuchtenden Augen einen tiefen Glanz und einen gewissen verborgenen Liebreiz. Ganz von Pflichtgefühl durchdrungen und von der Furcht, jemanden, wer es auch sein mochte, zu verletzen, liebte sie mit ihrem guten und sanften Herzen einen jeden, doch niemanden im besonderen; nur Gott allein liebte sie heiß, scheu und innig. Lawrezki war der erste, der ihr die Seelenruhe geraubt hatte.

So war Lisa.

36

Am nächsten Tag begab sich Lawrezki um die Mittagsstunde zu den Kalitins. Unterwegs begegnete er Panschin, der zu Pferde an ihm vorübersprengte, den Hut tief in die Stirn gedrückt. Bei den Kalitins wurde Lawrezki nicht empfangen – zum erstenmal, seit er mit ihnen bekannt war. Marja Dmitrijewna „geruhen zu schlafen", meldete der Kammerdiener, „ihnen" tue der Kopf weh. Marfa Timofejewna und Lisaweta Michailowna seien nicht zu Hause. In der vagen Hoffnung, Lisa doch noch zu treffen, ging Lawrezki eine Zeitlang in der Nähe des Gartens auf und ab, doch er sah niemanden. Zwei Stunden später kam er wieder und erhielt die gleiche Antwort, wobei ihn der Diener etwas schief ansah. Lawrezki hielt es für unschicklich, am selben Tag ein drittes Mal vorzusprechen, und entschloß sich, nach Wassiljewskoje zu fahren, wo er ohnehin zu tun hatte. Unterwegs schmiedete er verschiedene Pläne, einen schöner als den anderen, aber auf dem Gütchen seiner Tante überkam ihn Wehmut. Er knüpfte ein Gespräch mit Anton an, doch der Alte hatte, wie zum Trotz, lauter unfrohe Gedanken im Kopf. Er erzählte Lawrezki, wie sich Glafira Petrowna vor ihrem Tode selbst in die Hand gebissen hatte, und sagte dann nach einer Weile seufzend: „Jeder Mensch, gnädiger Herr, ist sich selbst zum Auffressen ausgeliefert." Es war schon spät, als sich Lawrezki auf den Rückweg machte. Die Töne vom vorhergehenden Tag umfingen ihn wieder; vor seinen Augen erstand in seiner ganzen sanften Klarheit Lisas Bild; Rührung ergriff ihn bei dem Gedanken, daß sie ihn liebte – und ruhig und glücklich kam er bei seinem kleinen Haus in der Stadt an.

Das erste, was ihm auffiel, als er das Vorzimmer betrat, war der Duft von Patschuli, der ihm äußerst zuwider war. Auch standen große Truhen und Reisekoffer herum. Das Gesicht des Kammerdieners, der ihm entgegeneilte, kam ihm sonderbar vor. Ohne über seine Eindrücke nachzudenken, trat er über die Schwelle des Salons. Vom Diwan erhob sich eine Dame in einem schwarzseidenen Kleid mit Volants. Ein Batisttüchlein an ihr blasses Gesicht führend, machte sie einige Schritte auf ihn zu, neigte den sorgfältig frisierten und parfümierten Kopf und fiel ihm zu Füßen. Erst jetzt erkannte er sie: Diese Dame war seine Frau. Ihm stockte der Atem. Er lehnte sich an die Wand.

„Théodore, jagen Sie mich nicht fort!" sagte sie auf französisch, und ihre Stimme schnitt ihm wie ein Messer ins Herz.

Verständnislos blickte er sie an, gewahrte jedoch sofort unwillkürlich, daß sie blasser und voller geworden war.

„Théodore“, fuhr sie fort, wobei sie hin und wieder rasch die Augen aufschlug und vorsichtig ihre bewundernswert schönen Hände mit den rosigen, polierten Fingernägeln rang. „Théodore, ich habe Ihnen gegenüber eine Schuld auf mich geladen, eine schwere Schuld, ja, ich sage mehr noch, ich bin eine Verbrecherin, aber hören Sie mich an. Die Reue quält mich; ich bin mir selbst zur Last geworden. Ich konnte meine Lage nicht mehr ertragen. Wie oft schon wollte ich mich an Sie wenden, doch ich fürchtete Ihren Zorn. Ich entschloß mich, alles, was mich mit der Vergangenheit verbindet, zu zerreißen. Puis, j'ai été si malade, ich war so krank“, fügte sie hinzu und fuhr sich mit der Hand über Stirn und Wange. „Ich machte mir das in Umlauf gebrachte Gerücht von meinem Tode zunutze und ließ alles im Stich. Ohne mich irgendwo aufzuhalten, bin ich Tag und Nacht hierher geeilt. Ich habe lange gezögert, vor Sie, meinen Richter, zu treten – paraître devant vous, mon juge, aber endlich entschloß ich mich, Ihrer immerwährenden Güte gedenkend, zu Ihnen zu reisen. Ihre Adresse erfuhr ich in Moskau. Glauben Sie mir“, fuhr sie fort, während sie sich behutsam vom Fußboden erhob und auf den äußersten Rand eines Sessels setzte, „ich habe oft an den Tod gedacht, und ich hätte auch genügend Mut aufgebracht, mir das Leben zu nehmen – ach, das Leben ist jetzt eine unerträgliche Bürde für mich! –, aber der Gedanke an meine Tochter, an meine Adotschka, hat mich zurückgehalten. Sie ist hier, sie schläft im Zimmer nebenan, das arme Kind! Sie war so müde – Sie werden sie sehen. Sie wenigstens ist Ihnen gegenüber nicht schuldig, aber ich bin so unglücklich, so unglücklich!“ rief Frau Lawrezkaja aus und zerfloß in Tränen.

Lawrezki kam endlich zu sich. Er löste sich von der Wand und ging auf die Tür zu.

„Sie wollen fort?“ fragte seine Frau verzweifelt. „Oh, das ist grausam! Ohne mir ein einziges Wort zu sagen, selbst ohne einen Vorwurf … Diese Verachtung tötet mich. Das ist entsetzlich!“

Lawrezki blieb stehen.

„Was wollen Sie von mir hören?“ fragte er tonlos.

„Nichts, nichts“, fiel sie ihm lebhaft ins Wort. „Ich weiß, ich habe kein Recht, etwas zu fordern. Ich bin nicht von Sinnen, glauben Sie mir. Ich habe nicht die Hoffnung, ich wage nicht, die

Hoffnung zu haben, daß Sie mir verzeihen; ich erkühne mich nur, Sie zu bitten, daß Sie mir befehlen, was ich tun und wo ich leben soll. Ich werde wie eine Sklavin Ihren Befehl ausführen, wie er auch lauten möge."

„Ich habe Ihnen nichts zu befehlen", erwiderte Lawrezki im gleichen Ton wie zuvor. „Sie wissen, zwischen uns ist alles aus – jetzt mehr denn je. Sie können leben, wo es Ihnen beliebt; und wenn Ihnen Ihre Pension zu gering sein sollte ..."

„Ach, sprechen Sie nicht so schreckliche Worte", unterbrach ihn Warwara Pawlowna, „schonen Sie mich, sei es auch ... sei es auch nur um dieses Engels willen."

Kaum hatte Warwara Pawlowna diese Worte gesagt, lief sie hastig ins Nebenzimmer und kehrte gleich darauf mit einem sehr elegant gekleideten kleinen Mädchen auf den Armen zurück. Üppige dunkelblonde Locken fiel ihm in das hübsche, rotwangige Gesicht und über die großen, schwarzen, verschlafenen Augen. Sie lächelte, blinzelte, vom Licht geblendet, und stemmte das rundliche Händchen gegen den Hals der Mutter.

„Ada, vois, c'est ton père"[1], sagte Warwara Pawlowna, während sie dem Kind die Locken aus den Augen strich und es heftig küßte. „Prie le avec moi."[2]

„C'est ça, papa"[3], lispelte das Mädchen.

„Oui, mon enfant, n'est-ce pas, que tu l'aimes?"[4]

Da wurde es Lawrezki zuviel.

„In welchem Melodrama kommt doch gleich genauso eine Szene vor?" murmelte er und ging hinaus.

Warwara Pawlowna blieb noch einige Zeit auf demselben Fleck stehen, dann zuckte sie leicht die Achseln, trug die Kleine in das andere Zimmer zurück, kleidete sie aus und legte sie schlafen. Danach holte sie ein Buch hervor, setzte sich an die Lampe, wartete etwa eine Stunde und ging schließlich selbst zu Bett.

„Eh bien, madame?"[5] fragte ihre Zofe, eine Französin, die sie aus Paris mitgebracht hatte, während sie ihr das Korsett aufschnürte.

„Eh bien, Justine", erwiderte sie. „Er ist sehr gealtert, aber mir scheint, er ist noch genauso gutherzig wie früher. Geben Sie mir die Nachthandschuhe und legen Sie mir für morgen das hochgeschlossene graue Kleid zurecht. Vergessen Sie auch nicht die

1 (franz.) Ada, sieh, das ist dein Vater. – 2 (franz.) Bitte ihn mit mir. – 3 (franz.) So ist es, Papa. – 4 (franz.) Ja, mein Kind, nicht wahr, du hast ihn lieb? – 5 (franz.) Nun, wie war es, gnädige Frau?

Hammelkoteletts für Ada – sie werden hier schwer zu bekommen sein, aber man muß sich eben Mühe geben."

„A la guerre comme à la guerre"[1], meinte Justine und löschte die Kerze aus.

37

Mehr als zwei Stunden irrte Lawrezki in den Straßen der Stadt umher. Ihm kam die Nacht in den Sinn, die er in der Umgebung von Paris verbracht hatte. Das Herz wollte ihm zerspringen, und in seinem Kopf, der leer und wie betäubt war, kreisten immerfort ein und dieselben finsteren, unsinnigen, bösen Gedanken. „Sie lebt, sie ist hier", murmelte er mit ständig sich erneuernder Bestürzung. Er fühlte, daß er Lisa verloren hatte. Der Zorn würgte ihn – allzu jäh hatte ihn dieser Schlag getroffen. Wie hatte er nur einem albernen Feuilletongeschwätz, einem Fetzen Papier so leichtfertig Glauben schenken können? Nun, und wenn ich es nicht geglaubt hätte, dachte er, was wäre der Unterschied? Dann wüßte ich nicht, daß Lisa mich liebt, und sie selbst wüßte es auch nicht. Er vermochte nicht, das Bild, die Stimme, die Blicke seiner Frau von sich zu scheuchen, und er verfluchte sich, verfluchte alles auf der Welt.

Zerquält kam er gegen Morgen zu Lemm. Er mußte lange klopfen, bis sich am Fenster endlich der mit einer Schlafmütze bedeckte Kopf des Alten zeigte, ein saures, runzliges Gesicht, nicht im mindesten mehr jenem vor schöpferischer Begeisterung strengen Gesicht ähnlich, das vierundzwanzig Stunden vorher von der ganzen Höhe seiner künstlerischen Erhabenheit herab gebieterisch auf Lawrezki geblickt hatte.

„Was wollen Sie von mir?" fragte Lemm. „Ich kann nicht jede Nacht spielen; ich habe einen Absud eingenommen."

Aber offenbar sah Lawrezkis Gesicht sehr sonderbar aus, denn der Alte schirmte mit den Händen seine Augen ab, blickte sich seinen nächtlichen Besucher genauer an und ließ ihn ein.

Lawrezki trat ins Zimmer und sank auf einen Stuhl. Der Alte blieb vor ihm stehen und schlug die Schöße seines bunten, abgetragenen Schlafrockes übereinander, wobei er sich zusammenkrümmte und die Lippen kauend bewegte.

„Meine Frau ist gekommen", sagte Lawrezki, hob den Kopf und mußte plötzlich gegen seinen Willen laut auflachen.

1 (franz.) Krieg ist Krieg.

Lemms Gesicht drückte Erstaunen aus, aber er lächelte nicht, sondern hüllte sich nur noch fester in seinen Schlafrock.

„Aber Sie wissen ja nicht", fuhr Lawrezki fort, „ich bildete mir ein … Ich hatte in der Zeitung gelesen, daß sie nicht mehr am Leben sei."

„Oh, oh, das hatten Sie vor kurzem gelesen?" fragte Lemm Lawrezki.

„Ja, vor kurzem."

„Oh, oh", wiederholte der Alte und zog die Augenbrauen hoch. „Und nun ist sie gekommen?"

„Ja, sie ist gekommen. Sie ist jetzt bei mir, und ich … ich bin ein unglücklicher Mensch."

Und wieder lachte er bitter.

„Sie sind ein unglücklicher Mensch", wiederholte Lemm langsam.

„Christophor Fjodorytsch", begann Lawrezki, „würden Sie es übernehmen, ein kurzes Briefchen zu überbringen?"

„Hm. Darf man fragen, an wen?"

„An Lisaw …"

„Ah, ja, ja, ich verstehe. Gut. Und wann soll das Briefchen überbracht werden?"

„Morgen, so früh wie möglich."

„Hm. Ich könnte Katrin schicken, meine Köchin. Nein, ich werde selbst hingehen."

„Und werden Sie mir Antwort bringen?"

„Ja, ich bringe Ihnen Antwort." Lemm seufzte. „Ja, mein armer junger Freund, Sie sind wirklich ein unglücklicher junger Mensch."

Lawrezki schrieb ein paar Worte an Lisa: Er teilte ihr die Ankunft seiner Frau mit und bat sie um ein Zusammentreffen. Dann warf er sich auf den schmalen Diwan, das Gesicht zur Wand gekehrt.

Der Alte legte sich wieder zu Bett, wälzte sich lange hin und her, hustete und trank ab und zu einige Schlucke von seinem Absud.

Der Morgen brach an. Beide erhoben sich. Mit sonderbaren Blicken beobachteten sie einander. Lawrezki hätte sich in diesem Augenblick am liebsten umgebracht. Die Köchin Katrin brachte ihnen einen abscheulichen Kaffee. Es schlug acht Uhr. Lemm setzte seinen Hut auf, sagte, daß er bei den Kalitins zwar erst um zehn Uhr eine Stunde gebe, aber schon einen passenden Vorwand finden werde, und machte sich auf den Weg. Lawrezki warf sich wieder auf den kleinen Diwan, und wieder brach aus dem Grunde seiner Seele ein schmerzliches Lachen. Er dachte daran, wie ihn seine Frau aus dem Hause vertrieben hatte, er stellte sich Lisas Lage vor, schloß die Augen und verschränkte die Hände hinter dem Kopf. Endlich kehrte Lemm zurück und brachte ihm einen Zettel, auf den Lisa mit Bleistift folgende Worte geschrieben hatte: „Wir können uns heute nicht sehen; vielleicht morgen abend. Leben Sie wohl." Trocken und zerstreut bedankte sich Lawrezki bei Lemm und ging nach Hause.

Er traf seine Frau beim Frühstück an. Ada, die den ganzen Kopf voller Löckchen hatte und ein weißes Kleid mit blauen Bändern trug, aß ein Hammelkotelett. Warwara Pawlowna stand sofort auf, als Lawrezki ins Zimmer trat, und näherte sich ihm mit demütiger Miene. Er bat sie, ihm in sein Kabinett zu folgen, schloß die Tür hinter sich und ging im Zimmer auf und ab; sie setzte sich, legte bescheiden die Hände übereinander und folgte ihm mit ihren immer noch schönen, wenn auch leicht untermalten Augen.

Lawrezki vermochte lange kein Wort hervorzubringen: Er fühlte, daß er sich nicht in der Gewalt hatte. Er erkannte deutlich, daß Warwara Pawlowna keinerlei Furcht vor ihm empfand, aber Miene machte, in Ohnmacht zu fallen.

„Hören Sie, gnädige Frau", begann er endlich, schwer atmend und bisweilen die Zähne zusammenbeißend, „wir brauchen einander nichts vorzumachen. Ich glaube nicht an Ihre Reue, doch selbst wenn sie aufrichtig wäre – mich mit Ihnen wieder verbinden, wieder mit Ihnen leben, das kann ich nicht."

Warwara Pawlowna preßte die Lippen aufeinander und senkte die Lider. Das ist Abscheu, dachte sie, es ist alles aus. Ich bedeute ihm auch als Frau nichts mehr.

„Das kann ich nicht", wiederholte Lawrezki und knöpfte seinen Rock bis oben zu. „Ich weiß nicht, weshalb Sie sich hierher bemüht haben; vermutlich ist Ihnen das Geld ausgegangen."

„Oh! Sie beleidigen mich", flüsterte Warwara Pawlowna.

„Wie dem auch sei – Sie sind nun einmal, leider, meine Frau. Ich kann Sie nicht einfach davonjagen, ich mache Ihnen daher folgenden Vorschlag. Sie können noch heute, wenn Sie wünschen, nach Lawriki fahren und dort wohnen. Sie wissen, das Haus dort ist in gutem Zustand, und Sie werden über Ihre Pension hinaus alles Nötige erhalten. Sind Sie damit einverstanden?"

Warwara Pawlowna führte ein gesticktes Taschentuch an ihr Gesicht.

„Ich habe Ihnen schon gesagt", erwiderte sie, und ihre Lippen zuckten nervös, „daß ich mit allem einverstanden sein werde, was Sie auch immer mit mir zu tun belieben. Für diesmal bleibt mir nur übrig, Sie zu fragen, ob Sie mir wenigstens gestatten, Ihnen für Ihre Großmut zu danken?"

„Keinen Dank, bitte, so ist es besser", sagte Lawrezki hastig. „Also", fuhr er fort, während er sich der Tür näherte, „kann ich darauf rechnen ..."

„Morgen schon werde ich in Lawriki sein", sagte Warwara Pawlowna und erhob sich ehrerbietig von ihrem Platz. „Aber, Fjodor Iwanytsch ..." (Théodore nannte sie ihn nun nicht mehr.)

„Was wünschen Sie?"

„Ich weiß, ich habe noch durch nichts Ihre Verzeihung verdient; darf ich wenigstens hoffen, daß mit der Zeit ..."

„Ach, Warwara Pawlowna", unterbrach Lawrezki sie, „Sie sind eine kluge Frau, und auch ich bin ja kein Dummkopf – ich weiß, daß Sie diese gar nicht brauchen. Ich habe Ihnen längst verziehen, aber zwischen uns war von jeher ein Abgrund."

„Ich werde mich zu fügen wissen", entgegnete Warwara Pawlowna und neigte den Kopf. „Ich habe nicht vergessen, daß ich schuldig bin. Ich würde mich nicht wundern, wenn ich erführe, daß Sie sich über die Nachricht von meinem Tode sogar gefreut haben", fügte sie sanft hinzu, indem sie mit der Hand leichthin auf das Zeitungsblatt deutete, das, von Lawrezki vergessen, auf dem Tisch lag.

Fjodor Iwanytsch zuckte zusammen: Das Feuilleton war mit Bleistift angestrichen. Warwara Pawlowna sah ihn noch ergebener an. Sie war sehr hübsch in diesem Augenblick. Das graue Pariser Kleid schmiegte sich eng an ihren schlanken, biegsamen Körper, der fast dem einer Siebzehnjährigen glich; ihr feiner, zarter, von einem weißen Kragen umschlossener Hals, die gleichmäßig atmende Brust, die Arme ohne Reifen und Ringe – ihre ganze Gestalt, von dem schimmernden Haar bis zur Spitze des kaum sichtbar vorgeschobenen Schuhes, war so schön ...

Lawrezki streifte sie mit einem bösen Blick – er hätte beinahe „Bravo!" gerufen, hätte sie beinahe mit der Faust auf den Scheitel geschlagen – und entfernte sich. Eine Stunde später war er bereits auf dem Weg nach Wassiljewskoje, und zwei Stunden danach ließ Warwara Pawlowna für sich die beste Kutsche mieten, die in der

Stadt zu haben war, setzte einen einfachen Strohhut mit schwarzem Schleier auf, hängte sich eine bescheidene Mantille um, übergab Ada Justine und fuhr zu den Kalitins, denn bei der Dienerschaft hatte sie erfragt, daß ihr Mann diese täglich besuchte.

38

Der Tag, an dem Lawrezkis Frau in O… ankam, dieser für ihn so unheilvolle Tag, war auch für Lisa qualvoll. Kaum war sie heruntergekommen und hatte ihrer Mutter einen guten Morgen gewünscht, da erscholl vor dem Fenster bereits Pferdegetrappel, und sie sah zu ihrem geheimen Schrecken Panschin in den Hof reiten. Er kommt so früh, um sich meine endgültige Antwort zu holen, dachte sie, und sie täuschte sich nicht. Nachdem er eine Zeitlang im Salon verweilt hatte, schlug er ihr vor, mit ihm in den Garten zu gehen, und verlangte von ihr dort die Entscheidung über sein Schicksal. Lisa faßte sich ein Herz und erklärte ihm, sie könne nicht seine Frau werden. Er hörte sie stehend und halb abgewandt, den Hut tief in die Stirn gedrückt, bis zu Ende an, dann fragte er sie höflich, doch mit veränderter Stimme, ob das ihr letztes Wort sei und ob er ihr irgendeinen Anlaß zu einer solchen Sinnesänderung gegeben habe. Dann drückte er eine Hand an die Augen, seufzte jäh auf und zog die Hand wieder vom Gesicht.

„Ich wollte nicht den ausgetretenen Weg gehen“, sagte er dumpf, „ich wollte eine Gefährtin nach meinem Herzen finden, aber es soll offenbar nicht sein. Fahr denn hin, mein Traum!“

Er verbeugte sich tief vor Lisa und kehrte ins Haus zurück.

Sie hoffte, er werde sogleich fortreiten; doch er ging ins Kabinett zu Marja Dmitrijewna und blieb etwa eine Stunde bei ihr. Als er ging, sagte er zu Lisa: „Votre mère vous appelle; adieu à jamais“[1], schwang sich aufs Pferd und ritt gleich von der Freitreppe an in vollem Galopp davon. Lisa ging zu Marja Dmitrijewna und fand sie in Tränen aufgelöst: Panschin hatte ihr sein Mißgeschick mitgeteilt.

„Warum hast du mir das angetan? Warum hast du mir das angetan?“ klagte die betrübte Witwe. „Wen willst du denn sonst? Weshalb ist er denn kein Mann für dich? Ein Kammerjunker! Und gar nicht eigennützig! In Petersburg könnte er jede beliebige Hof-

1 (franz.) Ihre Mutter ruft Sie; leben Sie wohl für immer.

dame heiraten. Und ich, ich hatte so darauf gehofft! Seit wann hast du dich ihm gegenüber denn so verändert? Das muß dir jemand eingeblasen haben; von allein bist du nicht darauf verfallen. Etwa gar dieser Rüpel? Da hast du dir einen feinen Ratgeber ausgesucht! – Und er, dieser liebe Mensch", fuhr Marja Dmitrijewna fort, „wie ehrerbietig, wie aufmerksam er noch in seinem Kummer war! Er hat mir versprochen, mich nicht zu verlassen. Ach, das überlebe ich nicht! Ach, mein Kopf schmerzt zum Zerspringen! Schicke Palaschka zu mir. Du bringst mich um, wenn du es dir nicht anders überlegst, hörst du?"

Und nachdem sie Lisa mehrere Male undankbar genannt hatte, schickte sie sie fort.

Lisa ging in ihr Zimmer hinauf. Aber noch hatte sie sich nicht von ihren Auseinandersetzungen mit Panschin und mit ihrer Mutter erholt, als ein neues Gewitter über sie hereinbrach, und zwar von einer Seite, von der sie es am wenigsten erwartet hätte. Marfa Timofejewna trat zu ihr ins Zimmer und schlug sogleich die Tür hinter sich zu. Das Gesicht der alten Frau war bleich; ihre Haube saß schief; ihre Augen blitzten, Hände und Lippen zitterten. Lisa war erstaunt – noch nie hatte sie ihre kluge und besonnene Tante in einem solchen Zustand gesehen.

„Vortrefflich, mein Fräulein", flüsterte Marfa Timofejewna mit bebender, stockender Stimme, „vortrefflich! Von wem hast du das nur gelernt, meine Liebe. Gib mir Wasser; ich kann nicht sprechen."

„Beruhigen Sie sich doch, Tantchen; was ist Ihnen denn?" sagte Lisa und reichte ihr ein Glas Wasser. „Sie mochten doch Herrn Panschin selber nicht leiden, wie mir schien."

Marfa Timofejewna stellte das Glas hin.

„Ich kann nicht trinken, ich schlage mir sonst noch die letzten Zähne aus. Was heißt hier Panschin? Was hat das mit Panschin zu tun? Sag mir lieber, wer dich gelehrt hat, nächtliche Stelldichein zu gewähren, wie?"

Lisa erblaßte.

„Laß dir bitte nicht einfallen, dich herauszureden", fuhr Marfa Timofejewna fort. „Schurotschka hat alles gesehen und mir alles erzählt. Ich habe ihr verboten zu schwatzen, aber lügen wird sie nicht."

„Ich will mich auch gar nicht herausreden, Tantchen", sagte Lisa kaum hörbar.

„Ah! So steht es, meine Liebe. Du hast ihm also ein Stelldichein gewährt, diesem alten Sünder, diesem Scheinheiligen?"

„Nein."

„Wieso nein?"

„Ich bin in den Salon hinuntergegangen, um mir ein Buch zu holen. Er war im Garten und hat mich gerufen."

„Und du bist gegangen? Vortrefflich. Du liebst ihn wohl gar, was?"

„Ja, ich liebe ihn", antwortete Lisa leise.

„Du meine Güte! Sie liebt ihn!" Marfa Timofejewna riß sich die Haube vom Kopf. „Einen verheirateten Mann liebt sie! Was? Jawohl, liebt sie!"

„Er hat mir gesagt …", begann Lisa.

„Was hat er dir gesagt, dein sauberer Schatz. Nun, was denn?"

„Er hat mir gesagt, seine Frau sei gestorben."

Marfa Timofejewna bekreuzigte sich.

„Das Himmelreich sei ihr beschieden", murmelte sie. „Ein hohles Frauenzimmer war sie – nun, ich will nichts gegen sie gesagt haben. So ist das: Witwer ist er also geworden. Aber ich sehe, er weiß sich zu helfen. Kaum hat er eine Frau unter die Erde gebracht, ist er schon hinter einer anderen her. Wie gefällt dir der Duckmäuser? Nur das eine will ich dir sagen, Nichte: Zu meiner Zeit, als ich jung war, mußten die Mädchen für solche Streiche hart büßen. Sei nicht böse auf mich, mein Kind – über die Wahrheit ärgern sich nur Narren. Ich habe ihn heute auch abweisen lassen. Ich habe ihn gern, aber das werde ich ihm nie verzeihen. Sieh an, Witwer! Gib mir mal das Wasser her. Daß du den Panschin mit langer Nase fortgeschickt hast, dafür bist du mein Prachtmädel; nur sitz mir nicht nachts mit diesem Bocksgeschlecht, den Männern, herum; mach mir alten Frau keinen Kummer! Denn ich kann nicht bloß lieb und nett sein – ich kann auch beißen. Witwer!"

Marfa Timofejewna ging; Lisa aber setzte sich in einen Winkel und brach in Tränen aus. Bitterkeit stieg in ihr auf – eine solche Erniedrigung hatte sie nicht verdient. Nicht als Freude offenbarte sich ihr die Liebe: Seit dem vorhergehenden Abend weinte sie schon zum zweitenmal. Eben erst war in ihrem Herzen dieses neue, ungeahnte Gefühl aufgeblüht – und wie schwer mußte sie schon dafür bezahlen, wie grob hatten fremde Hände ihr tief verborgenes Geheimnis berührt! Sie fühlte Scham, Bitterkeit und Schmerz, aber weder Zweifel noch Furcht – und Lawrezki war ihr noch teurer geworden. Sie hatte geschwankt, solange sie sich selbst nicht verstanden hatte, doch nach jenem Zusammensein, nach jenem Kuß konnte sie nicht mehr schwanken: Sie wußte, daß sie liebte, und sie liebte aufrichtig und tief. Sie hatte sich gebunden, fürs ganze Leben, und fürchtete keine Drohung. Sie spürte, daß keine Gewalt dieses Band zerreißen konnte.

39

Marja Dmitrijewna geriet in große Aufregung, als ihr Warwara Pawlowna Lawrezkaja gemeldet wurde. Sie wußte nicht einmal, ob sie sie empfangen solle: Sie fürchtete, Fjodor Iwanytsch zu beleidigen. Schließlich gewann die Neugier die Oberhand. Was ist denn dabei, dachte sie, sie ist ja auch eine Verwandte. Nachdem sie es sich in einem Sessel bequem gemacht hatte, sagte sie zu dem Diener: „Ich lasse bitten!" Es vergingen einige Augenblicke; die Tür öffnete sich; Warwara Pawlowna kam mit kaum hörbaren Schritten schnell auf Marja Dmitrijewna zu und verneigte sich, ohne ihr Zeit zu lassen, sich von ihrem Sessel zu erheben, fast kniefällig vor ihr.

„Besten Dank, liebe Tante", begann sie mit bewegter und leiser Stimme auf russisch, „besten Dank. Ich hatte auf solche Nachsicht von Ihrer Seite nicht zu hoffen gewagt. Sie sind gütig wie ein Engel."

Nach diesen Worten bemächtigte sich Warwara Pawlowna unerwartet einer Hand Marja Dmitrijewnas, umfing sie leicht mit ihren blaßlila Handschuhen und führte sie unterwürfig an ihre rosigen, vollen Lippen. Marja Dmitrijewna verlor völlig die Fassung, als sie diese schöne, entzückend gekleidete Frau fast zu ihren Füßen erblickte. Sie wußte nicht, was sie tun sollte. Sie wollte ihr die Hand entziehen, sie bitten, Platz zu nehmen, und ihr etwas Nettes sagen – schließlich erhob sie sich ein wenig und küßte Warwara Pawlowna auf die glatte, stark duftende Stirn. Warwara Pawlowna schwanden fast die Sinne bei diesem Kuß.

„Guten Tag, bonjour", sagte Marja Dmitrijewna. „Ich hatte natürlich keine Ahnung ... Übrigens freue ich mich natürlich, Sie zu sehen. Sie verstehen, meine Liebe, es steht mir nicht zu, den Richter zwischen Frau und Mann zu spielen."

„Mein Mann ist voll und ganz im Recht", unterbrach Warwara Pawlowna sie. „Ich allein bin schuldig."

„Das sind sehr lobenswerte Gefühle", erwiderte Marja Dmitrijewna, „sehr lobenswerte. Sind Sie schon lange hier? Haben Sie

Fjodor Iwanytsch denn schon gesehen? Aber, bitte, nehmen Sie doch Platz."

„Ich bin gestern angekommen", antwortete Warwara Pawlowna und setzte sich bescheiden auf einen Stuhl. „Ich habe Fjodor Iwanytsch gesehen, ich habe mit ihm gesprochen."

„Ah! Nun, und wie verhielt er sich?"

„Ich hatte befürchtet, daß meine plötzliche Ankunft seinen Zorn erregen würde", fuhr Warwara Pawlowna fort, „aber er hat mir seine Gegenwart nicht entzogen."

„Das heißt, er hat Sie nicht ... Ja, ja, ich verstehe", meinte Marja Dmitrijewna. „Er ist nur äußerlich etwas rauh, aber er hat ein weiches Herz."

„Fjodor Iwanytsch hat mir nicht verziehen; er wollte mich nicht anhören ... Aber er war so gütig, mir Lawriki als Wohnsitz anzubieten."

„Ah! Ein herrliches Besitztum!"

„Morgen schon werde ich dorthin fahren, um seinen Willen zu erfüllen – doch ich hielt es für meine Pflicht, Ihnen vorher einen Besuch abzustatten."

„Ich bin Ihnen sehr, sehr dankbar, meine Liebe. Man soll niemals seine Verwandten vergessen. Aber wissen Sie, ich bin erstaunt, wie gut Sie Russisch sprechen. C'est étonnant.[1]"

Warwara Pawlowna seufzte.

„Ich bin allzu lange im Ausland gewesen, Marja Dmitrijewna, ich weiß es, aber mein Herz war immer ein russisches, und ich habe mein Vaterland nicht vergessen."

„Soso, ja, das ist das beste. Fjodor Iwanytsch hat Sie allerdings überhaupt nicht erwartet. Ja, glauben Sie meiner Erfahrung: La patrie avant tout[2]. Ach, lassen Sie doch mal sehen, was Sie da für eine reizende Mantille haben."

„Gefällt sie Ihnen?" Warwara Pawlowna ließ die Mantille geschickt von ihren Schultern gleiten. „Sie ist sehr einfach, von Madame Baudran[3]."

„Das sieht man gleich. Von Madame Baudran ... Wie nett und geschmackvoll! Ich bin überzeugt, Sie haben eine Menge entzückender Sachen mitgebracht. Ich würde sie mir gern mal ansehen."

„Meine ganze Garderobe steht zu Ihrer Verfügung, liebste Tante. Wenn Sie erlauben, zeige ich Ihrer Kammerzofe einiges.

1 (franz.) Das ist erstaunlich. – 2 (franz.) Das Vaterland über alles. – 3 In den dreißiger Jahren des 19. Jahrhunderts Inhaberin eines Pariser Modesalons.

Ich habe eine Zofe aus Paris mit, eine ganz hervorragende Schneiderin."

„Sie sind zu gütig, meine Liebe. Nein, wirklich, Sie machen mich verlegen."

„Verlegen", wiederholte Warwara Pawlowna vorwurfsvoll. „Wenn Sie mich glücklich machen wollen, so verfügen Sie über mich wie über Ihr Eigentum!"

Marja Dmitrijewna war ganz hingerissen.

„Vous êtes charmante"[1], sagte sie. „Aber warum legen Sie Ihren Hut, Ihre Handschuhe nicht ab?"

„Ja? Sie erlauben?" fragte Warwara Pawlowna und faltete gleichsam gerührt die Hände.

„Selbstverständlich. Sie werden doch mit uns speisen, hoffe ich. Ich ... ich möchte Sie mit meiner Tochter bekannt machen." Marja Dmitrijewna geriet ein wenig in Verwirrung. Ach was! Weshalb denn nicht! dachte sie. „Sie fühlt sich aber heute nicht ganz wohl."

„Oh, ma tante, wie gütig Sie sind!" rief Warwara Pawlowna aus und führte ihr Taschentuch an die Augen.

Der Diener meldete Gedeonowski. Selbstgefällig lächelnd und mit tiefen Verbeugungen trat der alte Schwätzer ein. Marja Dmitrijewna stellte ihn ihrem Besuch vor. Er war anfangs etwas betreten, doch Warwara Pawlowna benahm sich so kokett-ehrerbietig ihm gegenüber, daß er ganz rote Ohren bekam und ihm Schwindelgeschichten, Klatschereien und Liebenswürdigkeiten wie Honig vom Munde flossen. Warwara Pawlowna hörte ihm zu, lächelte zurückhaltend und wurde allmählich selbst gesprächig. Sie erzählte bescheiden von Paris, von ihren Reisen, von Baden-Baden; ein paarmal brachte sie Marja Dmitrijewna zum Lachen, und jedesmal seufzte sie nachher leise auf, als machte sie sich in Gedanken Vorwürfe über diese unangebrachte Heiterkeit; sie erbat sich die Erlaubnis, Ada mitzubringen, zeigte, nachdem sie ihre Handschuhe abgestreift hatte, mit ihren glatten und mit Seife à la guimauve[2] gewaschenen Händen, wie und wo man Volants, Rüschen, Spitzen und Choux[3] trägt; sie versprach, ein Fläschchen von dem neuen englischen Parfüm Victoria's Essence mitzubringen, und freute sich wie ein Kind, als Marja Dmitrijewna einwilligte, es als Geschenk anzunehmen; dann erzählte sie, wie ihr zumute gewesen war, als sie zum erstenmal wieder russische Glokken hörte, und Tränen traten ihr dabei in die Augen. „So schnitten sie mir ins Herz", sagte sie.

1 (franz.) Sie sind bezaubernd. – 2 (franz.) Malvenseife. – 3 (franz.) Schleifen.

In diesem Augenblick trat Lisa ins Zimmer.

Seit dem Morgen, seit jener Minute, da sie, starr vor Schrecken, Lawrezkis Briefchen las, hatte sie sich darauf gefaßt gemacht, seiner Frau zu begegnen, hatte geahnt, daß sie sie sehen werde. Sie war entschlossen, ihr nicht aus dem Wege zu gehen, schon um sich für ihre – wie sie es nannte – verbrecherischen Hoffnungen zu bestrafen. Die jähe Wendung in ihrem Schicksal hatte sie bis ins Innerste erschüttert. In wenigen Stunden war ihr Gesicht schmaler geworden, aber sie hatte keine Träne vergossen. „Das geschieht mir recht!" sprach sie zu sich selbst, während sie sich erregt bemühte, gewisse bittere, böse, sie selbst erschreckende Gedanken zu unterdrücken. Ich muß gehen, dachte sie, als sie von der Ankunft der Lawrezkaja erfuhr, und sie ging. Lange stand sie vor der Salontür, ehe sie sich entschloß, sie zu öffnen. Mit dem Gedanken: Ich habe mich vor ihr schuldig gemacht, trat sie ins Zimmer und zwang sich, sie anzusehen, zwang sich zu lächeln. Warwara Pawlowna kam ihr, sobald sie sie erblickt hatte, entgegen und verneigte sich leicht, aber dennoch achtungsvoll vor ihr. „Erlauben Sie mir, mich Ihnen vorzustellen", sagte sie in einschmeichelndem Ton, „Ihre maman ist so nachsichtig gegen mich, daß ich auch auf Ihre ... Güte hoffe." Der Gesichtsausdruck Warwara Pawlownas bei diesen letzten Worten, ihr schlaues Lächeln, ihr kalter und zugleich sanfter Blick, die Bewegungen ihrer Hände und Schultern, selbst ihr Kleid, ihr ganzes Wesen erregten in Lisa einen solchen Widerwillen, daß sie ihr nicht antworten konnte und ihr nur mit Überwindung die Hand reichte. Diese junge Dame verabscheut mich, dachte Warwara Pawlowna, während sie Lisas kalte Finger kräftig drückte, und zu Marja Dmitrijewna gewandt, sagte sie halblaut: „Mais elle est délicieuse!"[1] Lisa errötete schwach: Sie glaubte, Hohn und Kränkung aus diesem Ausruf herauszuhören, aber sie war entschlossen, ihren Eindrücken nicht zu trauen, und setzte sich ans Fenster vor den Stickrahmen. Doch auch hier ließ Warwara Pawlowna sie nicht in Ruhe. Sie trat zu ihr und begann ihren Geschmack und ihre Kunstfertigkeit zu loben. Heftig und schmerzhaft klopfte Lisas Herz. Sie vermochte kaum, sich zu beherrschen, sitzen zu bleiben. Ihr war, als wisse Warwara Pawlowna alles und mache sich, insgeheim triumphierend, über sie lustig. Zu ihrem Glück richtete Gedeonowski das Wort an Warwara Pawlowna und lenkte ihre Aufmerksamkeit ab. Lisa beugte sich über den Stickrahmen und beobachtete sie verstohlen.

1 (franz.) Aber sie ist reizend!

Diese Frau, dachte sie, hat *er* geliebt. Aber sofort verscheuchte sie den Gedanken an Lawrezki: Sie fürchtete die Herrschaft über sich zu verlieren; sie fühlte, daß ein leichter Schwindel sie ergriff. Marja Dmitrijewna brachte das Gespräch auf Musik.

„Ich habe gehört, meine Liebe", begann sie, „Sie seien eine bewundernswerte Virtuosin."

„Ich habe lange nicht mehr gespielt", erwiderte Warwara Pawlowna, setzte sich jedoch unverzüglich an den Flügel und ließ die Finger über die Tasten huschen. „Soll ich?"

„Seien Sie so gut."

Warwara Pawlowna spielte meisterhaft eine brillante und schwierige Etüde von Herz. Ihr Spiel verriet sehr viel Kraft und Gewandtheit.

„Eine Sylphide!" rief Gedeonowski.

„Außergewöhnlich!" bestätigte Marja Dmitrijewna. „Nun, Warwara Pawlowna, ich muß gestehen", sagte sie, wobei sie sie zum erstenmal beim Namen nannte, „Sie haben mich in Erstaunen gesetzt; Sie könnten sogar Konzerte geben. Wir haben hier einen alten Musiker von deutscher Herkunft, einen Sonderling, sehr gelehrt, er gibt Lisa Stunden – den würden Sie einfach um den Verstand bringen."

„Lisaweta Michailowna musiziert auch?" fragte Warwara Pawlowna und wandte ein wenig den Kopf zu ihr um.

„Ja, sie spielt recht hübsch und liebt Musik, doch was will das im Vergleich zu Ihnen besagen? Aber es gibt hier noch einen jungen Mann – den müssen Sie kennenlernen. Er ist ein Künstler von Natur und komponiert allerliebst. Er allein vermag Sie vollkommen zu würdigen."

„Ein junger Mann?" fragte Warwara Pawlowna. „Wer ist es? Irgendein armer Schlucker?"

„Erlauben Sie, der erste Kavalier hier bei uns, und nicht nur bei uns – et à Pétersbourg. Kammerjunker ist er und verkehrt in der besten Gesellschaft. Sie haben gewiß schon von ihm gehört: Panschin, Wladimir Nikolajitsch. Er ist hier im Auftrag der Regierung. Ein zukünftiger Minister, glauben Sie mir."

„Und Künstler?"

„Künstler von Natur, und so liebenswürdig. Sie werden ihn sehen. Er war die ganze Zeit über sehr oft bei mir. Ich habe ihn für den heutigen Abend eingeladen, und ich *hoffe*, er kommt", fügte Marja Dmitrijewna mit einem Stoßseufzer und einem vielsagenden bitteren Lächeln hinzu.

Lisa verstand die Bedeutung dieses Lächelns, aber es berührte sie nicht.

„Und jung?“ wiederholte Warwara Pawlowna, leise auf dem Flügel modulierend.

„Achtundzwanzig Jahre und von sehr einnehmendem Äußeren. Un jeune homme accompli[1], glauben Sie mir.“

„Ein musterhafter junger Mann, kann man sagen“, bemerkte Gedeonowski.

Warwara Pawlowna spielte plötzlich einen rauschenden Walzer von Strauß, der mit einem so kräftigen und schnellen Triller einsetzte, daß Gedeonowski sogar zusammenzuckte; mitten im Walzer ging sie mit einemmal zu einem schwermütigen Motiv über und schloß mit der Arie „Fra poco“ aus „Lucia“[2]. Ihr war eingefallen, daß heitere Musik zu ihrer Lage nicht paßte. Die Arie aus „Lucia“, mit besonderer Betonung der gefühlvollen Stellen vorgetragen, rührte Marja Dmitrijewna tief.

„Wieviel Seele!“ sagte sie halblaut zu Gedeonowski.

„Eine Sylphide!“ wiederholte Gedeonowski und hob die Augen gen Himmel.

Die Stunde des Mittagessens war gekommen. Marfa Timofejewna kam herunter, als die Suppe schon auf dem Tisch stand. Sie behandelte Warwara Pawlowna sehr kühl, antwortete auf ihre Liebenswürdigkeiten einsilbig und sah sie nicht an. Warwara Pawlowna hatte sehr bald erfaßt, daß bei dieser Alten nichts zu erreichen war, und redete sie nicht mehr an. Dafür wurde Marja Dmitrijewna noch freundlicher zu ihrem Gast – die Unhöflichkeit der Tante ärgerte sie. Übrigens würdigte Marfa Timofejewna nicht nur Warwara Pawlowna keines Blickes, sie sah auch Lisa nicht an, obgleich ihre Augen nur so funkelten. Sie saß da wie versteinert, wachsfahl, mit zusammengepreßten Lippen, und aß nichts. Lisa erschien ruhig, und wirklich – in ihrer Seele war es stiller geworden; eine seltsame Gefühllosigkeit, die Gefühllosigkeit eines Verurteilten, war über sie gekommen. Bei Tisch sprach Warwara Pawlowna wenig: Sie schien wieder schüchtern geworden zu sein und hatte über ihr Gesicht den Ausdruck einer bescheidenen Melancholie gebreitet. Nur Gedeonowski hielt mit seinen Erzählungen die Unterhaltung in Fluß, obwohl er immer wieder ängstlich zu Marfa Timofejewna hinüberblickte und hüstelte – das Hüsteln befiel ihn jedesmal, wenn er sich in ihrem Beisein anschickte, eine

1 (franz.) Ein vollendeter junger Mann. – 2 „Lucia di Lammermoor“; Oper des italienischen Komponisten Gaetano Donizetti (1797–1848).

Lüge aufzutischen –, aber sie hinderte ihn nicht und unterbrach ihn nicht. Nach dem Essen stellte sich heraus, daß Warwara Pawlowna eine große Liebhaberin des Preferencespiels war. Das gefiel Marja Dmitrijewna dermaßen, daß sie geradezu in Rührung geriet und bei sich dachte: Was für ein Dummkopf muß doch Fjodor Iwanytsch sein, daß er eine solche Frau nicht verstehen konnte!

Sie setzte sich mit ihr und Gedeonowski an den Kartentisch, Marfa Timofejewna aber nahm Lisa mit zu sich hinauf, nachdem sie erklärt hatte, Lisa sehe schrecklich aus, sie habe wahrscheinlich Kopfschmerzen.

„Ja, sie hat furchtbare Kopfschmerzen", meinte Marja Dmitrijewna, zu Warwara Pawlowna gewandt, und verdrehte die Augen. „Ich selbst habe manchmal eine solche Migräne."

„Was Sie nicht sagen!" erwiderte Warwara Pawlowna.

Lisa trat in das Zimmer der Tante und sank erschöpft auf einen Stuhl. Marfa Timofejewna sah sie lange schweigend an, ließ sich dann sacht vor ihr auf die Knie nieder und küßte ihr, noch immer schweigend, bald die eine, bald die andere Hand. Lisa beugte sich vor, errötete und brach in Tränen aus, hob aber Marfa Timofejewna nicht auf und zog auch ihre Hände nicht fort: Sie fühlte, daß sie nicht das Recht hatte, sie fortzuziehen, nicht das Recht hatte, die alte Frau daran zu hindern, ihrer Reue und Teilnahme Ausdruck zu geben und für den vorhergehenden Tag um Verzeihung zu bitten. Marfa Timofejewna konnte diese armen, blassen, kraftlosen Hände nicht genug mit Küssen bedecken, und stumme Tränen rannen aus ihren und aus Lisas Augen. Der Kater Matrose schnurrte in dem breiten Lehnstuhl neben dem Knäuel mit dem Strickstrumpf; die längliche Flamme des Lämpchens vor der Ikone flackerte kaum, und im Nebenzimmer, hinter der Tür, stand Nastasja Karpowna und wischte sich mit einem zerknautschten karierten Taschentuch ebenfalls verstohlen die Augen.

40

Unterdessen ging unten im Salon das Preferencespiel weiter. Marja Dmitrijewna gewann und war guter Laune. Da kam der Diener herein und meldete Panschin.

Marja Dmitrijewna ließ die Karten fallen und rückte auf ihrem Sessel unruhig hin und her. Warwara Pawlowna sah sie mit einem halb spöttischen Lächeln an, dann richtete sie den Blick auf die Tür. Panschin trat ein, in einem schwarzen, bis oben zugeknöpften Frack und hohem englischem Kragen. Es fiel mir schwer, Folge zu leisten, aber Sie sehen, ich bin gekommen, stand auf seinem frisch rasierten Gesicht zu lesen, das kein Lächeln zeigte.

„Aber ich bitte Sie, Woldemar", rief Marja Dmitrijewna aus, „früher kamen Sie stets unangemeldet herein!"

Panschin antwortete Marja Dmitrijewna nur mit einem Blick, verbeugte sich höflich vor ihr, küßte ihr aber nicht die Hand. Sie stellte ihn Warwara Pawlowna vor. Er trat einen Schritt zurück, verbeugte sich vor ihr ebenso höflich, jedoch mit einem Anflug von Eleganz und Hochachtung, und nahm am Kartentisch Platz. Die Preferencepartie war bald zu Ende. Panschin erkundigte sich nach Lisaweta Michailowna, erfuhr, daß sie sich nicht ganz wohl fühle, und drückte darüber sein Bedauern aus. Dann knüpfte er ein Gespräch mit Warwara Pawlowna an, wobei er nach Diplomatenart jedes Wort abwog und deutlich formte und sich ihre Antworten ehrerbietig bis zu Ende anhörte. Aber die Erhabenheit seines Diplomatentones machte auf Warwara Pawlowna keinen Eindruck und teilte sich ihr nicht mit. Im Gegenteil: Sie blickte ihm mit heiterer Aufmerksamkeit ins Gesicht, sprach ungezwungen, und ihre feinen Nasenflügel bebten leicht wie vor verhaltenem Lachen. Marja Dmitrijewna begann ihr Talent zu preisen. Panschin neigte höflich den Kopf, soweit es ihm der hohe Kragen erlaubte, erklärte, er sei „davon schon im voraus überzeugt gewesen", und wollte die Rede anscheinend auf Metternich[1] bringen. Warwara Pawlowna kniff ihre Samtaugen zusammen, sagte halblaut: „Aber Sie sind ja auch ein Künstler, un confrère[2]", fügte dann noch leiser hinzu: „Venez!"[3] und deutete mit dem Kopf nach dem Flügel. Dieses eine hingeworfene Wort „Venez!" veränderte augenblicklich, wie durch Zauberei, Panschins ganzes Gebaren. Seine sorgenvolle Haltung war verschwunden; er lächelte, wurde lebhaft, knöpfte seinen Frack auf, und während er wiederholt versicherte: „Was bin ich schon für ein Künstler – Sie aber, habe ich gehört, sind eine wahre Künstlerin", folgte er Warwara Pawlowna zum Flügel.

„Lassen Sie ihn seine Romanze singen – wie der Mond am Himmel schwebt", rief Marja Dmitrijewna aus.

1 Klemens Lothar Wenzel Fürst von Metternich (1773–1859), österreichischer Staatsmann. – 2 (franz.) ein Kollege. – 3 (franz.) Kommen Sie!

„Sie singen?“ fragte Warwara Pawlowna und warf ihm einen hellen Blick zu. „Setzen Sie sich.“

Panschin wollte Ausflüchte machen.

„Setzen Sie sich“, wiederholte sie und klopfte energisch auf die Stuhllehne.

Er setzte sich, hüstelte, lockerte den Kragen und sang seine Romanze.

„Charmant“, meinte Warwara Pawlowna, „Sie singen sehr schön, vous avez du style[1]. Bitte, noch einmal.“

Sie ging um den Flügel herum und stellte sich Panschin gerade gegenüber. Er wiederholte die Romanze, wobei er seiner Stimme ein gefühlvolles Zittern verlieh. Die Ellbogen auf den Flügel gestützt und die weißen Hände in Höhe ihrer Lippen haltend, sah Warwara Pawlowna ihn unverwandt an.

„Charmant, charmante idée“, sagte sie mit der ruhigen Sicherheit einer Kennerin, als er geendet hatte. „Sagen Sie, haben Sie auch etwas für eine Frauenstimme geschrieben, für Mezzosopran?“

„Ich schreibe fast nichts“, erwiderte Panschin. „Ich mache das ja nur so nebenbei. Singen Sie etwa auch?“

„Ja, ich singe.“

„Oh! Singen Sie uns etwas vor“, sagte Marja Dmitrijewna.

Warwara Pawlowna strich sich das Haar von den geröteten Wangen und schüttelte den Kopf.

„Unsere Stimmen müßten gut zueinander passen“, sagte sie, zu Panschin gewandt. „Singen wir ein Duett. Kennen Sie ‚Son geloso‘[2] oder ‚La ci darem‘[3] oder ‚Mira la bianca luna‘[4]?“

„Ich habe früher einmal ‚Mira la bianca luna‘ gesungen“, antwortete Panschin, „aber das ist schon lange her – ich kann es nicht mehr.“

„Das tut nichts, wir wollen es leise probieren. Gestatten Sie.“

Warwara Pawlowna setzte sich an den Flügel. Panschin stellte sich neben sie. Sie sangen das Duett mit halber Stimme, wobei Warwara Pawlowna ihn einige Male verbesserte. Dann sangen sie laut und wiederholten zweimal „Mira la bianca lu … u … una“. Warwara Pawlownas Stimme hatte ihre Frische verloren, doch sie

1 (franz.) Sie haben Stil. – 2 (ital.) Ich bin eifersüchtig; Duett aus der Oper „Die Nachtwandlerin“ des italienischen Komponisten Vincenzo Bellini (1801–1835). – 3 (ital.) Reich mir die Hand; Duett aus der Oper „Don Juan“ von Wolfgang Amadeus Mozart (1756–1791). – 4 (ital.) Schau, der bleiche Mond; Anfang des Duetts „Serenada“ aus dem Zyklus „Musikalische Abende“ des italienischen Komponisten Gioacchino Rossini (1792–1868).

beherrschte sie sehr geschickt. Panschin sang anfangs zaghaft und bisweilen falsch, doch dann geriet er in Feuer, und wenn er auch nicht fehlerfrei sang, so bewegte er doch die Schultern, wiegte den ganzen Oberkörper und hob hin und wieder den Arm wie ein richtiger Sänger. Warwara Pawlowna spielte noch zwei, drei Sachen von Thalberg und „rezitierte" kokett eine französische Ariette. Marja Dmitrijewna wußte schon gar nicht mehr, wie sie ihr Entzücken zum Ausdruck bringen sollte. Einige Male wollte sie Lisa rufen lassen. Gedeonowski fand ebenfalls keine Worte und wiegte nur den Kopf, doch plötzlich mußte er gähnen, und er konnte gerade noch rechtzeitig die Hand vor den Mund halten. Dieses Gähnen war Warwara Pawlowna nicht entgangen. Sie kehrte dem Flügel mit einemmal den Rücken, sagte: „Assez de musique comme ça[1], wir wollen lieber plaudern" und kreuzte die Arme. „Oui, assez de musique", wiederholte Panschin aufgeräumt und knüpfte mit ihr eine gewandte, leichte Unterhaltung in französischer Sprache an. Ganz wie im besten Pariser Salon, dachte Marja Dmitrijewna, während sie den wendigen, geschmeidigen Reden der beiden zuhörte. Panschin fühlte sich sehr wohl; seine Augen glänzten, er lächelte. Anfangs fuhr er sich mit der Hand übers Gesicht, runzelte die Brauen und seufzte auf, wenn er zufällig den Blicken Marja Dmitrijewnas begegnete, aber dann vergaß er sie völlig und gab sich ganz dem Genuß des halb weltmännischen, halb künstlerischen Geplauders hin. Warwara Pawlowna zeigte sich als große Philosophin: Auf alles hatte sie eine Antwort bereit; nichts machte sie schwankend; über nichts war sie sich im Zweifel – man merkte, daß sie sich oft und viel mit klugen Leuten aller Art unterhalten hatte. All ihre Gedanken und Gefühle drehten sich um Paris. Panschin brachte das Gespräch auf die Literatur, und es stellte sich heraus, daß auch sie, genau wie er, nur französische Bücher gelesen hatte: Über George Sand[2] entrüstete sie sich, Balzac schätzte sie, obgleich er sie ermüdete, in Sue[3] und Scribe[4] sah sie große Herzenskenner, Dumas und Féval[5] vergötterte sie. Insgeheim zog sie ihnen allen Paul de Kock[6] vor, sie hütete sich jedoch begreiflicherweise, auch nur seinen Namen zu

1 (franz.) Genug von solcher Musik. – 2 Eigentlich Amandine-Aurore-Lucie Dupin, Baronin Dudevant (1804–1876), französische Schriftstellerin; verfaßte soziale Romane. – 3 Eugène Sue (1804–1857), französischer Schriftsteller; begründete den Feuilletonroman. – 4 Eugène Scribe (1791–1861), französischer Dramatiker; verfaßte Vaudevilles. – 5 Paul Féval (1817–1887), französischer Schriftsteller; verfaßte seichte Unterhaltungsromane. – 6 (1794–1871), französischer Schriftsteller und Dramatiker; verfaßte künstlerisch zweitrangige Sittenbeschreibungen aus dem Leben der Pariser Gesellschaft.

erwähnen. Im Grunde interessierte die Literatur sie nicht allzusehr. Warwara Pawlowna ging sehr geschickt allem aus dem Wege, was auch nur im entferntesten an ihre Lage erinnern konnte. Die Liebe wurde in ihren Reden überhaupt nicht erwähnt – im Gegenteil: Aus ihnen klang eher Ablehnung jeglicher Leidenschaften, Enttäuschung und Ergebung heraus. Panschin widersprach ihr. Sie gab ihm nicht recht – aber, merkwürdig!, während aus ihrem Mund Worte der Mißbilligung, und oft strenger Mißbilligung, flossen, lag im Ton dieser Worte doch zugleich etwas Zärtliches, Schmeichelndes, und aus ihren Augen sprach ... Ja, was aus diesen wunderschönen Augen eigentlich sprach, war schwer zu sagen, aber es waren keine harten, keine strengen, es waren süße Worte. Panschin bemühte sich, ihren geheimen Sinn zu erraten, er bemühte sich, seine Augen gleichfalls sprechen zu lassen, aber er spürte, daß ihm das nicht gelang. Er erkannte, daß Warwara Pawlowna, als echte ausländische Salonlöwin, ihm überlegen war, und daher fühlte er sich auch nicht völlig Herr seiner selbst. Warwara Pawlowna hatte die Gewohnheit, während eines Gespräches ganz leicht den Ärmel ihres Partners zu berühren. Diese flüchtigen Berührungen erregten Wladimir Nikolajitsch sehr. Warwara Pawlowna besaß die Gabe, sich mit jedermann rasch anzufreunden. Es waren noch keine zwei Stunden vergangen, da kam es Panschin schon so vor, als kenne er sie sein Leben lang, Lisa aber, dieselbe Lisa, die er doch liebte und der er tags zuvor seine Hand angetragen hatte, verschwand wie in einem Nebel. Man servierte den Tee; die Unterhaltung wurde noch ungezwungener. Marja Dmitrijewna schellte nach dem Diener und ließ Lisa sagen, sie möge herunterkommen, falls ihre Kopfschmerzen nachgelassen hätten. Als Panschin Lisas Namen hörte, fing er an, sich über Selbstaufopferung auszulassen und zu erörtern, wer fähiger sei, Opfer zu bringen – der Mann oder die Frau. Marja Dmitrijewna geriet sogleich in Aufregung und behauptete, die Frau sei dazu fähiger. Sie erklärte, sie werde das mit zwei Worten beweisen, verhaspelte sich jedoch und schloß mit einem ziemlich mißlungenen Vergleich. Warwara Pawlowna ergriff ein Notenheft, verdeckte damit zur Hälfte ihr Gesicht und flüsterte, während sie sich zu Panschin beugte und an einem Biskuit knabberte, mit einem ruhigen Lächeln auf den Lippen und in den Augen: „Elle n'a pas inventé la poudre, la bonne dame.“[1] Panschin erschrak ein wenig und staunte über Warwara Pawlownas Kühnheit, aber er begriff

1 (franz.) Sie hat das Pulver nicht erfunden, die gute Dame.

nicht, wieviel Geringschätzung seiner selbst sich in dieser unerwarteten Gefühlsäußerung verbarg; und alle Freundlichkeiten und Gunstbeweise Marja Dmitrijewnas vergessend, alle Mahlzeiten, mit denen sie ihn bewirtet, alles Geld, das sie ihm geliehen hatte, erwiderte er mit dem gleichen Lächeln und in dem gleichen Ton (der Unglückselige!): „Je crois bien“[1] – und nicht einmal „Je crois bien“, sondern „J'crois ben“!

Warwara Pawlowna warf ihm einen freundlichen Blick zu und stand auf. Da kam Lisa herein – Marfa Timofejewna hatte sie vergebens zurückzuhalten versucht. Sie war entschlossen, sich der Prüfung bis zum Ende zu unterziehen. Warwara Pawlowna ging ihr mit Panschin entgegen, dessen Gesicht wieder die frühere Diplomatenmiene zeigte.

„Wie ist Ihr Befinden?“ fragte er Lisa.

„Ich danke Ihnen, es geht mir jetzt besser“, antwortete sie.

„Wir haben hier ein wenig musiziert; schade, daß Sie Warwara Pawlowna nicht gehört haben. Sie singt hervorragend, en artiste consommée.“[2]

„Kommen Sie doch mal her, ma chère“, ertönte Marja Dmitrijewnas Stimme.

Warwara Pawlowna ging sofort, gehorsam wie ein Kind, zu ihr und ließ sich auf einem kleinen Taburett zu ihren Füßen nieder. Marja Dmitrijewna hatte sie gerufen, um ihre Tochter, wenn auch nur für einen Augenblick, mit Panschin allein zu lassen, denn sie hoffte im stillen immer noch, sie werde sich eines Besseren besinnen. Außerdem war ihr ein Gedanke gekommen, den sie unbedingt sofort aussprechen mußte.

„Wissen Sie“, flüsterte sie Warwara Pawlowna zu, „ich will versuchen, Sie mit Ihrem Mann auszusöhnen. Ich verbürge mich nicht für den Erfolg, aber versuchen will ich es. Sie wissen, er achtet mich sehr.“

Warwara Pawlowna hob langsam die Augen zu Marja Dmitrijewna auf und faltete anmutig die Hände.

„Sie wären meine Retterin, ma tante“, sagte sie mit trauriger Stimme. „Ich weiß nicht, wie ich Ihnen für all Ihre Freundlichkeiten danken soll; aber ich trage Fjodor Iwanytsch gegenüber eine zu große Schuld – er kann mir nicht verzeihen.“

„Ja, haben Sie denn ... tatsächlich ...“, begann Marja Dmitrijewna neugierig.

„Fragen Sie mich nicht“, unterbrach Warwara Pawlowna sie und

1 (franz.) Ich glaube es wohl. – 2 (franz.) wie eine vollendete Künstlerin.

schlug die Augen nieder. „Ich war jung, leichtsinnig. Übrigens will ich mich nicht rechtfertigen."

„Nun, trotzdem, warum soll man es nicht versuchen? Verzweifeln Sie nicht", entgegnete Marja Dmitrijewna und wollte ihr die Wange tätscheln, sah ihr aber ins Gesicht und unterließ es aus Scheu. Bescheiden, dachte sie, und doch eine richtige Löwin.

„Sie sind krank?" fragte Panschin unterdessen Lisa.

„Ja, ich fühle mich nicht wohl."

„Ich verstehe Sie", sagte er nach längerem Schweigen. „Ja, ich verstehe Sie."

„Wie?"

„Ich verstehe Sie", wiederholte Panschin bedeutungsvoll, der einfach nicht wußte, was er sagen sollte.

Lisa wurde verlegen, aber dann dachte sie: Meinetwegen! Panschin setzte eine geheimnisvolle Miene auf, verstummte und blickte starr zur Seite.

„Ich glaube gar, es hat schon elf geschlagen", bemerkte Marja Dmitrijewna.

Die Gäste verstanden den Wink und begannen sich zu verabschieden. Warwara Pawlowna mußte versprechen, am nächsten Tag zum Mittagessen zu kommen und Ada mitzubringen; Gedeonowski, der in einer Ecke gesessen hatte und beinahe eingeschlafen war, erbot sich, sie nach Hause zu begleiten. Panschin verbeugte sich feierlich vor allen, an der Freitreppe aber drückte er Warwara Pawlowna, während er ihr in die Kutsche half, die Hand und rief ihr nach: „Au revoir!" Gedeonowski nahm neben ihr Platz. Die ganze Fahrt über belustigte sie sich damit, ihre Fußspitze scheinbar unabsichtlich auf seinen Fuß zu setzen. Er wurde verlegen und sagte ihr Komplimente, sie kicherte und machte ihm schöne Augen, wenn das Licht einer Straßenlaterne in die Kutsche fiel. Der Walzer, den sie gespielt hatte, klang ihr noch in den Ohren und erregte sie. Wo sie sich auch befinden mochte, sie brauchte sich nur brennende Kerzen, einen Ballsaal und das schnelle Herumwirbeln zu den Klängen der Musik vorzustellen – und schon war sie entflammt: Ihre Augen leuchteten seltsam, ein Lächeln spielte um ihre Lippen, etwas Graziös-Bacchantisches strömte durch ihren ganzen Körper. Vor dem Hause angelangt, sprang Warwara Pawlowna leichtfüßig aus der Kutsche – nur Löwinnen können so springen –, drehte sich zu Gedeonowski um und lachte ihm plötzlich ins Gesicht.

Eine liebenswürdige Person, dachte der Staatsrat, während er seiner Wohnung zuwanderte, wo ihn der Diener mit einem Fläschchen Opodeldok[1] erwartete. Nur gut, daß ich ein gesetzter Mann bin. Aber worüber hat sie nur so gelacht?

Marfa Timofejewna saß die ganze Nacht am Kopfende von Lisas Bett.

41

Lawrezki verbrachte anderthalb Tage in Wassiljewskoje und irrte fast die ganze Zeit in der Umgebung umher. Er konnte nicht lange an einem Ort verweilen. Der Gram nagte an ihm; er durchlitt alle Qualen unaufhörlicher, ungestümer, aber ohnmächtiger Leidenschaftsausbrüche. Er erinnerte sich des Gefühls, das ihn am Tag nach seiner Ankunft auf dem Gut erfüllt hatte; er erinnerte sich seiner damaligen Vorsätze und war sehr aufgebracht über sich selbst. Was hatte ihn von dem, was er als seine Pflicht, als die einzige Aufgabe seines künftigen Lebens erkannt hatte, abzubringen vermocht? Das Verlangen nach Glück, wieder nur das Verlangen nach Glück! Michalewitsch hat offenbar recht, dachte er. Du wolltest zum zweitenmal in deinem Leben das Glück genießen, sprach er zu sich selbst, du hattest vergessen, daß es schon ein Luxus, eine unverdiente Gnade ist, wenn es dem Menschen nur einmal zuteil wird. Es war nicht vollkommen, es war trügerisch, wirst du sagen – nun, so weise doch dein Recht auf ein vollkommenes, wahres Glück nach! Schau dich um – wer rings um dich fühlt sich denn glücklich, wer genießt denn das Leben? Sieh, da fährt ein Bauer zur Heumahd; vielleicht ist er mit seinem Schicksal zufrieden. Nun? Möchtest du mit ihm tauschen? Denke an deine Mutter: Wie bescheiden waren ihre Ansprüche, und was für ein Los ward ihr zuteil? Du hast offenbar Panschin gegenüber nur geprahlt, als du zu ihm sagtest, du seiest nach Rußland gekommen, um das Land zu pflügen. Du bist hergekommen, um auf deine alten Tage jungen Mädchen nachzustellen. Kaum war die Nachricht eingetroffen, die dir die Freiheit zu bringen schien, so warfst du alles fort, vergaßest alles und liefst davon wie ein Knabe, der einem Schmetterling nachjagt … Unausgesetzt erstand mitten in seinen Grübeleien Lisas Bild vor ihm; mit Gewalt suchte er es zu verscheuchen, ebenso wie ein anderes Bild, von dem er nicht loskam, andere, gelassene, verschlagene, schöne und verhaßte Züge. Der alte Anton bemerkte, daß es seinem Herrn nicht

1 Heilmittel gegen Rheumatismus.

gut ging. Nachdem er seufzend mehrere Male hinter der Tür, mehrere Male auch schon auf der Schwelle gestanden hatte, faßte er sich ein Herz, trat an ihn heran und riet ihm, etwas Warmes zu trinken. Lawrezki schrie ihn an, befahl ihm hinauszugehen, entschuldigte sich jedoch dann bei ihm – aber das machte Anton nur noch trauriger. Lawrezki hielt es im Salon nicht aus: Ihm war, als blickte sein Urgroßvater Andrej von der Leinwand verächtlich auf seinen schwächlichen Nachkommen herab. Ach du! Du schwimmst nicht tief! schien der schiefgezogene Mund zu sagen. Sollte ich denn wirklich mit mir selbst nicht fertig werden, dachte er, und mich von diesem Unsinn unterkriegen lassen? (Im Kriege schwer Verwundete nennen ihre Wunden immer „Unsinn". Ohne sich selbst zu betrügen, kann der Mensch auf Erden nicht leben.) Bin ich denn tatsächlich noch ein Knabe? Freilich: Ich sah die Möglichkeit, fürs ganze Leben glücklich zu werden, schon greifbar nahe vor mir, hielt das Glück schon fast in den Händen – und plötzlich entschwand es. So ist es auch in der Lotterie: Hätte sich das Rad noch ein wenig weitergedreht, wäre der arme Teufel vielleicht ein reicher Mann geworden. Was nicht sein soll, das soll eben nicht sein – Schluß damit. Ich will die Zähne zusammenbeißen und an die Arbeit gehen und mich selbst zum Schweigen zwingen, um so mehr, als es nicht das erste Mal ist, daß ich mich zusammenreißen muß. Und weshalb bin ich davongelaufen, warum sitze ich hier und stecke den Kopf in den Sand wie der Vogel Strauß? Ist es so schrecklich, dem Unglück ins Auge zu schauen – Unsinn! „Anton!" rief er laut. „Laß sofort den Reisewagen anspannen." Ja, dachte er wieder, man muß sich zum Schweigen zwingen, man muß sich selbst feste Zügel anlegen.

Mit solchen Überlegungen versuchte Lawrezki seines Kummers Herr zu werden, aber dieser war groß und heftig, und sogar Apraxeja, die das Alter weniger um das Gedächtnis als um jegliches Gefühl gebracht hatte, schüttelte den Kopf und folgte ihm traurig mit den Augen, als er in den Reisewagen stieg, um in die Stadt zu fahren. Die Pferde griffen aus; er saß regungslos und aufrecht da und blickte unverwandt vor sich hin auf den Weg.

42

Lisa hatte Lawrezki tags zuvor geschrieben, daß er abends zu ihnen kommen solle; er ging jedoch zuerst in seine Wohnung. Er traf weder seine Frau noch seine Tochter an. Von den Dienstboten erfuhr er, daß sie sich mit dem Kinde zu den Kalitins begeben habe. Diese Nachricht überraschte ihn und versetzte ihn in Wut. Warwara Pawlowna hat sich offenbar vorgenommen, mir das Leben unerträglich zu machen, dachte er mit aufwallender Erbitterung im Herzen. Er schritt im Zimmer auf und ab und stieß mit Händen und Füßen fortwährend Kinderspielzeug, Bücher und allerlei Frauensachen, die ihm in den Weg kamen, beiseite. Er rief Justine und befahl ihr, diesen ganzen „Kram" wegzuräumen. „Oui, monsieur", sagte sie mit einer Grimasse und begann das Zimmer aufzuräumen, wobei sie sich graziös bückte und durch jede ihrer Bewegungen Lawrezki zu verstehen gab, daß sie ihn für einen ungehobelten Bären hielt. Haßerfüllt betrachtete er ihr verlebtes, aber immer noch „pikantes", spöttisches Pariser Gesicht, ihre weißen Schutzärmel, die seidene Schürze und das zierliche Häubchen. Er schickte sie schließlich fort und entschloß sich nach langem Zaudern (Warwara Pawlowna war noch immer nicht zurückgekehrt), zu den Kalitins zu gehen – nicht zu Marja Dmitrijewna (um keinen Preis hätte er ihren Salon betreten, den Salon, in dem sich seine Frau aufhielt), sondern zu Marfa Timofejewna. Er entsann sich, daß eine Hintertreppe vom Dienstbotenaufgang aus unmittelbar zu ihr hinaufführte. So machte Lawrezki es denn auch. Der Zufall half ihm: Auf dem Hof begegnete er Schurotschka, und sie führte ihn zu Marfa Timofejewna. Er traf sie, gegen ihre Gewohnheit, allein an. Sie saß in einer Ecke, ohne Haube, gebeugt, mit über der Brust gekreuzten Armen. Als sie Lawrezki erblickte, wurde sie ganz unruhig, stand eilends auf und lief im Zimmer hin und her, als suche sie ihre Haube.

„Da bist du ja, da bist du ja", sagte sie, seinem Blick ausweichend und geschäftig umhertrippelnd. „Na, guten Tag. Ja, was nun? Was soll man da machen? Wo warst du gestern? Sie ist ja nun gekommen, na ja. Du mußt nun schon ... irgendwie ..."

Lawrezki sank auf einen Stuhl.

„Na, setz dich nur, setz dich", fuhr die Alte fort. „Du bist geradeswegs heraufgekommen? Na ja, versteht sich. Was nun? Du bist gekommen, um nach mir zu sehen? Ich danke dir."

Die alte Frau schwieg eine Weile; Lawrezki wußte nicht, was er ihr sagen sollte, aber sie verstand ihn.

„Lisa ... ja, Lisa war eben hier", fuhr Marfa Timofejewna fort, während sie die Schnüre ihres Ridiküls auf- und zuknüpfte. „Sie fühlt sich nicht ganz wohl. Schurotschka, wo bist du? Komm her, mein Kind. Kannst du nicht ruhig sitzen? Auch mir tut der Kopf weh. Wahrscheinlich von diesem Gesinge und dieser Musik da unten."

„Von welchem Gesinge, Tantchen?"

„Ja, freilich; die haben da unten – wie heißt das doch gleich bei euch – Duette zum besten gegeben. Und alles auf italienisch – tschi-tschi und tscha-tscha, die reinsten Elstern. Sie ziehen die Noten in die Länge, daß sich einem das Herz im Leibe umdreht. Dieser Panschin und die Deinige. Und wie sich das alles so schnell ergeben hat – wie unter Verwandten, ohne alle Umstände. Übrigens muß man auch sagen: Selbst ein Hund sucht sich einen Unterschlupf; er will doch nicht zugrunde gehen, zumal wenn es Leute gibt, die ihn nicht fortjagen."

„Ich muß gestehen, das hätte ich trotzdem nicht erwartet", entgegnete Lawrezki. „Da muß man schon sehr dreist sein."

„Nein, mein lieber Junge, das ist nicht dreist, das ist berechnend. Nun, Gott steh ihr bei! Man sagt, du schickst sie nach Lawriki, ist das wahr?"

„Ja, ich stelle Warwara Pawlowna dieses Besitztum zur Verfügung."

„Hat sie Geld verlangt?"

„Vorläufig noch nicht."

„Nun, das wird nicht lange auf sich warten lassen. Aber jetzt habe ich dich erst richtig angesehen. Bist du gesund?"

„Ja, gesund bin ich."

„Schurotschka", rief Marfa Timofejewna plötzlich, „geh mal und sag Lisaweta Michailowna – das heißt, nein, frage sie ... Sie ist doch unten?"

„Ja."

„Nun gut; frage sie also, wohin sie mein Buch gelegt hat. Sie weiß schon."

„Wie Sie befehlen."

Die alte Frau fing wieder an, hin und her zu laufen und die Schubladen ihrer Kommode herauszuziehen. Lawrezki saß regungslos auf seinem Stuhl.

Plötzlich waren leichte Schritte auf der Treppe zu hören, und Lisa trat ein.

Lawrezki stand auf und verbeugte sich; Lisa blieb an der Tür stehen.

„Lisa, Lisotschka“, sagte Marfa Timofejewna geschäftig, „mein Buch, wo hast du mein Buch hingelegt?“

„Was für ein Buch, liebe Tante?“

„Na, das Buch, mein Gott! Ich habe dich übrigens nicht gerufen ... Nun, es ist ja gleich. Was macht ihr da unten? Schau, Fjodor Iwanytsch ist gekommen. Was macht dein Kopf?“

„Es ist nicht so schlimm.“

„Du sagst immer: ‚Es ist nicht so schlimm.‘ Was gibt's bei euch da unten, wieder Musik?“

„Nein, sie spielen Karten.“

„Sie kann aber auch alles! Schurotschka, ich sehe, du möchtest gern im Garten herumlaufen. Geh nur.“

„Aber nein, Marfa Timofejewna.“

„Widersprich nicht, bitte, geh. Nastasja Karpowna ist allein in den Garten gegangen, leiste ihr ein bißchen Gesellschaft. Tu mir alten Frau den Gefallen.“ Schurotschka ging hinaus. „Wo ist denn nur meine Haube? Wo steckt sie bloß wieder?“

„Darf ich sie suchen?“ fragte Lisa.

„Bleib sitzen, bleib sitzen; noch kann ich meine eigenen Beine gebrauchen. Wahrscheinlich liegt sie bei mir im Schlafzimmer.“

Marfa Timofejewna warf Lawrezki einen mißtrauischen Blick zu und entfernte sich. Sie ließ die Tür hinter sich offen, kam aber plötzlich zurück und schloß sie.

Lisa lehnte sich im Sessel zurück und hob still die Hände vors Gesicht; Lawrezki verharrte in seiner Stellung.

„So also mußten wir uns wiedersehen“, sagte er endlich.

Lisa nahm die Hände vom Gesicht.

„Ja“, sagte sie dumpf, „wir sind schnell gestraft worden.“

„Gestraft“, erwiderte Lawrezki, „wofür sind denn Sie gestraft worden?“

Lisa hob ihre Augen zu ihm auf. Sie drückten weder Kummer noch Erregung aus, sie erschienen kleiner und trüber. Ihr Gesicht sah blaß aus; auch die leicht geöffneten Lippen waren blaß geworden.

Lawrezkis Herz erbebte vor Mitleid und Liebe.

„Sie haben mir geschrieben, alles sei zu Ende“, flüsterte er. „Ja, alles ist zu Ende – bevor es angefangen hat.“

„Das muß man alles vergessen“, sagte Lisa. „Ich bin froh, daß Sie gekommen sind; ich wollte Ihnen schreiben, aber so ist es besser.

Nur müssen wir diese Minuten schnell nützen. Wir haben beide unsere Pflicht zu erfüllen. Sie, Fjodor Iwanytsch, müssen sich mit Ihrer Frau versöhnen."

„Lisa!"

„Ich bitte Sie darum; nur dadurch läßt sich alles, was gewesen ist, wiedergutmachen. Sie werden darüber nachdenken und es mir nicht abschlagen."

„Lisa, um Gottes willen, Sie verlangen Unmögliches. Ich bin bereit, alles zu tun, was Sie befehlen; aber *jetzt* mich mit ihr versöhnen! Ich bin mit allem einverstanden, ich habe alles vergessen; aber ich kann doch mein Herz nicht zwingen ... Ich bitte Sie, das ist zu hart!"

„Ich verlange ja von Ihnen nicht das, was Sie meinen; Sie brauchen nicht mit ihr zu leben, wenn Sie es nicht können; aber versöhnen Sie sich", entgegnete Lisa und bedeckte abermals die Augen mit der Hand. „Denken Sie an Ihre Tochter; tun Sie es für mich."

„Gut", stieß Lawrezki durch die Zähne hervor, „nehmen wir an, ich tue es; damit hätte ich meine Pflicht erfüllt. Nun, aber Sie – worin besteht denn Ihre Pflicht?"

„Die kenne ich."

Lawrezki fuhr jäh auf.

„Sie wollen doch nicht etwa Panschin heiraten?" fragte er. Lisa lächelte kaum merklich.

„O nein!" sagte sie.

„Ach, Lisa, Lisa!" rief Lawrezki, „wie glücklich hätten wir sein können!"

Lisa blickte ihn wieder an.

„Jetzt sehen Sie selbst, Fjodor Iwanytsch, daß das Glück nicht von uns abhängt, sondern von Gott."

„Ja, weil Sie ..."

Die Tür zum Nebenzimmer öffnete sich rasch, und Marfa Timofejewna kam mit der Haube in der Hand herein.

„Endlich habe ich sie gefunden", sagte sie und stellte sich zwischen Lawrezki und Lisa. „Ich hatte sie selbst verlegt. So ist es, wenn man alt ist – schlimm! In der Jugend hat man's übrigens auch nicht besser. Nun, fährst du selber mit deiner Frau nach Lawriki?" fügte sie hinzu, an Fjodor Iwanytsch gewandt.

„Mit ihr nach Lawriki? Ich? Ich weiß nicht", sagte er nach kurzem Zögern.

„Hinuntergehen willst du nicht?"

„Heute – nein."

„Nun gut, wie du denkst; aber du, Lisa, solltest hinuntergehen, meine ich. Ach, du lieber Himmel, ich habe ganz vergessen, dem Dompfaffen Futter zu geben. Wartet einen Augenblick, ich bin gleich ..."

Und Marfa Timofejewna lief hinaus, ohne die Haube aufzusetzen.

Lawrezki trat schnell zu Lisa.

„Lisa", begann er in flehendem Ton, „wir trennen uns für immer, mir zerreißt es das Herz – geben Sie mir zum Abschied Ihre Hand."

Lisa hob den Kopf. Ihr müder, fast erloschener Blick verweilte auf ihm ...

„Nein", sagte sie und zog die schon ausgestreckte Hand zurück, „nein, Lawrezki" – zum erstenmal nannte sie ihn so –, „ich gebe Ihnen meine Hand nicht. Wozu? Gehen Sie, ich bitte Sie. Sie wissen, ich liebe Sie. Ja, ich liebe Sie", wiederholte sie mit Anstrengung, „aber nein ... nein."

Und sie drückte das Taschentuch an ihre Lippen.

„Geben Sie mir wenigstens dieses Tuch."

Die Tür knarrte. Das Tuch glitt von Lisas Knien. Lawrezki fing es auf, ehe es zu Boden fallen konnte, steckte es rasch in die Seitentasche, und als er sich umdrehte, begegneten seine Augen denen Marfa Timofejewnas.

„Lisotschka, ich glaube, die Mutter ruft dich", sagte die alte Frau.

Lisa stand sofort auf und ging.

Marfa Timofejewna setzte sich wieder in ihren Winkel. Lawrezki wollte sich von ihr verabschieden.

„Fedja", sagte sie auf einmal.

„Was ist, Tantchen?"

„Bist du ein ehrlicher Mensch?"

„Wie?"

„Ich frage dich, ob du ein ehrlicher Mensch bist?"

„Ich hoffe, ja."

„Hm. Gib mir dein Wort, daß du ein ehrlicher Mensch bist."

„Wie Sie wünschen. Doch wozu das?"

„Ich weiß schon, wozu. Und auch du, mein Lieber, wenn du's dir recht überlegst – du bist ja nicht dumm –, dann wirst du schon verstehen, warum ich dich das gefragt habe. Aber jetzt leb wohl, mein Junge. Vielen Dank für deinen Besuch; denk an dein Versprechen, Fedja, und gib mir einen Kuß. Ach, mein liebes Herz, du hast es schwer, ich weiß; aber es ist ja für alle nicht leicht. Wie sehr habe ich manchmal die Fliegen beneidet. Die haben's doch gut, dachte ich; doch da hörte ich einmal nachts, wie eine Fliege in den Fängen einer Spinne jammerte – nein, dachte ich, auch die haben ihre Not. Was soll man machen, Fedja; dein Wort mußt du trotzdem im Gedächtnis behalten. Und nun geh."

Lawrezki verließ das Haus über die Hintertreppe und näherte sich bereits dem Tor, als ein Lakai ihn einholte.

„Marja Dmitrijewna lassen Sie bitten, sich zu ihr zu bemühen", meldete er Lawrezki.

„Sage ihr, mein Lieber, ich könne jetzt nicht ...", begann Fjodor Iwanytsch.

„Sie lassen recht sehr bitten", fuhr der Lakai fort, „und lassen sagen, daß sie allein seien."

„Sind denn die Gäste fort?" fragte Lawrezki.

„So ist es", erwiderte der Lakai und grinste.

Lawrezki zuckte die Achseln und folgte ihm.

43

Marja Dmitrijewna saß allein in ihrem Kabinett in einem Voltairesessel und roch an einem Fläschchen Eau de Cologne; neben ihr auf einem Tischchen stand ein Glas Wasser mit Fleur d'orange[1]. Sie war aufgeregt und schien sich zu ängstigen.

Lawrezki trat ein.

„Sie wünschten mich zu sehen", sagte er und verbeugte sich kalt.

„Ja", antwortete Marja Dmitrijewna und trank ein wenig von dem Wasser. „Ich hörte, daß Sie geradeswegs zur Tante hinaufgegangen seien; ich ließ Sie zu mir bitten – ich muß mit Ihnen sprechen. Nehmen Sie bitte Platz." Marja Dmitrijewna holte tief Atem. „Sie wissen", fuhr sie fort, „Ihre Frau ist gekommen."

„Das ist mir bekannt", sagte Lawrezki.

„Nun ja, das heißt, ich wollte sagen: Sie ist zu mir gekommen, und ich habe sie empfangen; das ist es, worüber ich mich jetzt mit Ihnen aussprechen möchte, Fjodor Iwanytsch. Ich erfreue mich, Gott sei Dank, allgemeiner Achtung, das kann ich wohl sagen, und würde um nichts in der Welt etwas Unschickliches tun. Obwohl ich voraussah, daß es Ihnen nicht angenehm sein würde, konnte ich mich nicht entschließen, sie abzuweisen, Fjodor Iwanytsch; sie ist – durch Sie – meine Verwandte; versetzen Sie sich

1 (franz.) Orangenblüte.

in meine Lage. Welches Recht hätte ich denn, ihr mein Haus zu verbieten – meinen Sie nicht auch?"

„Sie regen sich unnötig auf, Marja Dmitrijewna", erwiderte Lawrezki, „Sie haben sehr richtig gehandelt; ich nehme es Ihnen durchaus nicht übel. Ich habe keineswegs die Absicht, Warwara Pawlowna der Möglichkeit zu berauben, ihre Bekannten zu sehen; heute bin ich nur deswegen nicht zu Ihnen hereingekommen, weil ich nicht mit ihr zusammentreffen wollte – das ist alles."

„Ach, wie es mich freut, das von Ihnen zu hören, Fjodor Iwanytsch", rief Marja Dmitrijewna. „Ich habe übrigens von Ihrem Edelmut nichts anderes erwartet. Daß ich mich aufrege – das ist nicht verwunderlich: Ich bin Frau und Mutter. Und Ihre Gattin ... Natürlich, ich kann mich nicht zum Richter über Sie beide aufwerfen – das habe ich auch ihr selbst gesagt; aber sie ist eine so liebenswürdige Dame, daß sie einem nichts als Vergnügen bereiten kann."

Lawrezki lächelte spöttisch und spielte mit seinem Hut.

„Und auch das wollte ich Ihnen noch sagen, Fjodor Iwanytsch", fuhr Marja Dmitrijewna fort, indem sie ihm ein wenig näher rückte. „Wenn Sie gesehen hätten, wie bescheiden sie auftritt, wie ehrerbietig! Wirklich, es ist geradezu rührend. Und wenn Sie gehört hätten, wie sie von Ihnen spricht! ‚Ich allein trage die Schuld', sagt sie; ‚ich habe ihn nicht zu schätzen gewußt', sagt sie. ‚Er ist kein Mensch', sagt sie, ‚er ist ein Engel.' Wirklich, so sagt sie: ‚Ein Engel'. Ihre Reue ist so ... Eine solche Reue habe ich, weiß Gott, noch nie gesehen!"

„Erlauben Sie mir eine neugierige Frage, Marja Dmitrijewna", sagte Lawrezki. „Warwara Pawlowna soll bei Ihnen gesungen haben; hat sie während ihrer Reue gesungen, oder ..."

„Ach, daß Sie sich nicht schämen, so zu sprechen! Sie hat nur gesungen und gespielt, um mir einen Gefallen zu tun, nur weil ich sie inständig darum bat, es ihr beinahe befahl. Ich sah, ihr war schwer ums Herz, so schwer; da dachte ich: Womit könntest du sie zerstreuen? Außerdem hatte ich gehört, sie besitze ein so herrliches Talent! Ich bitte Sie, Fjodor Iwanytsch, sie ist völlig niedergeschmettert, fragen Sie nur Sergej Petrowitsch: eine gebrochene Frau, tout à fait[1], was sagen Sie nun?"

Lawrezki zuckte nur die Achseln.

„Und dann, was für ein Engelchen ist doch Ihre Adotschka, was für ein reizendes Geschöpf! Wie lieb sie ist, wie verständig; wie

1 (franz.) ganz und gar.

sie Französisch spricht und Russisch versteht – mich hat sie Tantchen genannt. Und, wissen Sie, daß sie schüchtern wäre, wie fast alle Kinder ihres Alters – das gibt es gar nicht. Sie sieht Ihnen so ähnlich, Fjodor Iwanytsch, furchtbar ähnlich. Die Augen, die Brauen … Das sind Sie, ganz und gar Sie. Ich habe solche kleinen Kinder, offen gestanden, nicht sehr gern; aber in Ihr Töchterchen bin ich einfach verliebt."

„Marja Dmitrijewna", sagte Lawrezki plötzlich, „darf ich Sie fragen, weshalb Sie mir alles das zu erzählen geruhen?"

„Weshalb?" Marja Dmitrijewna schnupperte aufs neue an dem Eau de Cologne und nippte von dem Wasser. „Ich erzähle Ihnen das, Fjodor Iwanytsch, weil ich ja Ihre Verwandte bin und innigsten Anteil an Ihnen nehme. Ich weiß. Sie haben ein überaus gütiges Herz. Hören Sie auf mich, mon cousin, ich bin immerhin eine erfahrene Frau und rede nicht ins Blaue hinein: Verzeihen Sie, verzeihen Sie Ihrer Frau." Marja Dmitrijewnas Augen füllten sich plötzlich mit Tränen. „Bedenken Sie: die Jugend, die Unerfahrenheit … vielleicht gar ein schlechtes Beispiel. Es fehlte eine Mutter, die sie auf den rechten Weg hätte bringen können. Verzeihen Sie ihr, Fjodor Iwanytsch, sie ist genug gestraft worden."

Tränen rannen über Marja Dmitrijewnas Wangen; sie wischte sie nicht fort: Sie weinte gern. Lawrezki saß wie auf Kohlen. Mein Gott, dachte er, was für eine Folter, was für einen Tag muß ich heute erleben!

„Sie antworten nicht", begann Marja Dmitrijewna von neuem, „wie soll ich Sie verstehen? Können Sie wirklich so grausam sein? Nein, ich will das nicht glauben. Ich fühle, daß meine Worte Sie überzeugt haben. Fjodor Iwanytsch, Gott wird Sie für Ihre Güte belohnen, so empfangen Sie denn jetzt aus meinen Händen Ihre Frau …"

Lawrezki erhob sich unwillkürlich vom Stuhl; Marja Dmitrijewna war ebenfalls aufgestanden. Eilig trat sie hinter einen Wandschirm und führte Warwara Pawlowna von dort hervor. Bleich, halbtot, mit niedergeschlagenen Augen, schien diese jedem eigenen Gedanken, jedem Willen entsagt und sich ganz in Marja Dmitrijewnas Hand gegeben zu haben.

Lawrezki trat einen Schritt zurück.

„Sie waren hier!" rief er aus.

„Beschuldigen Sie sie nicht", sagte Marja Dmitrijewna hastig, „sie wollte um nichts in der Welt bleiben, aber ich gebot ihr zu bleiben, ich habe sie hinter dem Schirm versteckt. Sie beteuerte, das werde Sie noch mehr erzürnen; aber ich habe nicht auf sie gehört; ich kenne Sie besser. Empfangen Sie denn aus meinen Händen Ihre Frau; kommen Sie, Warja, fürchten Sie sich nicht, fallen Sie Ihrem Mann zu Füßen ...“ (Sie zog sie an der Hand herbei.) „Und mein Segen ...“

„Halt, Marja Dmitrijewna“, unterbrach Lawrezki sie mit dumpfer, aber bebender Stimme. „Sie lieben vermutlich rührselige Szenen.“ (Lawrezki irrte sich nicht: Marja Dmitrijewna hatte sich noch vom Pensionat her eine Leidenschaft für das Theatralische bewahrt.) „Ihnen bereiten sie Vergnügen; aber anderen mißfallen sie. Übrigens werde ich nicht mit Ihnen sprechen: In *dieser* Szene sind nicht Sie die Hauptperson. – Was wollen *Sie* von mir, gnädige Frau?“ setzte er, an seine Frau gewandt, hinzu. „Habe ich nicht für Sie getan, was ich konnte? Erwidern Sie mir nicht, daß nicht Sie diese Zusammenkunft eingefädelt hätten; ich würde Ihnen nicht glauben – und Sie wissen, daß ich Ihnen nicht glauben kann. Was wollen Sie also? Sie sind klug – Sie tun nichts ohne bestimmten Zweck. Sie müssen begreifen, ich bin außerstande, mit Ihnen so zu leben wie früher; nicht, weil ich böse auf Sie wäre, sondern weil ich ein anderer Mensch geworden bin. Ich habe Ihnen das bereits am Tage nach Ihrer Rückkehr gesagt, und Sie selbst stimmen mir in diesem Augenblick innerlich zu. Aber Sie möchten Ihren Ruf in der öffentlichen Meinung wiederherstellen; es genügt Ihnen nicht, in meinem Hause zu wohnen, Sie möchten unter einem Dach mit mir leben – nicht wahr?“

„Ich möchte, daß Sie mir verzeihen“, sagte Warwara Pawlowna, ohne die Augen zu heben.

„Sie möchte, daß Sie ihr verzeihen“, wiederholte Marja Dmitrijewna.

„Und nicht meinetwegen, um Adas willen“, flüsterte Warwara Pawlowna.

„Nicht ihretwegen, um Ihrer Ada willen“, wiederholte Marja Dmitrijewna.

„Vortrefflich. Das wollen Sie also?“ brachte Lawrezki mit Überwindung hervor. „Nun gut, ich gehe auch hierauf ein.“

Warwara Pawlowna warf einen raschen Blick auf ihn, Marja Dmitrijewna aber rief: „Nun, Gott sei Dank!“ und zog abermals Warwara Pawlowna an der Hand herbei. „Empfangen Sie denn nun von mir ...“

„Warten Sie, sage ich Ihnen“, unterbrach Lawrezki sie. „Ich erkläre mich einverstanden, mit Ihnen zu leben, Warwara Pawlowna", fuhr er fort, „das heißt, ich werde Sie nach Lawriki bringen und mich bei Ihnen so lange aufhalten, wie ich die Kraft dazu aufbringe, dann fahre ich fort und werde von Zeit zu Zeit wiederkommen. Sie sehen, ich will Sie nicht hintergehen; aber fordern Sie weiter nichts. Sie würden selbst lachen, wenn ich den Wunsch unserer verehrten Verwandten erfüllte, Sie an mein Herz drückte und Ihnen versicherte, daß … das Vergangene nicht gewesen sei, daß der gefällte Baum wieder blühen werde. Aber ich sehe: Man muß sich fügen. Sie werden dieses Wort nicht richtig verstehen, doch das ist ganz einerlei. Ich wiederhole, ich werde mit Ihnen leben … oder nein, das kann ich nicht versprechen. Ich werde mit Ihnen zusammenkommen, werde Sie wieder als meine Frau betrachten …"

„Geben Sie ihr doch wenigstens die Hand darauf", sagte Marja Dmitrijewna, deren Tränen längst versiegt waren.

„Ich habe Warwara Pawlowna bisher nicht betrogen", entgegnete Lawrezki, „sie wird mir auch so glauben. Ich werde sie nach Lawriki bringen – aber merken Sie sich, Warwara Pawlowna: Unsere Abmachung gilt als gebrochen, sobald Sie diesen Ort verlassen. Und jetzt gestatten Sie, daß ich mich empfehle."

Er verbeugte sich vor den beiden Damen und ging eilig hinaus.

„Sie nehmen sie nicht mit?" rief ihm Marja Dmitrijewna nach.

„Lassen Sie ihn", flüsterte ihr Warwara Pawlowna zu und umarmte sie sogleich, bedankte sich bei ihr, küßte ihr die Hände und nannte sie ihre Retterin.

Marja Dmitrijewna nahm ihre Liebkosungen herablassend entgegen; insgeheim war sie jedoch weder mit Lawrezki noch mit Warwara Pawlowna noch mit der ganzen von ihr vorbereiteten Szene zufrieden. Es war zuwenig Rührseligkeit dabeigewesen; Warwara Pawlowna hätte sich, nach ihrer Meinung, ihrem Mann zu Füßen werfen müssen.

„Wie kommt es, daß Sie mich nicht verstanden haben?" forschte sie. „Ich hatte Ihnen doch gesagt: Fallen Sie nieder."

„So war es besser, liebes Tantchen; machen Sie sich keine Sorgen – alles ist in bester Ordnung", versicherte Warwara Pawlowna mehrmals.

„Nun, er war ja auch kalt wie Eis", bemerkte Marja Dmitrijewna. „Sie haben zwar nicht geweint, doch dafür bin ich vor ihm in Tränen zerflossen. In Lawriki will er Sie einsperren. Ja, dann werden Sie auch zu mir nicht kommen dürfen? Die Männer sind alle gefühllos", sagte sie zum Schluß und schüttelte bedeutsam den Kopf.

„Dafür wissen Frauen Güte und Großmut zu würdigen“, sagte Warwara Pawlowna, ließ sich vor Marja Dmitrijewna sacht auf die Knie nieder, umschlang ihre volle Gestalt mit den Armen und schmiegte ihr Gesicht an sie. Insgeheim lächelte dieses Gesicht, aus Marja Dmitrijewnas Augen aber rollten von neuem Tränen.

Lawrezki indessen ging nach Hause, schloß sich in dem Stübchen seines Kammerdieners ein, warf sich auf den Diwan und blieb bis zum Morgen so liegen.

44

Der folgende Tag war ein Sonntag. Das Glockenläuten zur Frühmesse weckte Lawrezki nicht – er hatte die ganze Nacht kein Auge zugetan –, aber es erinnerte ihn an einen anderen Sonntag, als er auf Lisas Wunsch in die Kirche gegangen war. Er stand eilig auf; eine geheime Stimme sagte ihm, daß er sie auch heute dort sehen werde. Geräuschlos ging er aus dem Haus, ließ Warwara Pawlowna, die noch schlief, ausrichten, er werde zum Mittagessen zurück sein, und begab sich mit großen Schritten dorthin, wohin ihn der einförmig-traurige Glockenklang rief. Er kam sehr früh. Es war noch fast niemand in der Kirche; der Küster las auf dem Chor die Horen; seine bisweilen von Husten unterbrochene Stimme schallte dumpf in eintönigem Gleichmaß, bald absinkend, bald anschwellend. Lawrezki stellte sich nicht weit vom Eingang auf. Die Kirchgänger kamen einzeln, blieben stehen, bekreuzigten sich und verneigten sich nach allen Seiten; ihre Schritte klangen in der Leere und Stille und hallten von den Wölbungen deutlich wider. Ein gebrechliches altes Mütterchen in einem abgetragenen Umhang mit Kapuze kniete neben Lawrezki und betete eifrig; ihr zahnloses, gelbes, verrunzeltes Gesicht drückte inbrünstige Ergriffenheit aus; ihre geröteten Augen blickten unverwandt empor zu den Heiligenbildern des Ikonenschreines; unaufhörlich kam ihre knochige Hand aus dem Umhang hervor und schlug langsam und fest ein großes, breites Kreuz. Ein Bauer mit dichtem Bart und düsterem Gesicht, zerzaust und zerknittert, trat in die Kirche, fiel auf beide Knie und fing sofort an, sich hastig zu bekreuzigen, wobei er nach jeder Verneigung den Kopf zurückwarf und heftig schüttelte. Aus seinem Gesicht, aus all seinen Bewegungen sprach ein so bitterer Kummer, daß sich Lawrezki entschloß, zu ihm hinzugehen und ihn zu fragen, was mit ihm sei. Erschrocken und finster fuhr der Bauer zurück und sah ihn an. „Mein Sohn ist gestorben", stieß er hastig hervor und verneigte und bekreuzigte sich aufs neue ... Was könnte ihnen die Tröstungen der Kirche ersetzen? dachte Lawrezki und versuchte selbst zu beten; aber sein Herz war zu schwer, zu verhärtet, und seine Gedanken weilten anderswo. Er wartete die ganze Zeit auf Lisa – aber Lisa kam nicht. Die Kirche füllte sich allmählich; sie war immer noch nicht da. Die Messe begann, der Diakon hatte bereits das Evangelium verlesen, es wurde zum Hochamt geläutet; Lawrezki trat ein wenig vor – und erblickte plötzlich Lisa. Sie war früher gekommen als er, aber er hatte sie nicht bemerkt; in den schmalen Zwischenraum zwischen Wand und Chor gedrückt, sah sie sich nicht um und rührte sich nicht. Lawrezki wandte bis zum Ende der Messe die Augen nicht von ihr: Er nahm Abschied. Die Leute zerstreuten sich nach und nach, sie aber stand immer noch da; es schien, als warte sie darauf, daß Lawrezki ging. Endlich bekreuzigte sie sich ein letztes Mal und verließ die Kirche, ohne sich umzudrehen; ein Stubenmädchen begleitete sie. Lawrezki folgte ihr und holte sie auf der Straße ein; sie ging sehr schnell, den Kopf gesenkt und den Schleier über das Gesicht gezogen.

„Guten Tag, Lisaweta Michailowna", sagte er laut und mit gekünstelter Unbefangenheit, „darf ich Sie begleiten?"

Sie sagte nichts; er ging an ihrer Seite weiter.

„Sind Sie mit mir zufrieden?" fragte er sie, die Stimme dämpfend. „Haben Sie gehört, was sich gestern zugetragen hat?"

„Ja, ja", sagte sie im Flüsterton, „das ist gut."

Und sie ging noch schneller.

„Sind Sie zufrieden?"

Lisa nickte nur.

„Fjodor Iwanytsch", begann sie mit ruhiger, aber schwacher Stimme, „ich wollte Sie bitten: Kommen Sie nicht mehr zu uns, fahren Sie recht bald fort; wir können uns später wiedersehen – irgendwann, übers Jahr. Doch jetzt tun Sie das für mich; erfüllen Sie meine Bitte, um Gottes willen."

„Ich bin bereit, Ihnen in allem zu gehorchen, Lisaweta Michailowna; aber müssen wir denn wirklich so auseinandergehen? Wollen Sie mir wirklich kein einziges Wort sagen?"

„Fjodor Iwanytsch, Sie gehen jetzt hier neben mir, und doch sind Sie schon so weit, weit entfernt von mir. Und nicht Sie allein, auch ..."

„Sprechen Sie es aus, ich bitte Sie!" rief Lawrezki. „Was wollten Sie sagen?"

„Sie werden es vielleicht erfahren ... Aber was auch kommen mag, vergessen Sie ... nein, vergessen Sie mich nicht, denken Sie an mich."

„Ich Sie vergessen ..."

„Genug, leben Sie wohl. Gehen Sie mir nicht nach."

„Lisa ...", begann Lawrezki noch einmal.

„Leben Sie wohl, leben Sie wohl!" wiederholte sie, zog den Schleier noch tiefer herab und eilte fast im Laufschritt weiter.

Lawrezki sah ihr nach und ging dann mit gesenktem Kopf die Straße zurück. Er stieß auf Lemm, der, den Blick gleichfalls vor sich auf den Erdboden gerichtet, mit tief in die Stirn gedrücktem Hut daherkam.

Schweigend blickten sie einander an.

„Nun, was sagen Sie?" fragte endlich Lawrezki.

„Was ich sage?" erwiderte Lemm mürrisch. „Nichts sage ich. Alles ist tot, auch wir sind tot. Sie müssen wohl nach rechts gehen?"

„Ja."

„Und ich nach links. Leben Sie wohl."

Am nächsten Morgen reiste Fjodor Iwanytsch mit seiner Frau nach Lawriki ab. Sie fuhr mit Ada und Justine in einer Kutsche voraus, er im Reisewagen hinterher. Das hübsche kleine Mädchen wich während der ganzen Fahrt nicht vom Wagenfenster; es staunte über alles: über die Bauern, die Weiber, die Hütten, die Brunnen, die Krummhölzer, die Glöckchen und die vielen Krähen. Justine teilte ihr Erstaunen; Warwara Pawlowna lachte über die Bemerkungen und Ausrufe der beiden. Sie war guter Laune; vor der Abreise aus O... hatte sie eine Auseinandersetzung mit ihrem Mann gehabt.

„Ich begreife Ihre Lage", hatte sie zu ihm gesagt, und aus dem Ausdruck ihrer klugen Augen konnte er schließen, daß sie seine Lage voll und ganz begriff. „Aber Sie werden mir wenigstens die Gerechtigkeit widerfahren lassen, daß es sich leicht mit mir leben läßt; ich werde mich Ihnen nicht aufdrängen, Ihnen nicht lästig fallen; ich wollte Adas Zukunft sicherstellen; weiter brauche ich nichts."

„Ja, Sie haben alles erreicht, was Sie wollten", hatte Fjodor Iwanytsch erwidert.

„Ich ersehne jetzt nur eines – mich für immer in der Einöde zu vergraben; ich werde ewig Ihrer Wohltaten eingedenk sein ..."

„Pfui! Hören Sie auf", unterbrach er sie.

„Und ich werde Ihre Unabhängigkeit und Ihre Ruhe zu achten wissen", beschloß sie ihre vorher zurechtgelegte Phrase.

Lawrezki verbeugte sich tief vor ihr. Warwara Pawlowna begriff, daß ihr Mann ihr innerlich dankbar war.

Am zweiten Tag trafen sie gegen Abend in Lawriki ein; eine Woche später fuhr Lawrezki nach Moskau, nachdem er seiner Frau fünftausend Rubel für den Lebensunterhalt zurückgelassen hatte, und am Tage nach Lawrezkis Abreise erschien Panschin, den Warwara Pawlowna gebeten hatte, sie in ihrer Einsamkeit nicht zu vergessen. Sie empfing ihn aufs beste, und bis in die späte Nacht hinein hallten die hohen Zimmer des Hauses und selbst der Park von Musik, Gesang und heiteren französischen Gesprächen wider. Drei Tage war Panschin bei Warwara Pawlowna zu Gast; als er sich von ihr verabschiedete und ihr fest die schönen Hände drückte, versprach er, sehr bald wiederzukommen – und er hielt sein Versprechen.

45

Lisa hatte im oberen Stockwerk des Hauses ihrer Mutter ein eigenes Stübchen, sauber und hell, mit einem weißen Bett, Blumentöpfen in den Ecken und vor den Fenstern, einem kleinen Schreibtisch, einem Bücherbrett und einem Kruzifix an der Wand. Dieses Stübchen wurde das Kinderzimmer genannt; Lisa war darin geboren. Als sie aus der Kirche zurückgekehrt war, wo Lawrezki sie gesehen hatte, brachte sie ihr Zimmer sorgfältiger als gewöhnlich in Ordnung, wischte überall Staub, sah alle ihre Hefte und die Briefe ihrer Freundinnen durch und verschnürte sie mit Bändchen, verschloß alle Schubladen, goß die Blumen und berührte eine jede Blüte mit der Hand. All das tat sie bedächtig, lautlos, und eine innige, stille Sorgfalt lag auf ihrem Gesicht. Schließlich blieb sie mitten im Zimmer stehen und schaute sich langsam darin um; dann trat sie an den Tisch, über dem das Kruzifix hing, kniete nieder, legte den Kopf auf die gefalteten Hände und verharrte so reglos.

Marfa Timofejewna kam herein und traf sie in dieser Stellung an. Lisa bemerkte ihr Kommen nicht. Die alte Frau ging auf den Zehenspitzen wieder hinaus vor die Tür und hustete einige Male laut. Lisa erhob sich geschwind und wischte sich die Augen, in denen helle Tränen glänzten.

„Ich sehe, du hast wieder einmal deine Zelle aufgeräumt", sagte

Marfa Timofejewna und beugte sich tief über einen jungen Rosenstock. „Wie herrlich das duftet!"

Lisa sah ihre Tante nachdenklich an.

„Was für ein Wort haben Sie da ausgesprochen!" flüsterte sie.

„Was für ein Wort, was denn für eins?" fiel die alte Frau lebhaft ein. „Was willst du damit sagen? Das ist entsetzlich", sagte sie, indem sie die Haube vom Kopf riß und sich auf Lisas Bett setzte, „das geht über meine Kräfte. Es ist heute der vierte Tag, daß ich wie auf glühenden Kohlen sitze; ich kann mich nicht länger so stellen, als ob ich nichts merkte, ich kann es nicht mehr mit ansehen, wie du immer blasser wirst, dahinwelkst, weinst – ich kann es nicht, ich kann es nicht!"

„Was haben Sie nur, Tantchen", sagte Lisa, „mir fehlt nichts ..."

„Nichts?" rief Marfa Timofejewna. „Erzähle das anderen, aber nicht mir! Nichts! Und wer lag eben noch auf den Knien? Wem sind die Wimpern noch feucht von Tränen? Nichts! Schau dich doch nur an, was du aus deinem Gesicht gemacht hast, wo hast du deine Augen gelassen? Nichts! Meinst du, ich wüßte nicht alles?"

„Es wird vorübergehen, Tantchen; lassen Sie mir Zeit."

„Vorübergehen, aber wann? Herr mein Gott! Liebst du ihn denn wirklich so sehr? Aber er ist doch ein alter Mann, Lisotschka. Nun, ich will es nicht bestreiten, er ist ein guter Mensch, er tut keinem weh; aber was ist das schon? Wir sind alle gute Menschen; die Welt ist so groß, Gutes von dieser Art wird es immer viel geben."

„Ich sage Ihnen, es wird alles vorübergehen, es ist schon alles vorbei."

„Höre, Lisotschka, was ich dir sage", sprach Marfa Timofejewna plötzlich, indem sie Lisa neben sich auf das Bett zog und ihr bald das Haar, bald das Halstuch zurechtstrich. „Es kommt dir nur in der ersten Aufregung so vor, als sei deinem Kummer nicht abzuhelfen. Ach, mein Liebling, einzig gegen den Tod gibt es kein Heilmittel! Du mußt nur zu dir selber sagen: Ich lasse mich nicht unterkriegen, fort mit ihm! – und du wirst dich nachher wundern, wie schnell und gut es vorübergeht. Halte nur ein wenig aus."

„Tantchen", erwiderte Lisa, „es ist schon vorbei, es ist alles vorbei."

„Vorbei! Von wegen vorbei! Sogar dein Näschen ist ganz spitz geworden, und du sagst: Es ist vorbei. Schön vorbei ist es!"

„Doch, es ist vorbei, Tantchen, wenn Sie mir nur helfen wollen", sprach Lisa in plötzlicher Begeisterung und warf sich Marfa

Timofejewna an den Hals. „Liebes Tantchen, seien Sie meine Freundin, helfen Sie mir, seien Sie mir nicht böse, verstehen Sie mich ..."

„Aber was ist denn, was ist denn, mein Kind? Jage mir bitte keine Angst ein – ich fange gleich an zu schreien. Sieh mich nicht so an; sag schnell, was es ist!"

„Ich ... ich will ...", Lisa barg ihr Gesicht an Marfa Timofejewnas Brust. „Ich will ins Kloster gehen", sagte sie kaum vernehmbar.

Die alte Frau sprang vom Bett auf.

„Bekreuzige dich, mein Kind, Lisotschka, komm zur Besinnung, was sagst du da, Gott steh dir bei", stammelte sie endlich. „Leg dich hin, mein Liebling, schlaf ein Weilchen; das kommt alles von der Schlaflosigkeit, mein Seelchen."

Lisa hob den Kopf, ihre Wangen glühten.

„Nein, Tantchen", entgegnete sie, „sprechen Sie nicht so; mein Entschluß ist gefaßt, ich habe gebetet, ich habe Gott um Rat angefleht; es ist alles zu Ende, mein Leben mit Ihnen ist zu Ende. Diese Lehre war nicht umsonst; es ist auch nicht das erste Mal, daß ich daran denke. Ich bin für das Glück nicht geschaffen; selbst damals, als ich auf Glück hoffen konnte, drückte es mir das Herz ab. Ich weiß alles, ich kenne meine eigenen Sünden und die Sünden anderer, ich weiß auch, wie Papa unseren Reichtum erworben hat; ich weiß alles. Das alles muß durch Beten, durch Beten gebüßt werden. Sie tun mir leid, auch Mama und Lenotschka tun mir leid; aber es ist nicht zu ändern; ich fühle, daß ich hier nicht weiterleben kann; ich habe schon von allem Abschied genommen, habe allem, was im Hause ist, Lebewohl gesagt; es ruft mich etwas fort; mir ist das Leben hier unerträglich, ich möchte mich für immer von der Welt abschließen. Halten Sie mich nicht zurück, reden Sie es mir nicht aus, helfen Sie mir, sonst gehe ich allein fort ..."

Marfa Timofejewna hatte ihre Großnichte voll Entsetzen angehört.

Sie ist krank, sie redet irre, dachte sie, man muß nach einem Arzt schicken, aber nach welchem? Gedeonowski hat neulich einen gelobt; er lügt zwar immer – aber vielleicht hat er diesmal die Wahrheit gesagt. Als Marfa Timofejewna jedoch zu der Überzeugung gekommen war, daß Lisa nicht krank war und nicht irre redete, als Lisa auf alle ihre Einwände immerfort ein und dasselbe antwortete, da erschrak sie und war tief betrübt.

„Du weißt ja gar nicht, mein Liebling", versuchte sie Lisa umzustimmen, „wie das Leben in den Klöstern ist! Man wird dir grünes Hanföl zu essen geben und dich in ganz dicke, grobe Wäsche stekken, mein liebes Kind – in die Kälte wird man dich hinausschikken; das hältst du doch alles gar nicht aus, Lisotschka. Das hat dir die Agascha eingeredet; sie hat dir so den Kopf verdreht. Aber sie hat ja zuvor das Leben genossen und ihr Vergnügen gehabt; genieße auch du das Leben. Laß mich wenigstens ruhig sterben, dann tu, was du willst. Hat man das je erlebt: Wegen so eines Bocksbarts, Gott verzeih mir, wegen eines Mannes ins Kloster zu gehen? Wenn es dir hier so unerträglich geworden ist, nun, dann mach eine Wallfahrt, bete zu einem Heiligen, laß eine Messe lesen, aber zieh dir nicht die schwarze Kapuze über den Kopf, ach du lieber Gott ..."

Und Marfa Timofejewna fing bitterlich an zu weinen.

Lisa tröstete sie, wischte ihr die Tränen ab, weinte selbst, blieb jedoch unerschütterlich. Aus Verzweiflung versuchte es Marfa Timofejewna mit der Drohung, alles der Mutter zu sagen, aber auch das half nicht. Erst auf langes, inständiges Bitten der alten Frau hin willigte Lisa ein, die Ausführung ihres Vorhabens ein halbes Jahr aufzuschieben; dafür mußte ihr Marfa Timofejewna das Wort geben, ihr zu helfen und Marja Dmitrijewnas Zustimmung zu erwirken, falls Lisa nach sechs Monaten ihren Entschluß nicht geändert haben sollte.

Mit Anbruch der ersten kalten Tage siedelte Warwara Pawlowna, ungeachtet ihres Versprechens, sich in der Einöde zu vergraben, reichlich mit Geld versehen, nach Petersburg über, wo sie eine bescheidene, aber nette Wohnung mietete, die Panschin, der das Gouvernement O... schon vor ihr verließ, für sie gesucht hatte. In der letzten Zeit seines Aufenthaltes in O... hatte er das Wohlwollen Marja Dmitrijewnas ganz eingebüßt; er hatte sie plötzlich nicht mehr besucht, er war aus Lawriki fast nicht herausgekommen. Warwara Pawlowna hatte ihn zu ihrem Sklaven gemacht, ja, zu ihrem Sklaven – anders läßt sich ihre schrankenlose, unwiderstehliche Macht über ihn nicht ausdrücken.

Lawrezki verbrachte den Winter in Moskau; im Frühling des folgenden Jahres erreichte ihn die Nachricht, daß Lisa im Kloster B..., in einer der entlegensten Gegenden Rußlands, den Schleier genommen habe.

EPILOG

Acht Jahre waren vergangen. Wieder war der Frühling eingezogen … Doch wir wollen zuvor einige Worte über das Schicksal Michalewitschs, Panschins und Frau Lawrezkajas sagen und von ihnen Abschied nehmen. Michalewitsch fand nach langen Irrfahrten endlich den wahren Beruf: Er erhielt die Stelle eines Oberaufsehers in einer staatlichen Erziehungsanstalt. Er ist sehr zufrieden mit seinem Schicksal, und seine Zöglinge „vergöttern" ihn, wenn sie ihn auch nachäffen. Panschin ist in der Rangliste ein gutes Stück aufgerückt und trachtet bereits nach einem Direktorposten; er geht etwas gebückt: Vermutlich zieht ihn das Wladimirkreuz, das ihm verliehen wurde und das er am Halse trägt, nach vorn. Der Beamte in ihm hat entschieden das Übergewicht über den Künstler erlangt; sein immer noch jugendliches Gesicht ist gelb geworden, sein Haar hat sich gelichtet, und er singt und zeichnet nicht mehr, beschäftigt sich aber im stillen mit Literatur: Er hat ein kleines Lustspiel in der Art der „proverbes"[1] geschrieben, und da jetzt jeder Schreibende unbedingt irgend jemanden oder irgend etwas „herausstellen" muß, so hat er in seinem Werkchen eine Kokotte „herausgestellt" und liest es in aller Heimlichkeit zwei, drei ihm wohlgesinnten Damen vor. Geheiratet hat er indessen nicht, obgleich sich ihm viele sehr günstige Gelegenheiten boten; daran ist Warwara Pawlowna schuld. Was sie betrifft, so lebt sie wie früher ständig in Paris; Fjodor Iwanytsch hat ihr auf seinen Namen einen Wechsel ausgestellt und sich damit von ihr und von der Möglichkeit eines nochmaligen unverhofften Überfalles losgekauft. Sie ist gealtert und dicker geworden, wirkt aber immer noch hübsch und elegant. Jeder Mensch hat sein Ideal; Warwara Pawlowna hat das ihre in den dramatischen Werken des Herrn Dumas-Sohn gefunden. Sie besucht fleißig das Theater, wo auf der Bühne schwindsüchtige und gefühlvolle Kameliendamen auftreten; eine Madame Doche[2] zu sein erscheint ihr als der Gipfel menschlicher Glückseligkeit: Sie hat einmal erklärt, sie wünsche ihrer eigenen Tochter kein besseres Los. Man kann nur hoffen, daß das Schicksal Mademoiselle Ada vor einer solchen Glückseligkeit bewahren möge. Aus dem rotwangigen, molligen Kind ist ein schwachbrüstiges, blasses Mädchen geworden, dessen Nerven be-

1 (franz.) Sprichwörter; eine in Frankreich gepflegte Gattung kleiner dramatischer Stücke, in denen ein Sprichwort im Mittelpunkt der Dialoghandlung steht. – 2 Maria-Charlotta-Eugénie Doche (1823–1900), französische Schauspielerin; eine ihrer größten Rollen war die „Kameliendame".

reits angegriffen sind. Die Zahl der Verehrer Warwara Pawlownas hat sich verringert, doch sind sie nicht ganz verschwunden; einige wird sie wahrscheinlich bis ans Ende ihres Lebens behalten. Der feurigste von ihnen war in letzter Zeit ein gewisser Sakurdalo-Skubyrnikow, ein schnurrbärtiger Gardehaudegen a. D., ein Mann von etwa achtunddreißig Jahren und von ungewöhnlich kräftigem Körperbau. Die französischen Besucher des Salons der Frau Lawrezkaja nennen ihn „le gros taureau de l'Ukraine“[1]; Warwara Pawlowna lädt ihn nie zu ihren beliebten Abendgesellschaften ein, er erfreut sich jedoch ihrer vollen Gunst.

Also acht Jahre waren vergangen. Wieder wehte vom Himmel das strahlende Glück des Frühlings hernieder; wieder lächelte der Lenz der Erde und den Menschen zu; wieder begann unter seiner Liebkosung alles zu blühen, zu lieben und zu singen. Die Stadt O... hatte sich in diesen acht Jahren wenig verändert, doch das Haus Marja Dmitrijewnas war wie verjüngt: Seine vor kurzem frisch gestrichenen Wände schimmerten in freundlichem Weiß, und die Scheiben der weit geöffneten Fenster röteten sich und funkelten im Schein der untergehenden Sonne; aus diesen Fenstern drangen die frohen, leichten Laute heller, junger Stimmen und unaufhörliches Lachen auf die Straße; das ganze Haus schien von Leben und Fröhlichkeit überzuquellen. Die Hausherrin selbst hatte längst das Zeitliche gesegnet: Marja Dmitrijewna war zwei Jahre nach Lisas Einkleidung gestorben; und Marfa Timofejewna hatte ihre Nichte nicht lange überlebt; Seite an Seite ruhen sie auf dem Friedhof der Stadt. Auch Nastasja Karpowna war nicht mehr am Leben. Mehrere Jahre lang war die treue alte Frau allwöchentlich gekommen, um am Grab ihrer Freundin zu beten, dann schlug auch für sie die Stunde, da man ihre Gebeine in die kühle Erde bettete. Doch Marja Dmitrijewnas Haus ging nicht in fremde Hände über, es blieb im Besitz der Familie, das Nest wurde nicht zerstört. Lenotschka, die zu einem schlanken, schönen Mädchen herangewachsen war, ihr Bräutigam, ein blonder Husarenoffizier, Marja Dmitrijewnas Sohn, der erst kürzlich in Petersburg geheiratet hatte und mit seiner jungen Frau nach O... gekommen war, um hier den Frühling zu verleben, die Schwester seiner Frau, eine sechzehnjährige Pensionatsschülerin mit rosigen Wangen und hellen Augen, und Schurotschka, die ebenfalls groß und hübsch geworden war, das war die Jugend, die mit ihrem Lachen und Geplauder die Räume des Kalitinschen Hauses erfüllte. Alles darin

1 (franz.) der feiste Stier aus der Ukraine.

hatte sich verändert, alles war dem Geschmack der neuen Bewohner angepaßt worden. Beim Gesinde hatten bartlose junge Leute, die immerzu Spott und Spaß trieben, die gesetzten alten Diener von früher abgelöst; dort, wo einst das fett gewordene Hündchen Roska einherstolziert war, tollten nun zwei Jagdhunde wild herum und sprangen über die Sofas; im Pferdestall standen kräftige Paßgänger, flotte Gabelpferde, feurige Seitenpferde mit geflochtenen Mähnen und Reitpferde vom Don; die Stunden des Frühstücks, des Mittag- und des Abendessens waren heillos durcheinandergeraten; es herrschten, wie sich die Nachbarn ausdrückten, „unerhörte Zustände".

An dem Abend, von dem hier die Rede ist, vertrieben sich die Bewohner des Kalitinschen Hauses (der älteste von ihnen, Lenotschkas Bräutigam, war erst vierundzwanzig Jahre alt) die Zeit mit einem nicht gerade schwierigen, aber, nach ihrem einmütigen Gelächter zu schließen, für sie überaus lustigen Spiel: Sie rannten durch die Zimmer und haschten einander; die Hunde rannten gleichfalls mit und bellten, und die Kanarienvögel in den Käfigen an den Fenstern strengten um die Wette ihre Kehlen an und verstärkten den allgemeinen Lärm noch durch ihr schallendes Geschmetter und wütendes Gezwitscher. Gerade als diese ohrenbetäubende Lustbarkeit ihren Höhepunkt erreicht hatte, fuhr vor dem Tor ein schmutzbedeckter Reisewagen vor, und ein Mann von etwa fünfundvierzig Jahren im Reiseanzug stieg aus und blieb überrascht stehen. Er stand eine Weile reglos, betrachtete aufmerksam das Haus, trat durch das Pförtchen in den Hof und stieg langsam die Freitreppe hinauf. Im Vorzimmer begegnete ihm niemand, doch mit einemmal flog die Tür zum Saal auf – ganz rot im Gesicht, stürzte Schurotschka heraus, und dicht hinter ihr kam mit lautem Geschrei die ganze junge Schar angerannt. Als sie den Unbekannten erblickte, blieb sie plötzlich stehen und verstummte; aber die hellen Augen, die auf ihn gerichtet waren, schauten noch ebenso freundlich wie vorher, das Lachen verschwand nicht aus den frischen Gesichtern. Der Sohn Marja Dmitrijewnas ging auf den Besucher zu und fragte ihn zuvorkommend, was er wünsche.

„Ich bin Lawrezki", sagte der Besucher.

Ein einstimmiger Freudenschrei erscholl als Antwort – nicht etwa, weil die jungen Leute sich über die Ankunft des entfernten, fast vergessenen Verwandten so sehr gefreut hätten, sondern einfach, weil sie jede passende Gelegenheit, zu lärmen und fröhlich zu sein, bereitwillig wahrnahmen. Lawrezki wurde sofort umringt; Lenotschka, als alte Bekannte, nannte als erste ihren Namen und versicherte ihm, sie würde ihn einen kleinen Augenblick später ganz bestimmt erkannt haben; dann stellte sie ihm die ganze übrige Gesellschaft vor, wobei sie jeden Namen, sogar den ihres Bräutigams, in der Verkleinerungsform nannte. Die ganze Schar zog nun durch das Speisezimmer in den Salon. Die Tapeten in beiden Zimmern waren neu, doch die Möbel waren die alten. Lawrezki erkannte den Flügel wieder, und sogar der Stickrahmen stand noch am Fenster, in derselben Stellung und anscheinend auch mit derselben unvollendeten Stickerei wie vor acht Jahren. Man nötigte ihn, in dem bequemen Lehnstuhl Platz zu nehmen; alle setzten sich gesittet um ihn herum. Es hagelte ununterbrochen Fragen, Ausrufe, Erzählungen.

„Wir haben Sie lange nicht gesehen", bemerkte Lenotschka naiv, „und Warwara Pawlowna haben wir auch nicht gesehen."

„Das ist doch ganz natürlich!" fiel ihr Bruder rasch ein. „Ich habe dich nach Petersburg gebracht, und Fjodor Iwanytsch hat immer auf dem Lande gelebt."

„Ja, und inzwischen ist auch Mama gestorben."

„Und Marfa Timofejewna", setzte Schurotschka hinzu.

„Und Nastasja Karpowna", fuhr Lenotschka fort, „und Monsieur Lemm ..."

„Wie? Auch Lemm ist tot?" fragte Lawrezki.

„Ja", antwortete der junge Kalitin, „er war von hier nach Odessa gereist; man sagt, jemand habe ihn dorthin gelockt; dort ist er auch gestorben."

„Sie wissen nicht, ob er Kompositionen hinterlassen hat?"

„Ich weiß nicht, aber ich glaube kaum."

Alle verstummten und sahen einander an. Ein Wölkchen von Traurigkeit flog über die jungen Gesichter.

„Aber Matrose lebt noch", sagte Lenotschka plötzlich.

„Auch Gedeonowski lebt noch", fügte ihr Bruder hinzu.

Bei dem Namen Gedeonowski brachen alle in lautes Gelächter aus.

„Ja, er lebt und lügt wie früher", fuhr Marja Dmitrijewnas Sohn fort, „und stellen Sie sich vor, dieser Wildfang da" (er wies auf die Pensionatsschülerin, die Schwester seiner Frau) „hat ihm gestern Pfeffer in die Tabaksdose geschüttet."

„Wie er geniest hat!" rief Lenotschka, und von neuem erscholl ein unbändiges Gelächter.

„Von Lisa haben wir kürzlich Nachricht erhalten“, sagte der junge Kalitin, und ringsum wurde es wieder still, „es geht ihr gut, ihre Gesundheit bessert sich jetzt allmählich.“

„Ist sie noch in demselben Kloster?“ fragte Lawrezki nicht ohne Überwindung.

„Ja, noch in demselben.“

„Schreibt sie Ihnen?“

„Nein, niemals; wir erhalten nur durch andere Leute Nachricht von ihr.“

Tiefes Schweigen trat plötzlich ein. Ein Engel schwebt still vorüber, dachte jeder.

„Möchten Sie nicht in den Garten?“ wandte sich Kalitin an Lawrezki. „Er ist jetzt sehr schön, obwohl wir ihn ein bißchen vernachlässigt haben.“

Lawrezki ging hinaus in den Garten, und das erste, was er bemerkte, war jene Bank, auf der er einst mit Lisa einige glückliche, nie wiederkehrende Augenblicke erlebt hatte; sie war schwarz und schief geworden, aber er erkannte sie gleich wieder, und seiner Seele bemächtigte sich jenes Gefühl, dem nichts gleichkommt, weder an Süße noch an Bitterkeit, das Gefühl lebendiger Trauer um die entschwundene Jugend, um ein Glück, das man einstmals besessen. Zusammen mit den jungen Leuten schritt er durch die Alleen; die Linden waren in den letzten acht Jahren etwas gealtert und gewachsen, ihr Schatten war dichter geworden; alle Büsche aber waren in die Höhe geschossen. Die Himbeersträucher wucherten üppig, die Haselnußbüsche waren völlig verwildert, und von überallher duftete es frisch nach Waldesdickicht, Gras und Flieder.

„Hier könnte man schön ‚Vier Ecken‘ spielen“, rief Lenotschka plötzlich und trat auf eine kleine, grüne, von Linden umgebene Lichtung, „wir sind gerade fünf.“

„Fjodor Iwanytsch hast du wohl vergessen?“ bemerkte ihr Bruder. „Oder hast du dich selbst nicht mitgezählt?“

Lenotschka errötete leicht.

„Ja, kann denn Fjodor Iwanytsch in seinem Alter …“, begann sie.

„Bitte, spielen Sie nur“, warf Lawrezki rasch ein, „nehmen Sie keine Rücksicht auf mich. Mir selbst wird es angenehmer sein, wenn ich weiß, daß ich Sie nicht störe. Sie brauchen mich nicht zu unterhalten; wir alten Leute haben eine Unterhaltung, die Sie noch nicht kennen und die uns kein anderer Zeitvertreib ersetzen kann: die Erinnerung.“

Die jungen Leute hörten Lawrezki mit freundlicher, aber auch ein klein wenig spöttischer Ehrerbietung an – ganz, als hätte ihnen ein Lehrer eine Lektion erteilt – und stoben auf einmal alle davon; sie rannten auf die Lichtung, vier stellten sich an Bäume, einer blieb in der Mitte stehen, und das lustige Treiben begann.

Lawrezki kehrte ins Haus zurück, trat in das Speisezimmer, näherte sich dem Flügel und berührte eine Taste; ein schwacher, aber reiner Ton erklang und zitterte tief in seinem Herzen nach: Mit diesem Ton hatte jene hinreißende Melodie angefangen, durch die ihn vor langer Zeit in jener glücklichen Nacht Lemm, der verstorbene Lemm, in solches Entzücken versetzt hatte. Dann ging Lawrezki in den Salon hinüber und verweilte dort lange. In diesem Zimmer, wo er Lisa so oft gesehen hatte, erstand ihr Bild noch lebhafter vor ihm; es war ihm, als fühle er rings um sich die Spuren ihrer Gegenwart; aber die Trauer um sie war quälend und schwer: In ihr war nicht die Stille, die der Tod hinterläßt. Lisa lebte noch irgendwo, fern und abgeschieden; er dachte an sie als an eine Lebende und erkannte das junge Mädchen, das er einst geliebt hatte, in der undeutlichen, blassen, gespenstischen, von Weihrauchwolken umgebenen Gestalt im Nonnengewand nicht wieder. Lawrezki würde sich selbst nicht erkannt haben, hätte er sich so betrachten können, wie er in Gedanken Lisa betrachtete. Im Laufe dieser acht Jahre hatte sich in seinem Leben endlich eine Wandlung vollzogen, jene Wandlung, die viele nicht erfahren, ohne die es jedoch unmöglich ist, bis ans Ende ein anständiger Mensch zu bleiben; er hatte wirklich aufgehört, an sein eigenes Glück, an eigennützige Ziele zu denken. Er war ruhiger geworden und – wozu die Wahrheit verheimlichen? –, nicht allein im Gesicht und am Körper, sondern auch innerlich, gealtert; sich bis ins Alter ein junges Herz zu bewahren, wie manche sagen, ist schwer und beinahe lächerlich; schon der kann zufrieden sein, der den Glauben an das Gute, die Festigkeit des Willens und die Lust zum Schaffen nicht verloren hat. Lawrezki hatte ein Recht, zufrieden zu sein: Er war wirklich ein tüchtiger Landwirt geworden, er hatte wirklich gelernt, den Acker zu pflügen, und er arbeitete nicht nur für sich selbst; er sicherte und festigte, soweit er konnte, die Lage seiner Bauern.

Lawrezki ging aus dem Haus in den Garten, setzte sich auf die ihm wohlbekannte Bank, und auf diesem Platz, der ihm so teuer war, angesichts des Hauses, wo er zum letztenmal und vergebens die Hände nach dem ersehnten Becher ausgestreckt hatte, in dem der goldene Wein der Lust perlte und schäumte, hielt er, ein einsamer, heimatloser Wanderer, unter den zu ihm herüberfliegenden fröhlichen Rufen der jungen Generation, die ihn bereits abgelöst hatte, Rückschau auf sein Leben. Es wurde ihm wehmütig ums Herz, aber nicht schwer und nicht trostlos: Hatte er auch etwas zu bedauern, zu schämen brauchte er sich nicht. Spielt, seid fröhlich, wachst, ihr jungen Kräfte, dachte er, und es war keine Bitterkeit in seinen Gedanken. Das Leben liegt vor euch, und es wird für euch leichter sein zu leben: Ihr werdet nicht wie wir euren Weg erst suchen müssen, werdet nicht kämpfen, stürzen, wieder aufstehen müssen inmitten von Finsternis; wir mußten immer darauf bedacht sein, uns zu behaupten – und wie viele von uns haben sich nicht behauptet! –, ihr müßt nur arbeiten, etwas schaffen, und unser, der Alten, Segen wird mit euch sein. Mir aber bleibt, nach dem heutigen Tag, nach diesen Erlebnissen, nur eins, euch einen letzten Gruß zu widmen und, wenn auch mit Trauer, so doch ohne Neid, ohne jedes dunkle Gefühl, angesichts des Endes, angesichts Gottes, der mich erwartet, zu sagen: „Sei gegrüßt, einsames Alter! Verglimme, nutzloses Leben!"

Lawrezki stand still auf und entfernte sich still; niemand bemerkte ihn, niemand hielt ihn zurück; lauter als vorher ertönten die fröhlichen Rufe im Garten hinter der dichten grünen Wand der hohen Linden. Er stieg in den Reisewagen und befahl dem Kutscher, nach Hause zu fahren, aber die Pferde nicht anzutreiben.

Und das Ende? wird vielleicht der unbefriedigte Leser fragen. Was ist danach aus Lawrezki geworden? Und aus Lisa? Doch was soll man von Menschen sagen, die zwar noch leben, aber vom Schauplatz der Welt schon abgetreten sind? Warum zu ihnen zurückkehren? Es wird erzählt, Lawrezki habe jenes entlegene Kloster, in das sich Lisa zurückgezogen hatte, besucht und sie gesehen. Von Chor zu Chor schreitend, sei sie dicht an ihm vorübergegangen mit dem gleichmäßigen, eilig-demütigen Schritt der Nonne und habe ihn nicht angesehen; nur die Wimpern des ihm zugekehrten Auges hätten ein wenig gezuckt, nur noch tiefer habe sie ihr abgemagertes Gesicht geneigt, noch fester die vom Rosenkranz umschlungenen Finger der gefalteten Hände aneinandergepreßt. Was beide gedacht, was sie empfunden haben? Wer kann es wissen? Wer kann es sagen? Es gibt im Leben Augenblicke, Gefühle ... Man kann nur auf sie hinweisen – und vorübergehen.

Novellen

ASJA

1

Ich war damals fünfundzwanzig Jahre alt, begann N. N. zu erzählen. Es handelt sich also um längst vergangene Zeiten, wie Sie sehen. Ich hatte mich soeben unabhängig gemacht und war ins Ausland gefahren, nicht „um meine Bildung abzuschließen", wie man dazumal sagte, ich wollte mich einfach in Gottes schöner Welt ein bißchen umblicken. Ich war gesund, jung, lebenslustig, an Geld fehlte es mir nicht, Sorgen plagten mich noch nicht, ich lebte in den Tag hinein, tat, wozu ich Lust hatte – kurz, ich ließ mir's wohl sein. Mir kam damals gar nicht in den Sinn, daß der Mensch keine Pflanze ist und sich's nicht lange wohl sein lassen kann. Die Jugend ißt vergoldete Pfefferkuchen und glaubt, sie seien das tägliche Brot; aber es kommt die Zeit, da man selbst um Brot vergeblich bittet. Doch darüber zu reden hat keinen Zweck.

Ich reiste ohne Ziel, ohne Plan umher, verweilte überall, wo es mir gefiel, und zog weiter, sobald ich den Wunsch verspürte, neue Gesichter zu sehen – ja, Gesichter. Mich interessierten ausschließlich die Menschen; die sehenswerten Kunstdenkmäler und die berühmten Sammlungen haßte ich. Der bloße Anblick eines Lohndieners erregte in mir Trauer und Zorn, und im Dresdner „Grünen Gewölbe" verlor ich fast den Verstand. Die Natur wirkte ungemein auf mich, aber ich liebte nicht ihre sogenannten Schönheiten, die erstaunlichen Berge, Felsen und Wasserfälle; ich mochte nicht, daß sie sich mir aufdrängte, daß sie mich störte. Doch lebendige menschliche Gesichter, die Reden der Leute, ihre Bewegungen, ihr Lachen – ohne das konnte ich nicht auskommen. In der Menge war mir stets besonders leicht und wohl zumute; es war mir eine Freude, dahin zu gehen, wohin die anderen gingen, zu schreien, wenn die anderen schrien, und gleichzeitig sah ich mir gern an, wie diese anderen schrien. Es machte mir Spaß, die Menschen zu beobachten. Ich beobachtete sie eigentlich

Haus in Baden-Baden in der Schillerstraße,
wo Iwan Turgenjew von 1863 bis 1868 wohnte

gar nicht, ich betrachtete sie mit einer freudigen, unersättlichen Neugier. Doch ich schweife wieder ab.

Vor etwa zwanzig Jahren also lebte ich in der kleinen deutschen Stadt S.[1], am linken Rheinufer. Ich suchte die Einsamkeit, denn ich war gerade von einer jungen Witwe, die ich in einem Badeort kennengelernt hatte, ins Herz getroffen worden. Sie war sehr schön und klug, hatte mit allen kokettiert – leider auch mit mir – und mich anfangs sogar ermutigt, dann aber schwer gekränkt, indem sie mich einem rotwangigen bayrischen Leutnant opferte. Die Wunde war, offen gestanden, nicht sehr tief; ich hielt es jedoch für meine Pflicht, mich eine Zeitlang der Trauer und der Einsamkeit hinzugeben – woran hat man in der Jugend nicht sein Vergnügen! –, und ließ mich in S. nieder.

Dieses Städtchen gefiel mir wegen seiner Lage am Fuß zweier hoher Hügel, wegen seiner verwitterten Mauern und Türme, seiner uralten Linden, der steilen Brücke über dem hellen Flüßchen, das in den Rhein mündet, hauptsächlich aber wegen seines guten Weines. Durch seine engen Gassen spazierten abends, kurz nach Sonnenuntergang (es war im Juni), reizende blonde deutsche Mädchen, und wenn sie einem Ausländer begegneten, sagten sie freundlich *„Guten Abend!“**. Manche von ihnen gingen selbst dann nicht nach Hause, wenn der Mond hinter den spitzen Dächern der alten Häuser emporstieg und die kleinen Pflastersteine sich in seinen regungslosen Strahlen deutlich abzeichneten. Zu dieser Stunde wanderte ich gern durch die Stadt – es schien, als blicke der Mond vom klaren Himmel unverwandt auf sie hernieder und als spüre die Stadt diesen Blick und halte feinfühlig still, ganz von diesem friedlichen und zugleich die Seele sanft erregenden Licht umflossen. Der Hahn auf dem hohen gotischen Kirchturm funkelte in mattem Gold, und mit dem gleichen Gold übergossen die Strahlen das schwarze Flüßchen. Dünne Kerzen (der Deutsche ist sparsam!) glommen bescheiden hinter den schmalen Fenstern unter den Schieferdächern; Weinreben streckten geheimnisvoll ihre gewundenen Ranken hinter den Gartenmauern hervor; eine Gestalt huschte im Schatten des altertümlichen Brunnens auf dem dreieckigen Marktplatz vorüber. Plötzlich ertönte der verschlafene Hornruf des Nachtwächters, ein gutmütiger Hund knurrte halblaut, die Luft liebkoste so sanft das Gesicht, und die Linden dufteten so süß, daß die Brust sich unwillkürlich weitete und das Wort „Gretchen“ sich halb als Ausruf, halb als Frage auf die Lippen drängte.

1 Gemeint ist Sinzig, wo sich Turgenjew im Sommer 1857 aufhielt.

Das Städtchen S. liegt zwei Werst vom Rhein entfernt. Ich ging oft an den majestätischen Strom, saß stundenlang auf einer Steinbank unter einer mächtigen einsamen Esche und dachte, nicht ohne eine gewisse Anstrengung, an die arglistige Witwe. Eine kleine Madonnenstatue mit beinahe kindlichem Gesicht und einem von Schwertern durchbohrten roten Herzen auf der Brust blickte traurig aus den Zweigen heraus. Am gegenüberliegenden Ufer befindet sich das Städtchen L.[1], das etwas größer ist als S., wo ich mich niedergelassen hatte. Eines Abends saß ich auf meiner Lieblingsbank und schaute bald auf den Strom, bald zum Himmel empor, bald nach den Weinbergen hinüber. Vor mir kletterten blondköpfige Buben an den Seitenwänden eines Kahnes herum, der ans Ufer gezogen und mit dem geteerten Bauch nach oben gekehrt war. Kleine Boote glitten mit schwach geblähten Segeln langsam dahin; grünliche Wellen rollten, sanft anschwellend und glucksend, vorbei. Plötzlich drang Musik an mein Ohr. Ich lauschte. In der Stadt L. wurde ein Walzer gespielt. Abgerissen dröhnte der Kontrabaß, undeutlich sang die Geige, munter pfiff die Flöte.

„Was ist das?“ fragte ich einen alten Mann mit Samtweste, dunkelblauen Strümpfen und Schnallenschuhen, der auf mich zukam.

„Das“, antwortete er mir, nachdem er seine Pfeife aus dem einen Mundwinkel in den anderen geschoben hatte, „das sind Studenten aus B.[2], die sich zum Kommers zusammengefunden haben.“

Diesen Kommers werde ich mir mal ansehen, dachte ich. Übrigens bin ich noch nie in L. gewesen.

Ich suchte einen Fährmann und setzte ans andere Ufer über.

2

Vielleicht weiß nicht jeder, was ein Kommers ist. Das ist eine besondere Art von Festgelage, zu dem die Studenten eines Landes oder einer *Landsmannschaft** zusammenkommen. Fast alle, die an dem Kommers teilnehmen, tragen die althergebrachte Tracht der deutschen Studenten: eine Pekesche, hohe Stiefel und eine kleine Mütze mit einem Rand in bestimmten Farben. Sie versammeln sich gewöhnlich zum Mittagessen unter dem Vorsitz des Seniors, das heißt des Ältesten, und zechen bis zum Morgen. Sie

1 Gemeint ist Linz am Rhein. – 2 Gemeint ist Bonn.

trinken, singen Lieder, den Landesvater Gaudeamus, rauchen, schimpfen auf die Philister, und manchmal bestellen sie sich auch eine Musikkapelle.

Ein solcher Kommers wurde in L. vor dem kleinen Wirtshaus „Zur Sonne“ abgehalten, in dem an der Straße gelegenen Garten. Über dem Wirtshaus und dem Garten wehten Fahnen; die Studenten saßen unter den gestutzten Linden an Tischen; eine riesige Bulldogge lag unter einem davon; etwas abseits, in einer Efeulaube, waren die Musikanten untergebracht, die eifrig spielten und sich fortwährend mit Bier stärkten. Auf der Straße, vor dem niedrigen Gartenzaun, hatten sich ziemlich viel Leute angesammelt: Die guten Bürger des Städtchens L. wollten die Gelegenheit, die hergereisten Gäste anzustaunen, nicht versäumen. Ich mischte mich unter die Zuschauermenge. Es machte mir Vergnügen, die Gesichter der Studenten zu betrachten. Ihre Umarmungen und Ausrufe, das unschuldige Kokettieren der Jugend, die feurigen Blicke, das grundlose Lachen – das schönste Lachen der Welt –, dieses frohe Überschäumen jungen, frischen Lebens, dieses Vorwärtsdrängen – wohin es auch gehen möge, nur vorwärts –, diese gutmütige Ungebundenheit, all das rührte mich und steckte mich an. Ob ich mich zu ihnen geselle? überlegte ich.

„Hast du nun genug, Asja?“ fragte hinter mir plötzlich eine männliche Stimme auf russisch.

„Warten wir noch ein wenig“, antwortete eine andere, weibliche Stimme in derselben Sprache.

Ich wandte mich rasch um. Mein Blick fiel auf einen schönen jungen Mann in Schirmmütze und weiter Jacke. Er stand mit einem nicht sehr großen jungen Mädchen, deren Strohhut mir die ganze obere Hälfte ihres Gesichtes verbarg, Arm in Arm da.

„Sie sind Russen?“ entschlüpfte es mir unwillkürlich.

Der junge Mann lächelte und sagte:

„Ja, Russen.“

„Ich hätt nicht erwartet, in diesem abgelegenen Ort …“, begann ich.

„Wir auch nicht“, unterbrach er mich. „Doch um so besser. Gestatten Sie, daß ich mich vorstelle: Mein Name ist Gagin, und das ist meine …“ (Er stockte einen Augenblick.) „meine Schwester. Darf ich Ihren Namen wissen?“

Ich nannte ihn, und wir kamen ins Gespräch. Ich erfuhr, daß Gagin, der gleich mir zu seinem Vergnügen reiste, vor einer Woche nach L. gekommen und hier hängengeblieben war. Offen gesagt, ich mache im Ausland nicht gern die Bekanntschaft von Russen. Ich erkenne sie schon von weitem an ihrem Gang, an dem Schnitt der Kleidung, vor allem aber an ihrem Gesichtsausdruck: Für gewöhnlich selbstgefällig und verächtlich, oft gebieterisch, wird er plötzlich vorsichtig und zaghaft. Der ganze Mensch lauscht auf einmal gespannt, das Auge schweift unruhig umher. Ach, du meine Güte, habe ich etwa geflunkert, lacht man etwa über mich? scheint dieser unstete Blick zu fragen. Eine Sekunde nur – dann hat die Physiognomie ihre Würde wiedergewonnen, die bisweilen von einer dumpfen Verwunderung abgelöst wird. Ja, ich meide die Russen, doch Gagin gefiel mir sofort. Es gibt auf der Welt beneidenswerte Gesichter: Jeder schaut sie gern an, es ist, als wärme oder streichele einen ihr Blick. Ein solches Gesicht hatte Gagin – sympathisch, freundlich, mit großen sanften Augen und weichem lockigem Haar. Wenn er sprach, merkte man, auch ohne sein Gesicht zu sehen, am bloßen Klang seiner Stimme, daß er lächelte.

Das Mädchen, das er seine Schwester genannt hatte, dünkte mir im ersten Moment sehr hübsch. Es lag etwas Eigenes, Besonderes im Schnitt ihres gebräunten runden Gesichtes, in der kleinen schmalen Nase, den fast noch kindlichen Wangen und den klaren schwarzen Augen. Sie war grazil, aber anscheinend noch nicht voll entwickelt. Ihrem Bruder sah sie in keiner Weise ähnlich.

„Möchten Sie mit zu uns kommen?“ fragte mich Gagin. „Ich glaube, wir haben den Deutschen lange genug zugeschaut. Unsere Studenten hätten zwar die Scheiben eingeschlagen und die Stühle zertrümmert, diese aber sind doch allzu brav. Was meinst du, Asja, wollen wir nach Hause gehen?“

Das Mädchen nickte zustimmend.

„Wir wohnen außerhalb der Stadt“, fuhr Gagin fort, „auf einem Weinberg, hoch oben, in einem einsamen Häuschen. Wir haben es sehr nett, Sie werden sehen. Die Wirtin hat versprochen, uns saure Milch zu bereiten. Jetzt dunkelt es ja bald, und für Sie wird es schöner sein, bei Mondschein über den Rhein zu fahren.“

Wir machten uns auf den Weg. Durch ein niedriges Stadttor (eine altertümliche Mauer aus Feldsteinen zog sich rings um die Stadt; sogar einige Schießscharten waren noch vorhanden) kamen wir hinaus ins Freie, und nachdem wir etwa hundert Schritt an einer steinernen Einfriedung entlanggegangen waren, blieben wir vor einem schmalen Pförtchen stehen. Gagin schloß es auf und führte uns einen steilen Pfad bergan. Auf den abgestuften Hängen wuchsen zu beiden Seiten Weinstöcke. Die Sonne war soeben untergegangen, und ein zartes rotes Licht lag auf den grünen Reben, den hohen Stangen, dem trockenen, mit großen und kleinen platten Steinen übersäten Erdboden und auf der weißen Wand des kleinen Hauses, das mit seinen schwarzen Fachwerkbalken und seinen vier hellen Fenstern ganz oben auf dem Berg stand, den wir erstiegen.

„Das ist unsere Behausung!" rief Gagin aus, als wir uns dem Häuschen näherten. „Und da bringt die Wirtin auch schon die Milch. *Guten Abend, Madame!** Wir setzen uns gleich zu Tisch, aber vorher", fügte er hinzu, „schauen Sie sich um. Wie finden Sie die Aussicht?"

Die Aussicht war wirklich wundervoll. Der Rhein lag zwischen seinen grünen Ufern silbern vor uns, und an einer Stelle glühte er im purpurnen Gold des Sonnenuntergangs. Das ans Ufer geschmiegte Städtchen zeigte all seine Häuser und Straßen, und weit dahinter dehnten sich Hügel und Felder aus. Da unten war es schön, doch hier oben noch herrlicher: Ganz besonders bezauberten mich die Reinheit und Tiefe des Himmels, die leuchtende, durchsichtige Luft. Frisch und leicht, wogte sie sanft hin und her, als fühle auch sie sich in der Höhe freier.

„Eine reizende Wohnung haben Sie sich ausgesucht", sagte ich.

„Asja hat sie gefunden", erwiderte Gagin. „Nun, Asja", fuhr er fort, „walte deines Amtes. Laß alles hierherbringen. Wir werden im Freien zu Abend essen. Hier ist die Musik besser zu hören. Haben Sie bemerkt", sprach er, zu mir gewandt, weiter, „in der Nähe taugt mancher Walzer gar nichts – banale, grobe Töne –, von fern aber klingt er wunderbar und rührt alle romantischen Seiten in einem an."

Asja (eigentlich hieß sie Anna, doch Gagin nannte sie Asja, und Sie gestatten mir wohl, sie ebenfalls so zu nennen), Asja ging ins Haus und kam bald darauf mit der Wirtin zurück. Sie trugen zu zweit ein großes Tablett, auf dem ein Topf Milch, Teller, Löffel, Zucker, Beeren und Brot zu sehen waren. Wir nahmen Platz und begannen zu essen. Asja hatte den Hut abgesetzt; ihr schwarzes Haar, das wie bei einem Knaben geschnitten und gekämmt war, fiel in großen Wellen über die Ohren und den Hals. Anfangs war sie mir gegenüber befangen, aber Gagin sagte zu ihr:

„Du brauchst dich nicht so einzuigeln, Asja, er beißt nicht."

Sie lächelte, und nach einer Weile redete sie mich schon von selbst an. Nie habe ich ein beweglicheres Wesen kennengelernt.

Nicht einen Augenblick saß sie still – sie stand auf, lief ins Haus und kehrte wieder zurück, sang leise vor sich hin, lachte oft und auf eine ganz sonderbare Art: Sie schien nicht über das zu lachen, was sie hörte, sondern über allerlei Gedanken, die ihr durch den Kopf gingen. Ihre großen Augen blickten offen, heiter und beherzt, doch manchmal schlossen sich ihre Lider halb, und dann wurde ihr Blick plötzlich tief und zärtlich.

Wir plauderten ein paar Stunden. Der Tag war längst erloschen, und der Abend, erst in Flammen lodernd, dann klar und glutrot, danach blaß und trüb geworden, war still verklungen und in die Nacht übergegangen, unser Gespräch aber dauerte immer noch an, friedlich und mild wie die Luft, die uns umgab. Gagin ließ eine Flasche Rheinwein bringen. Wir leerten sie, ohne uns zu beeilen. Die Musik drang nach wie vor an unser Ohr; ihre Töne erschienen süßer und sanfter. Lichter erglommen in der Stadt und auf dem Strom. Asja senkte plötzlich den Kopf, so daß ihr die Locken über die Augen fielen, verstummte und seufzte. Dann sagte sie, sie möchte schlafen, und ging ins Haus. Ich sah jedoch, wie sie, ohne eine Kerze angebrannt zu haben, noch lange an dem halb offenen Fenster stand. Schließlich stieg der Mond empor und begann auf dem Rhein zu glitzern. Alles veränderte sich, alles hellte sich auf oder wurde noch dunkler; sogar der Wein in unseren geschliffenen Gläsern funkelte geheimnisvoll. Der Wind hatte sich gelegt, hatte gleichsam die Flügel gefaltet und war erstarrt; duftende nächtliche Wärme wehte von der Erde herauf.

„Es ist Zeit!" rief ich aus. „Sonst finde ich vielleicht keinen Fährmann mehr."

„Ja, es ist Zeit", wiederholte Gagin.

Wir gingen den Pfad hinunter. Plötzlich rollten hinter uns Steine: Asja holte uns ein.

„Schläfst du denn nicht?" fragte ihr Bruder, doch sie lief, ohne ihm zu antworten, an uns vorbei.

Die letzten Talglämpchen, die die Studenten im Garten des Wirtshauses angezündet hatten, erloschen allmählich und beleuchteten von unten das Laub der Bäume, was diesen ein festliches und phantastisches Aussehen verlieh. Wir fanden Asja am Ufer. Sie unterhielt sich mit dem Fährmann. Ich sprang ins Boot und verabschiedete mich von meinen neuen Freunden. Gagin versprach, mich am nächsten Tag zu besuchen. Ich drückte ihm die Hand und wollte mich dann ebenso auch von Asja verabschieden, sie aber sah mich nur an und nickte. Das Boot stieß ab und wurde von der schnellen Strömung davongetragen. Der Fährmann, ein rüstiger Greis, tauchte die Ruder mit Anstrengung in das dunkle Wasser.

„Sie sind in den Mondspiegel hineingefahren, Sie haben ihn zerbrochen!" rief mir Asja nach.

Ich senkte den Blick – rings um das Boot wiegten sich schwarze Wellen.

„Leben Sie wohl!" erscholl ihre Stimme abermals.

„Bis morgen!" rief Gagin.

Das Boot legte an. Ich stieg aus und wandte mich um. Am anderen Ufer war niemand mehr zu erblicken. Die Mondspiegelung zog sich wieder als goldene Brücke über den großen Strom. Wie zum Abschied wehten die Klänge eines alten Lannerschen[1] Walzers zu mir herüber. Gagin hatte recht: Ich spürte, wie alle Saiten meines Herzens unter diesen einschmeichelnden Melodien erzitterten. Ich ging, langsam die würzige Luft einatmend, durch die dunklen Felder heimwärts und gelangte schließlich, von der wonnigen Pein gegenstandsloser und unbegrenzter Erwartung ganz weich gestimmt, in mein Stübchen. Ich fühlte mich glücklich. Aber was war es, das mich glücklich machte? Ich wünschte nichts, ich dachte an nichts – ich war nur glücklich.

Fast jubelnd im Überschwang angenehmer und heiterer Gefühle, schlüpfte ich ins Bett, und ich wollte schon die Augen schließen, als mir plötzlich einfiel, daß ich den ganzen Abend über nicht ein einziges Mal an meine grausame Schöne gedacht hatte. Was soll das bedeuten? fragte ich mich. Bin ich etwa nicht verliebt? Doch nachdem ich mir diese Frage gestellt hatte, muß ich wohl sofort eingeschlafen sein wie ein Kind in der Wiege.

3

Am nächsten Morgen (ich war schon erwacht, aber noch nicht aufgestanden) erscholl unter meinem Fenster das Klopfen eines Spazierstockes, und eine Stimme, die ich sofort als die Gagins erkannte, sang:

„Du schläfst? Mit der Gitarre
Wecke ich dich auf ..."[2]

1 Joseph Lanner (1801–1843), österreichischer Komponist und Kapellmeister. – 2 Verse aus Alexander Puschkins Romanze „Ich halt, Inesilla"; der russische Komponist Michail Glinka (1804–1857) hatte sie 1834 vertont.

Ich eilte, ihm die Tür zu öffnen.

„Guten Tag", sagte Gagin und trat ein. „Ich störe Sie ziemlich früh in Ihrer Ruhe, doch schauen Sie, was für ein Morgen! Frische, Tau, die Lerchen singen ..."

Mit seinem lockigen, glänzenden Haar, seinem bloßen Hals und den rosigen Wangen war er selber frisch wie der Morgen.

Ich kleidete mich an. Wir gingen in den Garten hinaus, setzten uns auf eine Bank, ließen uns Kaffee bringen und kamen ins Gespräch. Gagin teilte mir seine Zukunftspläne mit. Er besaß ein ansehnliches Vermögen, war von niemandem abhängig und wollte sich der Malerei widmen; er bedauerte nur, daß er so spät zu diesem Entschluß gekommen war und viel Zeit unnütz vergeudet hatte. Ich sprach ebenfalls von meinen Vorhaben und weihte ihn bei dieser Gelegenheit in das Geheimnis meiner unglücklichen Liebe ein. Er hörte mich mit Nachsicht an, doch soviel ich bemerken konnte, weckte ich in ihm kein starkes Mitgefühl für meine Leidenschaft. Aus Höflichkeit seufzte er ein paarmal mit mir, machte mir aber dann den Vorschlag, mit zu ihm zu gehen und seine Studien anzusehen. Ich willigte sogleich ein.

Asja fanden wir nicht vor. Sie hatte sich, wie uns die Wirtin sagte, zu der „Ruine"[1] begeben – etwa zwei Werst von L. entfernt standen die Überreste einer Ritterburg. Gagin schlug all seine Mappen auf. Seine Studien enthielten viel Leben und Wahrheit, es lag etwas Freies und Weites darin, doch nicht eine von ihnen war beendet, und die Zeichnung erschien mir flüchtig und fehlerhaft. Ich sagte ihm offen meine Meinung.

„Ja, ja", stimmte er mit einem Seufzer zu, „Sie haben recht, das ist alles sehr schlecht und unreif, aber was soll ich machen! Ich habe es nicht richtig gelernt, und das verdammte slawische Sichgehenlassen tut noch das Seine dazu. Solange man von der Arbeit träumt, schwebt man wie ein Adler dahin – es kommt einem vor, als könnte man die Erde aus den Angeln heben –, bei der Ausführung aber wird man sogleich schwach und matt."

Ich wollte ihn aufmuntern, doch er winkte ab, raffte seine Blätter mit beiden Händen zusammen und warf sie aufs Sofa.

„Wenn ich genügend Geduld aufbringe, kann aus mir etwas werden", murmelte er durch die Zähne, „wenn nicht, werde ich ein unfertiger Junker bleiben. Wir wollen lieber gehen und Asja suchen."

Wir gingen.

1 Schloß Linzhausen bei Linz.

4

Der Weg zu der Ruine wand sich am Hang eines engen Waldtales hin, auf dessen Grund ein Bach floß und rauschend über die Steine sprang, als eile er, sich mit dem großen Strom zu vereinigen, der hinter den dunklen Kämmen steil abfallender Berge still glänzte. Gagin lenkte meine Aufmerksamkeit auf einige besonders schön beleuchtete Stellen. Aus seinen Worten hörte man, wenn auch nicht den Maler, so doch wohl einen Künstler heraus. Bald zeigte sich vor uns die Ruine. Auf dem Gipfel eines kahlen Felsens ragte ein viereckiger schwarzer Turm auf, der noch dauerhaft, aber von einem Längsriß gespalten war. Bemooste Mauern schlossen sich an den Turm an. Hier und da klammerte sich Efeu fest; krumme Bäumchen hingen von den altersgrauen Schießscharten und eingestürzten Gewölben herab. Ein steiniger Pfad führte zu dem erhalten gebliebenen Tor. Wir näherten uns ihm schon, als plötzlich eine weibliche Gestalt vor uns auftauchte, schnell über einen Trümmerhaufen lief und sich auf einem Mauervorsprung, gerade über dem Abgrund, niederließ.

„Das ist ja Asja!“ rief Gagin aus. „Sie ist wohl wahnsinnig!“

Wir durchschritten das Tor und befanden uns nun in einem kleinen Hof, der zur Hälfte mit wilden Apfelbäumen und Brennnesseln bewachsen war. Auf dem Vorsprung saß wirklich Asja. Sie wandte uns das Gesicht zu und lachte, rührte sich jedoch nicht von der Stelle. Gagin drohte ihr mit dem Finger, ich aber warf ihr laut ihre Unvorsichtigkeit vor.

„Lassen Sie das“, flüsterte mir Gagin zu. „Reizen Sie sie nicht, Sie kennen sie nicht – sie klettert sonst am Ende noch auf den Turm. Bewundern Sie lieber die Tüchtigkeit der hiesigen Bevölkerung.“

Ich blickte mich um. In einem Winkel hockte in einer winzigen Holzbude eine alte Frau, strickte an einem Strumpf und schielte über ihre Brille zu uns herüber. Sie verkaufte an die Touristen Bier, Lebkuchen und Selterswasser. Wir setzten uns auf eine Bank und tranken aus schweren Zinnkrügen ziemlich kaltes Bier. Asja blieb unbeweglich sitzen, die Beine an sich gezogen und um den Kopf einen Musselinschal gelegt. Ihre schlanke Gestalt zeichnete sich deutlich und schön vor dem klaren Himmel ab, doch ich betrachtete sie mit einem unfreundlichen Gefühl. Schon am Abend vorher hatte ich an ihr etwas Gezwungenes, Unnatürliches bemerkt. Sie will uns erstaunen, dachte ich. Aber wozu nur? Was ist das für eine Kinderei? Als hätte sie meine Gedanken erraten, warf sie mir plötzlich einen raschen, durchdringenden Blick zu, lachte wieder und sprang mit zwei Sätzen von der Mauer hinunter; dann ging sie zu der Alten und bat sie um ein Glas Wasser.

„Du glaubst, ich will trinken?“ sagte sie, zu ihrem Bruder gewandt. „Nein, hier auf den Mauern wachsen Blumen; sie müssen unbedingt begossen werden.“

Gagin antwortete ihr nicht; sie aber kletterte, das Glas in der Hand, auf den Ruinen herum, blieb zuweilen stehen, bückte sich und ließ mit komischer Ernsthaftigkeit ein paar Tropfen Wasser fallen, die im Sonnenschein hell glänzten. Ihre Bewegungen waren sehr anmutig, doch ich ärgerte mich immer noch über sie, obwohl ich mich an ihrer Leichtigkeit und Gewandtheit unwillkürlich erfreute. An einer gefährlichen Stelle schrie sie absichtlich auf und brach dann in lautes Lachen aus. Ich wurde noch ärgerlicher.

„Sie klettert wie eine Ziege“, brummte die Alte vor sich hin, für einen Moment von ihrem Strickstrumpf aufsehend.

Endlich hatte Asja ihr Glas geleert und kam, sich übermütig in den Hüften wiegend, zu uns. Ein sonderbares Lächeln spielte um ihre Brauen, Nüstern und Lippen; halb frech, halb lustig blinzelten die dunklen Augen.

Sie finden mein Betragen unschicklich, schien ihr Gesicht zu sagen. Mir ist das gleich, denn ich weiß, Sie erfreuen sich an meinem Anblick.

„Fein gemacht, Asja, sehr fein“, sagte Gagin halblaut.

Sie sah plötzlich aus, als schäme sie sich. Sie senkte ihre langen Wimpern und setzte sich bescheiden zu uns, gleichsam schuldbewußt. Zum erstenmal betrachtete ich mir ihr Gesicht nun genau. Es war das veränderlichste Gesicht, das ich je kennengelernt habe. Schon nach wenigen Augenblicken war es ganz blaß geworden und hatte einen gespannten, fast traurigen Ausdruck angenommen; ihre Züge deuchten mir größer, strenger, einfacher. Sie war jetzt ganz still. Wir gingen um die Ruine herum (Asja folgte uns) und genossen die Aussicht. Unterdessen nahte die Mittagsstunde. Als Gagin an die Alte bezahlte, verlangte er noch einen Krug Bier, drehte sich dann zu mir um und rief mit einer schelmischen Grimasse:

„Auf das Wohl der Dame Ihres Herzens!“

„Hat er denn – haben Sie denn eine solche Dame?“ fragte Asja plötzlich.

„Wer hat sie nicht?“ erwiderte Gagin.

Asja wurde einen Augenblick nachdenklich. Ihr Gesicht wandelte sich abermals – wieder erschien darauf das herausfordernde, beinahe freche Lächeln.

Auf dem Rückweg lachte und tollte sie noch mehr. Sie brach einen langen Zweig ab, legte ihn wie ein Gewehr an die Schulter und band sich den Schal um den Kopf. Ich erinnere mich, daß uns eine große Familie blonder, steifer Engländer begegnete. Voll kalten Erstaunens starrten sie, wie auf Kommando, mit ihren glasigen Augen Asja an, sie aber begann, gleichsam ihnen zum Trotz, laut zu singen. Zu Hause angelangt, ging sie sofort auf ihr Zimmer und kam erst zum Mittagessen wieder, in ihrem besten Kleid, sorgfältig gekämmt, geschnürt und in Handschuhen. Bei Tisch verhielt sie sich sehr gesittet, fast steif, kostete kaum von dem Essen und trank Wasser aus einem Weinglas. Offenbar wollte sie mir eine neue Rolle vorspielen – die Rolle eines anständigen, wohlerzogenen Fräuleins. Gagin hinderte sie nicht daran; man merkte, daß er gewohnt war, ihr alles durchgehen zu lassen. Er blickte nur von Zeit zu Zeit gutmütig zu mir herüber und zuckte leicht die Achseln, als wollte er sagen: Sie ist noch ein Kind, seien Sie nachsichtig. Sowie das Mittagessen beendet war, stand Asja auf, machte einen Knicks, setzte den Hut auf und fragte Gagin, ob sie Frau Luise besuchen dürfe.

„Seit wann bittest du um Erlaubnis?" antwortete er mit seinem gleichbleibenden, diesmal etwas verlegenen Lächeln. „Langweilst du dich etwa in unserer Gesellschaft?"

„Nein, aber ich habe schon gestern Frau Luise versprochen, zu ihr zu kommen; außerdem dachte ich, ihr würdet euch zu zweit wohler fühlen. Herr N." – sie wies auf mich – „will dir gewiß noch etwas erzählen." Sie ging.

„Frau Luise", begann Gagin, wobei er sich bemühte, meinem Blick auszuweichen, „ist die Witwe des früheren hiesigen Bürgermeisters, eine gute, übrigens ganz unbedeutende alte Frau. Sie hat Asja in ihr Herz geschlossen. Asja freundet sich leidenschaftlich gern mit Leuten aus niederen Kreisen an, und ich habe bemerkt, daß die Ursache dafür stets der Stolz ist. Sie wird von mir regelrecht verwöhnt, wie Sie sehen", fügte er nach kurzem Schweigen hinzu, „doch was soll ich tun? Ich verstehe nicht zu strafen, am wenigsten sie. Ich bin *verpflichtet*, Nachsicht gegen sie zu üben."

Ich schwieg.

Gagin wechselte das Thema. Je mehr ich ihn kennenlernte, desto sympathischer wurde er mir. Ich verstand ihn bald. Er war ein echt russischer Charakter, aufrichtig, ehrlich, schlicht, aber leider etwas träge, ohne Zähigkeit und inneres Feuer. Die Jugend flammte ihn ihm nicht stürmisch auf, sie leuchtete mit sanftem Licht. Er war sehr liebenswert und klug, doch ich konnte mir nicht ausmalen, was er einmal als reifer Mann darstellen würde. Einen Künstler ... Ohne harte, beständige Arbeit gibt es keinen Künstler. Und arbeiten, dachte ich, während ich seine weichen Gesichtszüge betrachtete und seiner bedächtigen Rede lauschte, nein, arbeiten wirst du nicht, du kannst dich nicht zusammenreißen. Aber liebgewinnen mußte man ihn: Mit dem Herzen zog es einen einfach zu ihm hin. Wohl vier Stunden verbrachten wir miteinander, bald auf dem Sofa sitzend, bald langsam vor dem Haus auf und ab wandelnd, und in diesen vier Stunden wurden wir endgültig Freunde.

Die Sonne war untergegangen, und für mich wurde es Zeit, den Heimweg anzutreten. Asja war immer noch nicht zurückgekehrt.

„Ein richtiger Wildfang ist sie!" sagte Gagin. „Ist es Ihnen recht, wenn ich Sie begleite? Wir klopfen unterwegs bei Frau Luise an; ich werde fragen, ob sie noch dort ist. Der Umweg ist nicht groß."

Wir stiegen in die Stadt hinunter, bogen in ein enges, krummes Seitengäßchen ein und blieben vor einem Haus stehen, das nur zwei Fenster breit, aber drei Stockwerke hoch war. Das erste Stockwerk ragte zur Straße hin über das Erdgeschoß vor, das zweite und dritte wiederum über das erste. Das ganze Haus mit seinem alten Schnitzwerk, den zwei dicken Pfosten unten, dem spitzen Ziegeldach und der schnabelartig vorgestreckten Winde am Dachboden wirkte wie ein riesenhafter zusammengekrümmter Vogel.

„Asja", rief Gagin, „bist du hier?"

Das erleuchtete Fenster im zweiten Stock öffnete sich knarrend, und wir erblickten Asjas dunkles Köpfchen. Hinter ihr guckte eine zahnlose, kurzsichtige alte Frau heraus.

„Ja, ich bin hier", erwiderte Asja, wobei sie sich kokett mit den Ellbogen auf das Fensterbrett stützte, „ich fühle mich hier sehr wohl. Da, nimm!" fügte sie hinzu und warf Gagin einen Geraniumstengel hinunter. „Bilde dir ein, ich wäre die Dame deines Herzens."

Frau Luise lachte.

„N. geht nach Hause", entgegnete Gagin, „er möchte sich von dir verabschieden."

„Wirklich?" fragte Asja. „Dann schenke ihm meinen Stengel. Ich komme gleich heim."

Sie schlug das Fenster zu und gab, wie es schien, Frau Luise einen Kuß. Gagin reichte mir schweigend den Stengel, und schweigend steckte ich ihn in die Tasche. Dann ging ich zur Fähre und setzte ans andere Ufer über.

Ich weiß noch, daß ich nach Hause schritt, ohne an etwas Bestimmtes zu denken, jedoch mit seltsam schwerem Herzen, als mich auf einmal ein starker, wohlbekannter, aber in Deutschland seltener Geruch überraschte. Ich blieb stehen und erblickte am Wege ein kleines Hanfbeet. Sein Steppenduft erinnerte mich jäh an die Heimat und weckte in mir eine leidenschaftliche Sehnsucht nach ihr. Ich wollte wieder russische Luft atmen, über russische Erde schreiten. „Was tue ich hier, warum treibe ich mich in einem fremden Land, unter fremden Menschen herum?" rief ich aus, und das Gefühl lebloser Schwere in meinem Herzen löste sich plötzlich in eine schmerzliche, brennende Erregung auf. Ich kam in einer ganz anderen Gemütsverfassung heim als am Abend vorher. Ich war beinahe erzürnt und konnte mich lange nicht beruhigen. Ein mir selbst unbegreiflicher Ärger hatte mich erfaßt. Schließlich setzte ich mich, dachte an meine arglistige Witwe (mit der pflichtschuldigen Erinnerung an diese Dame endete bei mir jeder Tag) und holte einen ihrer Briefe hervor. Doch ich öffnete ihn nicht einmal; meine Gedanken nahmen sofort eine andere Richtung. Ich dachte … dachte an Asja. Mir fiel ein, daß Gagin im Laufe des Gesprächs auf gewisse Hindernisse angespielt hatte, die seiner Rückkehr nach Rußland im Wege standen. „Ob sie wirklich seine Schwester ist?" sagte ich laut.

Ich kleidete mich aus, legte mich nieder und versuchte einzuschlafen; doch eine Stunde später saß ich wieder im Bett, den Ellbogen auf das Kissen gestützt, und dachte von neuem an dieses „launenhafte Mädchen mit dem gezwungenen Lachen". „Sie sieht aus wie die kleine Galathea[1] von Raffael in der Farnesina", murmelte ich, „ja, und seine Schwester ist sie nicht."

Der Brief der Witwe aber lag ruhig auf dem Fußboden und schimmerte weiß im Mondschein.

1 Figur aus Raffaels (1483–1520) Freske „Der Triumph der Galathea" in der Villa Farnesina in Rom.

5

Am nächsten Morgen begab ich mich wieder nach L. Ich redete mir ein, Gagin besuchen zu wollen, insgeheim jedoch drängte es mich, zu sehen, was Asja machte; ich war gespannt, ob sie wieder solchen „Unfug" treiben werde wie tags zuvor. Ich traf beide im Wohnzimmer an, und merkwürdig! – kam es daher, daß ich in der Nacht und am Morgen viel an Rußland gedacht hatte? –, Asja erschien mir ganz wie ein russisches Mädchen, ja wie ein schlichtes junges Mädchen, beinahe wie eine Dienstmagd. Sie trug ein altes Kleid, hatte das Haar hinter die Ohren gekämmt und saß am Fenster, ohne sich zu rühren, nur mit ihrem Stickrahmen beschäftigt, still und bescheiden, als hätte sie ihr Leben lang nichts anderes getan. Sie sprach fast nichts, blickte ruhig auf ihre Arbeit, und ihre Züge hatten einen so nichtssagenden, alltäglichen Ausdruck angenommen, daß ich unwillkürlich an unsere hausbackenen Katjas und Maschas denken mußte. Um die Ähnlichkeit zu vervollständigen, fing sie auch noch halblaut an zu singen: „Mütterlein, lieb Mütterlein." Ich betrachtete ihr gelbliches, erloschenes Gesichtchen, dachte an die Schwärmereien vom Tage zuvor und empfand ein gewisses Bedauern. Das Wetter war herrlich. Gagin teilte uns mit, er wolle heute hinausgehen und eine Naturstudie zeichnen; ich fragte ihn, ob er mir gestatte, ihn zu begleiten, oder ob ich ihn stören würde.

„Im Gegenteil", erwiderte er, „Sie können mir gute Ratschläge geben."

Er setzte einen runden Hut à la van Dyck auf, zog eine Hemdbluse an, nahm die Mappe unter den Arm und machte sich auf den Weg. Ich schlenderte hinterdrein. Asja blieb zu Hause. Im Fortgehen bat Gagin sie, dafür zu sorgen, daß die Suppe nicht zu wässerig gerate; Asja versprach, in der Küche nachzusehen. Gagin suchte das Tal auf, das ich bereits kannte, hockte sich auf einen Stein und begann eine alte, hohle Eiche mit weit ausladenden Ästen zu zeichnen. Ich legte mich ins Gras und holte ein Buch hervor, aber ich las keine zwei Seiten, und er verschmierte nur das Papier. Wir sprachen lange und, soweit ich es beurteilen kann, recht klug und feinsinnig darüber, wie man arbeiten solle, was man vermeiden und woran man sich halten müsse und welche Bedeutung eigentlich der Künstler in unserer Zeit habe. Schließlich erklärte Gagin, er sei „heute nicht in Stimmung", legte sich neben mir nieder, und nun strömten unsere jugendlichen Reden frei dahin, jene leidenschaftlichen, bald nachdenklichen, bald begeisterten, doch fast immer unklaren Reden, in denen sich der russische Mensch so gern ergeht. Nachdem wir uns zur Genüge ausgeschwatzt hatten, erfüllte uns ein Gefühl der Befriedigung, als hätten wir etwas getan, etwas zustande gebracht, und wir gingen nach Hause. Ich fand Asja noch genauso wie zu der Stunde, da ich sie verlassen hatte. Sosehr ich sie auch beobachtete, ich bemerkte keine Spur von Koketterie, kein Anzeichen einer bewußt gespielten Rolle an ihr. Diesmal konnte ich ihr keine Unnatürlichkeit vorwerfen.

„Aha!“ meinte Gagin. „Sie hat sich Reue und Buße auferlegt.“

Gegen Abend gähnte sie mehrmals ungeheuchelt, und sie ging zeitig auf ihr Zimmer. Ich selbst verabschiedete mich bald von Gagin und überließ mich, zu Hause angelangt, keinen Träumereien mehr: Dieser Tag war unter nüchternen Empfindungen verstrichen. Ich erinnere mich indessen, daß ich, als ich mich schlafen legte, unwillkürlich sagte: „Ein wahres Chamäleon ist dieses Mädchen!“ und daß ich nach einigem Überlegen hinzufügte: „Und seine Schwester ist sie nicht.“

6

Volle zwei Wochen waren vergangen. Jeden Tag hatte ich die Gagins besucht. Asja schien mir auszuweichen, erlaubte sich jedoch keine von jenen Unarten mehr, über die ich mich in den ersten Tagen unserer Bekanntschaft so gewundert hatte. Sie schien im geheimen bekümmert oder verwirrt zu sein; sie lachte auch weniger. Ich beobachtete sie aufmerksam.

Sie sprach recht gut Französisch und Deutsch, aber man merkte ihr in allem an, daß sie nicht unter Frauenhänden aufgewachsen war und eine merkwürdige, ungewöhnliche Erziehung erhalten hatte, die sich von der Erziehung Gagins sehr unterschied. Er machte, trotz seines Hutes à la van Dyck und seiner Hemdbluse, ganz den Eindruck eines weichen, verzärtelten großrussischen Adligen, sie aber glich nicht einem Edelfräulein. In all ihren Bewegungen lag etwas Ruheloses: Dieser Wildling war erst vor kurzem gepfropft worden, dieser Wein gärte noch. Von Natur schamhaft und scheu, ärgerte sie sich über ihre Schüchternheit und gab sich aus Ärger alle Mühe, ungezwungen und keck zu sein, was ihr nicht immer gelang. Ich fing mehrmals an, mit ihr von ihrem Leben in Rußland, von ihrer Vergangenheit zu sprechen, sie jedoch antwortete ungern auf meine Fragen. Ich erfuhr indessen, daß sie lange auf dem Lande gelebt hatte, bevor sie ins Ausland gereist war. Einmal traf ich sie mit einem Buch und allein an. Den Kopf in beide Hände gestützt und die Finger tief ins Haar vergraben, verschlang sie die Zeilen mit den Augen.

„Bravo!“ sagte ich, zu ihr tretend. „Wie fleißig Sie sind!“

Sie hob den Kopf und sah mich ernst und streng an.

„Sie glauben, ich kann nur lachen“, entgegnete sie und wollte sich entfernen.

Ich warf einen Blick auf den Titel des Buches. Es war ein französischer Roman.

„Ihre Wahl kann ich freilich nicht loben“, bemerkte ich.

„Was soll man denn lesen?“ rief sie aus und schleuderte das Buch auf den Tisch. „Dann gehe ich lieber Unsinn machen“, fügte sie hinzu und lief in den Garten.

Am Abend desselben Tages las ich Gagin „Hermann und Dorothea“ vor. Asja huschte erst nur ein paarmal an uns vorbei, dann verharrte sie plötzlich, lauschte, setzte sich leise neben mich und hörte bis zum Schluß zu. Am nächsten Tag erkannte ich sie abermals nicht wieder, bis ich erriet, was ihr auf einmal in den Sinn gekommen war: Sie wollte häuslich und besonnen sein wie Dorothea. Kurz, sie blieb für mich ein rätselhaftes Wesen. Empfindsam bis zum Äußersten, fesselte sie mich selbst dann, wenn ich mich über sie ärgerte. Immer mehr aber gewann ich die Überzeugung, daß sie nicht Gagins Schwester war. Er behandelte sie nicht wie ein Bruder: Er war zu zärtlich, zu nachsichtig und gleichzeitig ein wenig gezwungen.

Ein sonderbarer Zufall schien meinen Verdacht zu bestätigen.

Als ich eines Abends zu dem Weinberg kam, wo die Gagins wohnten, fand ich das Pförtchen verschlossen. Ich überlegte nicht lange, ging an der Mauer bis zu einer Einsturzstelle, die ich schon früher bemerkt hatte, und sprang darüber hinweg. Nicht weit von dieser Stelle entfernt befand sich, etwas abseits des Weges, eine kleine Akazienlaube. Ich hatte sie gerade erreicht und wollte schon vorübergehen, da vernahm ich plötzlich zu meinem Erstaunen Asjas Stimme, die leidenschaftlich und unter Tränen folgende Worte sprach:

„Nein, ich will niemanden lieben außer dir, nein, nein, nur dich will ich lieben – und für immer.“

„Schon gut, Asja, beruhige dich“, sagte Gagin, „ich glaube dir.“

Ihre Stimmen kamen aus der Laube. Ich sah sie beide durch das lockere Geflecht der Zweige. Sie hatten mich nicht bemerkt.

„Dich, nur dich", wiederholte sie, fiel ihm um den Hals, küßte ihn unter krampfhaftem Schluchzen und schmiegte sich an seine Brust.

„Schon gut, schon gut", sagte er abermals und strich ihr mit der Hand leicht übers Haar.

Ich blieb einige Augenblicke unbeweglich stehen. Plötzlich fuhr ich auf. Soll ich zu ihnen hingehen? Keinesfalls! schoß es mir durch den Kopf. Schnellen Schrittes kehrte ich zu der Mauer zurück, sprang hinüber auf den Weg und eilte fast im Laufschritt nach Hause. Ich lächelte, rieb mir die Hände und wunderte mich über den Zufall, der meine Vermutungen so unerwartet bestätigt hatte (ich zweifelte keinen Augenblick an ihrer Richtigkeit), gleichzeitig aber war mir sehr bitter ums Herz. Die können sich aber gut verstellen! dachte ich. Doch weshalb nur? Was haben sie davon, wenn sie mich täuschen? Von ihm hätte ich das nicht erwartet. Und was für ein gefühlvolles Geständnis ist das gewesen?

7

Ich schlief schlecht und stand am nächsten Morgen zeitig auf. Dann schnallte ich mein Marschränzlein auf den Rücken, und nachdem ich meiner Wirtin gesagt hatte, sie solle zur Nacht nicht auf mich warten, wanderte ich zu Fuß in die Berge, den Fluß, an dem das Städtchen S. liegt, aufwärts. Diese Berge, Ausläufer einer Hunsrück genannten Gebirgskette, sind in geologischer Hinsicht sehr interessant; besonders bemerkenswert sind sie durch die Regelmäßigkeit und Reinheit ihrer Basaltschichten. Doch mir war nicht nach geologischen Beobachtungen zumute. Ich gab mir keine Rechenschaft darüber, was in mir vorging; nur über ein Gefühl war ich mir klar: Ich hatte keine Lust, die Gagins wiederzusehen. Ich redete mir ein, die einzige Ursache meiner jähen Abneigung gegen sie sei der Ärger über ihre Hinterhältigkeit. Wer zwang sie, sich für Geschwister auszugeben? Übrigens bemühte ich mich, gar nicht an sie zu denken. Ich wanderte, ohne mich zu beeilen, über Berg und Tal, saß lange in ländlichen Wirtschaften und unterhielt mich friedlich mit Wirten und Gästen oder legte mich auf einen erwärmten platten Stein und schaute zu, wie die Wolken dahinschwebten, denn das Wetter war herrlich. So verbrachte ich drei Tage, und zwar nicht ohne Behagen, obwohl mein Herz manchmal beklommen war. Die friedvolle Natur jener Gegend paßte gut zu meiner Gemütsverfassung.

Ich gab mich ganz dem leisen Spiel des Zufalls hin, den neuen, ständig wechselnden, sich jedoch nicht überhastenden Eindrükken. Sie zogen durch meine Seele und hinterließen darin schließlich ein Gefühl, in dem alles zusammenfloß, was ich in diesen drei Tagen gesehen, empfunden, gehört hatte – alles: der feine Harzduft der Wälder, das Schreien und Klopfen der Spechte, das nie verstummende Geraune der klaren Bäche mit den bunten Forellen auf dem sandigen Grund, die nicht allzu kühnen Umrisse der Berge, die düsteren Felsen, die sauberen Dörfchen mit ihren ehrwürdigen alten Kirchen und Bäumen, die Störche auf den Wiesen, die behäbigen Mühlen mit ihren sich geschwind drehenden Rädern, die freundlichen Gesichter der Bauern, ihre blauen Wämser und grauen Strümpfe, die knarrenden, langsamen Fuhrwerke, mit fetten Pferden, manchmal auch Kühen bespannt, die langhaarigen jungen Wanderburschen auf den reinlichen, mit Apfel- und Birnbäumen bepflanzten Landstraßen …

Sogar jetzt noch erinnere ich mich gern meiner damaligen Eindrücke. Ich grüße dich, du bescheidenes Fleckchen deutschen Landes, mit deiner anspruchslosen Zufriedenheit, den überall sichtbaren Spuren fleißiger Hände, geduldiger, nicht übereilter Arbeit … Ich grüße dich, Friede sei mit dir!

Gegen Ende des dritten Tages kam ich nach Hause. Ich habe vergessen zu sagen, daß ich aus Ärger über die Gagins versuchte, das Bild der hartherzigen Witwe in mir wiedererstehen zu lassen; doch meine Bemühungen waren vergeblich. Ich weiß noch, wie ich einmal, gerade als ich an sie denken wollte, ein etwa fünfjähriges Bauernmädchen mit rundem Gesichtchen und unschuldig aufgerissenen Augen vor mir erblickte. Es sah mich so kindlich-treuherzig an! Ich schämte mich vor seinem reinen Blick und wollte angesichts dieses Kindes nicht lügen. So sagte ich auf der Stelle dem einstigen Gegenstand meiner Sehnsucht endgültig und für immer Lebewohl.

Zu Hause fand ich ein Briefchen von Gagin vor. Er wunderte sich über meinen unerwarteten Entschluß, beklagte sich, daß ich ihn nicht mitgenommen hatte, und bat mich, zu ihnen zu kommen, sobald ich zurückgekehrt sei. Ich las diesen Brief mit Mißvergnügen, begab mich aber schon am folgenden Tag nach L.

8

Gagin begrüßte mich freundschaftlich und überschüttete mich mit gutgemeinten Vorwürfen; Asja jedoch hatte mich kaum erblickt, als sie, anscheinend absichtlich, ohne jeden Anlaß laut auflachte und ihrer Gewohnheit nach sofort davonlief. Gagin wurde verlegen, brummte ihr nach, sie sei verrückt, und bat mich, sie zu entschuldigen. Offen gestanden, ich ärgerte mich sehr über Asja – mir war ohnehin nicht wohl zumute, und nun erlebte ich abermals dieses unnatürliche Lachen, dieses seltsame Gebaren. Ich tat indessen, als bemerkte ich nichts, und teilte Gagin Einzelheiten von meiner kleinen Reise mit. Er erzählte mir, was er in meiner Abwesenheit gemacht hatte. Doch unsere Unterhaltung kam nicht recht in Fluß. Asja trat ins Zimmer und lief wieder hinaus. Ich erklärte schließlich, ich hätte eine dringende Arbeit und müßte nach Hause. Gagin wollte mich erst zurückhalten, sah mich dann forschend an und erbot sich, mich zu begleiten. Im Vorraum kam plötzlich Asja auf mich zu und reichte mir die Hand. Ich drückte leicht ihre Finger und verbeugte mich knapp. Gagin und ich fuhren über den Rhein, und als wir an meiner geliebten Esche mit der Madonnenstatue vorüberwandelten, setzten wir uns auf die Bank, um die Aussicht zu genießen. Und hier entspann sich zwischen uns ein bedeutsames Gespräch.

Erst wechselten wir ein paar Worte, dann verstummten wir und blickten auf den hellen Strom.

„Sagen Sie", begann Gagin unvermittelt, sein gewohntes Lächeln auf dem Gesicht, „welche Meinung haben Sie von Asja? Sie erscheint Ihnen etwas sonderbar, nicht wahr?"

„Ja", antwortete ich einigermaßen verwundert. Ich hatte nicht erwartet, daß er von ihr sprechen würde.

„Man muß sie genau kennen, um über sie urteilen zu können", sagte er. „Sie hat ein sehr gutes Herz, aber einen eigenwilligen Kopf. Es ist schwer, mit ihr auszukommen. Übrigens darf man nicht ihr die Schuld geben, und wenn Sie ihre Geschichte kennen würden …"

„Ihre Geschichte?" unterbrach ich ihn. „Ist sie denn nicht Ihre …"

Gagin sah mich an.

„Glauben Sie etwa, sie sei nicht meine Schwester? Doch", fuhr er fort, ohne meine Verlegenheit zu beachten, „sie ist wirklich meine Schwester, sie ist die Tochter meines Vaters. Hören Sie mich an. Ich habe Vertrauen zu Ihnen und will Ihnen alles erzählen.

Mein Vater war ein sehr guter, kluger, gebildeter und – unglücklicher Mensch. Das Schicksal hat ihn nicht schlechter behandelt als viele andere, doch er überwand schon den ersten Schlag nicht. Er hatte früh geheiratet, aus Liebe; seine Frau, meine Mutter, starb sehr bald – ich war damals sechs Monate alt. Mein Vater nahm mich mit auf sein Landgut und kam volle zwölf Jahre nicht von dort fort. Er befaßte sich persönlich mit meiner Erziehung und hätte sich nie von mir getrennt, wenn nicht sein Bruder, mein leiblicher Onkel, zu Besuch auf das Gut gekommen wäre. Dieser Onkel wohnte ständig in Petersburg und bekleidete einen ziemlich hohen Posten. Er überredete meinen Vater, mich in seine Hand zu geben, da mein Vater durch nichts zu bewegen war, sein Gut zu verlassen. Der Onkel hielt ihm vor, daß es für einen Jungen meines Alters schädlich sei, in völliger Einsamkeit zu leben, daß ich bei einem so trübsinnigen und schweigsamen Erzieher, wie es mein Vater war, unbedingt hinter meinen Altersgenossen zurückbleiben würde und daß dadurch auch leicht mein Charakter verdorben werden könne. Der Vater widersetzte sich den Ermahnungen seines Bruders lange, gab jedoch schließlich nach. Ich weinte, als ich mich von meinem Vater verabschiedete – ich liebte ihn, obgleich ich nie ein Lächeln auf seinem Gesicht gesehen habe. Als ich aber dann in Petersburg war, vergaß ich unser düsteres und freudloses Heim sehr bald. Ich besuchte die Junkerschule und trat danach in ein Garderegiment ein. Alljährlich fuhr ich für einige Wochen auf unser Gut, und mit jedem Jahr fand ich meinen Vater mehr in sich gekehrt, trauriger, nachdenklicher und menschenscheuer. Er ging jeden Tag in die Kirche und hatte das Sprechen fast verlernt. Bei einem meiner Besuche (ich war schon über zwanzig Jahre alt) sah ich in unserem Haus zum erstenmal ein mageres schwarzäugiges Mädchen von etwa zehn Jahren – Asja. Mein Vater sagte, sie sei ein Waisenkind und von ihm in Kost genommen – gerade so drückte er sich aus. Ich schenkte ihr keine besondere Beachtung. Sie war scheu, flink und schweigsam, wie ein kleines wildes Tier, und sobald ich in das Lieblingszimmer meines Vaters kam – ein großes finsteres Zimmer, in dem meine Mutter gestorben war und wo selbst bei Tage Kerzen angezündet wurden –, versteckte sie sich sofort hinter seinem Lehnstuhl oder hinter dem Bücherschrank. Es ergab sich, daß mich in den darauffolgenden drei, vier Jahren dienstliche Verpflichtungen daran hinderten, das Gut zu besuchen. Von meinem Vater erhielt ich allmonatlich einen kurzen Brief; Asja erwähnte er selten und stets nur beiläufig. Er war schon über fünfzig Jahre alt, sah aber immer noch wie ein junger Mann aus. Stellen Sie sich nun mein Entsetzen vor: Eines Tages erhalte ich, nichts ahnend, ein Schreiben vom Gutsverwalter, in dem er mich von einer tödlichen Krankheit meines Vaters benachrichtigt und mich dringend bittet, so schnell wie möglich zu kommen, wenn ich von meinem Vater Abschied nehmen wolle. Ich eilte Hals über Kopf hin und traf den Vater zwar noch lebend, jedoch schon in den letzten Zügen an. Er freute sich ungemein, daß ich gekommen war, schlang seine abgemagerten Arme um mich, schaute mir lange mit einem halb prüfenden, halb flehenden Blick in die Augen, und nachdem er sich mein Wort hatte geben lassen, seine letzte Bitte zu erfüllen, befahl er seinem alten Kammerdiener, Asja zu holen. Der Alte führte sie herein; sie konnte sich kaum auf den Beinen halten und zitterte am ganzen Leibe.

‚Hier', sagte mein Vater mit Anstrengung, ‚hinterlasse ich dir meine Tochter – deine Schwester. Du wirst von Jakow alles erfahren', fügte er, auf den Kammerdiener deutend, hinzu.

Asja schluchzte auf und warf sich mit dem Gesicht auf das Bett. Eine halbe Stunde später verschied mein Vater.

Ich erfuhr folgendes. Asja war die Tochter meines Vaters und der ehemaligen Zofe meiner Mutter, Tatjana. Lebhaft erinnere ich mich dieser Tatjana, ihrer hohen, schlanken Gestalt und ihres wohlgeformten, strengen, klugen Gesichtes mit den großen dunklen Augen. Sie galt als ein stolzes und sprödes Mädchen. Soviel ich aus den ehrerbietigen Andeutungen Jakows entnehmen konnte, hatte sich mein Vater ihr etliche Jahre nach dem Tode meiner Mutter genähert. Tatjana wohnte damals nicht mehr im Herrenhaus, sondern bei ihrer verheirateten Schwester, der Kuhmagd. Mein Vater hatte eine starke Zuneigung zu ihr gefaßt und wollte sie, nachdem ich vom Gut weggegangen war, sogar heiraten, doch sie willigte nicht ein, seine Frau zu werden.

‚Die verstorbene Tatjana Wassiljewna', so berichtete mir Jakow, während er mit auf den Rücken gelegten Händen an der Tür stand, ‚war in allen Dingen sehr vernünftig und wollte Ihrem Herrn Vater keine Ungelegenheiten bereiten. »Was wäre ich Ihnen für eine Gattin? Was wäre ich schon für eine gnädige Frau?« beliebten sie zu sagen. In meiner Gegenwart sagten sie es.'

Tatjana wollte nicht einmal in unser Haus übersiedeln und

blieb bei ihrer Schwester wohnen, zusammen mit Asja. In meiner Kindheit hatte ich Tatjana nur an den Feiertagen gesehen, in der Kirche. Ein dunkles Tuch um den Kopf und einen gelben Schal um die Schultern, stand sie in der Menge, an einem Fenster – ihr strenges Profil zeichnete sich vor dem durchsichtigen Glas deutlich ab –, und betete demütig und ernst, sich nach alter Weise tief verneigend. Als mein Onkel mich abholte, war Asja erst zwei Jahre alt, und mit neun Jahren verlor sie ihre Mutter.

Nach dem Tode Tatjanas nahm mein Vater Asja sofort zu sich ins Haus. Er hatte schon früher den Wunsch geäußert, sie bei sich zu haben, doch Tatjana hatte ihm auch das verweigert. Stellen Sie sich nun vor, was in Asja vorgehen mußte, als sie zum gnädigen Herrn kam. Sie hat bis heute den Tag nicht vergessen, da man ihr zum erstenmal ein seidenes Kleid anzog und die Hand küßte. Die Mutter hatte sie zeit ihres Lebens sehr streng gehalten; beim Vater genoß sie völlige Freiheit. Er war ihr Lehrer; außer ihm sah sie niemanden. Er verwöhnte sie nicht, das heißt, er verhätschelte sie nicht, aber er liebte sie leidenschaftlich und verbot ihr nie etwas, denn im Innersten glaubte er sich schuldig vor ihr. Asja hatte bald begriffen, daß sie die Hauptperson im Hause war, sie wußte, daß der gnädige Herr ihr Vater war; doch ebensobald begriff sie, in was für einer schiefen Lage sie sich befand. Stolz und Empfindsamkeit entwickelten sich stark in ihr, aber auch das Mißtrauen. Schlechte Gewohnheiten faßten Wurzel, die Schlichtheit verschwand. Sie wollte (sie hat es mir einmal selbst gestanden) *die ganze Welt* zwingen, ihre Herkunft zu vergessen. Sie schämte sich ihrer Mutter und schämte sich ihrer Scham, denn sie war gleichzeitig auch stolz auf sie. Sie haben gemerkt, daß sie vieles wußte und weiß, was sie in ihrem Alter nicht wissen sollte. Aber ist sie denn schuld daran? Die jungen Kräfte regten sich in ihr, ihr Blut wallte, doch es war niemand da, der sie geleitet hätte. Völlige Unabhängigkeit in allem – ist das etwa leicht zu ertragen? Sie wünschte, nicht schlechter als andere junge Damen zu sein – sie stürzte sich auf Bücher. Was konnte dabei Gescheites herauskommen? Das falsch begonnene Leben gestaltete sich auch weiterhin falsch, aber ihr Herz blieb unverdorben, ihr Geist gesund.

Und nun stand ich zwanzigjähriger Bursche plötzlich mit dem dreizehnjährigen Mädchen da! In den ersten Tagen nach dem Tode des Vaters wurde sie beim bloßen Klang meiner Stimme wie vom Fieber geschüttelt, meine Liebkosungen machten sie schwermütig, und nur ganz allmählich, nach und nach, gewöhnte sie sich an mich. Später freilich, als sie sich davon überzeugt hatte, daß ich sie wirklich als meine Schwester anerkannte und wie eine Schwester liebte, schloß sie sich mir leidenschaftlich an – sie kennt keine halben Gefühle.

Ich nahm sie mit nach Petersburg. So schwer es mir auch fiel, mich von ihr zu trennen, mit ihr zusammen wohnen konnte ich auf keinen Fall. Ich brachte sie in einem der besten Pensionate unter. Asja sah die Notwendigkeit unserer Trennung ein, erkrankte aber bald danach und wäre beinahe gestorben. Später lebte sie sich ein und hielt es in dem Pensionat vier Jahre aus, blieb jedoch, entgegen meinen Erwartungen, fast genauso, wie sie vorher gewesen war. Die Vorsteherin des Pensionats beklagte sich mir gegenüber oft über sie. ‚Man kann weder mit Strafen noch im Guten etwas bei ihr erreichen', pflegte sie zu sagen. Asja war außerordentlich aufgeweckt, lernte vorzüglich, besser als alle anderen, aber sie wollte sich durchaus nicht einordnen und fügen, war eigensinnig und verschlossen. Ich konnte ihr das nicht allzusehr übelnehmen: In ihrer Lage mußte sie sich entweder einzuschmeicheln suchen oder absondern. Nur mit einer einzigen ihrer Kameradinnen freundete sie sich an, einem unschönen, verschüchterten, armen Mädchen. Die übrigen jungen Damen, mit denen sie erzogen wurde und die größtenteils aus guten Familien stammten, liebten sie nicht, spöttelten über sie und stichelten, soviel sie konnten. Asja ließ sich nicht unterkriegen. Einmal in der Religionsstunde sprach der Lehrer über die Untugenden. ‚Schmeichelei und Feigheit sind die schlimmsten Untugenden', äußerte Asja laut. Kurz, sie ging weiter ihren eigenen Weg – nur ihre Manieren waren besser geworden, obgleich sie auch in dieser Beziehung anscheinend keine großen Fortschritte machte.

Schließlich war sie siebzehn Jahre alt geworden. In dem Pensionat konnte sie nicht länger bleiben. Ich befand mich in einer ziemlich schwierigen Lage. Da kam mir ein guter Gedanke: Ich wollte den Dienst aufgeben, für ein oder zwei Jahre ins Ausland reisen und Asja mitnehmen. Gedacht, getan; und so bin ich nun mit ihr am Rhein, wo ich mich bemühe, malen zu lernen, und sie sich so mutwillig und wunderlich aufführt wie früher. Ich hoffe nun, daß Sie nicht allzu streng über sie urteilen, denn wenn sie auch so tut, als machte sie sich nichts aus allem, sie gibt viel auf die Meinung anderer, ganz besonders auf die Ihrige."

Gagin lächelte wieder in seiner stillen Art. Ich drückte ihm kräftig die Hand.

„So ist es“, begann Gagin wieder, „aber ich habe meine liebe Not mit ihr. Ein richtiger Tollkopf ist sie. Bis jetzt hat ihr noch niemand gefallen, doch wehe, wenn sie einmal jemanden liebt! Ich weiß manchmal nicht, wie ich mich ihr gegenüber verhalten soll. Dieser Tage verfiel sie plötzlich darauf, mir einreden zu wollen, ich sei gegen sie kälter als früher; sie beteuerte, daß sie nur mich liebe und immer nur mich lieben werde. Und dabei weinte sie so heftig …“

„Also das war es“, fing ich an, verstummte aber rechtzeitig.

„Sagen Sie mir“, fragte ich Gagin, da es zwischen uns nun einmal zu solcher Offenheit gekommen war, „hat ihr bisher wirklich noch niemand gefallen? In Petersburg hat sie doch junge Leute gesehen?“

„Gerade die gefielen ihr ganz und gar nicht. Nein, Asja braucht einen Helden, einen ungewöhnlichen Menschen, oder einen malerischen Hirten in einer Gebirgsschlucht. Übrigens, ich bin ins Schwatzen geraten und halte Sie auf“, fügte er hinzu und erhob sich.

„Hören Sie“, sagte ich, „gehen wir zu Ihnen, ich möchte noch nicht nach Hause.“

„Und Ihre Arbeit?“

Ich antwortete nicht. Gagin lächelte gutmütig, und wir kehrten nach L. zurück. Als ich den wohlbekannten Weinberg und das weiße Häuschen auf der Anhöhe wiedersah, verspürte ich eine süße, ja, eine süße Freude im Herzen – als hätte man mir heimlich Honig hineingeträufelt. Nachdem sich Gagin ausgesprochen hatte, fühlte ich mich erleichtert.

9

Asja empfing uns auf der Schwelle des Hauses. Ich war wieder auf ihr Lachen gefaßt, aber sie kam uns ganz bleich und stumm und mit niedergeschlagenen Augen entgegen.

„Da ist er wieder“, sagte Gagin, „und denk dir nur, er wollte selbst zurückkommen.“

Asja blickte mich fragend an. Ich reichte ihr die Hand und drückte diesmal fest ihre kalten Finger. Sie tat mir sehr leid; ich verstand jetzt vieles, was mich vorher an ihr befremdet hatte. Ihre innere Unruhe, ihr unpassendes Benehmen, ihr Wunsch aufzufallen – alles war mir klargeworden. Ich hatte einen Blick in diese

Seele getan: Ständig lastete ein geheimer Druck auf ihr, rastlos verwirrte und quälte sich ihr unerfahrenes Selbstgefühl, aber ihr ganzes Wesen strebte nach Wahrheit. Ich begriff, warum dieses seltsame Mädchen mich so fesselte. Nicht nur der halbwilde Liebreiz ihres zarten Körpers zog mich an – alles an ihr gefiel mir.

Gagin begann in seinen Zeichnungen zu kramen. Ich schlug Asja vor, mit mir einen Spaziergang durch den Weinberg zu machen. Sie stimmte sofort zu, mit freudiger, fast demütiger Bereitwilligkeit. Wir stiegen bis zur Hälfte des Berges hinab und setzten uns auf eine breite Steinplatte.

„Und haben Sie sich ohne uns nicht gelangweilt?" fing Asja an.

„War es denn Ihnen ohne mich langweilig?" fragte ich.

Asja sah mich von der Seite an.

„Ja", antwortete sie. „Ist es schön in den Bergen?" fuhr sie sogleich fort. „Sind sie hoch? Höher als die Wolken? Erzählen Sie mir, was Sie erlebt haben. Sie haben es schon meinem Bruder erzählt, doch ich habe nichts gehört."

„Es hat Sie doch niemand fortgehen heißen", bemerkte ich.

„Ich ging, weil ... Jetzt gehe ich nicht mehr fort", fügte sie in zutraulichem, freundlichem Ton hinzu. „Sie waren heute böse."

„Ich?"

„Ja, Sie."

„Wieso denn, ich bitte Sie ..."

„Ich weiß nicht, aber Sie waren böse, auch als Sie fortgingen. Es war mir sehr unangenehm, daß Sie so fortgingen, und ich bin froh, daß Sie wiedergekommen sind."

„Auch ich bin froh, daß ich wieder hier bin", sagte ich.

Asja zog die Schultern hoch, wie es oft Kinder tun, wenn sie sich wohl fühlen.

„Oh, ich verstehe mich darauf, etwas zu erraten!" fuhr sie fort. „Ich erkannte manchmal nur an Papas Husten im Nebenzimmer, ob er mit mir zufrieden war oder nicht."

Bis zu diesem Tag hatte Asja mir nie von ihrem Vater gesprochen. Ihre Worte überraschten mich.

„Sie hatten Ihren Vater sehr lieb?" fragte ich und spürte plötzlich zu meinem großen Ärger, daß ich rot wurde.

Sie antwortete nicht und errötete ebenfalls. Wir schwiegen beide. Fern auf dem Rhein zog ein Dampfer qualmend seine Straße. Wir sahen zu ihm hin.

„Warum erzählen Sie denn nicht?" flüsterte Asja.

„Weshalb haben Sie heute gelacht, als Sie mich erblickten?“ fragte ich.

„Ich weiß selbst nicht. Manchmal möchte ich weinen, aber statt dessen lache ich. Sie dürfen mich nicht nach … nach dem beurteilen, was ich tue. Ach, übrigens, was ist das für ein Märchen, das von der Lorelei? Es ist doch *ihr* Felsen, den man dort sieht? Es heißt, sie habe erst alle Männer ertrinken lassen und sich dann, als sie einen liebgewann, selbst ins Wasser gestürzt. Mir gefällt dieses Märchen. Frau Luise erzählt mir alle möglichen Märchen. Sie hat einen schwarzen Kater mit gelben Augen …“

Asja hob den Kopf und schüttelte ihre Locken.

„Ach, mir ist so wohl“, sagte sie.

In diesem Augenblick drangen abgerissene, eintönige Laute zu uns herauf. Hunderte von Stimmen wiederholten gleichzeitig und mit regelmäßigen Pausen die Melodie eines Bittgesangs: Eine Schar Wallfahrer schritt mit Kreuzen und Kirchenfahnen unten die Straße entlang.

„Ich möchte gleich mit ihnen mitgehen“, meinte Asja, den langsam schwächer werdenden Tönen lauschend.

„Sind Sie so fromm?“

„Weit fortgehen, irgendwohin, um zu beten, eine Heldentat zu vollbringen“, fuhr sie fort. „Aber die Tage verrinnen, das Leben verrinnt, und was haben wir geleistet?“

„Sie sind ehrgeizig“, bemerkte ich, „Sie wollen nicht umsonst gelebt haben, wollen eine Spur hinterlassen …“

„Ist das vielleicht unmöglich?“

Unmöglich, hätte ich beinahe wiederholt. Doch ich blickte in ihre hellen Augen und entgegnete nur:

„Versuchen Sie es.“

„Sagen Sie“, begann Asja nach einer kurzen Pause wieder, in der ein Schatten über ihr mit einemmal blaß gewordenes Gesicht glitt, „gefiel Ihnen jene Dame sehr? Sie entsinnen sich doch, mein Bruder trank in der Ruine auf ihr Wohl, am zweiten Tag unserer Bekanntschaft.“

„Ihr Bruder scherzte. Mir hat noch keine Dame gefallen – wenigstens jetzt gefällt mir keine.“

„Was gefällt Ihnen denn an den Frauen?“ fragte Asja, warf den Kopf zurück und sah mich mit unschuldiger Neugier an.

„Was für eine seltsame Frage!“ rief ich aus.

Asja wurde ein wenig verlegen.

„Ich dürfte Ihnen eine solche Frage nicht stellen, nicht wahr?

Entschuldigen Sie, ich bin gewohnt, alles herauszuplappern, was mir gerade in den Sinn kommt. Deswegen habe ich auch Angst, überhaupt etwas zu sagen."

„Reden Sie um Gottes willen, haben Sie keine Angst", fiel ich ein. „Ich bin so froh, daß Sie endlich nicht mehr befangen sind."

Asja schlug die Augen nieder und lachte leise und unbeschwert. Dieses Lachen kannte ich an ihr noch nicht.

„Nun, erzählen Sie doch", bat sie wieder, während sie ihr Kleid glattstrich und über ihren Knien zurechtzog, als gedächte sie noch lange hier sitzen zu bleiben, „erzählen Sie oder tragen Sie etwas vor, so wie Sie uns neulich aus ‚Onegin'[1] vorgetragen haben, Sie erinnern sich gewiß?"

Sie wurde plötzlich nachdenklich.

„Der Zweige Schatten und das Kreuz
Auf meiner armen Mutter Grab!"

sprach sie halblaut.

„Bei Puschkin heißt es anders", bemerkte ich.

„Ich möchte Tatjana sein", fuhr sie noch ebenso nachdenklich fort. „Doch erzählen Sie", unterbrach sie sich lebhaft.

Aber ich war nicht zum Erzählen aufgelegt. Ich betrachtete sie, wie sie so dasaß, ganz vom hellen Sonnenschein umflossen, ganz beruhigt und sanft. Alles um uns herum strahlte – über uns der Himmel, unten die Erde und die Gewässer; ja selbst die Luft schien von diesem Strahlen erfüllt.

„Schauen Sie, wie schön es ist!" sagte ich leise.

„Ja, schön ist es", antwortete sie ebenso leise, ohne mich anzusehen. „Wenn wir beide Vögel wären, wie würden wir uns emporschwingen und davonfliegen, in diesem Blau ganz versinken … Aber wir sind keine Vögel."

„Und doch können uns Flügel wachsen", erwiderte ich.

„Wieso?"

„Sie werden es erleben. Es gibt Gefühle, die uns über die Erde erheben. Seien Sie unbesorgt, Sie werden noch Flügel bekommen."

„Sie hatten wohl schon welche?"

„Wie soll ich es Ihnen sagen! Ich glaube, bis jetzt konnte ich noch nicht fliegen."

Asja wurde wieder nachdenklich. Ich beugte mich ein wenig zu ihr.

1 „Eugen Onegin"; Versroman von Alexander Puschkin.

„Können Sie Walzer tanzen?“ fragte sie plötzlich.

„Gewiß“, antwortete ich etwas verblüfft.

„So kommen Sie, kommen Sie! Ich werde meinen Bruder bitten, uns einen Walzer zu spielen. Wir wollen uns einbilden, daß wir fliegen, daß uns Flügel gewachsen sind.“

Sie lief dem Hause zu. Ich eilte ihr nach, und eine Weile später drehten wir uns in dem engen Zimmer schon zu den süßen Klängen Lanners. Asja tanzte vortrefflich und mit Hingabe. Ein weicher, fraulicher Ausdruck erschien plötzlich auf ihrem mädchenhaft strengen Antlitz. Noch lange danach spürte meine Hand die Berührung ihres zarten Leibes, lange noch hörte ich ihren beschleunigten, nahen Atem, lange noch schwebten mir die dunklen, unbeweglichen, halb geschlossenen Augen in dem blassen, aber von innerem Leben erfüllten Gesicht vor, um das mutwillig die Locken wehten.

10

Dieser Tag verlief in schönster Weise. Wir belustigten uns wie Kinder. Asja war sehr lieb und schlicht. Gagin freute sich über sie. Ich ging spät fort. Als ich mitten auf dem Rhein war, bat ich den Fährmann, das Boot stromabwärts treiben zu lassen. Der Alte hob die Ruder, und der majestätische Strom trug uns davon. Während ich rundum blickte, lauschte und Erinnerungen nachhing, fühlte ich auf einmal eine geheime Unruhe im Herzen. Ich schaute zum Himmel empor, aber auch dort oben war keine Ruhe: Der mit Sternen übersäte Himmel bewegte sich, flimmerte, bebte. Ich beugte mich über den Fluß, doch auch in seiner dunklen, kalten Tiefe schwankten und zitterten Sterne. Alles um mich herum schien mir belebt und erregt, und meine eigene Erregung wuchs. Ich stützte den Ellbogen auf den Rand des Bootes. Das Flüstern des Windes in meinen Ohren, das leise Murmeln des Wassers hinter dem Heck reizten mich auf, und auch der frische Hauch der Wellen kühlte mich nicht. Am Ufer sang eine Nachtigall, und das süße Gift ihrer Töne drang mir ins Blut. Tränen schossen mir in die Augen, aber es waren nicht Tränen eines gegenstandslosen Entzückens. Was ich empfand, war nicht jenes unbestimmte, allumfassende Sehnen, das ich erst vor kurzem erlebt hatte, dieses Sehnen, das die Seele weitet und beschwingt, so daß sie alles zu begreifen und alles zu lieben glaubt. Nein, in mir war das Verlangen nach Glück entbrannt. Ich wagte noch nicht, es beim Namen zu nennen, doch Glück, Glück bis zur Übersättigung – das wollte ich, danach sehnte ich mich. Das Boot aber glitt weiter, und der alte Fährmann saß über die Ruder gebeugt und schien zu schlafen.

11

Als ich am nächsten Tag zu den Gagins ging, fragte ich mich nicht, ob ich in Asja verliebt sei, doch ich dachte viel über sie nach. Ihr Schicksal beschäftigte mich, ich freute mich, daß wir einander so unerwartet nähergekommen waren. Ich fühlte, daß ich sie erst seit dem letzten Tag wirklich kannte; bis dahin hatte sie sich von mir abgewandt. Und nun, da sie sich mir endlich erschlossen hatte – in welch bezauberndem Licht erstrahlte auf einmal ihr Bild, wie neu war es mir, welch geheimnisvollen Liebreiz enthüllte es schamhaft!

Munter schritt ich auf dem bekannten Weg dahin und schaute unaufhörlich nach dem schon von weitem sichtbaren weißen Häuschen. Ich dachte nicht an die Zukunft, nicht einmal an den nächsten Tag – mir war einfach wohl ums Herz.

Asja errötete, als ich ins Zimmer trat. Ich bemerkte, daß sie sich wieder nett angezogen hatte, aber ihr Gesichtsausdruck paßte nicht zu dem schönen Kleid – er war traurig. Und ich war so heiter gewesen! Es kam mir sogar vor, als wollte sie wieder, ihrer Gewohnheit nach, davonlaufen, doch sie nahm sich zusammen und blieb. Gagin befand sich in jenem eigentümlichen Zustand künstlerischer Glut und Wut, der Dilettanten unversehens wie ein Anfall überkommt, wenn sie sich einbilden, es sei ihnen gelungen, „die Natur am Schwanz zu packen", wie sie sich ausdrücken.

Er stand, ganz zerzaust und mit Farbe beschmiert, vor einer aufgespannten Leinwand, nickte mir, während er mit dem Pinsel schwungvoll darüberfuhr, fast grimmig zu, trat zurück, kniff die Augen zusammen und stürzte sich von neuem auf seine Malerei. Ich wollte ihn nicht stören und setzte mich zu Asja. Langsam wandten sich ihre dunklen Augen mir zu.

„Sie sind heute nicht so wie gestern", sagte ich, nachdem ich mich mehrmals vergeblich bemüht hatte, ein Lächeln auf ihren Lippen hervorzurufen.

„Ja, ich bin anders", erwiderte sie langsam und mit dumpfer Stimme. „Aber das hat nichts zu bedeuten. Ich habe schlecht geschlafen und die ganze Nacht nachgedacht."

„Worüber?“

„Ach, ich habe an vieles gedacht. Das ist eine Gewohnheit, die ich schon von klein auf habe, noch aus der Zeit, da ich mit meiner Mutter zusammen lebte ...“

Sie sprach das Wort Mutter mit einer gewissen Überwindung aus und fuhr dann fort:

„Als ich noch mit meiner Mutter zusammen lebte, dachte ich darüber nach, warum niemand wissen kann, was einmal mit ihm geschehen wird, warum man manchmal das Unheil kommen sieht und sich doch nicht zu retten vermag und warum man nie die volle Wahrheit sagen darf. Dann dachte ich daran, daß ich nichts weiß, daß ich lernen muß. Ich müßte erzogen werden, ich bin sehr schlecht erzogen. Ich kann nicht Klavier spielen, nicht zeichnen, ich nähe sogar schlecht. Ich habe keinerlei Fähigkeiten, mit mir muß es sehr langweilig sein.“

„Sie sind ungerecht gegen sich selbst“, entgegnete ich. „Sie haben viel gelesen, sind gebildet, und mit Ihrer Klugheit ...“

„Bin ich klug?“ fragte sie mit so naiver Wißbegierde, daß ich lachen mußte; doch sie lächelte nicht einmal. „Bruder, bin ich klug?“ fragte sie Gagin.

Er antwortete ihr nicht, sondern arbeitete weiter, immerfort die Pinsel wechselnd und den Arm hochhebend.

„Ich weiß manchmal selbst nicht, was in meinem Kopf vorgeht“, fuhr Asja mit derselben nachdenklichen Miene fort. „Manchmal fürchte ich mich vor mir selbst, wahrhaftig. Ach, ich möchte ... Ist es wahr, daß Frauen nicht viel lesen sollten?“

„Nicht viel, aber ...“

„Sagen Sie mir, was soll ich lesen? Sagen Sie, was soll ich tun? Ich werde alles tun, was Sie mir sagen“, fügte sie hinzu, sich mit unschuldigem Vertrauen zu mir wendend.

Ich fand nicht sogleich eine Antwort auf ihre Fragen.

„Wird es Ihnen auch nicht langweilig mit mir?“

„Ich bitte Sie!“ fing ich an.

„Haben Sie Dank!“ erwiderte Asja. „Ich dachte schon, Sie würden sich langweilen.“

Und ihre kleine heiße Hand drückte kräftig die meine.

„N.!“ schrie in diesem Augenblick Gagin. „Ist dieser Hintergrund nicht zu dunkel?“

Ich trat zu ihm. Asja stand auf und entfernte sich.

12

Nach einer Stunde kam sie wieder, blieb an der Tür stehen und winkte mich herbei.

„Hören Sie", sagte sie, „täte es Ihnen leid, wenn ich stürbe?"

„Was haben Sie heute für Gedanken!" rief ich aus.

„Ich bilde mir ein, daß ich bald sterben werde. Manchmal deucht es mir, als nähme alles um mich herum Abschied von mir. Sterben ist besser als so weiterleben … Ach, schauen Sie mich nicht so an; ich verstelle mich wirklich nicht. Sonst fürchte ich mich wieder vor Ihnen."

„Haben Sie sich denn vor mir gefürchtet?"

„Wenn ich so seltsam bin, ist das wahrhaftig nicht meine Schuld", entgegnete sie. „Sehen Sie, ich kann schon nicht mehr lachen."

Sie blieb traurig und bekümmert bis zum Abend. In ihr ging etwas vor, das ich nicht verstand. Ihr Blick ruhte oft auf mir, und mein Herz zog sich unter diesem rätselhaften Blick leicht zusammen. Sie schien ruhig, ich aber hätte ihr, wenn ich sie ansah, gern gesagt, sie solle sich nicht aufregen. Ich erfreute mich an ihrem Anblick, ich entdeckte einen rührenden Liebreiz in ihren blassen Zügen, in ihren unentschlossenen, zögernden Bewegungen – sie jedoch bildete sich aus irgendeinem Grunde ein, ich sei schlecht gelaunt.

„Hören Sie", sagte sie zu mir, kurz bevor ich mich verabschiedete, „mich quält der Gedanke, Sie könnten mich für leichtsinnig halten. Glauben Sie künftig stets, was ich Ihnen sage, nur seien auch Sie offen zu mir. Ich werde Ihnen immer die Wahrheit sagen, ich gebe Ihnen mein Ehrenwort."

Dieses „Ehrenwort" brachte mich wieder zum Lachen.

„Ach, lachen Sie nicht", wandte sie lebhaft ein, „sonst sage ich Ihnen heute, was Sie gestern mir sagten: Warum lachen Sie?" Und nach kurzem Schweigen fügte sie hinzu: „Sie sprachen gestern von Flügeln, erinnern Sie sich? Mir sind Flügel gewachsen, doch wohin ich fliegen soll, das weiß ich nicht."

„Aber erlauben Sie", erwiderte ich, „alle Wege stehen Ihnen doch offen."

Asja sah mir gerade und eindringlich in die Augen.

„Sie haben heute eine schlechte Meinung von mir", meinte sie stirnrunzelnd.

„Ich? Eine schlechte Meinung? Von Ihnen?"

„Was steht ihr denn da wie begossene Pudel?“ unterbrach mich Gagin. „Wenn ihr wollt, spiele ich euch wieder einen Walzer wie gestern.“

„Nein, nein“, widersprach Asja und preßte die Hände zusammen, „heute nicht, auf keinen Fall!“

„Ich zwinge dich ja nicht, beruhige dich.“

„Auf keinen Fall“, wiederholte sie erbleichend.

Liebt sie mich etwa? dachte ich, als ich mich den schnell dahinfließenden dunklen Fluten des Rheins näherte.

13

Liebt sie mich etwa? fragte ich mich am nächsten Tag, kaum daß ich erwacht war. In mich selbst wollte ich nicht blicken. Ich fühlte, daß mir ihr Bild, das Bild des „Mädchens mit dem gezwungenen Lachen“, tief ins Herz gedrungen war und daß ich mich nicht so bald davon würde frei machen können. Ich ging nach L. und blieb den ganzen Tag dort, sah Asja aber nur flüchtig. Ihr war nicht gut, sie hatte Kopfschmerzen. Sie kam für kurze Zeit herunter, mit verbundener Stirn, blaß, mager, die Augen fast geschlossen. Matt lächelnd, sagte sie: „Das vergeht schon, es ist nichts weiter. Alles vergeht, nicht wahr?“ Dann entfernte sie sich wieder. Ich spürte auf einmal eine merkwürdige Leere und Traurigkeit in mir – dennoch konnte ich mich lange nicht entschließen aufzubrechen und kehrte erst spät heim, ohne sie noch einmal gesehen zu haben.

Den folgenden Morgen verbrachte ich in einer Art halbwachen Dämmerzustandes. Ich wollte mich an eine Arbeit machen und konnte es nicht; ich wollte nichts tun und an nichts denken – auch das mißlang. Ich streifte durch die Stadt, kam nach Hause, ging abermals hinaus.

„Sind Sie Herr N.?“ erscholl plötzlich eine Kinderstimme hinter mir. Ich blickte mich um. Vor mir stand ein kleiner Junge. „Das ist für Sie von Fräulein Annette“, setzte er hinzu und reichte mir ein Briefchen. Ich entfaltete es und erkannte Asjas unregelmäßige und rasche Handschrift.

„Ich muß Sie unbedingt sehen“, schrieb sie mir, „kommen Sie heute um vier Uhr zu der steinernen Kapelle am Weg, der zu der Ruine führt. Ich habe heute eine große Unvorsichtigkeit begangen. Kommen Sie um Gottes willen, Sie werden alles erfahren. Sagen Sie dem Boten: ja."

„Ist etwas auszurichten?" fragte mich der Junge.

„Sag dem Fräulein: ja", antwortete ich.

Der Junge lief fort.

14

Ich ging auf mein Zimmer, setzte mich und überlegte. Mein Herz klopfte heftig. Mehrere Male las ich Asjas Briefchen durch. Ich sah auf die Uhr: Es war noch nicht einmal zwölf.

Die Tür öffnete sich – Gagin trat ein.

Sein Gesicht war düster. Er ergriff meine Hand und drückte sie fest. Er schien sehr erregt.

„Was ist mit Ihnen?" fragte ich.

Gagin nahm einen Stuhl und setzte sich mir gegenüber.

„Vor drei Tagen", begann er mit einem gezwungenen Lächeln und stockend, „habe ich Sie durch meine Erzählung in Verwunderung versetzt; heute werde ich Sie noch mehr überraschen. Mit einem anderen würde ich wahrscheinlich nicht so offen ... Aber Sie sind ein edel denkender Mensch, Sie sind mein Freund, ist es nicht so? Hören Sie denn: Meine Schwester Asja ist in Sie verliebt."

Ich zuckte zusammen und richtete mich auf.

„Ihre Schwester, sagen Sie ..."

„Ja, ja", unterbrach mich Gagin. „Ich sage Ihnen, sie ist wahnsinnig und bringt auch mich noch um den Verstand. Doch zum Glück ist sie nicht fähig zu lügen und vertraut mir. Ach, was für eine Seele dieses Mädchen hat! Aber sie richtet sich zugrunde, unbedingt."

„Sie täuschen sich", begann ich.

„Nein, ich täusche mich nicht. Gestern, wissen Sie, hat sie fast den ganzen Tag gelegen, nichts gegessen, sich jedoch nicht beklagt. Sie beklagt sich nie. Ich machte mir keine Sorgen, obwohl sich gegen Abend ein leichtes Fieber einstellte. Heute um zwei Uhr nachts weckte mich unsere Wirtin. ‚Gehen Sie zu Ihrer Schwester', sagte sie, ‚ihr ist nicht gut.' Ich lief zu Asja und fand sie noch angekleidet, fiebernd und in Tränen aufgelöst. Ihr Kopf glühte, die Zähne schlugen aufeinander. ‚Was ist mit dir?' fragte ich. ‚Bist du krank?' Sie fiel mir um den Hals und flehte mich an, sie so bald wie möglich fortzubringen, wenn ich sie am Leben erhalten wolle. Ich begriff nichts, bemühte mich, sie zu beruhigen. Sie schluchzte nur noch heftiger, und plötzlich vernahm ich durch dieses Schluchzen hindurch ... Nun, mit einem Wort, ich vernahm, daß sie Sie liebt. Ich versichere Ihnen, wir beide, Sie und ich, können uns als vernünftige Menschen gar nicht vorstellen, wie tief ihre Gefühle sind und mit welch unwahrscheinlicher Kraft sie sich in ihr auswirken; es bricht so unerwartet und unwiderstehlich über sie herein wie ein Gewitter. – Sie sind ein sehr netter Mensch", fuhr Gagin fort, „aber warum Asja Sie so liebt, das begreife ich, offen gestanden, nicht. Sie sagt, sie habe auf den ersten Blick eine Zuneigung zu Ihnen gefaßt. Deswegen weinte sie auch neulich, als sie mir beteuerte, sie wolle außer mir niemanden lieben. Sie bildet sich ein, Sie verachteten sie und wüßten wahrscheinlich, wer sie ist. Sie fragte mich, ob ich Ihnen ihre Geschichte erzählt habe. Ich verneinte selbstverständlich, aber ihre Feinfühligkeit ist einfach erschreckend. Sie will nur eines: abreisen, sofort abreisen. Ich saß bis zum Morgen bei ihr, und sie nahm mir das Versprechen ab, daß wir morgen schon nicht mehr hier sein würden. Erst danach schlief sie ein. Ich überlegte hin und her und entschloß mich endlich, mit Ihnen zu sprechen. Meiner Ansicht nach hat Asja recht: Das beste ist, wir reisen beide ab. Und ich hätte sie schon heute weggebracht, wenn mir nicht ein Gedanke gekommen wäre, der mich zurückhielt. Vielleicht – wie kann ich es wissen? – gefällt Ihnen meine Schwester? Wenn es so wäre, weshalb sollte ich sie dann wegbringen? Und so habe ich mich denn entschlossen, alle Scham beiseite zu lassen – außerdem habe ich auch selbst dieses und jenes bemerkt –, habe ich mich denn entschlossen, von Ihnen zu erfahren ..." Der arme Gagin war ganz verlegen geworden. „Entschuldigen Sie, bitte", fügte er hinzu, „ich bin so heikle Gespräche nicht gewohnt."

Ich nahm seine Hand.

„Sie wollen wissen, ob mir Ihre Schwester gefällt?" sagte ich mit fester Stimme. „Ja, sie gefällt mir."

Gagin sah mich an.

„Aber", fragte er stockend, „heiraten werden Sie sie nicht?"

„Wie können Sie erwarten, daß ich auf diese Frage antworte? Urteilen Sie selbst, kann ich jetzt schon ..."

„Ich weiß, ich weiß", unterbrach mich Gagin, „ich habe kein Recht, von Ihnen eine Antwort zu verlangen. Meine Frage war höchst unschicklich. Doch was soll ich tun? Mit dem Feuer darf man nicht spielen. Sie kennen Asja nicht; sie kann todkrank werden, sie ist imstande, davonzulaufen, ein Stelldichein mit Ihnen zu bestimmen ... Eine andere würde alles geheimhalten und abwarten – aber sie kann das nicht. Sie erlebt es zum erstenmal, das ist das Schlimme! Wenn Sie gesehen hätten, wie sie heute zu meinen Füßen schluchzte, würden Sie meine Befürchtungen begreifen."

Ich überlegte. Gagins Worte „ein Stelldichein mit Ihnen zu bestimmen" hatten mich ins Herz getroffen. Es erschien mir unehrenhaft, seine Offenheit nicht mit der gleichen Offenheit zu erwidern.

„Ja, Sie haben recht", sagte ich endlich. „Vor einer Stunde erhielt ich von Ihrer Schwester einen Brief. Hier ist er."

Gagin nahm den Brief, überflog ihn und ließ die Hände auf die Knie sinken. Der Ausdruck der Bestürzung auf seinem Gesicht war geradezu komisch, aber mir war nicht zum Lachen zumute.

„Ich wiederhole, Sie sind ein edel denkender Mensch", sagte er, „doch was soll denn nun geschehen? Sie will selbst abreisen und schreibt Ihnen und wirft sich eine Unvorsichtigkeit vor ... Wann hat sie das überhaupt schreiben können? Was will sie denn von Ihnen?"

Ich beruhigte ihn, und wir besprachen so kaltblütig wie möglich, was nun zu unternehmen sei.

Wir kamen endlich zu folgendem Ergebnis: Um Schlimmeres zu verhüten, sollte ich zu der Kapelle gehen und mich mit Asja offen aussprechen. Gagin verpflichtete sich, zu Hause zu bleiben und sich so zu verhalten, als wüßte er nichts von ihrem Brief. Am Abend wollten wir wieder zusammentreffen.

„Ich verlasse mich fest auf Sie", sagte Gagin und preßte meine Hand. „Schonen Sie meine Schwester und mich. Trotzdem reisen wir morgen ab", fügte er hinzu und stand auf, „denn Sie heiraten Asja ja doch nicht."

„Geben Sie mir Zeit bis zum Abend", erwiderte ich.

„Meinetwegen, aber Sie heiraten sie nicht."

Er ging, ich indessen warf mich aufs Sofa und schloß die Augen. In meinem Kopf drehte sich alles – zu vieles war plötzlich auf mich eingestürzt. Ich ärgerte mich über Gagins Offenheit, ich ärgerte mich über Asja, und ihre Liebe zu mir freute und verwirrte mich zugleich. Ich konnte nicht begreifen, was sie veranlaßt hatte, ihrem Bruder alles zu gestehen. Die Unvermeidbarkeit einer baldigen, fast augenblicklichen Entscheidung quälte mich ...

„Ein siebzehnjähriges Mädchen mit solch einem Charakter heiraten – wie kann man das!“ sagte ich und stand auf.

15

Zur vereinbarten Stunde fuhr ich über den Rhein, und die erste Person, die mir auf dem gegenüberliegenden Ufer begegnete, war derselbe Junge, der am Morgen zu mir gekommen war. Er wartete offenbar auf mich.

„Von Fräulein Annette“, flüsterte er und übergab mir einen neuen Brief.

Asja teilte mir mit, daß wir uns an einem anderen Ort treffen müßten. Ich sollte mich in anderthalb Stunden nicht an der Kapelle, sondern am Haus von Frau Luise einfinden, unten klopfen und ins zweite Stockwerk steigen.

„Soll ich wieder ‚ja‘ sagen?“ fragte mich der Junge.

„Ja“, wiederholte ich und ging am Rheinufer entlang. Ich hatte nicht die Zeit, noch einmal nach Hause zurückzukehren und keine Lust, durch die Straßen zu wandern. Außerhalb der Stadtmauer befand sich ein kleiner Garten mit einer Kegelbahn und Tischen für Bierliebhaber. Dorthin ging ich. Ein paar schon ältere Deutsche kegelten; mit Gepolter rollten die hölzernen Kugeln dahin, bisweilen erschollen Beifallsrufe. Eine hübsche Kellnerin mit verweinten Augen brachte mir einen Krug Bier; ich sah ihr ins Gesicht. Sie wandte sich schnell ab und ging fort.

„Ja, ja“, meinte ein dicker, rotbäckiger Bürger, der in meiner Nähe saß, „unser Hannchen ist heute sehr betrübt; ihr Bräutigam ist Soldat geworden.“

Ich blickte zu ihr hin. Sie hatte sich in einen Winkel geflüchtet und stützte die Wange in die Hand. Die Tränen rannen, eine nach der andern, über ihre Finger. Jemand verlangte Bier. Sie brachte ihm einen Krug und kehrte wieder an ihren Platz zurück. Ihr Kummer steckte mich an. Ich dachte an das Wiedersehen, das mir bevorstand, und meine Gedanken waren sorgenvoll und unfroh. Schweren Herzens ging ich zu dieser Zusammenkunft, denn ich durfte mich nicht den Freuden gegenseitiger Liebe hingeben – ich mußte mein Versprechen halten, eine schwere Verpflichtung erfüllen. „Mit ihr darf man nicht spielen“ – diese Worte Gagins waren mir wie Pfeile ins Herz gedrungen. Hatte ich mich nicht vor drei Tagen in diesem Boot, das von den Wellen fortgetragen wurde, nach Glück gesehnt? Jetzt war das Glück greifbar geworden, doch ich schwankte, ich stieß es von mir, mußte es von mir stoßen … Daß es so plötzlich vor mir stand, verwirrte mich. Asja selbst, mit ihrem Feuerkopf, ihrer Vergangenheit, ihrer Erziehung, dieses anziehende, aber seltsame Wesen – ich gestehe es, sie erschreckte mich. Lange kämpften meine Gefühle. Die festgesetzte Zeit rückte heran. Ich kann sie nicht heiraten, entschied ich endlich, sie soll nicht erfahren, daß auch ich sie liebe.

Ich erhob mich, drückte dem armen Hannchen einen Taler in die Hand (sie dankte mir nicht einmal) und begab mich zu dem Haus von Frau Luise. Schon breiteten sich die Abendschatten aus, und der schmale Himmelsstreifen über der dunklen Straße glühte im Schein der Abendsonne. Ich klopfte leise an die Tür; sie öffnete sich sofort. Als ich die Schwelle überschritten hatte, umgab mich völlige Dunkelheit.

„Hierher!“ ließ sich die Stimme einer alten Frau vernehmen. „Sie werden erwartet.“

Ich tastete mich ein paar Schritte vorwärts. Knochige Finger ergriffen meine Hand.

„Sind Sie es, Frau Luise?“ fragte ich.

„Ja“, antwortete mir dieselbe Stimme. „Ich bin es, mein schöner junger Mann.“

Die Alte führte mich eine steile Treppe hinauf und blieb auf dem Absatz des zweiten Stockwerks stehen. In dem schwachen Lichtschein, der durch das winzige Fenster fiel, erkannte ich das runzelige Gesicht der Bürgermeisterswitwe. Ein süßlich-verschlagenes Lächeln dehnte ihren eingefallenen Mund und verengte die trüben Augen. Sie wies auf eine kleine Tür. Mit einer krampfhaften Bewegung öffnete ich sie und zog sie hinter mir zu.

16

In dem kleinen Zimmer, in das ich eintrat, war es ziemlich dunkel, und ich erblickte Asja nicht sogleich. In einen langen Schal gehüllt, saß sie auf einem Stuhl am Fenster, den Kopf abgewandt und fast hinter der Schulter versteckt, wie es erschrockene Vögelchen tun. Sie atmete rasch und zitterte. Sie tat mir unsagbar leid. Ich trat zu ihr. Sie wandte den Kopf noch mehr ab.

„Anna Nikolajewna", sagte ich.

Sie richtete sich plötzlich gerade auf, wollte mich ansehen – und konnte es nicht. Ich ergriff ihre Hand. Sie war kalt und lag wie tot in der meinen.

„Ich wollte", begann Asja und bemühte sich zu lächeln, doch ihre bleichen Lippen gehorchten ihr nicht, „ich wollte ... Nein, ich kann nicht", sagte sie und verstummte. Ihre Stimme stockte wirklich nach jedem Wort.

Ich setzte mich neben sie.

„Anna Nikolajewna", wiederholte ich und vermochte ebenfalls nichts hinzuzufügen.

Es trat Schweigen ein. Ich hielt immer noch ihre Hand und sah sie an. Sie saß wieder wie vorher zusammengekrümmt da, atmete mühsam und biß sich verstohlen auf die Unterlippe, um nicht zu weinen, um die aufsteigenden Tränen zurückzuhalten. Ich sah sie an: Etwas rührend Hilfloses lag in ihrer scheuen Regungslosigkeit. Es schien, als hätte sie vor Müdigkeit kaum den Stuhl zu erreichen vermocht und wäre dann auf ihn niedergesunken. Das Herz wurde mir weich.

„Asja", sagte ich leise.

Langsam hob sie die Augen zu mir auf. Oh, der Blick einer liebenden Frau – wer kann ihn beschreiben! Sie flehten, diese Augen, sie vertrauten, fragten, gaben sich hin. Ich konnte ihrem Zauber nicht widerstehen. Es überlief mich heiß – wie lauter glühende Nadeln. Ich beugte mich nieder und drückte meine Lippen auf ihre Hand.

Ich vernahm einen bebenden Laut, der einem tiefen Seufzer glich, und spürte auf meinem Haar eine schwache, wie ein Espenblatt zitternde Hand. Ich hob den Kopf und erblickte ihr Gesicht. Wie hatte es sich jäh verwandelt! Der Ausdruck der Angst war verschwunden, der Blick entschwebte in die Ferne und zog mich mit, der Mund war leicht geöffnet, die Stirn blaß wie Marmor, und die Locken waren nach hinten gestrichen, als hätte der Wind sie zurückgeworfen. Ich vergaß alles. Ich zog sie an mich. Willig fügte sich ihre Hand, ihr ganzer Körper; der Schal glitt von ihren Schultern, und ihr Kopf legte sich still an meine Brust, lag unter meinen brennenden Lippen ...

„Die Ihre", flüsterte sie kaum hörbar.

Schon glitten meine Hände um ihren Leib. Da durchzuckte mich plötzlich wie ein Blitz der Gedanke an Gagin.

„Was tun wir da!" rief ich aus und bog mich krampfhaft zurück. „Ihr Bruder ... Er weiß ja alles! Er weiß, daß wir uns treffen."

Asja sank auf den Stuhl.

„Ja", fuhr ich fort, während ich aufstand und durchs Zimmer ging. „Ihr Bruder weiß alles. Ich mußte ihm alles sagen."

„Sie mußten?" fragte sie undeutlich. Sie hatte sich anscheinend noch nicht wieder gefaßt und verstand mich nicht ganz.

„Ja, ja", bestätigte ich mit einer gewissen Erbitterung, „und daran sind allein Sie schuld, Sie allein. Warum haben Sie Ihr Geheimnis verraten? Wer hat Sie gezwungen, Ihrem Bruder alles zu offenbaren? Er war heute bei mir und gab mir das Gespräch wieder, das Sie mit ihm geführt haben." Ich bemühte mich, Asja nicht anzusehen, und ging mit großen Schritten im Zimmer auf und ab. „Jetzt ist alles verloren, alles, alles."

Asja wollte sich erheben.

„Bleiben Sie", rief ich, „bleiben Sie, ich bitte Sie darum. Sie haben es mit einem Mann von Ehre zu tun – ja, mit einem Mann von Ehre. Aber, um Gottes willen, was hat Sie so erregt? Haben Sie irgendeine Veränderung an mir bemerkt? Ich konnte mich vor Ihrem Bruder nicht verstellen, als er heute zu mir kam."

Was rede ich da? dachte ich bei mir, und der Gedanke, daß ich ein gewissenloser Betrüger sei, daß Gagin von unserer Zusammenkunft wußte, daß alles entstellt und bloßgelegt war, dröhnte mir geradezu im Kopf.

„Ich habe meinen Bruder nicht gerufen", hörte ich Asja erschrocken flüstern, „er kam von selbst."

„Sehen Sie nun, was Sie angerichtet haben", fuhr ich fort. „Jetzt wollen Sie abreisen ..."

„Ja, ich muß abreisen", sagte sie noch ebenso leise, „ich habe Sie nur hierhergebeten, um mich von Ihnen zu verabschieden."

„Und Sie glauben, mir fällt es leicht, mich von Ihnen zu trennen?" erwiderte ich.

„Aber warum haben Sie es denn meinem Bruder gesagt?" wiederholte Asja verständnislos.

„Ich sage Ihnen doch – ich konnte nicht anders handeln. Hätten Sie sich nicht selbst verraten ..."

„Ich hatte mich in meinem Zimmer eingeschlossen", entgegnete sie treuherzig. „Ich wußte nicht, daß unsere Wirtin einen zweiten Schlüssel hat."

Diese arglose Entschuldigung, aus ihrem Mund, in diesem Augenblick, versetzte mich damals fast in Zorn. Jetzt aber kann ich nicht ohne Rührung daran denken. Armes, ehrliches, aufrichtiges Kind!

„Und nun ist alles zu Ende!“ begann ich von neuem. „Alles. Nun müssen wir uns trennen.“ Ich blickte verstohlen zu Asja hin. Ihr Gesicht rötete sich rasch. Ich spürte, sie schämte sich und bekam Angst. Ich selbst ging auf und ab und sprach wie im Fieber. „Sie haben das Gefühl, das zu reifen begann, nicht zur Entfaltung kommen lassen, Sie selbst haben das Band zwischen uns zerrissen, Sie hatten kein Vertrauen zu mir, Sie zweifelten an mir ...“

Während ich sprach, beugte sich Asja immer weiter vor, und plötzlich fiel sie auf die Knie, ließ den Kopf in die Hände sinken und brach in Schluchzen aus. Ich lief zu ihr hin und versuchte sie aufzuheben, aber sie fügte sich mir nicht. Ich kann Frauentränen nicht ertragen – bei ihrem Anblick verliere ich sofort die Fassung.

„Anna Nikolajewna, Asja“, redete ich auf sie ein, „bitte, ich flehe Sie an, um Gottes willen, hören Sie auf.“ Ich nahm wieder ihre Hand.

Doch zu meinem größten Erstaunen sprang sie jäh auf, stürzte blitzschnell zur Tür und verschwand.

Als einige Minuten später Frau Luise hereinkam, stand ich immer noch, wie vom Donner gerührt, mitten im Zimmer. Ich begriff nicht, wie diese Zusammenkunft so schnell und so dumm enden konnte – wie sie enden konnte, ehe ich auch nur den hundertsten Teil von dem gesagt hatte, was ich sagen wollte, sagen mußte, und ehe ich mir darüber klargeworden war, zu welcher Entscheidung sie führen würde.

„Ist das Fräulein gegangen?“ fragte mich Frau Luise und zog die gelben Brauen bis an ihre Halbperücke hoch.

Ich sah sie an wie ein Narr und verließ das Zimmer.

17

Ich eilte aus der Stadt hinaus ins Freie. Ärger, wütender Ärger nagte an mir. Ich überhäufte mich selbst mit Vorwürfen. Wie hatte ich nicht begreifen können, aus welchem Grund Asja den Ort unserer Zusammenkunft hatte ändern müssen, warum hatte ich nicht zu würdigen vermocht, was es sie gekostet hatte, zu dieser Alten zu gehen, warum hatte ich sie nicht zurückgehalten! Allein mit ihr in jenem dumpfen, schlecht beleuchteten Zimmer, hatte ich die Kraft, den traurigen Mut aufgebracht, sie von mir zu

Iwan Turgenjew – Baden-Baden, 1866

stoßen, ihr sogar Vorhaltungen zu machen. Jetzt verfolgte mich ihr Bild. Ich bat sie um Verzeihung. Die Erinnerung an dieses bleiche Gesicht, an diese feuchten und bangen Augen, an das lockere Haar über dem gebeugten Hals, die leichte Berührung ihres Kopfes an meiner Brust – diese Erinnerung brannte in mir wie Feuer. „Die Ihre", hörte ich sie flüstern. Ich habe nach meinem Gewissen gehandelt, versuchte ich mir einzureden. Lüge! Hatte ich diesen Ausgang wirklich gewollt? War ich denn imstande, mich von ihr zu trennen? Konnte ich mich damit abfinden, sie zu verlieren? Wahnsinniger! Wahnsinniger! wiederholte ich voll Erbitterung.

Inzwischen brach die Nacht herein. Mit großen Schritten strebte ich dem Hause zu, in dem Asja wohnte.

18

Gagin kam mir aus dem Haus entgegen.

„Haben Sie meine Schwester gesehen?" rief er mir schon von weitem zu.

„Ist sie denn nicht zu Hause?" fragte ich.

„Nein."

„Sie ist noch nicht zurückgekehrt?"

„Nein. Verzeihen Sie mir", fuhr Gagin fort, „ich konnte es nicht aushalten und bin gegen unsere Abmachung zu der Kapelle gegangen. Dort war sie nicht – sie ist also nicht gekommen?"

„An der Kapelle war sie nicht."

„Und Sie haben sie nicht gesehen?"

Ich mußte gestehen, daß ich sie gesehen hatte.

„Wo?"

„Bei Frau Luise. Wir haben uns vor einer Stunde getrennt", fügte ich hinzu, „ich nahm an, sie sei nach Hause gegangen."

„Warten wir", sagte Gagin.

Wir traten ins Haus und setzten uns nebeneinander. Wir schwiegen. Es war für uns beide sehr peinlich. Fortwährend sahen wir uns um, blickten zur Tür, horchten. Endlich stand Gagin auf.

„Das ist unerhört!" rief er aus. „Ich bin vor Unruhe ganz außer mir. Sie bringt mich um, bei Gott! Kommen Sie, wir wollen sie suchen."

Wir gingen hinaus. Draußen war es bereits völlig dunkel.

„Worüber haben Sie denn mit ihr gesprochen?" fragte mich Gagin und schob sich den Hut tief in die Stirn.

„Ich habe sie nur fünf Minuten gesehen“, antwortete ich. „Ich habe mit ihr gesprochen, wie es verabredet war.“

„Wissen Sie was?“ erwiderte er. „Es ist besser, wir gehen jeder für sich; so werden wir eher auf sie stoßen. Kommen Sie aber auf jeden Fall in einer Stunde wieder hierher.“

19

Ich stieg eilig den Weinberg hinunter und rannte in die Stadt. Rasch schritt ich alle Straßen ab, guckte überall hinein, sogar in die Fenster von Frau Luises Haus, kehrte dann zum Rhein zurück und lief am Ufer entlang. Hin und wieder tauchten weibliche Gestalten auf, doch Asja war nirgends zu sehen. Jetzt nagte nicht mehr Ärger an mir – eine geheime Angst quälte mich. Und nicht allein Angst fühlte ich, nein, Reue, heißes Bedauern und Liebe – ja, die zärtlichste Liebe! Ich rang die Hände, ich rief Asjas Namen in die nächtliche Finsternis hinaus, erst mit halber Stimme, dann immer lauter und lauter; ich wiederholte hundertmal, daß ich sie liebe, ich schwur, mich nie wieder von ihr zu trennen … Alles in der Welt hätte ich dafür gegeben, wieder ihre kalte Hand zu halten, ihre leise Stimme zu hören, sie wieder vor mir zu sehen. Sie war mir so nah gewesen, war mit voller Entschlossenheit, mit der ganzen Unschuld ihres Herzens und ihrer Gefühle zu mir gekommen und hatte mir ihre unberührte Jugend dargebracht. Und ich hatte sie nicht an meine Brust gedrückt, ich hatte mich selbst der Wonne beraubt, ihr liebes Gesicht vor Freude und stiller Glückseligkeit aufleuchten zu sehen! Dieser Gedanke brachte mich fast um den Verstand.

„Wohin kann sie gegangen sein, was mag sie sich angetan haben?“ rief ich in ohnmächtiger Verzweiflung aus. Plötzlich schimmerte dicht am Ufer des Stromes etwas Weißes auf. Ich kannte diese Stelle. Dort stand auf dem Grab eines Mannes, der vor siebzig Jahren hier ertrunken war, ein halb in die Erde gesunkenes Steinkreuz mit einer alten Inschrift. Das Herz erstarrte mir. Ich lief zu dem Kreuz – die weiße Gestalt war verschwunden. „Asja!“ schrie ich. Meine wilde Stimme erschreckte mich selbst – doch niemand antwortete.

Ich beschloß, zu Gagin zu gehen, um zu erfahren, ob er sie gefunden hatte.

20

Als ich hastig den Pfad hinaufstieg, der durch den Weinberg führte, sah ich Licht in Asjas Zimmer. Das beruhigte mich etwas.

Ich näherte mich dem Haus. Die Tür war verschlossen. Ich klopfte. Ein unbeleuchtetes Fenster im Erdgeschoß wurde vorsichtig geöffnet, und Gagins Kopf zeigte sich.

„Haben Sie sie gefunden?“ fragte ich.

„Sie ist zurückgekommen“, antwortete er flüsternd. „Sie ist in ihrem Zimmer und kleidet sich aus. Alles ist in Ordnung.“

„Gott sei Dank!“ rief ich in einer unbeschreiblichen Aufwallung von Freude aus. „Gott sei Dank! Jetzt ist alles gut. Doch Sie wissen, wir müssen noch vieles besprechen.“

„Ein andermal“, erwiderte er, den Fensterflügel sacht zu sich heranziehend, „ein andermal, für heute aber leben Sie wohl.“

„Bis morgen“, sagte ich, „morgen wird sich alles entscheiden.“

„Leben Sie wohl“, wiederholte Gagin.

Das Fenster schloß sich. Ich hätte beinahe daran geklopft. Ich wollte Gagin auf der Stelle um die Hand seiner Schwester bitten. Doch ein solcher Antrag zu solcher Stunde … Bis morgen, dachte ich, morgen werde ich glücklich sein.

Morgen werde ich glücklich sein! Das Glück kennt kein Morgen, es kennt auch kein Gestern; es erinnert sich nicht der Vergangenheit und denkt nicht an die Zukunft; es kennt nur die Gegenwart – und nicht einmal den Tag, nur den Augenblick.

Ich weiß nicht mehr, wie ich nach S. gelangte. Nicht meine Füße trugen mich, nicht das Boot brachte mich hinüber – große, starke Flügel hoben mich empor. Ich kam an einem Gebüsch vorüber, in dem eine Nachtigall sang. Ich blieb stehen und hörte lange zu. Mir war, als sänge sie von meiner Liebe und meinem Glück.

21

Als ich mich am nächsten Morgen dem bekannten Häuschen näherte, sah ich mit Bestürzung, daß alle Fenster und auch die Haustür weit geöffnet waren. Vor der Schwelle lagen Papierfetzen herum. Im Türrahmen erschien das Dienstmädchen mit einem Besen. Ich ging auf sie zu.

„Sie sind abgereist!“ platzte sie heraus, noch ehe ich sie gefragt hatte, ob Gagin zu Hause sei.

„Abgereist?“ wiederholte ich. „Wieso abgereist? Wohin?“

„Heute früh um sechs sind sie abgereist; wohin, haben sie nicht gesagt. Warten Sie mal, Sie sind doch, glaube ich, Herr N.?“

„Ja, ich bin Herr N.“

„Die Wirtin hat einen Brief für Sie.“ Das Mädchen ging hinauf und kam mit dem Brief zurück. „Hier, bitte schön.“

„Das kann doch nicht sein! Wieso denn das?“ stieß ich hervor.

Das Mädchen sah mich stumpfsinnig an und begann zu fegen. Ich entfaltete den Brief. Gagin hatte ihn geschrieben; von Asja enthielt er nicht eine Zeile. Gagin fing mit der Bitte an, ihm wegen der plötzlichen Abreise nicht zu zürnen; er sei überzeugt, daß ich nach reiflicher Überlegung seinen Entschluß billigen würde. Er habe keinen anderen Ausweg aus dieser Lage gefunden, die schwierig und gefährlich werden könne. „Gestern abend“, schrieb er, „während wir beide schweigend auf Asja warteten, kam ich endgültig zu der Überzeugung, daß wir uns trennen müssen. Es gibt Vorurteile, die ich achte. Ich verstehe, daß Sie Asja nicht heiraten können. Sie hat mir alles gesagt. Um ihrer Ruhe willen mußte ich ihren wiederholten, dringenden Bitten nachgeben.“ Am Schluß des Briefes sprach er sein Bedauern aus, daß unsere Bekanntschaft nur so kurz währte; er wünschte mir Glück, drückte mir freundschaftlich die Hand und bat mich inständig, nicht nach ihnen zu forschen.

„Was denn für Vorurteile?“ rief ich aus, als könnte er mich hören. „Welch ein Unsinn! Wer gab ihm das Recht, sie mir zu entführen?“ Ich faßte mir an den Kopf.

Das Dienstmädchen rief laut nach der Wirtin. Ihr Erschrecken brachte mich zur Besinnung. Ein Gedanke nur beherrschte mich: sie wiederzufinden, sie um jeden Preis wiederzufinden. Diesen Schlag hinnehmen, mich mit dieser Lösung abfinden, das war unmöglich. Von der Wirtin erfuhr ich, daß sie um sechs Uhr morgens einen Dampfer bestiegen hatten und rheinabwärts gefahren waren. Ich begab mich in das Kontor. Dort sagte man mir, sie hätten Karten nach Köln gelöst. Ich ging nach Hause, um meine Sachen zu packen und ihnen nachzureisen. Mein Weg führte mich an dem Haus von Frau Luise vorbei. Plötzlich hörte ich, wie jemand meinen Namen rief. Ich hob den Kopf und erblickte im Fenster desselben Zimmers, in dem ich mich am Abend vorher mit Asja getroffen hatte, die Bürgermeisterswitwe. Sie lächelte in ihrer widerwärtigen Art und winkte mich heran. Ich wandte mich ab und wollte weitergehen, aber sie rief mir nach, sie habe etwas für mich. Diese Worte hielten mich zurück, und ich trat in ihr Haus. Wie soll ich die Gefühle wiedergeben, die mich bewegten, als ich dieses Zimmer wiedersah!

„Eigentlich sollte ich Ihnen das nur geben, wenn Sie mich von selber aufsuchten", begann die Alte und zeigte mir einen kleinen Zettel, „doch Sie sind ein so netter junger Mann. Nehmen Sie."

Auf einem winzigen Stück Papier standen folgende, eilig mit Bleistift hingekritzelte Worte:

Leben Sie wohl, wir werden uns nie mehr sehen. Nicht aus Stolz reise ich ab – nein, ich kann nicht anders. Hätten Sie mir ein Wort, nur ein einziges Wort gesagt, als ich gestern vor Ihnen weinte – ich wäre geblieben. Sie sagten es nicht. Vielleicht ist es besser so. Leben Sie wohl, für immer!

Nur ein Wort! Oh, ich Wahnsinniger! Dieses Wort ... Unter Tränen hatte ich es am Abend vorher immer wieder ausgesprochen, hatte es an den Wind verschwendet, in die einsamen Felder hinausgeschrien. Aber ihr hatte ich es nicht gesagt, ihr hatte ich nicht gesagt, daß ich sie liebe. Und ich konnte dieses Wort damals auch gar nicht aussprechen. Als ich mich in jenem verhängnisvollen Zimmer mit ihr traf, war ich mir meiner Liebe noch nicht bewußt geworden, und selbst als ich in sinnlosem und bedrückendem Schweigen neben ihrem Bruder saß, war dieses Bewußtsein noch nicht erwacht – es flammte mit unwiderstehlicher Kraft erst kurz danach auf, als ich, von der Möglichkeit eines Unglücks erschreckt, sie zu suchen und zu rufen begann. Doch da war es schon zu spät. Das ist doch unmöglich! wird man mir sagen. Ich weiß nicht, ob es möglich ist, ich weiß nur, daß es wirklich so war. Hätte Asja auch nur eine Spur von Koketterie besessen und sich nicht in einer so schiefen Lage befunden, sie wäre nicht abgereist. Was jede andere geduldig hingenommen hätte, konnte sie nicht ertragen – das hatte ich nicht begriffen. Ein böser Dämon hielt das Geständnis auf meinen Lippen zurück, als ich Gagin in dem dunklen Fenster zum letzten Male sah, und der letzte Faden, an den ich mich noch hätte klammern können, entglitt meinen Händen.

Am selben Tage kehrte ich mit gepacktem Koffer nach L. zurück und fuhr mit dem Schiff nach Köln. Ich erinnere mich, der Dampfer legte bereits ab, und ich nahm in Gedanken Abschied von diesen Straßen, von all den Stätten, die ich nie vergessen sollte, da erblickte ich Hannchen. Sie saß am Ufer auf einer Bank.

Ihr Gesicht war bleich, aber nicht betrübt. Ein junger, hübscher Bursche stand neben ihr und erzählte ihr lachend etwas. Am anderen Rheinufer jedoch schaute meine kleine Madonna noch ebenso traurig aus dem dunklen Grün der alten Esche heraus.

22

In Köln stieß ich auf die Spur der Gagins. Ich erfuhr, daß sie nach London gefahren waren, und reiste ihnen nach – in London indessen blieben all meine Nachforschungen erfolglos. Ich wollte mich lange nicht zufriedengeben und suchte hartnäckig weiter, mußte aber schließlich die Hoffnung, sie zu finden, aufgeben.

Ich habe sie nicht mehr gesehen, habe Asja nie wiedergesehen. Wohl drangen noch dunkle Gerüchte über ihn zu mir, sie aber war für mich auf immer verschwunden. Ich weiß nicht einmal, ob sie noch lebt. Etliche Jahre später erblickte ich eines Tages im Ausland, in einem Eisenbahnwagen, flüchtig eine Frau, deren Gesicht mich lebhaft an die unvergeßlichen Züge erinnerte. Doch wahrscheinlich hat mich eine zufällige Ähnlichkeit getäuscht. In meiner Erinnerung ist Asja das junge Mädchen geblieben, als das ich sie in der besten Zeit meines Lebens kannte, so wie sie war, als ich sie zum letztenmal sah, über die Lehne des niedrigen Holzstuhls gebeugt.

Ich muß jedoch bekennen, daß ich ihr nicht allzulange nachtrauerte. Ich fand sogar, das Schicksal habe es gut mit mir gemeint, als es mich nicht mit Asja vereinte. Ich tröstete mich mit dem Gedanken, daß ich mit einer solchen Frau wahrscheinlich nicht glücklich geworden wäre. Damals war ich jung, und die Zukunft, diese kurze, schnell dahinschwindende Zukunft, erschien mir unendlich. Kann sich denn das, was gewesen ist, nicht wiederholen, dachte ich, vielleicht gar noch besser, noch schöner? Ich habe andere Frauen gekannt, aber das Gefühl, das Asja in mir erweckte, jenes brennende, zärtliche, tiefe Gefühl, ist nie mehr wiedergekehrt. Nein, kein Augenpaar vermochte mir jenes zu ersetzen, das einstmals voller Liebe auf mich gerichtet war, keinem anderen Herzen, das sich an meine Brust schmiegte, antwortete das meine je mit so freudigem und süßem Erschauern! Zur Einsamkeit eines alten Junggesellen verurteilt, verbringe ich den faden Rest meiner Tage, doch wie ein Heiligtum bewahre ich Asjas Briefchen und die vertrocknete Geraniumblüte, jene Blüte, die sie mir einst aus dem Fenster zuwarf. Immer noch haucht sie einen schwachen Duft aus, die Hand aber, die mir diese Blüte brach und die an meine Lippen zu drücken mir nur ein einzigesmal beschieden war, sie modert vielleicht schon längst im Grabe ... Und ich selbst – was ist aus mir geworden? Was ist von mir geblieben, von jenen glückseligen und bewegten Tagen, jenem beschwingten Hoffen und Streben? So überlebt der leise Duft eines unbedeutenden Blümchens alle Freuden und allen Kummer eines Menschen, überlebt den Menschen selbst.

MUMU

In einer abgelegenen Straße von Moskau, in einem grauen Haus mit weißen Säulen, Zwischengeschoß und windschiefem Balkon, wohnte einst, umgeben von zahlreicher Dienerschaft, eine verwitwete vornehme Dame. Ihre Söhne dienten in Petersburg, ihre Töchter waren verheiratet. Sie fuhr nur selten aus und verbrachte die letzten Jahre ihres kärglichen und langweiligen Altersdaseins recht zurückgezogen. Der Mittag ihres Lebens, freudlos und unwirtlich, war längst vorüber; aber auch der Abend war dunkler als die Nacht.

Die bemerkenswerteste Person aus ihrem ganzen Gesinde war der Hausknecht Gerassim, ein Mann von hünenhaftem Körperbau und taubstumm von Geburt. Seine Herrin hatte ihn vom Gut mitgebracht, wo er allein, von seinen Brüdern getrennt, in einer kleinen Hütte hauste und als einer der verläßlichsten Fronbauern galt. Mit außergewöhnlicher Kraft ausgestattet, arbeitete er für vier; die Arbeit ging ihm nur so von der Hand, und es war ein Vergnügen, ihm zuzusehen, wenn er pflügte und, sich mit den mächtigen Fäusten gegen den Hakenpflug stemmend, die pralle Brust der Erde allein, ohne die Hilfe des elenden Kleppers, aufzureißen schien oder wenn er am Peter-und-Pauls-Tag so verheerend mit der Sense werkte, daß man glauben konnte, es sei ihm ein leichtes, ein junges Birkenwäldchen an den Wurzeln abzusäbeln, oder wenn er schnell und ohne Pause den drei Arschin langen Dreschflegel schwang und seine länglichen und festen Schultermuskeln sich wie ein Pumpenschwengel hoben und senkten. Sein ständiges Schweigen verlieh seiner unermüdlichen Arbeit einen feierlichen Ernst. Er war ein Prachtkerl, und wäre nicht sein Gebrechen gewesen, so hätte ihn jedes junge Mädchen gern zum Mann genommen. So aber brachte man Gerassim nach Moskau, kaufte ihm Stiefel, ließ ihm einen Kaftan für den Sommer und einen Pelzmantel für den Winter schneidern, drückte ihm Besen und Schaufel in die Hand und machte ihn zum Hausknecht.

Seine neue Lebensweise behagte ihm anfangs ganz und gar nicht. Von Kindheit an war er das Landleben und die Feldarbeit gewohnt. Durch sein Gebrechen von jeder Geselligkeit ausgeschlossen, war er in aller Stille tüchtig herangewachsen, wie ein Baum auf fruchtbarem Boden. In die Stadt verpflanzt, begriff er lange nicht, was man mit ihm angestellt hatte; er langweilte sich und wußte nichts mit sich anzufangen, wie ein gesunder junger Stier, den man gerade von der Weide genommen hat, wo ihm das saftige Gras bis zum Bauch reichte, genommen und auf einen Wagen der Eisenbahn verladen, die ihn nun, seinen feisten Körper bald in Rauch und Funken, bald in wallenden Dampf hüllend, unter Poltern und Quietschen davonträgt, wohin, das weiß Gott allein. Seine neuen Obliegenheiten dünkten Gerassim nach der schweren Landarbeit ein Kinderspiel. In einer halben Stunde hatte er alles erledigt; dann stand er wieder mitten auf dem Hof und starrte die Vorübergehenden offenen Mundes an, als erwarte er von ihnen eine Änderung seiner eigenartigen Situation, oder er verzog sich plötzlich in irgendeinen Winkel, warf Besen und Schaufel weit von sich, ließ sich bäuchlings zu Boden fallen und blieb so stundenlang regungslos liegen wie ein gefangenes Tier. Doch der Mensch gewöhnt sich an alles, und so gewöhnte sich auch Gerassim schließlich an das Stadtleben. Zu tun hatte er nicht viel; seine ganze Aufgabe bestand darin, den Hof sauberzuhalten, zweimal täglich eine Tonne voll Wasser zu holen, Brennholz für Küche und Haus heranzuschaffen und zu hacken, Fremde nicht hereinzulassen und des Nachts zu wachen. Und man muß sagen, er kam seinen Pflichten gewissenhaft nach. Auf dem Hof lag niemals auch nur ein Spänchen oder anderer Kehricht herum. Blieb irgendwo der seiner Obhut anvertraute müde Gaul mit dem Wasserwagen im Straßenkot stecken, genügte ein Ruck von ihm mit der Schulter, und nicht nur der Wagen, sondern auch das Pferd wurden ein Stück vorwärtsgeschubst. Wenn er Brennholz hackte, klirrte seine Axt wie Glas, und Splitter und Scheite flogen nur so nach allen Seiten. Und was die Fremden betraf, so hatten alle in der Umgegend einen Heidenrespekt vor ihm, seit er eines Nachts zwei Diebe erwischt und mit den Köpfen zusammengestoßen hatte, und zwar dermaßen, daß man sie danach nicht einmal mehr zur Polizei schaffen konnte. Selbst am Tage suchten die Vorübergehenden, nicht etwa Spitzbuben, sondern einfach Fremde, den furchteinflößenden Hausknecht durch Handbewegungen wegzuscheuchen und schrien ihn an, als könnte er ihr Geschrei hören.

Iwan Turgenjews Villa in Baden-Baden,
wo er von 1868 bis 1871 wohnte

Zu dem übrigen Gesinde stand Gerassim, wenn auch nicht in freundschaftlichen – sie hatten Angst vor ihm –, so doch in engen Beziehungen; er behandelte sie als seinesgleichen. Sie verständigten sich mit ihm durch Zeichen; er verstand sie auch und führte alle Aufträge exakt aus. Er kannte jedoch auch seine Rechte, und niemand hätte es je gewagt, sich auf seinen Platz am Eßtisch zu setzen. Überhaupt war Gerassim von strenger und ernster Gemütsart und liebte Ordnung in allen Dingen. Selbst die Hähne wagten in seiner Gegenwart nicht, miteinander zu kämpfen; andernfalls erging es ihnen schlecht. Ertappte er sie dabei, packte er sie kurzerhand bei den Beinen, ließ sie ein dutzendmal in der Luft kreisen und warf sie dann in verschiedene Richtungen. Auch Gänse wurden auf dem Hof seiner Herrin gehalten; doch die Gans ist bekanntlich ein gravitätischer und vernünftiger Vogel. Gerassim empfand Achtung vor ihnen, pflegte und fütterte sie; er ähnelte selber einem respektablen Gänserich. Man hatte ihm über der Küche eine Kammer zugewiesen, die er sich selbst nach seinem Geschmack einrichtete. Er zimmerte sich ein Bett aus Eichenbohlen mit vier Holzklötzen als Beinen – ein wahres Hünenbett: Hundert Pud trug es, ohne sich auch nur ein bißchen durchzubiegen. Unter dem Bett stand eine robuste Truhe, in einer Ecke ein kleiner Tisch von ebenso solider Bauart und daneben ein dreibeiniger Stuhl, aber so haltbar und stämmig, daß Gerassim ihn gelegentlich hochhob, fallen ließ und dann selbstgefällig lächelte. Die Kammertür war mit einem Schloß versehen, das seiner Form nach an einen Kringel erinnerte, nur daß es schwarz war; den Schlüssel dazu hatte Gerassim immer bei sich am Gürtel. Er liebte es nicht, wenn jemand zu ihm kam.

So verstrich ein Jahr, und an dessen Ende ereignete sich mit Gerassim ein kleiner Zwischenfall.

Die betagte Herrin, bei der er als Hausknecht diente, befolgte in allen Dingen die alten Bräuche und hielt sich eine zahlreiche Dienerschaft. In ihrem Hause gab es nicht nur Waschfrauen, Näherinnen, Tischler, Schneider und Schneiderinnen, sondern sogar einen Sattler, der auch als Veterinär und als Arzt für die Leute in Anspruch genommen wurde, sowie einen Hausarzt für die gnädige Frau und schließlich einen Schuhmacher, Kapiton Klimow mit Namen, einen notorischen Trinker. Klimow glaubte sich ungerecht behandelt und unterschätzt; er hielt sich für einen gebildeten, hauptstädtischen Menschen, unter dessen Würde es eigentlich war, in Moskau zu leben, noch dazu ohne rechte Beschäftigung und in einem so abgelegenen Winkel. Wenn er trank, so nur, wie er stotternd und sich an die Brust schlagend verkündete, vor lauter Kummer. Auf den nun kam eines Tages die Rede zwischen der Herrin und Gawrila, ihrem Haushofmeister, einem Manne, dem es, allein schon seinen gelben Augen und seiner Entennase nach zu urteilen, vom Schicksal selbst bestimmt zu sein schien, die führende Rolle zu spielen. Die Herrin bedauerte die verdorbene Moral Kapitons, den man erst wieder tags zuvor irgendwo auf der Straße aufgelesen hatte.

„Nun, Gawrila", sagte sie plötzlich, „sollten wir ihn nicht verheiraten, was meinst du? Vielleicht kommt er dann zur Vernunft."

„Warum denn nicht, gnä' Frau!" antwortete Gawrila. „Das ist möglich, und es wird sogar sehr gut sein."

„Ja. Aber wer wird ihn nehmen?"

„Allerdings, gnä' Frau! Aber ganz, wie's Ihnen beliebt. Immerhin wird er ja doch noch zu irgend etwas nütze sein. Seinen Mann steht er allemal noch."

„Ich glaube, Tatjana gefällt ihm?"

Gawrila wollte schon etwas einwenden, aber dann hielt er doch lieber den Mund.

„Ja. Er soll um Tatjanas Hand anhalten", entschied die Herrin und schnupfte genießerisch eine Prise Tabak. „Hörst du?"

„Sehr wohl, gnä' Frau!" sagte Gawrila und entfernte sich.

In sein Zimmer zurückgekehrt – es befand sich in einem Nebengebäude und war fast ganz mit beschlagenen Truhen angefüllt –, schickte Gawrila fürs erste seine Frau fort, setzte sich dann ans Fenster und versank in Nachdenken. Die überraschende Anordnung seiner Gebieterin hatte ihn sichtlich in Verlegenheit gebracht. Schließlich stand er auf und ließ Kapiton rufen. Der erschien auch ... Doch bevor wir dem Leser ihre Unterredung wiedergeben, ist es wohl nötig, in wenigen Worten zu berichten, wer diese Tatjana war, die Kapiton heiraten sollte, und weshalb der Befehl der gnädigen Frau dem Haushofmeister solche Sorgen bereitete.

Tatjana, die als Wäscherin im Hause lebte (übrigens vertraute man ihr als einer geschickten und erfahrenen Kraft die feine Wäsche an), war etwa achtundzwanzig Jahre alt, klein und schmächtig, hatte blondes Haar und mehrere Muttermale auf der linken Wange. Ein Muttermal auf der linken Wange aber gilt in Rußland als böses Omen, als Verheißung eines unglücklichen Lebens. Und Tatjana hatte allen Grund, mit ihrem Schicksal zu hadern. Von

Kindheit an hatte man sie stiefmütterlich behandelt. Sie arbeitete für zwei, hörte jedoch nie ein freundliches Wort, wurde schlecht gekleidet und erhielt den geringsten Lohn. Verwandte hatte sie so gut wie keine mehr; ein alter Beschließer, den man wegen Untauglichkeit auf dem Lande zurückgelassen hatte, war ihr Onkel, und die übrigen Onkel waren Bauern – das war alles. Einst hatte sie als hübsch gegolten, doch ihre Schönheit war nur allzu schnell verblüht. Sie war recht sanft von Gemüt oder, besser gesagt, verschüchtert; sich selbst gegenüber völlig gleichgültig, war sie vor anderen überaus ängstlich und nur darauf bedacht, rechtzeitig mit ihrer Arbeit fertig zu werden. Sie ließ sich mit niemandem in ein Gespräch ein und zitterte schon, wenn der Name ihrer Herrin auch nur erwähnt wurde, obwohl sie diese kaum von Angesicht kannte. Nachdem man Gerassim vom Lande geholt hatte, war sie beim Anblick seiner riesigen Gestalt vor Schreck fast in Ohnmacht gefallen. Sie vermied es nach Möglichkeit, ihm zu begegnen, und machte sogar die Augen zu, wenn sie auf dem Weg vom Haus in die Waschküche doch einmal an ihm vorüber mußte. Gerassim schenkte ihr anfangs keine besondere Aufmerksamkeit; dann aber lächelte er über sie, wenn sie ihm über den Weg lief; später schaute er sie interessiert an, und schließlich wandte er kein Auge mehr von ihr. Er hatte Gefallen an ihr gefunden – ob ihres sanften Gesichtsausdrucks oder ihrer scheuen Bewegungen halber, das weiß Gott allein. Als sie eines Tages, eine gestärkte Bluse ihrer Herrin behutsam auf den gespreizten Händen tragend, den Hof überquerte, packte sie plötzlich jemand kräftig am Ellbogen. Sie drehte sich um und schrie auf – hinter ihr stand Gerassim. Dumm grinsend und mit einem freundlichen Grunzen hielt er ihr einen Pfefferkuchenhahn hin, dessen Schwanz und Flügel mit Goldpapier verziert waren. Sie wollte das Geschenk nicht annehmen, aber er drückte es ihr mit Gewalt in die Hand, schüttelte den Kopf, ging davon und grunzte ihr, sich umwendend, noch einmal recht freundschaftlich zu. Seit jenem Tag ließ er ihr keine Ruhe mehr. Wohin sie auch gehen mochte, er war immer zur Stelle, kam ihr entgegen, lächelte, grunzte, fuchtelte mit den Armen, zog unversehens ein Band aus dem Brustausschnitt und drängte es ihr auf oder säuberte mit dem Besen vor ihr den Weg. Das arme Mädchen wußte nicht mehr aus noch ein. Bald erfuhr das ganze Haus von dem Benehmen des taubstummen Hausknechts, und es hagelte Witzeleien, Spottverse und spitze Bemerkungen über Tatjana. Nur die wenigsten jedoch wagten, sich über Gerassim lustig zu machen, denn er verstand keinen Spaß; und auch sie ließ man in Ruhe, sobald er dabei war. Das Mädchen mußte sich wohl oder übel seinen Schutz gefallen lassen. Wie alle Taubstummen war er recht scharfsinnig und merkte sehr wohl, wenn man über ihn oder über sie lachte. Eines Tages während des Mittagessens fing die Beschließerin, Tatjanas Vorgesetzte, an, sie aufzuziehen, und brachte die Ärmste so weit, daß sie nicht mehr wußte, wohin sie blicken sollte, und vor Verdruß beinahe in Tränen ausgebrochen wäre. Da erhob sich plötzlich Gerassim, legte der Beschließerin seine mächtige Pranke auf den Kopf und sah sie so finster und grimmig an, daß sie sich tief über den Tisch neigte. Alle verstummten. Gerassim aber griff wieder nach seinem Löffel und aß seine Kohlsuppe weiter. „Sieh einer diesen tauben Satan an, diesen Waldschrat!" murmelten alle halblaut. Die Beschließerin aber stand auf und zog sich ins Mägdezimmer zurück. Als Gerassim ein andermal gewahrte, daß Kapiton, ebenjener Kapiton, von dem soeben die Rede war, allzu liebenswürdig mit Tatjana plauderte, winkte er ihn mit dem Zeigefinger zu sich heran, führte ihn in die Wagenremise, packte eine in der Ecke stehende Deichsel und drohte ihm andeutungsweise, aber vielsagend damit. Seitdem wagte niemand mehr, ein Gespräch mit Tatjana anzuknüpfen. All das ging immer gut für Gerassim ab. Zwar fiel die Beschließerin, sobald sie das Mägdezimmer erreicht hatte, prompt in Ohnmacht und agierte überhaupt so geschickt, daß Gerassims grobes Benehmen noch am selbigen Tag der gnädigen Frau zu Ohren kam, doch die wunderliche Alte lachte nur, ließ die Beschließerin zu deren größtem Ärger mehrmals wiederholen, wie er sie mit seiner schweren Hand niedergedrückt hatte, und schickte Gerassim am nächsten Tag einen Silberrubel. Sie schätzte ihn als treuen und starken Wächter. Gerassim hatte gehörigen Respekt vor ihr, hoffte aber dennoch auf ihr Wohlwollen und trug sich bereits mit dem Gedanken, sich zu ihr zu begeben mit der Bitte, sie möge ihm erlauben, Tatjana zu heiraten. Er wartete nur noch auf den ihm vom Haushofmeister versprochenen neuen Kaftan, um in anständigem Aufzug vor der gnädigen Frau erscheinen zu können, und nun hatte es sich ebendiese gnädige Frau auf einmal in den Kopf gesetzt, Tatjana zur Frau Kapitons zu machen.

Jetzt wird der Leser leicht den Grund für die Beklemmung erraten, die sich des Haushofmeisters Gawrila nach der Unterredung mit seiner Herrin bemächtigt hatte. Gewiß, dachte er, während er am Fenster saß, die Gnädige kann den Gerassim gut leiden (Gawrila wußte das sehr wohl und sah ihm darum vieles nach), aber er ist immerhin ein stummes Wesen. Ich kann der Gnädigen doch nicht melden, daß Gerassim hinter der Tatjana her ist. Und schließlich ist es ja auch richtig: Was würde er schon für einen Mann abgeben! Andererseits aber braucht dieser – Gott verzeih mir! – Waldschrat bloß zu erfahren, daß man Tatjana mit Kapiton verheiraten will, dann schlägt er doch alles im Hause kurz und klein, wahrhaftig! Man kann sich ja mit ihm nicht verständigen. Solch einen Teufel – jetzt hab ich doch wieder gesündigt, ich Sünder! – kann man auf keine Weise zur Vernunft bringen, wahrhaftig nicht!

Kapitons Erscheinen unterbrach die Gedankengänge Gawrilas. Der leichtsinnige Schuhmacher trat ein, lehnte sich, die Hände auf dem Rücken und die Beine gekreuzt, lässig gegen einen Wandvorsprung neben der Tür und nickte mehrmals. Da bin ich, schien er sagen zu wollen. Was steht zu Diensten?

Gawrila betrachtete Kapiton und trommelte mit den Fingern auf dem Fensterrahmen. Kapiton blinzelte nur ein wenig mit seinen bleigrauen Äuglein, schlug sie jedoch nicht nieder, sondern grinste sogar ein bißchen und fuhr sich mit der Hand über das flachsblonde Haar, das nach allen Seiten vom Kopf abstand. Nun ja, ich bin's, schien er sagen zu wollen, was gaffst du so?

„Schön!" fing Gawrila an und machte eine Pause. „Wunderschön! Alles, was recht ist!"

Kapiton zuckte nur mit den schmalen Schultern. Bist du vielleicht schöner? dachte er bei sich.

„Na, guck dich doch mal an, los, guck doch mal", fuhr Gawrila vorwurfsvoll fort. „Na, wie siehst du aus?"

Seelenruhig musterte Kapiton seinen abgetragenen und zerschlissenen Gehrock und seine geflickte Hose; besondere Aufmerksamkeit widmete er seinen löcherigen Stiefeln, vornehmlich jenem, auf dessen Spitze sich sein rechter Fuß so elegant stützte. Dann blickte er dem Haushofmeister wieder unverwandt ins Gesicht.

„Na und?"

„Na und!" äffte Gawrila ihn nach. „Na und! Da sagst du noch: Na und? Wie der Teufel siehst du aus – Gott verzeih mir die Sünde! –, jawohl, so siehst du aus."

Kapiton zwinkerte lebhaft mit seinen Äuglein.

Schimpfen Sie nur, Gawrila Andrejitsch, schimpfen Sie nur! dachte er wieder bei sich.

„Du warst ja schon wieder betrunken“, sagte Gawrila. „Schon wieder! Hä? Na, so antworte schon!“

„Meiner schwachen Gesundheit wegen habe ich mich in der Tat spirituösen Getränken ausgesetzt“, erwiderte Kapiton.

„Deiner schwachen Gesundheit wegen! Zuwenig Prügel bekommst du – das ist es! Und dabei warst du noch in Petersburg in der Lehre! Hast ja allerhand gelernt in der Lehre! Ißt dein Brot ganz umsonst.“

„Was diesen Fall betrifft, Gawrila Andrejitsch, so ist nur einer mein Richter: der Herrgott selber und sonst niemand. Er allein weiß, was für ein Mensch ich auf dieser Welt bin und ob ich mein Brot wirklich umsonst esse. Und was das Saufen anbelangt, so bin auch in diesem Falle nicht ich schuld, sondern mehr ein Freund von mir. Er hat mich erst animiert und sich dann verpolitisiert, das heißt ist abgehauen, und ich ...“

„Und du sauberer Patron bist auf der Straße liegengeblieben. Ach, du Liederjan! Nun, aber darum geht es jetzt nicht“, fuhr der Haushofmeister fort, „sondern um folgendes. Die gnädige Frau ...“ Hier machte er eine kleine Pause. „Die gnädige Frau wünscht, daß du heiratest. Hörst du? Sie meint, daß du nach der Heirat zur Vernunft kommst. Verstehst du?“

„Wie sollte ich das nicht verstehen!“

„Na ja. Meiner Meinung nach wäre es besser, dich gehörig an die Kandare zu nehmen. Nun, das ist aber ihre Sache. Also was ist? Bist du einverstanden?“

Kapiton zeigte grinsend die Zähne.

„Heiraten ist eine schöne Sache für den Mann, Gawrila Andrejitsch. Ich für mein Teil bin mit dem allergrößten Vergnügen dabei.“

„Na schön!“ erwiderte Gawrila und dachte bei sich: Der Kerl weiß die Worte zu setzen, alles, was recht ist! „Die Sache hat nur einen Haken“, fuhr er laut fort. „Man hat dir keine gute Braut ausgesucht.“

„Wer ist es denn, wenn ich so neugierig sein darf?“

„Tatjana.“

„Tatjana?“

Kapiton riß die Augen auf und löste sich von der Wand.

„Nun, warum bist du denn so erschrocken? Gefällt sie dir etwa nicht?“

„Warum sollte sie mir nicht gefallen, Gawrila Andrejitsch! Das Mädel ist nicht übel, eine tüchtige Arbeiterin und ein stilles Ding.

Aber Sie wissen doch selber, Gawrila Andrejitsch, daß der andere da, der Waldschrat, der Steppenunhold, daß der dauernd hinter ihr her ..."

„Weiß ich, mein Lieber, weiß ich alles", unterbrach ihn der Haushofmeister ärgerlich, „aber ..."

„Aber ich bitte Sie, Gawrila Andrejitsch! Er schlägt mich doch tot, bei Gott, er schlägt mich tot. Wie eine Fliege wird er mich zerquetschen. Er hat doch eine Hand – schauen Sie sich doch bitte selber mal an, was für eine Hand er hat; er hat ja geradezu die Pratze von Minin und Posharski! Taub, wie der ist, schlägt er doch zu und hört nicht mal, wie er zuschlägt. Wie im Traum schwingt er die Fäuste. Und es gibt keine Möglichkeit, ihn zu beschwichtigen. Warum nicht? Weil er, wie Sie selber wissen, Gawrila Andrejitsch, taub ist und obendrein dumm wie Bohnenstroh. Er ist doch so was wie ein Tier, ein Götze, Gawrila Andrejitsch, schlimmer als ein Götze, eine Art Klotz. Warum soll ich denn jetzt durch ihn zu Schaden kommen? Gewiß, es macht mir jetzt nicht mehr viel aus; hab ganz schön was ausgehalten, mich ganz schön angepaßt und bin ganz schön speckig geworden – wie ein Topf aus Kolomna, aber immerhin bin ich doch ein Mensch und nicht irgend so ein wirklich armseliger Topf."

„Ich weiß, ich weiß. Brauchst es nicht weiter auszumalen ..."

„Herr, du mein Gott!" fuhr der Schuhmacher mit Feuereifer fort. „Wann ist denn Schluß damit? Wann, o Herr? Ein armer Teufel bin ich, ein armer Teufel bis in alle Ewigkeit. Das ist ein Schicksal, mein Schicksal, man stell sich das mal vor! In jungen Jahren bin ich von meinem deutschen Herrn verprügelt worden, in der Blüte meines Lebens von meinesgleichen, und nun im reifen Alter schließlich ist es so weit mit mir gekommen ..."

„Ach, du Jammerlappen!" sagte Gawrila. „Was schwingst du hier große Reden, hä?"

„Wieso denn, Gawrila Andrejitsch? Nicht vor den Schlägen hab ich Angst, Gawrila Andrejitsch. Mag mich mein Herr im Hause züchtigen, egal; wenn er mich aber vor allen Leuten begrüßt, bleib ich trotzdem ein Mensch. Von wem aber muß ich mich hier ..."

„Na schön, verschwinde", unterbrach ihn Gawrila ungeduldig.

Kapiton wandte sich um und trottete hinaus.

„Aber angenommen, er wäre nicht da", rief ihm der Haushofmeister nach, „dann wärst du für dein Teil einverstanden?"

„Ich erkläre es hiermit", erwiderte Kapiton und entfernte sich.

Seine Beredsamkeit ließ ihn selbst in Notfällen nicht im Stich.

Der Haushofmeister schritt einige Male im Zimmer auf und ab.

„Nun, so ruft mir also jetzt Tatjana", sagte er schließlich.

Wenige Augenblicke später trat Tatjana fast geräuschlos ein und blieb an der Schwelle stehen.

„Was befehlen Sie, Gawrila Andrejitsch?" fragte sie leise.

Der Haushofmeister blickte sie durchdringend an.

„Na, Tanjuscha", begann er, „willst du heiraten? Die gnädige Frau hat einen Bräutigam für dich ausgesucht."

„Sehr wohl, Gawrila Andrejitsch! Und wen hat man mir zum Bräutigam bestimmt?" setzte sie zaghaft hinzu.

„Kapiton, den Schuhmacher."

„Sehr wohl."

„Er ist ein Bruder Leichtfuß, das stimmt. Aber die gnädige Frau hofft in diesem Falle auf dich."

„Sehr wohl."

„Eines ist allerdings schlimm: Dieser Taube da, der Gerassim, der macht dir doch den Hof. Womit hast du diesen Bären bloß bezirzt? Der kriegt's doch fertig und schlägt dich tot, dieser Bär."

„Er schlägt mich tot, Gawrila Andrejitsch, ganz bestimmt schlägt er mich tot."

„Dich totschlagen! Na, das wollen wir mal sehen! Wie du das so sagst: ‚Er schlägt mich tot!' Hat er denn ein Recht darauf, dich totzuschlagen? Sag selbst?"

„Ich weiß nicht, Gawrila Andrejitsch, ob er das hat oder nicht."

„Du bist mir ja eine! Du hast ihm doch nicht etwa irgendwelche Versprechungen gemacht ..."

„Was belieben Sie damit zu meinen?"

Der Haushofmeister schwieg eine Weile und dachte bei sich: Unschuldige Seele, du!

„Na schön!" sagte er dann. „Wir werden noch mal darüber reden. Jetzt aber geh, Tanjuscha. Ich sehe, du hast wirklich ein sanftes Gemüt."

Tatjana wandte sich um, stützte sich leicht gegen den Türrahmen und ging hinaus.

Vielleicht hat die Gnädige diese Hochzeit morgen schon wieder vergessen, dachte der Haushofmeister. Warum mach ich mir eigentlich solche Sorgen? Diesen Raufbold werden wir schon hinters Licht führen! Passiert doch was, benachrichtigen wir die Polizei.

„Ustinja Fjodorowna!" rief er nach seiner Frau. „Stellen Sie doch mal den Samowar auf, meine Verehrteste!"

Tatjana kam fast den ganzen Tag nicht aus der Waschküche heraus. Anfangs weinte sie leise; dann wischte sie sich die Tränen ab und ging wieder an ihre Arbeit. Kapiton aber saß bis in die späte Nacht hinein mit einem Freund von finsterem Aussehen in einem Lokal und erzählte ihm ausführlich, daß er in Petersburg bei einem Herrn gedient habe, der in allem vortrefflich gewesen wäre, wenn er nicht so streng auf Zucht und Ordnung gesehen und außerdem ein bißchen einem gewissen Laster gefrönt hätte – der Alkohol sei ihm leicht zu Kopf gestiegen; was jedoch das weibliche Geschlecht anbelange, so habe er sich einfach in allen Qualitäten ausgekannt. Sein finsterer Kumpan nickte nur zu allem; als Kapiton aber schließlich erklärte, er sei aus einem bestimmten Grund gezwungen, am nächsten Tag Hand an sich zu legen, bemerkte der finstere Kumpan, es sei an der Zeit, schlafen zu gehen. Und sie schieden wortlos und abrupt voneinander.

Die Erwartungen des Haushofmeisters erfüllten sich indessen nicht. Der Gedanke an Kapitons Hochzeit beschäftigte die Dame des Hauses so sehr, daß sie selbst während der Nacht nur davon sprach, mit einer ihrer Gesellschafterinnen, die einzig und allein im Hause gehalten wurde, um sie bei Schlaflosigkeit zu zerstreuen, und die wie ein Nachtfuhrmann bei Tage schlief. Als Gawrila nach dem Tee zum Rapport bei seiner Herrin erschien, lautete ihre erste Frage: „Was ist mit unserer Hochzeit? Kommt sie voran?“ Natürlich antwortete er, es stehe alles zum besten, und Kapiton werde ihr noch heute untertänigst seine Aufwartung machen. Die gnädige Frau fühlte sich nicht ganz wohl; sie befaßte sich nicht lange mit den geschäftlichen Angelegenheiten. Der Haushofmeister kehrte auf sein Zimmer zurück und berief einen Rat ein. Die Sache erforderte wahrhaftig eine besondere Erörterung. Tatjana erhob selbstverständlich keine Einwände; Kapiton jedoch verkündete laut und vernehmlich, er habe nur einen Kopf und nicht zwei oder drei. Gerassim blickte rasch und finster von einem zum andern; er wich nicht von der Treppe zum Mägdezimmer und schien zu erraten, daß man etwas Böses gegen ihn im Schilde führte. Die Versammelten (darunter befand sich auch der alte Büfettier, Onkel Schwanz mit Spitznamen, den alle immer ehrerbietig um Rat fragten, wenngleich sie nichts weiter von ihm zu hören bekamen als: „So ist das also! Ja, ja, ja!“) begannen damit, daß sie Kapiton für alle Fälle, zu seiner eigenen Sicherheit, in die Kammer mit der Wasserreinigungsanlage sperrten, und dann stellten sie tiefgründige Überlegungen an. Natürlich sei es einfach, zur Gewalt Zuflucht zu nehmen; aber da sei Gott vor! Es würde Lärm geben und die gnädige Frau dadurch beunruhigt werden – welch Malheur! Was war also zu tun? Sie überlegten hin und her und dachten sich schließlich folgendes aus. Wiederholt hatte man beobachtet, daß Gerassim Trunkenbolde nicht ausstehen konnte. Jedesmal, wenn er, am Tor sitzend, jemanden mit unsicheren Schritten, die Mütze schief aufs Ohr gedrückt, an sich vorüberwanken sah, pflegte er sich angewidert abzuwenden. Man beschloß also, Tatjana dazu zu bringen, sich betrunken zu stellen und an Gerassim vorüberzutorkeln. Das arme Mädchen sträubte sich lange, aber man überredete sie doch; außerdem sah sie selber ein, daß es keine andere Möglichkeit gab, ihren Verehrer loszuwerden. So ging sie. Kapiton wurde aus seiner Kammer herausgelassen; immerhin betraf die Angelegenheit ja auch ihn. Gerassim saß auf dem Prellstein am Tor und stocherte mit der Schaufel im Boden. Von allen Ecken her und durch die Fenstervorhänge waren Augen auf ihn gerichtet.

Die List gelang auf das vortrefflichste. Als Gerassim Tatjana erblickte, nickte er ihr erst nach seiner Gewohnheit mit freundlichem Grunzen zu; dann aber betrachtete er sie genauer, ließ die Schaufel fallen, sprang auf, eilte zu ihr hin und näherte sein Gesicht dem ihren. Vor Angst schwankte sie noch mehr und schloß die Augen. Er packte sie am Arm, stürmte mit ihr über den Hof in das Zimmer, wo der Rat noch immer tagte, und stieß sie in Kapitons Arme. Tatjana war mehr tot als lebendig. Gerassim stand und starrte sie noch eine Weile an, dann machte er eine wegwerfende Handbewegung, lächelte verächtlich und begab sich stampfenden Schrittes in seine Kammer. Den ganzen Tag lang kam er nicht mehr zum Vorschein. Antipka, der Vorreiter, erzählte hinterher, er habe durch einen Spalt gesehen, wie Gerassim, auf dem Bett sitzend und die eine Hand gegen die Wange gepreßt, leise, gleichmäßig und nur hin und wieder grunzend, gesungen habe, das heißt, er habe sich mit geschlossenen Augen hin und her gewiegt und den Kopf wild geschüttelt – wie die Fuhrleute oder die Treidler, wenn sie ihre schwermütigen Lieder sängen. Antipka war es unheimlich geworden, und er hatte sich von dem Spalt fortgestohlen. Als Gerassim am anderen Tag aus seiner Kammer herauskam, war an ihm keine besondere Veränderung zu bemerken. Nur etwas finsterer schien er geworden zu sein. Tatjana und Kapiton aber schenkte er nicht die geringste Beachtung mehr. Noch am selben Abend begaben sich die beiden mit Gänsen unter dem

Arm zu ihrer Herrin, und eine Woche darauf heirateten sie. Auch am Tag der Hochzeit änderte sich Gerassims Verhalten nicht im mindesten; außer daß er ohne Wasser vom Fluß heimkehrte, da er die Tonne unterwegs auf rätselhafte Weise beschädigt hatte, und daß er sein Pferd am Abend im Stall so eifrig putzte und striegelte, daß es schwankte wie ein Grashalm im Wind und unter seinen eisernen Fäusten sich kaum auf den Beinen zu halten vermochte.

All dies geschah im Frühling. Ein weiteres Jahr verging, in dessen Verlauf Kapiton sich durch das Trinken endgültig zugrunde richtete, weshalb man ihn, da er zu überhaupt nichts mehr nutze war, samt seiner Frau mit einem Wagenzug in ein fernes Dorf schickte. Am Tag der Abreise führte er anfangs noch große Reden und versicherte, er werde, wohin man ihn auch schicke, und sei es selbst dorthin, wo sich die Füchse gute Nacht sagten, trotzdem nicht vor die Hunde gehen; doch dann ließ er die Flügel hängen, fing an zu jammern, man schaffe ihn zu völlig ungebildeten Menschen, und war zuletzt so schwach, daß er nicht einmal mehr imstande war, sich die Mütze aufzusetzen; eine mitleidige Seele stülpte sie ihm auf den Kopf, rückte den Schirm zurecht und klopfte sie noch von oben glatt. Als alles bereit war und die Bauern schon die Zügel in den Händen hatten und nur noch auf den Abschiedsgruß „Gott mit euch!" warteten, trat Gerassim aus seiner Kammer, ging auf Tatjana zu und schenkte ihr zum Andenken ein rotes Baumwolltuch, das er ein Jahr zuvor für sie gekauft hatte. Tatjana, die bis zu diesem Augenblick alle Widrigkeiten ihres Lebens mit großem Gleichmut ertragen hatte, konnte jetzt nicht mehr an sich halten. Sie brach in Tränen aus und küßte, bevor sie auf den Wagen kletterte, Gerassim nach christlicher Sitte dreimal. Er hatte die Absicht, sie bis zum Schlagbaum zu begleiten, und schritt anfangs auch neben dem Wagen her, doch plötzlich, an der Krimfurt, blieb er stehen, winkte noch einmal und ging am Fluß entlang davon.

Es war gegen Abend. Er schlenderte langsam dahin und starrte aufs Wasser. Auf einmal schien es ihm, als strampele etwas im Gewirr der Wasserpflanzen dicht am Ufer. Er bückte sich und entdeckte einen kleinen Hund, weiß mit schwarzen Flecken, der trotz aller Anstrengungen nicht aus dem Wasser gelangen konnte, sich vorwärtsarbeitete, immer wieder zurückglitt und schon am ganzen mageren und pitschnassen Leibe zitterte. Gerassim betrachtete das unglückliche Tierchen einen Augenblick, dann ergriff er es mit einer Hand, barg es an seiner Brust und eilte mit langen Schritten nach Hause. In seiner Kammer legte er das gerettete Hündchen aufs Bett, deckte es mit seinem schweren Bauernrock zu, lief erst in den Pferdestall nach Stroh und dann in die Küche, um ein Schälchen Milch zu holen. Nachdem er den Rock behutsam zurückgeschlagen und das Stroh hingebreitet hatte, stellte er die Milch aufs Bett. Der arme kleine Hund war kaum drei Wochen alt und konnte wohl noch nicht lange sehen; das eine Auge schien sogar etwas größer zu sein als das andere. Er verstand noch nicht, aus dem Schälchen zu trinken, zitterte nur und blinzelte. Gerassim faßte ihn mit zwei Fingern vorsichtig beim Kopf und stippte sein Schnäuzchen in die Milch. Da fing das Tierchen plötzlich gierig an zu trinken, prustete, schüttelte sich, verschluckte sich. Gerassim schaute ihm eine Weile dabei zu und brach dann plötzlich in lautes Lachen aus. Die ganze Nacht hindurch beschäftigte er sich mit ihm: Er trocknete es ab, legte es zum Schlafen zurecht und schlummerte schließlich selbst froh und friedlich neben ihm ein.

Keine Mutter kann ihr Kind liebevoller hegen und pflegen, als Gerassim dies mit seinem Zögling tat. (Wie sich herausstellte, war es eine Hündin.) In der ersten Zeit war er noch sehr schwach, mager und häßlich, doch ganz allmählich kam er zu Kräften, machte sich heraus, und nach knapp acht Monaten hatte er sich dank der unermüdlichen Fürsorge seines Retters in einen prächtigen Spaniel mit langen Ohren, rundem, buschigem Schwanz und großen, ausdrucksvollen Augen verwandelt. Er empfand leidenschaftliche Zuneigung für Gerassim, wich keinen Schritt von seiner Seite und folgte ihm schweifwedelnd überallhin. Gerassim hatte ihm auch einen Namen gegeben – die Taubstummen wissen ganz genau, daß ihr Mummeln die Aufmerksamkeit der anderen auf sie lenkt –; Mumu nannte er ihn. Alle im Haus gewannen das Tier lieb und riefen es gleichfalls Mumu. Es war außergewöhnlich klug und zu allen zutraulich, liebte jedoch nur Gerassim. Dieser wiederum war regelrecht in den Hund vernarrt und sah es nicht gern, wenn andere ihn streichelten; fürchtete er für ihn, oder war er eifersüchtig – Gott allein weiß es. Mumu weckte ihn morgens, indem sie ihn am Rockschoß zupfte; sie führte ihm den alten Wassergaul, mit dem sie in großer Freundschaft lebte, am Zügel zu; sie begleitete ihn hoheitsvoll zum Fluß; sie bewachte seinen Besen und seine Schaufel und verwehrte jedem den Zutritt zu seiner Kammer. Er hatte eigens für sie eine Öffnung in seine Tür gesägt, und Mumu schien zu spüren, daß sie nur in seiner Kammer richtig zu Hause war, denn, kaum drinnen, sprang sie mit zufriedener Miene aufs Bett. Nachts schlief sie überhaupt nicht, bellte jedoch auch nicht bei jeder Gelegenheit wie so mancher dumme Hofhund, der, auf den Hinterbeinen sitzend, mit erhobener Schnauze und zusammengekniffenen Augen einfach aus Langerweile die Sterne anbellt, und zwar gewöhnlich dreimal hintereinander. Nein, Mumus hohe Stimme ertönte niemals ohne Grund. Entweder war ein Fremder dem Zaun allzu nahe gekommen, oder irgendwo war verdächtiger Lärm oder ein Geräusch zu hören gewesen. Kurz und gut, sie war überaus wachsam. Allerdings lebte außer ihr auf dem Hof noch ein alter Hund mit braungeflecktem gelbem Fell, Woltschok gerufen, doch der wurde nie, selbst nachts nicht, von der Kette gelassen und verlangte auch seiner Altersschwäche wegen gar nicht mehr nach Freiheit; er lag ständig zusammengerollt in seiner Hütte und gab nur noch selten ein heiseres, fast lautloses Bellen von sich, verstummte aber gleich wieder, als fühlte er selber, wie nutzlos das war. Ins Herrenhaus kam Mumu niemals mit. Wenn Gerassim Brennholz in die Zimmer trug, blieb sie draußen und wartete an der Vortreppe ungeduldig auf ihn, die Ohren gespitzt und beim kleinsten Geräusch hinter der Tür den Kopf bald nach rechts, bald nach links drehend.

So verging noch ein Jahr. Gerassim verrichtete nach wie vor seinen Dienst als Hausknecht und war mit seinem Schicksal ganz zufrieden. Doch da ereignete sich plötzlich etwas Unvorhergesehenes: Eines schönen Sommertages spazierte die Herrin des Hauses mit ihren Gesellschafterinnen im Salon auf und ab. Sie war bei guter Laune, lachte und scherzte. Die Gesellschafterinnen lachten und scherzten ebenfalls, jedoch ohne rechte Freude; man war im Hause nicht sehr davon erbaut, wenn die Gnädige eine heitere Stunde hatte, weil sie dann erstens von allen verlangte, daß sie sofort voll ihre Stimmung teilten, und ärgerlich wurde, wenn nicht jedes Gesicht vor Freude strahlte, und weil zweitens diese Anwandlungen bei ihr nie lange dauerten und gewöhnlich von Mißmut und Verdrießlichkeit abgelöst wurden. An jenem Tage nun hatte ihr beim Aufstehen das Glück gelächelt: Beim Kartenlegen waren für sie die vier Buben herausgekommen, was die Erfüllung ihrer Wünsche bedeutete (sie pflegte sich morgens immer die Karten zu legen), und der Tee hatte ihr besonders gut geschmeckt, wofür das Stubenmädchen in Worten ein Lob und in klingender Münze ein Zehnkopekenstück einheimste. Mit honigsüßem Lächeln auf den faltigen Lippen spazierte also die Gnädige im Salon auf und ab und trat auch ans Fenster. Unterhalb des Fensters befand sich ein Vorgarten, und dort lag auf dem Mittelbeet unter einem Rosenstrauch Mumu und nagte voller Hingabe an einem Knochen. Die Gnädige erblickte sie.

„Mein Gott!" rief sie plötzlich aus. „Was ist das für ein Hund dort unten?"

Die Gesellschafterin, an die sich die Gnädige gewandt hatte, trippelte hin und her, die Ärmste, in jener ängstlichen Aufregung, von der Untergebene gewöhnlich befallen werden, solange sie noch nicht genau wissen, wie sie den Ausruf ihres Vorgesetzten zu verstehen haben.

„I-i-ich weiß nicht, gnä' Frau", stotterte sie. „Ich glaube, er gehört dem Stummen ..."

„Mein Gott!" fiel die Gnädige ihr ins Wort. „Das ist ja ein allerliebstes Hündchen! Lassen Sie es hereinbringen. Hat er es schon lange? Wie ist es möglich, daß ich es bisher noch nicht zu Gesicht bekommen habe? Lassen Sie es hereinbringen."

Die Gesellschafterin flatterte unverzüglich ins Vorzimmer.

„Hallo, Diener!" rief sie. „Bringen Sie schleunigst Mumu herein. Sie ist im Vorgarten."

„Ah, Mumu heißt es!" sagte die Gnädige. „Ein sehr schöner Name."

„Ach ja, sehr schön, gnä' Frau!" erwiderte die Gesellschafterin. „Beeil dich, Stepan!"

Stepan, ein kräftiger Bursche, der den Dienst eines Lakaien versah, stürzte Hals über Kopf in den Vorgarten und wollte Mumu packen; doch sie entwand sich geschickt seinen Händen und rannte, so schnell sie konnte, mit erhobenem Schwanz zu Gerassim, der gerade vor der Küche ein Faß ausklopfte und ausschüttelte, wobei er damit hantierte, als wäre es eine Kindertrommel. Stepan lief hinter ihr her und wollte sie zu Füßen ihres Herrn fangen, aber der flinke kleine Hund ließ sich von fremden Händen nicht greifen, er sprang hin und her und entschlüpfte immer wieder. Gerassim schaute diesem Treiben spöttisch lächelnd zu. Schließlich richtete Stepan sich ärgerlich auf und machte dem Hausknecht durch hastige Gesten klar, daß die Herrin seinen Hund zu sehen wünsche. Gerassim war ein wenig verwundert, rief jedoch Mumu zu sich, hob sie auf und übergab sie Stepan. Der trug sie in den Salon und stellte sie aufs Parkett. Die Gnädige suchte sie mit sanfter Stimme zu sich zu locken. Aber Mumu, die sich noch niemals in so prächtigen Räumen aufgehalten hatte, war ganz verängstigt und lief auf die Tür zu; als der diensteifrige Stepan sie indessen zurückscheuchte, drängte sie sich zitternd an die Wand.

„Mumu, Mumu, komm doch zu mir, komm zur gnädigen Frau!" rief die Herrin des Hauses. „Komm her, du Dummerchen, hab keine Angst ..."

„Komm her, Mumu, komm zur gnädigen Frau", riefen auch die Gesellschafterinnen immer wieder, „komm doch her."

Aber Mumu sah sich nur bange im Kreise um und rührte sich nicht von der Stelle.

„Bringt ihr etwas zu fressen", befahl die Gnädige. „Was für ein dummes Tier! Kommt nicht zur gnädigen Frau! Wovor hat sie denn Angst?"

„Sie fühlt sich noch fremd", wagte schüchtern und devot eine der Gesellschafterinnen zu bemerken.

Stepan brachte ein Schälchen voll Milch und stellte es vor Mumu hin, doch sie schnupperte nicht einmal daran, sondern zitterte weiter und blickte sich nach wie vor bange im Kreise um.

„Ach, was bist du bloß für ein Hund!" sagte die Gnädige, sich ihr nähernd, beugte sich hinab und wollte sie streicheln, aber Mumu ruckte mit dem Kopf und fletschte die Zähne. Da zog die Gnädige die Hand rasch wieder zurück.

Einen Augenblick war es totenstill. Dann begann Mumu leise zu winseln, als wollte sie sich beklagen und sich gleichzeitig entschuldigen. Die Gnädige trat stirnrunzelnd zurück; die jähe Bewegung des Hundes hatte sie erschreckt.

„Ach!" riefen wie aus einem Mund all ihre Gesellschafterinnen. „Er hat Sie – gottbehüte! – doch nicht etwa gebissen?" (Mumu hatte in ihrem ganzen Leben noch niemanden gebissen.) „Ach, du meine Güte!"

„Schafft ihn raus", befahl die Alte mit veränderter Stimme. „Garstiger Köter! So etwas von Bosheit!"

Sie drehte sich langsam um und schritt auf ihr Kabinett zu. Die Gesellschafterinnen wechselten scheue Blicke und machten Anstalten, ihr zu folgen, doch da blieb die Gnädige stehen, sah sie kalt an und sagte: „Was soll das? Ich habe euch nicht gerufen." Und verschwand.

Die Gesellschafterinnen gaben Stepan mit den Händen verzweifelte Zeichen. Da packte er Mumu und warf sie schleunigst zur Tür hinaus, Gerassim gerade vor die Füße. Eine halbe Stunde später herrschte im Haus bereits lautlose Stille, und die alte Dame thronte, finsterer als eine Gewitterwolke, auf ihrem Sofa.

Wenn man so bedenkt, was für Kleinigkeiten einen Menschen bisweilen verärgern können!

Noch am Abend war die Gnädige schlecht gelaunt; sie sprach mit niemandem ein Wort, spielte auch nicht Karten und verbrachte eine schlimme Nacht. Sie bildete sich ein, man habe ihr anderes Kölnischwasser gereicht als sonst und ihr Kissen rieche nach Seife; ja, sie zwang die Beschließerin sogar, die ganze Wäsche zu beschnüffeln – kurzum, sie war sehr erregt und reizbar. Am anderen Morgen ließ sie Gawrila eine Stunde früher als gewöhnlich rufen.

„Sag mir doch bitte“, begann sie, kaum daß er, nicht ohne ein gewisses inneres Zittern, die Schwelle ihres Kabinetts überschritten hatte, „was ist das für ein Hund, der die ganze Nacht hindurch auf unserem Hof gebellt hat? Ich konnte nicht schlafen.“

„Ein Hund, gnä' Frau? Was für einer? Vielleicht der vom Stummen, gnä' Frau“, antwortete Gawrila mit etwas unsicherer Stimme.

„Ich weiß nicht, ob der vom Stummen oder von jemand anders, jedenfalls hat er mich nicht schlafen lassen. Und ich muß mich auch wundern, wozu wir solch eine Unmenge von Hunden brauchen! Das möchte ich mal wissen. Wir haben doch schon einen Hofhund?“

„Gewiß, gnä' Frau, wir haben einen. Den Woltschok.“

„Nun, wozu noch mehr? Was brauchen wir da noch einen Hund? Die stiften doch bloß Unfug. Hier fehlt eine feste Hand im Haus – das ist es. Wozu braucht der Stumme überhaupt einen Hund? Wer hat ihm erlaubt, auf meinem Hof Hunde zu halten? Gestern tret ich ans Fenster, da liegt er im Vorgarten, hat sich irgend etwas Scheußliches rangeschleppt und nagt daran – ausgerechnet unter meinen Rosen.“ Die Gnädige machte eine Pause. „Daß er mir heute noch von hier wegkommt! Hörst du?“

„Sehr wohl, gnä' Frau!“

„Heute noch. Und jetzt geh. Zum Rapport laß ich dich später rufen.“

Gawrila ging hinaus.

Während der Haushofmeister den Salon durchquerte, stellte er der Ordnung halber eine Glocke von einem Tisch auf einen anderen, im Empfangsraum schneuzte er sich heimlich die Entennase und begab sich dann ins Vorzimmer. Dort schlummerte auf einer Bank, in der Pose eines gefallenen Kriegers auf einem Schlachtengemälde, Stepan, die bloßen Füße unter dem Gehrock, der ihm als Ersatz für eine Decke diente, krampfhaft hervorgestreckt. Der Haushofmeister rüttelte ihn wach und erteilte ihm halblaut einen Befehl, worauf Stepan mit etwas antwortete, das halb Gähnen und halb Lachen war. Während der Haushofmeister sich entfernte, sprang Stepan auf, zog sich Kaftan und Stiefel an, ging hinaus und plazierte sich an der Vortreppe. Noch keine fünf Minuten waren verstrichen, da erschien in Begleitung seiner von ihm unzertrennlichen Mumu Gerassim mit einer mächtigen Tracht Holz auf dem Rücken. (Die Gnädige ließ ihr Schlafzimmer und ihr Kabinett selbst im Sommer heizen.) Gerassim stellte sich seitlich vor die Tür, stieß sie mit der Schulter auf und schob sich mit seiner Last ins Haus. Mumu blieb wie immer draußen, um auf ihn zu warten. Da nutzte Stepan die günstige Gelegenheit und stürzte sich auf sie wie der Habicht auf das Küken, preßte sie mit der Brust gegen den Boden, klemmte sie sich unter den Arm und rannte mit ihr, ohne sich erst eine Mütze aufzusetzen, über den Hof; vorm Tor nahm er die erste beste Droschke und fuhr eiligst zum Ochotny Rjad[1]. Dort fand er auch bald einen Käufer, dem er den Hund für einen halben Rubel überließ, allerdings unter der Bedingung, daß der Mann ihn mindestens eine Woche lang an die Kette lege. Dann machte er sich sofort wieder auf den Heimweg. Noch bevor er das Haus erreicht hatte, stieg er indessen aus der Droschke, ging um den Hof herum und sprang von der Hintergasse aus über den Zaun – durchs Tor zu gehen, traute er sich nicht, hätte er dort doch Gerassim begegnen können.

Seine Besorgnis war übrigens völlig unbegründet; Gerassim war gar nicht mehr auf dem Hof. Aus dem Haus kommend, hatte er Mumu sogleich vermißt. Er konnte sich nicht erinnern, daß sie jemals seine Rückkehr nicht abgewartet hätte, und so lief er denn überall umher, suchte sie und rief sie auf seine Weise. Er stürzte in seine Kammer, auf den Heuboden, rannte auf die Straße, bald hierhin, bald dorthin. Verschwunden! Er wandte sich an das Gesinde, erkundigte sich mit den verzweifeltsten Gebärden nach ihr, deutete ihre Größe an, einen halben Arschin vom Boden aus gerechnet, zeichnete sie mit den Händen … Die einen wußten wirklich nicht, wo Mumu geblieben war, und schüttelten nur den Kopf, und die anderen lachten ihm ins Gesicht; der Haushofmeister aber setzte eine überaus gestrenge Miene auf und begann die Kutscher anzuschreien. Da eilte Gerassim zum Tor hinaus.

1 (russ.) Jägerzeile; Wildbret- und Geflügelmarkt in Moskau.

Es dunkelte bereits, als er heimkehrte. Sein erschöpftes Aussehen, sein unsicherer Gang und seine eingestaubte Kleidung ließen darauf schließen, daß er halb Moskau durchstreift hatte. Vor den Fenstern der herrschaftlichen Gemächer blieb er stehen, warf einen Blick auf die Vortreppe, auf der sich sieben, acht Dienstboten drängten, wandte sich von ihnen ab und heulte noch einmal: „Mumu!“ Doch keine Mumu zeigte sich. Da ging er. Alle schauten ihm nach, aber niemand lächelte oder sagte ein Wort. Der neugierige Vorreiter Antipka erzählte am nächsten Morgen in der Küche, der Stumme habe die ganze Nacht hindurch gestöhnt.

Den ganzen folgenden Tag kam Gerassim nicht zum Vorschein, so daß statt seiner der Kutscher Potap nach Wasser fahren mußte, was dem Kutscher Potap ganz und gar nicht recht war. Die Gnädige fragte Gawrila, ob ihre Anordnung ausgeführt worden sei. Gawrila antwortete, sie sei ausgeführt. Am nächsten Morgen kam Gerassim wieder aus seiner Kammer und erledigte seine Arbeit. Auch zum Mittagessen stellte er sich ein; er aß und verschwand wieder – ohne Gruß. Sein Gesicht, ohnehin ausdruckslos wie bei allen Taubstummen, wirkte jetzt geradezu versteinert. Nach dem Mittag verließ er den Hof aufs neue, kehrte jedoch bald darauf zurück und begab sich schnurstracks auf den Heuboden. Die Nacht brach an, eine helle Mondnacht. Schwer seufzend, lag Gerassim da und wälzte sich ruhelos hin und her. Plötzlich war ihm, als ziehe ihn jemand am Rockzipfel. Er begann am ganzen Leibe zu zittern, hob indessen nicht den Kopf, sondern kniff sogar fest die Augen zu. Doch da zog es wieder an ihm, diesmal kräftiger. Er sprang auf und sah Mumu mit einem Strickende um den Hals vor sich herumtänzeln. Ein langgedehnter Freudenschrei entfuhr seiner stummen Brust; er ergriff Mumu und preßte sie in seine Arme. Im Nu hatte sie ihm Nase, Augen und Bart abgeleckt. Er stand noch eine Weile da und überlegte, dann kletterte er vorsichtig vom Heuboden hinunter, spähte umher, und nachdem er sich überzeugt hatte, daß ihn niemand beobachtete, schlich er unbemerkt in seine Kammer. Gerassim war schon vorher der Verdacht gekommen, daß der Hund nicht von selbst davongelaufen, sondern wahrscheinlich auf Geheiß der gnädigen Frau fortgeschafft worden sei; hatten ihm doch andere vom Gesinde durch Zeichen klargemacht, wie seine Mumu die Gnädige angeknurrt hatte. Und so beschloß er, entsprechende Maßnahmen zu treffen. Zunächst einmal gab er Mumu Brot zu fressen, liebkoste sie und legte sie schlafen; dann sann er die ganze Nacht hindurch darüber nach, wie er sie wohl am besten verstecken könnte. Schließlich verfiel er darauf, sie den ganzen Tag in der Kammer zu lassen, nur von Zeit zu Zeit nach ihr zu sehen und sie erst nachts hinauszuführen. Die Öffnung in der Tür verstopfte er fest mit einem alten Rock. Kaum graute der Morgen, war er bereits auf dem Hof, als wäre nichts geschehen, und trug sogar weiterhin (o harmlose List!) eine traurige Miene zur Schau. Der arme Taubstumme konnte ja nicht ahnen, daß Mumu sich durch ihr Winseln verraten würde. In der Tat wußten bald alle im Haus, daß der Hund des Stummen zurückgekehrt war und in seiner Kammer eingesperrt saß; doch aus Mitleid mit den beiden und zum Teil wohl auch aus Furcht vor ihm ließ ihn niemand merken, daß man sein Geheimnis kannte. Nur der Haushofmeister kraute sich am Hinterkopf, unternahm aber nichts. „Nun, Gott befohlen!" meinte er. „Vielleicht kriegt die Gnädige keinen Wind davon." Dafür war der Stumme an diesem Tag eifrig wie nie zuvor. Er putzte und kratzte den ganzen Hof blitzsauber, rupfte selbst den letzten Grashalm aus, zog mit eigener Hand alle Pfähle des Vorgartenzauns heraus, um sich zu vergewissern, ob sie fest genug saßen, und rammte sie dann wieder ein – kurzum, er werkte und schaffte so fleißig, daß selbst der gnädigen Frau sein Eifer auffiel. Im Laufe des Tages stahl sich Gerassim zweimal heimlich zu seiner Einsiedlerin; und als die Nacht anbrach, legte er sich nicht auf dem Heuboden, sondern bei ihr in der Kammer schlafen. Erst gegen zwei Uhr morgens ging er mit ihr an die frische Luft. Nachdem er ziemlich lange mit ihr auf dem Hof umherspaziert war, schickte er sich an, in die Kammer zurückzukehren; da ertönte plötzlich auf der anderen Seite des Zauns, von der Hintergasse her, ein Geräusch. Mumu spitzte die Ohren und knurrte, dann lief sie zum Zaun, schnupperte und fing laut und durchdringend an zu bellen. Irgendein Betrunkener hatte sich einfallen lassen, dort sein Nachtlager aufzuschlagen. Zu ebendieser Zeit war die gnädige Frau nach längerem „nervösem Erregungszustand" gerade eingeschlafen (solche Erregungszustände bekam sie immer nach allzu reichlichem Abendessen). Das plötzliche Gebell weckte sie wieder; ihr Herz begann heftig zu klopfen, und Angst befiel sie.

„Mädchen, Mädchen!" rief sie stöhnend. „Mädchen!"

Erschrocken stürzten die Dienstmädchen zu ihr ins Schlafzimmer.

„Ach, ach, ich sterbe!" ächzte sie und breitete hilflos die Arme aus. „Schon wieder dieser Hund! Schon wieder! Ach, schickt doch nach dem Doktor! Sie wollen mich umbringen. Der Hund, schon wieder der Hund! Ach!" Und sie warf den Kopf zurück, was eine Ohnmacht bedeuten sollte.

Man holte eiligst den Doktor, das heißt Chariton, den Hausarzt, dessen ganze Kunst darin bestand, daß er Stiefel mit weichen Sohlen trug, behutsam den Puls fühlte, täglich vierzehn Stunden schlief und während der übrigen Zeit unentwegt stöhnte und die gnädige Frau unaufhörlich mit Kirschlorbeertropfen traktierte. Dieser Arzt nun eilte sogleich herbei, räucherte, indem er Federn röstete, und reichte der gnädigen Frau, sobald sie die Augen öffnete, auf silbernem Tablett ein Gläschen mit den ersehnten Tropfen. Die gnädige Frau nahm sie ein, fing jedoch gleich wieder an, sich mit weinerlicher Stimme über den Hund, über Gawrila und über ihr Schicksal zu beklagen, darüber, daß alle sie, die arme alte Frau, im Stiche ließen, daß niemand Mitleid mit ihr habe und daß alle ihren Tod herbeiwünschten. Unterdessen bellte die unselige Mumu immer weiter, und Gerassim bemühte sich vergebens, sie vom Zaun fortzulocken.

„Da ... da ... schon wieder", lallte die gnädige Frau und verdrehte die Augen. Der Arzt flüsterte einem der Mädchen etwas zu. Dieses rannte ins Vorzimmer und rüttelte Stepan wach; der lief und weckte Gawrila, und dieser wiederum ordnete in der ersten Aufregung an, das ganze Haus auf die Beine zu bringen.

Gerassim wandte sich um. Da sah er überall Licht aufleuchten und gewahrte Schatten an den Fenstern. Nichts Gutes ahnend, nahm er Mumu unter den Arm, stürzte in seine Kammer und riegelte sich dort ein. Wenige Augenblicke später versuchten fünf Mann, gewaltsam bei ihm einzudringen; als sie jedoch merkten, daß die Tür verriegelt war, hielten sie inne. Gawrila kam atemlos angelaufen und befahl ihnen, allesamt bis zum Morgen dazubleiben und aufzupassen; dann hastete er zum Dienstmädchenzimmer und beauftragte Ljubow Ljubimowna, die älteste Gesellschafterin, mit der gemeinsam er Tee, Zucker und andere Lebensmittel verwaltete und veruntreute, der gnädigen Frau zu melden, der Hund sei leider wieder zurückgekommen, werde aber schon morgen nicht mehr am Leben sein. Die gnädige Frau möge die Güte haben, nicht mehr zu zürnen und sich zu beruhigen. Wahrscheinlich aber hätte sich die gnädige Frau nicht so bald beruhigt, hätte ihr der Arzt in der Aufregung nicht vierzig Tropfen statt der üblichen zwölf verabreicht. Der Kirschlorbeer tat denn auch seine Wirkung, und nach einer Viertelstunde schlummerte die gnädige

Frau bereits fest und tief. Gerassim aber lag totenbleich auf seinem Bett und hielt Mumu mit aller Kraft die Schnauze zu.

Am nächsten Morgen erwachte die gnädige Frau erst ziemlich spät. Gawrila wartete nur noch auf ihr Erwachen, um den Befehl zum entscheidenden Angriff auf Gerassims Zufluchtsort zu erteilen, und machte sich selber auf ein heftiges Donnerwetter gefaßt. Doch das blieb aus. Im Bett liegend, befahl die gnädige Frau, die älteste Gesellschafterin zu holen.

„Ljubow Ljubimowna", begann sie mit ruhiger, schwacher Stimme. Sie spielte zuweilen gern die verfolgte und verlassene Märtyrerin, und es erübrigt sich wohl zu sagen, daß dann allen im Haus recht unbehaglich zumute wurde. „Ljubow Ljubimowna, Sie sehen, wie es um mich steht. Gehen Sie zu Gawrila Andrejitsch, meine Liebe, und sprechen Sie mit ihm. Sollte ihm so ein hergelaufener Köter wirklich mehr wert sein als die Ruhe, ja als das Leben seiner Gebieterin? Ich mag es einfach nicht glauben", setzte sie mit dem Ausdruck tiefen Gefühls hinzu. „Gehen Sie, meine Liebe, seien Sie so gut und gehen Sie zu Gawrila Andrejitsch."

Ljubow Ljubimowna begab sich zu Gawrila aufs Zimmer. Niemand weiß, worüber sie dort sprachen; doch einige Zeit darauf bewegte sich eine Menschenmenge über den Hof auf Gerassims Kammer zu. Voran schritt Gawrila, die Mütze festhaltend, obwohl es gar nicht windig war; ihm folgten die Diener und die Köche; aus einem Fenster schaute Onkel Schwanz und leitete das Ganze, das heißt, er fuchtelte nur mit den Armen; den Schluß bildete, hüpfend und Grimassen schneidend, eine Schar Jungen, von denen die Hälfte von der Straße herbeigeeilt war. Auf der schmalen Treppe, die zur Kammer führte, saß ein Wachtposten; zwei andere standen mit Stöcken vor der Tür. Man erklomm die Treppe und füllte sie in ihrer ganzen Länge. Gawrila trat an die Tür heran, schlug mit der Faust dagegen und schrie:

„Mach auf!"

Unterdrücktes Bellen war zu hören, doch keine Antwort.

„Aufmachen, sag ich!" wiederholte er.

„Aber Gawrila Andrejitsch", bemerkte Stepan von unten, „er ist doch taub! Er hört doch nichts!"

Alle lachten.

„Was ist da zu tun?" fragte von oben Gawrila.

„Er hat doch dort ein Loch in der Tür", antwortete Stepan. „Fahren Sie mal mit dem Stock drin herum."

Gawrila bückte sich.

„Er hat es mit einem Rock zugestopft, das Loch."

„Dann stoßen Sie doch den Rock rein!"

Da ertönte abermals dumpfes Bellen.

„Sieh einer an, sie macht sich selber bemerkbar!" meinte einer aus der Menge, und wieder wurde gelacht.

Gawrila kratzte sich hinterm Ohr.

„Nein, mein Lieber", sagte er schließlich, „den Rock stoß du man selber rein, wenn du Lust hast."

„Warum nicht? Bitte sehr."

Und damit kletterte Stepan nach oben, nahm einen Stock und stieß den Rock in die Kammer; dann fuhr er mit dem Stock in der Öffnung hin und her und sagte: „Komm raus, komm raus." Noch war er damit beschäftigt, da wurde die Kammertür plötzlich aufgestoßen, und das ganze Gesinde purzelte kopfüber die Treppe hinunter, allen voran Gawrila. Onkel Schwanz schloß rasch das Fenster.

„Na, na, na!" schrie Gawrila vom Hof her. „Nimm dich in acht, das sag ich dir."

Regungslos stand Gerassim auf der Schwelle. Die Menge sammelte sich wieder am Fuß der Treppe. Die Arme leicht in die Hüften gestemmt, blickte Gerassim von oben herab auf all diese westlich gekleideten Dienstboten; in seinem roten Bauernhemd wirkte er wie ein Riese im Vergleich zu ihnen. Gawrila trat einen Schritt vor.

„Nimm dich in acht, mein Lieber!" sagte er. „Mach mir ja keinen Unfug!" Und durch Zeichen versuchte er ihm zu erklären, die Gnädige verlange kategorisch, daß er seinen Hund ausliefere. „Gib ihn auf der Stelle heraus, sonst ergeht es dir schlecht."

Gerassim sah ihn an, dann zeigte er auf den Hund, machte mit der Hand eine Gebärde am Hals, als zöge er eine Schlinge zu, und blickte den Haushofmeister fragend an.

„Ja, ja", antwortete der und nickte, „ja, unbedingt."

Gerassim senkte den Kopf, doch dann straffte er sich plötzlich, wies abermals auf Mumu, die während der ganzen Zeit unschuldig mit dem Schwanz wedelnd, neben ihm stand und neugierig die Ohren spitzte, wiederholte die Gebärde des Erdrosselns an seinem Hals und schlug sich bedeutsam an die Brust, gleichsam verkündend, daß er selbst es auf sich nehme, Mumu zu beseitigen.

„Du willst uns bloß hinters Licht führen", gab ihm Gawrila durch Gebärden zur Antwort.

Gerassim maß ihn mit einem verächtlichen Lächeln, schlug sich nochmals an die Brust und warf die Tür hinter sich zu.

Alle wechselten stumme Blicke.

„Was hat denn das nun wieder zu bedeuten?“ sagte Gawrila. „Hat er sich eingeriegelt?“

„Lassen Sie ihn, Gawrila Andrejitsch“, meinte Stepan. „Wenn er etwas verspricht, tut er es auch. So ist er nun mal. Wenn er schon etwas verspricht, kann man sich auch drauf verlassen. Er ist darin ganz anders als unsereins. Was wahr ist, das ist wahr.“

„Jawohl“, sagten alle und nickten. „So ist es. Jawohl.“

Onkel Schwanz öffnete sein Fenster und sagte gleichfalls: „Jawohl.“

„Na, meinetwegen! Wir werden ja sehen“, erwiderte Gawrila. „Aber ein Aufpasser bleibt trotzdem da. – He, du, Jeroschka!“ wandte er sich an einen blassen Menschen in einem gelben Kosakenrock aus Nankingtuch, der als Gärtner beschäftigt wurde. „Du hast doch nichts zu tun? Nimm den Stock und setz dich hier hin. Sobald was ist, kommst du sofort zu mir gerannt.“

Jeroschka nahm den Stock und setzte sich auf die unterste Stufe der Treppe. Die Menge zerstreute sich, bis auf einige Neugierige und etliche Jungen. Gawrila kehrte ins Haus zurück und ließ der gnädigen Frau durch Ljubow Ljubimowna melden, die ganze Angelegenheit sei erledigt; für alle Fälle schickte er jedoch den Vorreiter nach einem Gendarmen. Die gnädige Frau knüpfte sich einen Knoten ins Taschentuch, träufelte Kölnischwasser darauf, roch daran und rieb sich die Schläfen damit; dann trank sie reichlich Tee und schlief, noch immer unter der Einwirkung der Kirschlorbeertropfen, wieder ein.

Eine Stunde nach all dieser Aufregung öffnete sich die Kammertür, und Gerassim kam heraus. Er trug seinen Sonntagskaftan und führte Mumu an einer Leine. Jeroschka trat beiseite und ließ ihn durch. Gerassim schritt auf das Tor zu. Die Jungen und alle, die auf dem Hof waren, blickten ihm schweigend nach. Doch er drehte sich nicht einmal um und setzte seine Mütze erst auf der Straße auf. Gawrila schickte ihm Jeroschka als Beobachter nach. Aus der Ferne sah Jeroschka ihn mit dem Hund in eine Gastwirtschaft gehen, und er beschloß zu warten, bis beide wieder herauskämen.

In der Gastwirtschaft kannte man Gerassim und verstand seine Zeichen. Er bestellte Kohlsuppe mit Fleisch und setzte sich, die Arme auf den Tisch gestützt. Mumu stand neben seinem Stuhl und blickte ihn ruhig mit ihren klugen Augen an. Ihr Fell glänzte nur so; man merkte, daß es erst kurz zuvor gekämmt worden war. Gerassims Kohlsuppe wurde gebracht. Er brockte Brot hinein, schnitt das Fleisch klein und stellte den Teller auf den Fußboden. Mit der ihr eigenen Vornehmheit, das Essen kaum mit dem Schnäuzchen berührend, begann Mumu zu fressen. Gerassim schaute ihr lange dabei zu. Plötzlich rollten ihm zwei dicke Tränen über die Wangen; die eine tropfte auf die hohe Stirn des Hündchens, die andere in die Kohlsuppe. Er bedeckte das Gesicht mit der Hand. Mumu leerte den Teller zur Hälfte und trat, sich das Schnäuzchen ableckend, zur Seite. Gerassim stand auf, zahlte und ging hinaus, begleitet von dem leicht verwunderten Blick des Kellners. Als Jeroschka Gerassim gewahrte, sprang er hinter eine Ecke, ließ ihn vorüber und folgte ihm dann wieder.

Gerassim ging ganz langsam und behielt Mumu an der Leine. An der nächsten Straßenecke blieb er nachdenklich stehen; dann schlug er plötzlich schnellen Schrittes die Richtung nach der Krimfurt ein. Unterwegs betrat er den Hof eines Hauses, an das ein Seitenflügel angebaut wurde, und nahm von dort unter dem Arm zwei Ziegelsteine mit. Von der Krimfurt aus setzte er seinen Weg am Ufer fort bis hin zu einer Stelle, wo zwei Boote lagen, deren Riemen an den Holzdollen festgebunden waren (er hatte sie schon vorher bemerkt). In eines dieser Boote sprang er mit Mumu. Da kam ein lahmer alter Graukopf hinter einer Schilfhütte an der Ecke eines Gemüsegartens hervor und fing an zu zetern. Doch Gerassim nickte nur und legte sich so kräftig in die Riemen, daß er, obwohl er stromaufwärts fuhr, im Nu an die hundert Sashen hinter sich gebracht hatte. Der Alte stand noch eine ganze Weile da und kratzte sich den Rücken erst mit der linken und dann mit der rechten Hand, bevor er zurückhumpelte.

Gerassim aber ruderte und ruderte. Schon lag Moskau hinter ihm. Schon zogen sich längs der Ufer Wiesen, Gärten, Felder und Waldungen hin, tauchten Bauernkaten auf. Landluft wehte herüber. Da ließ er die Riemen los, preßte seinen Kopf an Mumu, die vor ihm auf einer trockenen Ducht hockte – der Boden stand unter Wasser –, und verharrte so regungslos, die mächtigen Arme über dem Rücken des Tieres gekreuzt, während das Boot von der Strömung langsam wieder zur Stadt zurückgetrieben wurde. Schließlich richtete Gerassim sich auf, band hastig, mit dem Ausdruck tiefster Erbitterung im Gesicht, die Leine um die mitgebrachten Ziegelsteine, knüpfte eine Schlinge und legte sie Mumu um den Hals; dann hielt er den Hund über den Fluß und warf noch einen letzten Blick auf ihn. Furchtlos und voller Vertrauen schaute Mumu ihn an und wedelte leicht mit dem Schwanz. Da wandte er sich ab, schloß die Augen und öffnete die Hände. Gerassim hörte nichts, weder das kurze Jaulen der fallenden Mumu noch das schwere Aufklatschen auf dem Wasser – war doch für ihn selbst der geräuschvollste Tag lautlos und stumm, wie es für uns auch die stillste Nacht nicht ist. Als er die Lider wieder hob, glitten wie vorher, als wollten sie einander haschen, kleine Wellen über den Fluß, schlugen wie vorher gegen die Bordwand, und nur weit hinten liefen immer größer werdende Kreise dem Ufer zu.

Sobald Jeroschka Gerassim aus den Augen verloren hatte, kehrte er nach Hause zurück und berichtete, was er gesehen hatte.

„Na ja", meinte Stepan, „er wird sie ertränken. Da können wir ganz beruhigt sein. Wenn der etwas verspricht ..."

Im Laufe des Tages bekam niemand Gerassim zu Gesicht. Das Mittagessen nahm er nicht zu Hause ein. Es wurde Abend. Alle waren bereits zum Essen versammelt, nur er fehlte.

„Ein komischer Kauz ist doch dieser Gerassim!" piepste ein dikkes Waschweib. „Wie kann man bloß um einen Hund solch ein Gewese machen! Wirklich."

„Aber Gerassim war ja hier!" rief plötzlich Stepan, während er sich mit dem Löffel die Grütze zusammenkratzte.

„Wie? Wann denn?"

„Zwei Stunden mag's her sein. Jawohl. Am Tor bin ich ihm begegnet. Er ging schon wieder von hier weg; er kam vom Hof. Ich wollte ihn nach dem Hund fragen, aber er war offensichtlich schlechter Laune. Na, der hat mich vielleicht gestoßen! Wahrscheinlich wollte er mich dadurch bloß loswerden. Laß mich in Ruhe! sollte das wohl heißen. Und einen Schlag ins Genick hat er mir verabreicht, der hatte es vielleicht in sich, alle Wetter noch mal!" Voll unfreiwilliger Komik zog Stepan den Kopf ein und rieb sich den Nacken. „Ja", fügte er hinzu, „eine Hand hat der!"

Die anderen lachten über Stepan, und nach dem Abendessen gingen alle schlafen.

Zur gleichen Zeit aber wanderte mit einem Bündel auf dem Rücken und einem langen Stock in der Hand auf der Landstraße nach T. ein Riese rüstig und ohne Pause dahin. Es war Gerassim. Ohne sich umzuschauen, strebte er nach Hause, in sein Dorf, in seine Heimat. Nachdem er die arme Mumu ertränkt hatte, war er in seine Kammer geeilt, hatte geschwind einige Habseligkeiten auf eine alte Pferdedecke gepackt, ein Bündel daraus geschnürt, es sich über die Schulter geworfen und sich auf und davon gemacht. Den Weg hatte er sich seinerzeit, als man ihn nach Moskau brachte, gut gemerkt. Das Dorf, aus dem die gnädige Frau ihn hatte holen lassen, lag knapp fünfundzwanzig Werst von der Landstraße entfernt. Mit einer Art von unerschütterlicher Kühnheit schritt er dahin, mit verzweifelter und zugleich freudiger Entschlossenheit. Er schritt dahin, die Brust weit gedehnt und die Augen erwartungsvoll geradeaus gerichtet. Er beeilte sich, als erwartete ihn daheim die alte Mutter, als hätte sie ihn nach langer Wanderschaft in fremden Landen und unter fremden Menschen zu sich zurückgerufen. Die eben hereingebrochene Sommernacht war still und warm. Auf der einen Seite, dort, wo die Sonne untergegangen war, schimmerte der Himmelsrand noch hell und mattrot im letzten Widerschein des scheidenden Tages; auf der anderen Seite hingegen stieg bereits blaugraue Dämmerung herauf. Von dorther kam die Nacht. Zu Hunderten schlugen ringsum die Wachteln, und die Wachtelkönige schnarrten miteinander um die Wette. Gerassim konnte sie nicht hören und auch nicht das leise nächtliche Wispern der Bäume, an denen seine kräftigen Beine ihn vorübertrugen, aber er spürte den vertrauten Geruch des reifenden Roggens, der von den dunklen Feldern zu ihm herüberdrang; fühlte, wie der Wind, der ihm entgegenwehte – Wind aus der Heimat –, ihm zärtlich ins Gesicht fuhr und mit seinem Haar und seinem Bart spielte; sah vor sich die hell schimmernde Straße – die Straße nach Hause –, gerade wie ein Pfeil; schaute am Himmel die unzähligen Sterne, die seinen Weg beleuchteten; und wie ein Löwe schritt er aus, kraftvoll und kühn, so daß, als die aufgehende Sonne den immer schneller dahineilenden Wanderer mit ihren feuchtroten Strahlen traf, zwischen ihm und Moskau bereits fünfunddreißig Werst lagen.

Zwei Tage später war er schon zu Hause und trat zum großen Erstaunen der Soldatenfrau, die man dort einquartiert hatte, in seine elende Kate. Nachdem er vor den Heiligenbildern sein Gebet verrichtet hatte, begab er sich schnurstracks zum Starosten. Der staunte im ersten Moment nicht wenig; doch da die Heumahd gerade begonnen hatte, drückte man Gerassim als einer ausgezeichneten Arbeitskraft sogleich eine Sense in die Hand – und er machte sich ans Mähen wie in alten Zeiten, das heißt so, daß es den Bauern durch und durch ging, wenn sie sahen, mit welcher Wucht er ausholte und durchzog.

In Moskau aber hatte man Gerassim erst am Tag nach seiner Flucht vermißt. Man ging in seine Kammer, durchsuchte sie und sagte dann Gawrila Bescheid. Der kam, sah, zuckte mit den Achseln und gelangte zu dem Schluß, der Stumme sei entweder davongelaufen oder zusammen mit seinem dummen Köter ertrunken. Man meldete es der Polizei und berichtete es der gnädigen Frau. Die geriet in heftigen Zorn und brach in Tränen aus; sie befahl, Gerassim um jeden Preis ausfindig zu machen, beteuerte, sie habe nie und nimmer angeordnet, den Hund zu töten, und erteilte Gawrila am Ende einen solchen Rüffel, daß dieser den ganzen Tag lang nur den Kopf schüttelte und „Nein, so was!“ sagte, bis ihn Onkel Schwanz wieder zur Vernunft brachte, indem er „Ja, so was!“ sagte. Endlich kam aus dem Dorf die Nachricht, daß Gerassim dort aufgetaucht sei. Daraufhin beruhigte sich die gnädige Frau ein wenig. Zuerst gab sie Befehl, ihn unverzüglich nach Moskau zurückzubringen; doch dann erklärte sie, einen so undankbaren Menschen könne sie absolut nicht gebrauchen. Übrigens starb sie bald danach. Und ihre Erben legten keinen Wert auf Gerassim; ja, sie entließen auch die übrigen Dienstboten ihrer Mama gegen Zinszahlung.

Gerassim aber haust bis auf den heutigen Tag allein in seiner einsamen Kate. Er ist gesund und stark wie eh und je, arbeitet für vier wie eh und je und ist wie eh und je würdevoll und gesetzt. Doch wie die Nachbarn festgestellt haben, meidet er seit seiner Rückkehr aus Moskau jeden Umgang mit Frauen, ja, er schaut sie nicht einmal mehr an. Auch einen Hund hält er sich nicht mehr. „Es ist ja trotz allem ein Glück für ihn“, sagen die Bauern unter sich, „daß er keine Weiber braucht. Und einen Hund – wozu braucht er den schon? Keine zehn Pferde bringen einen Dieb in sein Haus.“ So spricht man über die Riesenstärke des Stummen.

Aus: Gedichte in Prosa

Miniaturen

DAS DORF

Der letzte Tag im Monat Juni; tausend Werst im Umkreis Rußland, heimatliche Erde.

Gleichmäßige Bläue überzieht den Himmel; man weiß nicht recht, ob das einzige Wölkchen an ihm dahintreibt oder zergeht. Windstille, wohlige Milde ... eine Luft wie kuhwarme Milch!

Lerchen tirilieren; dickkröpfige Tauben gurren; Schwalben schießen lautlos hin und her; Pferde schnauben und kauen; die Hunde bellen nicht, stehen da und wedeln mit den Schwänzen.

Es riecht ein wenig nach Rauch, nach Gras, ein bißchen auch nach Teer und Leder. Die Hanffelder blühen bereits und verbreiten ihren schweren, aber angenehmen Duft.

Eine tiefe, doch sanft abfallende Schlucht. An ihren Hängen mehrere Reihen von Weiden mit breiten Kronen und nach unten zu zerspaltenen Stämmen. Durch die Schlucht eilt ein Bach; die kleinen Steine auf seinem Grund scheinen im hellen Gekräusel zu zittern. In der Ferne, am äußersten Rande von Himmel und Erde, der bläuliche Streifen eines großen Flusses.

Auf der einen Seite entlang der Schlucht – saubere kleine Speicher, Vorratskammern mit fest verschlossenen Türen; auf der anderen fünf oder sechs mit Schindeln gedeckte Bauernhäuser aus Kiefernholz. Über jedem Dach eine lange Stange mit Starkasten; über jedem Außenflur ein in Eisen geschnittenes Pferdchen mit kühn geschwungenem Hals. Die unebenen Fensterscheiben spielen in allen Regenbogenfarben. Auf den Läden prangen gemalte Krüge mit Blumensträußen. Vor jedem Haus – wie sich's gehört – eine anständige Bank; auf den Erdaufschüttungen längs der Wände zu Knäueln zusammengerollte Katzen, die die durchscheinenden Ohren spitzen; hinter den hohen Schwellen dunkeln kühle Flure.

Ich liege unmittelbar am Rande der Schlucht auf einer Pferdedecke; ringsum – ganze Haufen von erst unlängst gemähtem, schwindelerregend duftendem Gras. Die findigen Eigentümer haben einen Teil davon vor den Häusern ausgebreitet: Soll's noch ein wenig in der Sonne trocknen, und dann in die Scheune damit! Wie herrlich wird es sich darauf schlafen lassen!

Aus jedem Heuhaufen schauen kraushaarige Kinderköpfe hervor; Hühner mit kräftigen Federhauben suchen im Heu nach Schnaken und Käfern; ein Hundejunges mit weißer Schnauze wälzt sich in den verworrenen Halmen.

Blondgelockte Burschen in sauberen, tief gegürteten Hemden und schweren Stiefeln mit Paspeln ergehen sich, die Brust an einen ausgespannten Bauernwagen gelehnt, in munteren Reden; sie witzeln.

Aus einem Fenster schaut eine junge Frau mit rundem Gesicht; sie lacht – sei's über die Reden der Burschen, sei's über die Balgerei der Kinder im aufeinandergetürmten Heu.

Eine andere junge Frau zieht mit starken Armen einen großen nassen Eimer aus dem Brunnen hoch. Der Eimer zittert und schaukelt am Strick und versprüht funkelnde längliche Tropfen.

Vor mir steht meine alte Wirtin in neuem kariertem Rock und neuen Schuhen.

Drei Reihen von großen Glasperlen umwinden den mageren braunen Hals; um den ergrauten Kopf ist ein gelbes, rot gesprenkeltes Tuch gelegt; es hängt tief auf die glanzlosen Augen hinab.

Doch das Lächeln der alten Augen ist freundlich; das ganze faltige Gesicht lächelt mit. Die Alte scheint am Ende des siebten Jahrzehnts zu stehen, und dennoch sieht man auch heute noch: Sie war zu ihrer Zeit eine Schönheit!

In den gespreizten sonnengebräunten Fingern der rechten Hand hält sie einen Topf mit kalter, unabgesahnter Milch, frisch aus dem Keller; Tautropfen überziehen die Wandungen des Topfes wie Perlen. Auf der flachen linken Hand reicht sie mir ein großes Stück noch warmen Brotes. Iß, zugereister Gast, scheint sie zu sagen, wohl bekomm's!

Plötzlich kräht ein Hahn und schlägt besorgt mit den Flügeln; ein eingesperrtes Kalb gibt, ohne sich zu beeilen, Antwort und muht.

„Das nenne ich einen Hafer!" hör ich die Stimme meines Kutschers.

O Zufriedenheit, o Friede und Überfluß des freien russischen Dorfes! O Stille und Wohlergehen!

Und ich frage mich: Was soll uns hier das Kreuz über der Kuppel der Hagia Sophia in Zargrad[1] und alles andere, worauf wir Menschen in der Stadt so eifrig aus sind?

Februar 1878

1 Alte slawische Bezeichnung für Konstantinopel.

ZWIEGESPRÄCH

Noch nie hat eines Menschen Fuß die Jungfrau oder das Finsteraarhorn betreten.

Die Gipfel der Alpen ... Eine Kette von steilen Stufen. Das eigentliche Herz der Berge.

Über den Bergen ein blaßgrüner, heller, stummer Himmel. Starker, grimmiger Frost; der Schnee ist harsch und funkelt; aus dem Schnee ragen die rauhen Wände vereister, verwitterter Felsen in die Luft.

Zwei Riesen, zwei Kolosse erheben sich zu beiden Seiten des Horizonts: die Jungfrau und das Finsteraarhorn.

Und die Jungfrau sagt zu dem Nachbarn:

„Was gibt es Neues? Du kannst es besser sehen. Was geht da unten vor sich?"

Einige tausend Jahre vergehen – eine Minute.

Und das Finsteraarhorn entgegnet und dröhnt:

„Undurchdringliche Wolken verhüllen die Erde ... Wart ab!"

Weitere Jahrtausende vergehen – eine Minute.

„Und was ist jetzt?" erkundigt sich die Jungfrau.

„Jetzt kann ich alles sehen: Dort unten ist es wie immer – klein und buntscheckig. Blaue Gewässer; dunkelnde Wälder; graue Haufen von aufeinandergetürmten Steinen. Daneben kribbelt noch immer dieses Gewürm – du weißt, jene Zweibeiner, die weder dich noch mich auch nur ein einziges Mal entweihen konnten."

„Die Menschen?"

„Ja, die Menschen."

Jahrtausende vergehen – eine Minute.

„Nun, und was ist jetzt?" erkundigt sich die Jungfrau.

„Das Gewürm scheint weniger geworden zu sein", donnert das Finsteraarhorn. „Jetzt ist es unten klarer: Die Gewässer sind zusammengeschrumpft, die Wälder haben sich gelichtet."

Weitere Tausende von Jahren vergehen – eine Minute.

„Was siehst du?" fragt die Jungfrau.

„Bei uns in der Nachbarschaft wirkt alles aufgeräumt", entgegnet das Finsteraarhorn, „aber weiter weg, in den Tälern, gibt es noch Flecken und regt sich dies und das."

„Und jetzt?" erkundigt sich die Jungfrau nach abermals Tausenden von Jahren – einer Minute.

„Jetzt ist es gut", erwidert das Finsteraarhorn, „wo man auch hinschaut, alles sauber, alles schön weiß. Überall unser Schnee, eine einzige Decke von Eis und Schnee. Alles erstarrt. Jetzt ist es auch dort schön und still."

„Gut", meint die Jungfrau. „Nun haben wir aber genug miteinander geplaudert, Alter. Wird Zeit, ein Nickerchen zu machen."

„Ja, wird Zeit."

Die Bergkolosse schlafen; es schläft der grüne, helle Himmel über der für alle Zeit verstummten Erde.

Februar 1878

DIE ALTE

Ich ging allein über ein weites Feld.

Und plötzlich glaubte ich, leichte, vorsichtige Schritte hinter mir zu vernehmen ... Jemand folgte mir auf den Fersen.

Ich sah mich um und erblickte eine kleine, gebeugte, völlig in graue Lumpen gehüllte Alte. Nur das Gesicht trat aus ihnen hervor – ein gelbes, runzliges, spitznäsiges, zahnloses Gesicht.

Ich ging auf sie zu ... Sie blieb stehen.

„Wer bist du? Was willst du? Bist du eine Bettlerin? Erwartest du ein Almosen von mir?"

Die Alte gab keine Antwort. Ich neigte mich zu ihr vor und bemerkte, daß beide Augen von einem weißlichen, halb durchsichtigen Häutchen überzogen waren, wie das bei manchen Vögeln der Fall ist: Es schützt ihre Augen vor allzu grellem Licht.

Bei der Alten blieb dieses Häutchen aber unbeweglich und gab die Pupillen nicht frei, woraus ich schloß, sie sei blind.

„Willst du eine milde Gabe von mir?" wiederholte ich meine Frage. „Warum folgst du mir?"

Die Alte jedoch gab wiederum keine Antwort und sank nur ein wenig in sich zusammen.

Ich wandte mich von ihr ab und setzte meinen Weg fort.

Und abermals hörte ich diese leichten und gleichmäßigen, irgendwie schleichenden Schritte hinter mir.

Wieder diese Frau! ging es mir durch den Kopf. Warum verfolgt sie mich? Doch sogleich fügte ich in Gedanken hinzu: Wahrscheinlich ist sie in ihrer Blindheit vom Wege abgekommen und heftet sich nun nach dem Gehör an meine Fersen, um so zusammen mit mir eine menschliche Wohnstatt zu erreichen. Ja, ja, so ist es!

Aber nach und nach bemächtigte sich meiner Gedanken eine seltsame Unruhe: Mir schien allmählich, die Alte gehe nicht nur hinter mir her, sondern sie lenke meine Schritte, dränge mich bald nach rechts, bald nach links, und ich füge mich unwillkürlich ihrem Willen.

Ich gehe dennoch weiter. Doch da taucht vor mir, auf meinem Wege, etwas Dunkles auf und dehnt sich, weitet sich – etwas wie eine Grube. Das Grab! schießt es mir durch den Kopf. Das ist es, wo sie mich hindrängt!

Ich wende mich scharf zurück. Die Alte steht wieder vor mir, aber jetzt sieht sie! Sie blickt mich mit großen, bösen, unheildrohenden Augen – Raubvogelaugen – an. Ich rücke auf ihr Gesicht, auf ihre Augen zu ... Und wieder das trübe Häutchen, derselbe Eindruck von Stumpfheit und Blicklosigkeit.

Ach, denke ich, diese Alte ist mein Schicksal! Das Schicksal, dem der Mensch nun einmal nicht entrinnen kann! – Nicht entrinnen kann!? Nicht entrinnen kann!? Was für ein Unsinn! Man muß es versuchen!

Und ich wende mich zur Seite und stürze in einer anderen Richtung davon.

Ich gehe rasch. Aber die leichten Schritte rascheln hinter mir her wie zuvor, nahe, ganz nahe. Und vor mir wieder die dunkle Grube.

Ich schlage aufs neue eine andere Richtung ein. Und wieder dasselbe Rascheln hinter mir und derselbe drohende Fleck vor mir.

Und wo ich mich auch hinwende, wie ein gehetzter Hase – es ist dasselbe, immer dasselbe!

Halt! denke ich. Jetzt weiß ich, wie ich dich überliste! Ich bleibe einfach, wo ich bin!

Ich lasse mich unverzüglich auf die Erde nieder. Die Alte steht hinter mir, wenige Schritte von mir entfernt. Ich höre sie nicht, aber ich fühle, daß sie da ist.

Und plötzlich sehe ich: Der Fleck, der in der Ferne dunkelte, bewegt sich, kriecht auf mich zu!

Mein Gott! Ich schaue mich um ... Die Alte blickt mich offen an, und ein spöttisches Lächeln verzieht ihren zahnlosen Mund. Mir entrinnst du nicht!

Februar 1878

DER HUND

Wir sind unserer zwei in der Stube: mein Hund und ich. Draußen heult ein schrecklicher, wilder Sturm.

Der Hund sitzt vor mir und blickt mir geradeaus in die Augen.

Und ich schaue ihm in die seinen.

Es ist, als wolle er mir etwas sagen. Doch er ist stumm, ihm fehlt die Gabe der Rede, und er versteht sich selber nicht. Ich aber verstehe ihn.

Ich verstehe, daß in diesem Augenblick in ihm wie in mir ein und dasselbe Gefühl lebendig ist und daß es keinerlei Unterschied zwischen uns gibt. Wir sind einander gleich; in jedem von uns glimmt und flimmert dasselbe flackernde Flämmchen.

Der Tod stürzt darauf zu und fährt mit seinem kalten breiten Flügel über das Flämmchen hin.

Und aus!

Wer findet hinterher noch heraus, was für ein Flämmchen in dem oder jenem von uns gebrannt hat?

Nein! Hier werden nicht Blicke zwischen Mensch und Tier gewechselt. Hier versenken sich zwei gleiche Augenpaare ineinander.

Und in jedem dieser Augenpaare – in dem des Tieres und in dem des Menschen – drängt ängstlich ein und dasselbe Leben zum anderen.

Februar 1878

MASCHA

Als ich – vor vielen Jahren – in Petersburg lebte, knüpfte ich jedesmal, wenn ich eine Mietdroschke nahm, ein Gespräch mit dem Kutscher an.

Besonders gern unterhielt ich mich mit denen, die nachts fuhren, armen Vorstadtbauern, die sich mit ockergelb gestrichenem Schlitten und bescheidener Mähre in der Hauptstadt einfanden – in der Hoffnung, sich selbst zu ernähren und auch noch den Pachtzins für die Gutsherrschaft herauszuschlagen.

Eines Nachts nahm ich mir wieder einen solchen Mietkutscher. Es war ein Bursche von etwa zwanzig Jahren, groß und stattlich, ein Kerl, wie er im Buche steht: blaue Augen, rote Wangen und blondes Haar, das in Ringeln unter der geflickten, tief in die Stirn gezogenen Mütze hervorquoll. Unerfindlich, wie er mit seinen hünenhaften Schultern in den zerschlissenen Bauernmantel gefunden hatte!

Doch das schöne, bartlose Gesicht des Mietkutschers erschien mir traurig und düster.

Wir kamen ins Gespräch. Und Trauer schwang in seiner Stimme.

„Was ist, mein Freund?" fragte ich ihn. „Warum bist du so unfroh? Hast du Kummer?"

Der Bursche gab nicht gleich Antwort.

„Ja, Herr, den habe ich", entgegnete er schließlich. „Und einen, wie es keinen schlimmeren gibt. Die Frau ist mir gestorben."

„Du hast sie wohl geliebt, deine Frau?"

Der Bursche wandte sich nicht zu mir um; er neigte nur leicht den Kopf.

„Ja, Herr, das hab ich! Acht Monate ist es her, und ich komme nicht darüber hinweg. Es nagt an meinem Herzen – und damit hat sich's! Warum mußte sie nur sterben? So jung und so gesund! Die Cholera hat sie in einem Tag dahingerafft."

„Und war sie lieb zu dir?"

„Ach, Herr!" seufzte der Ärmste tief. „Wie einmütig wir miteinander gelebt haben! Sie starb, während ich in der Stadt war. Und als ich hier hörte, man hätte sie bereits begraben, eilte ich sogleich zu uns ins Dorf. Nach Mitternacht erst traf ich ein. Ich betrat mein Haus, blieb mitten in der Stube stehen und rief mit leiser Stimme: ‚Mascha! He, Mascha!' Doch nur ein Heimchen zirpte. Da brach ich in Tränen aus, setzte mich auf den Fußboden und hieb mit der flachen Hand darauf! ‚Du unersättlicher Erdenschoß!' sagte ich. ‚Hast sie verschlungen, nun friß auch mich! Ach, Mascha!'"

„Mascha!" fügte er plötzlich mit mutloser Stimme hinzu. Und ohne die Hanfleine loszulassen, wischte er sich mit dem Fausthandschuh eine Träne aus dem Gesicht, schüttelte sie ab, zuckte mit den Schultern und sprach kein weiteres Wort.

Als ich aus dem Schlitten stieg, gab ich ihm fünfzehn Kopeken mehr als vereinbart. Er griff mit beiden Händen an die Mütze, verneigte sich tief und trottete dann über die Schneedecke davon, im grauen Nebel des Januarfrosts, der die einsame Straße verhängte.

April 1878

DER SPATZ

Ich kehrte von der Jagd zurück und schritt eine Allee des Gartens entlang. Mein Hund sprang vor mir her.

Plötzlich verlangsamte er seinen Lauf und schlich sich an etwas heran, als wittere er ein Wild.

Ich spähte die Allee entlang und erblickte einen jungen Spatzen, noch gelb um den Schnabel und mit Flaum auf dem Kopf. Er war aus dem Nest gefallen (die Birken längs der Allee schaukelten im starken Wind) und hockte regungslos da, hilflos die gerade erst hervorgewachsenen Flügelchen spreizend.

Mein Hund stahl sich an ihn heran. Doch plötzlich schoß ein schwarzbrüstiger alter Spatz gleich einem Stein von einem der nächsten Bäume herab und landete unmittelbar vor seiner Schnauze; völlig zerzaust und entstellt, mit verzweifeltem, kläglichem Piepsen, machte er zwei, drei Sätze auf das geöffnete, von Zähnen starrende Hundemaul zu.

Er war herbeigestürzt, um sich vor sein Junges zu stellen und es zu retten. Aber sein ganzer kleiner Körper zitterte vor Angst, die Stimme klang fremd und heiser, er war mehr tot als lebendig, er opferte sich!

Als was für ein riesiges Ungeheuer mußte ihm der Hund erscheinen! Und dennoch hatte er es nicht fertiggebracht, auf seinem hohen, sicheren Zweig zu verharren. Eine Macht, die stärker war als sein Wille, hatte ihn von dort vertrieben.

Mein Tresor blieb stehen und wich zurück. Offenbar erkannte auch er diese Macht an.

Ich beeilte mich, den verwirrten Hund zurückzurufen, und entfernte mich voller Ehrfurcht.

Ja, lachen Sie nicht! Ich war von Ehrfurcht vor diesem heldenhaften kleinen Vogel erfüllt, von Ehrfurcht vor seinem Liebesopfer.

Die Liebe, sagte ich mir, ist stärker als der Tod und die Todesangst. Nur sie, die Liebe, erhält und bewegt das Leben.

April 1878

DIE SCHWELLE

Ein Traum

Ich sehe ein riesiges Gebäude vor mir.

Die schmale Tür in der Vorderfront ist weit geöffnet; dahinter – düsteres Dunkel. Vor der hohen Schwelle steht ein junges Mädchen, ein russisches junges Mädchen.

Das undurchdringliche Dunkel atmet eisige Kälte; und zugleich mit dem eisigen Hauch dringt aus der Tiefe des Gebäudes eine zögernde, dumpfe Stimme:

„O du, die du diese Schwelle zu überschreiten begehrst, weißt du auch, was dich erwartet?"

„Ja", entgegnet das junge Mädchen.

„Kälte, Hunger, Haß, Spott, Verachtung, Beschimpfungen, Gefängnis, Krankheit und schließlich der Tod?"

„Ich weiß es."

„Völlige Entfremdung und Einsamkeit?"

„Ich weiß es. Ich bin bereit. Ich nehme alle Leiden und Schicksalsschläge auf mich."

„Und nicht nur die, die von den Feinden, auch die, die von Verwandten und Freunden kommen?"

„Ja, auch die."

„Gut. Du bist also bereit, dich zu opfern?"

„Ja."

„Und namenlos zu bleiben? Du gehst zugrunde, und man wird nicht einmal wissen … niemand wird wissen, daß man dir ein ehrendes Andenken schuldet."

„Ich brauche weder Dankbarkeit noch Mitleid. Ich brauche keinen Namen."

„Bist du zu einem Verbrechen bereit?"

Das junge Mädchen senkte den Kopf.

„Ja, auch dazu."

Die Stimme fuhr nicht gleich im Fragen fort.

„Weißt du auch", begann sie schließlich aufs neue, „daß du den Glauben an das, woran du jetzt glaubst, verlieren kannst, vielleicht einsehen wirst, daß du dich getäuscht und dein junges Leben umsonst geopfert hast?"

„Auch das weiß ich. Und ich begehre dennoch einzutreten."

„Dann tritt ein."

Das junge Mädchen überschritt die Schwelle, und ein schwerer Vorhang senkte sich hinter ihr.

„Eine Närrin!" knirschte jemand hinter mir mit den Zähnen.
„Eine Heilige!" gab irgendwoher jemand zur Antwort.

Mai 1878

DIE KOHLSUPPE

Einer verwitweten Bäuerin war der einzige Sohn gestorben – zwanzig Jahre alt und der beste Arbeiter im Dorf.

Als die Gutsbesitzerin und Herrin über das Dorf vom Kummer der Bäuerin erfuhr, stattete sie ihr am Tage der Beerdigung einen Besuch ab.

Sie traf sie zu Hause an.

Die Bäuerin stand mitten in der Stube am Tisch, schöpfte ohne Eile, mit einer gleichmäßigen Bewegung der rechten Hand (die linke hing schlaff an ihr herab), Kohlsuppe ohne Fleisch oder Speck vom Boden eines rauchgeschwärzten Kochtopfs und schluckte sie – Löffel für Löffel – hinunter.

Ihr Gesicht war eingefallen und dunkler geworden; die Augen waren gerötet und verschwollen ... Aber sie hielt sich tapfer und aufrecht, als stünde sie in der Kirche.

Mein Gott! dachte die Herrin. Sie kann in einem solchen Augenblick essen! Was diese Leute doch für grobe Gefühle haben!

Und sie erinnerte sich, wie sie, als sie vor einigen Jahren ihr neun Monate altes Töchterchen verlor, vor lauter Kummer darauf verzichtete, ein wunderbares Landhaus in der Umgebung von Petersburg zu mieten, und den ganzen Sommer in der Stadt verbrachte. Und diese Bäuerin löffelte Kohlsuppe!

Die Herrin hielt es am Ende nicht aus.

„Tatjana!" sagte sie. „Ich bitte dich! Da muß ich mich aber wundern! Hast du denn deinen Sohn nicht geliebt? Woher der Appetit? Wie kannst du in diesem Augenblick Kohlsuppe essen?"

„Mein Wasja ist tot", entgegnete die Bäuerin leise, und die bis dahin unterdrückten Tränen rannen aufs neue über ihre eingefallenen Wangen. „Das bedeutet auch für mich das Ende – man hat mir bei lebendigem Leibe den Kopf genommen. Aber weshalb soll die Kohlsuppe verderben? Da ist doch Salz daran!"

Die Herrin zuckte nur mit den Schultern und ging. Für sie war das Salz nicht so teuer.

Mai 1878

J.P. WREWSKAJA[1] ZUM GEDENKEN

Im Schmutz, auf stinkendem, feuchtem Stroh, unter dem Wetterdach einer baufälligen Scheune, die Hals über Kopf in ein Feldlazarett verwandelt worden war, lag sie in einem verwüsteten bulgarischen Dorf seit mehr als vierzehn Tagen am Typhus danieder. Sie war bewußtlos, und keiner von den Ärzten warf auch nur einen Blick auf sie. Die kranken Soldaten, die sie gepflegt hatte, solange sie sich noch auf den Beinen halten konnte, erhoben sich der Reihe nach von ihrem infizierten Lager, um im Scherben eines zerschlagenen Topfes ein paar Tropfen Wasser an ihre aufgesprungenen Lippen zu führen …

Sie war jung und schön; man kannte sie in den höchsten Kreisen; selbst Würdenträger interessierten sich für sie. Die Damen beneideten sie, die Männer stellten ihr nach. Und es gab auch zwei oder drei, die sie heimlich und aus tiefstem Herzen liebten. Das Leben lächelte ihr zu; aber ein Lächeln kann schlimmer sein als Tränen.

Ein zärtliches, sanftes Herz – und eine solche Kraft, ein solches Verlangen, sich aufzuopfern! Hilfsbedürftigen zu helfen – sie kannte kein anderes Glück und lernte es auch nicht kennen. Es war an ihr vorübergegangen. Doch damit hatte sie sich seit langem abgefunden – sie stellte sich, beseelt vom Feuer eines unerschütterlichen Glaubens, ganz in den Dienst des Nächsten.

Welche geheimen Schätze sie dort, auf dem Grunde ihrer Seele, in ihrem verborgensten Winkel bewahrte, hat nie jemand gewußt, und jetzt wird es natürlich erst recht keiner erfahren.

Und wozu auch? Das Opfer ist gebracht, das Werk getan.

Aber es bleibt betrüblich, daß niemand ihr – nicht einmal nach ihrem Tode – dafür gedankt hat, auch wenn sie selbst sich über jedes Dankeschön zu schämen und ihm auszuweichen pflegte.

Möge also ihr teurer Schatten nicht gekränkt sein über die späte Blume, die ich an ihrem Grabe niederlege.

September 1878

1 Julija Petrowna Wrewskaja (1841–1878), Bekannte Turgenjews, mit der er mehrere Jahre lang im Briefwechsel stand. Zu Beginn des Russisch-Türkischen Krieges (1877/78) stellte sie sich als Krankenschwester zur Verfügung.

EIN GASTMAHL BEIM HÖCHSTEN WESEN

Eines Tages verfiel das Höchste Wesen auf den Gedanken, ein großes Gastmahl in seinen azurnen Prunkgemächern zu geben.

Es lud die Tugenden dazu ein. Lauter Tugenden ... Männer bat es nicht zu sich, nur Damen.

Es kamen sehr viele – große und kleine Tugenden. Die kleinen waren angenehmer und liebenswürdiger als die großen; aber alle schienen zufrieden zu sein und unterhielten sich höflich, wie es sich unter nahen Verwandten und guten Bekannten ja auch gehört.

Doch dann bemerkte das Höchste Wesen zwei wunderschöne Damen, die sich offenbar noch gar nicht kannten.

Der Hausherr nahm die eine der Damen an der Hand und führte sie zu der anderen.

„Die Wohltätigkeit!" sagte er und zeigte auf die erste. „Die Dankbarkeit!" fügte er hinzu und zeigte auf die zweite.

Beide Tugenden waren unsagbar erstaunt: Solange die Welt bestand – und sie bestand seit langem –, begegneten sie einander zum erstenmal!

Dezember 1878

DIE NATUR

Mir träumte, ich betrete einen riesigen unterirdischen Saal mit hohem Gewölbe. Er war von einem gleichmäßigen, ebenfalls irgendwie unterirdischen Licht erfüllt.

Genau in der Mitte des Saales saß eine hoheitsvolle weibliche Gestalt in fließendem grünem Gewand. Den Kopf in die Hand gestützt, schien sie in tiefes Nachdenken versunken.

Ich begriff sofort, daß diese Frau die Natur selber war, und im gleichen Augenblick befiel ein ehrfürchtiger kalter Schauder mein Herz.

Ich näherte mich der sitzenden Gestalt, verneigte mich ehrerbietig und rief:

„O unser aller gemeinsame Mutter! Worüber denkst du nach? Vielleicht über das künftige Geschick der Menschheit? Auf welche Weise sie zu möglichster Vollkommenheit und höchstem Glück zu gelangen vermag?"

Sie wandte mir langsam die strengen dunklen Augen zu. Ihre Lippen kamen in Bewegung, und ich vernahm eine Stimme, die an das Rasseln von Eisen erinnerte:

„Ich denke darüber nach, wie man den Beinmuskeln des Flohs mehr Kraft verleihen kann, damit er es bequemer hat, sich vor den Feinden zu retten. Das Gleichgewicht zwischen Angriff und Verteidigung ist gestört. Man muß es wiederherstellen."

„Wie?" stammelte ich. „Darüber denkst du nach? Aber sind denn nicht wir, die Menschen, deine Lieblingskinder?"

Sie runzelte kaum merklich die Brauen.

„Alle Lebewesen sind meine Kinder", entgegnete sie. „Ich kümmere mich gleichermaßen um alle – und vernichte sie auch gleichermaßen."

„Aber das Gute … die Vernunft … die Gerechtigkeit …", murmelte ich aufs neue.

„Das ist menschliches Wortgeklingel", gab die eiserne Stimme zurück. „Ich kenne weder Gutes noch Böses … Die Vernunft ist für mich nicht Gebot … Und was ist Gerechtigkeit? Ich habe dir das Leben gegeben, und ich werde es dir auch wieder fortnehmen und anderen geben, einem Menschen oder einem Wurm, das ist mir einerlei. Du aber setz dich vorerst zur Wehr und halte mich nicht auf!"

Ich wollte ihr widersprechen, doch die Erde ringsum erbebte und stöhnte dumpf – und ich erwachte.

August 1879

„AUFHÄNGEN"

„Es geschah im Jahre achtzehnhundertfünf", begann mein alter Bekannter, „kurz vor der Schlacht von Austerlitz. Das Regiment, bei dem ich als Offizier diente, lag in Mähren in Quartier.

Es war uns strengstens verboten, die Bewohner zu belästigen oder zu drangsalieren; sie sahen uns ohnehin scheel an, obwohl wir als ihre Verbündeten galten.

Mein Bursche, ein ehemaliger Leibeigener meiner Mutter, hieß Jegor. Er war ein ehrlicher, friedlicher Mann; ich kannte ihn von Kindesbeinen an und behandelte ihn wie einen Freund.

Eines Tages erhob sich in dem Haus, in dem ich wohnte, zänkisches Jammern und Schreien: Der Besitzerin des Hauses waren zwei Hühner gestohlen worden, und sie beschuldigte meinen Burschen dieses Diebstahls. Er verteidigte sich und rief mich als Zeugen an. Er, Jegor Awtamonow, und stehlen! Ich versicherte meiner Wirtin, Jegor sei eine ehrliche Haut, aber sie wollte nichts davon hören.

Plötzlich erklang draußen einmütiges Pferdegetrappel: Der Oberkommandierende in Person ritt mit seinem Stab die Straße entlang.

Er ritt, dick und aufgeschwemmt, wie er war, im Schritt, mit hängendem Kopf und auf die Brust gerutschten Epauletten.

Meine Wirtin erblickte ihn, stürzte davon und schnitt seinem Pferd den Weg ab; sie warf sich auf die Knie, beklagte sich, barhäuptig und völlig zerzaust, laut über meinen Burschen und wies mit der Hand auf ihn.

‚Herr General!' rief sie. ‚Euer Erlaucht! Sprechen Sie Recht! Helfen Sie mir! Retten Sie mich! Dieser Soldat hat mich bestohlen!'

Jegor stand kerzengerade auf der Schwelle des Hauses, die Mütze in der Hand, sogar mit vorgewölbter Brust und zusammengerissenen Hacken – wie eine Schildwache, und sagte kein Wort! Ob ihn nun diese ganze mitten auf der Straße haltende Generalität verwirrt hatte oder ob das hereinbrechende Unheil ihn zu Stein erstarren ließ – mein Jegor stand jedenfalls da und zwinkerte nur mit den Augen! Er war kreideweiß.

Der Oberkommandierende warf einen zerstreuten, finsteren Blick auf ihn und brummte ärgerlich:

‚Nun?'

Jegor blieb unbeweglich wie ein Götzenbild und bleckte nur die Zähne! Von der Seite gesehen, schien er zu lachen.

Da sagte der Oberkommandierende abgehackt:

‚Aufhängen!'

Dann stieß er seinem Pferd die Sporen in die Flanken und ritt weiter – zuerst wieder im Schritt, später in raschem Trab. Der ganze Stab setzte ihm nach; nur ein Adjutant wandte sich im Sattel um und sah Jegor flüchtig an.

Den Befehl nicht zu befolgen war unmöglich. Jegor wurde sogleich ergriffen und zur Hinrichtung abgeführt.

Da erstarrte er ganz und gar und stieß nur ein-, zweimal mit Mühe hervor: ‚Ach, du meine Güte!' Und dann mit gedämpfter Stimme: ‚Gott sei mein Zeuge – ich war es nicht!'

Als er Abschied von mir nahm, brach er in bittere Tränen aus. Ich war verzweifelt.

‚Jegor! Jegor!' rief ich. ‚Warum hast du dem General denn nichts erwidert?'

‚Gott sei mein Zeuge – ich war es nicht', wiederholte schluchzend der Ärmste.

Die Wirtin war selber entsetzt. Ein so schreckliches Urteil hatte sie auf keinen Fall erwartet, und nun heulte sie ihrerseits los. Sie flehte alle und jeden um Gnade an und versicherte, ihre Hühner hätten sich angefunden, sie wäre bereit, alles zu erklären …

Natürlich half das nichts. Der Kriegszustand, mein Herr! Die Disziplin!

Die Wirtin heulte immer lauter.

Jegor, der schon gebeichtet hatte und vom Geistlichen mit den Sterbesakramenten versehen worden war, wandte sich an mich: ‚Sagen Sie ihr, Euer Wohlgeboren, sie soll sich meinetwegen nicht umbringen. Ich habe ihr verziehen.'"

Mein Bekannter wiederholte die letzten Worte seines Dieners und murmelte: „Jegoruschka, du Guter, Rechtschaffener!" Und Tränen rannen über seine alten Wangen.

August 1879

WAS WERDE ICH DENKEN?

Was werde ich denken, wenn es ans Sterben geht, falls ich dann überhaupt noch zu denken fähig bin?

Werde ich daran denken, daß ich das Leben schlecht genutzt, es verschlafen, verträumt habe, daß ich nicht verstanden habe, seine Gaben zu genießen?

Wie? Das ist bereits der Tod? So bald? Unmöglich! Ich bin doch noch zu nichts gekommen! Ich wollte gerade erst anfangen!

Werde ich mich des Vergangenen erinnern, in Gedanken bei den wenigen von mir erlebten lichten Augenblicken, bei teuren Gestalten oder Gesichtern verweilen?

Werden in meinem Gedächtnis meine schlechten Handlungen auftauchen, wird die brennende Qual der späten Reue meine Seele befallen?

Werde ich daran denken, was mich jenseits des Grabes erwartet … und ob mich da überhaupt etwas erwartet?

Nein, mir scheint, ich werde mich bemühen, nicht zu denken, und mich zwingen, mich mit irgendwelchen Nebensächlichkeiten zu beschäftigen, nur um die eigene Aufmerksamkeit von der Finsternis abzulenken, die sich schwarz und drohend vor mir abzeichnet.

Ein Sterbender beklagte sich in meiner Gegenwart ununterbrochen, man lasse ihn keine gerösteten Nüsse knabbern ... Nur in der Tiefe seiner trübe gewordenen Augen zuckte und zitterte etwas, das an den gebrochenen Flügel eines zu Tode getroffenen Vogels erinnerte.

August 1879

„WIE WUNDERSCHÖN, WIE FRISCH WAREN DIE ROSEN ...“

Irgendwo, irgendwann vor langer, langer Zeit las ich ein Gedicht. Ich vergaß es bald, doch die erste Verszeile blieb in meinem Gedächtnis haften:

„Wie wunderschön, wie frisch waren die Rosen ...“[1]

Es ist Winter; der Frost hat die Scheiben mit Eis überzogen; eine einzige Kerze brennt im dunklen Zimmer. Ich habe mich in eine Ecke verkrochen, in meinem Kopf aber klingt und klingt es fort:

„Wie wunderschön, wie frisch waren die Rosen ...“

Und ich sehe mich vor dem niedrigen Fenster eines russischen Vorstadthauses. Der Sommerabend schwindet langsam dahin und wird zur Nacht; die warme Luft duftet nach Lindenblüten und Reseda. Auf dem Fensterbrett aber sitzt, gestützt auf den ausgestreckten Arm und den Kopf zur Schulter geneigt, ein junges Mädchen – stumm und unverwandt blickt es zum Himmel, als warte es auf das Erscheinen der ersten Sterne. Wie treuherzig-begeistert die nachdenklichen Augen, wie rührend unschuldig die fragend geöffneten Lippen, wie gleichmäßig der Atem der noch nicht voll erblühten, noch durch nichts aufgewühlten Brust, wie rein und zart die Züge des jungen Gesichtes sind! Ich wage nicht, sie anzusprechen, aber wie lieb sie mir ist, wie mir das Herz klopft!

„Wie wunderschön, wie frisch waren die Rosen ...“

1 Anfangszeile aus dem Gedicht „Die Rosen“ des Dichters Iwan Petrowitsch Mjatlew (1796–1844).

Im Zimmer aber wird es immer dunkler. Die heruntergebrannte Kerze knistert, flüchtige Schatten zittern an der niedrigen Stubendecke, der Frost da draußen klirrt und macht einem Angst, und mir ist, als hörte ich ein trübseliges greisenhaftes Flüstern:

„Wie wunderschön, wie frisch waren die Rosen ..."

Andere Gestalten steigen vor mir auf. Ich vernehme den fröhlichen Lärm ländlichen Familienlebens. Zwei blonde Köpfchen blicken mich, aneinandergeschmiegt, munter und mit hellen Äuglein an; die roten Wangen beben vor unterdrücktem Lachen; die Hände sind freundschaftlich miteinander verflochten; die jungen, gutmütigen Stimmen klingen, sich gegenseitig unterbrechend, durcheinander – und etwas weiter weg, in der Tiefe des behaglichen Zimmers, huschen, gelegentlich danebengreifend, andere, ebenfalls junge Hände über die Tasten eines alten Pianinos hin – aber der Lannersche Walzer vermag das Summen des patriarchalischen Samowars nicht zu übertönen ...

„Wie wunderschön, wie frisch waren die Rosen ..."

Die Kerze ermattet und erlischt allmählich ... Wer hustet da so heiser und so dumpf? Zu einem Knäuel zusammengerollt, drückt sich, hin und wieder zuckend, ein alter Hund an meine Füße, mein einziger Freund ... Mich friert. Mir ist kalt. Und alle sind sie gestorben, alle!

„Wie wunderschön, wie frisch waren die Rosen ..."

September 1879

EINE SEEFAHRT

Ich fuhr mit einem kleinen Dampfer von Hamburg nach London. Wir waren zwei Passagiere an Bord: ich und ein kleines Affenweibchen der Gattung Uistiti, das ein Hamburger Kaufmann seinem englischen Partner schickte – als Geschenk.

Es war mit einer dünnen Kette an eine Bank auf dem Deck gefesselt, zerrte daran herum und piepste kläglich, auf Vogelart.

Jedesmal, wenn ich vorbeikam, streckte es sein kaltes, schwarzes Händchen zu mir aus und blickte mich mit traurigen, fast menschlichen Augen an. Ich ergriff seine Hand, und es hörte auf zu piepsen und an der Kette zu zerren.

Es herrschte völlige Windstille. Das Meer ringsum lag da wie ein unbewegliches bleigraues Tischtuch. Es erschien nicht allzu groß; dichter Nebel lag über ihm, verschleierte die Spitzen der Masten, beraubte das Auge der Sicht, ermüdete es durch sein weiches Dämmerlicht. Die Sonne hing als mattroter Fleck in diesem Dämmer; gegen Abend aber flammte sie auf und funkelte geheimnisvoll und seltsam.

Lange gerade Falten, die an die Falten von schweren Seidengeweben erinnerten, strebten, eine nach der anderen, vom Bug des Dampfers fort, verbreiterten und kräuselten sich, glätteten sich schließlich, wogten noch einmal schwach und zergingen. Unter den gleichmäßig stampfenden Rädern ballte sich der aufgewirbelte Schaum; milchig weiß und leise zischend, löste er sich in Streifen auf, die wie Schlangen aussahen, floß wieder zusammen und wurde dann ebenfalls von dem Nebel verschlungen.

Am Heck schlug unablässig eine nicht allzu große Schiffsglocke an; sie klang nicht weniger kläglich als das Winseln des Äffchens.

Von Zeit zu Zeit tauchte ein Seehund auf, überschlug sich rasch und verschwand wieder unter dem kaum aufgewühlten Meeresspiegel.

Der Kapitän aber, ein maulfauler Mann mit wettergebräuntem, finsterem Gesicht, rauchte seine kurze Pfeife und spie ärgerlich in das erstarrte Meer. Alle meine Fragen beantwortete er mit einem abgehackten Knurren; so blieb mir nichts anderes übrig, als mich an meinen einzigen Reisegefährten zu halten – das Affenweibchen.

Ich ließ mich neben ihm nieder; es hörte auf zu winseln und streckte wiederum die Hand zu mir aus.

Der regungslose Nebel umgab uns beide mit einschläfernder Feuchtigkeit, und wir verweilten nebeneinander wie nahe Verwandte, in ein und dieselbe, uns unbewußte Nachdenklichkeit versunken.

Heute lächle ich darüber, damals aber empfand ich es anders.

Wir alle sind Kinder derselben Mutter; und mir tat es wohl, daß sich das arme Geschöpfchen so vertrauensvoll neben mir beruhigte und sich an mich schmiegte wie an seinesgleichen.

November 1879

NOCH GEBE ICH NICHT AUF!

Welch unbedeutende Kleinigkeit einen gelegentlich völlig umstimmen kann!

Eines Tages schritt ich, in Nachdenken versunken, auf der Landstraße dahin.

Schwere Ahnungen bedrückten meine Brust; Verzagtheit bemächtigte sich meiner.

Ich sah auf. Vor mir strebte die Landstraße zwischen zwei Reihen hoher Pappeln schnurgerade in die Ferne.

Und darüber, über ebendiese Landstraße, hüpfte im Gänsemarsch, ein Dutzend Schritte von mir entfernt und vergoldet von der hellen Sommersonne, eine ganze Spatzenfamilie dahin – munter, spaßig, selbstgefällig!

Besonders einer unter ihnen tat mächtig groß – er bewegte sich nur seitlich voran, mit vorgewölbtem Kropf und unter frechem Zwitschern, als sei für ihn selbst der Teufel nicht seinesgleichen! Ein Eroberer, wie er im Buche steht!

Und dabei kreiste hoch oben am Himmel ein Habicht, der vielleicht sein Schicksal war und ebendiesen Eroberer schon bald fressen sollte.

Ich sah mir das an, brach in Lachen aus und richtete mich innerlich auf – die traurigen Gedanken waren sogleich verflogen, und ich verspürte Mut, Verwegenheit und Lust zum Leben.

Und wenn auch über mir *mein* Habicht kreisen mag – noch gebe ich nicht auf, hol mich der Teufel!

November 1879

DIE RUSSISCHE SPRACHE

In den Tagen des Zweifels, des bedrückenden Nachdenkens über das Schicksal meiner Heimat bist du allein mein Rückhalt und meine Stütze, o große, kraftvolle, wahrhaftige und biegsame russische Sprache! Gäbe es nicht dich – wie sollte man nicht in Verzweiflung geraten beim Anblick all dessen, was daheim geschieht? Aber unmöglich, zu glauben, daß eine solche Sprache nicht einem großen Volk gegeben ist!

Juni 1882

Das Frühstück beim Adelsmarschall

Komödie

PERSONEN

Nikolai Iwanowitsch Balagalajew, *Adelsmarschall*[1], *fünfundvierzig Jahre*
Pjotr Petrowitsch Pechterjew, *ehemaliger Adelsmarschall, sechzig Jahre*
Jewgeni Tichonowitsch Suslow, *Richter*
Anton Semjonowitsch Alupkin, *Gutsnachbar*
Mirwolin, *verarmter Gutsnachbar*
Ferapont Iljitsch Bespandin, *Gutsbesitzer*
Anna Iljinischna Kaurowa, *seine Schwester, Witwe, fünfundvierzig Jahre*
Porfiri Ignatjewitsch Naglanowitsch, *Polizeihauptmann*
Welwizki, *Schriftführer des Adelsmarschalls*
Gerassim, *Balagalajews Kammerdiener*
Karp, *Kutscher der Kaurowa*

Die Handlung spielt auf dem Gut Balagalajews.

Die Bühne stellt das Speisezimmer dar. In der Mitte der Ausgang, rechts das Herrenzimmer, hinten Fenster; seitlich ein gedeckter Imbißtisch, an dem Gerassim hantiert. Er hört das Rattern einer Equipage und tritt ans Fenster.

1 Im zaristischen Rußland Vorsteher der adligen Ständevertretung im Kreis- oder Bezirksmaßstab.

ERSTER AUFTRITT

Gerassim und Mirwolin.

Mirwolin: Guten Tag, Gerassim! Wie geht's? Er hat sich wohl noch nicht blicken lassen?

Gerassim (der mit dem Tisch beschäftigt ist): Guten Tag! Wo haben Sie denn das Pferd her?

Mirwolin: Nicht übel, das Pferdchen, nicht wahr? Man hat mir gestern zweihundert Rubel dafür geboten.

Gerassim: Wer hat sie geboten?

Mirwolin: Je nun, ein Kaufmann aus Karatschew.

Gerassim: Und warum haben Sie es ihm dafür nicht gelassen?

Mirwolin: Warum? Weil ich es selber brauche. Ach, Verehrter, gib mir doch mal ein Gläschen! Mir kratzt da, weißt du, etwas im Halse; dazu die Hitze ... *Er trinkt und ißt etwas nach.* Du deckst wohl gerade zum Frühstück?

Gerassim: Dachten Sie vielleicht – zum Mittagessen?

Mirwolin: Und so viele Gedecke! Wird jemand erwartet?

Gerassim: Sieht ganz danach aus.

Mirwolin: Und weißt du – wer?

Gerassim: Nein, weiß ich nicht. Man sagt, sie wollen heute den Streit zwischen Bespandin und dessen Schwester schlichten. Kann sein, daß das der Anlaß ist.

Mirwolin: Ach was! Nein, wirklich? Nun ja, wäre auch gut. Sie müssen mit ihrer Teilung endlich ins reine kommen. Ist ja geradezu eine Schande! – Stimmt es denn, daß Nikolai Iwanytsch diesem Bespandin ein Wäldchen abkaufen will?

Gerassim: Weiß der Kuckuck!

Mirwolin (beiseite): Das wäre so eine Gelegenheit, ihm Bauholz abzubetteln.

Balagalajew (hinter den Kulissen): Filka! Welwizki soll zu mir kommen!

Mirwolin: Die Tür vom Herrenzimmer zum Salon steht also offen ... Los, ein zweites Gläschen, Garasja ...

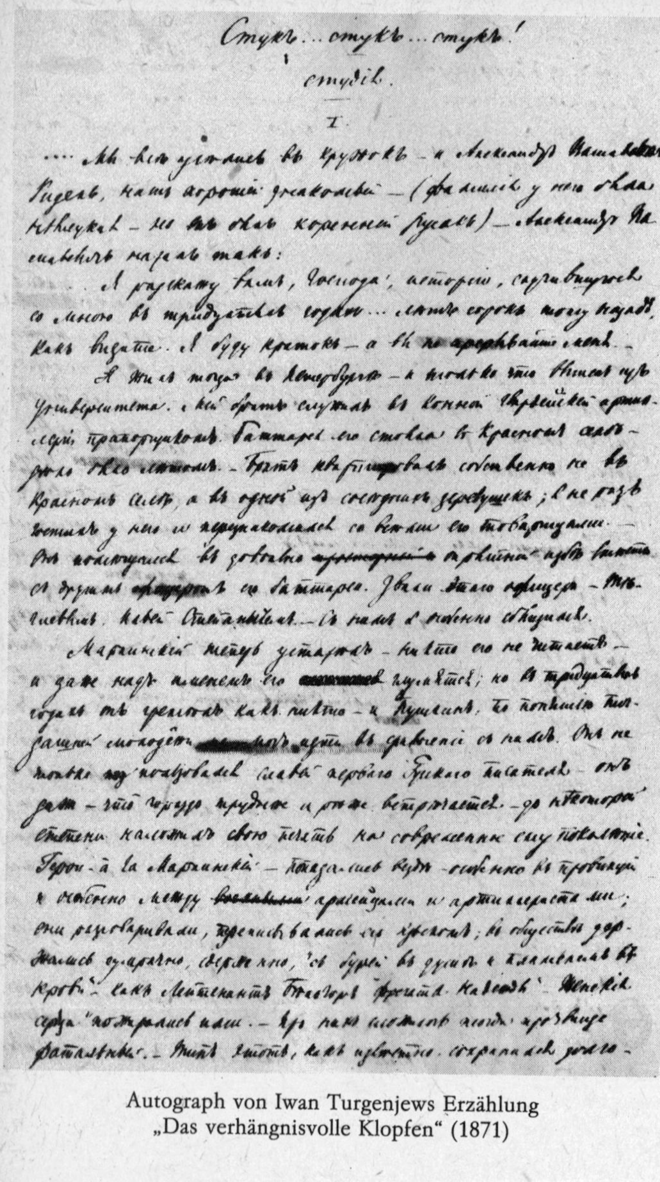

Стукъ... стукъ... стукъ!
студія.
I.

Autograph von Iwan Turgenjews Erzählung
„Das verhängnisvolle Klopfen" (1871)

Gerassim: Was denn, die Kehle ist wohl immer noch nicht ...

Mirwolin: Nein, Bester, da kratzt was. *Er trinkt und ißt etwas nach; Gerassim geht.*

ZWEITER AUFTRITT

Dieselben, Balagalajew und Welwizki.

Balagalajew: So, so und nicht anders ordnest du das an – hörst du? *Zu Mirwolin.* Ah, du? Guten Tag!

Mirwolin: Untertänigsten Respekt, Nikolai Iwanytsch!

Balagalajew (zu Welwizki): So, wie ich es dir gesagt habe, verstehst du? Du hast mich doch verstanden?

Welwizki: Aber gewiß, gewiß!

Balagalajew: Na also! So wird es am besten sein. Und nun geh! Wenn es soweit ist, lasse ich's dich wissen und dich rufen. Kannst gehen.

Welwizki: Jawohl! Und die Papiere in der Angelegenheit der Witwe Kaurowa soll ich also bereithalten?

Balagalajew: Ja, natürlich, selbstverständlich ... Ich muß mich wundern! Das hättest du doch selbst begreifen müssen, mein Bester!

Welwizki: Aber Sie haben mir doch nichts davon ...

Balagalajew: Und wennschon! Ja, muß man dir wirklich alles sagen?

Welwizki: Zu Befehl. *Er geht.*

Balagalajew: Nicht allzu leicht von Begriff, der junge Mann. *Zu Mirwolin.* Nun, wie geht's? *Er setzt sich.*

Mirwolin: Gottlob, Nikolai Iwanytsch, gottlob! Und wie ist Ihr eigenes Befinden?

Balagalajew: Es macht sich. – Warst du in der Stadt?

Mirwolin: Ja, sicher, war ich; viel Neues gibt es da übrigens nicht. Der Kaufmann Seljodkin hat vorgestern einen Schlaganfall bekommen; darüber braucht man sich bei ihm aber nicht zu wundern. Der Rechtsanwalt hat gestern, so heißt es, wieder mal seine Frau ... Sie wissen schon ...

Balagalajew: Wahrhaftig? So was von Unermüdlichkeit!

Mirwolin: Ich traf auch den Doktor Shurawljow; er läßt Sie grüßen. Und sah Pjotr Petrowitsch in einem neuen Wagen vorüberfahren. War offenbar unterwegs zu einer Gesellschaft – mit einem Lakaien, der einen neuen Hut aufhatte.

Balagalajew: Er kommt heute her. – Und stellt der Wagen etwas dar?

Mirwolin: Wie soll ich sagen! Nein, eigentlich nicht. Die Form ist zwar ganz schön, aber im Grunde genommen – nein, ich weiß nicht, mir gefällt er nicht. Kein Vergleich mit Ihrem!

Balagalajew: Meinst du? Hat er horizontale Federung?

Mirwolin: Das schon, horizontale Federung ist da; aber was hat man davon? Ich bitte Sie! Ist doch nur Angabe! Und dazu neigt er ein bißchen. Er soll die Absicht haben, wieder zu kandidieren.

Balagalajew: Als Adelsmarschall?

Mirwolin: Ganz recht! Nun ja, von mir aus! Dann wird er wieder mit seinen Rappen durch die Gegend kutschieren.

Balagalajew: Glaubst du? Im übrigen ist Pjotr Petrowitsch, das muß ich sagen, in jeder Beziehung ein höchst ehrenwerter Mann, der es durchaus verdienen würde … Natürlich ist andererseits die schmeichelhafte Aufmerksamkeit des Adels … Trink mal einen Wodka!

Mirwolin: Danke ergebenst!

Balagalajew: Wieso? Hast du schon einen genehmigt?

Mirwolin: Das nicht! Nur spüre ich hier auf der Brust … *Er hustet.*

Balagalajew: Unsinn! Trink mal!

Mirwolin (trinkt): Auf Ihr Wohl! Aber wissen Sie auch, Nikolai Iwanytsch, daß Pjotr Petrowitschs Familienname nicht Pechterjew, sondern Pechterjow lautet – Pechterjow und nicht Pechterjew.

Balagalajew: Wie kommst du darauf?

Mirwolin: Ich bitte Sie! Wie sollte unsereins das nicht wissen? Ich habe schon seinen Vater und seine sämtlichen Onkel gekannt. Alle nannten sich Pechterjow, nicht Pechterjew, und das seit je! Pechterjew – so einen Familiennamen hat es hier nie gegeben! Wieso Pechterjew?

Balagalajew: Ha! Im übrigen, was macht das schon aus? Hauptsache, man hat ein fühlendes Herz.

Mirwolin: Da belieben Sie allerdings vollkommen recht zu haben. Hauptsache, man hat ein fühlendes Herz. *Er blickt aus dem Fenster.* Da ist jemand vorgefahren.

Balagalajew: Und ich bin noch im Schlafrock! Das kommt von all dem Schwatzen! *Er erhebt sich.*

Alupkin (hinter den Kulissen): Melde: A-a-lupkin, Edelmann!

Gerassim (tritt ein): Sie werden von einem Herrn Alupkin gewünscht.

Balagalajew: Alupkin? Wer mag das sein? Bitt ihn herein. – Du, sei so gut und unterhalte ihn solange. Ich bin gleich wieder da. *Er geht.*

DRITTER AUFTRITT

Mirwolin und Alupkin.

Mirwolin: Nikolai Iwanowitsch wird sich sogleich einfinden. Möchten Sie nicht solange Platz nehmen?

Alupkin: Ergebensten Dank. Ich kann auch stehen. Gestatten Sie die Frage: Mit wem habe ich die Ehre?

Mirwolin: Mirwolin, Gutsbesitzer und hier in der Gegend zu Hause. Vielleicht haben Sie von mir schon gehört?

Alupkin: Nein, nie gehört. Im übrigen – sehr erfreut über das Zusammentreffen. Darf ich fragen: Ist Tatjana Semjonowna Baldaschowa mit Ihnen verwandt?

Mirwolin: Nein. Was ist das für eine Baldaschowa?

Alupkin: Eine Gutsbesitzerin im Gouvernement Tambow, verwitwet.

Mirwolin: Ah! Im Gouvernement Tambow!

Alupkin: Jawohl, im Gouvernement Tambow und verwitwet. Und gestatten Sie, daß ich mich erkundige: Kennen Sie den hiesigen Polizeihauptmann?

Mirwolin: Porfiri Ignatjitsch? Und ob! Ein alter Freund von mir.

Alupkin: Das größte Biest, das es auf dieser Welt gibt. Sie müssen schon entschuldigen, ich bin Soldat und immer geradeheraus; ich bin es gewöhnt, mich klipp und klar auszudrücken. Ich muß Ihnen sagen …

Mirwolin: Möchten Sie nach dem Weg vielleicht etwas zu sich nehmen?

Alupkin: Danke ergebenst, nein. – Ich muß Ihnen sagen, in dieser Gegend habe ich mich erst vor kurzem niedergelassen; bis dahin habe ich meist im Gouvernement Tambow gelebt. Da ich jedoch von meiner verstorbenen Frau zweiundfünfzig leibeigene Seelen in diesem Kreis geerbt habe …

Mirwolin: Und wo, wenn ich fragen darf?

Alupkin: Im Dörfchen Trjuchino, fünf Werst von der Landstraße nach Woronesh.

Mirwolin: Ah, kenn ich, kenn ich! Ein schönes Gütchen!
Alupkin: Ein regelrechter Dreck, lauter Sand ... Nachdem ich also meine verstorbene Frau beerbt hatte, befand ich es für gut, nach hierher überzusiedeln, zumal mein Haus im Tambowschen, mit Verlaub, buchstäblich auseinandergefallen war. Nun, ich siedelte über – und was meinen Sie? Ihr Polizeihauptmann hat es bereits geschafft, meinen Ruf auf die unanständigste Weise zu untergraben.
Mirwolin: Was Sie nicht sagen! Wie unangenehm!
Alupkin: Nein, gestatten Sie, gestatten Sie! Lassen Sie mich ausreden! Einem anderen würde das vielleicht nichts ausmachen, aber ich habe eine Tochter, Jekaterina; das bitte ich zu bedenken! Ich hoffe jedoch auf Nikolai Iwanytsch. Ich hatte zwar erst zweimal das Vergnügen, ihn zu sehen, habe aber schon soviel Gutes von seinem Gerechtigkeitssinn gehört ...
Mirwolin: Da kommt er gerade selber ...

VIERTER AUFTRITT

Dieselben und Balagalajew im Frack.
Alupkin verneigt sich.

Balagalajew: Sehr angenehm. Bitte setzen Sie sich. Ich ... ich hatte, wenn ich nicht irre, das Vergnügen, Sie beim ehrenwerten Afanassi Matwejitsch zu sehen!
Alupkin: Jawohl, so ist es.
Balagalajew: Sie sind doch, glaube ich, vor kurzem unser ... ich meine, vor kurzem in unseren Kreis übergesiedelt?
Alupkin: Jawohl, so ist es.
Balagalajew: Sie werden es, hoffe ich, nicht bereuen. *Kurzes Schweigen.* Was für ein heißer Tag heute ...
Alupkin: Nikolai Iwanowitsch, erlauben Sie einem alten Soldaten, offen zu Ihnen zu sein!
Balagalajew: Tun Sie mir den Gefallen! Worum geht es denn?
Alupkin: Nikolai Iwanytsch! Sie sind unser Marschall! Nikolai Iwanytsch! Sie sind sozusagen unser zweiter Vater; ich, Nikolai Iwanytsch, bin selber Vater!
Balagalajew: Glauben Sie mir, das alles weiß ich, fühle ich allzugut; das ist meine Pflicht. Dazu die schmeichelhafte Aufmerksamkeit des Adels ... Sprechen Sie, worum handelt es sich?

Alupkin: Nikolai Iwanytsch! Ihr Polizeihauptmann ist, mit Verlaub, ein großer Halunke.

Balagalajew: Hm. Sie drücken sich aber stark aus!

Alupkin: Nein, gestatten Sie, gestatten Sie! Belieben Sie mich anzuhören! Ein Bauer von mir soll Filipp, einem Bauern meines Nachbarn, einen Ziegenbock gestohlen haben. Erlauben Sie nur, daß ich frage: Was will ein Bauer mit einem Ziegenbock? Nein, sagen Sie mir, wozu braucht er einen Ziegenbock? Und warum soll – schließlich und endlich – gerade *mein* Bauer diesen Bock gestohlen haben? Wieso kein anderer? Welche Beweise gibt es? Aber nehmen wir einmal an, mein Bauer sei tatsächlich der Schuldige – was habe ich damit zu tun? Wie komme ich dazu, dafür geradezustehen? Wieso behelligt man damit mich? Da müßte ich mich ja für jeden Bock verantworten, und der Polizeihauptmann hätte das Recht, mir grob zu kommen ... Ich bitte Sie! Er sagte: „Der Bock hat sich in Ihrem Viehhof angefunden ..." Hol ihn mitsamt seinem Bock der Teufel! Es handelt sich hier nicht um den Bock, es handelt sich um den Anstand!

Balagalajew: Erlauben Sie, ich finde mich, ehrlich gestanden, nicht ganz zurecht. Sie sagen, Ihr Bauer hat einen Ziegenbock gestohlen?

Alupkin: Nein, das sage nicht ich, das sagt der Polizeihauptmann.

Balagalajew: Aber für solche Dinge ist doch, scheint mir, der Rechtsweg da. Ich weiß wahrhaftig nicht, warum Sie sich damit gerade an mich wenden!

Alupkin: Aber an wen denn sonst, Nikolai Iwanytsch? Belieben Sie die Angelegenheit zu schlichten! Ich bin ein alter Soldat, man hat mich gekränkt, mein Ehrgefühl verletzt. Der Polizeihauptmann sagt zu mir, und das so richtig auf gemeine Art: „Ich werde Ihnen ..." Ich bitte Sie!

Gerassim (tritt ein): Jewgeni Tichonytsch ist eingetroffen.

Balagalajew (erhebt sich): Entschuldigen Sie bitte! – Jewgeni Tichonytsch! Herzlich willkommen! Wie geht es Ihnen?

FÜNFTER AUFTRITT

Dieselben und Suslow.

Suslow: Bestens, bestens! Danke der Nachfrage. – Meine Herren, habe die Ehre ...

Mirwolin: Untertänigsten Respekt, Jewgeni Tichonytsch!

Suslow: Ah, du, guten Tag!
Balagalajew: Und was macht Ihre Gattin?
Suslow: Lebt und gedeiht. – So was von Hitze! Wäre es nicht zu Ihnen, Nikolai Iwanytsch, gegangen, ich hätte mich bei Gott nicht von der Stelle gerührt.
Balagalajew: Danke, danke! Bitte, bedienen Sie sich! *Zu Alupkin.* Entschuldigen Sie, wie ist Ihr Vor- und Vatersname?
Alupkin: Anton Semjonytsch.
Balagalajew: Bester Anton Semjonytsch, setzen Sie mir die Gründe Ihres Mißvergnügens später auseinander, jetzt muß ich ... Sie sehen selber ... Ich werde der Angelegenheit, das können Sie mir glauben, besondere Aufmerksamkeit schenken – seien Sie nur unbesorgt. Sind Sie mit Jewgeni Tichonytsch bekannt?
Alupkin: Nein, das bin ich nicht.
Balagalajew: Dann gestatten Sie, daß ich Sie einander vorstelle: Unser Richter, ein in jeder Beziehung höchst ehrenwerter, hochherziger, freimütiger Mann – Jewgeni Tichonytsch!
Suslow (steht am Tisch und spricht dem Imbiß zu): Ja? Was ist?
Balagalajew: Gestatten Sie, Sie mit einem neugebackenen Bewohner unseres Kreises bekannt zu machen: Alupkin, Anton Semjonytsch, ein neuer Gutsbesitzer.
Suslow (ohne sich beim Essen stören zu lassen): Äußerst angenehm! Von wo sind Sie zu uns gekommen?
Alupkin: Aus dem Gouvernement Tambow.
Suslow: Ah! Ich habe einen Verwandten in Tambow – ein ausgemachter Hohlkopf. Ansonsten ist Tambow gar nicht so übel.
Alupkin: Nein, keineswegs.
Suslow: Wo bleiben denn unsere sanften Täubchen? Am Ende kommen sie gar nicht.
Balagalajew: Nein, das glaube ich nicht. Mich wundert, daß sie noch nicht da sind. Sie sollten als erste hiersein.
Suslow: Und was meinen Sie, werden wir sie versöhnen?
Balagalajew: Hoffentlich. Ich habe auch Pjotr Petrowitsch dazu eingeladen. Ja, bei dieser Gelegenheit, Anton Semjonytsch, ich habe eine Bitte an Sie. Sie können uns in einer Angelegenheit helfen, die sozusagen den ganzen Adel berührt.
Alupkin: Soso!
Balagalajew: Es gibt bei uns einen Gutsbesitzer, Bespandin mit Namen; man meint, ein anständiger Kerl, ist aber verrückt; das heißt nicht eigentlich verrückt, sondern ... ach, was weiß ich!

Dieser Bespandin nun hat eine Schwester, die verwitwete Kaurowa: geradeheraus gesagt, ein ausgesprochen behämmertes, störrisches Frauenzimmer. Nun, Sie werden sie ja kennenlernen …

Mirwolin: Das liegt bei denen in der Familie, Nikolai Iwanytsch: Deren Mutter, die verstorbene Pelageja Arsenjewna, war noch schlimmer. Ihr soll in jungen Jahren ein Ziegelstein auf den Kopf gefallen sein – vielleicht rührt es daher …

Balagalajew: Möglich, wäre durchaus natürlich … Nun, dieser Bespandin also und dessen Schwester, die Witwe Kaurowa, streiten sich schon das dritte Jahr über die Aufteilung einer Erbschaft. Eine Tante hat ihnen ihr wohlerworbenes Gut hinterlassen, und zwar – laut Testament – zu gleichen Teilen. Aber sie können sich einfach nicht einigen, und wenn du platzt! Besonders das Schwesterlein lehnt jeden Vorschlag rundheraus ab. Die Sache wäre fast vor Gericht gekommen, denn sie reichten Gesuche an die höchsten Stellen ein. Wie leicht ist da ein Unglück geschehen! So habe ich mich denn entschlossen, sozusagen die Wurzel des Übels mit fester Hand zu durchhauen, den beiden Einhalt zu gebieten und sie endlich zur Vernunft zu bringen. Ich habe sie für heute wieder zu mir bestellt, aber zum letztenmal; danach werde ich andere Maßnahmen ergreifen. In der Tat, wie komme ich dazu, mich damit abzuquälen? Soll das Gericht entscheiden. Als Friedensstifter und Zeugen habe ich den ehrenwerten Jewgeni Tichonytsch und Pjotr Petrowitsch Pechterjow, den ehemaligen Adelsmarschall, zu mir gebeten. Wären also vielleicht auch Sie bereit? Das heißt bereit, uns in dieser Angelegenheit beizustehen?

Alupkin: Mit Vergnügen, nur scheint mir, daß ich, da ich die streitenden Parteien nicht kenne …

Balagalajew: Und wennschon! Hat nichts zu sagen! Sie sind ein hiesiger Gutsbesitzer und ein Mann mit Urteil. Ja, das ist sogar besser: So können sie Ihre Unparteilichkeit nicht bezweifeln.

Alupkin: Also bitte, ich bin bereit.

Gerassim (tritt ein): Frau Kaurowa ist eingetroffen.

Balagalajew: Wie der Wolf in der Fabel!

SECHSTER AUFTRITT

Dieselben und Frau Kaurowa mit Hütchen und Handtäschchen.

Balagalajew: Na endlich! Treten Sie näher, Anna Iljinischna! Treten Sie näher! Hierher, wenn's beliebt!

Frau Kaurowa: Ferapont Iljitsch ist wohl noch nicht da?

Balagalajew: Nein; aber er muß bald kommen. Möchten Sie nicht einen Imbiß zu sich nehmen?

Frau Kaurowa: Ergebensten Dank! Ich esse nur Fastengerichte.

Balagalajew: Also gut, dann einen Rettich oder Gurken? Wünschen Sie vielleicht Tee?

Frau Kaurowa: Danke ergebenst, nein! Ich habe bereits gefrühstückt. – Bitte entschuldigen Sie die Verspätung, Nikolai Iwanytsch! *Sie setzt sich.* Dem Herrgott sei Dank, daß ich wenigstens mit heilen Knochen bei Ihnen angelangt bin; mein Kutscher hätte mich fast aus dem Wagen gekippt.

Balagalajew: Was Sie nicht sagen! Und dabei ist die Straße, wie es scheint, doch gar nicht so schlecht!

Frau Kaurowa: Es handelt sich nicht um die Straße, Nikolai Iwanytsch, o nein! – Sie sehen, Nikolai Iwanytsch, ich bin gekommen, nur verspreche ich mir keinerlei Nutzen davon. Ferapont Iljitschs Sinnesart ist mir nur zu gut bekannt, oh, nur zu gut!

Balagalajew: Nun, Anna Iljinischna, das wird sich ja zeigen. Ich meinerseits hoffe im Gegenteil, Ihre Angelegenheit heute zu erledigen; wird ja auch Zeit.

Frau Kaurowa: Gott geb's, Gott geb's! Ich, Nikolai Iwanytsch, bin, wissen Sie, mit allem einverstanden. Ich bin ein friedfertiger Charakter. Ich, Nikolai Iwanytsch, erhebe keinerlei Einspruch; wie sollte ich auch! Ich bin eine schutzlose Witwe, und Sie sind meine einzige Hoffnung. Ferapont Iljitsch aber will mich umbringen. Nun ja! Der Herrgott verzeih ihm! Wenn er nur meine minderjährigen Kinder verschont. Ich dagegen … Was bin ich schon?

Balagalajew: Nicht doch, Anna Iljinischna, nicht doch! Lassen Sie mich Ihnen lieber unseren neuen Gutsbesitzer Anton Semjonytsch Alupkin vorstellen!

Frau Kaurowa: Sehr erfreut, sehr erfreut.

Balagalajew: Er wird, wenn Sie erlauben, an unserer Verhandlung teilnehmen.

Frau Kaurowa: Einverstanden, Nikolai Iwanytsch, ich bin mit allem einverstanden. Von mir aus können Sie den ganzen Kreis, das ganze Gouvernement zusammenholen: Mein Gewissen ist rein, Nikolai Iwanytsch. Ich weiß, sie werden alle für mich eintreten. Sie werden nicht gestatten, daß mir Unrecht geschieht. – Und wie ist Ihr Befinden, Jewgeni Tichonytsch?

Suslow: Gut! Was soll mir schon fehlen? Ergebensten Dank!

Mirwolin (küßt der Kaurowa die Hand): Und was machen Ihre Kleinen, Anna Iljinischna?

Frau Kaurowa: Noch sind sie, Gott sei Dank, am Leben. Aber wie lange noch? Die Ärmsten werden bald, sehr bald Vollwaisen sein!

Suslow: Nicht doch, Anna Iljinischna! Warum sagen Sie das? Sie werden uns noch alle überleben, Verehrteste!

Frau Kaurowa: Was heißt – warum ich das sage, mein Bester? Es wird wohl Gründe geben, wenn sogar ich nicht schweigen kann. Das ist es ja eben! Und Sie wollen Richter sein! Glauben Sie vielleicht, ich rede so etwas ohne Beweise daher?

Suslow: Und was sind das für Beweise?

Frau Kaurowa: Gleich, gleich … Nikolai Iwanytsch, lassen Sie meinen Kutscher rufen!

Balagalajew: Wen?

Frau Kaurowa: Den Kutscher, meinen Kutscher Karpuschka. Er heißt Karpuschka.

Balagalajew: Und wozu?

Frau Kaurowa: Befehlen Sie schon, ihn zu rufen. Jewgeni Tichonytsch hier verlangt doch Beweise von mir …

Balagalajew: Gestatten Sie, Anna Iljinischna …

Frau Kaurowa: Nein, tun Sie mir den Gefallen!

Balagalajew: Also meinetwegen. *Zu Mirwolin.* Spring doch bitte mal hin, mein Bester, und laß ihn kommen!

Mirwolin: Sofort! *Er geht hinaus.*

Frau Kaurowa: Sie wollen mir immer wieder nicht glauben, Jewgeni Tichonytsch. Es ist nicht das erstemal! Gott verzeih Ihnen!

Alupkin: Gestatten Sie: Ich kann trotz allem nicht verstehen, wozu Sie Ihren Kutscher herzubefehlen belieben. Was soll er denn hier? Versteh ich nicht.

Frau Kaurowa: Das werden Sie schon noch sehen.

Alupkin: Versteh ich nicht.

SIEBENTER AUFTRITT

Dieselben, dazu Karp und Mirwolin.

Mirwolin: Hier ist der Kutscher.

Frau Kaurowa: Karpuschka, hör zu, sieh mich an! Sie wollen einfach nicht glauben, daß Ferapont Iljitsch dich mehrmals bestechen wollte … Hörst du mir zu oder nicht?

Suslow: Nun? Warum schweigst du, mein Bester? Hat ihr Bruder dich zu bestechen versucht?

Karp: Was heißt – zu bestechen?

Suslow: Das weiß ich nicht. Hier, Anna Iljinischna, sagt es.

Frau Kaurowa: Karpuschka! Hör zu und sieh mich an! Erinnerst du dich, du hättest mich doch heute fast aus dem Wagen gekippt. Erinnerst du dich?

Karp: Ja, wann denn das?

Frau Kaurowa: Wann? So was von Dummkopf! An der Wendung natürlich, kurz vor dem Wehr. Da hätten wir doch bald das eine Rad verloren.

Karp: Jawohl.

Frau Kaurowa: Na also! Und weißt du noch, was ich da zu dir gesagt habe? Ich habe gesagt: „Gestehe, Ferapont Iljitsch hat dich bestochen: Karpuschka, mein Bester, hat er gesagt, kipp deine Herrin aus dem Wagen, daß sie tot ist; ich lasse dich nachher nicht im Stich …“ Und erinnerst du dich, was du mir entgegnetest? Du sagtest: „Jawohl, tatsächlich, Herrin, ich bin vor Ihnen schuldig.“

Suslow: Gestatten Sie, Anna Iljinischna. „Ich bin vor Ihnen schuldig“ – das beweist noch gar nichts. Was wollte er damit sagen? Soll das heißen, daß er bestochen war und Sie absichtlich umkippen wollte, um Sie ums Leben zu bringen? Das ist es, worauf es ankommt! – Hast du das gestanden? He? Hast du's gestanden?

Karp: Was soll ich gestanden haben?

Frau Kaurowa: Karpuschka, hör zu und sieh mich an. Ferapont Iljitsch wollte dich doch bestechen? Nun gut, du bist natürlich nicht darauf eingegangen … Aber spreche ich nicht die Wahrheit?

Karp: Wie belieben Sie zu sagen?

Frau Kaurowa: Bitte, da haben Sie es.

Suslow: Gestatten Sie, gestatten Sie! – Jetzt antwortest du mir, mein Freund, aber vernünftig! Nimm dich zusammen!

Frau Kaurowa: Nein, gestatten *Sie*, Jewgeni Tichonytsch! Damit bin ich nicht einverstanden. Sie wollen ihn einschüchtern, und das erlaube ich nicht. – Geh, Karpuschka, geh und sieh zu, daß du dich ausschläfst! Du bist ja wie im Tran. *Karp geht.* Das habe ich von Ihnen, ehrlich gestanden, nicht erwartet. Jewgeni Tichonytsch! Womit, frage ich Sie, habe ich das verdient?

Suslow: Geben Sie sich keine Mühe – mich wickeln Sie nicht ein!

Balagalajew: Schon gut, schon gut, Anna Iljinischna! Nehmen Sie Platz und beruhigen Sie sich! Wir werden alles klären.

Gerassim (tritt ein): Herr Bespandin ist eingetroffen.

Balagalajew: Na endlich! Gut, ich lasse selbstverständlich bitten.

ACHTER AUFTRITT

Dieselben und Bespandin.

Balagalajew: Ah! Guten Tag! Sie haben aber auf sich warten lassen!

Bespandin: Ich bitte vielmals um Entschuldigung, Nikolai Iwanytsch! Ich kann nichts dafür … Guten Tag, Jewgeni Tichonytsch, Sie unbestechlicher Richter! Wie geht es Ihnen?

Suslow: Guten Tag!

Bespandin: Wissen Sie – *er verneigt sich vor der Schwester* –, was mich so aufgehalten hat? Stellen Sie sich vor, man hat mir den Sattel gestohlen. Aber wer, das ist unbekannt! Nichts zu wollen, ich mußte mir den Sattel meines Reitknechts geben lassen. *Er trinkt.* Ich, wissen Sie, pflege – einerlei, wo ich hin muß – zu reiten, der Sattel aber erwies sich als schauderhaft, ein richtiger Vorreitersattel. An Trab gar nicht zu denken.

Balagalajew: Ferapont Iljitsch! Gestatten Sie, Sie bekannt zu machen: Alupkin, Anton Semjonytsch …

Bespandin: Sehr angenehm. – Gehen Sie gerne auf Jagd?

Alupkin: Wie soll ich das verstehen? In welchem Sinne auf Jagd?

Bespandin: In welchem Sinne? Nun, selbstverständlich im Sinne des Wildes, der Hunde …

Alupkin: Nein, für Hunde hab ich nichts übrig; ich schieße lieber auf stillsitzendes Vogelwild.

Bespandin (lacht): Auf stillsitzendes … haha …

Balagalajew: Entschuldigen Sie, meine Herren! Gestatten Sie mir, Ihr interessantes Gespräch zu unterbrechen. Von Hunden und stillsitzendem Vogelwild können wir uns ein andermal unterhalten. Jetzt aber schlage ich vor, keine Zeit mehr zu verlieren und zu der Angelegenheit zu kommen, derentwegen wir hier versammelt sind. Wir können auch ohne Pjotr Petrowitsch anfangen, meinen Sie nicht?

Suslow: Von mir aus!

Balagalajew: Bitte also ergebenst, Platz zu nehmen. Ferapont Iljitsch, und auch Sie, Anton Semjonytsch!

Man setzt sich.

Bespandin: Nikolai Iwanytsch, ich achte Sie von ganzem Herzen und habe es schon immer getan. Ich bin jetzt auf Ihren Wunsch zu Ihnen gekommen, doch gestatten Sie mir, Ihnen im voraus zu sagen: Wenn Sie hoffen, mit meiner verehrten Schwester zu einem Ergebnis zu gelangen, dann muß ich Sie darauf aufmerksam machen …

Frau Kaurowa (die sich ein wenig erhebt): Da haben Sie es, Nikolai Iwanytsch, nun sehen Sie selber …

Balagalajew: Gestatten Sie, gestatten Sie, Ferapont Iljitsch, und auch Sie, Anna Iljinischna! Ich muß Sie bitten, mir erst mal zuzuhören. Es war mir ein Vergnügen, Sie beide heute zu mir einzuladen, um endlich Ihre Zwistigkeiten beizulegen. Bedenken Sie, was für ein schlechtes Beispiel: Bruder und Schwester, beide aus sozusagen demselben Schoß hervorgegangen …

Bespandin: Erlauben Sie, Nikolai Iwanytsch …

Alupkin: Herr Bespandin, bitte unterbrechen Sie ihn nicht!

Bespandin: Und wieso belehren Sie mich?

Alupkin: Ich belehre Sie nicht, da ich von Nikolai Iwanytsch jedoch gebeten worden bin …

Balagalajew: Jawohl, Ferapont Iljitsch! Ich habe ihn, zusammen mit unserem ehrenwerten Jewgeni Tichonytsch, gebeten, zwischen Ihnen zu vermitteln. Ferapont Iljitsch! Anna Iljinischna! Ich wende mich an Sie. Wie ist das möglich? Bruder und Schwester, sozusagen aus ein und demselben Schoß hervorgegangen, und können nicht in Ruhe, in Frieden und Einvernehmen miteinander leben! Ferapont Iljitsch! Anna Iljinischna! So kommen Sie doch zur Vernunft! Ja, wozu rede ich denn mit Ihnen?! Doch nur zu Ihrem eigenen Besten! So fragen Sie sich doch: Was habe ich davon? Ich will doch nur Ihr Wohl!

Bespandin: Aber Sie wissen doch gar nicht, was für eine Person das ist, Nikolai Iwanytsch! Hören Sie sich mal an, was die verzapft; das ist doch weiß der Teufel was … Ich bitte Sie!

Frau Kaurowa: Und Sie? Sie bestechen meinen Kutscher, halten meine Stubenmädchen dazu an, mich zu vergiften – Sie sind darauf aus, mich umzubringen! Geradezu ein Wunder, daß ich noch am Leben bin!

Bespandin: Ich – Ihren Kutscher bestechen? Na, hören Sie mal!

Frau Kaurowa: Jawohl, mein Herr! Er ist bereit, seine Aussage unter Eid zu wiederholen. Diese Herrschaften hier sind Zeugen.

Bespandin (zu den anderen): Was redet sie da für einen Unsinn?

Alupkin (zu der Kaurowa): Gestatten Sie! Gestatten Sie! Berufen Sie sich nicht auf mich! Von dem, was Ihr Kutscher hier vorgebracht hat, habe ich nicht das geringste verstanden. Das ist wieder so etwas wie die Geschichte mit meinem Ziegenbock.

Frau Kaurowa: Mit Ihrem Ziegenbock? Wieso erinnert mein Kutscher an einen Ziegenbock? Da könnte man eher an Sie selber …

Balagalajew: Um Gottes willen, Herrschaften, hört auf! Anna Iljinischna! Ferapont Iljitsch! Was habt ihr davon, euch gegenseitig Vorwürfe zu machen? Wäre es nicht besser, das Vergangene zu vergessen? Nein, wirklich, hört auf mich – macht Frieden! Schließt einander in die Arme! – Ihr schweigt?

Bespandin: Ja, was denn? Ich bitte Sie! Wie ist das möglich?! Hätte ich das gewußt, ich wäre nie im Leben hergekommen!

Frau Kaurowa: Ich auch nicht.

Balagalajew: Und wieso haben Sie mir soeben erklärt, Sie sind mit allem einverstanden?

Frau Kaurowa: Ja, bin ich auch, aber nicht damit!

Suslow: Hach, Nikolai Iwanytsch, gestatten Sie, daß ich bemerke – Sie haben die Sache falsch angefaßt. Sie reden von Eintracht und Frieden … Ja, sehen Sie denn nicht, was das für Menschen sind?

Balagalajew: Und was hätte ich Ihrer Ansicht nach tun sollen, Jewgeni Tichonytsch?

Suslow: Ja, wozu haben Sie sie denn herbestellt? Doch wohl der Teilung wegen? Eben um die geht doch bei ihnen der Streit. Bevor sie sich nicht einigen, werden weder Sie noch ich, noch irgendwer sonst Ruhe haben, und statt bei dieser Hitze zu Hause zu sitzen, werden wir auf den Landstraßen herumkutschieren. Kommen wir also zur Teilung, wenn Sie sie zu überreden hoffen … Wo sind die Pläne?

Balagalajew: Gut, gehen wir ans Werk! – Gerassim!

Gerassim (tritt ein): Sie wünschen?

Balagalajew: Hole Welwizki her!

Bespandin: Ich erkläre mich von vornherein mit allem einverstanden. Wie Nikolai Iwanytsch auch befinden mag, so soll es sein.
Frau Kaurowa: Ich auch.
Suslow: Nun, wir werden ja sehen.
Mirwolin: Was lobenswert ist, muß lobenswert bleiben.

NEUNTER AUFTRITT

Dieselben und Welwizki mit den Plänen.

Balagalajew: Ah! Tritt näher! *Er breitet die Pläne aus.* Hol uns doch mal das Tischchen da herüber! – Hier, bitte, belieben Sie sich das anzusehen. Da steht: „Dörfchen Kokuschkino nebst Rakowo, an Seelen männlichen Geschlechts nach der achten Zählung vierundneunzig …" Schauen Sie her, wie alles mit Bleistiftstrichen überzogen ist – wir schlagen uns nicht zum erstenmal damit herum. „An Land insgesamt siebenhundertzwölf Desjatinen, davon zur Nutzung wenig geeignetes einundachtzig und zum herrschaftlichen Gutshof und zur Allmende gehörendes neun; Gemengelage ist vorhanden, aber nicht viel." Dieses Gut nun haben wir zu gleichen Teilen zwischen dem Kollegienregistrator außer Dienst Ferapont Bespandin und dessen Schwester, der Leutnantswitwe Anna Kaurowa, aufzuteilen; beachten Sie – zu gleichen Teilen: So ist es im Testament von deren verstorbener Tante, der Architektenwitwe Filokalossowa, bestimmt.
Bespandin: Die Alte war vor ihrem Tode nicht ganz bei Troste. Statt mir das ganze Gut zu hinterlassen! Dann hätte es keinerlei Unannehmlichkeiten gegeben …
Frau Kaurowa: Schau einer an, worauf Sie aus sind!
Bespandin: Ihren gesetzlichen Anteil hätte sie ja festsetzen können! Aber was kann man von einem Weibsbild schon erwarten?! Nun ja, dafür haben Sie ja auch, so sagt man, ihr Bologneser Hündchen jeden Morgen gebadet und gekämmt.
Frau Kaurowa: Das ist aber gelogen! Ich und ein Hundevieh kämmen! Warum nicht gar! Seh ich so aus? Sie dagegen – das ist was anderes: Von Ihnen weiß man, daß Sie ein Hundenarr sind. Sie sollen – der Herrgott verzeih mir meine Sünde! – Ihren Köter mitten auf die Schnauze küssen.
Balagalajew: Herrschaften! Ich muß Sie beide doch bitten, endlich mal still zu sein! Hören Sie also zu: Es ist nun schon gut drei

Jahre her, seit die Tante tot ist, aber zu einer Einigung ist es – man stelle sich das vor! – noch immer nicht gekommen. Schließlich habe ich mich bereit erklärt, zwischen Ihnen zu vermitteln, weil das, verstehen Sie, zu meinen Pflichten gehört; aber leider hatte ich bisher nicht den geringsten Erfolg. Und nun beachten Sie! Die eigentliche Schwierigkeit besteht in folgendem: Herr Bespandin und dessen Schwester wünschen nicht, in demselben Hause zu leben; das Gutshaus müßte also geteilt werden. Und das ist natürlich unmöglich!

Bespandin (nach einem Schweigen): Also gut. Ich verzichte auf das Haus; soll sie mit ihm selig werden!

Balagalajew: Sie verzichten darauf?

Bespandin: Ja. Wobei ich allerdings eine Entschädigung erhoffe.

Balagalajew: Gewiß, ein gerechtfertigtes Verlangen!

Frau Kaurowa: Nikolai Iwanytsch, das ist eine List, eine Finte, Nikolai Iwanytsch, weiter nichts! Er hofft dadurch die besten Bodenanteile zu bekommen – die Hanffelder und was es sonst noch gibt. Was soll er mit dem Haus? Er hat doch eins! Und das Haus der Tante ist ja auch schlecht genug …

Bespandin: Wenn es so schlecht ist …

Frau Kaurowa: Die Hanffelder trete ich jedenfalls nicht ab. Ich bitte Sie! Ich bin Witwe und habe Kinder. Was fange ich ohne die Hanffelder an? So urteilen Sie doch selbst!

Bespandin: Wenn das Haus so schlecht ist …

Frau Kaurowa: Wie Sie wollen, aber …

Alupkin: So lassen Sie ihn doch ausreden!

Bespandin: Wenn es so schlecht ist, dann übereignen Sie es doch mir und lassen Sie sich auf andere Weise entschädigen!

Frau Kaurowa: Warum nicht gar! Kennt man doch: eine Desjatine Land, die zu nichts nütze ist und aus lauter Steinen besteht, oder gar einen Sumpf, wo nur Schilf wächst, das nicht einmal die Bauernkühe fressen!

Balagalajew: Einen solchen Sumpf gibt es auf Ihrem Gut doch gar nicht!

Frau Kaurowa: Also schön, wenn keinen Sumpf, dann etwas anderes in dieser Art! Eine Entschädigung? Nein, ergebensten Dank! Das kenne ich.

Alupkin (zu Mirwolin): Sind die Frauen in Ihrem Kreise alle so?

Mirwolin: Nun, es gibt auch schlimmere.

Balagalajew: Herrschaften, Herrschaften! Gestatten Sie, gestatten Sie! Ich muß aufs neue um Ruhe bitten. Mein Vorschlag ist folgender: Wir teilen jetzt gemeinsam den ganzen Grund und Boden in zwei Besitztümer auf; das eine schließt das Haus mitsamt den Wirtschaftsgebäuden ein, und zum anderen geben wir zum Ausgleich einiges Land dazu; sollen sie aussuchen, welches sie haben wollen.

Bespandin: Ich bin einverstanden.

Frau Kaurowa: Ich nicht.

Balagalajew: Und warum nicht?

Frau Kaurowa: Wer wählt denn als erster?

Balagalajew: Darüber entscheidet das Los.

Frau Kaurowa: Der Herrgott beschütze mich! Was soll das? Auf keinen Fall! Sind wir etwa Heiden?

Bespandin: Also gut, Sie wählen als erste.

Frau Kaurowa: Und ich bin dennoch nicht einverstanden!

Alupkin: Ja, weshalb denn nicht?

Frau Kaurowa: Welchen Anteil soll ich denn nun wählen? Und wenn ich mir den falschen aussuche?

Balagalajew: Gestatten Sie, wie sollten Sie das? Die Anteile werden gleichwertig sein. Und wenn der eine wirklich ein bißchen besser ausfällt als der andere – Ferapont Iljitsch überläßt Ihnen doch die Wahl!

Frau Kaurowa: Und wer sagt mir, welcher der bessere ist? Nein, Nikolai Iwanytsch, das ist schon Ihre Aufgabe! Machen Sie sich die Mühe und bestimmen Sie selber, welcher Anteil mir gehören soll. Den nehme ich dann und werde zufrieden sein.

Balagalajew: Meinetwegen. Das Haus mitsamt den Wirtschaftsgebäuden und dem Hof wird also Frau Kaurowa zugesprochen.

Bespandin: Auch der Garten?

Frau Kaurowa: Selbstverständlich! Was wäre ein Haus ohne Garten? Außerdem ist der Garten ja auch ein Dreck; fünf, sechs Apfelbäume und die Äpfel sauer, daß man den Mund verzieht. Überhaupt ist der ganze Gutshof keinen Groschen wert.

Bespandin: Mein Gott, dann überlassen Sie ihn doch mir!

Balagalajew: Also – das Haus mitsamt dem Garten, den Wirtschaftsgebäuden und dem ganzen Gutshof wird Frau Kaurowa zugesprochen. Gut! Würden Sie jetzt einmal herschauen! – Welwizki, lies doch mal vor, Verehrter, wie die Aufteilung bei mir gedacht ist!

Welwizki (verliest nach einem Heft): „Projekt der Aufteilung zwischen dem Gutsbesitzer Ferapont Bespandin und dessen Schwester, der verwitweten Adligen Kaurowa …“

Balagalajew: Fang gleich mit dem Verlauf der Linie an!

Welwizki: „Der Verlauf der Linie vom Punkt A ..."

Balagalajew: Schauen Sie: hier vom Punkt A.

Welwizki: „Vom Punkt A an der Grenze des Besitztums der Woluchina bis zum Punkt B an der Ecke des Wehrs."

Balagalajew: Bis zum Punkt B an der Ecke des Wehrs ... Jewgeni Tichonytsch, was ist denn?

Suslow (aus einiger Entfernung): Ich sehe schon!

Welwizki: „Vom Punkt B ..."

Frau Kaurowa: Und darf ich fragen: Wem gehört der Teich?

Balagalajew: Selbstverständlich beiden; das heißt: Das rechte Ufer gehört dem einen, das linke dem anderen.

Frau Kaurowa: Da! Ach was!

Balagalajew: Weiter, weiter!

Welwizki: „Die unbestellten Flächen aber – die eine ist achtundvierzig, die andere siebenundsiebzig Desjatinen groß – gehen zu gleichen Teilen an beide."

Balagalajew: Und hier nun schlage ich folgendes vor: Derjenige, der auf den Gutshof verzichtet, erhält die ganze erste Brachfläche, das heißt vierundzwanzig Desjatinen, zusätzlich zugeschlagen. Hier sind sie: da die erste und da die zweite.

Welwizki: „Der Eigentümer des ersten Anteils verpflichtet sich, zwei Höfe auf seine Rechnung in den zweiten Anteil zu verlegen; die umgesiedelten Bauern können ihre Hanffelder zwei Jahre weiter nutzen ..."

Frau Kaurowa: Ich beabsichtige weder Bauern umzusiedeln noch Hanffelder abzutreten.

Balagalajew: Na, hören Sie mal!

Frau Kaurowa: Auf keinen Fall, Nikolai Iwanytsch, auf keinen Fall!

Alupkin: Bitte unterbrechen Sie nicht, meine Dame!

Frau Kaurowa (bekreuzigt sich): Was ist das? Was heißt das? Träume ich vielleicht? Ich weiß danach wahrhaftig nicht mehr, was ich sagen soll! Die Hanffelder für zwei Jahre zur Nutzung, der Teich gemeinsamer Besitz! Da verzichte ich lieber auf das Haus.

Balagalajew: Gestatten Sie immerhin, darauf aufmerksam zu machen, daß Ferapont Iljitsch ...

Frau Kaurowa: Nein, mein Bester, geben Sie sich keine Mühe! Ich sehe schon, ich habe Sie – wer weiß womit – gekränkt ...

Balagalajew (zugleich mit ihr): So hören Sie doch zu, Anna Iljinischna! Da kommen Sie mir mit Ihren Höfen und Hanffeldern, und Ihr Bruder soll zu seinem Teil ganze vierundzwanzig Desjatinen Brachland bekommen …

Frau Kaurowa (zugleich mit ihm): Nein, kein Wort mehr davon, Nikolai Iwanytsch! Ich bitte Sie! Ich wäre doch eine dumme Gans, wenn ich die Hanffelder ohne Entschädigung hergäbe! Eins sollten Sie nicht vergessen, Nikolai Iwanytsch: Ich bin Witwe, und es gibt niemand, der für mich eintritt; ich habe minderjährige Kinder – wenn Sie wenigstens mit denen Mitleid hätten!

Alupkin: Das geht zu weit! Nein, das geht zu weit!

Bespandin: Sie finden also, daß mein Anteil besser ist als der Ihre?

Frau Kaurowa: Vierundzwanzig Desjatinen!

Bespandin: Nein, sagen Sie, ist er besser?

Frau Kaurowa: Erbarmen Sie sich! Vierundzwanzig Desjatinen!

Alupkin: So antworten Sie doch! Ist er besser? Ja? Ist er besser, ist er das?

Frau Kaurowa: Ja, was fällst du denn immerfort über mich her, Verehrter? Ist das bei euch im Gouvernement Tambow so üblich? Niemand weiß, wo er auf einmal herkommt und was für ein Mensch er ist, aber schau einer an, wie er sich aufplustert!

Alupkin: Ich muß doch bitten, sich nicht zu vergessen, meine Dame! Und wenn Sie auch, soweit mir bekannt, eine Frau sind, das lasse ich mir nicht gefallen! Ich bin, hol's der Teufel, ein alter Soldat!

Balagalajew: Genug, genug, Herrschaften! Anton Semjonytsch, ich bitte Sie, beruhigen Sie sich! Das hilft uns doch nicht weiter …

Alupkin: Aber wie komme ich dazu …

Frau Kaurowa: Sie sind ein Irrer! Er ist ein Irrer!

Bespandin: Anna Iljinischna, ich komme trotz allem auf meine Frage zurück: Ist mein Anteil Ihrer Ansicht nach besser?

Frau Kaurowa: Natürlich ist er das! Zu ihm gehört mehr Land.

Bespandin: Gut, dann tauschen wir doch!

Sie schweigt.

Balagalajew: Nun, warum schweigen Sie?

Frau Kaurowa: Was fang ich denn ohne Haus an? Was soll mir nach alledem das Dorf?

Bespandin: Wenn mein Anteil aber der bessere ist? Geben Sie mir das Haus und nehmen Sie sich die vierundzwanzig Desjatinen!

Schweigen.

Balagalajew: Gestatten Sie, Anna Iljinischna, seien Sie endlich vernünftig und folgen Sie dem Beispiel Ihres Bruders. Ich kann mich heute nicht genug über ihn freuen. Sehen Sie denn nicht selbst, daß man Ihnen in jeder Beziehung entgegenkommt? Sie brauchen nur zu sagen, welchen Anteil Sie möchten.

Frau Kaurowa: Ich habe schon erklärt, daß ich nicht die Absicht habe, zwischen den Anteilen zu wählen …

Balagalajew: Sie haben weder die Absicht, zwischen den Anteilen zu wählen noch überhaupt auf etwas einzugehen. Ich bitte Sie! Ich muß Ihnen sagen, Anna Iljinischna, daß ich am Ende meiner Kräfte bin. Wenn wir auch heute wieder zu keinem Ergebnis gelangen, dann lehne ich es ab, mich weiter als Vermittler zwischen Ihnen zu betätigen. Sollen die Gerichte entscheiden! Teilen Sie uns wenigstens mit, was Sie denn nun eigentlich wollen!

Frau Kaurowa: Ich will gar nichts, Nikolai Iwanytsch! Ich verlasse mich ganz auf Sie, Nikolai Iwanytsch!

Balagalajew: Und dabei haben Sie kein Vertrauen zu mir. Wir müssen doch endlich zu einem Ende kommen, Anna Iljinischna! Ich bitte Sie! Das zieht sich nun schon das dritte Jahr hin! So sagen Sie doch, wozu entschließen Sie sich?

Frau Kaurowa: Was soll ich schon sagen, Nikolai Iwanytsch? Ich sehe, alle sind gegen mich. Ihr seid fünf, und ich bin allein. Ich bin eine Frau, mich kann man natürlich leicht einschüchtern; und einen anderen Schutz als Gott habe ich nicht. Ich bin in Ihrer Gewalt: Machen Sie mit mir, was Sie wollen!

Balagalajew: Das ist nun schon unverzeihlich! Sie reden Gott weiß was zusammen. Wir sind fünf, und Sie sind allein … Ja, nötigen wir Sie denn zu etwas?

Frau Kaurowa: Was denn sonst!

Balagalajew: Das ist ja schauderhaft!

Alupkin (zu Balagalajew): So geben Sie es doch auf!

Balagalajew: Warten Sie, Anton Semjonytsch! – Anna Iljinischna, Teuerste, hören Sie zu! Sagen Sie uns, was Sie wollen! Vielleicht das Haus behalten und die Entschädigung für Ihren Bruder herunterdrücken? Um wieviel? Überhaupt, wie sind Ihre Bedingungen?

Frau Kaurowa: Was soll ich Ihnen erwidern, Nikolai Iwanytsch? Wir werden uns hier sowieso nicht einigen. Der Herrgott wird entscheiden, Nikolai Iwanytsch!

Balagalajew: Nun, hören Sie zu: Ich merke, Sie sind mit meinem Vorschlag nicht einverstanden …

Alupkin: So antworten Sie schon!

Suslow (zu Alupkin): Genug! Sie sehen doch, die Frau hat einen Dickkopf!

Frau Kaurowa: Nun ja, natürlich nicht.

Balagalajew: Gut! Dann sagen Sie uns, warum nicht?

Frau Kaurowa: Das kann ich Ihnen nicht sagen.

Balagalajew: Und wieso nicht?

Frau Kaurowa: Ich kann es eben nicht.

Balagalajew: Aber Sie verstehen mich vielleicht nicht?

Frau Kaurowa: Ich verstehe Sie allzugut, Nikolai Iwanytsch!

Balagalajew: Dann verraten Sie uns endlich, und darum bitte ich Sie zum letztenmal: Womit wären Sie zufrieden, auf welche Vorschläge würden Sie eingehen?

Frau Kaurowa: Nein, da bitte ich um Entschuldigung! Mit Gewalt können Sie mit mir machen, was Sie wollen – ich bin eine Frau; aber mit meiner Einwilligung, nein, verzeihen Sie … Eher will ich sterben als mich einverstanden erklären.

Alupkin: Sie wollen eine Frau sein? Sie sind der Teufel in Person! Da haben Sie es! Eine Querulantin sind Sie!

Balagalajew: Anton Semjonytsch!
Frau Kaurowa: Ach, du meine Güte! } *Alle zugleich.*

Suslow: Genug! Genug!
Mirwolin: Genug! Genug! } *Alle zugleich.*

Alupkin (zu Frau Kaurowa): Hör zu! Ich bin ein alter Soldat. Was ich dir sage, sage ich nicht zum Spaß. Spiel dich nicht auf und komm zur Besinnung, sonst geht's dir schlecht. Ich scherze nicht, hast du verstanden? Ich würde ja nichts einwenden, wenn du etwas Vernünftiges vorzubringen hättest, aber du sperrst dich gegen alles wie ein störrischer Esel. Nimm dich in acht, Weibsbild, nimm dich in acht, sage ich dir!

Balagalajew: Anton Semjonytsch! Ich muß gestehen …

Bespandin: Nikolai Iwanytsch, das ist meine Sache! *Zu Alupkin.* Mein Herr! Gestatten Sie, daß ich mich erkundige, was Ihnen das Recht gibt …

Alupkin: Wie? Sie treten für Ihre Schwester ein?

Bespandin: Nein, nicht für meine Schwester, meine Schwester ist für mich … Ich pfeife auf sie! Es geht um die Familienehre!

Alupkin: Um Ihre Familienehre? Und womit habe ich Ihre Familienehre angetastet?

Bespandin: Was heißt – womit? Wie ich das finde! Ihrer Ansicht nach kann also jeder Hergelaufene …

Alupkin: Wa-as, mein Herr?
Bespandin: Wa-as, mein Herr?
Alupkin: Folgendes: In einem fremden Hause zu krakeelen ist ungehörig. Sie sind Edelmann, und ich bin Edelmann. Würden Sie mir also gefälligst morgen …
Bespandin: Mit jeder beliebigen Waffe! Und sei es mit dem Messer!
Balagalajew: Herrschaften, aber Herrschaften! Was soll das? Schämen Sie sich denn nicht? Ich bitte Sie. In meinem Hause …
Bespandin: Mich können Sie nicht einschüchtern, mein Herr!
Alupkin: Ich habe keine Angst vor Ihnen; und Ihre Schwester – einfach unanständig, auszusprechen, was sie ist!
Frau Kaurowa: Ich bin einverstanden, ich bin mit allem einverstanden, meine Verehrten! Lassen Sie mich unterschreiben! Ich unterschreibe alles, was Sie wollen!
Suslow (zu Mirwolin): Wo ist meine Mütze? Hast du nicht meine Mütze gesehen, Bester?
Balagalajew: Herrschaften, aber Herrschaften!
Gerassim (kommt herein und ruft): Pjotr Petrowitsch Pechterjew!

ZEHNTER AUFTRITT

Dieselben und Pechterjew.

Pechterjew (tritt ein): Seien Sie gegrüßt, mein lieber Nikolai Iwanytsch!
Balagalajew: Habe die Ehre, Pjotr Petrowitsch! Wie geht's der Gattin?
Pechterjew (verneigt sich nach allen Seiten): Meine Herrschaften! Meine Frau ist Gott sei Dank wohlauf. Cher Balagalajew, bitte entschuldigen Sie die Verspätung! Sie haben, wie ich sehe, ohne mich angefangen und auch sehr gut daran getan. Wie ist Ihr Befinden, Jewgeni Tichonytsch? Ferapont Iljitsch? Anna Iljinischna? *Zu Mirwolin.* Ah! Auch du dabei, du Kümmerling? – Nun, was ist, kommt die Angelegenheit voran?
Balagalajew: Das kann man nicht gerade behaupten.
Pechterjew: Nein, wirklich? Und ich habe geglaubt … Ach, Herrschaften, Herrschaften! Das ist nicht schön! Gestatten, daß ich alter Mann mit euch schelte. Man muß zu einem Schluß kommen, ja, zu einem Schluß!
Balagalajew: Möchten Sie nicht einen Imbiß zu sich nehmen?

Pechterjew: Nein, danke. *Er nimmt Balagalajew beiseite und zeigt auf Alupkin.* Qui est ça?[1]

Balagalajew: Ein neuer Gutsbesitzer, ein gewisser Alupkin. Ich stelle ihn Ihnen vor – Anton Semjonytsch, gestatten Sie, Sie mit unserem hochverehrten Pjotr Petrowitsch bekannt zu machen? – Alupkin, Anton Semjonytsch, aus dem Gouvernement Tambow.

Alupkin: Sehr erfreut.

Pechterjew: Willkommen in unseren Gegenden! – Aber warten Sie mal. Alupkin? Ich habe in Petersburg einen Alupkin gekannt. So einen großen stattlichen Mann, hatte den weißen Star auf einem Auge, war ein leidenschaftlicher Kartenspieler und baute immerfort Häuser. Ist er vielleicht mit Ihnen verwandt?

Alupkin: Nein, keineswegs. Ich habe keine Verwandten.

Pechterjew: Sie haben keine Verwandten? Was Sie nicht sagen! – Wie geht's Ihren Kleinen, Anna Iljinischna?

Frau Kaurowa: Danke der Nachfrage, Pjotr Petrowitsch! Gott sei Dank gut.

Pechterjew: Ja, Herrschaften, was ist denn nun? Machen wir weiter, machen wir weiter! Plaudern können wir nachher! An welchem Punkt habe ich Sie unterbrochen?

Balagalajew: Sie haben uns gar nicht unterbrochen, Pjotr Petrowitsch! Sie sind sogar genau im richtigen Augenblick gekommen. Die Sache ist nämlich die …

Pechterjew: Was ist das? Pläne? *Er setzt sich an den Tisch.*

Balagalajew: Ja, Pläne. Schauen Sie, Pjotr Petrowitsch, wir kommen einfach nicht weiter, das heißt, es gelingt uns nicht, zwischen Herrn Bespandin und seiner Schwester eine Einigung zu erzielen. Ich muß gestehen, ich fange an, an dem Erfolg zu zweifeln, und würde mich am liebsten mit der Angelegenheit nicht mehr befassen.

Pechterjew: Zu Unrecht, zu Unrecht, Nikolai Iwanytsch! Ein wenig Geduld! Der Adelsmarschall muß die verkörperte Geduld sein!

Balagalajew: Sehen Sie, Pjotr Petrowitsch, der Gutshof bleibt mit Zustimmung beider Eigentümer unaufgeteilt und wird dem einen Anteil zugeschlagen; die Schwierigkeit besteht nun in folgendem: Welche Entschädigung setzt man als Ausgleich für den Gutshof fest? Ich schlage vor, das ganze Brachland hier …

Pechterjew: Dieses Brachland? Ja, Augenblick mal, ja, ja …

Balagalajew: Und eben damit quälen wir uns jetzt ab. Er hier ist

1 (franz.) Wer ist das?

einverstanden, seine Schwester dagegen geht auf gar nichts ein, sie weigert sich sogar, uns ihre Wünsche darzulegen.

Alupkin: Mit einem Wort – man kommt nicht von der Stelle.

Pechterjew: Soso! Soso! Aber wissen Sie was, Nikolai Iwanytsch? Sie sind natürlich besser im Bilde als ich, und dennoch würde ich das Land an Ihrer Stelle anders aufteilen.

Balagalajew: Und wie?

Pechterjew: Vielleicht ist das, was ich jetzt sagen werde, auch Unsinn; da müssen Sie mich alten Mann schon entschuldigen … Savez-vous, cher ami?[1] Mir scheint, man sollte die Aufteilung … Darf ich um einen Bleistift bitten?

Mirwolin: Hier, bitte ergebenst.

Pechterjew: Danke. Ich, Nikolai Iwanytsch, würde die Linie so ziehen, schauen Sie! Von hier nach da, von da nach hierher, von dort nun nach da, und von da schließlich hierher.

Balagalajew: Aber Pjotr Petrowitsch, ich bitte Sie! Erstens werden die Anteile nicht gleich sein …

Pechterjew: Und wennschon!

Balagalajew: Und zweitens gibt es in diesem Teil überhaupt keine Heuschläge.

Pechterjew: Hat nichts zu sagen. Gras wächst überall.

Balagalajew: Außerdem – Sie überlassen also das ganze Wäldchen einem Eigentümer?

Frau Kaurowa: Ja, diesen Anteil würde ich mit Vergnügen nehmen!

Balagalajew: Und wie unbequem es zum Beispiel für die Bauern sein wird, von hier nach da zu fahren!

Pechterjew: Alle Ihre Einwände lassen sich leicht widerlegen; im übrigen sind Sie natürlich besser im Bilde … Entschuldigen Sie.

Frau Kaurowa: Mir gefällt das aber sehr gut.

Alupkin: Was gefällt Ihnen sehr gut?

Frau Kaurowa: Wie Pjotr Petrowitsch es aufgeteilt hat.

Bespandin: Erlauben Sie, daß ich's mir ansehe!

Frau Kaurowa: Wie Sie wollen, ich jedenfalls bin mit Pjotr Petrowitschs Vorschlag einverstanden.

Alupkin: Schauderhaft! Sie hat sich noch gar nichts angesehen, aber sie redet!

Frau Kaurowa: Und woher weißt du, Verehrter, ob ich mir etwas angesehen habe oder nicht?

Alupkin: Nun, wenn Sie es sich angesehen haben, dann sagen Sie doch: Welchen Anteil würden Sie nehmen?

1 (franz.) Wissen Sie, lieber Freund?

Frau Kaurowa: Welchen? Na, den mit dem Wäldchen, den Heuschlägen und recht viel Land.

Alupkin: Ja doch, am liebsten gleich alles!

Suslow (zu Alupkin): Laß das!

Pechterjew (zu Bespandin): Wie finden Sie meinen Vorschlag?

Bespandin: Ehrlich gestanden, nicht allzu gut. Im übrigen bin ich einverstanden, wenn man mir diesen Anteil gibt.

Frau Kaurowa: Auch ich bin mit dem Anteil einverstanden.

Alupkin: Mit welchem?

Frau Kaurowa: Nun, mit dem, den mein Bruder haben will.

Suslow: Da sage man noch, sie geht auf gar nichts ein!

Pechterjew: Gestatten Sie, gestatten Sie mal! Schließlich kann man nicht beiden ein und denselben Anteil zuweisen; einer von Ihnen muß sich aufopfern, muß Großmut beweisen und mit dem schlechteren Anteil vorliebnehmen.

Bespandin: Und darf ich fragen, welchem Teufel zuliebe ich Großmut beweisen soll?

Pechterjew: Welchem ... hm ... zuliebe ... Sie drücken sich aber reichlich sonderbar aus! Ihrer Schwester zuliebe!

Bespandin: Da haben wir den Salat!

Pechterjew: Vergessen Sie nicht, Ihre Schwester gehört zum schwachen Geschlecht; sie ist eine Frau, und Sie sind ein Mann. Ferapont Iljitsch, sie ist doch eine Frau?

Bespandin: Halt, ich sehe, Sie kommen ins Philosophieren.

Pechterjew: Was finden Sie daran so Philosophisches?

Bespandin: Die Philosophie!

Pechterjew: Da muß ich mich aber wundern! Herrschaften, wundern Sie sich nicht auch?

Alupkin: Ich? Nein, ich wundere mich heute über gar nichts mehr. Und wenn Sie mir sagen, Sie haben Ihren leiblichen Vater verspeist, ich werde mich nicht wundern, sondern es Ihnen glauben.

Balagalajew: Herrschaften, Herrschaften! Gestatten Sie mir, ein Wort zu sagen! Schon der aufs neue entflammte Widerstand der Parteien zeigt Ihnen, teuerster Pjotr Petrowitsch, daß Ihre Aufteilung nicht recht geglückt ist ...

Pechterjew: Nicht recht geglückt!? Erlauben Sie, wieso denn nicht geglückt? Das muß erst bewiesen werden! Ich leugne ja nicht, Ihr Vorschlag mag ausgezeichnet sein; aber auch über meinen sollte man nicht urteilen, ohne genauer hingeschaut zu haben. Ich habe den Strich sozusagen en gros gezogen; natürlich kann ich mich in der oder jener Einzelheit geirrt haben. Selbstverständlich muß man die beiden Anteile einander angleichen, sich alles näher ansehen und überdenken; aber wieso denn nicht geglückt?

Alupkin (zu Suslow): Was hat er da für einen Strich gezogen?

Suslow: Einen Strich en gros[1].

Alupkin: Und was bedeutet das?

Suslow: Weiß der Himmel! Scheint Deutsch zu sein.

Balagalajew: Also gut, Pjotr Petrowitsch, sagen wir, Ihr Vorschlag ist ausgezeichnet, ist ganz vortrefflich; die Hauptsache bleibt aber doch, daß die Aufteilung gleichmäßig erfolgt. Das ist das Problem!

Pechterjew: Gewiß. Im übrigen sind Sie am besten im Bilde. Da kann ich mich mit Ihnen natürlich nicht messen. Sie meinen, mein Vorschlag ist mißglückt ...

Balagalajew: Aber nein, Pjotr Petrowitsch ...

Frau Kaurowa: Ich verstehe, warum Nikolai Iwanytsch auf dem seinen besteht!

Balagalajew: Was wollen Sie damit sagen, meine Dame? Bitte, äußern Sie sich!

Frau Kaurowa: Ich weiß schon, was ich sage!

Balagalajew: Ich bestehe darauf, daß Sie sich näher erklären!

Frau Kaurowa: Nikolai Iwanytsch hat die Absicht, Ferapont Iljitsch das Wäldchen für ein Butterbrot abzukaufen. Und da ist er eben bemüht, es ihm zuzuschlagen.

Balagalajew: Anna Iljinischna, gestatten Sie, daß ich bemerke – Sie vergessen sich! Ist Ferapont Iljitsch vielleicht ein Kind? Und werden Sie Ihren Anteil nicht bekommen? Wer hat Ihnen überhaupt gesagt, daß ich dieses Wäldchen erwerben will? Und können Sie Ihrem Bruder etwa verbieten, sein Eigentum zu verkaufen?

Frau Kaurowa: Nein, das kann ich nicht, aber es geht hier um etwas anderes, und zwar darum: Sie handeln nicht nach bestem Wissen und Gewissen, das heißt, nicht so, wie die Gerechtigkeit es verlangt, sondern wie es für Sie am vorteilhaftesten ist.

Balagalajew: Oh, das geht zu weit!

Alupkin: Ah, jetzt sagen Sie dasselbe wie ich!

Pechterjew: All das ist, ich muß gestehen, dunkel und äußerst verworren.

1 (franz.) im großen und ganzen.

Balagalajew: Aber das muß doch jeden auf die Palme bringen! Was gibt es hier so Dunkles, Verworrenes? Also gut, ich habe die Absicht, Ferapont Iljitsch dieses Wäldchen abzukaufen; ich will vielleicht sogar seinen ganzen Anteil erwerben. Und was folgt daraus, wenn ich fragen darf? Ich handle nicht nach bestem Wissen und Gewissen? Daß Sie das über die Zunge bringen konnten! Anna Iljinischna ist eine Frau, ihr sehe ich es nach; aber Sie, Pjotr Petrowitsch ... Verworren! Sie sollten sich erst einmal anschauen, ob das Gut auch richtig aufgeteilt ist. Und das muß es doch wohl sein, wenn ihr das Recht der Wahl überlassen wird!

Pechterjew: Sie sollten sich nicht so ereifern, Nikolai Iwanytsch!

Balagalajew: Ich bitte Sie! Wenn man mich weiß der Himmel wessen verdächtigt, mich, den Adelsmarschall, der der schmeichelhaften Auszeichnung durch den Adel für würdig befunden wurde! Ich bitte Sie! Wie sollte ich mich nicht aufregen, wenn man meine Ehre antastet!

Pechterjew: Ihre Ehre tastet niemand an; außerdem – warum sollte man den eigenen Vorteil nicht mit dem des anderen vereinen, wenn niemand dadurch ein Unrecht geschieht, wie man zu sagen pflegt? Was aber den Adelsmarschall betrifft – glauben Sie mir, Nikolai Iwanytsch, nicht immer wird der Würdigste gewählt, und setzt man einen ab, dann heißt das noch lange nicht, daß er sich nicht bewährt hat. Im übrigen bezieht sich das alles natürlich nicht auf Sie.

Balagalajew: Ich verstehe, Pjotr Petrowitsch! Ich verstehe, daß Sie auf sich selber anspielen und bei dieser Gelegenheit auch auf mich. Nun, versuchen Sie's doch! Die Wahl ist nicht mehr fern. Vielleicht öffnet der Adel diesmal endlich die Augen und erkennt Ihre wahren Vorzüge.

Pechterjew: Sollte der Adel mich durch sein Vertrauen ehren – ich sage nicht nein, verlassen Sie sich darauf!

Frau Kaurowa: Dann werden wir einen wirklichen Adelsmarschall haben!

Balagalajew: Oh, daran zweifle ich nicht! Aber Sie werden verstehen, daß es mir jetzt, nach all diesen beleidigenden Anspielungen, völlig unmöglich ist, mich weiterhin mit Ihren Angelegenheiten zu befassen, und aus diesem Grunde ...

Bespandin: Aber weshalb denn, Nikolai Iwanytsch?

Pechterjew: Nikolai Iwanytsch! So habe ich es wirklich nicht ...

Balagalajew: Nein, jetzt müssen Sie mich schon entschuldigen.

Welwizki, gib mir die Papiere herüber! Hier haben Sie Ihre Briefe, Ihre Pläne. Sehen Sie zu, wie Sie sich einigen, wenden Sie sich, wenn Sie wollen, an Pjotr Petrowitsch!

Frau Kaurowa: Mit Vergnügen, mit Vergnügen!

Pechterjew: Ich lehne aber entschieden ab: Ich habe keineswegs die Absicht ... Ich bitte Sie!

Bespandin: Nikolai Iwanytsch, bitte tun Sie uns den Gefallen! Tragen Sie's uns oder vielmehr dem dämlichen Weibsbild da nicht nach. Sie ist an allem schuld.

Balagalajew: Nein, davon will ich nichts hören! Ich wiederhole: Teilt, wie ihr wollt, mich geht das nichts mehr an. Meine Kräfte sind erschöpft.

Bespandin: Alles nur deinetwegen, du hirnloses Frauenzimmer! Hast alles durcheinandergebracht! Ja doch! Ich dir das Wäldchen zugleich mit den Heuschlägen und dem Gutshof abtreten?! Warum nicht gar! Da kannst du lange warten!

Alupkin: Gut, gut! Immer gib ihr, gib ihr!

Frau Kaurowa: Pjotr Petrowitsch, nimm mich in Schutz, Verehrter! Du kennst ihn nicht – er ist fähig, mich umzubringen, der Unmensch, der Mörder, mein Verehrter! Er hat mich schon mehrmals zu vergiften versucht ...

Bespandin: Schweig, du Irre! – Nikolai Iwanytsch, tun Sie mir den Gefallen!

Frau Kaurowa (zu Pechterjew): Teuerster! Verehrtester!

Pechterjew: Gestatten Sie, gestatten Sie! Was soll das schließlich und endlich?

ELFTER AUFTRITT

Dieselben und Naglanowitsch.

Naglanowitsch: Nikolai Iwanytsch! Ich komme zu Ihnen ... Seine Exzellenz haben beliebt ...

Alupkin: Ha, Sie? Sie sind wieder hinter mir her? Schon wieder des Ziegenbocks wegen? Ja?

Naglanowitsch: Was wünschen Sie? Was haben Sie? Wer ist das?

Alupkin: Ah, Sie wollen mich nicht wiedererkennen? Alupkin, Alupkin, Gutsbesitzer.

Naglanowitsch: Lassen Sie mich in Frieden! Ihr Ziegenbock hat den Weg über das Gericht genommen. Ich komme gar nicht zu Ihnen; ich komme zu Nikolai Iwanytsch.

Pechterjew: Ich bitte Sie, meine Dame, lassen Sie mich los!

Frau Kaurowa: Teuerster! Tritt für mich ein und entscheide du über die Teilung!

Alupkin (zu Naglanowitsch): Ich, mein Herr, lasse mich nicht einschüchtern! Sie, mein Herr, haben mich beleidigt! Ich bin, verdammt noch mal, kein Ziegenbock!

Naglanowitsch: Aber das ist doch einfach ein Verrückter!

Bespandin: Nikolai Iwanytsch, nehmen Sie die Papiere wieder an sich!

Balagalajew: Halt, Herrschaften, halt! Hört zu! Entschuldigt, mir dreht sich alles im Kopf. Die Aufteilung, der Ziegenbock, ein halsstarriges Frauenzimmer, ein Gutsbesitzer aus dem Gouvernement Tambow, das überraschende Erscheinen des Polizeihauptmanns, morgen ein Duell, ich habe kein reines Gewissen, der Gutshof, das Wäldchen für ein Butterbrot, das Frühstück, der Lärm, das Durcheinander – nein, das ist zuviel. Seht es mir nach, Herrschaften ... Ich bin nicht in der Lage ... Ich verstehe nicht im geringsten, was Sie mir sagen, ich passe, ich kann nicht, ich kann nicht mehr. *Er geht.*

Pechterjew: Nikolai Iwanytsch! Nikolai Iwanytsch! Das ist aber denn doch ein starkes Stück! Der Herr des Hauses läßt uns einfach stehen. Was fangen wir nun an?

Naglanowitsch: Was für ein Wirrwarr! *Zu Welwizki.* Geh und sage ihm, ich muß ihn in einer dienstlichen Angelegenheit sprechen. *Welwizki entfernt sich.*

Frau Kaurowa: Helf er sich! – Und du, wann nimmst du nun die Teilung vor?

Pechterjew: Ich? Ergebenster Diener! Wie kommen Sie darauf? Sie scheinen mich mit jemand zu verwechseln.

Bespandin: Und damit hat sich's! Ach, du! Fluch über alle Weiber – von heute bis in alle Ewigkeit! *Er geht.*

Frau Kaurowa: Ich jedenfalls habe an alledem keine Schuld.

Welwizki (kommt zurück): Nikolai Iwanytsch läßt sagen, er kann niemand empfangen – er legt sich zu Bett.

Naglanowitsch: Da müssen ihn die Gäste aber tüchtig traktiert haben. Nun, nichts zu wollen, ich lasse ihm einen Zettel da. Meinen Respekt der gesamten Gesellschaft! *Er geht.*

Alupkin: Wir sprechen uns noch, mein Herr! Hören Sie? Meine Herrschaften, ich empfehle mich! *Er geht.*

Pechterjew: Warten Sie, wo wollen Sie denn hin? Wir kommen alle mit! Ich muß gestehen, so etwas hab ich noch nicht erlebt. *Er geht.*

Frau Kaurowa: Pjotr Petrowitsch, Verehrtester! Schlichten Sie unseren Streit! *Sie folgt ihm.*

Mirwolin: Jewgeni Tichonytsch, was nun? Wir können schließlich nicht als einzige dableiben! Fahren auch wir!

Suslow: Warte, gedulde dich, bis er zu sich kommt! Dann setzen wir uns an den Kartentisch und spielen Preference.

Mirwolin: In Ordnung! Auch sollte man in solchen Fällen einen heben.

Suslow: Also gut, Mirwolin, tun wir das, heben wir einen! Ist das aber auch ein Frauenzimmer, was? Die steckt selbst meine Glafira Andrejewna in die Tasche! Das war nun die gütliche Teilung!

Aus: Literatur- und Lebenserinnerungen

DIE HINRICHTUNG TROPMANNS

1

Im Januar dieses Jahres (1870) erhielt ich während eines Essens bei einem guten Freund in Paris von M. Ducamp[1], einem bekannten Schriftsteller und Spezialisten auf dem Gebiet der Statistik von Paris, völlig unerwartet die Einladung, bei der Hinrichtung von Tropmann[2] zugegen zu sein, und nicht nur bei der Hinrichtung: Er bot mir an, mich in den kleinen Kreis jener auserwählten Personen aufzunehmen, die Zutritt zum eigentlichen Gefängnis haben. Bis jetzt ist das schreckliche Verbrechen noch nicht vergessen, das Tropmann begangen hat; doch damals beschäftigte sich Paris ebenso – wenn nicht noch mehr – mit ihm und seiner bevorstehenden Hinrichtung wie mit der kürzlich erfolgten Ernennung des pseudoparlamentarischen Ministeriums Ollivier[3] oder der Ermordung Victor Noirs[4], der durch die Hand des später auf so erstaunliche Weise freigesprochenen Prinzen P. Bonaparte[5] gefallen war. In allen Schaufenstern der Photographengeschäfte und der Papierläden konnte man ganze Serien von Bildern sehen, die einen jungen Mann mit hoher Stirn, dunklen Augen und etwas vollen Lippen zeigten – den „berühmten“ Mörder von Pantin[6] (de l'illustre assassin de Pantin), und bereits einige Abende hintereinander versammelten sich Tausende von Blusenmännern in der Nähe des Roquette-Gefängnisses, um zu erfahren, ob nicht endlich die Guillotine errichtet würde, und sie zerstreuten sich erst nach Mitternacht wieder. Überrascht von M. Ducamps Angebot, willigte ich ohne langes Überlegen ein, und als ich zugesagt hatte, zu einer bestimmten Zeit am Treffpunkt zu sein – dem Prinz-

1 Maxim Ducamp (1822–1894), französischer Schriftsteller. – 2 Jean-Baptiste Tropmann (1849–1870), französischer Maschinist. – 3 Emile Ollivier (1825–1913), französischer Historiker und Politiker; war von Januar bis August 1870 Haupt der französischen Regierung. – 4 Victor Noir (1848–1870), französischer Journalist. – 5 Pierre-Napoléon, Prinz von Canino (1815–1881), Vetter Napoleons III.; erschoß am 10.1.1870 V. Noir. – 6 Tropmann hatte seine Mordtat an der Familie Kink in der Nähe des Ortes Pantin bei Paris begangen.

Eugen-Denkmal auf dem gleichnamigen Boulevard, um 11 Uhr abends, wollte ich mein Wort nicht mehr zurücknehmen. Falsche Scham hinderte mich daran ... Vielleicht denken sie dann, ich bin zu feige?

Mir selbst zur Strafe und anderen zur Belehrung will ich jetzt all das erzählen, was ich gesehen habe, will ich in meiner Erinnerung die schweren Eindrücke jener Nacht wiedererstehen lassen. Vielleicht wird nicht nur die Neugier des Lesers befriedigt, vielleicht zieht er auch einigen Nutzen aus meinem Bericht.

2

Am Prinz-Eugen-Denkmal wurden Ducamp und ich bereits von einer Reihe anderer Leute erwartet. Unter ihnen befand sich auch Herr Claude[1], der bekannte Chef der Sicherheitspolizei (chef de la police de sûreté), dem Ducamp mich vorstellte. Die anderen waren, ebenso wie ich, privilegierte Personen, Journalisten, Reporter u. a. Ducamp hatte mich darauf aufmerksam gemacht, daß wir wahrscheinlich eine schlaflose Nacht in der Wohnung des Kommandanten, des Gefängnisdirektors, würden verbringen müssen. Im Winter werden Hinrichtungen um 7 Uhr früh vollzogen, aber man muß vor Mitternacht an Ort und Stelle sein, weil man sich sonst kaum einen Weg durch die Menge der Schaulustigen bahnen kann. Vom Prinz-Eugen-Denkmal bis zum Roquette-Gefängnis ist es nicht weiter als eine halbe Werst, aber ich konnte vorerst nichts Außergewöhnliches bemerken. Auf dem Boulevard waren nicht viel mehr Leute als sonst. Eines jedoch konnte man feststellen: Fast alle gingen – und einige, besonders Frauen, rannten sogar – in ein und dieselbe Richtung; dabei waren alle Cafés und kleinen Restaurants hell erleuchtet, was in den Außenvierteln von Paris auch selten zu beobachten ist, besonders zu so später Stunde. Die Nacht war nicht neblig, sondern trübe, feucht ohne Regen und kalt ohne Frost – eine typische französische Januarnacht. Herr Claude erklärte, daß es Zeit sei zu gehen, und wir machten uns auf. Er bewahrte die gelassene Ruhe eines nüchternen Menschen, in dem derartige Vorgänge keinerlei Empfindungen mehr hervorrufen – außer dem Wunsch vielleicht, sich dieser unerfreulichen Pflicht so schnell wie möglich zu entledigen. Herr Claude ist ein Mann von ungefähr fünfzig Jahren, mittelgroß, ge-

1 (1807–1880).

drungen, breitschultrig, mit einem runden, kurz geschorenen Kopf und einem kleinen, fast winzigen Gesicht. Nur Stirn, Kinn und Hinterkopf sind bei ihm bemerkenswert breit; seine trockene und gleichmäßige Stimme, seine blaßblauen Äuglein, seine kurzen, dicken Finger, seine muskulösen Beine und seine bedächtigen, doch bestimmten Bewegungen verraten unerschütterliche Energie. Man sagt, er sei ein Meister seines Faches, ein Kenner, und er flöße allen Dieben und Mördern große Furcht ein. Politische Verbrecher gehören nicht zu seinem Ressort. Sein Kollege, Herr J., der von Ducamp ebenfalls sehr geschätzt wird, hat das Aussehen eines weichen, beinahe sentimentalen Menschen und feinere Manieren. Mit Ausnahme dieser beiden Herren und vielleicht Ducamps selbst war uns allen – oder schien es mir nur so? – die Sache etwas unangenehm, wir schämten uns gewissermaßen, obwohl wir munter ausschritten, einer hinter dem anderen, als gingen wir zur Jagd.

Je näher wir dem Gefängnis kamen, desto belebter wurde es, obwohl es noch keine richtige Menschenansammlung gab. Weder ertönten Schreie, noch hörte man übermäßig laute Gespräche; es war zu spüren, daß das „Spektakel" noch nicht begonnen hatte. Nur die Straßenjungen wirbelten schon herum; die Hände in den Hosentaschen und die Mütze in die Stirn gezogen, schlenderten sie in jener besonderen, breitbeinigen und huschenden Gangart dahin, die man nur in Paris sieht und die blitzschnell in ein hurtiges Laufen mit affenähnlichen Sprüngen übergehen kann.

„Da ist er ... da ist er ... er kommt!" riefen einige Stimmen neben uns.

„Wissen Sie, was?" sagte plötzlich Ducamp zu mir. „Sie werden für den hiesigen Henker gehalten."

Das fängt ja gut an! dachte ich mir.

Der Henker von Paris, Monsieur de Paris, den ich in dieser Nacht kennenlernte, ist ebenso grauhaarig und ebenso groß wie ich.

Dann zeigte sich ein länglicher, nicht sehr breiter Platz vor uns, der von zwei Seiten durch zwei schmutzig wirkende kasernenähnliche Gebäude billigsten Baustils begrenzt wird – der Roquette-Platz. Links liegt das Gefängnis für jugendliche Verbrecher (prison des jeunes détenus), rechts das Depot der Verurteilten (maison de dépôt pour les condamnés), das Roquette-Gefängnis.

3

Quer über den Platz hatten vier Reihen Soldaten Aufstellung genommen; noch einmal vier Reihen standen etwas weiter dahinter, ungefähr zweihundert Meter. Gewöhnlich wird das nicht gemacht, doch diesmal hielt es die Regierung angesichts der „Reputation" des Tropmann und der durch den Mord an Noir aufgebrachten Gemüter für angebracht, nicht nur Polizei einzusetzen, sondern außerordentliche Maßnahmen zu ergreifen. Das Haupttor des Roquette-Gefängnisses befand sich genau in der Mitte des leeren Platzes, der von den Soldaten besetzt war. Ein paar Polizeisergeanten gingen langsam vor dem Tor auf und ab; ein junger, ziemlich korpulenter Offizier mit einem ungewöhnlich reich verzierten Käppi (es war, wie sich herausstellte, der Chef des Quartals, so etwas wie unser Stadtteilaufseher) kam schimpfend auf unsere Gruppe zugerannt, was mich augenblicklich an vergangene Zeiten zu Hause erinnerte, doch als er „die eigenen Leute" erkannt hatte, beruhigte er sich wieder. Mit größter Vorsicht wurden wir durch eine nur spaltbreit geöffnete Tür in die kleine Hauptwache neben dem Tor eingelassen und nach kurzer Inaugenscheinnahme und Befragung über zwei Innenhöfe, einen großen und einen kleinen, in die Wohnung des Kommandanten geleitet. Dieser Kommandant, ein großer, kräftiger Mann mit grauem Schnurr- und Spitzbart, mit dem typischen Gesicht eines französischen Infanterieoffiziers, einer Adlernase, starren Raubtieraugen und einem winzigen Schädel, empfing uns freundlich und zuvorkommend; doch auch gegen seinen Willen merkte man sofort an jeder seiner Bewegungen, an jedem seiner Worte, daß er ein „ganzer Kerl" (un gaillard solide) ist, ein blind ergebener Diener, der nicht zögert, jeden beliebigen Befehl seines Herrn auszuführen. Übrigens hat er seinen Eifer bereits bewiesen: In der Nacht des Umsturzes[1], am 2. Dezember, besetzte er mit seinem Bataillon die Druckerei des „Moniteur"[2]. Als echter Gentleman stellte er uns seine ganze Wohnung zur Verfügung. Sie befand sich im ersten Stock des Hauptgebäudes und bestand aus vier ordentlich ausgestatteten Zimmern; in zwei Räumen brannte ein Kaminfeuer. Ein kleines Windspiel mit verstauchter Pfote und traurigen Augen, die blickten, als fühlte es sich auch als Gefangener, hinkte

1 In der Nacht vom 1. zum 2. Dezember 1851 löste Louis Napoleon (1808–1873), ab 1852 Kaiser von Frankreich, durch einen Staatsstreich die gesetzgebende Versammlung auf. – 2 „Moniteur universel" (Generalanzeiger), offizielle Regierungszeitung; erschien von 1797 bis 1865.

schwanzwedelnd von einem Teppich auf den anderen. Wir, ich meine uns Besucher, waren acht; einige Gesichter kannte ich von Photographien her (Sardon, Albert, Wolff[1]), aber ich hatte keine Lust, mit einem von ihnen ein Gespräch zu beginnen. In dem großen Zimmer nahmen wir alle auf Stühlen Platz (Ducamp war mit Herrn Claude weggegangen). Natürlich war Tropmann der Gesprächsgegenstand und gewissermaßen der Mittelpunkt aller unserer Gedanken. Der Kommandant teilte uns mit, daß er gegen 21 Uhr eingenickt sei und nun fest schlafe, daß er wohl ahne, welches Schicksal seinem Gnadengesuch zuteil geworden war, daß er ihn, den Kommandanten, angefleht habe, ihm die Wahrheit zu sagen, daß er nach wie vor hartnäckig behaupte, Komplicen gehabt zu haben, die er nicht nennen wolle, daß er wahrscheinlich in der entscheidenden Minute den Mut verlieren werde, daß er übrigens mit gutem Appetit esse, keine Bücher lese usw. usw. Einige von uns erörterten, ob man den Worten eines Verbrechers glauben könne, der so ein verstockter Lügner war; sie wiederholten die Einzelheiten des Mordes, fragten sich, welche Schlüsse wohl die Phrenologen aus dem Schädel Tropmanns ziehen würden; sie warfen das Problem der Todesstrafe auf ... Aber das alles schleppte sich nur mühsam dahin, in solch allgemeinen Phrasen, daß die Gesprächspartner selbst die Lust verloren, die Unterhaltung fortzusetzen. Über etwas anderes zu sprechen wäre unpassend, ja unmöglich gewesen, allein schon wegen des Respekts vor dem Tode, vor dem Menschen, der ihm geweiht war. Wir wurden alle von einer quälenden, allmählichen, ja allmählichen Unruhe ergriffen: Niemand langweilte sich, doch dieses bedrückende Gefühl war hundertmal schlimmer als Langeweile! Es schien schon jetzt so, als würde diese Nacht kein Ende haben! Was mich betrifft, so empfand ich nur das eine: Ich hatte kein Recht, dort zu sein, wo ich war; keine psychologischen und philosophischen Überlegungen rechtfertigten mich. – Herr Claude kehrte zurück und erzählte uns, wie ihm der bekannte Jued entwischt war und daß er nicht die Hoffnung aufgegeben habe, ihn wieder festzusetzen, falls er noch leben sollte. Doch plötzlich hörten wir das Rollen schwerer Räder, und einige Augenblicke später kam jemand und teilte uns mit, die Guillotine sei eingetroffen. Wir liefen alle hinaus – als wären wir erfreut darüber!

1 Albert Wolff (1835–1891), französischer Feuilletonist.

4

Direkt vor dem Tor stand ein massiver Planwagen mit drei langgespannten Pferden; etwas abseits erblickte man ein zweites, kleineres und niedrigeres zweirädriges Gefährt, das wie eine längliche Kiste aussah und von nur einem Pferd gezogen wurde. (Wie wir später erfuhren, war dieser Wagen dazu bestimmt, den Körper sofort nach der Hinrichtung aufzunehmen und auf den Friedhof zu befördern.) Ein paar Arbeiter in kurzen Blusen hielten sich bei den Wagen auf, und ein großer Mann mit einem runden Hut, weißer Krawatte und einem leichten Mantel, den er sich nur übergehängt hatte, gab mit verhaltener Stimme Anweisungen. Es war der Henker. Alle Amtspersonen – der Kommandant, Herr Claude, der Chef des Quartals usw. – umringten und begrüßten ihn. „Ah! Monsieur Indric! Bon soir, monsieur Indric", hörte man. (Sein eigentlicher Name ist Heidenreich, er stammt aus dem Elsaß.) Auch unsere Gruppe ging zu ihm hin: *Er* war einen Augenblick Mittelpunkt. In dem Verhalten ihm gegenüber spürte man eine etwas gezwungene, aber achtungsvolle Vertrautheit, die besagen wollte: Wir verachten Sie keineswegs, Sie sind immerhin eine wichtige Person. Wahrscheinlich um ihre Unbefangenheit zu beweisen, schüttelten ihm einige von uns sogar die Hand. (Er hat schöne, wunderbar weiße Hände.) Mir fielen ein paar Zeilen aus Puschkins „Poltawa" ein:

Der Henker ...
Mit den weißen Händen spielend ...

Monsieur Indric selber gab sich sehr einfach, sanft und zuvorkommend, nicht ohne patriarchalische Würde. Es schien ihm bewußt zu sein, daß er in dieser Nacht für uns die zweitwichtigste Person nach Tropmann war, so etwas wie dessen erster Minister. Die Arbeiter schlugen die Plane zurück und machten sich daran, die Bestandteile der Guillotine abzuladen, die sie an dieser Stelle, 15 Schritt vom Tor entfernt, errichten sollten.[1] Das grelle Licht zweier Laternen schwankte dicht über der Erde hin und her und fiel in kleinen Kreisen auf die viereckigen Pflastersteine des Platzes. Ich sah nach der Uhr ... Es war erst halb eins! Inzwischen war

1 Ich verweise die Leser, die nicht nur alle Einzelheiten einer „Exekution", sondern auch alles, was ihr vorausgeht und ihr folgt, wissen wollen, auf den ausgezeichneten Artikel von M. Ducamp: „La prison de la Roquette" in „Revue des deux Mondes"[2], Nr. 1, 1870. (Anm. d. Verf.) – 2 (franz.) Revue beider Welten; 1828 gegründete Halbmonatsschrift für Politik, Geschichte, Literatur und Kunst; vornehmste Zeitschrift Frankreichs.

es noch trüber und kälter geworden. Eine Menge Volk war schon zusammengelaufen, und hinter den Reihen der Soldaten, die den Platz vor dem Gefängnis absperrten, erhob sich nicht verstummendes, undeutliches Stimmengewirr. Ich ging zu den Soldaten hinüber: Sie hatten die ursprüngliche Ordnung ihrer Reihen zwar nicht ganz beibehalten, standen aber unbeweglich. Ihre Gesichter drückten nichts anderes aus als stumpfe Langeweile, ungerührte, schicksalsergebene, stumpfe Langeweile; aber auch jene Gesichter, die ich hinter den Tschakos und Uniformen der Soldaten sah, hinter den Dreispitzen und Überröcken der Polizeisergeanten, die Gesichter der Blusenmänner, der Arbeiter, auch sie drückten fast dasselbe aus – nur mit einem etwas undefinierbaren Spott vermischt. Von vorn, aus der schwerfällig wogenden und sich drängenden Menge, hörte man Ausrufe wie: „Ohé Tropmann! Ohé Lambert! Fallait pas qu'y aille!"[1], Schreie und gellende Pfiffe; deutlich vernahm man das Gezänk um gute Plätze; Fetzen eines Spottliedes flogen herüber, und plötzlich erhob sich ein schrilles Lachen, das sofort von anderen aufgegriffen wurde und in einem allgemeinen Gejohle endete. So richtig hatte es noch nicht begonnen; weder die von allen erwarteten regierungsfeindlichen Ausrufe noch die so bekannten, unheilverkündenden Klänge der Marseillaise waren zu hören. Ich kehrte in die Nähe der Guillotine zurück, die allmählich in die Höhe wuchs. Ein Herr mit krausem Haar, dunkler Gesichtsfarbe und einem grauen Schlapphut, vermutlich ein Advokat, stand neben mir und erging sich in langen Ausführungen, wobei er die rechte Hand, deren Zeigefinger er abgespreizt hielt, immer wieder kraftvoll nach unten stieß und vor Eifer dabei sogar in die Knie ging. Er wollte zwei, drei umstehenden Herren in hochgeschlossenen Mänteln beweisen, daß Tropmann kein Mörder, sondern ein Verrückter sei. „Un maniaque! Je vais vous le prouver! Suivez mon raisonnement!" behauptete er immer wieder. „Son mobile n'était pas l'assassinat, mais un orgueil que je nommerais volontiers démesuré! Suivez mon raisonnement!"[2] Die Herren in den Mänteln folgten seinen Überlegungen, doch ihren Gesichtern nach zu urteilen, gelang es ihm kaum, sie zu überzeugen; und ein Arbeiter, der auf der Plattform der Guillotine saß, schaute ihn sogar mit unverhohlener Verachtung an. Ich kehrte in die Wohnung des Kommandanten zurück.

1 (franz.) He, Tropmann! He, Lambert! Es war sinnlos, dorthin zu gehen. – 2 (franz.) Ein Verrückter! Ich werde es Ihnen beweisen! Folgen Sie meiner Überlegung! … Ihn trieb nicht die Absicht, zu töten, sondern ein Stolz, den ich übermäßig nennen würde! Folgen Sie meiner Überlegung!

5

Einige unserer „Kollegen“ hatten sich dort schon wieder eingefunden. Der liebenswürdige Kommandant bewirtete sie mit Glühwein. Wieder wurde gerätselt, ob Tropmann noch immer schliefe, was er wohl fühlen mochte, ob der Lärm der Menge bis zu ihm dränge, obwohl seine Zelle von der Straße weit entfernt lag usw. Der Kommandant zeigte uns einen ganzen Stoß Briefe, die an ihn, Tropmann, gerichtet waren, die er aber, wie der Kommandant versicherte, nicht zu lesen wünschte. Die meisten enthielten platte Späße, Foppereien; es gab aber auch ernsthafte darunter, in denen er aufgefordert wurde, zu bereuen und sich schuldig zu bekennen. Ein Methodistenpfarrer hatte ihm eine zwanzig Seiten lange theologische Abhandlung geschickt. Auch von Damen hatte er Schreiben bekommen: Einigen waren sogar Blumen beigelegt – Maßliebchen und Immortellen. Der Kommandant erzählte uns, Tropmann habe versucht, vom Gefängnisapotheker Gift zu erbitten; er habe ihm aus diesem Anlaß einen Brief geschrieben, den jener natürlich sofort weitergeleitet hätte. Ich gewann den Eindruck, daß unser verehrter Gastgeber nicht so recht begriff, aus welchem Grunde wir an so einer – seiner Meinung nach – bösartigen und gemeinen Kreatur, wie Tropmann es war, Anteil nahmen, und er war wohl geneigt, unsere Neugier dem Müßiggang von Zivilisten aus der oberen Gesellschaftsschicht zuzuschreiben, den „Kiebitzen“. Nachdem wir uns eine Weile unterhalten hatten, löste sich unsere Runde langsam auf – jeder ging irgendwohin. Während dieser Nacht strichen wir – nach einem Ausdruck des Französischen – herum wie verbrecherische Seelen – „comme des âmes en peine“: Wir liefen durch alle Räume, setzten uns nebeneinander auf die Stühle im großen Zimmer, erkundigten uns weiter nach Tropmann, schauten auf die Uhr, gähnten, stürzten wieder die Treppe hinunter auf den Hof, auf den Platz, kamen zurück, setzten uns erneut ... Einige erzählten pikante Anekdoten, teilten einander unwichtige persönliche Dinge mit, streiften die Politik, das Theater, den Mord an Noir; andere versuchten zu scherzen, witzig zu sein – aber das gelang ihnen nicht so recht und rief nur ein peinliches, sofort wieder verstummendes Lachen hervor, eine Art unechte Billigung. Ich fand einen winzigen Diwan im ersten Zimmer, machte es mir leidlich bequem und bemühte mich einzuschlafen, was natürlich erfolglos war, ich bin nicht einmal für einen Augenblick eingenickt. Das Getöse der Menge schwoll weiter an, es wurde immer lauter und hörte überhaupt nicht mehr auf. Gegen drei Uhr morgens waren nach den Worten von Herrn Claude, der hereinkam, sich auf einen Stuhl setzte, sofort einschlief und wieder verschwand, als er von jemandem herausgerufen wurde, bereits mehr als fünfundzwanzigtausend Leute zusammengelaufen. Dieses Getöse überraschte mich durch seine Ähnlichkeit mit dem entfernten Gebrüll der Meeresbrandung: Es war das gleiche unaufhörliche Wagnersche Crescendo, das nicht stetig zunimmt, sondern in gewaltigen Wellen herangetragen wird und hin und her wogt; die schrillen Töne der Frauen- und Kinderstimmen schwangen sich wie feine Spritzer aus diesem kolossalen Tosen empor; die rohe Macht elementarer Kräfte kam darin zum Ausdruck. Für einen Augenblick ebbt es ab, als würde es in sich zusammenfallen, sich beruhigen, dann bricht es wieder los, steigert sich, wächst und droht zuzuschlagen, alles zu vernichten – und abermals rollt es zurück, flaut ab, schwillt dann erneut an – und es ist kein Ende abzusehen. Was besagt dieses Getöse? dachte ich. Ungeduld, Freude, Wut? Nein! Es ist nicht der Widerhall eines einzelnen, eines menschlichen Gefühls. Es ist einfach das Toben der Elemente.

6

Gegen drei Uhr ging ich vielleicht schon zum zehnten Mal hinaus. Die Guillotine war fertig errichtet. Undeutlich und eher eigenartig als furchterregend zeichneten sich vom dunklen Himmel ihre beiden, dreiviertel Arschin voneinander entfernten senkrechten Balken mit der sie in schräger Linie verbindenden Klinge ab. Aus irgendeinem Grund hatte ich geglaubt, die beiden Pfosten müßten viel weiter voneinander abstehen; ihre Nähe verlieh der ganzen Maschine eine unheilverkündende Schlankheit – die Schlankheit eines langgestreckten Schwanenhalses. Ein abscheuliches Gefühl rief der große, kofferartige, dunkelrote geflochtene Korb hervor. Ich wußte, die Henker würden den noch warmen, zuckenden Leichnam und den abgeschlagenen Kopf in diesen Korb werfen ... Die kurz vorher eingetroffene berittene Stadtgarde (garde municipale) hatte in großem Halbkreis vor der Vorderfront des Gefängnisses Aufstellung genommen; die Pferde schnaubten ab und zu, bissen auf den Kandaren herum und warfen die Köpfe hoch; zwischen ihren Vorderhufen schimmerten große Schaumflocken auf dem Pflaster. Die Fellmützen tief in die

Stirn gezogen, dösten die Reiter teilnahmslos vor sich hin. Die Reihen der Soldaten, die den Platz querüber absperrten und die Menschenmenge zurückhielten, waren noch weiter vorgerückt, so daß der freie Raum vor dem Gefängnis jetzt nicht mehr zweihundert, sondern dreihundert Schritt betrug. Ich näherte mich einer dieser Reihen und schaute mir lange die Menschen an, die sich dahinter drängten: Ihr Geschrei war spontan, das heißt ohne jeden Sinn. Ich erinnere mich an die Gestalt eines Blusenmannes, eines Burschen von ungefähr zwanzig Jahren: Er stand da, blickte nach unten und grinste vor sich hin, als dächte er über etwas Heiteres nach; doch plötzlich warf er den Kopf in den Nacken, riß den Mund weit auf und schrie, schrie langgezogen, ohne Worte; dann ließ er den Kopf wieder sinken und lächelte erneut. Was ging in diesem Menschen vor? Warum verbrachte er hier eine unbequeme, schlaflose Nacht, verharrte beinahe acht Stunden unbeweglich auf einem Fleck? Mein Ohr unterschied keine einzelnen Sätze; nur ab und zu drang durch den ununterbrochenen Lärm das laute Geschrei eines betrügerischen fliegenden Händlers, der eine Broschüre über Tropmann, über sein Leben, sein Sterben und sogar „seine letzten Worte", anpries ... oder irgendwo weiter hinten brach erneut ein Streit aus, vernahm man gemeinsames Lachen, kreischten Frauen ... Dieses Mal hörte ich die Marseillaise, aber sie wurde nur von fünf, sechs Leuten gesungen, und nicht einmal hintereinander. Die Marseillaise wirkt erst richtig, wenn sie von Tausenden gesungen wird. „A bas, Pierre Bonaparte!"[1] ertönte eine kräftige Stimme. „U ... u ... a ... a ...", brüllte es um ihn herum. An einer Stelle gingen die Schreie plötzlich in gleichmäßigen Polkarhythmus über: „Hm-ta-ta! Hm-ta-ta!" Nach dem bekannten Motiv: des lampions[2]! Von der Menge drang ein schwerer saurer Körpergeruch zu mir, denn alle diese Leute hatten viel Wein zu sich genommen; es gab auch unzählige Betrunkene darunter. Nicht umsonst hoben sich die Schenken als rote Punkte vom allgemeinen Hintergrund dieses Bildes ab. Die trübe Nacht war schwarz geworden; der Himmel hatte sich völlig bezogen und verdunkelt. Auf den wenigen, gespensterhaft wirkenden Bäumen sah man kleine Menschentrauben: Es waren die Straßenjungen, die hinaufgeklettert waren, auf den Ästen saßen, pfiffen und zwitscherten wie Vögel. Einer soll heruntergestürzt sein und sich das Rückgrat gebrochen haben, aber das erregte nur Gelächter, und nicht einmal für lange.

1 (franz.) Nieder mit Pierre Bonaparte! – 2 (franz.) Lämpchen.

Als ich zur Wohnung zurückkehrte und an der Guillotine vorbeiging, erblickte ich den Henker auf der Plattform, umringt von einer Schar Neugieriger; er veranstaltete für sie „einen Versuch“, eine Probe: Er kippte das an einem Scharnier befestigte Brett um, auf welches der Verbrecher geschnallt wird und das, wenn es fällt, mit seinem Ende genau in die halbrunde Öffnung zwischen den Balken paßt; er ließ das Beil herab, das mit einem dumpfen Geräusch hart und senkrecht nach unten sauste usw. Ich sah mir diese Probe nicht an, das heißt, ich stieg nicht auf das Podest, denn ein mir unbekanntes Gefühl der Schuld, der heimlichen Scham wurde immer stärker in mir ... Vielleicht habe ich es diesem Gefühl auch zuzuschreiben, daß mir die Pferde, die – eingespannt – vor dem Gefängnistor geruhsam ihren Hafer aus den Futtersäcken fraßen, die einzigen unschuldigen Wesen unter uns allen zu sein schienen.

Ich drückte mich wieder auf meinen Diwan und hörte erneut auf das Tosen der Brandung ...

7

Im Gegensatz zu der üblichen Behauptung vergeht die *letzte* Stunde des Wartens schneller als die erste, vor allem schneller als die zweite oder dritte. So war es auch diesmal. Wir waren alle erstaunt, als wir hörten, es habe schon sechs Uhr geschlagen, und uns bis zur Hinrichtung folglich nur noch eine Stunde verblieb. Tropmanns Zelle sollten wir in genau einer halben Stunde betreten – um halb sieben. Augenblicklich verschwand die Schläfrigkeit aus allen Gesichtern. Ich weiß nicht, was die anderen empfanden – mir wurde sehr beklommen ums Herz. Es tauchten neue Gestalten auf; der Geistliche, ein kleiner, grauhaariger Mann mit hagerem Gesicht, huschte in seiner langen schwarzen Soutane mit dem Band der Ehrenlegion und mit einem niedrigen, breitrandigen Hut auf dem Kopf an uns vorbei. Der Kommandant arrangierte eine Art Frühstück für uns, une collation[1]; im Eßzimmer wurden große Tassen Schokolade auf den runden Tisch gestellt ... Ich hielt mich fern davon, obwohl mir der freundliche Gastgeber riet, mich zu stärken, „denn die Morgenluft könnte schädlich sein“. In diesem Moment etwas zu mir zu nehmen schien mir verwerflich. Was konnte das schon für ein Essen sein! Ich habe

1 (franz.) ein Imbiß.

kein Recht, hier zu weilen, redete ich mir zum hundertstenmal seit Beginn dieser Nacht ein. „Schläft *er* immer noch?" fragte einer von uns, während er seine Schokolade schlürfte. (Alle sprachen von Tropmann, ohne seinen Namen zu erwähnen, aber einen anderen *er* gab es im Augenblick nicht.) „Er schläft", antwortete der Kommandant. „Trotz dieses fürchterlichen Lärms?" (Der Lärm hatte tatsächlich ungewöhnlich zugenommen und war zu einer Art heiserem Brüllen geworden; der schreckliche Chor erklang nicht mehr im Crescendo, sondern tönte siegesbewußt, ausgelassen.) „Seine Zelle liegt hinter drei Mauern", entgegnete der Kommandant. Herr Claude, dem der Kommandant offensichtlich die Hauptrolle zugedacht hatte, schaute auf die Uhr und sagte: „Zwanzig Minuten nach sechs, es ist Zeit!" Uns alle überlief wahrscheinlich ein Schauer, dennoch setzten wir – als stünde uns nichts Besonderes bevor – unsere Hüte auf und folgten unter lebhaften Gesprächen unserem Führer. „Wo werden Sie heute zu Mittag speisen?" fragte laut ein Journalist, aber es wirkte doch sehr unnatürlich.

8

Wir betraten den großen Gefängnishof, und hier fand in der linken Ecke, vor einer halbgeöffneten Tür, so etwas wie ein Zählappell statt. Dann wurden wir in einen schmalen, hohen und bis auf einen lederbezogenen Hocker in der Mitte völlig leeren Raum geleitet. „Hier erfolgt das Ankleiden des Verurteilten" (la toilette du condamné), flüsterte mir Ducamp zu. Es waren nicht alle versammelt: Mit dem Kommandanten, dem Priester, Herrn Claude und seinem Helfer waren wir zehn. Während der zwei oder drei Minuten, die wir uns in diesem Raum aufhielten (in der Zeit wurde irgendeine schriftliche Formalität erledigt), ging mir zum letztenmal der Gedanke durch den Kopf, daß wir zu dem, was wir taten, keinerlei Recht hatten, daß wir eine gesetzeswidrige, erbärmliche Komödie aufführten, wenn wir mit dieser gespielten Wichtigkeit der Tötung eines uns gleichenden Wesens beiwohnten. Als wir dann Herrn Claude weiter durch einen breiten und von zwei Nachtlichtern schwach erhellten steinernen Gang folgten, fühlte ich nur noch eins: Jetzt gleich … gleich … in dieser Minute … in dieser Sekunde … Wir stiegen eilig über zwei Treppen in einen anderen Gang, durchquerten ihn, gingen eine schmale Wendeltreppe hinunter und standen vor einer Eisentür … *Hier war es!*

Vorsichtig schloß der Gefängniswärter auf. Fast geräuschlos öffnete sich die Tür, und wir betraten alle leise und wortlos eine ziemlich geräumige Zelle mit gelbgetünchten Wänden, einem hohen, vergitterten Fenster und einem zerwühlten Bett, das leer war. Der gleichmäßige Schein einer großen Nachtlampe tauchte alle Gegenstände in helles Licht.

Ich hielt mich ein wenig hinter den anderen und weiß noch, daß ich die Augen unwillkürlich zusammenkniff, doch im gleichen Moment sah ich, mir etwas schräg gegenüber, ein junges, von dunklem Haar umrahmtes Gesicht mit schwarzen Augen, das sich langsam von links nach rechts wandte und uns alle mit einem durchdringenden, umfassenden Blick musterte. Vor uns stand Tropmann. Er war bereits vor unserem Erscheinen erwacht und hatte sich von dem Tisch erhoben, an dem er soeben einen Abschiedsbrief an seine Mutter geschrieben hatte (der übrigens recht nichtssagend war).

Herr Claude nahm seinen Hut ab und trat auf ihn zu. „Tropmann!“ begann er mit seiner trockenen, leisen und dennoch gebieterischen Stimme. „Wir sind hier, um Sie davon zu unterrichten, daß Ihr Gnadengesuch abgelehnt wurde und für Sie die Stunde der Sühne gekommen ist.“

Tropmann heftete seine Augen auf ihn, doch das „Durchdringende“ daraus war verschwunden; er schaute ihn ruhig, fast schläfrig an und sagte kein Wort.

„Mein Sohn!“ rief mit gedämpfter Stimme der Priester und trat von der anderen Seite auf ihn zu. „Du courage!“[1]

Tropmann blickte ihn genauso an wie Herrn Claude.

„Ich wußte, daß er nicht schwach wird!“ meinte Herr Claude, an uns gewandt, im Tonfall der Überzeugung. „Jetzt, da er den ersten Schreck“ (le premier choc) „überwunden hat, bürge ich für ihn.“ (So spricht ein Lehrer, der seinen Schüler im voraus lobt, um ihm Mut zu machen.)

„Oh, ich habe keine Angst!“ (Oh, je n'ai pas peur!) sagte Tropmann, die Augen wieder auf Herrn Claude gerichtet. „Ich habe keine Angst!“ Seine Stimme, ein angenehmer, jugendlicher Bariton, klang völlig ruhig.

Der Priester zog aus seiner Tasche eine kleine Flasche hervor. „Wollen Sie nicht einen Schluck Wein trinken, mein Sohn?“

1 (franz.) Mut!

„Danke, nicht nötig", antwortete Tropmann mit einer höflichen, leichten Verbeugung.

Wieder wandte sich Herr Claude an ihn. „Sie behaupten nach wie vor, daß Sie des Verbrechens nicht schuldig sind, für das Sie verurteilt wurden?"

„Ich habe den Schlag nicht geführt!" (Je n'ai pas frappé!)

„Aber ...", wollte sich der Kommandant einmischen.

„Ich habe den Schlag nicht geführt!"

(Entgegen seinen früheren Aussagen hatte Tropmann in der letzten Zeit bekanntlich behauptet, er habe die Familie Kink zwar zum Ort der Untat gebracht, getötet hätten sie jedoch seine Komplicen, und seine Handverletzung stamme sogar daher, daß er eines der Kinder habe schützen wollen. Übrigens hatte er während des Prozesses so gelogen wie kaum ein Verbrecher vor ihm.)

„Behaupten Sie immer noch, daß Sie Mittäter hatten?"

„Ja."

„Können Sie sie nennen?"

„Nein, ich kann nicht ... und ich will nicht. Ich will nicht." Tropmanns Stimme war lauter geworden, und eine flüchtige Röte überzog sein Gesicht. Es sah aus, als wollte er wütend werden.

„Na schön", sagte Herr Claude eilig und gab damit gewissermaßen zu verstehen, daß er ihn nur gefragt hatte, um eine unumgängliche Formalität zu erfüllen, und daß jetzt etwas anderes bevorstand.

Tropmann mußte sich jetzt auskleiden.

Zwei Gefängniswärter traten zu ihm und begannen, ihm die Zwangsjacke (camisole de force) auszuziehen, eine Art Bluse aus grobem, blauem Leinen mit Riemen und Schnallen auf dem Rükken und langen, an den Enden zugenähten Ärmeln, von denen feste Stricke über die Schenkel zum Gürtel liefen. Tropmann stand zwei Schritte seitlich von mir. Ich konnte sein Gesicht in aller Ruhe studieren. Man hätte es schön nennen können, wenn nicht der unangenehm aufgeworfene, wie bei einem Tier trichterförmig vorstehende Mund mit dem fächerartigen, unschönen, lückenhaften Gebiß gewesen wäre. Er hatte dichtes, dunkles und leicht gewelltes Haar, lange Augenbrauen, ein wenig vorquellende, ausdrucksvolle Augen, eine hohe, klare Stirn und eine regelmäßige, etwas gekrümmte Nase; auf seinem Kinn kräuselte sich leicht schwarzer Flaum ... Begegnete man so einer Person nicht im Gefängnis, nicht unter solchen Umständen – sie würde wahrscheinlich einen vorteilhaften Eindruck machen. Zu Hunderten findet man solche Gesichter unter den jungen Fabrikarbeitern, den Zöglingen öffentlicher Lehranstalten usw. Tropmann war mittelgroß, jungenhaft mager und von ebenmäßigem Körperbau. Er kam mir wie ein erwachsener Knabe vor – übrigens war er auch noch nicht einmal zwanzig Jahre alt. Seine Gesichtsfarbe war völlig normal – gesund, etwas rosig; er war auch nicht blaß geworden, als wir eintraten … Es gab keinen Zweifel, er hatte wirklich die ganze Nacht geschlafen. Er blickte nach unten und atmete gleichmäßig und tief, wie jemand, der bedächtig eine lange Steigung hinaufgeht. Zwei- oder dreimal schüttelte er den Kopf, als wollte er einen lästigen Gedanken verjagen, dann warf er ihn zurück, schaute kurz nach oben und tat einen kaum hörbaren Seufzer. Außer diesen nur sehr flüchtigen Bewegungen verriet nichts, daß er Aufregung oder Unruhe, geschweige denn Angst verspürte. Wir anderen alle waren ohne Zweifel sowohl blasser als auch aufgeregter als er. Als man seine Arme aus den unten zugenähten Ärmeln der Zwangsjacke befreit hatte, hielt er diese mit zufriedenem Lächeln vor der Brust fest, während die Jacke hinten aufgeschnallt wurde. Kleine Kinder machen das so, wenn sie ausgekleidet werden. Dann zog er sich selber das Hemd aus, streifte ein anderes, ein sauberes, über und knöpfte sich sorgfältig dessen Kragen zu … Es war eigenartig, die freien, ungezwungenen Bewegungen dieses nackten Körpers, dieser entblößten Glieder vor dem Hintergrund der gelblichen Zellenwand zu sehen …

Dann bückte er sich und zog die Schuhe an, wobei er mit den Absätzen und den Sohlen fest auf den Boden aufstampfte und gegen die Wand trat, damit die Füße leichter und besser hineingingen. Er tat das alles gelöst, forsch, fast fröhlich, als hätte man ihn zu einem Spaziergang aufgefordert. Er sagte kein Wort; wir schwiegen ebenfalls und warfen uns nur gegenseitig Blicke zu – dabei hoben wir unwillkürlich die Schultern vor Erstaunen. Uns alle verwunderte die Ungezwungenheit seiner Bewegungen, die wie jede vollkommen ruhige und natürliche Lebensäußerung nahezu elegant wirkten. Einer von uns, den ich am Nachmittag dieses Tages zufällig traf, sagte mir, daß es ihm während unseres Aufenthaltes in Tropmanns Zelle vorgekommen sei, als schrieben wir nicht das Jahr 1870, sondern 1794, als wären wir nicht gewöhnliche Bürger, sondern Jakobiner, als sollten wir nicht einen gemeinen Mörder zur Hinrichtung führen, sondern einen Marquis, einen Legitimisten, „un ci-devant, un talon rouge, monsieur“[1]!

1 (franz.) einen der Ehemaligen, einen Höfling, mein Herr!

Man hat festgestellt, daß zum Tode Verurteilte bei der Urteilsverkündung entweder völlig apathisch werden und gewissermaßen schon vorher sterben und verfallen oder aber sich spreizen und den Tapferen spielen oder schließlich auch völlig verzweifeln, weinen, zittern, um Gnade flehen ... Tropmann gehörte zu keiner dieser drei Kategorien und versetzte dadurch selbst Herrn Claude in höchstes Erstaunen. Übrigens – hätte Tropmann angefangen zu schreien und zu weinen, meine Nerven hätten das bestimmt nicht ausgehalten, und ich wäre davongelaufen. Doch angesichts *dieser* Ruhe, dieses natürlichen und geradezu diskreten Gebarens schwanden alle meine Gefühle – das des Abscheus vor dem unbarmherzigen Mörder, vor der Bestie, die Kindern die Kehle durchgeschnitten hatte, als sie nach ihrer Mutter schrien, und schließlich das des Mitleids mit einem Menschen, den der Tod bereits erwartete; sie alle gingen auf in dem einen, dem Gefühl der Verwunderung. Was hielt Tropmann aufrecht? War es das Bewußtsein, hier zwar nicht „posieren" zu können, aber immerhin doch *Zuschauer* zu haben, vor denen er seine letzte Vorstellung gab? War es angeborene Furchtlosigkeit oder Eitelkeit, die Herrn Claudes Worte geweckt hatten? War es der Stolz des Kampfes, der bis zum Ende durchgestanden werden mußte, oder ein anderes, noch nicht erahntes Gefühl? Es blieb sein Geheimnis, das er mit ins Grab nahm. Manche sind bis heute davon überzeugt, daß Tropmann nicht ganz bei Verstand war. (Ich erwähnte weiter vorn einen Advokaten mit hellem Hut, den ich übrigens nicht mehr gesehen habe.) Die sinnlose, man kann schon sagen, törichte Ausrottung der gesamten Familie Kink untermauert bis zu einem gewissen Grade diese Überzeugung.

9

Dann schließlich war er mit dem Schuhanziehen fertig. Er richtete sich auf und schüttelte sich, als wollte er sagen: Ich bin bereit! Man streifte ihm *erneut* die Zwangsjacke über. Herr Claude bat uns alle, hinauszugehen und Tropmann mit dem Priester allein zu lassen. Wir hatten jedoch kaum zwei Minuten im Gang gewartet, als seine schmächtige Gestalt mit hocherhobenem Kopf schon wieder erschien. Sein religiöses Empfinden war wenig entwickelt, und er hatte wohl den Ritus der letzten Beichte vor dem Priester, der ihm seine Sünden vergab, eben nur als Ritus absolviert. Langsam stieg unsere ganze Gruppe, mit Tropmann in der Mitte, die enge Wendeltreppe hinauf, die wir vor einer Viertelstunde hinabgegangen waren, und plötzlich versanken wir in einem undurchdringlichen Dunkel – die Nachtbeleuchtung auf der Treppe war erloschen. Das war ein entsetzlicher Augenblick. Wir wollten alle schnell nach oben; man hörte das eilige und laute Trampeln unserer Füße auf den Steinstufen; wir drängelten, stießen mit den Schultern; einer verlor seinen Hut; von hinten rief jemand zornig: „Mais sacredieu![1] Zündet eine Kerze an! Macht Licht!" Und mitten unter uns, in der völligen Dunkelheit, befand sich unser Opfer, unsere Beute, jener Unglückliche ... Wer von den Drängenden und Schiebenden war er? Könnte er nicht die Dunkelheit ausnutzen und mit der Gewandtheit und dem Mut der Verzweiflung flüchten? Wohin aber? Irgendwohin, in einen entlegenen Winkel des Gefängnisses – und dort mit dem Kopf gegen die Wand rennen! So würde er sich wenigstens selbst richten ...

Ich weiß nicht, ob auch den anderen derartige „Befürchtungen" durch den Kopf gingen. Sie erwiesen sich jedenfalls als unnötig. Unsere ganze Gruppe tauchte, mit der schmächtigen Gestalt in der Mitte, aus dem Schacht der Wendeltreppe im Korridor auf. Tropmann gehörte der Guillotine, und die Prozession dorthin hatte begonnen.

10

Diese Prozession hätte man auch Flucht nennen können. Tropmann ging mit hurtigen, elastischen, beinahe tänzelnden Schritten vor uns her – er hatte es offensichtlich eilig, und wir alle hasteten ihm nach. Manche überholten ihn auch rechts und links, um noch einmal sein Gesicht zu sehen. So rannten wir den Gang entlang, liefen noch eine Treppe hinunter – Tropmann nahm zwei Stufen auf einmal –, eilten durch einen weiteren Korridor, sprangen noch über ein paar Stufen und waren endlich in dem bereits erwähnten hohen und nur mit einem Hocker ausgestatteten Raum, in dem das „Ankleiden des Verurteilten" erfolgt. Wir betraten den Raum durch die eine Tür, durch die gegenüberliegende kam gewichtigen Schrittes, angetan mit einem weißen Halstuch und einer schwarzen „Robe" und dadurch fast wie ein Diplomat oder protestantischer Pfarrer aussehend, der Henker; ihm folgte ein kleiner, korpulenter älterer Mann in schwarzem Rock – sein

1 (franz.) Hol's der Teufel!

Iwan Turgenjew – 1871

erster Gehilfe, der Henker der Stadt Bovet. Der Alte hielt eine kleine Ledertasche in der Hand. Tropmann blieb vor dem Hocker stehen, alle anderen nahmen um ihn herum Aufstellung. Der Henker und sein Gehilfe standen rechts von ihm, der Priester ebenfalls, nur etwas weiter vorn; der Kommandant und Herr Claude standen links. Mit einem Schlüssel öffnete der Alte das Schloß der Tasche, holte aus ihr ein paar lange und ein paar kurze weißgegerbte helle Riemen mit Schnallen hervor, ließ sich hinter Tropmann mühevoll auf die Knie nieder und begann ihm die Füße zu fesseln. Aus Versehen trat Tropmann auf das Ende eines Riemens, und der Alte versuchte vergeblich, ihn wieder hervorzuziehen; zweimal murmelte er: „Pardon, monsieur!", und schließlich berührte er Tropmanns Wade. Dieser wandte sich sofort um, hob mit der für ihn typischen angedeuteten Verbeugung den Fuß und gab den Riemen frei. Während der ganzen Zeit las der Priester mit halblauter Stimme aus einem kleinen Büchlein Gebete in französischer Sprache. Zwei andere Helfer traten heran, zogen Tropmann mit geübter Hand die Zwangsjacke aus, drehten ihm die Arme nach hinten, banden die Hände über Kreuz und fesselten den ganzen Körper mit Riemen. Mit dem Finger mal hierhin, mal dorthin zeigend, gab der Haupthenker seine Anweisungen. Es stellte sich heraus, daß in den Riemen nicht genügend Löcher für die Schnallendornen waren; derjenige, der die Löcher gemacht hatte, hatte offensichtlich mit einem stämmigen Mann gerechnet. Der Alte suchte zuerst in der Ledertasche, dann der Reihe nach in allen seinen Rocktaschen und holte endlich, nachdem er sich gründlich abgetastet hatte, eine kleine, krumme Ahle hervor, mit der er sich eifrig bemühte, die Riemen zu durchstechen. Seine ungeschickten, gichtgeschwollenen Finger gehorchten ihm schlecht, zudem war das Leder auch neu und dick. Er bohrte ein Loch, probierte – der Dorn ging nicht durch, er mußte es also vergrößern. Der Priester hatte wahrscheinlich erraten, daß etwas nicht glatt verlief, sich die Sache etwas hinauszögerte; er blickte zweimal verstohlen über die Schulter und zog dann die Worte des Gebetes in die Länge, damit der Alte Zeit hatte, fertig zu werden. Endlich war diese Prozedur beendet, während der mir – ich gebe es offen zu – kalter Schweiß ausgebrochen war: Alle Dorne saßen so, wie es sein sollte. Doch da begann schon die nächste. Tropmann mußte auf dem Schemel, vor dem er stand, Platz nehmen, und derselbe gichtgeplagte Alte machte sich daran, ihm die Haare abzuschneiden. Er ergriff eine kleine Schere, und dabei den Mund verziehend, schnitt er zunächst sorgfältig den Kragen von Tropmanns Hemd ab, von demselben Hemd, das jener eben erst übergestreift hatte und von dem man den Kragen ohne weiteres hätte vorher abtrennen können. Das Leinen indes war derb und sehr faltig – es gab der wahrscheinlich stumpfen Schere kaum nach. Der Haupthenker schaute sich das Ergebnis an und war nicht zufrieden: Der Ausschnitt war ihm nicht groß genug. Er deutete mit der Hand die nötige Größe an, und der Alte ging mit seinen Gichthänden wieder an die Arbeit und schnitt noch ein ordentliches Stück Leinen heraus. Der obere Teil des Rückens war jetzt entblößt, so daß man die Schulterblätter sah. Tropmann zog sie leicht hoch, denn im Zimmer war es kalt. Dann machte sich der Alte an die Haare. Er legte seine geschwollene linke Hand auf den Kopf Tropmanns, der ihn sofort gehorsam nach vorn neigte, und fing an, mit der rechten zu schneiden. Die Strähnen des dunkelblonden kräftigen Haars glitten über Tropmanns Schultern und häuften sich am Boden; eine fiel mir sogar vor die Füße. Tropmann hielt die ganze Zeit den Kopf willig gesenkt; der Priester dehnte die Worte der Gebete immer mehr. Ich konnte meinen Blick nicht von diesen vor kurzem noch mit dem Blut Unschuldiger besudelten, jetzt hilflos übereinanderliegenden Händen abwenden – und besonders nicht von dem schlanken, knabenhaften Hals. In meiner Phantasie sah ich unwillkürlich ein Schnittmal quer hindurchgehen. Hier, so dachte ich, wird in wenigen Augenblicken, die Wirbel zerschlagend und die Muskeln und Adern zerschneidend, das zehn Pud schwere Fallbeil hindurchsausen … Doch der Körper schien nichts Derartiges zu erwarten, so rein, so weiß, so gesund war er.

Unwillkürlich fragte ich mich: Worüber mag in diesem Moment der so gehorsam geneigte Kopf nachdenken? Klammert er sich hartnäckig und sozusagen verbissen nur an den einen Gedanken: Ich laß mich nicht kleinkriegen? Wirbeln vielleicht verschiedene und möglicherweise ganz unwichtige Erinnerungen an die Vergangenheit durch ihn? Erscheint ihm mit besonders schrecklichem, von Todesangst verzerrtem Gesicht eines der Mitglieder der Familie Kink? Oder versucht er einfach, an überhaupt nichts zu denken, dieser Kopf, und hämmert sich nur immer wieder ein: Das ist nicht schlimm, nicht tragisch, wir werden sehen? Und wird er sich das so lange wiederholen, bis ihn der Tod ereilt und es kein Zurück mehr gibt?

Der Alte indessen schnitt und schnitt. Wenn die Haare von der

Schere erfaßt wurden, knirschten sie. Endlich war auch diese Prozedur beendet. Tropmann erhob sich rasch, schüttelte den Kopf … Meistens wenden sich in diesem Moment die Verurteilten, die noch fähig sind zu sprechen, mit einer letzten Bitte an den Gefängnisdirektor, sie erinnern an ungetilgte Schulden oder Geld, sie bedanken sich bei den Gefängniswärtern, bitten, den Angehörigen den Abschiedsbrief oder eine Locke zu überbringen, bestellen letzte Grüße … Doch Tropmann war offenbar kein gewöhnlicher Verurteilter. Er verachtete solche „Zartgefühle" und sagte kein einziges Wort; er wartete schweigend. Ihm wurde eine kurze Jacke übergehängt, dann nahm der Henker ihn am Ellenbogen …

„Hören Sie, Tropmann!" (Voyons, Tropmann!) unterbrach Herrn Claudes Stimme die Grabesstille. „Gleich wird alles vorbei sein. Behaupten Sie weiterhin" (vous persistez), „daß Sie Mittäter hatten?"

„Ja, Herr, das tue ich!" (Oui, monsieur, je persiste!) antwortete Tropmann mit seiner angenehmen, festen Baritonstimme und verbeugte sich leicht, als wollte er sich höflich entschuldigen oder als bedauere er sogar, so antworten zu müssen.

„Eh bien! Allons!"[1] sagte Herr Claude, und wir setzten uns in Bewegung und traten auf den großen Gefängnishof hinaus.

11

Es war eine Minute vor sieben Uhr, doch draußen war es kaum heller geworden, und noch immer erfüllte der gleiche trübe Nebel die Luft und ließ die Umrisse der Gegenstände verschwimmen. Kaum waren wir hinausgetreten, überflutete uns das Toben der Menge wie eine endlose, unerträglich laute Woge. Über den gepflasterten Hof strebte unser kleiner gewordenes Häuflein geradewegs auf das Tor zu. Einige waren etwas zurückgeblieben, und auch ich hielt mich, obwohl ich mit den anderen ging, ein wenig abseits. Tropmann mußte ganz kurze Schritte machen – die Fesseln behinderten ihn. Wie klein er mir erschien, fast wie ein Kind! Plötzlich öffneten sich vor uns langsam, wie ein Rachen, beide Torflügel, und mit einem Mal, gewissermaßen begleitet von dem gewaltigen Geheul der frohen Menge, die sich für ihr Warten belohnt sah, blickte uns das Ungeheuer Guillotine mit seinen zwei

1 (franz.) Nun gut! Gehen wir!

schlanken schwarzen Säulen und dem hochgezogenen Fallbeil an. Mir wurde plötzlich kalt, kalt bis zur Übelkeit; mich deuchte, daß auch diese Kälte durch das Tor zu uns auf den Hof drang; die Knie wurden mir weich. Aber ich schaute noch einmal zu Tropmann hin. Er beugte sich plötzlich zurück, warf den Kopf nach hinten und knickte in den Knien ein, als hätte er einen Stoß vor die Brust bekommen. „Er fällt in Ohnmacht!" flüsterte jemand neben mir. Sofort hatte er sich aber wieder in der Gewalt und ging festen Schrittes weiter. Diejenigen von uns, die sehen wollten, wie sein Kopf abgeschlagen würde, liefen an ihm vorbei auf den Platz. Ich hatte nicht den Mut dazu; mit stockendem Herzen blieb ich am Tor zurück ...

Ich sah, wie der Henker plötzlich, einem schwarzen Turme gleich, auf der linken Seite der Guillotine emporwuchs; ich sah, wie sich Tropmann von der Gruppe löste, die unten innehielt, und wie er die Stufen hinaufstieg (es waren zehn ... zehn ganze Stufen!); ich sah, wie er stehenblieb und sich umblickte; ich hörte, wie er sagte: „Dites à monsieur Claude ..."[1] Ich sah, wie er oben auftauchte, wie sich von rechts und links zwei Gestalten auf ihn stürzten wie Spinnen auf eine Fliege, wie er plötzlich mit dem Kopf nach vorn kippte und seine Füße zappelten ...

Da wandte ich mich ab und wartete, während der Boden unter meinen Füßen zu schwanken schien. Mir kam es vor, als dauere alles entsetzlich lange.[2] Ich konnte noch bemerken, daß bei Tropmanns Erscheinen das Toben der Leute sich gleichsam zu einem Knäuel zusammenrollte und atemlose Stille eintrat. Vor mir stand ein junger, rotwangiger Wachsoldat. Ich nahm noch wahr, daß er mich mit dumpfem Unverständnis und Entsetzen ansah. Ich konnte sogar noch denken, daß dieser Soldat vielleicht aus einem abgelegenen Dörfchen stammte, aus einer friedfertigen und anständigen Familie – und jetzt, was mußte er mit ansehen! Endlich erscholl ein leichter Schlag – wie Holz auf Holz; der obere Teil der Zwinge mit dem länglichen Schlitz für die Klinge, der den Hals des Verbrechers umschließt und seinen Kopf festhält, war zugeklappt. Dann hörte man plötzlich ein dumpfes Aufbrüllen,

1 Das Ende des Satzes habe ich nicht gehört. Er lautete: „Dites à m-r Claude, que je persiste." Das heißt: Sagen Sie, daß ich immer noch behaupte, Mittäter gehabt zu haben. – Tropmann wollte sich diese letzte Freude, diese letzte Genugtuung nicht nehmen lassen – er wollte den Stachel des Zweifels und des Vorwurfes in seine Richter und die Zuschauer pflanzen. (Anm. d. Verf.) – 2 In Wirklichkeit vergingen von dem Augenblick, da Tropmann seinen Fuß auf die erste Stufe der Guillotine setzte, bis zum Augenblick, da seine Leiche in den bereitstehenden Korb geworfen wurde, *zwanzig* Sekunden. (Anm. d. Verf.)

das langsam verebbte und erstarb – als hätte ein riesiges Tier etwas ausgespien. Ich finde keinen anderen, keinen besseren Vergleich. Vor meinen Augen verschwamm alles …

Jemand faßte mich am Arm. Ich sah auf: Es war der Gehilfe von Herrn Claude, Herr J., dem, wie ich später erfuhr, mein Freund Ducamp aufgetragen hatte, ein Auge auf mich zu haben.

„Sie sind sehr blaß. Möchten Sie einen Schluck Wasser?" fragte er lächelnd.

Ich lehnte dankend ab und kehrte in den Gefängnishof zurück, der mir angesichts des Schrecklichen, das sich vor dem Tor abspielte, wie eine sichere Zufluchtsstätte vorkam.

12

Unsere Gruppe versammelte sich auf der Hauptwache neben dem Tor, um sich vom Kommandanten zu verabschieden und zu warten, bis sich die Menschenmenge etwas verlaufen hatte. Ich ging ebenfalls dorthin und erfuhr, daß Tropmann, als er schon auf dem Brett lag, plötzlich ruckartig den Kopf zur Seite gedreht hatte, so daß er nicht in die halbkreisförmige Öffnung der Zwinge paßte und die Henkersgehilfen ihn an den Haaren hineinziehen mußten, und daß Tropmann einen von ihnen, den ranghöchsten, dabei in den Finger gebissen hatte; daß unmittelbar nach der Hinrichtung, als der Körper in dem Wagen eilig weggebracht wurde, zwei Zuschauer den ersten Augenblick des unvermeidlichen Durcheinanders benutzt hatten, um die Absperrkette der Soldaten zu durchbrechen, unter die Guillotine zu kriechen und ihre Taschentücher in das Blut zu tauchen, das durch die Ritzen der Bretter geflossen war …

Alle diese Gespräche hörte ich aber wie im Traum, denn ich fühlte mich sehr müde – und nicht nur ich allein. Alle waren angegriffen, obwohl sie jetzt erleichtert schienen, als hätte man eine Last von ihnen genommen. Aber niemand von uns, *absolut niemand machte den Eindruck eines Menschen, der sich bewußt war, dem Vollzug eines Aktes der öffentlichen Rechtsprechung beigewohnt zu haben;* jeder versuchte, diesen Gedanken von sich zu weisen und die Verantwortung für diese Tötung gewissermaßen von sich zu werfen.

Ducamp und ich verabschiedeten uns vom Kommandanten und begaben uns auf den Heimweg. Ein wahrer Menschenstrom – Männer, Frauen und Kinder – ergoß seine häßlichen und schmutzigen Wellen durch die Straßen. Fast alle schwiegen; nur einige Blusenmänner riefen sich hin und wieder etwas zu: „Wo gehst du hin?" – „Und du?" Die Straßenjungen indes pfiffen hinter den vorüberfahrenden „Kokotten" her. Was für verhärmte, finstere, verschlafene Gesichter! Welch ein Ausdruck der Langeweile, der Müdigkeit, des Unbefriedigtseins, des Ärgers, des stumpfen, gegenstandslosen Ärgers! Betrunkene habe ich übrigens nur wenige gesehen; entweder hatte man sie schon wegschaffen lassen, oder sie hatten sich von selbst beruhigt. Der Alltag ging für alle diese Leute wieder weiter – und wofür, um welcher Empfindungen willen hatten sie für ein paar Stunden ihr gewohntes Geleise verlassen? Es ist entsetzlich, wenn man darüber nachdenkt, was sich dahinter verbirgt.

Ungefähr zweihundert Schritt vom Gefängnis entfernt, fanden wir eine freie Kutsche; wir stiegen ein und fuhren los.

Unterwegs sprachen Ducamp und ich über das, was wir gesehen hatten und worüber er kurz vorher (in der Januarnummer der von mir bereits zitierten „Revue des deux Mondes") so gewichtige, so vernünftige Worte geschrieben hatte. Wir sprachen über die unnötige, die sinnlose Barbarei dieser ganzen mittelalterlichen Prozedur, durch die die Agonie des Verbrechers eine halbe Stunde dauert (von 28 Minuten nach sechs Uhr bis sieben Uhr), über den Unfug dieser ganzen Umkleiderei, dieses Haareschneidens, dieses Laufens über Treppen und durch Gänge ... Mit welchem Recht geschieht das alles? Wie kann man eine solche empörende Routine dulden? Und die Todesstrafe selbst – ist sie gerechtfertigt? Wir hatten gesehen, welchen Eindruck so ein Schauspiel auf das Volk macht, daß es dieses angeblich lehrreiche Schauspiel eigentlich überhaupt nicht gab. Kaum der tausendste Teil der Menschenmenge, nicht mehr als fünfzig oder sechzig Leute, hatte im Dämmerlicht des frühen Morgens aus einer Entfernung von hundertfünfzig Schritt, durch die Reihen der Soldaten hindurch und an den Pferdemähnen vorbei, überhaupt etwas erblicken können. Und die anderen? Welchen wenigstens kleinen Nutzen hatten sie aus dieser trunkenen, schlaflosen, untätig verbrachten, aller Moral entbehrenden Nacht gezogen? Mir fiel der junge Mann in der blauen Bluse ein, der so sinnlos geschrien hatte und dessen Gesicht ich einige Minuten beobachten konnte. Geht er heute wirklich als ein Mensch an die Arbeit, der mehr als vorher Laster und Müßiggang haßt? Und ich, was hatte *ich* letztlich mitgenommen? Das Gefühl unwillkürlicher Bewunderung für einen Mörder, ein Scheusal, der seine Todesverachtung zu zeigen verstand. Sollte sich der Gesetzgeber tatsächlich eine solche Wirkung wünschen? Von welchem „sittlichen Zweck" kann man nach solchen, durch die Erfahrung bestätigten Widerlegungen noch sprechen?

Doch ich will jetzt keine langen Erörterungen anstellen, sie würden zu weit führen. Und wer wüßte nicht, daß die Frage der Todesstrafe eine der dringendsten und unaufschiebbaren Fragen ist, an deren Lösung die Menschheit heute arbeitet? Ich wäre zufrieden und würde mir meine unangebrachte Neugier verzeihen, wenn mein Bericht denjenigen, die für die Abschaffung der Todesstrafe eintreten oder sich zumindest gegen ihre öffentliche Ausführung aussprechen, einige Argumente lieferte.

Weimar 1870

DIE WACHTEL

Zehn Jahre war ich alt, als mir das widerfuhr, worüber ich hier erzählen will.

Es geschah im Sommer. Damals lebte ich mit meinem Vater auf einem abgelegenen Gut im Süden Rußlands. Rings um das Gut erstreckte sich über mehrere Werst hin die Steppenlandschaft. Weder Wald noch Flüsse befanden sich in der Nähe; gleich langen grünen Schlangen wanden sich hier und da flache, mit Buschwerk bewachsene Schluchten durch die ebene Steppe. Schmale Rinnsale schlängelten sich auf ihrem Grund; bisweilen sprudelte am Fuß der niedrigen Abhänge Wasser, klar wie Tränen, aus winzigen Quellen; zu ihnen führten festgetretene Pfade – und auf dem feuchten Boden, nahe dem Wasser, kreuzten sich die Spuren von Vögeln und anderem Kleingetier. Sie brauchen das frische Wasser so nötig wie wir Menschen.

Mein Vater war leidenschaftlicher Jäger; und hatte er nichts in der Wirtschaft zu tun und schien ihm das Wetter günstig, so nahm er das Gewehr, packte die Jagdtasche, rief seinen Hund Tresor und ging auf Rebhuhn- oder Wachteljagd. Hasen mochte er nicht, er ließ sie den Treibjägern, die er Hundejäger nannte. Und anderes Wild fand sich bei uns nicht ein, es sei denn, im Herbst kamen die Waldschnepfen geflogen. Aber Wachteln und Rebhühner gab es dafür um so mehr, besonders Rebhühner. Immer wieder stieß man an den Rändern der Schluchten auf aufgewühlte runde Stellen im trockenen Sand, wo sie ihr Bad genommen hatten. Der alte Tresor nahm dann Witterung auf, sein Schwanz zuckte, und sein Nackenfell sträubte sich; das Gesicht meines Vaters wurde ganz bleich – vorsichtig spannte er die Hähne.

Oft nahm mich der Vater mit … das war jedesmal ein großes Vergnügen für mich! Ich steckte die Hosenbeine in die Stiefelschäfte, hängte mir eine Feldflasche um – und fühlte mich wie ein Jäger! Schweißperlen liefen mir übers Gesicht, kleine Steine rutschten mir in die Stiefel, doch ich verspürte keine Müdigkeit und hielt wacker mit dem Vater Schritt. Fiel dann endlich ein

Schuß und ein Vogel taumelte getroffen zu Boden, sprang ich auf und jauchzte – so wunderbar war mir zumute! Der angeschossene Vogel rang im Maul von Tresor oder im Gras um sein Leben und schlug mit den Flügeln – sein Blut floß, ich war aber dennoch begeistert und fühlte kein bißchen Mitleid. Was hätte ich darum gegeben, selbst mit einem Gewehr schießen und Rebhühner oder Wachteln töten zu dürfen! Vater meinte jedoch, ich würde nicht früher als mit zwölf Jahren ein Gewehr bekommen, und zwar eine einläufige Flinte; und schießen dürfte ich dann nur auf Lerchen. Sie gab es in unserer Gegend im Überfluß; es kam vor, daß sie bei strahlendem Sonnenschein zu Dutzenden am klaren Himmel kreisten, immer höher und höher schraubten sie sich, und ihr Tirilieren klang wie das Läuten von Glöckchen. Ich blickte zu ihnen, meiner zukünftigen Beute, empor und nahm sie wie ein Jäger aufs Korn, mit meinem Stock, den ich anstelle eines Gewehrs über der Schulter trug. Lerchen trifft man leicht, sie bleiben zwei bis drei Arschin über dem Boden regelrecht in der Luft stehen, schlagen rasend schnell mit den Flügeln und lassen sich dann ganz plötzlich ins Gras fallen. Bisweilen standen auch weit draußen im Feld, im ersten Grün des Getreides oder auf den Stoppeln, Trappen; ja, ich dachte mir, solch einen großen Vogel schießen und dann sterben – das wäre wohl das Leben wert! Ich machte den Vater auf sie aufmerksam; doch er erklärte mir jedesmal, die Trappe sei ein besonders scheuer Vogel und lasse die Menschen nie nahe an sich heran. Trotz allem versuchte er einmal, sich an eine Trappe heranzuschleichen, er glaubte, sie sei angeschossen und hinter dem Schwarm zurückgeblieben. Er befahl Tresor, ihm zu folgen, und mir, zu bleiben, wo ich stand; sein Gewehr lud er mit Schrotpatronen, darauf schaute er sich noch einmal nach Tresor um, drohte ihm und zischte das Kommando „Zurück! Zurück!", duckte sich und schlich los – nicht geradewegs auf die Trappe zu, sondern von der Seite her. Obwohl sich Tresor nicht wie der Vater duckte, lief er recht eigenartig: mit gespreizten Beinen, eingezogenem Schwanz und eingebissenen Lefzen. Ich hielt es nicht mehr aus und folgte dem Vater und Tresor fast kriechend. Die Trappe ließ uns nicht einmal dreihundert Schritt heran; erst rannte sie, dann begann sie mit den Flügeln zu schlagen und flog davon. Der Vater schoß, doch er sah sie nur noch wegfliegen ... Tresor sprang vor, aber auch er konnte sie nur noch mit einem Blick erhaschen. Ich sah ebenfalls hin ... und Ärger stieg in mir auf! Hätte sie, sagen wir, nur eine Sekunde gewartet! Die Schrotkugeln hätten sie bestimmt erreicht!

Eines Tages, es war unmittelbar vor Peter-und-Paul, gingen wir, der Vater und ich, zur Jagd. Um diese Zeit sind die Rebhuhnkükken noch sehr klein, der Vater wollte sie nicht schießen und ging deshalb ins niedrige Eichengehölz neben dem Roggenfeld, wo sich immer Wachteln einstellten. Gemäht konnte hier nicht werden – daher stand das Gras lange unberührt. Viele Blumen blühten dort: Wolfsschoten, Wiesenklee, Glockenblumen, Vergißmeinnicht, Donnernelken. Kam ich mit der Schwester oder der Kinderfrau hierher, so pflückte ich ganze Arme voll; war ich aber mit dem Vater unterwegs, rührte ich keine einzige an: Dann betrachtete ich diese Beschäftigung als eines Jägers unwürdig.

Plötzlich erstarrte Tresor; mein Vater rief: „Faß!" – und dicht vor Tresors Schnauze flatterte eine Wachtel auf und flog davon. Nur flog sie recht seltsam; sie überschlug sich, taumelte zur Seite, fiel zur Erde – bestimmt war sie verletzt, oder ein Flügel war gebrochen. Tresor setzte ihr mit aller Kraft nach … was er nicht getan hätte, wenn der Vogel wie üblich davongeflogen wäre. Der Vater konnte nicht einmal einen Schuß abgeben, weil er fürchtete, es könnte auch den Hund treffen. Auf einmal sehe ich, Tresor beschleunigt seinen Lauf – und schnappt zu! Er packte die Wachtel, kam zurück und apportierte sie meinem Vater. Der Vater nahm sie und legte sie mit dem Bäuchlein nach oben auf seine Hand. Ich sprang hinzu.

„Was ist", fragte ich, „war sie verletzt?"

„Nein", antwortete der Vater. „Das war sie nicht; doch muß sie hier ganz in der Nähe ein Nest mit Jungen haben und stellte sich absichtlich verletzt, damit der Hund glauben sollte, er könne sie leicht schnappen."

„Aber warum hat sie das getan?" fragte ich.

„Weil sie den Hund von ihren Jungen ablenken wollte. Später wäre sie normal geflogen. Nur hat sie sich diesmal verrechnet: Sie hat das Ablenkungsspiel zu sehr übertrieben – und Tresor hat sie erwischt."

„So war sie also nicht verletzt?" fragte ich wiederum.

„Nein … nur wird sie nicht am Leben bleiben … Tresor hat sie zu arg mit seinen Zähnen zugerichtet."

Ich drängte mich noch näher an die Wachtel heran. Sie lag reglos auf Vaters Hand, das Köpfchen zur Seite geneigt – und blickte mich mit ihren kastanienbraunen Äuglein an. Ganz plötzlich tat sie mir leid! Mir schien, sie schaute mich an und dachte: Warum muß ich sterben? Wofür? Ich habe doch nur meine Pflicht getan;

wollte meine Jungen schützen, den Hund möglichst weit weglokken – und nun hat es mich ereilt! Ich Arme! Oh, ich Arme! Ungerecht ist das! So ungerecht!

„Papa, vielleicht muß sie auch nicht sterben …“, sagte ich und wollte ihr Köpfchen streicheln.

Vater aber meinte: „Nein! Sieh doch. Gleich werden sich ihre Beinchen strecken und ihre Augen schließen.“

Als die Lider zufielen, schluchzte ich auf.

„Was ist los?“ fragte mein Vater und lachte.

„Sie tut mir leid“, sagte ich. „Sie hat ihre Pflicht getan – und man hat sie getötet! Das ist ungerecht!“

„Sie wollte uns an der Nase herumführen“, antwortete der Vater. „Nur war Tresor schlauer.“

Böser Tresor, dachte ich … Ja, selbst Vater schien mir nicht gut. Was heißt hier an der Nase herumführen? Liebe zu den Kindern hat nichts mit „an der Nase herumführen“ zu tun! Wenn es ihr gegeben war, sich zu verstellen, um ihre Kinder zu schützen – dann durfte Tresor sie nicht fangen! Als der Vater sich anschickte, die Wachtel in der Jagdtasche zu verstauen, entriß ich sie ihm, nahm sie behutsam in meine Hände und hauchte sie an … Vielleicht wird sie zu sich kommen? Aber sie bewegte sich nicht.

„Es hat keinen Sinn, mein Lieber“, sagte der Vater, „du machst sie nicht wieder lebendig. Schau, das Köpfchen baumelt nur noch.“

Vorsichtig faßte ich nach dem Schnabel; aber als ich ihn losließ, fiel das Köpfchen wieder zur Seite.

„Tut sie dir noch immer leid?“ fragte mich der Vater.

„Und wer wird die Kleinen füttern?“ fragte ich darauf.

Aufmerksam betrachtete mich der Vater.

„Du kannst ganz beruhigt sein“, sagte er. „Das Wachtelmännchen, der Vater, wird sie füttern. Aber warte“, fügte er hinzu, „Tresor scheint wieder Witterung aufzunehmen … Vielleicht ist es das Nest? Das Nest – da ist es.“

Und tatsächlich … Im Gras, zwei Schritt von Tresors Schnauze entfernt, hockten eng aneinandergekuschelt vier Nestlinge. Sie schmiegten sich aneinander, die Hälschen lang gestreckt, und atmeten ganz schnell, ganz gleichmäßig … als zitterten sie! Sie hatten schon ein Federkleid, keinen Flaum mehr, nur die Schwänzchen waren noch sehr kurz.

„Papa, Papa!“ schrie ich aus voller Kehle. „Ruf Tresor zurück! Sonst tötet er auch sie!“

Der Vater rief Tresor und setzte sich in einiger Entfernung unter einen kleinen Busch, um zu frühstücken. Ich hatte keinen Appetit auf Frühstück und blieb beim Nest. Ich holte ein sauberes Tuch hervor und legte die Wachtel darauf …

„Schaut, ihr kleinen Waisen, hier ist eure Mutter! Sie hat sich für euch geopfert!“ Die Kleinen atmeten immer noch schnell, mit dem ganzen Körperchen. Ich ging zum Vater.

„Schenkst du mir die Wachtel?“ fragte ich ihn.

„Gern. Doch was willst du mit ihr?“

„Ich will sie begraben!“

„Begraben?“

„Ja, neben ihrem Nest. Gib mir dein Messer; ich mach ihr ein Grab!“

Der Vater war erstaunt.

„Sollen die Kinderchen auf ihrem Grab herumspazieren?“ fragte er.

„Nein“, antwortete ich, „nur so, ich möchte es eben. Ihr wird wohler sein, wenn sie hier, neben ihrem Nest, liegt.“

Der Vater schwieg, er holte das Messer aus der Tasche und reichte es mir. Daraufhin scharrte ich ein kleines Loch; ich küßte die Wachtel auf die Brust, legte sie in das Loch – und häufte Erde darüber. Dann schnitt ich mit dem Messer zwei Zweige zurecht, schälte die Rinde ab, fügte sie zu einem Kreuz, band sie fest mit einem Grashalm zusammen und steckte sie auf das Grab. Kurz danach ging ich mit dem Vater weiter – immer wieder schaute ich mich um … Das Kreuz leuchtete weiß – man konnte es weithin sehen.

Nachts hatte ich einen Traum: Mir schien, als wäre ich im Himmel; und was sah ich dort? Auf einer Wolke saß meine Wachtel, auch sie war ganz weiß, wie das Kreuz! Auf dem Kopf trug sie einen kleinen goldenen Kranz; als hätte man sie dafür ausgezeichnet, daß sie sich für ihre Kinder geopfert hatte!

Fünf Tage später kam ich erneut mit dem Vater an diese Stelle. Ich fand das kleine Grab wieder, dank dem Kreuz, das, wenn auch gelb geworden, so doch nicht umgefallen war. Das Nest aber war leer, von den Vögelchen keine Spur.

Mein Vater überzeugte mich, daß der Alte, ihr Vater, sie weggebracht hatte; und als nach ein paar Schritten aus einem Gebüsch eine alte Wachtel geflogen kam, schoß er nicht nach ihr … Nein, sagte ich mir darauf, Papa ist doch gut!

Allein was verwunderlich ist: Von diesem Tage an war meine

Jagdleidenschaft erloschen. Ich dachte auch nicht einmal mehr an die Zeit, da mir der Vater ein Gewehr schenken würde! Als ich herangewachsen war, begann ich trotz alledem zu schießen; aber ein begeisterter Jäger wurde ich nie. Noch etwas erlebte ich, was mich davon abgehalten hat.

Einmal gingen wir zu zweit, mein Freund und ich, auf Birkhuhnjagd. Wir fanden ein Gesperre. Die Birkhenne flatterte auf, wir schossen und trafen sie; doch sie fiel nicht zur Erde, sondern flog weiter, zusammen mit den jungen Birkhühnern. Ich wollte ihnen eigentlich folgen, aber mein Freund meinte: „Bleiben wir lieber hier und täuschen sie … Sie kommen gleich zurück!“ Mein Jagdgenosse konnte ausgezeichnet pfeifen und die Lockrufe der Birkhähne nachahmen. Wir kauerten uns hin; er begann zu pfeifen. Und tatsächlich: Zuerst meldete sich das eine Junge, dann das andere, und plötzlich hörten wir das zärtliche Gackern der Birkhenne – und das ganz nah. Ich hob den Kopf – und was sehe ich: Durch das Gewirr der Grashalme läuft sie auf uns zu, sie läuft und läuft, und ihre Brust ist blutüberströmt! Die Mutterliebe war es, die sie zurücktrieb. Nun erwies ich mich als Störenfried. Ich erhob mich und klatschte in die Hände. Die Birkhenne flog daraufhin weg – und die Jungen verstummten. Mein Freund wurde böse; er erklärte mich für verrückt …

„Du hast uns die ganze Jagd verdorben.“

Von da an fiel es mir immer schwerer und schwerer, zu töten und Blut zu vergießen.

Literaturkritische und publizistische Schriften

HAMLET UND DON QUIJOTE

Rede, gehalten am 10. Januar 1860
auf einer öffentlichen Lesung zugunsten der Gesellschaft
zur Unterstützung notleidender Schriftsteller
und Gelehrter

Meine Damen und Herren!

Die erste Ausgabe von Shakespeares Tragödie „Hamlet“ und der erste Teil von Cervantes' „Don Quijote“ sind im selben Jahr, gleich zu Beginn des 17. Jahrhunderts, erschienen.

Dieser Zufall deuchte uns bedeutsam; eine Gegenüberstellung dieser beiden genannten Werke brachte uns auf eine ganze Reihe von Gedanken. Wir bitten um Zustimmung, Ihnen diese Gedanken mitteilen zu dürfen, und rechnen von vornherein mit Ihrer Nachsicht. „Wer den Dichter will verstehen, muß in Dichters Lande gehen“[1], hat Goethe gesagt; ein Prosaschriftsteller ist zu einer solchen Forderung nicht berechtigt, doch er darf hoffen, daß seine Leser oder Zuhörer ihn bei seinen Wanderungen und bei seinem Suchen begleiten wollen.

Einige unserer Anschauungen werden Sie, meine Damen und Herren, durch ihre Ungewöhnlichkeit vielleicht in Erstaunen setzen, aber der Vorzug großer dichterischer Werke, denen der Genius ihrer Schöpfer ein unsterbliches Leben eingehaucht hat, besteht ja gerade darin, daß die Meinungen über sie – wie auch über das Leben an sich – unendlich vielfältig, sogar widersprüchlich und dabei dennoch gleichermaßen richtig sein können. Wie viele Kommentare zu „Hamlet“ gibt es nicht schon, und wie viele wird es noch geben! Zu welch unterschiedlichen Ergebnissen hat nicht schon das Studium dieser wahrhaft unerschöpflichen Gestalt geführt! „Don Quijote“ gibt durch den Charakter seiner Aufgabe, durch die wahrlich großartige Klarheit der Fabel, die gleichsam von der Sonne des Südens überstrahlt wird, weniger Anlaß zu Auslegungen. Leider besitzen wir Russen aber keine gute Über-

1 Aus dem Motto von Goethes „Noten und Abhandlungen zu besserem Verständnis des West-östlichen Divans“.

setzung des „Don Quijote"; die meisten von uns haben ihn recht verschwommen in Erinnerung. Unter dem Namen „Don Quijote" verstehen wir häufig einfach einen Narren, und das Wort „Donquijoterie" bedeutet bei uns soviel wie Unsinn; dabei sollten wir in einer „Donquijoterie" eigentlich das große Maß an Selbstaufopferung anerkennen, das lediglich von der komischen Seite gezeigt wird. Eine gute Übersetzung des „Don Quijote" wäre ein großer Gewinn für die Leserschaft, und allgemeiner Dankbarkeit kann jener Schriftsteller sicher sein, der uns dieses einzigartige Werk in all seiner Schönheit vermittelt. Doch kehren wir zum eigentlichen Gegenstand unserer Ausführungen zurück.

Wir hatten gesagt, daß uns das gleichzeitige Erscheinen des „Don Quijote" und des „Hamlet" bedeutsam erschien. Uns deucht, daß in diesen beiden Typen die zwei grundlegenden, einander widersprechenden Besonderheiten der menschlichen Natur verkörpert sind, die beiden Enden jener Achse, um die sie sich dreht. Wir glauben, daß alle Menschen mehr oder weniger zu einem dieser beiden Typen gehören, daß in jedem von uns entweder etwas von Don Quijote oder von Hamlet steckt. Allerdings gibt es jetzt viel mehr Hamlets als Don Quijotes, aber auch die Don Quijotes sind noch nicht ausgestorben.

Lassen Sie uns das näher erläutern.

Jeder Mensch lebt – bewußt oder unbewußt – kraft seines Prinzips, seines Ideals, das heißt kraft dessen, was er für wahr, schön und gut erachtet. Viele übernehmen ihr Ideal schon völlig fertig, in bestimmter, historisch entstandener Form; sie leben, indem sie ihr Dasein mit diesem Ideal in Einklang bringen oder manchmal unter dem Einfluß von Leidenschaften oder Zufällen davon abweichen; aber sie denken über dieses Ideal nicht nach, sie zweifeln nicht an ihm; andere hingegen unterziehen es der Analyse ihres eigenen Denkens. Wie dem auch sei, wir gehen gewiß nicht fehl, wenn wir sagen, daß dieses Ideal, diese Grundlage und dieses Ziel ihrer Existenz entweder außerhalb oder in ihnen selbst liegen; mit anderen Worten: Für jeden von uns steht entweder das eigene *Ich* an erster Stelle oder etwas anderes, was wir als etwas Höheres anerkennen. Man könnte uns entgegnen, die Wirklichkeit kenne eine derartige scharfe Abgrenzung nicht, in ein und demselben Lebewesen könnten beide Auffassungen abwechselnd auftreten, bis zu einem gewissen Grade sogar verschmelzen; wir wollten aber auch nicht behaupten, daß Veränderungen und Widersprüche in der Natur des Menschen nicht möglich seien, wir wollten lediglich auf die zwiespältige Beziehung des Menschen zu seinem Ideal hinweisen, und wir werden jetzt versuchen, darzustellen, wie nach unserer Ansicht diese Zwiespältigkeit in den von uns ausgewählten Typen Gestalt angenommen hat.

Beginnen wir mit Don Quijote.

Was stellt Don Quijote dar? Wir wollen ihn nicht mit jenem flüchtigen Blick betrachten, der an der Oberfläche und an Kleinigkeiten haftenbleibt; wir wollen in ihm nicht allein den Ritter von der traurigen Gestalt sehen, eine Figur, die geschaffen wurde, um die alten Ritterromane dem Gelächter preiszugeben, denn bekanntlich hat diese Person durch die Hand seines unsterblichen Schöpfers eine größere Bedeutung erlangt, und der Don Quijote des zweiten Teils, der liebenswürdige Gesprächspartner von Herzogen und Herzoginnen, der weise Lehrmeister des Gouverneurs, ist nicht mehr der Don Quijote, der uns im ersten Teil des Romans, vor allem am Anfang, begegnet, ist nicht mehr jener grillenhafte, lächerliche Sonderling, auf den die Schläge nur so niederhageln; danach werden wir versuchen, zum Kern der Sache vorzudringen. Was stellt Don Quijote also dar? Vor allem den Glauben, den Glauben an etwas Ewiges, Unerschütterliches, kurz gesagt, den Glauben an die Wahrheit, an die Wahrheit, die *außerhalb* des einzelnen Menschen existiert, die sich ihm nicht so leicht erschließt, die Einsatz und Opfer verlangt, durch ständigen Einsatz und Opfer jedoch erreicht werden kann. Don Quijote ist seinem Ideal restlos ergeben, er ist bereit, dafür alle möglichen Entbehrungen auf sich zu nehmen und dafür sein Leben zu lassen; sein eigenes Leben schätzt er nur insofern, als es ihm Mittel zur Verwirklichung des Ideals, zur Verwirklichung von Wahrheit und Gerechtigkeit auf Erden sein kann. Man wird uns entgegnen, dieses Ideal habe seine krankhafte Phantasie aus der phantastischen Welt der Ritterromane entlehnt; das mag sein, aber darin besteht ja gerade die komische Seite des Don Quijote; das Ideal an sich bleibt jedoch in seiner ganzen unberührten Reinheit erhalten. Nur für sich allein zu leben, an sich zu denken, das würde Don Quijote für schmachvoll erachten. Er lebt sozusagen völlig außerhalb seiner selbst, er lebt für andere, für seine Brüder, für die Vernichtung des Bösen, für den Kampf gegen die dem Menschen feindlich gesonnenen Kräfte – Zauberer und Riesen, das heißt gegen Bedrücker. Er ist frei von jeglichem Egoismus, er schert sich nicht um sich selbst, er ist ganz Selbstaufopferung – beachten Sie dieses

Wort! Er glaubt, glaubt fest und voller Hingabe. Das macht ihn furchtlos, geduldig; er nimmt mit der bescheidensten Speise, der ärmlichsten Kleidung vorlieb: Für ihn ist das unwichtig. Im Herzen demütig, ist er im Geist groß und kühn; seine rührende Frömmigkeit engt seine Freiheit nicht ein; fern aller Eitelkeit, zweifelt er nicht an sich, an seiner Berufung, auch nicht an seinen physischen Kräften; sein Wille ist unbeugsam. Das ständige Streben, sein Ziel zu erreichen, das stets ein und dasselbe ist, verleiht seinen Gedanken eine gewisse Gleichförmigkeit und seinem Geist Einseitigkeit; er weiß wenig, aber er braucht auch nicht viel zu wissen: Er kennt seine Aufgabe, er weiß, wofür er auf der Welt ist, und das ist das wichtigste Wissen. Manchmal kann einem Don Quijote wie ein völlig Geistesgestörter vorkommen, weil selbst die zweifelsfreieste Gegenständlichkeit vor seinen Augen zu einem Nichts wird, wie Wachs im Feuer seines Enthusiasmus dahinschmilzt (er sieht tatsächlich lebendige Mauren in den Holzpuppen und in den Hammeln Ritter), manchmal auch wie ein Beschränkter, weil er weder leicht mitzufühlen noch leicht zu genießen versteht; aber wie ein alter Baum ist er tief in der Erde verwurzelt und außerstande, seine Überzeugung zu ändern und von einem Gegenstand zu einem anderen zu wechseln; seine enorme sittliche Stärke (beachten Sie, daß dieser verrückte, herumziehende Ritter das sittlichste aller Wesen auf Erden ist) verleiht trotz der lächerlichen und demütigenden Situationen, in die er ständig gerät, seinen Überlegungen und Worten, seiner ganzen Persönlichkeit besondere Kraft und Erhabenheit ... Don Quijote ist ein Enthusiast, ein Diener der Idee und deshalb von ihrem Glanz umgeben.

Was stellt nun Hamlet dar?

Vor allem ist er Analyse und Egoismus und deshalb Unglaube. Er lebt nur für sich, er ist ein Egoist; aber an sich selbst glauben kann nicht einmal ein Egoist, denn glauben kann man nur an etwas, was außerhalb und über uns ist. Doch sein *Ich*, an das Hamlet nicht glaubt, ist ihm teuer. Es ist der Ausgangspunkt, zu dem er immer wieder zurückkehrt, weil es in der Welt nichts gibt, dem er sich mit ganzem Herzen zuwenden könnte; er ist ein Skeptiker und hat fortwährend mit sich selbst seine liebe Not; er beschäftigt sich nicht mit seinen Pflichten, sondern nur mit seiner Situation. An allem zweifelnd, schont Hamlet sich selbst natürlich auch nicht; sein Geist ist zu entwickelt, um sich mit dem zu begnügen, was er in sich selbst findet; er erkennt seine Schwäche, aber jede

Selbsterkenntnis bedeutet Kraft: Von da rührt seine Ironie her, der Gegensatz zum Enthusiasmus des Don Quijote. Geradezu mit Wollust macht sich Hamlet Selbstvorwürfe, beobachtet sich dabei ständig, sieht dauernd in sich hinein; er kennt alle seine Fehler, und zwar sehr genau, und er verachtet sie; er verachtet sich, doch gleichzeitig, so könnte man sagen, lebt er und nährt er sich von dieser Verachtung. Er glaubt nicht an sich – und ist eitel, er weiß nicht, was er will und wofür er lebt – und hängt am Leben ... „Oder hätte nicht der Ew'ge sein Gebot gerichtet gegen Selbstmord! O Gott! O Gott!" (Das ruft er in der zweiten Szene des ersten Aufzuges aus.) „Wie ekel, schal und flach und unersprießlich scheint mir das ganze Treiben dieser Welt!" Aber er gibt dieses flache und schale Leben nicht auf; er denkt an Selbstmord, schon ehe der Geist seines Vaters erscheint, schon ehe ihm jener schreckliche Auftrag erteilt wird, der seinen bereits erschütterten Willen endgültig bricht – aber er tötet sich nicht. Gerade darin, daß er davon träumt, seinem Leben ein Ende zu machen, äußert sich seine Liebe zu ihm. Alle achtzehnjährigen Jünglinge kennen solche Gefühle: „Du strotzt von Kräften!"[1]

Aber wir wollen Hamlet gegenüber nicht zu streng sein, denn er leidet – und seine Leiden sind schmerzlicher und qualvoller als die des Don Quijote. Dieser wird von rohen Hirten und Sträflingen geschlagen, denen er zur Freiheit verholfen hat, Hamlet bringt sich seine Wunden selbst bei, peinigt sich selbst; in seinen Händen hält auch er ein Schwert – das zweischneidige Schwert der Analyse.

Don Quijote, das müssen wir zugeben, wirkt tatsächlich lächerlich. Seine Gestalt ist eine der komischsten Figuren, die je von einem Dichter gezeichnet wurde. Sein Name gilt selbst bei den russischen Mushiks als närrischer Spitzname. Wir konnten uns mit eigenen Ohren davon überzeugen. Sobald er genannt wird, ersteht vor uns eine hagere, eckige Gestalt mit einer Hakennase, angetan mit einem lächerlichen Harnisch, thronend auf dem dürren Gerippe einer erbärmlichen Mähre, jener armen, ewig hungrigen und geprügelten Rosinante, der man, teils belustigt, teils gerührt, so etwas wie Sympathie nicht versagen kann. Don Quijote bringt einen zum Lachen, aber in diesem Lachen steckt eine versöhnende und erlösende Kraft, und wenn es heißt: „Was man verlacht, dem wird man dienen", dann kann man hinzufügen, daß

1 Aus Michail Lermontows Gedicht „O trau dir, trau dir, junger Schwärmer, nicht, und flieh ...".

man dem, über den man lacht, schon verziehen hat, daß man sogar bereit ist, ihn in sein Herz zu schließen. Hamlets Äußeres dagegen wirkt anziehend. Seine Melancholie, das blasse, wenn auch nicht schmächtige Gesicht (seine Mutter sagt, er wäre dick, „our son is fat“[1]), die Kleidung aus schwarzem Samt, die Feder am Hut, die feinen Manieren, die unleugbare Poesie seiner Worte, das ständige Gefühl, anderen überlegen zu sein, und der giftige Spott der Selbsterniedrigung – alles an ihm gefällt, fesselt, jeder fühlt sich geschmeichelt, als ein Hamlet zu gelten, niemand möchte sich den Beinamen Don Quijote verdienen; „Hamlet Baratynski“[2] schrieb Puschkin an seinen Freund; niemand denkt im entferntesten daran, über Hamlet zu lachen, und das eben ist sein Fluch: Ihn zu lieben ist fast unmöglich, nur Menschen wie Horatio fühlen sich zu Hamlet hingezogen. Auf sie kommen wir später noch zu sprechen. Jeder hat Mitleid mit ihm, und das ist verständlich, denn fast jeder entdeckt in ihm Züge von sich selbst, aber, um es noch einmal zu sagen, lieben kann man ihn nicht, weil er selber niemanden liebt.

Fahren wir in unserem Vergleich fort. Hamlet ist der Sohn eines Königs, der vom eigenen Bruder, dem Thronräuber, umgebracht wurde; Hamlets Vater entsteigt dem Grab, dem „Rachen der Hölle“, um sich von seinem Sohn rächen zu lassen; dieser aber schwankt, treibt mit sich ein falsches Spiel, ergötzt sich an seinen Selbstvorwürfen und tötet seinen Stiefvater schließlich aus Versehen. Das ist ein wichtiger psychologischer Zug, für den sogar viele kluge, aber kurzsichtige Leute es wagten, Shakespeare zu tadeln! Don Quijote dagegen, besitzlos, fast bettelarm, ohne Mittel und Beziehungen, alt und einsam, bemüht sich, gegen das Böse anzugehen und den (ihm völlig unbekannten) Bedrängten auf der ganzen Welt beizustehen. Dabei ist es belanglos, daß schon sein erster Versuch, die Unschuld von ihrem Peiniger zu befreien, zu einem doppelten Unglück für den Unschuldigen wird. (Wir meinen jene Szene, in der Don Quijote einen Jungen von den Schlägen seines Herrn erlöst, der Ärmste aber sofort, nachdem sich der Retter entfernt hat, um ein vielfaches mehr bestraft wird.) Was macht es schon, daß Don Quijote, in der Annahme, es mit schädlichen Riesen zu tun zu haben, nützliche Windmühlen attackiert ... Die komische Hülle dieser Bilder sollte unseren Blick nicht von dem in ihnen verborgenen Sinn ablenken. Wer, zur Selbstaufopfe-

1 (engl.) unser Sohn ist fett; ungenaues Zitat aus „Hamlet“ (5. Aufzug, 2. Szene). – 2 Aus Alexander Puschkins Gedicht „Der Schädel (Eine Epistel an Delwig)“.

rung bereit, erst alle Folgen und den möglichen Nutzen seiner Handlungen zu berechnen und abzuwägen gedenkt, dürfte kaum zur Selbstaufopferung fähig sein. Hamlet kann so etwas nicht passieren, denn wie sollte er bei seinem durchdringenden, feinsinnigen und skeptischen Verstand in einen so groben Fehler verfallen! Nein, er kämpft nicht gegen Windmühlen, er glaubt nicht an Riesen. Aber er würde sie auch nicht angreifen, wenn es sie tatsächlich gäbe. Hamlet würde niemals behaupten – wie es Don Quijote tut, als er allen die Bartschüssel zeigt –, dies sei der echte Zauberhelm Mambrins; doch wir nehmen an, daß Hamlet, stünde die Wahrheit selbst vergegenständlicht vor seinen Augen, sich nicht entschließen könnte, dafür einzustehen, daß sie es auch wirklich ist, die Wahrheit. Denn wer weiß, vielleicht gibt es gar keine Wahrheit, so wie es keine Riesen gibt? Wir lachen über Don Quijote, aber, meine Damen und Herren, wer von uns kann, wenn er sich ehrlich fragt und an seine früheren und seine heutigen Überzeugungen denkt, schon beteuern, daß er in jedem Falle eine zinnerne Bartschüssel von einem goldenen Zauberhelm unterscheidet und immer unterschieden hat? Deshalb scheint uns, daß die eigene Überzeugung vor allem aufrichtig und fest sein muß; das Ergebnis hingegen liegt in der Hand des Schicksals. Es allein kann uns sagen, ob wir gegen Gespenster oder tatsächliche Feinde zu Felde gezogen sind und womit wir unsere Häupter schützend bedeckt haben. Unsere Aufgabe ist es, uns zu wappnen und zu kämpfen.

Bemerkenswert ist auch das Verhältnis der einfachen Leute, der sogenannten Masse, zu Hamlet und zu Don Quijote.

Polonius repräsentiert im Vergleich zu Hamlet die Masse, Sancho Panza im Vergleich zu Don Quijote.

Polonius ist ein vernünftiger, praktischer, mit gesundem Menschenverstand ausgestatteter, gleichzeitig aber engstirniger und geschwätziger alter Mann. Er ist ein ausgezeichneter Oberkämmerer und musterhafter Vater; denken Sie nur an die Ratschläge, die er seinem Sohn Laertes vor dessen Abreise ins Ausland gibt, Ratschläge, die sich, was ihre Weisheit betrifft, mit den bekannten Verfügungen des Statthalters Sancho Panza auf der Insel Barataria messen können. In Polonius' Augen ist Hamlet weniger ein Wahnsinniger als vielmehr ein Kind, und wäre Hamlet nicht der Sohn des Königs, würde er ihn verachten, weil er völlig nutzlos ist und unfähig, seine Gedanken in positive und vernünftige Taten umzusetzen.

Die bekannte Stelle mit der Wolke, die Szene zwischen Hamlet und Polonius, in der Hamlet glaubt, den Alten zum besten halten zu können, hat für uns eindeutig einen unsere Auffassung bekräftigenden Sinn. Wir erlauben uns, sie Ihnen ins Gedächtnis zurückzurufen:

Polonius: Gnädiger Herr, die Königin wünscht Euch zu sprechen, und das sogleich.
Hamlet: Seht Ihr die Wolke dort, beinahe in Gestalt einer Schwalbe?
Polonius: Sie sieht auch wirklich aus wie eine Schwalbe.
Hamlet: Mich dünkt, sie sieht aus wie ein Kamel.
Polonius: Sie hat einen Rücken wie ein Kamel.
Hamlet: Oder wie ein Walfisch?
Polonius: Ganz wie ein Walfisch.
Hamlet: Nun, so will ich zu meiner Mutter kommen.[1]

Ist es nicht augenfällig, daß Polonius in dieser Szene sowohl Höfling ist, der seinem Prinzen nach dem Munde redet, als auch Erwachsener, der einem kranken, launischen kleinen Jungen nicht widersprechen möchte? Polonius glaubt Hamlet kein Wort, und er hat recht; in der ihm eigenen Selbstgefälligkeit schreibt er Hamlets Launen dessen Liebe zu Ophelia zu, wobei er sich natürlich irrt, nicht aber irrt er sich in der Einschätzung von dessen Charakter. Die Masse braucht tatsächlich keine Hamlets; sie geben ihr nichts, sie können sie nirgendwohin führen, weil sie selbst nirgendwohin gehen. Wie könnte auch jemand führen, der selbst nicht weiß, ob er festen Boden unter den Füßen hat? Außerdem verachten Leute wie Hamlet die Masse. Wer sich selbst nicht achtet – wen oder was sollte er achten können? Lohnt es überhaupt, sich mit der Masse abzugeben? Sie ist doch so pöbelhaft und schmutzig! Hamlet aber ist Aristokrat, nicht nur der Geburt nach.

Ein ganz anderes Bild bietet uns Sancho Panza. Er macht sich über Don Quijote lustig, er weiß sehr wohl, daß jener verrückt ist, aber er verläßt dreimal seine Heimat, sein Haus, seine Frau und seine Tochter, um diesem Verrückten zu folgen, er begleitet ihn überallhin, setzt sich allen möglichen Unannehmlichkeiten aus, ist ihm bis zum Tode ergeben, glaubt an ihn, ist stolz auf ihn und kniet weinend an dem bescheidenen Lager, auf dem sein ehemaliger Herr stirbt. Mit der Hoffnung auf Vermögen, auf persönlichen Gewinn, läßt sich diese Ergebenheit nicht erklären; dazu hat San-

1 „Hamlet“ (3. Aufzug, 2. Szene).

cho Panza zuviel gesunden Menschenverstand; ihm ist bekannt, daß den Schildknappen des fahrenden Ritters außer Schlägen fast nichts erwartet. Den Grund für seine Ergebenheit muß man tiefer suchen, er liegt – wenn man so sagen darf – in der wohl trefflichsten Eigenschaft der Masse, in der Fähigkeit zu glücklicher und ehrlicher Verblendung (leider sind ihr auch andere Verblendungen nicht unbekannt), in der Fähigkeit zu selbstlosem Enthusiasmus, zur Hintansetzung direkten persönlichen Gewinns, die für die Armen fast gleichzusetzen ist mit dem Verzicht auf das tägliche Brot. Was für eine großartige, welthistorische Eigenschaft! Die große Masse kommt immer dahin, daß sie sich in rückhaltlosem Glauben jenen anschließt, die sie früher einmal verhöhnt, ja sogar verwünscht und verfolgt hat, die sich aber weder vor den Verfolgungen noch vor den Verwünschungen der Masse fürchten, nicht einmal vor ihrem Spott, und unbeirrt voranschreiten, den geistigen Blick auf ein nur ihnen sichtbares Ziel gerichtet, die suchen, fallen, wieder aufstehen und endlich doch finden, verdient finden; nur der findet, der sich von seinem Herzen führen läßt. „Les grandes pensées viennent du cœur!" sagte einmal Vauvenargues. Menschen vom Schlag eines Hamlet dagegen finden nichts, sie erfinden nichts und hinterlassen keine Spur – außer der Spur ihrer eigenen Person, sie hinterlassen kein Werk. Sie lieben nicht, und sie glauben nicht, was sollten sie also finden? Selbst in der Chemie (von der organischen Natur ganz zu schweigen) müssen sich zwei Stoffe vereinen, soll ein dritter gewonnen werden; die Hamlets aber haben nur mit sich selbst zu tun, sie sind einsam und deshalb unfruchtbar.

Man wird uns entgegnen: Und Ophelia? Hat Hamlet sie etwa nicht geliebt?

Gut, sprechen wir über sie und gleichzeitig über Dulcinea.

In den Beziehungen unserer beiden Gestalten zu den Frauen gibt es auch viel Bemerkenswertes.

Don Quijote liebt Dulcinea, eine Frau, die gar nicht existiert, und er ist bereit, für sie zu sterben. (Denken Sie an seine Worte, die er, bereits besiegt und in den Staub geworfen, seinem Bezwinger, der schon mit der Lanze gegen ihn ausholt, zuruft: „Stoßt nur zu, Ritter, doch möge meine Schwäche nicht der Verringerung des Ruhmes von Dulcinea dienen; ich behaupte dennoch, daß sie die vollkommenste Schönheit auf dieser Welt ist!") Seine Liebe ist vollkommen und rein, so vollkommen, daß ihm überhaupt nicht in den Sinn kommt, der Gegenstand seiner Leidenschaft könnte gar nicht existieren, so rein, daß er, als Dulcinea in Gestalt einer groben und schmutzigen Viehmagd vor ihm steht, seinen Augen nicht traut und glaubt, sie sei von einem bösen Zauberer verwandelt worden. Wir haben in unserem Leben, während unserer Reisen, selber Menschen gesehen, die für eine ebensowenig existierende Dulcinea oder für ein grobes und oft schmutziges Etwas starben, in dem sie die Verwirklichung ihres Ideals erblickt hatten und dessen Verwandlung sie ebenfalls dem Einfluß böser – fast hätten wir Zauberer gesagt – Zufälle und Personen zuschrieben. Wir haben solche Menschen kennengelernt, und sollte es sie einmal nicht mehr geben, müßte auch das Buch der Geschichte für immer zugeklappt werden! Es gäbe nichts mehr darin zu lesen. Bei Don Quijote finden wir nicht die Spur von Sinnlichkeit; alle seine Träume sind schamhaft und keusch, und auch in seinem Innersten dürfte er kaum die geheime Hoffnung gehegt haben, sich am Ende doch mit Dulcinea zu vereinen, wahrscheinlich fürchtet er diese Vereinigung sogar!

Und Hamlet? Sollte er wirklich lieben? Sollte sein ironischer Schöpfer, selbst ein ausgezeichneter Kenner der menschlichen Seele, beschlossen haben, diesem Egoisten, diesem Skeptiker, der von dem zersetzenden Gift der Analyse durchdrungen ist, ein hingebungsvoll liebendes Herz zu geben? Shakespeare ist nicht in diesen Widerspruch verfallen, und der aufmerksame Leser erkennt ohne große Mühe, daß Hamlet, ein sinnlicher und insgeheim sogar wollüstiger Mensch (der Höfling Rosenkranz lächelt nicht zufällig still vor sich hin, als Hamlet in seiner Gegenwart sagt, er mache sich nichts mehr aus Frauen), daß Hamlet gar nicht liebt, sondern nur den Anschein erweckt – und auch das noch oberflächlich –, als liebe er. Dafür gibt es ein Zeugnis von Shakespeare selbst. In der ersten Szene des dritten Aufzuges sagt Hamlet zu Ophelia: Ich liebte Euch einst.

Ophelia: In der Tat, mein Prinz, Ihr machtet mich's glauben.

Hamlet: Ihr hättet mir nicht glauben sollen! Ich liebte Euch nicht.

Mit diesen letzten Worten kommt Hamlet der Wahrheit bedeutend näher, als er es selbst ahnt. Seine Gefühle für Ophelia, dieses unschuldige und bis zur Heiligkeit reine Wesen, sind entweder zynisch (denken Sie an seine Worte, seine zweideutigen Anspielungen, als er sie in der Schauspielszene um die Erlaubnis bittet, in ihrem Schoß liegen zu dürfen) oder überschwenglich (wie in der Szene zwischen ihm und Laertes, als er in Ophelias Grab springt und in einer Sprache, die eher einem Bramarbas oder Kapitän Pistol[1] anstehen würde, ausruft: „Vierzigtausend Brüder mit ihrem ganzen Maß von Liebe hätten nicht meine Summ' erreicht"[2] usw.). Sein Verhältnis zu Ophelia ist für ihn wiederum nichts anderes als ein Vorwand, sich mit sich selbst zu beschäftigen, und in dem Ausruf: „Nymphe, schließ in dein Gebet all meine Sünden ein!"[3] sehen wir nichts anderes als das abgründige Eingeständnis der eigenen krankhaften Schwäche, der Unfähigkeit, lieben zu können, die sich fast abergläubisch vor dem „Heiligtum der Keuschheit" verneigt.

Damit soll genug über die Schattenseiten des Hamletschen Typs gesagt sein, über jene Seiten, die uns deshalb besonders aufbringen, weil sie uns bekannt und verständlich sind. Versuchen wir nun das zu würdigen, was in ihm gesetzmäßig und deshalb unvergänglich ist. Er verkörpert das Element der Verneinung, jenes Element, das ein anderer großer Dichter, losgetrennt von allem rein Menschlichen, in der Gestalt des Mephistopheles verkörpert hat. Hamlet ist ein ebensolcher Mephistopheles, nur ist er eingeschlossen in den lebendigen Kreis der menschlichen Natur; deshalb ist seine Verneinung nicht das Böse, sie ist vielmehr gegen das Böse gerichtet. Hamlets Verneinung ist der Zweifel am Guten, am Bösen zweifelt sie nicht, sie beginnt vielmehr einen erbitterten Kampf dagegen. Am Guten zweifelt sie, das heißt, sie bezweifelt, daß es wahr und aufrichtig ist, und attackiert es nicht als das Gute, sondern als das unechte Gute, unter dessen Maske sich wiederum seine Erzfeinde, das Böse und die Lüge, verbergen. Hamlet hat nicht das dämonisch-kalte Lachen des Mephistopheles, in seinem bitteren Lächeln äußert sich Verzagtheit, die von seinen Leiden zeugt und uns mit ihm versöhnt. Hamlets Skepsis ist auch nicht indifferent, und darin bestehen seine Bedeutung und sein Wert; Gut und Böse, Wahrheit und Lüge, Schönes und Häßliches verschmelzen bei ihm nicht zu einem zufälligen, stummen, stumpfen Etwas. Der skeptische Hamlet, der bezweifelt, daß sich die Wahrheit sozusagen zu seiner Zeit durchsetzen wird, kämpft verbissen gegen die Lüge und wird dadurch einer der wichtigsten Verfechter jener Wahrheit, an die er nicht so recht glauben kann. Allerdings liegt in der Verneinung eine dem Feuer vergleichbare zerstörende Kraft – und wie soll man diese Kraft in Grenzen halten, wie soll man ihr zeigen, wo sie haltzumachen hat, wenn das,

1 Gestalt aus Shakespeares Dramen „König Heinrich IV." und „König Heinrich V." und aus seiner Komödie „Die lustigen Weiber von Windsor". – Pistol ist ein Prahlhans. – 2 „Hamlet" (5. Aufzug, 1. Szene). – 3 „Hamlet" (3. Aufzug, 1. Szene).

was sie vernichten soll, und das, was sie verschonen müßte, oft eng und untrennbar miteinander verbunden sind? Hier tritt die von uns so häufig erwähnte tragische Seite des menschlichen Lebens zutage: Für die Tat braucht man Willen, für die Tat braucht man Gedanken, aber die Gedanken und der Wille haben sich getrennt und laufen mit jedem Tag immer mehr auseinander.

> And thus the native hue of resolution
> Is sicklied o'er by the pale cast of thought.
> (Der angeborenen Farbe der Entschließung
> Wird des Gedankens Blässe angekränkelt.)[1]

sagt uns Shakespeare durch Hamlets Mund. Und so stehen nun auf der einen Seite die denkenden, bewußten, oft alles umfassenden, aber häufig auch nutzlosen und zur Unbeweglichkeit verurteilten Hamlets, auf der anderen die halb verrückten Don Quijotes, die lediglich deshalb nützlich sind und die Menschen vorwärtsbringen, weil sie nur einen Punkt fixieren und kennen, der oftmals überhaupt nicht in der Form existiert, in der sie ihn sehen. Unwillkürlich tauchen Fragen auf: Muß man denn wirklich verrückt sein, um an die Wahrheit zu glauben? Und büßt denn aus ebendiesem Grunde die Vernunft, die sich in der Gewalt hat, tatsächlich alle ihre Kraft ein?

Eine auch nur oberflächliche Erörterung dieser Fragen würde uns zu weit führen.

Begnügen wir uns daher mit der Feststellung, daß wir in dieser Spaltung, in diesem von uns erwähnten Dualismus, ein Grundgesetz des menschlichen Lebens anerkennen müssen; das ganze Leben ist nichts anderes als eine dauernde Aussöhnung und ein dauernder Kampf zweier ständig auseinander- und ständig zueinanderstrebender Elemente. Wenn wir nicht befürchteten, Sie durch philosophische Termini zu erschrecken, würden wir sagen, die Hamlets sind der Ausdruck der grundlegenden Zentripetalkraft der Natur, derzufolge sich alles Lebende für den Mittelpunkt der Schöpfung hält und alles andere als nur für diesen Mittelpunkt existierend betrachtet (so war eine Mücke, die sich auf die Stirn Alexanders des Großen setzte und ihn stach, überzeugt von ihrem Recht, sein Blut als die ihr zukommende Nahrung ansehen zu dürfen; in gleicher Weise bezieht Hamlet, obwohl er sich verachtet, was die Mücke nicht tut, weil sie nicht so weit entwickelt ist, in gleicher Weise also bezieht Hamlet ständig alles auf sich).

1 „Hamlet" (3. Aufzug, 1. Szene).

Ohne diese Zentripetalkraft (die Kraft des Egoismus) könnte die Natur nicht existieren, ebensowenig wie ohne die andere, die Zentrifugalkraft, deren Gesetz zufolge alles Existierende nur für etwas anderes existiert (diese Kraft, dieses Prinzip der Ergebenheit und Aufopferung, das, wie bereits gesagt, komisch dargestellt wird, um nicht zuviel Aufsehen zu erregen, dieses Prinzip verkörpern die Don Quijotes). Diese beiden Kräfte des Stillstands und der Bewegung, des Konservatismus und des Fortschritts, sind die wichtigsten Kräfte allen Seins. Sie erklären uns das Wachsen der Blume, sie liefern uns aber auch den Schlüssel zum Verständnis für die Entwicklung der mächtigsten Völker.

Nun wollen wir schnell von diesen vielleicht unangebrachten Spekulationen zu anderen, uns vertrauteren Überlegungen kommen.

Wir wissen, daß von allen Werken Shakespeares der „Hamlet" wohl das populärste ist. Diese Tragödie gehört zu den Stücken, die zweifellos immer ein volles Haus bringen. Bei dem gegenwärtigen Stand unseres Publikums, bei seinem Streben nach Selbsterkenntnis und gedanklichem Erfassen, bei seinen Zweifeln an sich selbst und seiner Jugend ist dieser Umstand verständlich; doch abgesehen von den Schönheiten, mit denen dieses vielleicht bemerkenswerteste Werk des modernen Geistes so reichlich ausgestattet ist, kann man auch nicht umhin, den genialen Dichter zu bewundern, der – in vielem seinem Hamlet ähnlich – diesen mit einer souveränen Bewegung schöpferischer Kraft von sich trennte und seine Gestalt der Nachwelt zum ewigen Studium hinterließ. Der Geist, der diese Gestalt schuf, ist der Geist des nordischen Menschen, der Geist der Reflexion und der Analyse, ein schwieriger, düsterer, Harmonie und helle Farben entbehrender, nicht in ausgesuchte, sondern oft lässige Formen gekleideter, dafür aber tiefgründiger, starker, mannigfaltiger, selbständiger und gebietender Geist. Aus seinem tiefsten Inneren hat er den Typ des Hamlet hervorgebracht und damit bewiesen, daß er auch in der Poesie – ebenso wie in den anderen Bereichen des Volkslebens – über seiner Schöpfung steht, weil er sie voll und ganz begreift.

Der Geist des Südländers offenbart sich in der Gestalt des Don Quijote; es ist ein lichter, heiterer, naiver, eindrucksfähiger Geist, der nicht in die Tiefen des Lebens vordringt, seine Erscheinungen nicht alle erfaßt, wohl aber widerspiegelt. Wir können hier nicht dem Wunsch nachgeben, Parallelen zwischen Shakespeare und Cervantes zu ziehen, wir wollen nur auf einige Unterschiede zwischen ihnen und einige Übereinstimmungen hinweisen. Shakespeare und Cervantes, so werden manche denken, wie kann man denn die beiden miteinander vergleichen? Shakespeare – das ist doch ein Riese, ein Halbgott … Das mag sein, aber Cervantes erscheint auch nicht als Zwerg vor diesem Riesen, der „König Lear" geschaffen hat, sondern als Mensch im umfassendsten Sinn dieses Wortes; der Mensch aber hat das Recht, selbst vor einem Halbgott aufrecht zu stehen. Zweifellos erdrückt Shakespeare Cervantes – und nicht nur ihn – mit seiner reichen und ungeheueren Phantasie, mit dem Glanz seiner erhabenen Poesie, mit der Tiefe und Größe seines gewaltigen Geistes, aber Sie werden in Cervantes' Roman keine einzige gezwungen wirkende Stelle, keine unnatürlichen Vergleiche, keine süßlichen concetti[1] finden; in seinem Werk gibt es auch keine abgeschlagenen Köpfe, keine ausgestochenen Augen, nicht diese Ströme von Blut, diese unbarmherzige und dumpfe Grausamkeit, das schreckliche Erbe des Mittelalters, nicht die Barbarei, die in den eigensinnigen nördlichen Naturen langsamer weicht. Dabei war Cervantes, wie auch Shakespeare, ein Zeitgenosse der Bartholomäusnacht, und noch lange nach ihnen wurden Ketzer verbrannt und Blut vergossen, ja und wird es überhaupt einmal aufhören zu fließen? Das Mittelalter zeigte sich im „Don Quijote" im Widerschein der provenzalischen Poesie, in der märchenhaften Grazie jener Romane, über die Cervantes so gutmütig spottete und denen er selbst einen letzten Tribut in „Persiles und Sigismunda"[2] gezollt hat. Shakespeare nimmt seine Gestalten von überallher – vom Himmel, von der Erde; ihm ist alles erlaubt, nichts kann seinem durchdringenden Blick entgehen; er reißt sie mit unwiderstehlicher Kraft an sich, mit der Kraft eines Adlers, der auf seine Beute niederstürzt. Cervantes führt dem Leser seine wenigen Gestalten liebevoll vor – wie ein Vater seine Kinder; er nimmt nur das, was ihm nahe ist, aber wie vertraut ist ihm dieses Nahe dann auch! Dem mächtigen Genius des englischen Dichters scheint alles Menschliche untertan zu sein. Cervantes dagegen schöpft seinen Reichtum nur aus seiner klaren, sanftmütigen, durch die Erfahrungen des Lebens bereicherten, aber nicht verhärteten Seele. Nicht umsonst hat Cervantes nach seinen eigenen Worten während seiner siebenjährigen harten Gefangenschaft gelernt, Geduld zu üben; der ihm zugängliche Bereich ist enger als der Shakespeares, doch wie in jedem einzelnen

1 (ital.) Phantasien, Phrasen. – 2 Bekanntlich erschien der Ritterroman „Persiles und Sigismunda" *nach* dem ersten Teil von „Don Quijote". (Anm. d. Verf.)

Lebewesen spiegelt sich darin alles Menschliche wider. Cervantes erleuchtet Sie nicht durch einen Ausdruck, der wie ein Blitz einschlägt, er erschüttert Sie nicht durch die unbändige Kraft sieghafter Inspiration, seine Poesie ist nicht, wie manchmal bei Shakespeare, ein trübes Meer, sie ist ein tiefer Strom, der ruhig zwischen vielgestaltigen Ufern dahinfließt; und ein wenig hingerissen, eingebettet in seine durchsichtigen Wellen, überläßt sich der Leser freudig der wahrhaft epischen Stille und Unbeschwertheit dieses Stromes. Mit der Kraft der Einbildung fällt es nicht schwer, die Gestalten dieser beiden Dichter und Zeitgenossen heraufzubeschwören, die auch am gleichen Tag, am 26. April 1616, starben. Cervantes hat vermutlich nichts von Shakespeare gewußt, aber der große Tragiker konnte in der Stille seines Stratforder Hauses, in das er sich drei Jahre vor seinem Tod zurückzog, den berühmten Roman lesen, der zu jener Zeit bereits ins Englische übersetzt war ... Ein Bild, das wert wäre, von einem philosophischen Maler festgehalten zu werden: Shakespeare – „Don Quijote" lesend! Glücklich die Länder, die solche Menschen – Lehrmeister der Zeitgenossen und Nachkommen – hervorbringen! Der immergrüne Lorbeer, der einen großen Menschen bekränzt, ziert auch das Haupt seines Volkes.

Am Schluß unserer unvollständigen Studie erbitten wir Ihr Einverständnis, noch ein paar einzelne Bemerkungen anfügen zu dürfen.

Ein englischer Lord (ein geeigneter Richter in dieser Sache) nannte in unserer Gegenwart Don Quijote einmal das Muster eines wahren Gentlemans. In der Tat, wenn eine schlichte, ruhige Wesensart einen sogenannten ordentlichen Menschen kennzeichnet, dann kann Don Quijote diese Bezeichnung mit Fug und Recht für sich beanspruchen. Er ist ein echter Hidalgo, selbst dann, wenn ihm die spottsüchtigen Dienerinnen des Herzogs das ganze Gesicht einseifen. Sein einfaches Wesen rührt daher, daß ihm das fehlt, was wir nicht Ehrgefühl, sondern *Dünkel* nennen möchten. Den Don Quijote, der sich und andere achtet, beschäftigt nicht seine eigene Person, er denkt überhaupt nicht daran, sich herauszustreichen, während Hamlet uns – trotz seiner ganzen eleganten Ausstattung –, entschuldigen Sie den französischen Ausdruck, ayant des airs de parvenu[1] zu haben scheint. Er ist rastlos, mitunter sogar unwirsch, er posiert und ist bissig. Dafür wurde ihm die Kraft der ungewöhnlichen und treffenden Aus-

1 (franz.) Das Gebaren eines Parvenüs.

drucksweise verliehen, eine Kraft, die jeder denkenden und an sich arbeitenden Persönlichkeit gegeben ist und Don Quijote darum völlig abgeht. Die Gabe Hamlets, tiefgründig und genau zu analysieren, seine vielseitige Bildung (man sollte nicht vergessen, daß er an der Universität Wittenberg studiert hat) verhalfen ihm zu einem nahezu unfehlbaren Geschmack. Er ist ein überragender Kritiker, seine Ratschläge an die Schauspieler sind erstaunlich richtig und klug; sein Gefühl für das Schöne ist fast ebenso stark wie das Pflichtgefühl bei Don Quijote.

Don Quijote achtet zutiefst die bestehende Ordnung, die Religion, die Monarchen und Herzöge, gleichzeitig aber ist er frei und respektiert die Freiheit der anderen. Hamlet schimpft auf die Könige und Höflinge, doch im Grunde genommen ist er herrisch und unduldsam.

Don Quijote kann kaum lesen und schreiben, Hamlet hat vermutlich ein Tagebuch geführt. Bei all seiner Unwissenheit hat Don Quijote eine ganz bestimmte Vorstellung von den Staatsgeschäften, von der Verwaltung; Hamlet hat keine Zeit, darüber nachzudenken, und warum sollte er sich auch mit so etwas abgeben.

Es wurde viel gegen die reichlichen Schläge vorgebracht, durch die Cervantes seinem Don Quijote das Leben so schwer macht. Wir hatten vorn schon erwähnt, daß der arme Ritter im zweiten Teil des Romanes fast gar nicht mehr geprügelt wird, doch wir möchten hinzufügen, daß er ohne diese Prügel den Kindern weniger gefallen würde, die seine Abenteuer mit soviel Interesse lesen, und auch uns, den Erwachsenen, würde er sich nicht in seinem wahren Licht zeigen, sondern uns irgendwie kalt und überheblich vorkommen, was seinem Charakter widerspräche. Wir haben soeben gesagt, daß er im zweiten Teil nicht mehr geschlagen wird, doch ganz am Schluß, nach der entscheidenden Niederlage Don Quijotes gegen den als Bakkalaureus verkleideten Ritter des *hellen Mondes*, nachdem er schon dem Rittertum abgeschworen hat, kurz vor seinem Tod, trampelt eine Schweineherde auf ihm herum. Wir haben mehrfach Vorwürfe gegen Cervantes gehört, die Frage, warum er das geschrieben und dabei gewissermaßen alte, abgegriffene Scherze wiederholt habe; doch auch hierbei wurde Cervantes vom Instinkt des Genies geleitet, denn in diesem häßlichen Abenteuer liegt ein tiefer Sinn verborgen. Von Schweinen zertreten zu werden, das ist letzten Endes das Schicksal aller Don Quijotes, es ist der letzte Tribut, den sie dem bösen Zufall, der Gleichgültigkeit und dem dreisten Unverständnis zollen müssen. Es ist der

Backenstreich des Pharisäers. Danach können sie sterben. Sie haben die Feuerprobe bestanden, haben sich die Unsterblichkeit verdient, welche sich nun vor ihnen auftut.

Hamlet ist gelegentlich heimtückisch und sogar grausam. Denken Sie an den von ihm arrangierten Tod der beiden vom König nach England entsandten Höflinge, denken Sie an seine Rede über den von ihm getöteten Polonius. Übrigens sehen wir darin, wie bereits gesagt, eine Widerspiegelung des Mittelalters, welches damals noch nicht lange vergangen war. Andererseits müssen wir in dem rechtschaffenen, ehrlichen Don Quijote einen Hang zum halb bewußten, halb unschuldigen Betrug, zum Selbstbetrug feststellen, ein Hang, welcher der Phantasie eines Enthusiasten fast immer beigegeben ist. Seine Geschichte über das, was er in der Höhle des Montesino gesehen haben will, ist glatt erfunden und fand bei dem einfältig-pfiffigen Sancho Panza keinen Glauben.

Hamlet läßt beim geringsten Mißerfolg den Kopf hängen und klagt, während Don Quijote, von Galeerensträflingen bewegungsunfähig geprügelt, nicht im geringsten am Erfolg seines Unternehmens zweifelt. Fourier fällt uns ein: Er soll viele Jahre lang täglich an einer bestimmten Stelle auf einen Engländer gewartet haben, den er über die Zeitungen gebeten hatte, ihm eine Million Francs zur Verwirklichung seiner Pläne zur Verfügung zu stellen, und der natürlich niemals erschien. Das ist gewiß sehr komisch, aber uns kommt dabei folgendes in den Sinn: Die Menschen des Altertums nannten ihre Götter neidisch, und im Falle der Not hielten sie es für nützlich, sie durch freiwillige Opfer zu besänftigen (denken Sie an den ins Meer geworfenen Ring des Polykrates); warum sollten wir also nicht glauben dürfen, daß eine gewisse Portion Komik den Handlungen und dem Charakter von Menschen, die zu Großem berufen sind, als Tribut, als besänftigendes Opfer für die neidischen Götter beigefügt sein muß? Immerhin wäre ohne diese lächerlichen Don Quijotes, ohne diese wunderlichen Erfinder die Menschheit nicht vorangekommen, und die Hamlets hätten nichts, worüber sie nachdenken könnten.

Ja, wir wiederholen: Die Don Quijotes finden, die Hamlets verarbeiten. Aber, so werden Sie fragen, wie können denn die Hamlets irgend etwas verarbeiten, wenn sie an allem zweifeln und an nichts glauben? Darauf antworten wir, daß es nach der weisen Fügung der Natur reine Hamlets ebensowenig gibt wie reine Don Quijotes; sie sind lediglich die extremen Bezeichnungen für zwei Richtungen, die Meilensteine, die von Dichtern auf zwei verschiedenen Wegen aufgestellt wurden. Auf sie strebt das Leben zu, ohne sie je zu erreichen. Man sollte nicht vergessen, daß in Hamlet das Prinzip der Analyse bis zur Tragik und in Don Quijote das Prinzip des Enthusiasmus bis zur Komik getrieben ist, während es im Leben etwas nur Komisches oder nur Tragisches selten gibt.

Hamlet gewinnt in unseren Augen viel durch die Anhänglichkeit des Horatio. Das ist eine wunderbare Gestalt, die, was unserer Zeit Ehre macht, heutzutage ziemlich häufig vorkommt. In Horatio erkennen wir den Typ des Nachfolgers, des Jüngers im besten Sinne des Wortes. Mit seinem stoischen und geraden Charakter, seinem glühenden Herzen, dem etwas beschränkten Geist spürt er seine Unvollkommenheit und ist bescheiden, was bei beschränkten Leuten selten ist; er dürstet nach Belehrung, nach Unterweisung, und deshalb schaut er zu dem klugen Hamlet empor und gibt sich ihm mit der ganzen Kraft seines ehrlichen Herzens hin, ohne von diesem ähnliches zu erwarten. Er unterwirft sich ihm nicht als dem Prinzen, sondern als dem Führenden. Eines der größten Verdienste der Hamlets besteht darin, daß sie Menschen wie Horatio bilden und entwickeln, Menschen, die von ihnen den Samen der Gedanken übernehmen, ihn in ihrem Herzen befruchten und dann über die ganze Welt verbreiten. Hamlets Worte, mit denen er die Bedeutung Horatios anerkennt, gereichen ihm selber zur Ehre. Darin kommen seine eigenen Vorstellungen über die hohe Würde des Menschen, über seine edlen Bestrebungen zum Ausdruck, die von keiner Skepsis abgeschwächt werden können. „Hör mich an", sagt er zu ihm,

Seit meine teure Seele Herrin war
Von ihrer Wahl, und Menschen unterschied,
Hat sie dich auserkoren. Denn du warst,
Als littst du nichts, indem du alle littest;
Ein Mann, der Stöß' und Gaben vom Geschick
Mit gleichem Dank genommen: und gesegnet,
Wes Blut und Urteil sich so gut vermischt,
Daß er zur Pfeife nicht Fortunen dient,
Den Ton zu spielen, den ihr Finger greift.
Gebt mir den Mann, den seine Leidenschaft
Nicht macht zum Sklaven, und ich will ihn hegen
Im Herzensgrund, ja in des Herzens Herzen,
Wie ich dich hege.[1]

1 „Hamlet" (3. Aufzug, 2. Szene).

Ein ehrlicher Skeptiker achtet den Stoiker immer. Als die alte Welt im Zerfall begriffen war, retteten sich – wie immer in einer solchen Epoche – die besten Menschen in den Stoizismus; das war der einzige Zufluchtsort, wo man die menschliche Würde noch bewahren konnte. Die Skeptiker, die nicht die Kraft hatten, zu sterben, zu gehen „in das unentdeckte Land, von des Bezirk kein Wandrer wiederkehrt", wurden zu Epikureern. Ein verständlicher, bedauerlicher und uns hinreichend bekannter Vorgang!

Sowohl Hamlets als auch Don Quijotes Tod ist ergreifend, doch wie verschieden ist beider Ende! Erhaben sind die letzten Worte Hamlets. Er demütigt sich, wird still, gebietet Horatio, zu leben, gibt vor dem Tod seine Stimme dem jungen Fortinbras, dem unbescholtenen, rechtmäßigen Anwärter auf den Thron. Aber Hamlets Blick ist nicht nach vorn gerichtet. „Der Rest ist Schweigen", sagt der sterbende Skeptiker und verstummt wirklich für immer. Don Quijotes Tod ruft unsagbare Rührung hervor. In diesem Augenblick wird die große Bedeutung dieser Gestalt für jeden sichtbar. Als sein ehemaliger Schildknappe ihn trösten will und sagt, sie würden bald auf ritterliche Abenteuer ausziehen, antwortet der Sterbende: „Nein, das ist für immer vorbei, und ich bitte alle um Vergebung; ich bin nicht mehr Don Quijote, sondern Alonso der Gute, wie man mich einstmals nannte, Alonso el Bueno."

Dieses Wort ist erstaunlich; die Erwähnung dieses Beinamens, die zum ersten und zum letzten Mal erfolgt, erschüttert den Leser. Ja, nur dieses eine Wort hat angesichts des Todes noch Bedeutung. Nichts hat Bestand, alles vergeht, höchster Rang, Macht, allumfassendes Genie, alles zerfällt zu Staub …

Rauch ist alles
Ird'sche Wesen.[1]

Gute Werke aber verfliegen nicht wie Rauch, sie überleben selbst die strahlendste Schönheit. „Alles vergeht", sagte der Apostel, „nur die Liebe bleibt."

Wir haben diesen Worten nichts hinzuzufügen. Wir würden uns glücklich schätzen, wenn wir durch den Hinweis auf diese beiden Hauptrichtungen des menschlichen Geistes, über die wir sprachen, einige Gedanken in Ihnen geweckt hätten, vielleicht auch solche, die von unseren abweichen, wenn wir wenigstens annähernd unsere Aufgabe erfüllt und Ihre geschätzte Aufmerksamkeit nicht ermüdet hätten.

1 Aus Schillers Gedicht „Das Siegesfest".

BRIEFE AUS BERLIN

Erster Brief

1. März 1847

... Sie möchten von mir einige Neuigkeiten aus Berlin hören. Doch was soll ich von einer Stadt erzählen, wo man früh um sechs Uhr aufsteht, um zwei Uhr zu Mittag ißt und vor den Hühnern schlafen geht, von einer Stadt, in der um zehn Uhr abends nur noch melancholische und bierselige Nachtwächter durch die leeren Straßen trotten oder ein angetrunkener Deutscher lärmend aus dem „Tiergarten" kommt und am Brandenburger Tor fein säuberlich seine Zigarre ausmacht, weil er „treulich das Gesetz achtet"? Doch Spaß beiseite – Berlin ist noch immer keine Hauptstadt, zumindest fehlt das hauptstädtische Leben, obwohl man hier spürt, daß man sich in einem der Zentren bzw. Brennpunkte der europäischen Bewegung befindet. Äußerlich hat sich Berlin seit dem Jahre vierzig nicht verändert (nur Petersburg wächst zusehends); allerdings sind große innere Wandlungen vor sich gegangen. Ich beginne als Beispiel mit der Universität. Erinnern Sie sich an die begeisterten Schilderungen der Vorlesungen von Werder, des nächtlichen Ständchens unter seinem Fenster, seiner Reden, der Tränen und Rufe der Studenten? Sie erinnern sich, nicht wahr? Nun, dann bewahren Sie sich diese Erinnerung gut, denn alle diese harmlosen Streiche sind hier längst vergessen. Das rege Interesse, das einstmals in den Herzen von jung und alt durch eine rein spekulative Philosophie hervorgerufen wurde, ist vollkommen verschwunden – auf jeden Fall in den Herzen der jungen Leute. Im Jahre vierzig wurde Schelling voller Spannung erwartet, wurde in der ersten Vorlesung von Stahl laut und anhaltend gezischt, löste allein schon die Erwähnung des Namens Werder Begeisterung aus, entzündete man sich an Bettina[1], lauschte man andächtig den Worten Steffens'; jetzt dagegen besucht niemand mehr Stahls Vorlesungen, um Schelling ist es still geworden, Steffens ist gestorben, und Bettina hat aufgehört, sich ihr Haar zu fär-

1 Bettina von Arnim (1785–1859).

ben ... Nur Werder kommentiert mit unvermindertem Eifer Hegels Logik, ohne sich die Gelegenheit entgehen zu lassen, Verse aus dem zweiten Teil des „Faust" zu zitieren – aber das vor leider nur drei Hörern, von denen lediglich einer Deutscher ist, und der stammt noch aus Pommern. Das ist aber noch nicht alles! Sogar jene junge, neue Schule,[1] die damals so unerschrocken, so siegesgewiß ihr Banner erhoben hatte, selbst diese Schule ist aus dem Gedächtnis der Menschen entschwunden. Bruno Bauer lebt hier, doch niemand bekommt ihn zu sehen, niemand hört etwas von ihm. Dieser Tage traf ich in einem Konzert einen gestriegelten und traurig-devoten Mann ... Es war Max Stirner. Übrigens kann man verstehen, warum sie in Vergessenheit geraten sind; Feuerbach dagegen ist nicht vergessen, im Gegenteil! Ich wiederhole: Die literarische, theoretische, philosophische und phantastische Epoche des Lebens in Deutschland ist wohl vorbei. In letzter Zeit haben, wie Sie wissen, religiöse Zwistigkeiten die Deutschen sehr bewegt ... Endlich wurde die legitime Existenz der *Deutsch-Katholiken** anerkannt; unausgefochten ist noch der Streit um die Nichtaufnahme von Dr. Rupp (ein Deutsch-Katholike) in den *Gustav-Adolf's-Verein**, der zur Unterstützung *protestantischer* Gemeinden in katholischen Gebieten gegründet wurde, obwohl sich die Allgemeinheit zugunsten Rupps ausgesprochen hat. Hengstenberg bemüht sich noch immer um die Einbeziehung des Calvinismus in den evangelischen Glauben ... Aber Sie irren sich, sollten Sie alle diese Bewegungen, Auseinandersetzungen und Zwiste für rein theologische halten; hinter diesen Problemen sind andere verborgen. Eigentlich geht es um einen anderen Kampf. Sie werden sich unschwer vorstellen können, welch lächerliche und seltsame Formen manchmal *Logos*, um mit Hegel zu sprechen, annimmt (es ließe sich auch Gedanke oder Geist oder Fortschritt oder Menschheit dafür setzen, an Bezeichnungen fehlt es nicht), der gewissenhaft, langsam und schwerfällig in deutschen Köpfen entwickelt wird. Doch vom Lächerlichen zum Erhabenen ist es auch nur ein Schritt ... Besonders jetzt sind alle hier voller Erwartung.

Dieser Tage ist hier ein höchst erheiterndes und kompliziertes, dabei sehr kategorisches und zorniges Buch[2] eines gewissen Herrn Saß erschienen; er zerpflückt darin das Leben in Berlin, und da es ihm an anderen „Elementen oder Momenten" der Öffentlichkeit mangelt, tut er sich mit einer Einschätzung der hiesigen großen

1 Gemeint sind die Junghegelianer. – 2 „Berlin in seiner neuesten Zeit und Entwicklung".

Konditoreien wichtig. Die erste Auflage dieses Buches ist bereits vergriffen. Dieser Umstand ist bemerkenswert. Er zeigt, in welchem Maße sich die Berliner über eine kritische Analyse ihres gesellschaftlichen Lebens freuen und wie gern sie ein anderes hätten ...

Die Kunst hier – o weh! Die Berliner Künstler sind schon alt (Cornelius, Rauch, der Bildhauer Tieck, Schadow, Begas – sie alle sind schon Veteranen); ihre Werke atmen Kälte und Tod; Tod schon deswegen, weil sie fast alle damit beschäftigt sind, Grüfte, Grab- und andere Denkmäler zu errichten und zu verzieren. Neben dem Dom wird ein „Campo Santo“[1] in italienischem Stil (wie z. B. in Pisa oder Bologna) angelegt; Cornelius malt die Fresken. Einige habe ich gesehen. Ohne speziellen Kommentar sind sie nicht zu verstehen; die Komposition ist manchmal recht gut, aber Cornelius *verachtet* Farbigkeit und ist, wie fast alle hiesigen Künstler, ein Eklektiker, ein Allegorist und Nachahmer, obgleich man spürt, daß er sehr gern originell sein möchte. *„Ich trinke gern aus dem frischen Quell“* *[2], sagt Goethe, das heißt, ich ergötze mich lieber an den Fresken eines Michelangelo oder Orcagna. Was habe ich von „Gefangener Gedanken Gären“?[3] Während meines Aufenthaltes hier wurde die Museumsfassade mit Alfresko angestrichen, und zwar ziemlich schlecht, das muß man schon sagen. Gleichzeitig wurde die „Amazone“ von Kiß aufgestellt; diese Gruppe ist sehr gut gelungen, besonders das Pferd. Neue Gebäude sieht man in Berlin nicht. Nach dem Brand von 1843 wurde das Theater umgebaut. Es ist prächtig, sogar zu prächtig ausgestattet, verstößt aber in vielem gegen den guten Geschmack. Besonders unerfreulich sind die gebeugten Statuen à la Bernini zwischen den Hauptlogen. Der widerlich-süßliche, hellblaue Hintergrund der Deckengemälde schadet ebenfalls dem Gesamteindruck. Über der Bühne befinden sich die Porträts der vier größten deutschen Komponisten, die Porträts von Beethoven, Mozart, Weber und Gluck. Es stimmt traurig, wenn man daran denkt, daß die beiden ersten in Armut lebten und starben (Mozarts Grab ist sogar unbekannt) und daß Weber und Gluck in fremden Ländern Asyl fanden – der eine in England, der andere in Frankreich. Mit großem Genuß sah und hörte ich wieder die Viardot. Ihre Stimme ist keinesfalls schwächer geworden, eher kräftiger; in den „Hugenotten“[4] ist

1 Allgemeine Bezeichnung für den italienischen Friedhof, der meist quadratisch oder rechteckig angelegt und von einer Arkadenhalle umgeben ist. – 2 Ungenaues Zitat aus dem Gedicht „Ursprüngliches“. – 3 Aus Michail Lermontows Gedicht „O trau dir, trau dir, junger Schwärmer, nicht, und flieh ...“. – 4 Oper von Giacomo Meyerbeer (1791–1864).

sie überragend, und sie macht hier Furore. Die berühmte Cerito ist auch hier. Sie ist sehr gut, doch an eine Taglioni, eine Elßler, selbst an eine Karlotta Grisi – „die Sterne am Himmel" – kommt sie nicht heran. Dreyschock hat hier zwei Konzerte gegeben; er ist ein Trommler, kein Pianist, aber seine Technik ist erstaunlich.

Seit dem letzten Jahr gibt es hier eine Einrichtung, die in Petersburg fehlt. Es ist ein sehr großer Leseraum mit 600 (sechshundert!) Zeitschriften. Natürlich sind zwei Drittel davon (fast alle deutschen) nichts wert, dennoch muß man dem Initiator volle Gerechtigkeit widerfahren lassen. Die Journalistik in Deutschland taugt zur Zeit wirklich nichts.

Das ist vorläufig alles, was ich Ihnen an Interessantem mitteilen kann. Ich wiederhole noch einmal: In Berlin habe ich eine große, tiefgreifende, für den oberflächlichen Betrachter aber unmerkliche Veränderung festgestellt. Man scheint hier auf etwas zu warten, alle blicken in die Zukunft. Doch die *Bier-Lokale** (so heißen Räume, in denen dieses unwürdige und abscheuliche Getränk getrunken wird) sind immer noch mit denselben Personen gefüllt; die Kutscher tragen weiter ihre unmöglichen Mützen; die Offiziere sind immer noch blond und groß und sprechen den Buchstaben „r" immer noch nachlässig aus – alles scheint beim alten zu sein. Nur die durch ihre originellen Witze bekannten *Eckensteher** sind nicht mehr da. Die Zivilisation hat sie verschwinden lassen. Außerdem gibt es jetzt Omnibusse, und ein gewisser Herr Koch zeigt ein eigenartiges, vorsintflutliches Ungeheuer – ein Hydrarchos[1], das sich aller Wahrscheinlichkeit nach von Haien und Walen *ernährt* hat. Noch etwas, fast hätte ich es vergessen! Im „Tiergarten" hat ein Mann namens Kroll ein riesiges Gebäude errichten lassen, wo sich die lieben Deutschen jede Woche zu Hunderten versammeln und *ein Festessen halten** zu Ehren irgendeines denkwürdigen Ereignisses oder einer Persönlichkeit, der Schlacht bei Leipzig, der Erfindung der Buchdruckkunst, Ronges, des Siebenjährigen Krieges, des Turmbaus zu Babel, der Erschaffung der Welt, Blüchers und anderer vorsintflutlicher Erscheinungen.

Im nächsten Brief werde ich noch das eine oder andere von Berlin erzählen; vieles habe ich nicht einmal erwähnt, aber man kann nicht alles auf einmal schreiben.

1 Ein zur Familie der Zeuglodone gehörender Urwal.

T

Briefe

AN PAULINE VIARDOT[1]

Moskau, 6. Dezember 1850

Seit drei Tagen bin ich nun hier, liebe gnädige Frau Viardot, und ich habe kaum die Zeit, zur Feder zu greifen, um Ihnen in aller Eile ein paar Zeilen zu schreiben. Nicht, daß wir, mein Bruder[2] und ich, viel zu *tun* hätten – die Siegel werden erst in einer Woche abgenommen –, aber wir haben so viel zu bereden, vorzubereiten. Es ist eine schreckliche Verantwortung, die uns auf die Schultern gelegt wurde.

Meine Mutter[3] ist gestorben, ohne für irgend etwas vorgesorgt zu haben; sie hat die vielen Existenzen, die von ihr abhingen, man kann sagen: auf der Straße liegenlassen; wir müssen nun tun, was sie hätte tun sollen. Ihre letzten Tage sind sehr traurig gewesen. – Behüte Gott uns alle vor einem solchen Tod. Sie suchte nur, sich zu betäuben; am Abend vor ihrem Tod, als das Röcheln der Agonie schon begann, spielte auf ihren Befehl im Nebenzimmer ein Orchester Polkas. Man schuldet den Toten Respekt und Mitleid, deshalb werde ich Ihnen nichts weiter schreiben. Doch gerade weil es mir unmöglich ist, Ihnen alles anzuvertrauen, was ich fühle und was ich weiß, werde ich noch ein Wort hinzufügen, nämlich daß meine Mutter in ihren letzten Augenblicken – ich schäme mich, es zu sagen – nur daran dachte, uns, meinen Bruder und mich, zu ruinieren, und daß der letzte Brief, den sie an ihren Verwalter geschrieben hat, einen präzisen und förmlichen Befehl enthielt, alles zu einem Schleuderpreis zu verkaufen, nötigenfalls überall Feuer zu legen, damit nichts ... Doch man muß vergessen – und ich werde es großherzig tun, jetzt, wo Sie es wissen, Sie, die Sie mein Beichtvater sind. Und doch, ich fühle es, es wäre so leicht gewesen, sich von uns lieben und bedauern zu lassen! O ja, möge Gott uns vor einem solchen Tod bewahren! Ich erspare Ihnen eine Menge anderer Einzelheiten – wozu sollten sie gut sein? Möge Gott ihr Frieden schenken.

1 Pauline Viardot-García (1821–1910), französische Sängerin, Gesangslehrerin und Komponistin. – 2 Nikolai Sergejewitsch Turgenjew (1816–1879), Staatsbeamter. – 3 Warwara Petrowna Turgenjewa (1780–1850).

Mein Bruder, seine Frau[1] und ich bleiben bis zum neuen Jahr hier, um unsere Angelegenheiten so gut wie möglich regeln zu können. Die Güter, die meine Mutter hinterlassen hat, sind in einem sehr wenig guten Zustand – und unglücklicherweise ist die Ernte in diesem Jahr sehr schlecht gewesen. Wir müssen versuchen, uns bis zum nächsten August soweit wie möglich einzuschränken. Ich habe meinem Bruder vorgeschlagen, auf der Stelle alle privaten Schulden meiner Mutter (die nicht hoch sind) zu bezahlen, die ganze Dienerschaft zu entlohnen – und dazu das verfügbare Geld zu verwenden. Haben wir diese Last einmal von unseren Schultern, kommen wir besser und schneller voran. Ich gedenke in sechs Wochen nach Petersburg zurückzukehren, von April an aufs Land zu gehen und dort bis zum November zu bleiben. Dann werden wir sehen. Ich bin, Sie wissen es, sehr wenig für Geschäfte geeignet; ich habe die Absicht, die Verwaltung meiner Güter meinem guten und vortrefflichen Freund Tjutschew[2] anzuvertrauen; mein Bruder ist gewiß ein durch und durch ehrenwerter Mann, und ich wüßte nichts Besseres, als ihn mit alldem zu beauftragen; aber ich fürchte Mißverständnisse – er ist sehr sparsam, fast geizig – er wird es auch für mich sein – niemals würde er in den Verkauf eines Gutes einwilligen, und sei dieser noch so notwendig; ich möchte all solche Familienreibereien vermeiden. Ich habe den Entschluß gefaßt, unsere Güter zu teilen. Das heißt, er wird die Teilung vornehmen – und er wird es bestimmt tausendmal besser machen als ich. Ich werde niemals weniger als 25000 Francs Rente haben; damit ist man *reich*. Ich werde Ihnen noch von alldem berichten; aber sagen Sie mir, Sie und Ihr Gatte, was Sie von meinem Entschluß halten.

Liebe und teure Freundin, ich denke sehr oft an Sie!

I. Turgenjew[3]

AN MORITZ HARTMANN[4]

Spasskoje, 11. April 1859

Lieber Freund!

Ich schreibe Ihnen diesen Brief, um mein Gewissen zu beruhigen, damit ich bei unserem Wiedersehen (ich werde dieses Ver-

1 Anna Jakowlewna Turgenjewa (gest. 1872). – 2 Nikolai Nikolajewitsch Tjutschew (1815–1878), Übersetzer und Journalist. – 3 Brief im Original französisch. – 4 (1821–1872), österreichischer Lyriker und Erzähler; übersetzte verschiedene Werke Turgenjews aus dem Französischen.

gnügen hoffentlich im Mai haben) nicht bis über die Ohren erröten muß. Wirklich, ich bin ein großer Tölpel gewesen, daß ich Ihnen so lange Zeit nicht auf Ihren liebenswürdigen und freundlichen Brief geantwortet habe: ich habe es bestimmt hundertmal tun wollen – aber was beweist das schon? – Das beweist leider nur eines: meine abscheuliche und gemeine Faulheit. NB: Bewundern Sie meine Diplomatie: ich bearbeite mich mit den Fäusten, damit Sie mir keinen Nasenstüber geben müssen. Doch nun, da das Schlimme getan ist, akzeptieren Sie bitte mein mea culpa.

Sie verstehen, daß es ausgesprochen ungeschickt von mir wäre, wollte ich einen vor sieben Monaten geschriebenen Brief beantworten, ich meine: Punkt für Punkt beantworten. Ich sage Ihnen also in wenigen Worten, daß ich den Sommer und den Herbst auf dem Lande verbracht habe, bei der Jagd, recht und schlecht arbeitend, mit Nichtstun: diese letzte Beschäftigung vor allem gelang mir perfekt. Wir hatten prachtvolle, großartige, ruhige und helle Nächte – mit dem langen Schweif des Kometen, der geheimnisvoll am Himmel glänzte. Dann ist der Winter gekommen, und ich bin nach Petersburg gegangen; dort war ich gleich sechs Wochen krank – danach habe ich einen kleinen Roman[1] zum Druck gegeben, den Sie vielleicht lesen werden, dann habe ich mich im Leeren bewegt, danach die Bekanntschaft eines Häufleins sehr interessanter Kleinrussen gemacht, darunter zweier liebenswerter Frauen[2], dann habe ich genug gehabt davon – habe die „Palmyra" des Nordens verlassen und bin nun in meinem Eulennest damit befaßt, Ihnen zu schreiben, mit einem Jahr mehr, Gott weiß, wie es geschehen ist, auf meinen Schultern – mit einigen Falten mehr, einigen weißen Haaren mehr – ach, ich habe zum Glück bis jetzt nichts *weniger*! Es liegt mir vor allem daran, festzuhalten, daß es nicht das geringste *weniger* in meiner Freundschaft für Sie gibt, und ich bitte Sie, es trotz meiner Nachlässigkeit zu glauben. Ich werde Sie in Paris treffen, um Sie davon zu überzeugen – natürlich nur, wenn Sie Wert darauf legen –, und jetzt drücke ich Ihnen mit ganzer Kraft die Hand und verbleibe

Ihr I. Turgenjew[3]

1 „Ein Adelsnest" (1859). – 2 Marja Alexandrowna Markowitsch, Pseudonym Marko Wowtschok (1834–1907), ukrainische Schriftstellerin und Übersetzerin, und Warwara Jakowlewna Kartaschewskaja (1832–1902). – 3 Brief im Original französisch.

AN A.I. HERZEN[1]

Baden-Baden, 8. Oktober 1862

Lieber Alexander Iwanowitsch, ich habe deswegen so lange nicht geantwortet, weil ich immer einen *ausführlichen* Brief schreiben wollte; doch Luginins[2] Ankunft hat den Anstoß gegeben – ich schreibe Dir nun – wie der Brief ausfallen wird – lang oder kurz –, weiß ich nicht. Zunächst möchte ich Dir sagen, Luginin hat mir gefallen wie lange kein junger Mann mehr: ein vornehmer und tüchtiger Mensch. Wegen der Adresse[3] habe ich ihm schon ausführlich geantwortet, und Du hast meinen Brief gewiß bekommen. Ich bat Luginin, ihn Dir unverzüglich zu übersenden. – Was nun meine Antwort auf die im „Kolokol"[4] abgedruckten Briefe[5] anlangt – hatte ich schon einige Seiten entworfen – ich werde sie Dir zeigen – habe aber dann, weil ja alle Welt weiß, daß Deine Briefe an mich gerichtet sind, erst einmal nicht weitergeschrieben, um so mehr, als ich unterderhand – eine *halbamtliche* Warnung erhielt, nicht im „Kolokol" zu veröffentlichen. Für die Leser ist das im Grunde kein großer Verlust – nur für mich wäre die Angelegenheit wichtig gewesen. Mein Haupteinwand bestand darin, daß Du in bezug auf meine Person die Frage nicht richtig gestellt hast: Nicht aus Epikureertum, nicht aus Müdigkeit oder Faulheit habe ich mich, wie Gogol sagt, unter das *Obdach der Wogen* europäischer Prinzipien und Institutionen begeben; wäre ich fünfundzwanzig, ich würde nicht anders handeln – nicht so sehr in meinem eigenen Interesse als im Interesse des Volkes. – Die Aufgabe der *gebildeten* Klasse in Rußland, Vermittler der Zivilisation zu sein, damit das Volk dann selbst zu entscheiden vermag, was es verwerfen und was übernehmen will, diese im Grunde bescheidene Aufgabe – obwohl ein Peter der Große und ein Lomonossow[6] an ihr wirkten und obwohl die Revolution sie auf die Tagesordnung setzt –, diese Aufgabe ist meines Erachtens noch nicht beendet. Ihr Herren dagegen mit Eurer deutschen Denkweise abstrahiert (genau wie

1 Alexander Iwanowitsch Herzen (1812–1870), revolutionär-demokratischer Schriftsteller, Publizist und Kritiker. – 2 Wladimir Fjodorowitsch Luginin (1834–1911), Doktor der Chemie. – 3 Herzen, N.P. Ogarjow und M.A. Bakunin beabsichtigten an Zar Alexander II. (1818–1881) eine Adresse über die Notwendigkeit der Einberufung einer Volksversammlung abzuschicken. – 4 (russ.) Die Glocke; von Herzen und Ogarjow von 1857 bis 1867 in London und Genf herausgegebene Zeitschrift in russischer Sprache. – 5 Gemeint sind Herzens Artikel „Ende und Anfang" (1862). – 6 Michail Wassiljewitsch Lomonossow (1711–1865), Reformator der russischen Literatursprache, Forscher und Entdecker.

die Slawophilen[1]) aus der kaum verstandenen und kaum verständlichen Substanz des Volkes diejenigen Prinzipien, nach denen es Eurer Meinung nach sein Leben gestalten wird – dreht Euch im Nebel im Kreise herum und *sagt Euch* – und das ist das wichtigste – im Grunde genommen *von der Revolution* los, denn das Volk, das Ihr anbetet, ist konservativ par excellence[2] – und in seinem gegerbten Bauernpelz, seiner warmen und schmutzigen Bauernhütte, mit seinem ewig bis zum Sodbrennen vollgestopften Bauch und seiner Abscheu vor jedweder staatsbürgerlichen Verantwortung und Initiative trägt es die Keime der Bourgeoisie in einem solchen Maße in sich, daß es die westliche Bourgeoisie, die Du in Deinen Briefen so zutreffend gezeichnet hast, in jeder Hinsicht bei weitem übertrifft. Wir brauchen nicht in die Ferne zu gehen – sieh Dir nur unsere Kaufleute an. Das Wort abstrahieren habe ich nicht von ungefähr gebraucht. Das *Semstwo*[3], mit dem Ihr mir in London die Ohren malträtiert habt – dieses vielgerühmte *Semstwo* hat sich in Wirklichkeit als ein ebensolches Schreibtischprodukt herausgestellt wie die *Gentiltheorie* Kawelins und so weiter. Den Sommer über habe ich viel Mühe auf die Lektüre Stschapows[4] verwandt (wahrlich viel Mühe!) – und nichts vermag meine Überzeugung jetzt zu ändern. *Semstwo* bedeutet entweder dasselbe wie ein beliebiges entsprechendes Wort im Westen – oder es bedeutet gar nichts – und im Sinne Stschapows ist es unter hundert Bauern genau diesen hundert unverständlich. Ihr müßt schon eine andere Dreiheit ausfindig machen als die von Euch entdeckte „Semstwo, Artel und Gemeinde" – oder aber zugeben, daß jene besondere Ordnung, die den staatlichen und gesellschaftlichen Formen dank den Bemühungen des russischen Volkes gegeben wird, noch nicht so deutlich zutage getreten ist, daß wir, Leute der Reflektion, sie in Kategorien fassen könnten. Sonst droht die Gefahr, daß man sich einerseits vor dem Volk in den Staub wirft und es andererseits verdirbt – heute seine Ansichten als heilig und erhaben bezeichnet und sie morgen als unglückselig

1 (griech.) Slawenfreund; Anhänger einer zunächst liberalen, später reaktionären Richtung des russischen gesellschaftlichen Denkens um die Mitte des 19. Jahrhunderts. Sie lehnten für Rußland jede bürgerlich-kapitalistische Entwicklung ab und beriefen sich auf die Urwüchsigkeit und die religiösen Besonderheiten Rußlands. – 2 (franz.) ausgesprochen. – 3 1864 im zaristischen Rußland geschaffenes Organ der Selbstverwaltung; befaßte sich überwiegend mit Fragen des Handels, der Industrie, der Volksbildung und der Volksgesundheit. Da die Wahlen auf dem Vermögenszensus beruhten, war den adligen Grundbesitzern die Vormachtstellung gesichert. – 4 Afanassi Prokowjewitsch Stschapow (1830–1876), revolutionär-demokratischer Publizist; wurde wegen seiner politischen Tätigkeit 1862 verhaftet und 1864 nach Sibirien verbannt.

und wahnsinnig brandmarkt, wie dies Bakunin[1] in seiner jüngsten Broschüre beinahe auf ein und derselben Seite getan hat. Übrigens Bakunin. Auf Seite 21 sagt er: „Im Jahre 1863 wird sich Rußland in schrecklicher Notlage befinden, falls sich der Zar nicht entschließt, eine das gesamte Volk vertretende Semstwo-Duma einzuberufen." Wenn er will, biete ich ihm jede beliebige Wette an: Ich behaupte, der Zar wird nichts einberufen – und das Jahr 1863 wird *übermäßig ruhig* verlaufen. Es gilt? Ich bin überzeugt, meine Voraussage wird auch diesmal genauso eintreffen wie die betreffs der Urbarialgesetze, die ich, Du erinnerst Dich, im Frühjahr in London machte. Geirrt habe ich mich nur insofern, als ich glaubte, zum Jahresende würde die Hälfte davon vorliegen – sie sind jetzt schon beinahe alle vorgelegt worden. Ach, alter Freund, glaube mir: die einzige Stütze für eine lebendige und revolutionäre Propaganda bildet jene Minderheit der gebildeten Klasse in Rußland, von der Bakunin behauptet, sie sei verfault, habe sich vom Boden der Wirklichkeit gelöst und sei zum Verräter geworden. *Du* jedenfalls hast kein anderes Publikum. Doch jetzt genug davon. Dixi et animam meam salvavi.[2] Trotzdem habe ich Dich von Herzen gern und drücke Dir kräftig die Hand.

Dein I. Turgenjew

PS: Betreffs der Adresse sage ich nur eines: Die Tatsache, daß M. Besobrasow[3] und Paskewitsch[4] sich daran beteiligen können, würde genügen, mich nicht zu beteiligen.

AN THEODOR STORM[5]

Baden-Baden, 30. November 1865

Mein lieber und werter Gast!

Ich hätte schon seit einer Woche auf Ihr freundliches Schreiben antworten sollen – aber wir sind eben hier im vollsten Jagdfeuer – und da hat man am Tage keine Zeit, und abends ist man so abgespannt und so müde, daß man keine zwei ordentliche Gedan-

1 Michail Alexandrowitsch Bakunin (1814–1876), Revolutionär, später Anarchist; war mit Turgenjew seit 1840 bekannt. – 2 (lat.) Ich sprach und meine Seele war gerettet. – 3 Michail Alexandrowitsch Besobrasow (gest. um 1888), Kammerherr. – 4 Fjodor Iwanowitsch Paskewitsch-Eriwanski, Fürst von Warschau (1823–1903), Generalleutnant, reaktionärer Großgrundbesitzer. – 5 Der Schriftsteller war vom 5. bis 13. September Turgenjews Gast in Baden-Baden gewesen.

ken im Kopf hat – und das wenige, das man etwa zusammenraffen könnte, unmöglich aufs Papier bringen kann, zumal in einer Sprache, die einem doch eine fremde ist. Nun ist aber Ihre hübsche Gabe[1] angekommen – und da muß ich doch aufs beste danken und Ihnen sagen, wie sehr ich mich auf Ihre Bekanntschaft gefreut habe und noch freuen werde – denn mein Gast müssen Sie im kommenden Jahr sein – Ihre „graue Stadt am Meere“[2] liegt ja so weit! Auch müssen Sie nicht darüber reflektieren, Sie hätten sich hier nicht so ausgesprochen, wie Sie es eigentlich gewünscht hätten: die besten Menschen, wie die besten Bücher – sind die, wo man viel zwischen den Zeilen liest – und daß es geschehen ist – dafür bürgt mir das liebevolle Andenken, in welchem Sie hier bei der Familie Viardot – und sonst – geblieben sind. Der Schatten Ihres herben Verlustes[3] lag noch auf Ihrem ganzen Wesen – aber die schönen Strahlen leuchteten darunter – und wir wollen aufs nächste Jahr – das Beste hoffen. Soviel ich Sie kenne, purpurrot war es und wird es nie – aber es wird mehr des lilafarbigen als des grauen geben.

Ich habe mich noch nicht an Ihr Buch gemacht (das Exemplar, für Madame Viardot bestimmt, bekommt sie als Weihnachtsgabe zu ihrer Rückkehr aus Berlin) – werde es aber am ersten ruhigen, stillen Tag lesen – und verspreche mir viel Vergnügen davon. Ich habe eben an meinen Verleger[4] geschrieben, damit er Ihnen die beiden Bändchen[5] der Bodenstedtschen Übersetzung zuschickt – und bitte Sie, diese kleine Gegengabe als ein Zeichen wahrer Sympathie anzunehmen. Ich bin ganz stolz darüber, daß meine Skizzen in Ihrem Hauskreise gelesen werden: das will viel sagen!

Mein Freund Viardot läßt Sie aufs beste grüßen. Sie haben sich nicht in ihm geirrt: in manchen Punkten ist er kein Franzose. Jedenfalls kein Franzose wie V. Hugo, z. B. – mit seinen ganz scheußlich fratzenhaften „Chansons des rues et des bois“[6]. Daß solch ein sich Erbrechen der absoluten, ebenso tollen als platten Roheit nicht gleich mit Unwillen hinausgeschmissen wird – ist doch ein Urteil über die ganze Nation!

Und nun leben Sie recht wohl – und empfangen Sie meinen herzlichen Gruß.

I. Turgenjew[7]

1 „Drei Märchen von Theodor Storm“ (1866). – 2 Gemeint ist Husum. – 3 Storms Frau Constanze war gestorben. – 4 Matthias Rieger. – 5 „Erzählungen von Iwan Turgenjew“ (1864/65). – 6 (franz.) Lieder der Straßen und der Wälder. – 7 Brief im Original deutsch.

AN BERTHOLD AUERBACH[1]

Baden-Baden, 10. April 1868

Lieber Auerbach!

Ihr Brief hat mich sehr erfreut als ein Zeichen Ihres Andenkens; auch haben die guten Worte, die er enthält – mich nicht wenig geschmeichelt; mag das Buch[2], das ich Ihnen geschickt habe, einen ebenso günstigen Eindruck auf Sie machen als die früheren!

Nun an die Sache. Daß es keine literarische Konvention zwischen Deutschland und Rußland gibt (wie z.B. zwischen Rußland und Frankreich) – ist eine höchst fatale Sache, wie ich es Ihnen schon im vorvorigen Jahre gesagt habe: denn da jeder das Recht hat, seinen Autor zu übersetzen, ja zu verstümmeln – wie kann man da auf ein Honorar rechnen? Das ist Piratenwirtschaft – und von keinem Eigentum die Rede! Daß Stassjulewitsch[3] Ihnen dennoch ein so hohes Honorar vorgeschlagen hat – ist der beste Beweis der großen Popularität Ihres Namens bei uns; wenn seine Mittel ihm nicht erlauben, ein zu umfangreiches Werk[4] von Ihnen ebenso zu honorieren, so glaub ich, würde er es dennoch mit einer kleinen Preisherabsetzung gern an sich bringen: haben Sie ihn nicht darüber gefragt? Es würde mir zu einer besonderen Freude und Ehre gereichen, einen Artikel[5] über Sie zu schreiben – nicht als Empfehlung: denn *die* brauchen Sie bei uns in Rußland längst nicht – aber als Vorwort – und um den Nachdruckern vorzubeugen – denn meinen Artikel hätten sie nicht das Recht wiederzugeben. In diesem Sinne können Sie dem Stassjulewitsch schreiben – und da ich selbst bald (in 6 Wochen) nach Petersburg reise und mich ein paar Tage in Berlin aufhalten werde, können wir das alles besprechen; zum Übersetzen Ihres Romans hab ich selbst leider nicht die Zeit – werde aber gern die Übersetzung revidieren. Schreiben Sie mir, wie lange Sie noch in Berlin bleiben: ich reise von hier spätestens am ersten Juni ab.

Ich drücke Ihnen herzlich die Hand und bleibe in alter Freundschaft Ihr ergebener

I. Turgenjew

1 Berthold Auerbach (1812–1882), Schriftsteller; wurde durch seine „Schwarzwälder Dorfgeschichten" und als Herausgeber von „Auerbachs Volkskalender" bekannt. – 2 Gemeint ist die französische Übersetzung des Romans „Rauch" (1867). – 3 Michail Matwejewitsch Stassjulewitsch (1826–1911), Publizist und Historiker. – 4 „Das Landhaus am Rhein" (Roman). – 5 Gemeint ist die Vorrede zur russischen Ausgabe von „Das Landhaus am Rhein".

PS: Frau Viardot erwidert Ihren Gruß bestens. *Wir* arbeiten jetzt an einer dritten Operette[1]. Sie haben wahrscheinlich von den zwei ersten gehört.

PSS: *Wann* erscheint Ihr neues Werk? Bei meiner Reise nach Rußland könnte ich das *Manuskript* mitnehmen, und man könnte dann dem Verleger – sei es Stassjulewitsch oder ein anderer – die Bedingung zugestehen, das Werk in Deutschland und Rußland zu *gleicher* Zeit erscheinen zu lassen.[2]

AN PAULINE VIARDOT

Berlin, 16. Juni 1868

Liebe Madame Viardot, *teuerste Freundin**, ich bin, entgegen meiner Erwartung, immer noch hier und reise erst heute abend ab. Ich wurde durch diesen Teufel von Auerbach aufgehalten, der mir heute seinen Roman vorlesen wird (nicht den ganzen Roman, Gott sei Dank!) und mich mit einem hiesigen Verleger bekannt machen soll, der die Idee hat, eine vollständige (deutsche) Übersetzung meiner Werke zu publizieren.

Ich habe nicht einen Augenblick für mich gehabt während des ganzen gestrigen Tages: Pietsch[3] hat mich abgeschleppt wie ein Dampfschiff. Ich habe mit einem Besuch bei ihm begonnen – er wohnt jetzt in einem sehr schönen Haus. Berlin ist am Tiergarten zu einer großen Ansammlung von *Palais* geworden, zu Hunderten – eines immer schöner und eleganter als das andere. Das ist betäubend. Die ganze Familie Pietsch ist wie Spargel in die Höhe geschossen: sein Sohn Paul ist *einen Kopf größer* als ich. Frau Pietsch[4] ist seltsamer denn je, und mein Micawber[5] wechselte im Verlauf des Tages zehnmal von Rosa zu Schwarz. Dann sind wir zu R. Begas gegangen, der an der Statue einer jungen Frau zu arbeiten begonnen hat, die ein Kind über ihren Kopf hebt, mit dem sie spielt – das ist entzückend – einer der reizendsten weiblichen Torsi, die ich gesehen habe. Begas hat noch immer seine florentinische Manier – à la Donatello[6]. Dann zu Auerbach. Dieser alte Jude hat mich sehr lange aufgehalten, mich mit Komplimenten überhäuft (seine Frau und seine Tochter auch!) – er ist falsch wie

1 „Der Menschenfresser" (1867). – 2 Brief im Original deutsch. – 3 Ludwig Pietsch (1824–1912), Illustrator und Journalist, Berichterstatter der „Vossischen Zeitung". – 4 Marie Pietsch (1831–1894). – 5 Gestalt aus Charles Dickens' Roman „David Copperfield"; gemeint ist damit Pietsch. – 6 (1386–1466), italienischer Bildhauer.

ein Jeton, listig, eitel, all das wird erstickt in einer Flut schwäbischer Biederkeit und Phrasen über die Kunst und so weiter à la Gounod[1] – Sie wissen, was ich sagen will ... *„Wir Schriftsteller haben in den Bleibergwerken der Leidenschaften zu arbeiten“, „diese Chemie der menschlichen Seele“** und so weiter. Didie, verstehst Du das? Ich absolut nicht. Oder aber es ist nicht der Mühe wert, daß man es versteht. Dann zu Julian Schmidt. Der ist ein guter Junge, ehrlich und tüchtig, mit einem Eulengesicht und einem Wasserkopf. Seine Frau ist ebenfalls eine vortreffliche Person. Langes Gespräch, sehr interessant. Ich hatte morgens einen Brief an Graefe geschrieben und ihn um eine Konsultation gebeten ... Er hat mich zu sieben Uhr in sein Palais bestellt – man wohnt hier nur in Palais ... Ich mußte zwei und eine viertel Stunde warten und bin gnädigerweise in seine erhabene Gegenwart vorgelassen worden – aber nur über die Leiber von fünfzig anderen Leuten, die sogar seinen Garten überfüllten. Er hat eine Schwächung *„der Sehmuskeln“** festgestellt, eine Kleinigkeit übrigens, und hat mir angeraten, Spülungen vorzunehmen und beim Schreiben und Lesen eine bestimmte Brille zu tragen. Der gute Pietsch erwartete mich an der Tür und schleppte mich – ich gestehe, daß ich im Gehen schlief – in einen öffentlichen Garten (das Wetter war zauberhaft), wo ich von neuem die Begas, Schmidt, Braun, einen der Führer der national-liberalen Partei, traf und so weiter und so fort ... Um Mitternacht bin ich wie ein Klumpen in mein Bett gefallen und habe bis sieben Uhr morgens wie ein Sack geschlafen. Jetzt bin ich frisch und ausgeruht – ich habe noch eine ganze Menge Dinge zu erledigen, ich bedaure nur, Ihnen nicht gesagt zu haben, Sie sollen mir aufs Geratewohl ins Hotel St. Petersburg schreiben: dann hätte ich einen Brief von Ihnen! Heute abend um elf Uhr fahre ich weiter, ich schicke Ihnen morgen ein Briefchen aus Königsberg – ich beende diesen Brief oder füge lieber ein weiteres Blättchen hinzu, ehe ich ihn an Sie abschicke. Ich höre nicht auf, an das liebe Baden zu denken und an das ganze geliebte Haus im Tiergarten[2] ...

3 Uhr 30

Einen Augenblick den freundschaftlichen Krallen Pietschs entronnen, beeile ich mich, Ihnen zu schreiben. Auerbach hat mich *drei ganze Stunden* mit dem Erzählen seines Romans aufgehalten – ich glaube, daß er sehr gut werden kann; die Idee hat mir gefallen,

1 Charles-François Gounod (1818–1893), französischer Komponist. – 2 Turgenjews Haus in der Tiergartenstraße in Baden-Baden.

aber die Ausführung ist das Wesentliche und das Entscheidende. Der Verleger wollte mich auf meine Kosten publizieren: ich habe ihn zum Teufel geschickt. Pietsch hat mich zu Paul Meyerheim geführt, einem sehr talentierten Maler (im Genre von Knaus, aber mit sehr viel mehr Kraft und Echtheit) – ich habe dort sehr schöne Sachen gesehen (eine Ziegenherde in einem Wald mit einem alten Schäfer davor). Ich war noch einmal bei Begas, und mein Eindruck hat sich bestätigt. *Alle* Zeitungen schreiben von *„L'Ogre“*[1], und im *„Athenaeum“*[2] vom *6. Juni* steht ein großartiger Artikel über *„Rauch“*. Schreiben Sie Manuel[3], er soll ihn Ihnen schicken. Ich habe ihn im Lesekabinett kaufen wollen, aber man hat es mir abgeschlagen ... Ich hätte ihn vielleicht stehlen sollen! Schicken Sie bitte unter Streifband die *„Revue des Deux Mondes“* vom 1. April (mit *„Jergunow“*[4]) an die Adresse von Pietsch (Schöneberger Ufer 34), damit er sie an Julian Schmidt weitergibt. Sie finden sie in der Bibliothek oben, rechts von der Tür.

Ich schicke Ihnen morgen ein kleines Briefchen aus Königsberg, und Freitag früh geht ein Brief von Petersburg ab.

Mir scheint, als wäre ein Jahrhundert vergangen, seit ich abgereist bin, und ich denke fortwährend an die Rückkehr. Lassen Sie es sich gut gehen, fahren Sie nach München, amüsieren Sie sich, und vergessen Sie mich nicht. Ich umarme Sie alle *und küsse 1000000mal Ihre lieben Hände**.

*Der Ihrige** I. Turgenjew

PS: Beiliegend eine Photographie des Sultans[5]. Sie fehlte noch in Ihrer Galerie.[6]

AN LUDWIG PIETSCH

Karlsruhe, 15. Januar 1869

Mein lieber Freund!

Zunächst schicke ich Ihnen beiliegend die fehlenden 10 Taler. Dann fängt eine lange Geschichte an, die ich möglichst verkürzen werde.

1 (franz.) Der Menschenfresser. – 2 „The Athenaeum“; in London erscheinende Zeitschrift für Literatur, Wissenschaft und schöne Künste. – 3 Manuel García (1805–1906), spanischer Professor für Musik, Gesangspädagoge und -theoretiker, Bruder von Pauline Viardot. – 4 „Die Geschichte des Leutnants Jergunow“ (1868). – 5 Abd-ul-Aziz (1830–1876), ab 1861 türkischer Sultan. – 6 Brief im Original französisch.

In der Stadt Riga gibt es einen lächerlichen Verleger[1], der absolut eine Ausgabe meiner „Ausgewählten Schriften“ veranstalten will. Er hat die Idee, mit „Vätern und Söhnen“ anzufangen, und hat sich deshalb an mich gewendet. Ich empfehle ihm eine Übersetzung jenes Romans[2], die in Stuttgart erschienen ist und die ich nur vom Hörensagen als sehr gut kannte. Er bringt diese Übersetzung käuflich an sich – und schickt sie mir als ungedrucktes Exemplar zur Revision – mit der Bitte, sie dann in eine Druckerei in Rudolstadt zu expedieren. Ich fange an zu revidieren – und finde – daß die Übersetzung (aus dem Französischen natürlich) sehr mangelhaft ist. Ich quäle mich ein Dutzend Kapitel hindurch – kann aber nicht weiter fortfahren – kenne auch den deutschen Stil zuwenig. Sehen Sie meine Lage! Und ich habe das Ding *selbst* rekommandiert!! Ich halte es nicht länger aus – und mache mein „mea culpa“ dem tugendreichen uneigennützigen (denn was kann ihm so etwas einbringen?!!) Verleger – und mache ihm den Vorschlag: das Exemplar zur Revision *Ihnen, Wertester,* zu übersenden. Er wird wahrscheinlich akzeptieren – und nun haben Sie einen Mühlstein am Hals. *Zu schwarz* will ich aber die Geschichte nicht machen: ich bin überzeugt, daß mit der blitzartigen Schnelligkeit der Arbeit, mit der der gütige Himmel Sie gesegnet hat – Sie die Sache in 2 Tagen herumkriegen: es handelt sich nur darum, einen Vergleich mit der französischen (vortrefflichen) Übersetzung durchzuführen; aber das *kann ich nicht* – wie Schumann singt. Sollte der Rigaer Verleger – (E. Behre heißt das Ideal) sich an Sie wenden, so nennen Sie ihm Ihre Bedingungen, denn gratis pro Deo[3] – oder pour le Roi de Prusse[4] soll es nicht geschehen. – Zahlen werde natürlich ich, denn ich bin ja der Schuldige – meine Rekommandation hat den Verleger dahin gebracht.

Antworten Sie – in wenigen, aber gehaltvollen Worten – und empfangen Sie im voraus meinen Dank. – (*Sie können auch abschlagen,* wenn Sie zuviel Arbeit haben – O Gott! O Gott! – warum will man mich übersetzen! Hab ich ja den Leuten nichts getan!)

Ich drücke Ihnen die Hand aufs herzlichste. – Grüße allen.

Ihr I. Turgenjew[5]

1 Erich Behre (1832–1881), Buchhändler und Verleger; gab zwischen 1869 und 1884 in Mitau (heute Lettische SSR) in zwölf Bänden „Iwan Turgenjews Ausgewählte Werke“, die erste große Turgenjew-Ausgabe in deutscher Sprache, heraus. – 2 „Väter und Söhne“ (1862). – 3 (lat.) umsonst für Gotteslohn. – 4 (franz.) für den König von Preußen. – 5 Brief im Original deutsch.

AN P. W. ANNENKOW[1]

Baden-Baden, 22. Januar 1870

Lieber Annenkow, ich schreibe Ihnen unter dem Eindruck einer traurigen Nachricht: vor einer Stunde etwa erfuhr ich, daß Herzen gestorben ist. Ich konnte mich der Tränen nicht erwehren.

Wie sehr sich unsere Ansichten auch immer unterschieden haben und zu welchen Konflikten es auch zwischen uns gekommen sein mag, ein alter Weggefährte, ein alter Freund ist dahingegangen: es lichten sich unsere Reihen! Dabei hatte ich ihn, als sollte es so sein, erst vor einer Woche in Paris getroffen, mit ihm gefrühstückt (nach siebenjähriger Trennung), und noch nie ist er so lustig, so gesprächig, ja sogar laut gewesen. Das geschah vorigen *Freitag* – am Abend fühlte er sich plötzlich unwohl, und am nächsten Tag fand ich ihn schon mit hohem Fieber und einer Lungenentzündung im Bett; bis zum vergangenen Mittwoch, dem Tag meiner Abreise, habe ich seine Familie täglich besucht, ihn selbst konnte ich nicht mehr sehen – der Arzt erlaubte es nicht; und bei meiner Abreise wußte ich bereits, daß sein Zustand hoffnungslos war. Die Krankheit hat ihn entsetzlich schnell dahingerafft. Ich konnte nicht länger in Paris bleiben; doch fast mit Schrecken denke ich daran, was aus seiner Familie wird. Sein Sohn[2] ist noch nicht aus Florenz eingetroffen. Natalja[3], die älteste Tochter – ein prächtiges sympathisches Wesen –, war vor kurzem infolge irgendwelcher seltsamer Mißverständnisse sechs Wochen lang in geistige Umnachtung verfallen und hat sich noch kaum richtig erholt ... Dieser Tod bringt ihren Verstand möglicherweise erneut in Verwirrung. In Rußland wird alle Welt wahrscheinlich sagen, Herzen hätte früher sterben müssen, er habe sich selbst überlebt; allein was bedeuten solche Worte, was bedeutet dieses unser sogenanntes Wirken angesichts des stummen Abgrunds, der uns verschlingt? Leben und Weiterleben – ist das denn für den Menschen nicht das allerwichtigste? Der Tod hat für mich jetzt einen besonders „üblen Geruch", weil ich kürzlich völlig unerwartet Gelegenheit hatte, eine ordentliche Prise davon zu genießen; durch einen Freund[4] nämlich bekam ich (in Paris) eine Einladung, nicht nur Tropmanns Hinrichtung beizuwohnen, sondern auch bei der

1 Pawel Wassiljewitsch Annenkow (1812–1887), Literaturkritiker, Puschkin-Biograph und Herausgeber einer Puschkin-Ausgabe. – 2 Alexander Alexandrowitsch Herzen (1838–1906), Physiologe. – 3 Natalja Alexandrowna Herzen (1844–1936). – 4 Maxim Ducamp (1822–1894), französischer Schriftsteller.

Verkündung des Todesurteils, bei seiner „toilette" und so weiter zugegen zu sein. Insgesamt waren wir acht. Nie werde ich diese fürchterliche Nacht vergessen, in der „I have supp'd full of horrors"[1] und in der ich für alle Zeiten mit Abscheu gegen Hinrichtungen überhaupt und besonders gegen die Art und Weise ihrer Ausführung in Frankreich erfüllt wurde. Ich habe bereits einen Brief an Sie begonnen, in dem ich alles ausführlich berichte und den Sie, wenn Sie wollen, in den „Peterburgskije wedomosti"[2] abdrucken können. Jetzt sage ich nur das eine: solchen Mut, solche Todesverachtung, wie Tropmann sie zeigte, hätte ich nie für möglich gehalten. Doch die ganze Sache ist entsetzlich ... entsetzlich.

Apropos, haben Sie meinen Brief über Polonski bekommen und in der Zeitschrift untergebracht? Er selber jammert deswegen *wie eine Möwe* und versichert mir in seinen Briefen, er sei ohne Glück und ohne Erfolg und daher auch überzeugt, diese Besprechung werde nicht erscheinen. Bitte, beweisen Sie ihm das Gegenteil, obwohl ihm mein Aufsatz – leider! – kaum besonderes *Glück* bringen wird.

Leben Sie wohl, mein Freund, und bleiben Sie gesund. Ich grüße Ihre Frau und drücke Ihnen die Hände.

Ihr I. Turgenjew

PS: Nach Weimar fahre ich erst am 7. Februar neuen Stils.

AN P. W. ANNENKOW

Baden-Baden, 8. August 1870

Allein schon das Format des Papiers, auf dem ich mich anschicke Ihnen zu schreiben, lieber Pawel Wassiljewitsch, muß Ihnen Respekt vor meinen Korrespondenzabsichten[3] einflößen ... (Übrigens, warum schreiben *Sie* mir nicht? Bald sind es schon vier Wochen, daß ich Petersburg verlassen habe – und auch nicht eine Zeile!) Vergangenen Donnerstag schrieb ich an Sie bei entferntem Kanonendonner: am nächsten Tag, Freitag, informierte uns ein Telegramm, daß die Deutschen Weißenburg im Sturm genommen

1 (engl.) Ich habe mit dem Graun zur Nacht gespeist. – Shakespeare, „Macbeth" (5. Aufzug, 5. Szene). – 2 (russ.) Petersburger Nachrichten; offizielle Petersburger Tageszeitung; erschien von 1728 bis 1917; vertrat in den sechziger und siebziger Jahren gemäßigte liberale Positionen. – 3 Dieser Brief wurde gekürzt als erster Bericht Turgenjews über den französisch-preußischen Krieg (1870/71) in der Zeitung „Peterburgskije wedomosti" im August 1870 veröffentlicht.

haben und nun die Verwirklichung von Moltkes Plan beginnt, der (während der Kaiser der Franzosen[1] seinem Sprößling[2] zwischen Frühstück und Mittagessen vorführte, wie die Mitrailleusen funktionieren, und höchst effektvoll Saarbrücken stürmte, das von *einem einzigen* Bataillon verteidigt wurde) die gesamte riesige Armee des preußischen Kronprinzen nach dem Elsaß geworfen – und die französische Armee in zwei Hälften getrennt hat. Am Sonnabend, das heißt vorgestern, kam mein Gärtner und sagte, seit dem Morgen sei ungewöhnlich heftiges Schießen zu hören: ich trat vor die Tür, und tatsächlich drang deutlich das Dröhnen dumpfer Einschläge und rollender Geschützdonner an mein Ohr; er kam aber schon etwas mehr aus dem Süden als am Donnerstag: ich zählte dreißig bis vierzig Einschläge in der Minute. Ich nahm einen Wagen und fuhr nach Yburg, einem Schloß auf einer dem Rhein nächstgelegenen Schwarzwaldhöhe: von dort kann man das ganze Elsaßtal bis hin nach Straßburg überblicken. Es war ein klarer Tag, und am Horizont zeichnete sich deutlich die Linie der Vogesen ab. Wenige Augenblicke vor meinem Eintreffen auf der Yburg hatte der Kanonendonner aufgehört; doch direkt gegenüber dem Berg, jenseits des Rheins, stiegen hinter einem langgestreckten dichten Wald riesige schwarze, weiße, blaugraue und rote Rauchwolken auf: dort stand eine ganze Stadt in Flammen. Weiter nach den Vogesen hin waren noch Kanonenschüsse zu vernehmen – aber immer schwächer ... Die Franzosen waren offensichtlich geschlagen worden und auf dem Rückzug. Furchtbar und schmerzlich war es, in dieser stillen, reizvollen Ebene, im sanften Glanz der halbverdeckten Sonne diese garstigen Spuren des Krieges zu erblicken, und ich konnte nicht anders, ich verfluchte diesen Krieg – und seine wahnsinnigen und verbrecherischen Urheber. Ich fuhr wieder zurück nach Baden, und am nächsten Tag, also gestern, hing schon in aller Frühe überall in der Stadt ein Telegramm aus, das einen neuen entscheidenden Sieg des Kronprinzen über Mac-Mahon[3] verkündete, und gegen Abend erfuhren wir dann, daß die Franzosen viertausend Gefangene verloren hatten, dreißig Kanonen, sechs Mitrailleusen, zwei Fahnen – und daß Mac-Mahon verwundet sei! Das Erstaunen der Deutschen selbst kennt keine Grenzen: alle Rollen sind vertauscht. *Sie* greifen an, *sie* schlagen die Franzosen in ihrem eigenen Lande –

1 Napoleon III. (1808–1873), ab 1852 Kaiser von Frankreich. – 2 Eugène-Louis Bonaparte (1856–1879). – 3 Maurice de Mac-Mahon (1808–1893), französischer Marschall, Präsident der Republik Frankreich von 1873 bis 1879; kapitulierte bei Sedan.

und schlagen sie nicht schlechter, als sie es mit den Österreichern getan haben! Moltkes Plan wird mit verblüffender Schnelligkeit und Brillanz abgewickelt: der linke Flügel der französischen Armee ist vernichtet – sie befindet sich zwischen zwei Feuern, und möglicherweise werden sich, ähnlich wie bei Königgrätz, der preußische König und der Kronprinz schon heute auf dem Schlachtfeld begegnen, auf dem das Schicksal des Krieges entschieden wird! Die Deutschen sind so erstaunt, daß sogar ihre patriotische Begeisterung gleichsam gedämpft ist. *Das* hatte keiner erwartet! Ich war, wie Sie wissen, von Anfang an mit ganzem Herzen auf ihrer Seite – denn nur im endgültigen Sturz des Napoleonischen Kaiserreichs sehe ich die Rettung der Zivilisation, die Möglichkeit für eine freie Entfaltung freier Institutionen in Europa: eine solche war undenkbar, solange *diese* Infamie nicht die gebührende Strafe erhalten hatte. Doch sah ich einen langen, hartnäckigen Kampf voraus ... und plötzlich! Alle Gedanken sind jetzt nach Paris gerichtet: was wird man dort sagen? Ein *geschlagener* Bonaparte n'a plus raison d'être[1]; aber heutzutage muß man selbst etwas so Unwahrscheinliches für möglich halten wie ein Paris, das trotz der Nachricht von den Niederlagen der französischen Armee ruhig bleibt. Wie Sie sich leicht vorstellen können, habe ich die ganze Zeit fleißig sowohl französische als auch deutsche Zeitungen gelesen – und muß ganz ehrlich sagen, es ist überhaupt kein Vergleich. So etwas von Ruhmredigkeit und Verleumdung, so eine absolute Unkenntnis des Gegners und schließlich eine solche Ignoranz wie in den französischen Zeitungen habe ich mir nicht vorstellen können. Ich spreche noch gar nicht von Zeitschriften wie dem „Figaro" oder der schändlichen „Liberté", die sich ihres Begründers E. de Girardin[2] als durchaus würdig erweist; aber sogar in so sachlichen Zeitungen wie der „Temps" begegnen Nachrichten der Art, die preußischen Unteroffiziere liefen mit eisernen Ruten hinter den marschierenden Soldaten her, um sie in die Schlacht zu treiben, und dergleichen mehr. Die Ignoranz geht so weit, daß das „Journal officiel", ein Organ der Regierung (!), allen Ernstes erzählt, zwischen Frankreich und der Pfalz (dem Palatinat) *fließe der Rhein;* und nur mit absoluter Unkenntnis des Gegners kann man sich die Gewißheit der Franzosen erklären, Süddeutschland werde neutral bleiben – trotz der unverhohlen ausgesprochenen Absicht, die Rheinpro-

1 (franz.) hat kein Existenzrecht. – 2 Emile de Girardin (1806–1881), französischer Journalist.

vinz mit den historischen Städten Köln, Aachen und Trier zu annektieren – einen deutschen Landstrich also, der wohl zum teuersten gehört, was das deutsche Herz kennt! Das gleiche „Journal officiel" versicherte dieser Tage, Ziel des Krieges seitens Frankreichs sei – den Deutschen die Freiheit zurückzubringen! Und das wird in einem Augenblick gesagt, da sich ganz Deutschland vom einen Ende bis zum anderen gegen seinen Erbfeind erhoben hat! Daß der Sieg absolut gewiß und die Mitrailleusen und Chassepotgewehre überlegen sind, steht völlig außer Frage; alle französischen Zeitungen sind überzeugt, die Franzosen brauchten nur auf die Preußen zu treffen – und *„rrran!"** – alles werde in einem Augenblick vorbei sein. Trotzdem kann ich mich nicht enthalten, Ihnen ein besonders reizendes Beispiel von Ruhmredigkeit zu zitieren: in einer Zeitung (möglicherweise sogar im „Soir") beschreibt ein Korrespondent die Stimmung unter den französischen Soldaten und ruft aus: „Ils sont si assurés de vaincre, qu 'ils ont comme une peur modeste de leur triomphe inévitable!" (Das heißt: „Sie sind so siegessicher, daß sie eine Art bescheidener Scheu vor ihrem unausbleiblichen Triumph empfinden!") Dieser Satz kann zwar nicht mit dem klassischen, geradezu Shakespeareschen Ausspruch Prinz Pierre Bonapartes[1] über jene Pariser verglichen werden, die dem Sarg des von ihm *umgebrachten* Noir[2] das Geleit gaben: „C'est une curiosité malsaine que je blâme" („Das ist eine krankhafte, deplacierte Neugier, die ich mißbillige"), hat aber immerhin auch seinen Wert. Und welche Aussprüche, welche „mots", führen diese Zeitungen an und schreiben sie verschiedenen hochgestellten Persönlichkeiten zu – unter anderem auch Kaiser Napoleon! ... „Gaulois" teilt zum Beispiel mit, als das schutzlose Saarbrücken an allen vier Enden angezündet worden war, habe sich der Kaiser an seinen Sohn gewandt und ihn gefragt: „Est-tu fatigué, mon enfant?"[3] Das heißt doch schließlich auch den letzten Rest von Schamgefühl verlieren!

Hübsch ist auch die Anekdote von einem Attaché des diplomatischen Dienstes, der in Gegenwart Kaiserin Eugénies erklärte, er wünsche keinen Sieg über Preußen. Wieso? – Na ja; stellen Sie sich vor, wie peinlich es sein würde, auf einem Boulevard Untermunterbierschuhkrut zu wohnen oder seinem Kutscher Befehl zu geben, nach der Nichkaputtklopsmopsfurtstraße zu fahren. Und

1 Pierre-Napoléon, Prinz von Canino (1845–1881), Vetter Napoleons III.; erschoß am 10.1.1870 V. Noir. – 2 Victor Noir (1848–1870), französischer Journalist. – 3 (franz.) Bist du müde, mein Kind?

das wäre dann unvermeidlich, weil wir unsere Straßen doch immer nach unseren Siegen benennen! Vielleicht hat Frankreich auf Grund von Meldungen gerade dieses Attachés mit einer Neutralität Süddeutschlands gerechnet.

Scherz beiseite, ich liebe und verehre das französische Volk aufrichtig, ich erkenne seine große und erhabene Rolle in der Vergangenheit an und zweifle nicht an seiner künftigen Bedeutung; viele meiner besten Freunde, Menschen, die mir am allernächsten stehen, sind Franzosen; und daher werden Sie mich natürlich nicht der böswilligen und ungerechten Feindschaft gegen ihr Vaterland verdächtigen. Doch auch sie dürften nun an der Reihe sein, eine Lehre zu erhalten, wie sie den Preußen bei Jena, den Österreichern bei Sadowa und – wozu die Wahrheit verheimlichen – uns bei Sewastopol zuteil geworden ist – gebe Gott, daß sie sie zu nutzen und der bitteren Wurzel die süße Frucht abzugewinnen verstehen! Es ist für sie an der Zeit, längst an der Zeit, den Blick auf sich selbst zu richten, auf ihr eigenes Land, ihre eigenen Schwären zu erkennen und sie zu heilen zu suchen – es ist Zeit, Schluß zu machen mit dem unsittlichen Faktum[1], das sie nun schon bald zwanzig Jahre dulden! Ohne heftige äußere Erschütterung sind solche „Erkenntnisse" unmöglich; ohne tiefe Trauer und Leid kann man sie nicht erlangen; echter Patriotismus aber hat nichts mit hochnäsiger, hoffärtiger Prahlerei gemein, die nur zu Selbstbeweihräucherung, zu Ignoranz und nicht wiedergutzumachenden Fehlern führt. Die Franzosen brauchen eine Lehre ... denn sie müssen noch viel lernen. Die russischen Soldaten, die zu Tausenden in den Trümmern Sewastopols dahinstarben, sind nicht umsonst gefallen; mögen auch die zahllosen Opfer nicht umsonst sein, welche der jetzige Krieg noch fordern wird: sonst wäre er wahrhaftig unsinnig und ruchlos.

Jetzt bin ich aber ins Schreiben gekommen – und habe noch nicht den zehnten Teil dessen gesagt, wes mein Herz voll ist. Auf ein anderes Mal! Was unsere eigentliche Situation in Baden anlangt, so können Sie vollkommen unbesorgt sein: die Gefahr eines feindlichen Einmarsches ist gebannt – die Lebensmittel sind nun sogar billiger als vorher, obwohl die französischen Zeitungen versichern, wir stürben hier Hungers.

Falls Sie es für angebracht oder nützlich oder für irgend jemanden von Interesse erachten, können Sie diesen Brief oder Aus-

1 Gemeint ist die Regierung Napoleons III., der sich 1852 durch einen Staatsstreich zum Kaiser hatte ausrufen lassen.

Iwan Turgenjew – 1874

züge daraus in den „Peterburgskije wedomosti" veröffentlichen, indem Sie nur die Buchstaben I. T. daruntersetzen.

Ich warte auf ein Lebenszeichen von Ihnen und umarme Sie. Schöne Grüße an alle Ihre Angehörigen.

Ihr ergebener
I. Turgenjew

PS: Ich war schon dabei, diesen Brief zu versiegeln, da wurde mir das letzte Telegramm gebracht: die französische Armee zieht sich auf der ganzen Linie zurück und strebt in Eilmärschen ins Landesinnere. Auf diese Weise ist sie natürlich dem Los der österreichischen Armee bei Sadowa entgangen – fragt sich nur, wie der Volksstolz diesen Schlag verwindet. Was wird nach all den Drohungen und Großsprechereien *Paris* zum Rückzug der Armee sagen? Nun, warten wir ab. Ich freilich möchte (in keinem Falle) in der Haut des Kaisers – oder Olliviers[1] oder Grammonts[2] stecken.

AN P. W. ANNENKOW

Baden-Baden, 15. September 1870

Lieber Pawel Wassiljewitsch. Die rasch aufeinanderfolgenden bedeutenden Ereignisse haben mich derart überwältigt, daß ich den Zeitpunkt verpaßt habe, Ihnen rechtzeitig einen Brief für die „Peterburgskije wedomosti" zu schreiben. Nun ist es zu spät, betrachten Sie daher diesen Brief als an Sie persönlich gerichtet. Ich kann nicht sagen, ich hätte diese Ereignisse überhaupt nicht vorausgesehen (entsinnen Sie sich, was ich Ihnen in meinem ersten Brief[3] schrieb). Eines aber habe ich – das gestehe ich – nicht vorausgesehen (Bismarck selbst übrigens soll eine derartige Dummheit nicht haben glauben wollen): ich habe nicht vorausgesehen, daß sich Napoleon wie in einer Mausefalle würde fangen lassen. Nicht erwartet habe ich ferner, daß die gesamte Armee MacMahons so beschämend erliegen würde; ich hatte angenommen, sie werde sich zumindest nach Belgien zurückziehen. Die Proklamation der Republik[4] in Paris hingegen hat mich nicht verwundert;

1 Emile Ollivier (1825–1913), französischer Historiker und Politiker. – 2 Antoine, Herzog von Grammont (1819–1889), Diplomat, 1870 Minister für auswärtige Angelegenheiten in der Regierung Ollivier. – 3 Gemeint ist der Brief vom 8. August 1870. – 4 Nach der Niederlage der französischen Truppen bei Sedan, am 1. September 1870, war am 4. September in Paris die Republik ausgerufen und eine Nationalregierung gebildet worden.

die Franzosen und Pariser wären ja Engel oder Tölpel (ganz, wie Sie wollen), nähmen sie eine Schande wie die Kapitulation bei Sedan gleichmütig hin; eher könnte man Waterloo verzeihen als *dies*: die Napoleonische Dynastie hat sich selbst für alle Zeiten den Dolchstoß versetzt. Doch nachdem man einmal *diese* Regierung verworfen hatte, nach welcher anderen Form sollte man greifen, wenn nicht nach der Republik? Die Frage ist nicht, ob sie die Rettung bringt oder nicht (angesichts der fürchterlichen Lage, in der sich Frankreich befindet, müssen alle Hoffnungen verstummen und verlöschen), sondern ob etwas anderes möglich war. Und welche Bedeutung hat jetzt wohl die politische Form? Es beginnt ein verzweifelter Kampf um die Existenz: da ist es gleichgültig, unter welcher Fahne man sich schlägt. Der Sturz des schändlichen Kaiserreichs hat meine Sympathien nicht gewandelt, sie aber ein wenig verschoben. Jetzt sind die Deutschen Eroberer, und für Eroberer habe ich nicht allzuviel übrig. Zudem haben sie einen unverzeihlichen Fehler begangen: ohne jeden Nutzen und Zweck haben sie Straßburg zerstört und damit die Elsässer, ebenjene Elsässer, die sie annektieren wollen, für lange Zeit gegen sich aufgebracht. Und überhaupt will mir die Absicht der Deutschen, eine Art Polen als Flankenschutz zu haben, nicht gefallen. Alle ihre Argumente erscheinen mir nicht stichhaltig. Selbst wenn man annähme, Frankreich wolle sich erneut schlagen – die Schleifung der Befestigungen von Straßburg und Metz bietet Deutschland eine hinreichende Garantie. Die Rassenfrage spielt hier keine Rolle: die Elsässer sind mit Leib und Seele Franzosen geworden, wie einst die slawischen Einwohner Pommerns vorwiegend Preußen geworden sind; das läßt sich nicht rückgängig machen. Ich rede schon gar nicht von dem immer mehr um sich greifenden Gerücht, König Wilhelm beabsichtige, nach der Einnahme von Paris erneut Napoleon als einzige legale Macht einzusetzen; das ist schon allzu *unsittlich* und zeigt nur, wie Menschen, welche die höchsten Höhen der Gesellschaft erklommen haben, zu Blindheit neigen. Sollte Frankreich bereit sein, die Bonapartes erneut aus der Hand des Feindes zu empfangen, so müßte jeder anständige Mensch dieses Land aus seinem Gedächtnis streichen. Die Republik – das ist es, was der Preußenkönig nicht verdauen kann, doch basta cosi[1]!

Ich schreibe Ihnen nach Ihrer Stadtwohnung, denn ich nehme an, Sie sind nicht mehr auf Ihrer Datscha. Ich habe hier eine völlig

1 (ital.) genug davon.

fertige und ins reine geschriebene Erzählung[1], die Frucht eines Monats Arbeit. Sie könnte im nächsten Jahr im „Westnik Jewropy" gedruckt werden. Und was ist mit „König Lear"[2], wann wird der erscheinen? Schicken Sie mir eine Antwort. Viele Grüße an alle.

Ihr ergebener
I. Turgenjew

AN PAUL HEYSE[3]

Baden-Baden, 26. Oktober 1870

Mein lieber Freund!

Ich hätte Ihnen, Gott weiß, wie lange, für Ihre freundliche Zusendung[4] danken müssen. Ich hoffte aber immer, mit einer Gegengabe kommen zu können – und das ließ sich erst gestern machen – so lange hat der Verleger[5] das Erscheinen meines 4. Bändchens[6] verzögert. Die Novelle ist wahrscheinlich nichts Neues für Sie, aber die Übersetzung ist wirklich *sehr* gut.

Ihr Drama[7] hat mich sehr interessiert, es ist poetisch, psychologisch fein und wahr, wie alles, was Sie machen; ob es auch theatralisch ist – darüber habe ich kein rechtes Urteil, da ich selbst in diesem Punkte sehr schwach bin.

Es ist eine neue Welt entstanden, seitdem ich Ihr Büchlein gelesen habe! Und die Tragödie der Geschichte hat einen fast zu streng regelmäßigen Bau. Der liebe Gott kann, wie es scheint, wenn er will, ganz klassisch schreiben ... Wie wird es nur mit dem fünften Akt?

Was denken speziell – Sie? Sind Sie mit dem Elsaß zufrieden – oder wollen Sie auch Lothringen mitgenießen? Ich fange an, etwas verdutzt zu werden – und fürchte, meine früheren lieben Deutschen[8] nicht mehr recht zu kennen.

In zwei Wochen gehe ich nach England, von da nach Rußland und kehre erst im Frühjahr nach Baden zurück. Schreiben Sie mir ein paar Zeilen, damit ich wisse, wie es Ihnen geht – und empfangen Sie den kordialsten Händedruck Ihres ergebenen

I. Turgenjew[9]

1 „Das verhängnisvolle Klopfen"; erschienen 1871 im Januarheft der Zeitschrift „Westnik Jewropy" (Europäischer Bote). – 2 „Ein König Lear der Steppe"; 1870 erschienene Erzählung Turgenjews. – 3 (1830–1914), Novellist, Romanschriftsteller und Lyriker. – 4 Gemeint ist der 4. Band von Heyses „Dramatischen Dichtungen". – 5 E. Behre. – 6 „Ein Adelsnest"; 1859 erschienener Roman von Turgenjew. – 7 „Die Göttin der Vernunft". – 8 Turgenjew wandte sich hier und andernorts entschieden gegen den Anspruch der Deutschen auf den Elsaß und auf Lothringen. – 9 Brief im Original deutsch.

AN A. A. FET[1]

Baden-Baden, 28. August 1871

Nun bin ich also wieder hier, mein lieber Afanassi Afanassjewitsch, und habe Ihren Brief erhalten – das heißt hier vorgefunden. In Baden bleibe ich bis Ende Oktober, dann geht es nach Paris – und im November (gegen Ende) nach Petersburg. Kürzlich war ich in Schottland, habe in Edinburgh am Walter-Scott-Jubiläum[2] teilgenommen – sogar eine (sehr kurze und vorher auswendig gelernte) Begrüßungsansprache gehalten; einmal verhaspelte ich mich, was mir Beifallklatschen eintrug; im übrigen wurde ich – in allen Zeitungen – als Mr. Torqunoff, a dinstinguished novelist[3] betitelt; für Rußland oder die russische Literatur interessieren sich die Engländer überhaupt nicht (die russische Regierung – das ist etwas anderes, besonders die russische Diplomatie). Danach war ich in den „Highlands“ und habe dort grouse[4] geschossen, Vögel, die ein Mittelding zwischen Birkhahn und Schneehuhn darstellen. Es war sehr interessant, aber anstrengend – und am ersten Tag habe ich vor Aufregung miserabel geschossen. Nirgends in der Welt gibt es eine solche Luft wie im nördlichen Schottland; sie zu atmen ist ein Genuß! Zudem war ich bei sehr lieben und gastfreundlichen Leuten.

Es tut mir leid, daß Petja[5] mir wegen meines Briefes nur böse ist – und nicht empfunden hat, daß er manches berechtigte Wort enthielt. Wenn er erwachsen ist, werde ich ihm, sollte ich noch am Leben und er – woran ich nicht zweifle – ein tüchtiger Mensch geworden sein, *seinen ersten Brief* zeigen, *den er mir nach seines Vaters Tode geschrieben hat,* und er wird sich schämen und erstaunt sein, wie weit der Egoismus der Jugend gehen kann. Jetzt fühlt er sich dank seiner Erfolge in Katkows Lyzeum gleichsam noch als König; und bis zu Königen dringt die Wahrheit bekanntlich nur schwer vor.

Bei unserer nächsten Begegnung wollen wir uns über die neueste englische *Poesie* unterhalten, von der bei uns niemand – oder fast niemand – eine Vorstellung hat. Kein sympathisches Phänomen – aber interessant, und es gibt ein sehr, sehr großes lyrisches Talent: Swinburne[6].

1 Afanassi Afanassjewitsch Fet (1820–1892), Lyriker. – 2 Gemeint ist die Gedächtnisfeier anläßlich des 100. Geburtstages des schottischen Schriftstellers Walter Scott (1771–1832). – 3 (engl.) ein ausgezeichneter Novellist. – 4 (engl.) Waldhuhn. – 5 Pjotr Iwanowitsch Borissow (1858–1888). – 6 Algernon Charles Swinburne (1837–1909), englischer Lyriker und Kritiker.

Es ist sehr schlimm, daß es „über Tolstoi keine Nachrichten gibt“[1]. Sie können keine höhere Meinung von ihm haben als ich. Hoffen wir, daß die Gerüchte übertrieben sind und sich alles zum Guten wendet. Wenn sich zu einem solchen Talent noch ein ausgebildeter und ruhig gewordener, das heißt gereifter Verstand gesellte – was könnte man nicht alles von ihm erwarten! Ich glaube ganz gewiß, wir erleben noch den Augenblick, da er selbst als erster gutmütig über den *quasi* philosophischen Unsinn lachen wird, den er in seinen wahrhaft großen Roman[2] hat einfließen lassen.

Daß Ihnen die Bezeichnung „Literat“ mißfällt, ist Ihr Steckenpferd, und das Leben hat mich gelehrt, mit fremden Steckenpferden ehrerbietig umzugehen. Nach meiner Ansicht ist „Literat“ genauso eine Bezeichnung oder Bestimmung der Beschäftigung wie „Schuster“ oder „Piroggenbäcker“. Nur gibt es gute und schlechte Piroggenbäcker – und bei den Literaten ist es ebenso.

Einen schönen Gruß an Marja Petrowna[3] und einen kräftigen Händedruck für Sie.

Ihr ergebener
I. Turgenjew

AN GUSTAVE FLAUBERT[4]

Moskau, 26. Juni 1872

Mein teurer Freund!

Sie haben mir Ihre Pläne für den Sommer zugeschickt – hier sind die meinen:

NB: Momentan befinde ich mich in Moskau und werde von einem häßlichen Gichtanfall geplagt, der mich an mein Sofa fesselt. Das habe ich nach der heftigen Attacke vom vergangenen Oktober kaum erwartet – das wird zu häufig, und man beglückwünscht mich zu oft („Patent für Langlebigkeit“ und so weiter). Zum Glück ist der Anfall nicht sehr arg, und ich kann hoffen, die Hauptstadt von ganz Rußland Sonntag oder Montag zu verlassen. Heute ist Mittwoch.

Ich werde wie ein Pfeil nach Paris fliegen, dann von dort in die Touraine zu meiner Tochter[5], die mich zum Großvater machen

1 Über Tolstoi ging das Gerücht, er sei an Tuberkulose erkrankt. – 2 „Krieg und Frieden“. – 3 Marja Petrowna Fet (1828–1894), Fets Frau. – 4 (1821–1880), französischer Schriftsteller. – 5 Pauline Iwanowna Turgenjewa-Bruère (1842–1919), in Rußland geborene außereheliche Tochter Turgenjews.

wird, von dort dann nach Valéry-sur-Somme, wo ich meine alten Freunde, die Viardots[1], wiedersehe. Ich werde bummeln, arbeiten, wenn ich kann, und dann gehe ich nach Paris, um mit einem gewissen Flaubert zusammenzutreffen, den ich sehr liebe und mit dem ich entweder zu ihm nach Croisset oder nach Nohant zu Madame Sand[2] fahren werde, die uns anscheinend dort sehen will. Und ab Oktober dann – Paris. So sieht's aus!

Mein teurer Freund, das Alter ist eine große, fahle Wolke, die sich über die Zukunft, die Gegenwart und sogar über die Vergangenheit breitet und sie trübt, indem sie ihre Erinnerungen rissig macht. (Ich fürchte, das ist sehr schlechtes Französisch – aber das tut nichts.) Man muß sich gegen diese Wolke wehren! Mir scheint, Sie tun das nicht genug. Ich glaube in der Tat, daß eine Reise zu zweit nach Rußland Ihnen guttäte. Ich habe gerade vier ganze Tage zwar nicht oben auf einem Heuhaufen verbracht – aber in den Alleen eines alten ländlichen Gartens, der ganz voller rustikaler Düfte war, voller Erdbeeren, Vögel, Sonnenstrahlen und schattiger Stellen, die einen so verschlafen wie die anderen – und zweihundert Morgen wogenden Roggens rundherum! Das war wundervoll! Man ruht unbeweglich in einer feierlichen unermeßlichen – und stupiden – Empfindung, die gleichzeitig dem Leben des Tieres und Gottes ähnlich ist. Man kommt von dort wieder, als hätte man ich weiß nicht was für ein starkes Bad genommen. Und dann nimmt man den gewohnten Schlendrian wieder auf.

Es muß nicht sein, daß der heilige Antonius[3] den Mut verliert. Mag er kühn bis ans Ziel gehen!

Ich weiß, daß Sie an einer schönen musikalischen Soirée bei Madame Viardot teilgenommen haben. Es scheint, das Publikum ist zufrieden gewesen.

Sie sagen mir nichts über mein Gemälde[4]. Es mißfällt Ihnen – oder haben Sie es gar nicht gesehen?

Adieu und auf Wiedersehen, mein teurer Freund … Tragen wir den Kopf hoch, bevor die Wogen ihn überspülen.

Ich umarme Sie herzlich.

Ihr I. Turgenjew[5]

1 Pauline und Louis Viardot. – 2 George Sand, eigentlich Amandine-Aurore-Lucie Dupin, Baronin Dudevant (1804–1876), französische Schriftstellerin. – 3 Anspielung auf Flauberts Roman „Die Versuchung des heiligen Antonius“. – 4 Gemeint ist E.-T. Blanchards Gemälde „Courtisane“, das Turgenjew erworben hatte. – 5 Brief im Original französisch.

AN M. A. MILJUTINA[1]

Paris, 15. Dezember 1872

Meine liebe Marja Agejewna, ich danke Ihnen aufrichtig für das freundschaftliche Gefühl, aus dem heraus Sie Ihren Brief geschrieben haben. Dostojewskis Handlungsweise hat mich nicht im geringsten verwundert. Er haßte mich schon, als wir beide noch jung waren und erst am Anfang unserer literarischen Laufbahn standen – obgleich ich diesen Haß durch nichts verdiente; aber ursachlose Leidenschaften sollen ja die heftigsten und dauerhaftesten sein. Dostojewski hat sich noch Schlimmeres erlaubt als die Parodie auf die „Visionen“[2]; er hat mich – ebenfalls in den „Dämonen“[3] – unter dem Namen Karmasinow als geheimen Sympathisanten der Partei Netschajews[4] hingestellt. Merkwürdig ist nur, daß er für seine Parodie die einzige Erzählung wählte, die ich in der damals von ihm herausgegebenen Zeitschrift „Epocha“[5] veröffentlicht habe, eine Erzählung, für die er mich mit Dankes- und Lobbriefen überschüttet hat! Diese Briefe habe ich noch. Was für ein Spaß wäre es, sie zu veröffentlichen! Aber er weiß, daß ich dies nicht tun werde. Zumindest hätte er mir, ehe er mich verleumdete, das Geld zurückzahlen sollen, das er sich von mir geborgt hat; er meint, es gehe auch ohne das; nun, das mag er mit seinem Gewissen abmachen. Mir bleibt nur zu bedauern, daß er sein unbestreitbares Talent zur Befriedigung so unguter Gefühle gebraucht; offensichtlich schätzt er es recht gering ein, wenn er sich bis zum Pamphlet erniedrigt.

Für Ihren lieben Brief aber darf ich Ihnen nochmals danken.

Ich habe Ihnen erst vor so kurzer Zeit geschrieben, daß ich fast nichts hinzufügen und nichts Neues mitteilen kann. Meine Gesundheit scheint sich etwas zu bessern; das Haus kann ich indes noch immer nicht verlassen.

Übermitteln Sie allen Ihren Angehörigen meinen freundschaftlichen Gruß; ich drücke Ihnen kräftig die Hand und bleibe Ihr Ihnen herzlich ergebener

I. Turgenjew

PS: Der Name meiner Straße lautet Rue de Dou*ai*, nicht Dou*et*.

1 Marja Agejewna Miljutina (1834–1903), Frau von Turgenjews Freund N. A. Miljutin (1818–1872). – 2 1864 erschienene Erzählung Turgenjews. – 3 Roman. – 4 Sergej Gennadjewitsch Netschajew (1847–1883), Anarchist. – 5 1864/65 von F.M. Dostojewski und seinem Bruder Michail herausgegebene literarische Monatsschrift.

AN PAUL HEYSE

Paris, 22. Dezember 1872

Mein lieber Heyse!

Ich schicke Ihnen heute das sechste Bändchen meiner eben erschienenen „Ausgewählten Werke". Die eine Novelle („Frühlingsfluten") soll, wie ich höre, böses Blut in Deutschland gemacht haben. Man hat mir Deutschenhaß und ich weiß nicht was sonst – vorgeworfen. Russische sogenannte Patrioten haben mir in früheren Zeiten denselben Vorwurf gemacht – vom russischen Standpunkt aus – natürlich. Ich habe von Deutschland nicht schlechter gesprochen als von meinem eignen Vaterlande, das ich doch wahrlich liebe.

Es täte mir wahrlich leid, wenn Sie die Ansicht meiner Kritiker teilen sollten; aber ich rechne auf die Billigkeit und den hellen Blick des Dichters.

Ich schicke Ihnen das Buch nach München – zeigen Sie mir gefälligst den Empfang mit ein paar Zeilen an. Seit einem halben Jahr leide ich viel an der Gicht; man schickt mich nach Marienbad. Im Mai komme ich nach München und hoffe Sie dort zu treffen.

Unterdes leben Sie recht wohl und arbeiten Sie fleißig – ich drücke Ihnen die Hand aufs freundschaftlichste.

Ihr I. Turgenjew[1]

AN A. P. FILOSSOFOWA[2]

Bougival, 30. August 1874

Meine liebe Anna Pawlowna, zwar bitten Sie nicht um Antwort und scheinen eine solche nicht einmal zu wünschen, doch verpflichten mich Ihr Vertrauen und das Gefühl achtungsvoller Sympathie, das Sie mir eingeflößt haben, Ihnen ein paar Worte auf Ihren Brief zu sagen.

Zum ersten: ich kann Ihnen versichern, Ihr Tagebuch hat mich durch seine Ehrlichkeit und Aufrichtigkeit beeindruckt; von Komplimenten kann keine Rede sein. Zum zweiten, was Ihre neuen Menschen betrifft … Was für ein Künstler (ich sage schon gar nicht: was für ein Mensch) wäre ich, verstünde ich nicht sehr gut, daß Selbstsicherheit, Übertreibung, eine gewisse Phrasenhaf-

1 Brief im Original deutsch. – 2 Anna Pawlowna Filossofowa (1837–1912); nahm aktiv an der russischen Frauenbewegung teil.

tigkeit und Pose, ja sogar ein bestimmtes Maß an Zynismus unvermeidliche Eigenschaften der Jugend sind? Nicht das werfe ich Ihren Bekannten vor, sondern Kärglichkeit der Gedanken, Mangel an Kenntnissen – und vor allem: Dürftigkeit, eine erbärmliche Dürftigkeit ihres Talents. Schlimm ist nicht, daß Herr W. Dechterew[1] unter zwölf Verse („Nicht mich, die Idee sollst du lieben") sowohl das Datum der ersten Eingebung setzt als auch das, an dem er dieses große Werk vollendet hat – schlimm ist vielmehr, daß seine Verse miserabel, daß sie nicht einmal grammatisch richtig und trotz allen scheinbaren Schwungs platt und ohne Gefühl sind. Schlimm ist, daß Herr W. Dechterew kein fremdsprachiges Zitat anzuführen vermag, ohne grobe Fehler zu machen. Nicht Spott, wie Sie annehmen, fordert eine solche Jugend heraus, sondern Bedauern. Ich könnte Ihnen junge Leute mit weit extremeren Ansichten und weit linkischeren Formen nennen, vor denen ich alter Mann den Hut ziehe, weil ich spüre, sie besitzen wirklich Kraft, Begabung und Geist. Dort aber findet sich nichts davon – nichts und wieder nichts. Sie werden sich bald selbst davon überzeugen.

Nebenbei bemerkt, einige Ihrer Bekannten (besonders Herr Ditjatin[2]) machen einen vorteilhafteren Eindruck als der russische „Leo"[3]; doch den Stempel der Talentlosigkeit tragen sie alle ausnahmslos.

Zum dritten. Wie denn? Auch Sie, gerade Sie behaupten, ich hätte mit Basarow[4] eine Karikatur der Jugend zeichnen wollen, Sie wiederholen diesen ... verzeihen Sie die Freiheit des Ausdrucks – unsinnigen Vorwurf! Basarow, dieses mein liebstes Kind, dessentwegen ich mich mit Katkow[5] entzweit, auf den ich alle mir zur Verfügung stehenden Farben verschwendet habe, Basarow, dieser geistreiche Kopf, dieser Held – eine Karikatur?!? Aber hier ist anscheinend alle Mühe vergebens. Wie man Louis Blanc[6] trotz all seiner Proteste bis heute ständig beschuldigt, *er* habe die Volkswerkstätten (ateliers nationaux) eingeführt, so schreibt man auch mir zu, ich hätte die Jugend durch eine Karikatur *verletzen* wollen! Für diese Verleumdung bringe ich schon seit langem nur noch Verachtung auf; nie hätte ich erwartet, daß sich beim Lesen Ihres Briefes dieses Gefühl in mir erneuern sollte.

1 Wladimir Gawrilowitsch Dechterew (1853–1903), Psychiater, Prototyp für die satirische Gestalt des Briefeschreibers Kisljakow in dem Roman „Neuland" (1877). – 2 Iwan Iwanowitsch Ditjatin (1847–1892), Professor der Rechtswissenschaft. – 3 Gemeint ist Dechterew. – 4 Hauptgestalt aus Turgenjews Roman „Väter und Söhne" (1862). – 5 Michail Nikiforowitsch Katkow (1818–1887), Publizist. – 6 (1811–1882), französischer Utopist, Historiker und Politiker.

Nun wollen wir uns Ihrer *„Alten“*, das heißt der Kritik oder vielmehr der Leserschaft zuwenden.

Wie jede Alte hält sie hartnäckig an vorgefaßten oder gängigen Ansichten fest, wie unbegründet diese auch immer sein mögen. Zum Beispiel behauptet sie in einem fort, alle meine Werke nach den „Aufzeichnungen eines Jägers“[1] seien schlecht, denn ich sei ja nicht in Rußland gewesen, könne es also gar nicht kennen. Doch dieser Vorwurf kann sich nur auf das beziehen, was ich *nach* 1863 geschrieben habe: vorher (also bis zu meinem 45. Lebensjahr) habe ich *fast ununterbrochen* in Rußland gelebt – die Zeit von 1848 bis 1850 ausgenommen, in der ... *ausgerechnet* die „Aufzeichnungen eines Jägers“ entstanden, während „Rudin“[2], „Ein Adelsnest“[3], „Vorabend“[4] und „Väter und Söhne“[5] in Rußland geschrieben worden sind. Aber das hat für die Alte nichts zu besagen: son siège est fait[6]. Die zweite Schwäche der Alten ist, daß sie ständig der Mode folgt. Jetzt ist in der Literatur die Politik Mode: alles, was nicht Politik ist, betrachtet sie als *unsinnig* oder sogar *abgeschmackt*. Wie peinlich es auch ist, seine eigenen Sachen zu verteidigen – aber stellen Sie sich vor, nicht einmal „Das verhängnisvolle Klopfen“[7] kann ich für dummes Zeug halten. „Was ist es dann?“ fragen Sie ... Das will ich Ihnen sagen: eine meinen Kräften gemäße Studie des *russischen Selbstmords,* der nur selten poetisch oder pathetisch ist, sondern fast immer aus Eigenliebe und Beschränktheit, vermengt mit einem Schuß Mystizismus und Fatalismus, verübt wird, Sie werden mir sagen, meine Studie sei mißglückt ... Möglich; aber ich wollte Sie nur darauf hinweisen, daß es berechtigt und sinnvoll ist, rein psychische (nicht politische und nicht soziale) Fragen zu behandeln.

Die Alte wirft mir auch Mangel an Überzeugungen vor. Die Antwort hierauf kann meine gesamte dreißigjährige literarische Tätigkeit geben. Wegen keiner einzigen von mir geschriebenen Zeile brauchte ich je zu erröten – keine einzige zu widerrufen. Das soll erst mal ein anderer von sich sagen können! Doch mag die Alte doch ruhig schwatzen! Ich habe ihr früher keine Beachtung geschenkt: warum sollte ich es jetzt tun!

Ich weiß nicht, ob ich meinen Roman[8] zu Ende schreibe, und weiß genau, er wird viele Mängel aufweisen ... Nur, mit Verlaub, meine liebe Anna Pawlowna, warum machen sich denn Ihre jun-

1 1852 erschienener Skizzenzyklus. – 2 1856 erschienener Roman. – 3 1859 erschienener Roman. – 4 1860 erschienener Roman. – 5 1862 erschienener Roman. – 6 (franz.) ihr Standpunkt ist festgelegt. – 7 1871 erschienene Erzählung. – 8 „Neuland“ (1877).

gen Menschen nicht an diese Aufgabe? Wir Alten würden ihnen „Amt und Ehren" nur zu gern abtreten und wären die ersten, die sich über den Zustrom neuer Kräfte freuten. In der Arena der Literatur messen sich jedoch nur die Belletristen des „Delo"[1] – und „Menschen besonderer Art"[2] vom Typ des Herrn W. Dechterew.

Sie sehen, liebe Anna Pawlowna, nicht nur Sie verstehen es, die volle und ungeschminkte Wahrheit zu sagen. Ich hoffe, auch Sie werden darüber nicht böse sein und das von mir Gesagte – nun, wenigstens zur Kenntnis nehmen.

Ich habe noch immer die Gicht – bis Bougival bin ich gekommen, gehe aber noch an Stöcken und fahre frühestens in einem Monat nach Paris. Sie können versichert sein, ich werde eine Möglichkeit finden, Ihnen Ihre Briefschaften heil und unversehrt zuzustellen.

Und damit bitte ich Sie, den Ausdruck meiner Verehrung entgegenzunehmen und an deren Aufrichtigkeit nicht zu zweifeln.

Ihr ergebener
I. Turgenjew

AN ERICH BEHRE

Paris, 22. November 1874

Werter Herr!

Heute habe ich den letzten Korrekturbogen der „Jägerskizzen"[3] an die Fröbelsche Buchdruckerei abgeschickt und glaube, Sie davon benachrichtigen zu müssen. – Zugleich muß ich Ihnen aufrichtig gestehen, daß, wenn es unmöglich ist, einen besseren Übersetzer für meine Sachen zu verschaffen, es mir lieber wäre, das ganze Unternehmen zu sistieren. Es kostet mir zuviel Zeit, und überhaupt ist mir die ganze Arbeit sehr fatal. – Der Herr Übersetzer hat eine höchst oberflächliche Kenntnis der russischen Sprache; jedes nicht ganz gewöhnliche Wort, jede etwas originelle Wendung ist ihm wildfremd, und er stürzt sich dann in das so mißliche Reich des „Ungefähr", wobei die wunderlichsten, unglaublichsten Sachen herauskommen!! Zu Hunderten könnte ich Ihnen die Exempel zitieren, wo der Sinn des Originals gradezu

1 (russ.) Die Tat; radikal-demokratische Monatsschrift. – 2 Anspielung auf N. G. Tschernyschewskis (1828–1889) Bezeichnung der Gestalt Rachmetows in seinem Roman „Was tun?". – 3 „Aufzeichnungen eines Jägers"; 1852 erschienener Skizzenzyklus.

auf den Kopf gestellt wird! – Zum Beispiel: da ist das Wort: ssajelka – kleiner Teich, Pfütze. – Der Herr Übersetzer kennt es nicht, aber *ssajat* heißt: pflanzen – also wahrscheinlich ist das Ding ein *Baum*. Da steht aber ein Epithethon, das „dunkel, schmutzig" heißt – schmutziger Baum ... unmöglich! Also schattiger Baum. – Gut. – Man spricht aber von Enten ... in einem *Baum* können die Enten doch nicht *plätschern* ... Also machen wir *Tauben* daraus. – Und so wird getrost geschrieben: „Tauben sitzen auf einem schattigen Baum" – anstatt: Enten plätschern in einer schmutzigen Pfütze, et sic in infinitum[1]! – Und das nennt man eine Übersetzung.

Das kann so nicht weitergehen. Also, bester Herr Behre – entweder einen andern Übersetzer – oder genügen wir uns mit den neun erschienenen Bändchen.

Haben Sie die Güte, lassen Sie, wie Sie es bis jetzt getan haben, 6 Exemplare der Skizzen mir zukommen, und dann noch an die Herrn

Ludwig Pietsch und Julian Schmidt[2] in Berlin
Professor Friedländer[3] in Königsberg
Frau Professorin H. Seegen[4], Wien, Parkring,
Liebenberggasse Nr. 7
Paul Heyse in München
und Professor Lübke[5] in Stuttgart –

jedem 1 Exemplar.

Sie würden mich dadurch zu großem Dank verpflichten.

Empfangen Sie die Versicherung meiner ausgezeichneten Hochachtung.

I. Turgenjew[6]

AN M. J. SALTYKOW-STSCHEDRIN[7]

Paris, 15. Januar 1876

Gestern erhielt ich Ihren Brief, mein lieber Michail Jewgrafowitsch – und wie Sie sehen, zögere ich nicht mit der Antwort. Ihr Brief ist durchaus nicht „dumm" und nicht „grob", wie Sie schrei-

1 (lat.) und so bis ins unendliche. – 2 Heinrich Julian Schmidt (1818–1886), Literaturkritiker und Literaturhistoriker; schrieb viele Besprechungen zu Werken Turgenjews. – 3 Ludwig Friedländer (1824–1919), Altphilologe. – 4 Hermine Seegen, Gattin des Arztes Josef Seegen (1822–1904). – 5 Wilhelm Lübke (1826–1893), Kunsthistoriker. – 6 Brief im Original deutsch. – 7 Michail Jewgrafowitsch Saltykow-Stschedrin (1826–1889), revolutionär-demokratischer Schriftsteller, Satiriker.

Iwan Turgenjew – 1879

ben, im Gegenteil, er ist sehr schön und klug – ich habe mich über ihn gefreut: er läßt immerhin eine gewisse Unternehmungslust und Besserung der Gesundheit erkennen – und bildet einen scharfen Kontrast zu der vorangegangenen, überaus düsteren Botschaft. (Ich bin übrigens zur Zeit auch durchaus nicht auf der Höhe: die Gicht setzt mir zu, schon fünf Tage muß ich das Bett hüten.) Außerdem bin ich begeistert von Ihrem Entwurf einer humoristischen Erzählung über Nikolais[1] Briefwechsel mit Paul de Kock[2]: das müssen Sie *unbedingt* schreiben – denn das wird ein Glanzstück[3]. Auch „Unter Verwandten"[4] habe ich gelesen und bin davon sehr angetan: die Alte, die bei Sonnenaufgang weint – die Franzosen nennen so etwas une trouvaille[5] –, und überhaupt die ganze Gestalt ist unübertroffen. Dem Leser Sympathie für sie einzuflößen und dabei keinen einzigen Charakterzug zu mildern – das bringen nur große Talente fertig.

Nun, und jetzt will ich zwei Worte zu „Väter und Söhne"[6] sagen, da Sie davon angefangen haben. Glauben Sie wirklich, all das, was Sie mir vorwerfen, sei mir nicht auch schon durch den Kopf gegangen? Ebendeswegen möchte ich nicht von dieser Erde abtreten, ohne meinen großen Roman[7] beendet zu haben, der, so will mir scheinen, viele Mißverständnisse bereinigen und mich selbst richtig zeigen und an den Platz stellen könnte, wo ich hingehöre. Ich wundere mich übrigens nicht, daß Basarow[8] für viele ein Rätsel geblieben ist; ich vermag mir selbst nicht recht vorzustellen, wie ich ihn geschrieben habe. Hier war, lachen Sie bitte nicht, irgendein Fatum im Spiel, etwas, das starker war als der Autor und nicht von ihm abhing. Nur eins weiß ich: keine vorgefaßte Meinung und keine Tendenz hat mich damals beherrscht; ich habe naiv geschrieben und mich dabei gewissermaßen selbst über das gewundert, was ich hervorbrachte. Sie sprechen vom Erzieher des Thronfolgers[9]; aber gerade nach „Väter und Söhne" habe ich mich mehr denn je zuvor von dem Kreis entfernt, in den ich im Grunde genommen nie hineinpaßte und für den zu schreiben oder zu arbeiten ich für dumm und schändlich hielt. Sagen

1 Zar Nikolai I. (1796–1855). – 2 (1794–1871), französischer Schriftsteller. – 3 Saltykow-Stschedrin verwirklichte dieses Vorhaben nicht. – 4 Gemeint ist der zweite Teil von Saltykow-Stschedrins „Wohlgesinnte Reden", der 1880 mit sechs weiteren Skizzen als Roman unter dem Titel „Die Herren Golowljow" erschien. – 5 (franz.) ein glücklicher Fund. – 6 1862 erschienener Roman. – 7 „Neuland" (1877). – 8 Hauptgestalt aus Turgenjews Roman „Väter und Söhne". – 9 Turgenjew bezieht sich auf eine Bemerkung Saltykow-Stschedrins, der ihm Weichheit und Duldsamkeit (Eigenschaften, die er nicht für fortschrittlich hielt) vorgehalten und gefragt hatte, warum er nicht Erzieher des Thronfolgers wäre.

Sie ehrlich: Kann es für irgend jemanden beleidigend sein, mit Basarow verglichen zu werden? Bemerken nicht gerade Sie, daß er die sympathischste von allen meinen Gestalten ist? Den „gewissen feinen Geruch" haben die Leser hinzuerfunden; ich bin jedoch bereit, einzugestehen (und habe dies schon öffentlich in meinen „Erinnerungen"[1] getan), daß ich nicht das Recht hatte, unserem reaktionären Abschaum die Möglichkeit zu geben, sich einen Decknamen zunutze zu machen; der Schriftsteller in mir hätte dem Staatsbürger dieses Opfer bringen müssen – und daher erkenne ich es als gerechtfertigt an, wenn sich die Jugend von mir zurückzieht und alle möglichen Beschuldigungen gegen mich erhoben werden ... Die aufgeworfene Frage war wichtiger als die künstlerische Wahrheit – und ich hätte dies voraussehen müssen.

Ich kann nur nochmals wiederholen: warten Sie meinen Roman ab – und seien Sie mir bis dahin nicht böse, wenn ich, um den Gebrauch der Feder nicht zu verlernen, leichte und unbedeutende Sachen schreibe ... Wer weiß, vielleicht ist mir noch beschieden, die Herzen der Menschen zu entflammen.

Ein unterhaltsamer Schriftsteller wie I. A. Gontscharow[2] werde ich trotzdem nicht. Eher ein langweiliger.

Doch nun genug davon!

Hier ist niemand erfroren, und Schnee haben wir hier wahrscheinlich weniger als Sie im Süden; aber bleiben Sie trotzdem bis zum Frühjahr in Nizza, erholen Sie sich, und kommen Sie danach hierher[3]. Ich würde mich sehr freuen, Sie wiederzusehen.

Ich grüße Ihre Angehörigen und drücke Ihnen freundschaftlich die Hand.

Ihr ergebener

I. Turgenjew

AN THEODOR STORM

Paris, 8. Dezember 1876

Mein lieber Storm!

Ich hätte Ihnen Gott weiß wie lange schreiben sollen; und da ich keinen guten Entschuldigungsgrund habe, so bringe ich auch keinen vor – und bitte um Nachsicht. Ihre reizende Novelle[4] (die

1 Gemeint ist der Artikel „Aus Anlaß von ‚Väter und Söhne'" aus den „Literatur- und Lebenserinnerungen". – 2 Iwan Alexandrowitsch Gontscharow (1812–1891), Schriftsteller. – 3 Saltykow-Stschedrin kam am 18. April 1876 nach Paris. – 4 „Aquis submersus" (1877).

Iwan Turgenjews Begräbnis – Petersburg, 1883

Sie mir zugeschickt haben – mein Buch[1] ist Ihnen wohl zugekommen?) hat mir die größte Freude gemacht: hat man sich erst in das etwas Fremdartige der alten Schreibart eingelebt, so erhöht es nur die zarte Poesie und Innigkeit des Ganzen. Da haben Sie wahrlich Ihren Meisterschuß getan – und ich wünsche Ihnen Glück dazu.

Herr Mannhardt[2] ist ein liebenswürdiger und feiner Norddeutscher; ich habe ihn leider nur ein paarmal gesehen – nützlich habe ich ihm nicht sein können! Ich lebe nämlich hier in größter Zurückgezogenheit; und dazu – wollen die Franzosen noch immer nichts von den Deutschen wissen! Besonders wenn sie blond sind und ein nördliches Aussehen haben. – Glücklicherweise scheint Herr Mannhardt etwas Mundgerechtes gefunden zu haben – wie er es mir sagte. Mein Ihnen zugeschicktes Buch enthält nur kleinere Sachen; im Januar erscheint ein Roman[3] von mir, welcher wahrscheinlich bald ins Deutsche[4] übersetzt sein wird; ich schicke Ihnen diese Übersetzung gewiß.

Pietsch schreibt mir, daß es Ihnen ganz gut geht – und daß Sie das reinste Familienglück genießen. – Nun – das ist ja das Beste auf der ganzen Welt – und es bleibt mir nur, Ihnen eine langjährige Fortsetzung des Vergangenen zu wünschen! – Ich habe dergleichen in meinem Leben nicht erfahren; – bin aber glücklich genug, um es von Herzen gern den alten Freunden zu gönnen.

Leben Sie recht wohl und dichten Sie fort! – Ich drücke Ihnen die Hand und bleibe Ihr ganz ergebener

I. Turgenjew[5]

AN L. N. TOLSTOI[6]

Bougival, 11. Juli 1883

Lieber und teurer Lew Nikolajewitsch!

Ich habe Ihnen lange nicht mehr geschrieben, denn ich lag und *liege*, um es geradeheraus zu sagen, auf dem Sterbebett. Genesung gibt es nicht für mich – und jeder Gedanke daran ist sinnlos. Eigentlich schreibe ich Ihnen nur, um Ihnen zu sagen, wie froh ich war, Ihr Zeitgenosse zu sein – und um eine letzte aufrichtige

1 Gemeint ist der 1876 in Paris unter dem Titel „Les Reliquies vivants" (Die lebende Reliquie) erschienene Erzählungsband. – 2 Johannes Mannhardt (1840 bis 1909), Lehrer in Husum, Freund Theodor Storms. – 3 „Neuland" (1877). – 4 Von „Neuland" gab es 1877 bereits fünf deutsche Übersetzungen. – 5 Brief im Original deutsch. – 6 Lew Nikolajewitsch Tolstoi (1828–1910).

Bitte an Sie zu richten. Mein Freund, kehren Sie zur literarischen Arbeit zurück! Diese Gabe ist Ihnen doch gerade von dort geschenkt, woher auch alles andere kommt. Ach, wie glücklich wäre ich, könnte ich glauben, daß meine Bitte ihre Wirkung auf Sie nicht verfehlen wird!! Ich aber bin ein erledigter Mensch – die Ärzte wissen nicht einmal, wie sie mein Leiden nennen sollen, névralgie stomacale goutteuse[1]. Ich kann weder gehen noch essen, noch schlafen, aber was soll das! Es ist geradezu langweilig, das alles zu wiederholen! Mein Freund, großer Schriftsteller Rußlands, erhören Sie meine Bitte! Lassen Sie es mich wissen, wenn Sie dieses Blatt erhalten haben, und erlauben Sie mir noch einmal, Sie kräftig, kräftig zu umarmen – Sie, Ihre Frau[2] und alle Ihre Angehörigen.

Ich kann nicht mehr, bin zu matt.

I. Turgenjew

1 (franz.) gichtige Magenneuralgie. – 2 Sofja Andrejewna Tolstaja (1844–1919).

Verzeichnis der Abbildungen

Literaturhinweise

Iwan Turgenjew, Gesammelte Werke in Einzelbänden. Hrsg. von Klaus Dornacher. Aufbau-Verlag Berlin und Weimar 1968 bis 1979

Iwan Turgenjew, Briefe an Ludwig Pietsch. Hrsg. von Christa Schultze. Aufbau-Verlag Berlin und Weimar 1968

Iwan Turgenjew, Väter und Söhne. Mit einem Nachwort von Gerhard Dudek. Gustav Kiepenheuer Verlag, Leipzig und Weimar 1985 (Die Bücherkiepe)

Klaus Dornacher, Iwan Turgenjew. In: Geschichte der russischen Literatur von den Anfängen bis 1917. Aufbau-Verlag Berlin und Weimar 1986. Band 2, Seite 147–167

Peter Brang, I. S. Turgenev. Sein Leben und sein Werk. Otto Harrassowitz, Wiesbaden 1977

Reinhold Trautmann, Turgenjew und Tschechow. Ein Beitrag zum russischen Geistesleben. Die Humboldt-Bücherei, Band 5. Volk und Buch Verlag Leipzig 1948

I. S. Turgenev und Deutschland. Materialien und Untersuchungen. Akademie-Verlag, Berlin 1965, Band 1

Klaus Dornacher, Die Evolution des deutschen Turgenjew-Bildes im 19. Jahrhundert. Phil. Dissertation (B). Potsdam 1980

Gregor Schwirtz, I. S. Turgenev in Deutschland. Untersuchungen zur Persönlichkeit und zum Schaffen des Dichters in den sechziger Jahren. Phil. Dissertation. Jena 1974

Lejla Klabunde, Die Pflege des literarischen Erbes I. S. Turgenevs in der DDR. Phil. Dissertation. Magdeburg 1985